SUPPLÉME[NT]

A LA

COLLECTION

DE M. DENISART,

CONTENANT LES ADDITIONS FAITES AUX
PRÉCÉDENTES ÉDITIONS.

SECONDE ÉDITION.

A PARIS,

Chez DESAINT, Libraire, rue du Foin, la premiere Porte cochere
à droite, en entrant par la rue Saint Jacques.

M. DCC. LXVIII.
AVEC APPROBATION ET PRIVILÉGE DU ROI.

AVERTISSEMENT
QUI SE TROUVE EN TÊTE
DE LA NOUVELLE ÉDITION.

LA bonté & l'utilité d'un Ouvrage de Jurifprudence fe prouvent par l'empreffement du Public à le rechercher, & par les éditions épuifées, pour ainfi dire, auffi-tôt que mifes au jour. C'eft le fort qu'a éprouvé l'Ouvrage de Me DENISART. On ne fera point furpris d'un pareil fuccès, fi l'on confidere :

1°. Que cette Collection eft néceffaire, non-feulement aux Jurifconfultes, mais qu'elle eft d'une très-grande utilité aux perfonnes mêmes dont l'étude des Loix ne conftitue point l'état, en ce qu'elle fait connoître fi l'on eft fondé à former certaines demandes, & qu'ainfi elle empêchera de fuivre, ou d'intenter de mauvais procès.

2°. Que tous les matériaux qui forment cette Collection immenfe, ont été pris des Edits, Ordonnances & Déclarations de nos Rois; des Arrêts & Réglemens des Parlemens: que l'on y a inféré les articles les plus importans de nos différentes Coutumes, les fentimens des Jurifconfultes les plus accrédités, avec les raifons fur lefquelles leurs décifions font appuyées: qu'on y a fondu les Mémoires des plus célébres Avocats; enforte qu'on y trouve raffemblé, par ordre de matieres, le fruit de leurs veilles, de leurs recherches & de leurs profondes méditations.

Les Arrêts rapportés avec leur date, à la fuite des matieres traitées, apprennent lequel des fentimens des défenfeurs refpectifs des Parties a été adopté: ils font également voir la différence qui fe trouve quelquefois entre la Jurifprudence ancienne & la Jurifprudence actuelle ; les Actes de Notoriété du Châtelet, dont feu Me Denisart a donné une nouvelle édition, & fur-tout les notes utiles qu'il y a faites, prouvent la vérité de ce que l'on vient de dire : ces Actes de Notoriété, comme l'a obfervé l'Auteur, ne forment qu'un tout avec fa Collection de Jurifprudence.

Pour exécuter un plan d'une auffi vafte étendue, il falloit un homme extrêmement laborieux, d'une conception facile, d'une mémoire heureufe, d'un excellent jugement. Ceux qui ont eu des liaifons intimes & fuivies avec Me Denisart, favent à quel point il réuniffoit toutes ces qualités : le fuccès a couronné fes travaux.

Me Denisart étoit d'un tempérament très-vigoureux ; il fe livroit à l'étude avec une ardeur incroyable, (*da aman-tem ;*) & c'eft fans doute cette application trop continue, qui l'a enlevé à fa famille & au Public dans la force de fon âge (*a*).

Me de Varicourt, ancien Avocat au Parlement, qui a vécu dans la plus grande intimité avec Me Denisart, a bien voulu, par eftime pour fon ami, fe charger du foin de revoir cette nouvelle édition. Voici ce qu'il a fait pour qu'elle devînt encore plus utile.

1°. Comme les infirmités dont Me Denisart fut accablé dans les derniers temps de fa vie, ne lui ont pas permis de veiller avec toute l'attention dont il étoit capable, à la correction des épreuves de fon Ouvrage, il s'y eft gliffé un grand nombre de fautes (notamment en ce qui concerne la ponctuation) : dans cette nouvelle édition, on n'a rien épargné pour les faire difparoître ; les épreuves ont été relues plufieurs fois & avec la plus grande attention.

2°. On a eu foin de numéroter chaque *alinea*. Par ce moyen, l'ufage du Livre deviendra beaucoup plus facile : le nombre

(a) Me Jean-Baptiste Denisart, né auprès de Guife en Picardie, eft décédé le 4 Février 1765, âgé de cinquante-un ans.

étant marqué, on trouvera au premier coup d'œil, dans les renvois fréquens que l'on fait d'un article à l'autre, la citation indiquée ; & par cette attention on s'épargnera le temps qu'emporte néceſſairement la lecture des articles qui ſont d'une longue étendue & ſans diviſion, tels que ceux de *Bail*, *Communauté*, *Donation*, *Propres*, *Retrait Lignager*, *Teſtament*, &c. quelques-uns de ces articles contiennent près de deux cens *alinéa*.

3°. L'Editeur s'eſt fait un devoir de ne rien changer au ſentiment particulier de Mᵉ DENISART : mais dans les endroits où il s'eſt cru bien fondé à être d'un avis contraire, l'amour de la vérité & du bien public l'a déterminé à mettre de ſuite les raiſons ſur leſquelles il s'appuyoit. Il les a diſtinguées par cette marque ¶ : c'eſt ce que l'on verra, entr'autres endroits, à l'article *Propres*, n°. 132.

4°. Mᵉ DE VARICOURT a tenu la même conduite, relativement aux Arrêts cités par Mᵉ DENISART. Quand il a eu la preuve que les eſpéces n'étoient point telles que l'Auteur les rapportoit, il les a rectifiées avec une note indicative du changement. (Voyez un exemple de ceci à l'article *Réſerves Coutumieres*, n°. 46.)

5°. Pluſieurs choſes miſes auparavant en notes, ont été placées dans le texte, quand elles ne ſont que la conſéquence ou la confirmation, ou même une exception de ce que dit Mᵉ DENISART.

6°. Comme cette Collection eſt devenue (ſur-tout depuis la troiſiéme édition) un vrai Dictionnaire de Juriſprudence Civile & Canonique, l'Editeur a augmenté cette ſixiéme édition, d'un grand nombre d'articles qui avoient échappé aux recherches de l'Auteur: dans les articles ajoutés, il s'eſt attaché à donner des définitions exactes ; & quelquefois il a rapporté les étymologies des mots, même de ceux déja définis par Mᵉ DENISART.

7°. Depuis la derniere édition, il s'eſt rendu beaucoup

d'Arrêts fur différentes queftions de Droit Civil & Canonique : l'Editeur les rapporte, & il en donne les efpéces d'après les Plaidoieries auxquelles il a affifté, ou d'après les Mémoires & les extraits qui lui ont été communiqués par les défenfeurs des Parties.

8°. Cette nouvelle édition eft augmentée de plus de trois cens pages; mais afin que ceux qui ont fait l'acquifition des éditions précédentes, puiffent avoir l'Ouvrage complet, fans être obligés d'acheter celle-ci, on a fait imprimer *féparément pour eux*, un Supplément.

☞ PENDANT le cours de l'impreffion de l'Ouvrage, il eft intervenu plufieurs Arrêts qui n'ont pu être mis à leur place, attendu que les articles, où naturellement ils auroient dû être inférés, étoient pour lors imprimés; on a pris le parti de les ajouter à la fin de chaque volume, par ordre alphabétique.

A mefure que l'on a avancé dans l'impreffion de l'Ouvrage, on a remarqué que Me DENISART, en rapportant l'efpéce de certains Arrêts, & en rendant compte des moyens des Parties, parloit quelquefois de chofes que l'on chercheroit inutilement aux articles où il paroîtroit que l'on devroit les trouver; par exemple, fi quelqu'un avoit befoin de confulter ce qui concerne le PARAGE, c'eft à cet article qu'il auroit recours, & comme cet article n'a point de *fommaire*, il ne porteroit pas plus loin fes recherches dans l'Ouvrage; cependant à l'article SÉPULTURE, il eft parlé du *Parage*; c'eft pour cela qu'aux Additions, en faifant un titre de l'article PARAGE, on y a dit, *mettez au fommaire*, SÉPULTURE, n°. 8, attendu qu'à ce numéro, il eft parlé du *Parage* : ainfi du refte.

Le Lecteur eft donc prié de confulter les Additions à la fin de chaque volume; ce font autant de renvois d'un article à un autre, & à cet égard, une concordance des matieres.

Ces mêmes additions contiennent auffi des changemens & corrections fort néceffaires, & que l'on n'a pu faire qu'à

mesure qu'on a découvert les erreurs, ou après que des Jugemens qui étoient susceptibles de tierce-opposition, ou inter-
locutoires, sont devenus définitifs; tel est entr'autres, celui
qui se trouve rectifié aux Additions, à l'article *Conseil Supérieur
de la Martinique*, n°. 4, relativement à un Arrêt du 20
Septembre 1766, concernant la CONNÉTABLIE. Les Officiers
de ce Siége ont été reçus opposans à cet Arrêt, &c.

Enfin les additions & changemens importans, ont été pareillement ajoutés par ordre alphabétique, à la fin du Supplément, imprimé séparément (comme on l'a déja observé) pour
ceux qui ont acheté les précédentes. éditions.

☞ Dans la seconde édition du Supplément, les Additions
ont été incorporées & placées suivant l'ordre alphabétique.

SUPPLÉMENT

SUPPLÉMENT

A LA COLLECTION

DE M. DENISART.

TOME I. PARTIE I.

A

ABATTAGE.

ON appelle ainſi en fait d'exploitation de bois, ce qu'il en coûte pour les frais, peines & ſoins de ceux qui abattent les bois étant ſur pied.

C'eſt une régle établie en matiere de vente de bois, que les frais de l'Abattage ſont à la charge de ceux qui achetent les bois.

ABBÉS & ABBESSES.

Page 3, col 2, 5ᵉ alinea de l'Edition de 1766, après Royal, *ajoutez* ; & l'art. 3 de l'Ordonnance de Blois.

ABEILLES.

Page 10, colon. 2, à la fin du 1ᵉʳ alinea, après pariſis, *ajoutez* ; V. la Coutume de Loudunois, ch. 1ᵉʳ, art. 13, & ch. 3, art. 3; & l'art. 337 de la Cout. de Bourbonnois.

ABONDER plus grande ſomme.

C'eſt particuliérement dans les Coutumes de Loudunois, article 14, chap. 15, & dans celle de Tours, article 172, des *Supplément.*

Retraits Lignagers, que l'on trouve ces termes : ils ſignifient la fraude dont l'Acquéreur d'un héritage ſe rend coupable, lorſque pour recevoir du Retrayant une ſomme plus conſidérable, il lui fait une fauſſe déclaration, & le met par ce moyen *en néceſſité* de fournir plus d'argent qu'il n'en a réellement débourſé pour le prix de ſon acquiſition, *vin du marché*, *frais & miſes* : ces deux Coutumes prononcent la reſtitution des deniers que le *Retrayeur* aura *trop abondés*, contre ceux qui commettent une ſemblable fraude, & l'amende de ſoixante ſols, *pour le moins* ; car elle peut être augmentée, ſuivant la Note de Dumoulin, titre 15, parag. 15. *Scilicet ad minus, augmentum enim arbitrarium eſt, ut quandoque vidi, præſide Antonio Minardo, in hoc Parlamento, condemnari hujuſmodi Emptorem, EN SOIXANTE LIVRES PARISIS.*

ABORDAGE.

L'Abordage, en terme de marine, ſe dit de deux vaiſſeaux qui ſe heurtent ou s'accrochent.

A

L'article 8 du titre 12 de l'Ordonnance de la Marine de 1681, porte que » toute demandé pour raison d'Abordage, fera formée vingt-quatre heures après le dommage » reçu, fi l'accident arrive dans un port, » havre ou autre lieu, où le maître puisse » agir.

A B S E N S.

Page 18, *colon.* 1, 5ᵉ *alinea*, *lig.* 4, *après* 1667, *ajoutez* ; & s'ils n'ont, ou n'ont eu aucun domicile connu, ils doivent être assignés par un feul cri public, fans aucune perquisition. Article 9.

Page 19, *col.* 2, 2ᵉ *alinea*, *lig.* 13, *après* *le mot* vivans, *mettez* ;

Lorfqu'il s'agit du partage provifionnel des biens d'un Abfent, dont on n'a point eu de nouvellesdepuis long-tems, les biens doivent être partagés dans l'état dans lequel ils fe trouvoient, quand fa famille l'a réputé mort, en formant une demande en partage provifionnel ; il en eft alors de même que dans le cas de la mort naturelle, où les biens d'un défunt fe partagent dans l'état dans lequel ils fe font trouvés le jour de fon décès : c'eft en ce cas qu'il faut fuivre cette maxime fi fouvent répétée par les Jurifconfultes, *tantùm operatur fictio in cafu ficto, quantùm veritas in cafu vero* ; & c'eft auffi ce qui a été jugé par Arrêt rendu en la Grand'Chambre, le 3 Septembre 1736, pour les demoifelles Landry, contre la veuve Segret. Mᵉ d'Hericourt, qui écrivoit dans cette inftance, y établit le principe que l'on vient de rapporter, & qui fût adopté par le même Arrêt.

A B U S.

M. Servin, Avocat Général, difoit que s'il eût connu l'Auteur de l'Appel comme d'Abus, il lui auroit fait ériger une Statue.

On en attribue l'origine à Pierre de Cugnieres, Avocat Général, fous Philippe de Valois.

ACCEPTATION de Donation.

Page 29, *col.* 2, *avant-dern. ligne, après le* *mot* donation, *ajoutez* ; Mais fi dans le lieu où demeure le donataire, il n'y avoit point de Notaire, l'Acceptation pourroit-elle être

faite par le donataire pardevant le Juge ou Greffier, & en préfence de témoins ? L'Ordonnance de 1550, art. 132 & 133, fe fert de ces termes : *en préfence de perfonnes publiques & témoins.* Argou, tom. 1, des Donations entre-vifs, liv. 2, chap. 11, tient pour l'affirmative de cette propofition ; mais il écrivoit avant l'Ordonnance de 1731, & l'article 5 paroît décider cette queftion pour la négative.

ACCUSATEURS, ACCUSATIONS, ACCUSÉS.

Page 35, *col.* 2, 5ᵉ *alinea, après le mot* Accufation, *ajoutez* ; & faute de preuve de la part de l'Accufateur, l'Accufé doit être déchargé de l'Accufation, fuivant la maxime, *Actore non probante, abfolvitur reus.*

Page 36, *col.* 1, *dernière lig., après* 1743, *ajoutez* ; c'eft la difpofition textuelle de l'Ordonnance de 1670, titre 26, articles 7 & 8.

Page 37, *colonne* 1, *ligne* 8, *après* civils, *ajoutez* ; c'eft même la difpofition de la Loi ; *In reatu conftitutus, bona fua adminiftrare poteft. Lege* 46, §. 6, *ff. de Jure* *Fifci.* Voyez *Appel* & *Condamné.*

Même page, colonne 2, *ligne* 9, *ajoutez* ;

Une femme ne peut fe porter Accufatrice de fon mari : la dignité du Sacrement de Mariage, l'union intime du cœur & de l'efprit qui eft l'effence du mariage, s'oppofent à ce qu'une femme foit admife à vouloir faire perdre la vie à celui *qu'elle eft obligée par état de défendre & de juftifier* ; quels que foient les excès du mari à l'égard de fon époufe, fût-il même prouvé qu'il eût attenté à fes jours, il faut qu'elle fe contente de fe pourvoir en féparation de corps : la feule action qui compète à une femme vis-à-vis de fon mari, c'eft la voie civile ; la pourfuite & la vengeance des crimes n'appartenant qu'au Miniftere public.

ACQUÊTS.

Page 38, *colon.* 1, 4ᵉ *alinea, après* au fils, *mettez* ; & s'ils retournent au pere, par la mort du fils, ils font Propres au pere, parce qu'il y fuccede. Voyez *Propres*, Section premiere.

Page 39., à la fin de l'article, ajoutez;

On a dit que l'Arrêt du 8 Juillet 1733 décidoit que l'héritier collatéral qui prenoit, à titre de légataire, un propre, le possédoit comme Acquêt.

On ajoutera qu'un immeuble donné en collatérale, avec stipulation qu'il sera propre au donataire & aux siens de son estoc & ligne, est également un Acquêt dans la succession du donataire, & que comme tel, il appartient à l'héritier des meubles & acquêts.

A plus forte raison un propre délaissé en payement d'une créance mobiliaire, est Acquêt dans la succession du créancier, au profit de qui le délaissement en a été fait. C'est aussi ce que la Cour a jugé, par Arrêt (confirmatif de Sentence des Requêtes du Palais) rendu au rapport de M. Pasquier, Conseiller de Grand'Chambre, le Lundi 14 Juillet 1766. Cet Arrêt est intervenu au profit de M. de Flesselles, Maître des Requêtes, & de Madame son épouse, contre la dame veuve de la Hogue.

Dans cette espéce, la dame veuve de la Hogue réclamoit, contre Madame de Flesselles, légataire universelle de la dame Pajot du Bouchet, les quatre quints d'une moitié de maison abandonnée à la feu dame Pajot du Bouchet, testatrice, en payement d'une somme de 15000 livres, faisant partie d'une somme de 50000 livres qui lui avoit été donnée en faveur de mariage, par la demoiselle Louvet, sa tante, & qui étoit stipulée payable en effets de la succession de la donatrice, avec clause de propre à la donataire, & *aux siens de côté & ligne*; la même clause se trouvoit aussi répétée dans l'acte de délaissement de la moitié de maison, laquelle étoit propre à la donatrice.

La dame veuve de la Hogue soutenoit que cette moitié de maison avoit formé entre les mains de la dame Pajot du Bouchet, testatrice & donataire de la Demoiselle Louvet, un propre de succession & de disposition.

Par la Sentence des Requêtes du Palais, la totalité de la moitié de la maison avoit été décidée disponible, & comme telle, adjugée au legs universel; & cette Sentence a été confirmée.

Me Collet écrivoit dans cette Instance pour M. & Madame de Flesselles.

ACTE D'HÉRITIER.

Page 41 de l'Edition de 1766, colonne 1re, derniere ligne du 2e alinea de cet article, au lieu de 337, lisez 317.

ADJUDICATION.

Page 45, colonne 2, 2° alinea, après le mot Conseils, *mettez;*

Par Arrêt du Lundi 31 Août 1761, rendu aux Enquêtes, au rapport de M. l'Abbé Regnault d'Yrval, la Cour a jugé que l'Appel d'une Sentence portant Adjudication, n'étoit plus recevable après dix ans, parce que l'Adjudication étoit un contrat tel que celui passé devant un Notaire, que même on se lioit autant & encore plus fortement en Justice, que pardevant un Officier public.

ADMISSION.

C'est un principe adopté dans le Droit, que l'Admission d'une chose est l'exclusion d'une autre: *unius Admissio est exclusio alterius.*

ADULTERE.

Page 52. col. 1, à la fin du 3e alinea, après le mot Témoin, *ajoutez;*

Suivant la décision du Pape Leon, l'Adultere est un empêchement au mariage, entre les personnes qui l'ont commis; *Ne quis ducat in matrimonium, quàm priùs polluit per Adulterium*; mais cette décision n'est pas suivie, lorsque l'un des deux ignoroit que c'étoit un Adultere qu'il commettoit. Voyez M. le Prestre, cent. 2, chap. 5.

Il a été jugé au Parlement de Toulouse, qu'un mari Conseiller, qui avoit fait condamner sa femme pour Adultere, ne la pouvoit retirer du Monastere, tant qu'il seroit Conseiller, parce que cela alloit contre l'honneur & la dignité de cette charge: *Senatus censuit, non conveniens esse ulli Senatori, uxorem ducere aut retinere, damnatam publico judicio. ff. Palam 43. de Ritu nuptiarum.*

Comme le mari & ses héritiers peuvent se désister d'une accusation d'Adultere, ils peuvent de même tranfiger fur cette accufation : c'eft ce qui a été jugé par Arrêt du mois d'Août 1619, rapporté par le Bret en fes décifions, liv. 1, chap. 13.

On fera remarquer ici que cet Arrêt a été rendu contre la difpofition de la Loi 18, au code de Tranfact. qui défendoit de tranfiger fur l'accufation d'Adultere : la raifon pour laquelle il n'étoit point permis chez les Romains de tranfiger fur une accufation d'Adultere, c'eft que l'Adultere n'étoit point un crime capital, & l'on fçait que l'on ne pouvoit tranfiger que fur les crimes qui emportoient peine de mort. *Tranfigere, vel pacifci, de crimine capitali, excepto Adulterio, prohibitum non eft : in aliis autem criminibus quæ pœnam fanguinis non ingerunt, tranfigere non licet, citrà falfi accufationem.*

AFFICHES.

Page 53, colon. 1, à la fin du 8e alinéa, ajoutez ; Elle fe fait, ainfi que l'Affiche de quinzaine, avant l'interpofition du Décret, afin d'avertir les créanciers de faire trouver des enchériffeurs ; & la premiere Affiche doit contenir une enchere.

Page 54, colonne 2, à la fin de l'article, après 1722, ajoutez ; En matiere criminelle, c'eft par Affiche que l'on donne affignation à l'accufé ; & cette affiche s'appofe à la porte de l'Auditoire.

AFFINITÉ.

A la fin du 1er alinea, après parenté, ajoutez ; C'eft une liaifon qui par le moyen d'un mariage, fe fait entre deux maifons ou familles. Le Lévitique a marqué certains degrés où l'Affinité eft un obftacle au mariage; il y en a trois. Voyez au chapitre 18. On ne trouve rien dans l'ancien Droit Romain qui concerne la défenfe des mariages à caufe de l'Affinité ; & c'eft Papinien, qui, à l'occafion du mariage de Caracalla, en a parlé le premier.

AFFRÉTEMENT, AFFRÉTEUR.

C'eft un terme de Marine, qui, fur l'Océan, fignifie le louage d'un Navire ou autre Vaiffeau. Car fur la Méditerranée on dit nolliffement. Celui qui prend le Vaiffeau à loyer fe nomme Affréteur ; & l'acte que l'on paffe lorfque l'on prend à louage un Vaiffeau, s'appelle *Charte Partie*.

ALÉATOIRE (Contrat).

Page 77, colonne 1, après le 1er alinea, après le mot incertains, *ajoutez* ; (du mot latin *Alea*, jeu de hazard)

ALIÉNATION.

Page 78, colonne 1, après le 8e alinea, après font affranchis, *ajoutez* ; Il faut donc tenir pour principe certain, que toutes fortes d'Aliénations faites par mineurs, même mariés, font nulles, fi elles font fans caufes légitimes, & fi les formalités prefcrites en matiere d'Aliénation de biens de mineurs, n'ont pas été obfervées.

Le fieur de Caulx, mineur de 14 ans, époufa la demoifelle de Neufvy, mineure de 12 ans : ils n'avoient aucuns meubles. Le pere de la femme profita de l'inexpérience des Conjoints pour éluder un compte de tutelle ; il continua même à s'immifcer (fous le nom de fa fille & de fon gendre) : il fit des coupes confidérables de bois, arrenta une maifon dont il reçut le prix, & fit diffiper le tout aux jeunes gens. L'époufe du fieur de Caulx décéda, n'ayant que 16 ans, laiffant le fieur le Feron, fon oncle, pour héritier de fes propres : celui-ci demanda au mari le remploi de ces Aliénations. D'un autre côté, le fieur de Neufvy, pere, étant décédé, un fieur Cheneau, à qui la maifon avoit été arrentée, fe trouvant évincé par l'oncle de la femme du fieur de Caulx, demanda à la dame veuve de Neufvy, la reftitution de tout ce qu'il avoit payé, relativement à l'arrentement de la maifon. La dame veuve de Neufvy fe pourvut à fon tour contre la mere du fieur de Caulx, par la raifon que celle-ci ayant paru au contrat d'arrentement de cette maifon, elle étoit devenue caution de l'exécution du contrat. Le fieur de Caulx avoit pris des Lettres de Refcifion contre les actes d'Aliénation qu'on lui avoit fait paffer ; il foutenoit, qu'attendu qu'on l'avoit fait paroître feul (quoique mineur) dans ces actes d'Aliénation, tous ces actes étoient nuls; que la nullité en étoit d'autant plus absolue, qu'il n'avoit profité en aucune maniere des Aliénations dont il s'agissoit; de tout ceci il tiroit la conséquence que l'héritier des propres aliénés de sa femme, n'avoit d'action que contre les adjudicataires; il prétendoit encore que la demande en garantie que l'on exerçoit contre lui, en qualité d'héritier de sa mere, comme ayant paru dans l'acte d'arrentement de la maison pour en garantir l'exécution, n'étoit point fondée, attendu que quand l'obligation ou le contrat étoient prohibés par la Loi, & nuls de droit, l'obligation de la caution devenoit nulle, & s'anéantissoit pareillement. Le sieur le Feron avoit obtenu Sentences aux Requêtes du Palais, qui ordonnoient que le sieur de Caulx feroit le remploi à son profit de tous les fonds maternels de la demoiselle de Neufvy, son épouse, aliénés pendant son mariage; les Sentences condamnoient encore le sieur de Caulx à payer le principal & les intérêts de la somme à laquelle se trouveroient monter ces Aliénations, & aux dommages-intérêts. Le sieur de Caulx en interjetta appel; & par Arrêt du Vendredi 16 Mai 1766, au rapport de M. Tudert, Conseiller de Grand'Chambre, la Cour, en enthérinant les Lettres de Rescision, obtenues par le sieur de Caulx, a infirmé les Sentences, quant aux dispositions, qui ordonnoient que le sieur de Caulx feroit le remploi au profit du sieur le Feron, & les a confirmées au chef, qui avoit condamné la dame Chassé, mere du sieur de Caulx, à restituer au sieur Chereau ce qu'il avoit payé, relativement à la maison qui lui avoit été arrentée, & dont il avoit été évincé, attendu que la mere du sieur de Caulx, ayant paru au contrat, elle s'étoit par-là obligée personnellement à l'exécution du contrat d'arrentement. Me le Prestre écrivoit dans cette Instance pour le sieur de Caulx.

Quoique des peres non interdits ayent la liberté de disposer de leurs biens, suivant qu'ils le jugent à propos, & que l'exige l'état de leurs affaires; cependant si une femme remariée en secondes nôces vendoit ses propres biens, & qu'il y eût preuve bien évidente par la nature des circonstances particulieres, que ce fût pour avantager son second mari au préjudice de ses enfans, la Justice pourroit venir au secours de ces derniers.

La dame de Chabannes, veuve du sieur Feydeau de Marcelage, épousa en secondes nôces, & dans un âge avancé, le sieur de Boresdon, ancien Officier, Chevalier de Saint Louis; la dame de Boresdon avoit eu de son premier mariage une fille épouse du sieur d'Hugon, & il y avoit des enfans de ce mariage.

La dame de Boresdon, une année après son second mariage, vendit la Terre de Mariolle au sieur Sicaud de la Motte, moyennant 163000 liv. dont 83000 livres furent payées comptant à la dame de Boresdon, autorisée de son mari: quant aux 80000 liv. restant, la dame de Boresdon chargea l'acquéreur de conserver entre ses mains une somme de 20000 livres qu'elle avoit assurée à sa fille par son contrat de mariage avec le sieur d'Hugon, & une somme de 1200 liv. pour la sûreté de la restitution de 22 marcs d'argent provenant du sieur Feydeau son premier mari, desquels la dame de Boresdon ne jouissoit que par usufruit; le surplus du prix fut stipulé payable huit jours après la perfection du décret.

Le sieur d'Hugon, tuteur des enfans de lui & de la demoiselle Feydeau, sa défunte épouse, se pourvut en Justice contre les sieur & dame de Boresdon; il forma d'abord une demande en reddition de compte des biens délaissés par le feu sieur Feydeau; ensuite sur le fondement que le sieur de Boresdon vouloit faire passer à son profit les biens de sa femme, par des voies indirectes & défendues par les Loix, il forma, en qualité de tuteur de ses enfans, une autre demande tendante à ce que défenses fussent faites aux sieur & dame de Boresdon d'aliéner les biens immeubles provenans du chef de la dame de Boresdon; qu'il fût ordonné qu'ils ne pourroient toucher le restant du prix de la Terre de Mariolle dû par l'acquéreur, ni le remboursement d'aucune rente, qu'à la charge d'en faire emploi en sa présence, en acquisition de rentes ou immeubles réels; le sieur d'Hugon demanda en outre le rapport de la fomme de 83000 liv. avec l'emploi de cette fomme.

Par Arrêt du Samedi 2 Août 1766, rendu en la Grand'Chambre, conformément aux Conclufions de M. Seguier, Avocat Général, le fieur de Borefdon & la dame fon époufe furent condamnés à faire emploi en préfence du fieur d'Hugon, des 83000 liv. payées à compte par l'acquéreur ; ce faifant, main - levée de toutes les faifies faites fur les propres biens du fieur de Borefdon, avec défenfes à la dame de Borefdon de faire aucunes Aliénations de fes propres hors la préfence du fieur d'Hugon ; plaidant Me Auvray Defguiraudieres pour le fieur d'Hugon, & M^e le Blanc de Verneuil pour les fieur & dame de Borefdon.

Notez bien que dans le cours de la procédure, les fieur & dame de Borefdon, ou fi l'on veut, leur Procureur (défavoué), avoient prêté des confentemens qu'on pouvoit regarder comme un aveu de leur part, des Aliénations fans caufes légitimes, des propres de la dame de Borefdon ; fans quoi le principe général que pere & mere, *non interdits*, peuvent difpofer de leurs biens, comme bon leur femble, auroit pu faire déclarer le fieur d'Hugon, non-recevable dans fes demandes.

A L I M E N S.

Page 79, *colonne* 1, *après le* 4e *alinea, après* difficilement, *ajoutez* ;

Mais le pere peut s'adreffer à celui de fes enfans qu'il voudra, pour lui demander des Alimens : c'eft ce que la Cour a jugé par un Arrêt, dont voici l'efpéce.

Un pere qui avoit trois enfans, demanda en Juftice des Alimens à celui qu'il fçavoit être le plus en état de lui en fournir : Sentence étoit intervenue, qui avoit condamné l'enfant à payer une penfion de 400 liv. de rente à fon pere ; l'enfant en appella : il foutenoit qu'il n'auroit dû être condamné à payer que fon tiers ; il en faifoit des offres : mais, par Arrêt du Mardi 18 Février 1766, Audience de relevée, il a été jugé *in terminis*, que l'enfant devoit payer la totalité de la fomme, fauf fon recours contre fes freres pour la part qu'il payeroit pour eux. Le même Arrêt a jugé

auffi que l'enfant devoit payer la penfion en argent, & non point fournir des Alimens en nature : en effet, l'enfant offroit de laiffer fon pere venir prendre fes repas chez lui ; mais l'Arrêt porte, *fans s'arrêter aux Requêtes & demandes de l'Appellant*, plaidans Mes Pierret de Sanfieres & Bidault.

Page 81, *colonne* 1, *à la fin de l'article, ajoutez* ;

Lorfqu'une perfonne eft accablée de dettes, ou que l'on craint fa diffipation & le dérangement de fes affaires, on peut ftipuler que les Alimens qu'on lui légue, ne pourront être faifis par fes créanciers, *pour telle caufe que ce foit* ; la faveur des Alimens eft même tellement confidérable, que dans les lettres de furféance accordées au débiteur, les dettes qu'il doit pour Alimens, ou qui en tiennent lieu, font toujours exceptées du bénéfice des lettres de furféance.

A L L U V I O N.

Page 82, *col.* 1, 2e *alinea, lig.* 3, *après* accru, *ajoutez* ; *fundus fundo accrefcit, ficut portio portioni.*

Même page, colonne 2, *ligne* 5, *à la fin de l'article, après* ce que je dis, *ajoutez* ; aux mots Rivieres & Attériffement. Voyez auffi Bacquet, chap. 30 des droits de Juftice ; Henrys, tom. 2, liv. 3, queftion 74 ; les Edits d'Avril 1683, & Février 1710, & une Déclaration du mois d'Août 1689.

A L S A C E.

Page 82, *col.* 2, 1er *alinea, lig.* 3, *après* la Lorraine, *ajoutez* ; La Maifon d'Autriche fe l'étoit appropriée, mais le feu Roi l'a conquife, & elle lui a été cédée par les Traités de Munfter en 1648, & par celui des Pirénées en 1659. Louis XIV, en la réuniffant irrévocablement à la Couronne, par le Traité de Rifwick, l'a maintenue dans fes us, coutumes, ufages, droits, privileges, franchifes & immunités ; ainfi la Juftice s'y adminiftre comme avant la réunion, fuivant le Droit-Ecrit.

Page 84, *colonne* 1, *à la fin de l'article, ajoutez* ;

On n'eft point d'accord, fi l'Evêque de

Strasbourg a été Seigneur de l'Alsace, & si le Lantgraviat étoit un Fief qui dépendoit de l'Évêché. Voyez sur ce Imoff, dans sa notice des Dignités de l'Empire, liv. 3, ch. 7, art. 3 ; il soutient la négative de cette question.

AMBASSADEUR.

Page 85, colonne 2, après le 2ᵉ alinéa, après Résident, ajoutez ;

On distingue deux sortes d'Ambassadeurs ; les ordinaires & les extraordinaires.

Absolument parlant, on ne doit pas regarder les Ambassades ordinaires, comme étant du Droit des Gens : il y a deux cent ans que l'on ne connoissoit point d'Ambassadeurs ordinaires ; tous les Ambassadeurs étoient extraordinaires, & se retiroient aussi-tôt qn'ils avoient terminé l'objet dont la négociation leur étoit confiée ; mais aujourd'hui les Ambassadeurs ordinaires, ainsi que les extraordinaires, jouissent des mêmes prérogatives.

A partir des siécles les plus reculés, le caractere dont est revêtu un Ambassadeur, a été regardé comme sacré. » Cicéron dit » que le nom d'un Ambassadeur est un » nom de respect & d'autorité. *Orat. 6, in » Verr.* David fit la guerre aux Ammonites » pour venger l'injure faite à ses Ambassadeurs ; & la jeunesse de Rome ayant » outragé les Ambassadeurs de Vallonne, » fut livrée entre leurs mains pour se ven» ger à discrétion «.

AMBIGUITÉ.

Lorsque dans un acte, on s'est servi de termes qui présentent une expression qui se peut entendre en deux sens contraires, il est de maxime que la clause équivoque s'interprête toujours contre celui qui transmet ses droits, parce qu'il étoit en son pouvoir d'exprimer clairement sa volonté. *Veteribus placuit, pactionem obscuram vel ambiguam iis nocere, in quorum potestate fuit legem apertius conscribere. L. 39. ff. de Pactis.* V. Domat.

AMENDE.

Page 86, colonne 1, ligne 23, après certaines regles, ajoutez ; ce mot vient du verbe latin emendare *, corriger.*

Chez toutes les Nations policées, & dans tous les siécles, l'Amende a été mise en usage comme une peine ; l'Histoire apprend que les Grecs contraignoient les Parties à déposer une somme dans le Prytanée (Grenier public), & celui qui étoit condamné, perdoit cette somme ; il en étoit de même chez les Romains, la consignation s'en faisoit entre les mains des Pontifes.

Page 88, colonne 1, ligne 43, après infirmé *, ajoutez ;* Cette Amende s'appelle Amende de fol-appel. Voyez *Fol-Appel.*

Page 89, colonne 2, à la fin de l'article, après 1727, ajoutez ;

Aux termes de l'Ordonnance de la Marine, article 19, titre 3, les peres & meres, & les maîtres sont responsables des Amendes encourues par leurs enfans ou domestiques, & il est permis aux Officiers d'Amirauté d'en appliquer le tiers au payement des frais faits pour parvenir aux condamnations.

Sur les amendes encourues pour les délits dans les bois & forêts, voyez le titre 32 de l'Ordonnance de 1669.

AMENDE HONORABLE.

Quoique les Romains ayent quelquefois compris sous le nom d'Amende, le bannissement, il ne paroît pas qu'ils ayent connu ce genre de peine que nous appellons Amende Honorable.

AMIRAUTÉS.

Page 92, colonne 2, ligne 11, après vaisseaux *, ajoutez ;* Voyez le titre premier de l'Ordonnance de la Marine de 1681.

AMNISTIE.

Page 93, colonne 1, ligne 5, après Loi, ajoutez ;

Lorsque les trente tyrans furent chassés d'Athènes, Thrasibule fit une Loi agréée des Athéniens, qui portoit que de part & d'autre on oublieroit tout ce qui s'étoit passé pendant la guerre : c'est à cette époque que l'on a commencé à employer le nom d'Amnistie, qui est un mot grec.

AMODIATEUR, AMODIER.

On appelle ainſi celui qui prend ou qui donne une terre à ferme.

AMORTISSEMENT.

Même page, col. 2, lig. 36, après très- ancien, *effacez*, il étoit établi avant Saint Louis, & *mettez*; les Eccléſiaſtiques inquiétés par les Seigneurs qui vouloient les forcer de ſe deſaiſir des biens-fonds par eux acquis, s'adreſſerent au Pape Alexandre IV, qui fit à ce ſujet ſes repréſentations à Saint Louis; ce Roi, pour déférer aux prieres du Soüverain Pontife, permit aux Eccléſiaſtiques d'acquérir des immeubles; mais ce fut ſous la condition qu'ils lui payeroient une ſomme d'argent aſſez conſidérable pour les contenir, & leur ôter les moyens d'acquérir des biens-fonds qui auroient pû porter préjudice au bien du Royaume.

Page 99, colon. 1, lig. 11, après Amor-tiſſement, *ajoutez*; & notamment M. le Preſtre, premiere centurie, chapitre 86, qui en rapporte un Arrêt du 23 Mai 1586.

ANATHÊME.

Page 100, colonne 2, ligne 8, après & détester, *ajoutez*;

Il y a de la différence entre l'Anathê-me & la ſimple excommunication; celle-ci défend ſeulement *l'entrée de l'Egliſe & la Communion avec les Fidéles*; celui-là ſépa-re *du corps, de la ſocieté & du commerce des Fidéles*; il porte la mort ſpirituelle dans notre ame, & on ne doit le prononcer que pour une cauſe grave.

On diſtingue deux ſortes d'Anathêmes; les judiciaires & les abjuratoires; ce n'eſt que par les perſonnes fondées en juriſdic-tion que les Anathêmes judiciaires peuvent être faits; au lieu que les abjuratoires le peuvent être, même par des Laïcs; par exemple, lorſqu'une perſonne revient de l'héréſie à l'Egliſe Catholique, on lui fait *toujours anathématiſer l'héréſie qu'elle ab-jure.*

Si quelqu'un ſoutient que les cauſes du ma-riage n'appartiennent point aux Eccléſiaſti-ques, qu'il ſoit Anathême (dit le Concile),

ANATOCISME.

Page 100, colonne 2, ligne 22, après conſtitution, *ajoutez*;

Ce mot eſt Grec, & ſignifie DUPLICA-TION DE L'USURE. V. *Intérêt & Uſure.*

L'Anatociſme eſt défendu ſous des pei-nes ſéveres par le Droit Romain. *Cod. Lib. 8, de Uſuris.*

Cette eſpéce de contrat eſt regardée comme illicite en France; voici comment s'explique à cet égard l'Ordonnance du Roi Louis XIV, donnée à Saint-Germain au mois de Mars 1679, *titre 6, article 2. Les Négocians & Marchands & aucun au-tre, ne pourront prendre l'intérêt d'intérêt, ſous quelque prétexte que ce ſoit . . . . Dé-fendons aux Négocians & Marchands & à tous autres, de comprendre l'intérêt avec le principal, dans les lettres ou billets de chan-ge ou autres actes.*

L'Anatociſme eſt ſinguliérement prohi-bé par un Arrêt rendu en forme de Régle-ment, au Parlement de Beſançon, le 8 Janvier 1707; cependant voyez Domat, liv. 3, tit. 1, n. 10.

ANGLOIS.

Page 102, colonne 2, ligne 13, après Regnicoles, *ajoutez*; & par Arrêt du Sa-medi 12 Août 1758, rendu conformément aux Concluſions de M. Seguier, Avocat Général, la Sentence du Châtelet du 22 Mars 1758 a été confirmée. Les Parties étoient M. Trublet de Nermont, Conſeil-ler au Parlement, & Conſorts, intimés, contre les Sieur & Demoiſelle Howard, Appellans; Me Doucet, Avocat de M. Trublet de Nermont.

ANNATE.

Page 103, colonne 2, ligne 48, après mois, *ajoutez*;

Quoique de Droit commun, tous les Bé-néfices ſoient ſujets à l'Annate, cependant ce droit ne ſe paye en France, &c.

Page 104, colonne 1, à la fin du même article, ajoutez; Pour ſe diſpenſer de payer le droit d'Annate des autres Bénéfices, on expoſe dans la ſupplique que leur valeur n'eſt pas de plus de 24 ducats: c'eſt ſou-vent un menſonge qui, dans le for de la conſcience

conscience est réprobable, mais dans l'usage, la régle de Chancellerie, *de vero valore exprimendo*, ne s'observe point en France comme dans les Pays d'Obédience.

Quelques Chapitres jouissent, à titre d'Annate, du revenu des Chanoinies qui sont vacantes ; mais ces revenus doivent être employés aux ornemens de l'Eglise & au profit de la Fabrique.

ANNEAU.

Page 104, colonne 1, ligne 13, après conjugale, *ajoutez* ;

On lit dans les Antiquités de Paris par Dubreuil, livre 1ᵉʳ, page 69, édition de 1639, que la coutume étoit de donner un Anneau de jonc ou de paille aux personnes qui, avant leur mariage, avoient vécu ensemble dans un mauvais commerce. C'est pourquoi, lorsque la chose étoit avérée, on conduisoit les deux époux en l'Eglise de Sainte Marine, *par deux Sergens*, au cas qu'ils ne voulussent pas y venir de leur bonne volonté ; là ils étoient mariés par le Curé de cette Paroisse, qui les exhortoit à réparer par une bonne conduite, le scandale qu'ils avoient commis.

Richard, Evêque de Sarisbery, fit une défense de mettre dans les doigts des femmes, *des Anneaux de jonc ou de quelque matiere que ce fût, précieuse ou non* ; son motif étoit qu'il se trouvoit des personnes assez simples pour regarder comme vrai mariage, ce qui ne se faisoit qu'en badinant ou dans la vue, de la part du garçon, d'abuser plus aisément de celle qu'il vouloit tromper.

Judas, fils de Jacob, donna son Anneau à Thamar pour gage de sa parole. Genese, 38, 18. Dict. de Trévoux.

ANNÉE.

Page 105, colonne 1, à la fin de l'article, ajoutez ;

En droit, l'Année commencée est tenue pour complette : *annus incœptus pro impleto habetur.*

ANNÉE de Probation.

L'Année de Probation se dit en matiere Canonique, de l'Année du Noviciat des Religieux, pendant laquelle on les éprouve pour connoître s'ils pourront supporter l'austérité de la régle, & s'ils ont une vocation bien décidée.

ANNEXE, ANNEXER.

Page 105, colonne 1, à la fin de l'article, ajoutez ;

Les Annexes qu'un Testateur fait de son vivant à l'héritage qu'il a légué, sont comprises dans le legs.

ANTICHRESE.

Page 107, colonne 1, à la fin de l'article, ajoutez ; Voyez Loyseau, de la Distinction des Rentes ; & Dumoulin, Traité des Usures, question 35.

APANAGE.

Page 110, colonne 1, à la fin de l'article, ajoutez ;

On peut consulter sur cet article le Dictionnaire de Trévoux, & notamment les Factums de Mᵉ Husson, qui se trouvent à la fin des Œuvres de Duplessis, édition de 1709.

On appelle encore Apanage, la portion des biens que certaines Coutumes donnent à un cadet de famille pour lui tenir lieu de tout patrimoine.

L'article 305 de la Coutume de Bourbonnois admet l'Apanage des filles, c'est-à-dire, qu'une fille mariée par pere & mere, ayeul ou ayeule, & qui a été par eux apanée ou dotée d'une portion de leurs biens, telle qu'elle soit, est exclue de la succession de ceux qui l'ont ainsi mariée, de maniere qu'elle ne peut demander la légitime, ni venir aux successions collatérales, dans les termes de représentation.

Relativement à l'Apanage des filles, la Cour a jugé par Arrêt du mercredi 3 Mai 1758, rendu en la Grand'Chambre au rapport de M. l'Abbé Terray, qu'un pere qui n'avoit point fait inventaire valable dissolutif de communauté, ni fait constater ce qui appartenoit à ses enfans du chef de leur mere, ne pouvoit être considéré comme ayant apané valablement ses filles, & cela à cause de la confusion, toujours subsistante, des deux patrimoines. En effet, dans l'espéce de cet Arrêt, Etienne Vidalin n'avoit point établi d'Apanage réel &

véritable, puifqu'il étoit prouvé qu'il n'a-
voit rien donné *de fuo*, ni payé en quelque forte le prix *omittendæ fucceffionis*.

Le véritable motif de l'Apanage des
filles eft la faveur des mâles, au profit
defquels certaines Coutumes autorifent les
renonciations ou Apanages des filles. Voy.
l'article 307 de la Coutume de Bourbonnois; le Brun, des Succeffions, livre 3,
chapitre 8, fect. premiere; & M. le Préfident Bouhier, en fa quatriéme obfervation fur le Droit Coutumier.

APOTICAIRES.

Page 112, *colonne* 1, *ligne* 39, *après*
Châtelet, *ajoutez*;

Remarquez auffi qu'il n'y a jamais de
fin de non-recevoir à oppofer à un Apo-
ticaire, réfultante de l'article 125 de la
Coutume de Paris, lorfque les drogues &
médicamens ont été fournis fans difcontinuation, & pendant le cours de la derniere maladie du défunt, quel que foit le
temps que cette maladie ait duré.

APPEL.

Page 114, *colonne* 2, *ligne* 35, *après* V.
Baillifs & Parlement, mettez;

Le Gendre prétend, qu'en France, dans
les fiécles paffés, de quelque Juge que
ce fût, on ne pouvoit en appeller qu'au
Roi. Lorfque l'Appel étoit bien fondé, le
Juge étoit refponfable des dommages, frais
& intérêts; fi, au contraire, il ne l'étoit
pas, l'Appellant étoit condamné en l'amende feulement, quand il étoit noble; & au
fouet, lorfqu'il ne l'étoit pas.

Page 115, *colonne* 2, *ligne* 17, *après*
d'incompétence, *ajoutez*;

Il faut obferver fur ceci, que pour
gagner du temps, un mauvais débiteur a
fouvent recours à un Arrêt fur Requête,
qui le reçoit appellant, *tant comme de Juge incompétent*, *qu'autrement*, & fait défenfes d'exécuter une Sentence des Confuls, qui prononce la condamnation d'une
fomme au-deffous de 500 livres; dans la
forme & au fond, cet Appel eft auffi peu
recevable, que l'incompétence peu fondée:
un Procureur ne doit pas figner de telles
Requêtes; c'eft même ce qui a été jugé
dans de femblables circonftances, par Ar-

rêt du Vendredi 3 Octobre 1766, conformément aux conclufions du miniftere public; la Cour a déclaré l'Appellant non-
recevable dans fon Appel, l'a condamné
en l'amende (de 75 liv.); en conféquence
a fait défenfes au Procureur de figner des
Requêtes tendantes à faire recevoir l'Appel de Sentences des Confuls, qui prononcent des condamnations au-deffous de 500
livres, & a condamné le Procureur perfonnellement aux dépens. Il eft à obferver
que l'Arrêt fur Requête qui recevoit le
débiteur appellant, *tant comme de Juge incompétent*, *qu'autrement*, avoit été obtenu
fur les Conclufions de M. le Procureur Général; que par conféquent, fuivant l'ufage, la copie de la Sentence des Confuls
avoit été jointe, & avoit appris qu'elle
prononçoit une condamnation au-deffous
de 500 livres; mais vraifemblablement,
cet Arrêt fur Requête a été confidéré comme obtenu par une forte de furprife. Plaidans MM. Carrouge & Marmottant.

Page 118, *colonne* 1, *ligne* 2, *après* Gallicane, *ajoutez*;

Ainfi, lorfqu'il y a trois Sentences
définitives qui prononcent les mêmes chofes, l'Appel ne peut plus en être porté
qu'au Pape.

Page 116, *colonne* 2, *ligne* 18, *après*
V. *Défertion*, *ajoutez*;

Quand on fait fignifier une Sentence
dont on a deffein d'interjetter Appel aux
chefs qui font préjudice, il faut avoir attention de ne la faire fignifier qu'avec *toutes
proteftations & réferves*; autrement on feroit par la fuite non-recevable dans l'Appel.

La Comteffe de Louefme, débitrice d'une
rente dont le payement lui étoit demandé
par le Comte de Marcouville, prétendoit
que cette rente étoit prefcrite: Sentence du
Châtelet étoit intervenue qui avoit appointé en droit; le Comte de Marcouville
fit fignifier cette Sentence (à la vérité, purement & fimplement, fans proteftation ni
réferve); mais il n'y eut de fa part aucune
fommation d'y fatisfaire: enfuite le Comte
de Marcouville interjetta Appel de cette
Sentence, il concluoit même à l'évocation
du principal: la Caufe fur l'Appel fut mife
en Délibéré; & par Arrêt rendu fur Délibéré, au rapport de M. Farjonnel, Con-

seiller de Grand'Chambre, le mardi 13 Août 1765, le Comte de Marcouville fut déclaré non-recevable dans son Appel, & condamné en l'amende de 75 liv. Le motif de l'Arrêt fondé sur ce qu'il avoit exécuté la Sentence, en la faisant signifier *sans protestation ni réserve*. Plaidans Mᵉ Vermeil pour le Comte de Marcouville, & Mᵉ Lochard pour la Comtesse de Louesme.

APPEL à minimâ.
V. Accusation.

L'Appel *à minimâ* n'a lieu qu'en matiere criminelle, quand il échet peine afflictive : il s'interjette à la requête du Procureur Général du Roi ou de son Substitut, lorsque la peine prononcée contre le coupable, n'est point proportionnée au crime ; par exemple, si le Juge du Seigneur inflige une peine moins considérable que celle à laquelle tendoient les Conclusions du Procureur Fiscal, celui-ci doit interjetter Appel *à minimâ*, du Jugement du Juge du Seigneur, & cet Appel se porte directement au Parlement. Voy. l'Ordonnance de 1670, art. 11 & 13.

Un Procureur du Roi ou un Procureur Fiscal ne peut interjetter Appel *à minimâ* d'une Sentence, lorsque les condamnations qu'elle prononce, sont conformes à ses Conclusions ; mais MM. les Procureurs Généraux le peuvent faire.

Lorsqu'en jugeant le procès d'un criminel, MM. de la Tournelle reconnoissent que l'accusé n'a point été condamné à des peines proportionnées à son crime, & que néanmoins il n'y a point d'Appel *à minimâ*, alors la Chambre fait interjetter Appel *à minimâ* par le dernier Conseiller en réception ; & sur cet Appel, le procès est jugé sans être renvoyé au Parquet de M. le Procureur Général, & cela pour plus d'expédition & pour juger le procès sur le champ.

APPLÉGEMENT.

Dans les Coutumes d'Anjou & du Maine, ce terme signifie l'Acte par lequel on donne caution.

Sur l'Applégement, le Dictionnaire de Trévoux entre dans un détail assez curieux.

APPRENTI.

Page 122, col. 2, lig. 46, après connu, *mettez* ; & enregistré dans le Registre.

ARBRES.

Page 128, colonne 1, ligne 11, après 1751, *mettez* ;

Cependant en 1750, semblable question s'étoit présentée : il s'agissoit de sçavoir si Marie Jacquet, veuve de Claude Crozet, & Antoine Crozet, pouvoient être assujettis à couper les Arbres qui étoient dans leurs héritages, & ne se trouvoient pas à cinq pieds de distance d'une haye dont Mᵉ Adrien Michon, Avocat au Parlement, étoit Propriétaire ; par Sentence du Bailliage de Roanne du 25 Septembre 1748, Crozet avoit été condamné à couper les Arbres de son pasquier, qui n'étoient pas dans la distance de cinq pieds de la haie de Mᵉ Michon, à l'exception de ceux de l'âge au-dessus de 30 ans : mais, par Arrêt du 9 Juillet 1750, au rapport de M. Titon, cette Sentence fut infirmée. Dans le Mémoire imprimé, que j'ai actuellement sous les yeux, signifié pour Marie Jacquet, on soutenoit que la Loi *Quinque pedum* n'étoit point en usage parmi nous : cette Loi est la Loi 13 au Digeste, livre 20, tit. 2. *Sciendum est..... cæteras Arbores ad pedes quinque.* Voyez à ce sujet, le Traité des Servitudes, par M. de Lalaure.

Même page, colonne 2, ligne 39, après cedit, *ajoutez* ;

Mais si c'est un Fermier qui a planté des Arbres sur l'héritage par lui pris à Ferme, il faut que le Propriétaire qui les veut conserver, en paye la valeur au Fermier. V. Belordeau, lettre E, art. 5.

Page 129, colonne 1, à la fin de l'article ; mettez ;

Il est défendu, sous peine d'amende, de couper les Arbres, *pieds corniers*, c'està-dire, de gros Arbres étant dans les encoignures des ventes qui se font dans les Forêts.

ARCHEVÊQUE.

Page 130, colonne 1, à la fin de l'article, après considérables, *ajoutez* ;

Ceux qui sont nommés aux Archevêchés ou Evêchés, doivent être âgés de 27 ans pour le moins, & originaires François, *nonobstant quelque dispense ou clause dérogatoire qu'ils puissent obtenir:* ils doivent faire résidence en leurs Eglises & Diocèses, & satisfaire aux devoirs de leurs charges en personnes.

Le Roi ne nomme aux Archevêchés, Evêchés, & autres Bénéfices, qu'un mois après la vacation d'iceux. V. l'Edit de Blois, art. 2, 4, 14 & suivans.

ARCHIDIACRE.

Page 130, colonne 1, au commencement de l'article, après Procuration & Visite, mettez;

L'Archidiacre est un Supérieur Ecclésiastique, à qui appartient le Droit de Visite sur les Cures d'une certaine partie du Diocèse. » Il n'a qu'une Jurisdiction » momentanée & passagere, & un droit de » correction légere, en faisant sa visite «.

Page 132, colonne 1, à la fin de l'article, mettez;

On trouve au quatriéme tome du Journal des Audiences, un Arrêt du 30 Août 1678, qui a jugé que les gros Décimateurs n'étoient point tenus de payer les droits de visite de l'Archidiacre, quoique le Curé fût réduit à sa portion congrue.

ARCHIDUCHÉ.

On appelle ainsi une terre, qui, érigée sous ce titre, attribue à celui qui la posséde, un rang ou qualité au-dessus des autres Ducs. Il y en a qui prétendent que c'est Fréderic XIV, qui le premier a pris la qualité d'Archiduc d'Autriche. V. du Cange.

ARGENT MONNOYÉ.

Les Ordonnances de nos Rois, Louis XII, du 12 Nov. 1506. François Premier, du 11 Septembre 1540; Henri II, du 21 Août 1548; Charles IX, du 15 Juin 1566; Henri III, de 1577, défendent expressément de transporter hors du Royaume or ou argent monnoyé ou non monnoyé, en masse ou lingots, monnoye décriée, billon, sur peines de confiscation des sommes & marchandises qui seront trouvées

avec icelles espéces; de 100 liv. parisis d'amende, de confiscation des chevaux, harnois de voitures, de punition corporelle & d'amende arbitraire: les mêmes Ordonnances portent que, pour découvrir plus facilement les délinquans, les Maîtres des ports & passages, & autres qui feront les prises sans fraude, auront la quatriéme partie de ce qui sera trouvé. Celle de Charles IX de 1566 n'accorde que la troisiéme partie.

Lorsque par Lettres ou Jugement, les Etrangers obtiennent main-levée des successions de leurs parens décédés dans le Royaume, c'est toujours sous la condition expresse qu'ils ne pourront transporter hors du Royaume, l'or & l'argent monnoyé ou non monnoyé qui se trouvera dans lesdites successions. Voyez Bacquet, du Droit d'Aubaine.

ARPENTAGE, ARPENTEURS.

Page 135, colonne 1, ligne 16, après bois, ajoutez; Voyez sur ce l'article 14 de l'Ordonnance des Eaux & Forêts de 1669, titre de la Police, & Conservation des Forêts.

Page 136, colonne 1, à la fin de l'article, mettez;

Les Arpenteurs sont crus à leur serment, aux termes des Ordonnances d'Henri II & de Charles IX, & l'Ordonnance de Henri III les exempte de gens de guerre.

ARRENTEMENT.
Voyez *Bail à rente.*

ARRÉRAGES.

Même page, colonne 2, ligne 49, après payés, mettez; Ce mot vient *d'arriere;* & l'on disoit anciennement *Arriérages.*

ARRÊT.

Ce mot signifie quelquefois l'empéchement que le Créancier met à la délivrance des deniers dûs à son Débiteur.

La Coutume de Paris, titre 8, article 160, dit; qu'on ne peut procéder par voie *d'Arrêts-Exécutions ou autres Exploits sur les biens d'autrui, ni par emprisonnement, sans obligation, condamnation, délit ou* quaſi délit, choſe privilégiée ou qui le vaille, comme au cas des ſimples gageries. Voyez *Saiſies-Arrêts.*

Même page, colon. 2, ligne 8, après re- vêtus, *ajoutez;*

Lorſque la Juſtice étoit rendue ſans frais, les Arrêts ne coûtoient rien aux Parties; le Roi aſſignoit un fonds ſur le-quel le Greffier étoit payé; mais ſous le régne de Charles VIII, un mal-honnête homme de Commis qui avoit touché le fonds deſtiné pour payer les Arrêts, ayant pris la fuite, les Miniſtres de Charles VIII, dont les Finances étoient épuiſées à cauſe des guerres qu'il avoit avec ſes voiſins, parvinrent à perſuader à ce Roi qu'il n'y avoit point d'injuſtice à faire payer aux clients, les Arrêts qu'ils obtenoient.

Autrefois les Arrêts de la Cour étoient délivrés en Latin aux Parties; mais Fran-çois Premier, par ſon Ordonnance de 1539, art. 3, a ordonné que *dorénavant tous Arrêts ſeroient prononcés, enregiſtrés & délivrés aux Parties en langage mater-nel François & non autrement.*

Ce fut Jean de Mont-Luc, qui, ſous Philippe-le-Bel, s'aviſa le premier de faire des recueils de pluſieurs Arrêts qu'il fit re-lier enſemble, on les appelloit *regeſtum quaſi iterium geſtum,* parce que c'étoit des copies. Ces recueils ſont encore dans le dépôt du Parlement; on les nomme *Olim.*

Même page, colonne 2, ligne 27, après Voyez Caſſation, *ajoutez;*

Le Procès doit être fait extraordinaire-ment à ceux qui, par violence ou voie de fait, empêchent directement ou indirecte-ment l'exécution des Arrêts ou Jugemens. V. le titre 27 de l'Ordonnance de 1667, art. 7.

Page 139, colonne 1, ligne 32, après Fê-tes, *ajoutez;*

Les Juges ne peuvent toucher à leur Sen-tence ou Arrêt après qu'ils ont été prononcés. *Judex ſimul atque Sententiam dixit, Judex eſſe deſinit........ſemel enim, ſeu benè, ſeu malè officio functus eſt. L. 55, de Re judicandâ.*

ARRÊT à la Loi Privilégiée.

L'Arrêt à la Loi-Privilégiée eſt un Pri-vilége qui a lieu dans la plûpart des villes & endroits des Pays-Bas qui ont Juſtice ré-glée, comme Arras, Dunkerque, &c.

Ce Privilége conſiſte dans le droit qui appartient à un Créancier légitime de faire arrêter & enſuite conſtituer priſonnier ſon Débiteur.

Ce Privilége introduit originairement en faveur des Bourgeois, a été par la ſuite communiqué aux Forains: les Etrangers même peuvent quelquefois & dans certai-nes circonſtances (comme par ſuite de com-merce) y être admis.

On prétend que ceux qui ſont ſoumis à l'Arrêt de la Loi Privilégiée, doivent d'a-bord être conduits dans une auberge ou autre lieu connu, pour avoir le temps de trouver dans les 24 heures, une caution demeurante ſous la Juſtice, pour ſûreté de toute la créance; en effet, l'objet de l'Ar-rêt à la Loi Privilégiée eſt de faire donner caution par les Débiteurs, ou de nantir la ſomme pour laquelle les Créanciers ont action contr'eux; ce n'eſt même que faute de donner caution aux Créanciers ou de nantir la ſomme, que les Débiteurs peu-vent être empriſonnés. Mais voyez à l'ar-ticle *Ville d'Arrêt,* un Arrêt du 12 Mars 1767.

La Ville d'Arras jouit de ce droit d'Arrêt, confirmé par Arrêt du 11 Mars 1692, rendu à la Tournelle. Voyez Maillard ſur Artois, page 225, édition de 1704.

ARRHES.

Page 139, colon. 2, ligne 8, après Vente, &c. *ajoutez;*

Le Propriétaire d'une maiſon n'eſt point tenu de reſtituer le double des Arrhes par lui reçues pour ſûreté du bail, ou de la pro-meſſe qu'il a faite de paſſer bail de ſa maiſon, lorſqu'il refuſe de le paſſer pour aller occu-per la maiſon par lui-même; il eſt ſeule-ment obligé de rendre les Arrhes telles qu'il les a reçues. V. le Traité du contrat de louage, p. 348.

ARSIN.

C'eſt ainſi qu'on appelle en Picardie & en Flandre, une exécution de Juſtice qui conſiſte à mettre le feu à la maiſon du cri-minel qui a tué ou bleſſé quelque Bour-geois, ou qui a commis quelqu'autre crime dans une Ville. Voyez le Glossaire du Droit François.

ARTOIS.

Page 142, colonne 2, à la fin de l'article, avant Arts & Métiers, *mettez;* Voyez aussi l'Arrêt du 30 Mai 1742, rapporté à l'art. *Donat.* & le Commentaire de Maillard.

ARTS ET MÉTIERS.

Page 147, colonne 1, ligne 47, avant Voyez *Apprenti, mettez;*

Pour que les Eleves des Galleries du Louvre puissent aspirer fructueusement à la Maîtrise de l'Art qu'ils professent, il faut qu'ils justifient que lorsqu'ils sont entrés en apprentissage, ils ayent passé devant Notaires un brevet, par lequel ils se soient obligés à leurs Maîtres pour cinq années; & leur temps d'apprentissage une fois fini & parachevé, ils doivent rapporter de leur Maître, un certificat en bonne & due forme qui fasse preuve de leur capacité. Telles étoient les circonstances dans lesquelles se trouvoit le sieur Pourvoyeur, lors du procès qu'il eut à essuyer contre les Directeurs de la Communauté de Saint Luc; ceux-ci ne vouloient le recevoir qu'en payant par lui les droits, tels que les payent les Apprentis de Ville; les Artistes de la Gallerie du Louvre intervinrent dans la contestation; & par Arrêt rendu en la Grand-Chambre le 20 Août 1763, conformément aux Conclusions de Monsieur Seguier, Avocat Général, les priviléges des Artistes de la Gallerie du Louvre furent confirmés, ou plutôt l'exécution des Lettres-Patentes registrées en la Cour, fut ordonnée; les Directeurs & Gardes de la Communauté des Maîtres Peintres & Sculpteurs à Paris furent condamnés en 300 livres de dommages-intérêts envers le sieur Pourvoyeur; & la suppression des termes injurieux répandus dans le Mémoire des Peintres, fut ordonnée. Me Laborde plaidoit pour le sieur Pourvoyeur. Voyez aussi *Apprenti.*

ASCETES.

On a donné le nom d'*Ascetes* aux Chrétiens qui, à l'imitation de S. Jean-Baptiste, des Prophétes & des Récabites, se sont mis en solitude à l'effet de vaquer uniquement à l'oraison, au jeûne & aux autres exercices de vertus; on les appella *Ascetes* ou *Exercitans;* ainsi ce mot *Ascetes* signifie la même chose que Moines ou Solitaires. Voyez *l'Institution au Droit Ecclésiastique,* par l'Abbé Fleury.

ASILE.

Page 150, colonne 2, commencer ainsi l'article Asile;

» La sûreté des Asiles ne devoit être » dans leur véritable institution, que pour » les infortunés, & pour ceux que le ha- » sard ou la nécessité exposoient à la ri- » gueur de la Loi; alors la Justice elle-mê- » me semble demander qu'on lui arrache » les armes de la main, c'est pour cela que » Dieu avoit ordonné aux Israëlites qu'ils » eussent six Villes pour servir d'asiles aux » malheureux, trois devoient être dans la » terre de Chanaan & trois au-delà du Jour- » dain. Deut. 19, v. 35 «.

ASSASSIN, ASSASSINAT.

Page 151, colonne 1, à la fin de l'article; mettez;

Les Assassins, ceux qui les recélent ou défendent, encourent de plein droit la peine de l'excommunication, & la privation des Bénéfices dont ils sont titulaires.

ASSEMBLÉES illicites.

Les Assemblées illicites sont celles faites par plusieurs personnes contre la disposition des Ordonnances & Réglemens, ou à mauvais dessein; les Assemblées illicites & attroupemens, pouvant occasionner des émotions populaires, on les range dans la classe des crimes capitaux. Boutillier, en sa Somme rurale, dit que les Cours Souveraines réputent une Assemblée illicite, quand elle excéde le nombre de trois; d'autres tiennent qu'il faut qu'elle soit de dix hommes armés, pour être dite Assemblée illicite, & pour encourir peine capitale. V. l'Ordonnance de François Premier de 1539, art. 191; l'Edit de Blois, art. 278, &c.

Les Assemblées illicites sont cas Royaux.

ATT

ATT 15

ASSENER, ASSENS.

On trouve ce mot employé dans la Coutume d'Auvergne, chap. 21, art 6, & chap. 22, art. 2; il signifie la main mise & l'exploit domanier du Seigneur direct ou censuel, lorsqu'il met sa main sur les héritages sujets au cens.

L'Assens dans la même Coutume, art. 225, signifie l'émolument provenu des forêts & bois de haute-futaie, tels que les panages, glandées, &c.

ASSIETTE.

Page 152, colonne 1, à la fin de l'article, mettez;

Tessereau parle d'un Arrêt du Conseil du 27 Janvier 1587, par lequel défenses sont faites aux Maîtres des Requêtes & Gardes des Sceaux, de permettre qu'il soit scellé ès Chancelleries, aucunes Lettres de privilége, *pour imprimer livres quelconques; ni autres écrits, ni Lettres d'Assiette, ou impositions de deniers sur le peuple.*

ASSIGNATION.

Page 153, colonne 1, ligne 15, après Décrets, ajoutez;

Le Dictionnaire de Trévoux prétend que l'ancienne maniere d'assigner les gens en Justice (pour attester) étoit de les prendre par l'oreille; il se fonde sur ce passage d'Horace. Licet antestari? Ego verò oppono auriculam.

ASSURANCE.

Page 156, colonne 1, ligne 19, après V. Grosse-Aventure, ajoutez;

Il n'y a point de temps limité pour l'Assurance; & celle qui se fait par mois, est usuraire; aussi est-ce une invention des Juifs.

A la fin de cet article, ajoutez; voyez le Traité des Contrats aléatoires par M. Pothier.

ATTÉRISSEMENT.

L'Attérissement est un amas de sables & limon, que la mer ou les rivieres transportent d'un lieu à un autre, qui leur font changer de lit & de rivage.

En général, les Attérissemens dans les rivieres publiques navigables appartiennent au Roi. Cependant il y a des Coutumes qui accordent les Attérissemens aux Seigneurs Hauts-Justiciers. Telle est la Coutume de Bourbonnois, art. 340 & 341.

La longue possession, en matiere d'Attérissement, est-elle un moyen suffisant pour faire maintenir le possesseur d'un Attérissement dans sa possession contre la teneur même de ses titres primitifs? Et le possesseur de l'Attérissement peut-il valablement opposer la prescription au Seigneur Haut-Justicier, qui a laissé prendre possession du terrein formé par l'Attérissement? Cette question s'est présentée récemment dans la Coutume de Bourbonnois: voici l'espece.

Les mineurs le Moine, représentés par leur tuteur, se trouvoient en possession de cent sestérées de terre le long de l'Allier, au lieu de 36 sestérées que leur donnoient les titres primitifs de concession.

Le sieur Cazaubon, Ecuyer, prétendit qu'en sa qualité de Seigneur Haut-Justicier, il devoit avoir, aux termes de la Coutume de Bourbonnois, articles 340 & 341, les 64 sestérées provenues de l'Attérissement: il opposoit aux mineurs le Moine leurs titres primitifs, qui ne leur donnoient que 36 sestérées; enfin, il posoit pour principe consacré par beaucoup d'Arrêts, que les premiers baux à cens faisoient une Loi inviolable entre le Seigneur & le Censitaire, de telle maniere que celui-ci ne pouvoit jamais prescrire contre son Seigneur la propriété d'un terrein, excédant la mesure déterminée par les baux à cens.

Au contraire, le tuteur des mineurs le Moine soutenoit que le Seigneur Haut-Justicier ne s'étant point mis dans le temps en possession des 64 sestérées, formées par l'Attérissement, & ayant laissé les mineurs le Moine ou leurs auteurs, s'en mettre en possession, ceux-ci avoient acquis la prescription contre le Seigneur par une possession immémoriale; le tuteur des mineurs le Moine combattoit aussi, en remontant aux principes de droit, la Jurisprudence moderne qu'on lui opposoit relativement à l'excédant de mesure; & prétendoit que quand il seroit vrai que le Seigneur auroit eu des droits, ils feroient prescrits. La Sentence rendue en la Sénéchauffée de Moulins le 22 Août 1758, avoit déclaré le Seigneur non-recevable dans toutes fes demandes ; & cette Sentence fut confirmée par Arrêt du Lundi 12 Mai 1766, rendu en la feconde Chambre de Enquêtes, au rappott de M. l'Abbé Terré de Barnay. Le motif de l'Arrêt fondé principalement fur le moyen de prescription oppofé au Seigneur Haut-Jufticier par les mineurs le Moine. Mes Hutteau & Teffier Dubreuil écrivoient dans ce Procès.

ATTERMOYEMENT.

Page 157, colonne, 2, ligne 7, après le mot homologué, *ajoutez* ;

Quoiqu'en général les contrats d'Attermoyement doivent être paffés devant Notaire avec minute ; cependant, par Arrêt du vendredi 3 Mai 1765, de relevée, la Cour a ordonné l'exécution d'un contrat d'Attermoyement paffé entre un débiteur & fes créanciers, affemblés à cet effet, non pas chez un Notaire pour y paffer le contrat, mais *devant lee Juges Confuls de Chartres.* Il étoit dit dans le Procès-verbal, fait en préfence des Juges-Confuls, que *tout ce qui venoit d'être fait par les créanciers préfens, vaudroit avec les abfens & défaillans, comme s'ils euffent été préfens; ce qui avoit été octroyé par le Juge qui avoit donné acte de tout ce qui venoit d'être fait & conclu.* Le nommé Guibé étoit Appellant de la Sentence des Confuls de Chartres, contenant cet accord; il foutenoit que cet acte paffé en préfence des Confuls n'étoit point un contrat d'Attermoyement, qu'il auroit dû être rédigé devant Notaire avec minute ; il citoit même un Arrêt qui avoit jugé conformément à fa prétention : cependant la Cour, par Arrêt du 3 Mai 1765, ordonna que la Sentence ou Procès-verbal des Confuls de Chartres, contenant l'accord entre Verrier & fes créanciers, feroit exécuté avec le nommé Guibé, créancier refufant d'accéder à cet Acte, & Guibé fut condamné aux dépens. Il eft vrai que dans l'efpéce de cette Caufe, le debiteur étoit de bonne foi, & qu'il paroiffoit que c'étoit pure humeur de la part de Guibé de ne vouloir pas foufcrire à un arrangement dont étoient convenus tous les autres créanciers de Verrier. Plaidans Mes de Varicourt & la Borde.

ATTROUPEMENT.
Voyez Affemblées illicites.

AVANTAGE INDIRECT.

Page 163, colonne 2, ligne 7 après le mot acquis, *ajoutez* ; Voyez notamment Argou, fur cet article 281, tome 2, pag. 3.

Page 165, colonne 2, ligne 7, après teftamentaires, *ajoutez* ;

Les enfans du fecond mariage peuvent être avantagés au préjudice de ceux du premier ; il n'y en a aucune prohibition, ni dans les Loix Romaines, ni dans l'Edit des fecondes Nôces. Voyez *Nôces (fecondes),* nombre 16.

AVARIE.

Page 165, col. 2, derniere ligne, après retour, *ajoutez* ; & les dépenfes extraordinaires & imprévûes faites pendant le cours d'un voyage pour le navire ou les marchandifes de fon chargement. V. le tit. 7. de l'Ord. de la Marine de 1681. liv. 3e.

AUBAINE, AUBAINS.

Page 166 colonne 1, ligne 8, après du Roi, *mettez* ; *Albinatus, qui trans-albim,* c'eft-à-dire, qui font nés au-delà des anciennes limites de l'Empire François.

Même page & même colonne, ligne 14, après Royaume ; *ajoutez :* d'où il réfulte que les Aubains ne peuvent point tefter au préjudice du Roi à qui leur fucceffion eft dévolue de droit.

Page 167, colonne 2, ligne 6, après Naturalité, *ajoutez* ;

C'eft une des régles du Droit François, que les enfans de l'Aubain nés & domiciliés en France, recueillans la fucceffion de leur pere, font obligés de la partager avec les autres enfans de l'Aubain, quoique nés hors du Royaume, pourvû qu'ils foient domiciliés en France. Pocquet de Livonniere, Régle 33.

Page 172, colonne 1, ligne 22, après Naturalifation, *ajoutez* ; *Quid des ôtages ?* Voyez *Otages.* Voyez auffi fur l'Aubaine, Baquet,

Bacquet, & la Bibliothéque des Arrêts de Jovet, au mot *Aubaine*.

Ajoutez à la fin de cet article;

Des Lettres-Patentes du mois de Mai 1764, confirment les habitans & citoyens d'Aix-la-Chapelle, dans les priviléges dont ils jouissent depuis le régne de Charles V : & l'exemption du droit d'Aubaine leur a été accordée le 20 Septembre 1765. Le Roi a fait expédier des Lettres de Relief de surannation, nécessaires pour l'enregistrement desdites Lettres-Patentes, & elles ont été publiées en Février 1767.

AUCUNEMENT.

Ce terme, relativement à certaine prononciation de Jugement ainsi conçue, *ayant aucunement égard aux requêtes & demandes des Parties*, signifie que la demande ou les demandes que l'on a formées, ne sont ni admises ni rejettées dans toute leur étendue; & que le Juge ne fait droit que sur une partie de ce que les demandes contiennent.

AUDIENCE, AUDITOIRE.

Page 174, colonne 2, ligne 14, après dans l'Audience, *ajoutez*; Rei, cujuscumque conditionis sint, debent judicari & puniri à Judicibus loci cujus dignitatem, eique debitam reverentiam violaverunt.

Page 176, colonne 1, ligne 12, à la fin de l'article, ajoutez;

Ce fut à l'occasion d'Antoine Minard, Président au Parlement, assassiné d'un coup de pistolet, le 12 Déc. 1559, entre 5 & 6 heures du soir, étant sur sa mule, au retour du Palais, qu'il fut donné un Edit portant, que *la Cour se leveroit dès-lors en avant à quatre heures du soir, depuis la Saint Martin jusqu'à Pâques.*

Sur cette matiere, Bouchel, dans la Bibliothéque ou Trésor du Droit François, entre dans un grand détail.

AVENANT.

On appelle Avenant, la légitime & contingente portion du patrimoine auquel une fille, en certaines Coutumes, a droit de succéder *ab intestat* à ses pere & mere nobles. Dans la Coutume de Touraine & autres, qui lui sont voisines, l'Avenant

est le tiers de tous les biens immeubles délaissés à la fille par ses pere & mere ; à l'égard des deux autres tiers, ils appartiennent, avec tous les meubles, à l'aîné.

Dans la même Coutume de Tours, article 253, le plus qu'Avenant est la quarte partie dudit tiers que peuvent donner les pere & mere nobles à leur fille aînée, avant le mariage de leur fils aîné. Il en est de même dans la Coutume de Loudun, chapitre 26, article 5.

Suivant l'article 27 de cette Coutume, au titre *des Successions de Fiefs*, la sœur mariée par le frere noble, avec moins que l'Avenant, lui peut demander le surplus qui lui appartient dans le tiers de tous les immeubles délaissés par ses pere & mere. V. Dupineau sur l'art. 244 de la Coutume d'Anjou. V. aussi Hevain sur Frain, & le Glossaire du Droit François.

AVENIR.

Page 177, colonne premiere, ligne 4, à la fin de l'article, après contradictoires, *mettez*; Mais, lorsque la Cause est continuée plusieurs fois de suite, il faut, aux termes de la Déclaration du Roi du 19 Juin 1691, signifier à chaque fois un Avenir ou un simple acte, un jour ou deux avant l'appel de la Cause.

AVEU ET DÉNOMBREMENT.

Page 180, colonne 1, ligne 2, effacez (a) & la note au bas de la page, & mettez à la ligne 13, après V. Actes & Sceau.

Quoique la Coutume de Paris & plusieurs autres, notamment celle de Tours, exigent que l'Aveu & Dénombrement soient écrits en parchemin, cependant il peut se trouver des circonstances où il suffiroit que l'Aveu fût fourni en papier; c'est même ce qui a été jugé par Arrêt de relevée du Vendredi 22 Juillet 1763. Par cet Arrêt la Cour a confirmé une Sentence du Bailliage de Chinon, qui, sans avoir égard au blâme fourni par le Marquis de Razilly, contre la déclaration que lui avoit passée le sieur de la Sauverge pour une œuvrée & demie de terre, avoit condamné le sieur de la Sauverge, suivant ses offres, à passer ladite déclaration au Marquis de Razilly, sur papier timbré, & non sur par-

Supplément.   C

chemin, ainsi que l'exigeoit le Marquis de Razilly qui se fondoit sur plusieurs Arrêts que son Avocat cita à l'Audience. Vraisemblablement le motif de l'Arrêt qui a dispensé le sieur de la Sauverge de fournir son Aveu en parchemin, a été 1°. le défaut d'intérêt du Marquis de Razilly ; en effet, depuis la Sentence dont étoit appel, le sieur de la Sauverge avoit vendu l'œuvrée & demie de terre ; le Marquis de Razilly l'avoit même retirée censuellement. 2°. Il ne s'agissoit que d'une œuvrée & demie de terre, & il paroissoit prouvé que le Marquis de Razilly avoit reçu & passé lui-même de pareilles déclarations, non en parchemin, mais sur papier timbré. Me de la Borde plaidoit dans cette Cause.

AVEUGLEMENT.

Un Magistrat (chef d'une Compagnie) qui auroit le malheur de perdre la vûe, ne pourroit être forcé par cette seule raison, de quitter ou de s'abstenir des fonctions de sa charge ; c'est ce qui a été jugé par Arrêt du Parlement d'Aix, du 14 Juin 1689. Dans l'espéce de cet Arrêt, le Lieutenant au Siége de Brignolle, après 30 ans d'exercice, avec approbation générale, étoit tombé dans l'Aveuglement : le Doyen des Conseillers du Siége prétendit que la privation de la vûe rendoit le Lieutenant au Siége de Brignolle incapable de continuer ses fonctions, il demandoit à les remplir ; mais l'Arrêt a jugé que ce Lieutenant n'étoit point incapable des fonctions de sa charge, & devoit les continuer. Voyez cet Arrêt au Journal du Palais, tome second, édition in-folio.

AVIGNON.

Page 184, col. 2, lig. 28, après Grégoire XI, ajoutez (a), & mettez en note au bas de la page ;

(a) Ou depuis 1305 jusqu'en 1375, c'est-à-dire, pendant l'espace de 70 ans c'est ce temps-là que les Romains appellent *la captivité de l'Eglise en Babylone,* par allusion à la captivité des Juifs en Babylone, qui dura 70 ans.

Ajoutez à la fin de cet article ;

On finira cet article, par observer que le Roi a donné des Lettres-Patentes le premier Juin 1768, registrées au Parlement de Provence le 9 du même mois, portant que la Ville d'Avignon & Comtat Venaisin, seront & demeureront réunis à la Couronne de France, comme étant de l'ancien domaine & dépendance du Comté de Provence, &c. (Cet Arrêt est imprimé.)

AUMÔNIER.

Page 188, colonne 2, ligne 44, après &c, ajoutez ;

Le grand Aumônier est le seul Evêque de la Cour ; c'est de lui que le Roi, en quelque lieu qu'il soit, reçoit les Sacremens ; & c'est encore lui qui délivre les Prisonniers à l'arrivée du Roi dans une Ville, quand le Roi accorde leur grace.

AVOCAT.

Page 189, col. 1, lig. 34, après Lettres, ajoutez ; vir probus & peritus.

Même page & même col. lig. 43, après justes, ajoutez ;

De toutes les professions qu'un homme de Lettres puisse exercer, celle d'Avocat, sans contredit, est une des plus distinguées *& des plus libres :* le scrupule porté jusqu'à l'excès y doit être une vertu ; & quiconque ne seroit point pénétré de cette vérité, déshonoreroit cette profession.

C'est un principe constant, qu'un Avocat qui formeroit en Justice son action pour le payement de ses honoraires, perdroit *ipso facto* son état : mais, lorsque l'ingratitude de certains cliens se trouve portée jusqu'à son comble, *qu'il est dû à des Avocats, des Honoraires assez considérables pour influer essentiellement sur leur sort ;* il est un exemple récent (& je crois unique) où la force de plusieurs circonstances particulieres a excité Messieurs les Gens du Roi à prendre sur eux, de faire un réquisitoire tendant à faire rendre à deux Avocats la justice qui leur étoit refusée par l'héritier de leur cliente commune ; & par Arrêt du Samedi 15 Mars 1766, rendu conformément aux Conclusions de M. Barentin, Avocat Général, la Cour, faisant droit sur les Conclusions de M. le Procureur Général, entr'autres choses, a ordonné que l'avis de Me de Grojard de Mongenot, ancien Bâtonnier, *donné sur les pouvoirs des sieurs Chaillou & Touche,* seroit exécuté selon sa forme & teneur ; en conséquence, a condamné les sieurs Chaillou & Consorts, so-lidairement & personnellement à payer ; sçavoir, à Me Reymond la somme de 34000 livres, & à Me Buynand les 41000 livres portées audit avis ; a ordonné que Mes Reymond & Buynand toucheroient lesdites sommes par privilége & préférence à tous Créanciers, tant du sieur Chaillou & Consorts, que de leurs auteurs, sur les biens immeubles, & les sommes adjugées par un Arrêt du 10 Mai 1763...., a condamné le sieur Chaillou & Consorts envers Mes Reymond & Buynand en 100 livres chacun de dommages-intérêts applicables de leur consentement aux prisonniers de la Conciergerie du Palais ; a ordonné que les termes injurieux à Mes Reymond & Buynand seroient supprimés, & que le présent Arrêt seroit imprimé & affiché, distribué au Palais jusqu'à la concurrence de 500 exemplaires, plaidans Mes Gerbier & de la Goute. Cet Arrêt est imprimé. Voyez les questions qu'il juge, rapportées au com-mencement dudit Arrêt (a).

Page 190, colonne 1, ligne 31, après V. *Incapables, ajoutez* ; L'Arrêt du 15 Mars 1766 ci-dessus rapporté, a jugé de même & de la maniere la plus formelle, que les Avocats étoient capables de legs de la part de leurs cliens actuels, & que, lorsque la succession étoit ouverte à Paris, les héri-tiers, quoique domiciliés dans un autre res-sort, pouvoient être assignés en délivrance au Châtelet, & au domicile de M. le Pro-cureur Général, s'ils étoient domiciliés dans les Colonies.

Page 193, colonne 1, ligne 28, après art. 25, *ajoutez* ; & les Réglemens imprimés à la fin du tableau des Avocats.

AVOCATS DU ROI.

Page 195, colonne 2, ligne 35, après V. *Gens du Roi, ajoutez* ;

Par les Ordonnances du Roi dont lecture est faite au Parlement les Chambres as-semblées, & en présence des Gens du Roi chaque année, les Mercredis d'après la Saint Martin & Quasimodo, il est entr'au-tres choses défendu aux Gens du Roi, de tenir avec eux aucuns Clercs qui soient Procureurs, ou solliciteurs des Parties qui plaident à ladite Cour, ni autres qui soient pour communiquer aux Parties, les infor-mations, piéces & procès .... il leur est enjoint de réciter bien au long, les char-ges, informations & confessions, & pren-dre conclusions pertinentes à ce que les dé-linquans puissent connoître leurs fautes, & que ce soit exemple à tous ; il leur est défendu de faire aucune *adjonction*, que premiérement la matiere ne soit délibérée entr'eux, & qu'ils ne connoissent que le Roi y ait intérêt, dont leur honneur & conscience demeurent chargés, de peur que les Parties ne soient tourmentées au moyen de ladite adjonction, & que les Procès ne soient délaissés ; enfin il leur est défendu de plaider pour, ou conseiller les Parties contre le Roi, sur peine de suspensions de leurs Offices & privation de Gages. Voyez M. le Prestre, seconde Centurie. Chapitre 12.

AVORTEMENT.

En matiere Criminelle, l'Avortement se dit d'une fille, qui, par des breuvages ou autrement, provoque la sortie de l'en-fant dont elle est enceinte, avant qu'il soit parvenu à son terme ; il ne se dit en Méde-cine, que depuis que l'enfant a trois mois, jusqu'à sept.

L'Avortement provoqué est un crime capital, toujours puni de mort. Voyez l'Edit de Henri II de 1556. (V. aussi Grossesse.)

Suivant l'esprit de cet Edit, il y a peine de mort, contre tous Médecins, Chirur-giens, Apothicaires, Matrones, Gardes-Malades, & tous autres, tels qu'ils soient, qui provoquent l'Avortement des filles ou des femmes.

AUTHENTIQUE.

Page 196, colonne 1, à la fin du premier alinea, après Authentiques, *ajoutez.* C'est

---

(a) Cet Arrêt a été cassé par Arrêt du Conseil d'Etat du Roi, du 13 Septembre 1766 ; mais depuis, il est intervenu un second Arrêt au Parlement, sur les offres faites par les sieurs Chaillou & Consorts, que Mes Reymond & Buynand, fussent payés de leurs créances & honoraires adjugés par l'Arrêt du 15 Mars 1766, & ce par quart, sur les sommes qui seroient recouvrées & à mesure des recouvremens.

la Loi *Sed hodie*, fous le titre au Code, *ad Legem Juliam de adulteriis*.

Même page, & même colonne, à la fin du même article, après rapport, *ajoutez;* On les appelle Authentiques, parce qu'elles portent avec elles un caractere d'autorité & d'authenticité, *quasi plurimùm valentes*.

AUTORISATION.

Page 196, col. 2, lig. 14, après en se mariant, *ajoutez;* Voyez FOURNISSEURS.

Page 197, colonne 1, ligne 40, après propriété, *ajoutez* (a), *& mettez en note au bas de la page;*

(a) Suivant Argou, tome 2, page 200, la femme ne peut intenter d'action criminelle, fans l'autorité de fon mari, ou de Juftice, à fon refus.

Page 198, col. 2, à la fin du 3e *alinea, après* ses droits, *ajoutez;*
Cependant il y a des Auteurs qui eftiment que la femme d'un homme mort civi-lement, ou qui étant condamné par contumace, ne fe repréfente pas après les cinq ans, n'a pas befoin de fe faire autorifer en Juftice; en effet, la mort civile détruit tous les effets civils du mariage; d'ailleurs ce n'eft qu'au refus du mari que la femme peut fe faire autorifer en Juftice; or le mari mort civilement, n'eft pas le cas de refufer d'autorifer fa femme, puifque c'eft *un membre retranché du corps & de la société des hommes;* c'eft l'avis de Dupleffis dans fa quatriéme Confultation.

Page 199, col. 2, à la fin de 3e *alinea, après* V. Augeard, *mettez;*
La Coutume de Bayonne, titre 9, article 39, porte qu'après le décès de l'un des conjoints, l'obligation de la femme non autorifée eft bonne, & doit être exécutée fur fes biens.

Lorfque le mari & la femme procédent conjointement, l'Autorifation du mari n'eft pas requife pour les exploits & autres actes qui fe font en Juftice.

B

BAGUES ET JOYAUX.

Page 201, col. 2, à la fin du 3e *alinea, après* reftitution, *ajoutez;*

CEPENDANT la future ne pourroit les retenir au préjudice du privilége du Marchand à qui le prix en feroit dû. Voyez M. le Preftre, Cent. 1re, chap. 68.

Page 202, col. 2, à la fin de l'article, mettez;
Sur les Bagues & Joyaux & les intérêts *à faute de fe marier,* V. M. le Preftre, *loco citato*.

BAIL à loyer & à ferme.

Page 205, col. 1, à la fin du 6e *alinea, après* indemnités, *ajoutez;* Il y auroit une exception à ce qui vient d'être dit : ce feroit, fi le propriétaire offroit au locataire de le loger dans une autre maifon, en attendant que les réparations fuffent faites; mais il faudroit dans ce cas que le propriétaire pût prouver qu'il ne feroit pas *en faute. Arg. l. 60. ff. locat.;* alors les Loyers feroient dûs, à compter du jour des offres judiciairement faites au locataire.

Même page, col. 2, premiere ligne, après la Loi *Æde, ajoutez* (a), *& mettez en note au bas de la page;*

(a) *L. 3. Cod. de locato conducto. Si fit cafus inopinatus, & neceffaria habitatio.*

Page 107, colonne 2, ligne 2, après la Loi *Emptorem, ajoutez* (a), *& mettez en note au bas de la page;*

(a) *Emptorem fundi neceffe non eft ftare colono cui prior dominus locavit, nifi ea lege emit. L. 9. Cod. De loc. & condé.*

Même page, même colonne, lig. 49, après 1734, *ajoutez;* rapporté au Journal des Audiences.

Page 213, col. 2, lig. 48, après par anticipation, *ajoutez;* & pour plus de neuf années.

Page 216, col. 1, à la fin du 1er *alinea, après* 22000 liv. *mettez;*
Il arrive quelquefois que l'on donne le Bail général d'une ferme confidérable, dont il a été paffé précédemment des Sous-

Baux par le premier preneur, lesquels ne doivent même expirer que quelques années avant la fin du nouveau Bail général ; pour lors, s'il est dit simplement dans le Bail, que le preneur sera tenu d'entretenir les Sous-Baux tels qu'ils ont été faits & sans y rien changer, avec la faculté toutefois de les renouveller à leur expiration, le preneur pourra les renouveller pour autant d'années qu'ils avoient été passés, à moins cependant que le Bail du preneur ne portât des défenses expresses de renouveller les Sous-Baux pour un tems qui excédât celui de sa jouissance ; la raison est que, de même que le preneur du Bail général a été obligé d'entretenir les anciens Sous-Baux (ce qui nécessairement a gêné la liberté de sa location), de même aussi, celui qui succéde doit être assujetti aux mêmes charges, sauf son recours contre le bailleur, s'il n'en a point été chargé par son Bail.

Un Arrêt du Parlement (qui ne peut être que fort ancien) a confirmé un Bail de maison, dont la résolution étoit demandée sur le seul fondement *qu'il y revenoit des esprits.*

Page 216, colonne 1, à la fin de l'article, après Châtelet, *ajoutez ;* Voyez aussi le Traité du Contrat de louage, imprimé en 1764.

La question de sçavoir si celui qui achete à vie une maison, peut user du droit de propriétaire, & expulser le locataire qui en jouissoit en vertu d'un bail ordinaire, s'est présentée récemment en la Grand'Chambre ; voici dans quelles circonstances.

Le 10 Février 1766, la dame veuve du sieur de la Bourdonnais passa bail devant Notaires, au Vicomte & à la Vicomtesse d'Aubusson, d'une maison située à Paris.

Ce Bail étoit pour trois, six ou neuf années, dont la premiere avoit commencé au premier Avril 1766. Le prix du Bail étoit de 4000 liv. par an, & ce Bail contenoit les autres clauses de style.

Par une clause particuliere, la dame de la Bourdonnais avoit renoncé expressément au privilége des propriétaires.

Le Vicomte d'Aubusson, entré en possession des lieux, la dame de la Bourdonnais lui écrivit qu'il se présentoit une per-

sonne qui désiroit prendre *à vie* la maison qu'elle lui avoit louée, mais elle ajoutoit de suite : *si ce marché se conclud, il ne peut que vous convenir, puisque vous serez le maître d'achever votre Bail si vous le voulez, ou de vous en débarrasser.*

Le 20 Novembre 1766, la demoiselle d'Angeville acquit l'usufruit de cette maison, de la dame de la Bourdonnais (qui n'en étoit qu'usufruitiere), & du tuteur de ses enfans, qui en étoient propriétaires ; la vente de cette maison fut faite à la demoiselle d'Angeville, *moyennant 4000 livres payables annuellement par quartier de trois mois en trois mois ;* & sous la charge de payer toutes les impositions royales, arrérages de cens, &c. d'entretenir la maison des réparations usufruitieres, &c. comme aussi qu'elle seroit tenue seule des dommages-intérêts dûs au Vicomte d'Aubusson, au cas qu'elle ne voulût pas entretenir son Bail.

Le premier Décembre 1766, la demoiselle d'Angeville fit assigner au Châtelet le Vicomte d'Aubusson, tant en validité du congé par elle donné, pour le terme de la S. Jean-Baptiste 1766, *comme voulant occuper les lieux en personne,* qu'à fin de résolution du Bail du Vicomte d'Aubusson.

La cause portée au Châtelet, les conclusions de la demoiselle d'Angeville lui furent adjugées.

Le Vicomte & la Vicomtesse d'Aubusson en interjetterent appel : ils se fondoient principalement, sur ce que l'acte opposé par la demoiselle d'Angeville, ne renfermoit aucune sorte de vente, ils disoient que ce n'étoit qu'un véritable *Bail à vie,* qui n'étant transmissible d'aucune propriété, ne pouvoit lui donner le privilége de la Loi *Emptorem,* ni de la Loi *Arbores.* Ils ajoutoient que le traité ne contenoit aucun prix certain, aucune somme une fois payée à l'instant, ou stipulée payable avec les intérêts ; d'où ils concluoient que la demoiselle d'Angeville n'avoit point réellement acquis l'usufruit de cette maison ; ils citoient aussi un Arrêt du 28 Juil. 1714. La demoiselle d'Angeville soutenoit au contraire que l'acquéreur du simple usufruit d'une maison jouissoit du même privilége dont jouit l'acquéreur de la propriété ; elle ajoutoit que l'on trouvoit dans l'acte en question, tout ce qui caractérife, non pas un fimple Bail à vie, mais une véritable vente d'Ufufruit; enfin elle citoit en fa faveur une multitude d'autorités. Par Arrêt très-contradictoire du Mardi 19 Mai 1767, Audience de relevée & après une Plaidoirie qui dura toute l'Audience, la Cour mit l'appellation au néant, avec amende & dépens, débouta le Vicomte d'Aubuffon de fa demande formée fur le Barreau, affifté de fon Procureur, en prorogation de délai pour vuider les lieux, & lui accorda feulement 500 liv. d'indemnité pour fa non-jouiffance, (il ne lui en reftoit que vingt-un mois.) Plaidans Me Perrault de Bruel, qui fit auffi un Mémoire pour le Vicomte d'Aubuffon ; & Me le Sueur de Petiville, pour la demoifelle d'Angeville.

BAIL A RENTE.

Page 216, col. 1, à la fin du 4e alinea de cet article, après Lods & Ventes, *ajoutez*; & l'article 78 de la Coutume de Paris.

Même page, colonne 2, à la fin de l'article, après de vente, *ajoutez*; Sur le Bail à rente, voyez le Traité du Contrat de Bail à rente, par l'Auteur du Traité des Obligations.

BAIL CONVENTIONNEL.

C'eft ainfi qu'on appelle le Bail qui fe fait volontairement entre deux Parties. V. *Bail Judiciaire.*

BAIL JUDICIAIRE.

Même page, col. 2, à la fin du 4e alinea, après art. 10, *mettez*;

Si dans le tems que le Commiffaire aux Saifies - Réelles fait des procédures pour parvenir au Bail Judiciaire, un oppofant, à fin de diftraire, forme fa demande à ce que les fonds ou les droits qu'il prétend lui appartenir, ne foient point compris dans le Bail, il n'eft point jufte de commencer par le dépouiller ; mais bien d'ordonner que dans un certain temps, l'oppofant, à fin de diftraire, fera tenu de mettre en état fon oppofition, finon qu'il fera fait droit, & cependant furfis au Bail Judiciaire. Voyez d'Héricourt, chap. 7, n. 10.

Page 220, col. 2, à la fin du 4e alinea, après Paris, *ajoutez*; & le Traité de la Vente des immeubles, par d'Héricourt.

BAILLIS ET SÉNÉCHAUX.

Page 223, colon. 2, à la fin de l'article Baillis & Sénéchaux, *ajoutez*; Voyez auffi Officiers Municipaux.

BAILLI DU PALAIS.

Le Bailli du Palais eft un Officier dont la Jurifdiction eft renfermée dans l'enclos du Palais (à Paris), c'eft-à-dire, dans les cours, falles & galeries. Ses pouvoirs font les mêmes que ceux des autres Baillis & Sénéchaux, & les appels de fes Jugemens, tant en matiere civile que criminelle, fe portent au Parlement. Il tient fes Audiences les Mardi, Jeudi & Samedi à 11 heures. Le Dictionnaire de Police, de la Marre, entre dans un grand détail fur l'origine & tout ce qui eft relatif au Bailli du Palais.

BAISER le Verrouil ou la Porte du Fief Dominant.

Ces termes dans les Coutumes d'Auxerre & de Sens, *des Fiefs & profits Féodaux*, fignifient l'hommage fait par le Vaffal à fon Seigneur abfent ; cet hommage fe fait au lieu de la bouche & des mains que préfente le Seigneur à fon Vaffal, lorfqu'il en reçoit le ferment de fidélité.

BAN, Banniffement.

Page 224, col. 2, 2e alinea, après fuccéder, *ajoutez*; retraire lignagérement, &c.
Même page, col. 2, à la fin du 2e alinea, après du Fifc; *ajoutez*; il a même le pouvoir d'en difpofer de fon vivant, non toutefois par teftament. V. le Grand fur l'art. 133 de la Coutume de Troyes, n° 34, glofe unique.
Page 226, colon. 2, à la fin de l'article, ajoutez;
Les condamnés au Banniffement doivent être affignés à leur dernier domicile, fans qu'il foit befoin de Procès-verbal de perquifition, ni de leur créer un curateur. Ordonnance de 1667, tit. 2, art. 8.

BANCS DES ÉGLISES.

Page 236, col. 2, à la fin du 5ᵉ alinea après à ces régles, ajoutez;

Les Seigneurs patrons & fondateurs d'une Eglise ont le droit exclusif du Banc dans le Chœur de l'Eglise ; conséquemment, un Banc (autre que le leur) qui seroit construit dans le Chœur, pour *le tout ou pour partie*, ne pourroit y subsister qu'abusivement ; c'est ce qui a été jugé par Arrêt rendu en la Grand'Chambre le Mercredi 20 Août 1766, conformément aux Conclusions de M. Joly de Fleury, Avocat Général ; l'Arrêt a été rendu en faveur du Comte de Rochechouart, contre Mᶜ Cadet, Notaire à Las, & ses filles, en présence des Curé & Marguilliers de l'Eglise de Saint Georges de Mareau, plaidans Mᵉˢ Bazin & de la Borde. Voyez sur tout cela *Droits Honorifiques, Patron*, &c. & ci-après n° 21.

BANDIMENT.

Dans les Coutumes de Bayonne & de Bretagne, Bandiment se dit dans les cas où le Seigneur Haut-Justicier ou de Fief fait crier par un de ses Sergens, les héritages ou biens meubles, pour être saisis par lui comme vacans, ou par défaut d'hoirs ; ou bien quand le Seigneur fait à sçavoir à tous ses sujets qu'ils ayent à lui payer ses rentes, ou quand les héritages sont en saisie, criées & subhastations, & qu'il y a main-mise de Justice sur les meubles ou héritages, & que la chose qui est saisie ou arrêtée est bannie ; ou enfin, quand on fait publier le procès d'interdiction de biens. V. M. de Lauriere sur Ragueau & le Dictionnaire de Trévoux.

BANNAL, BANNALITÉ.

Au 22ᵉ alinea de cet article, qui commence par, dans le Duché de Bar, changez & mettez;

Dans le Duché de Bar, les Curés & Vicaires étoient anciennement assujettis aux Bannalités, ainsi qu'on le voit par une Ordonnance donnée par le Duc de Lorraine & de Bar en 1733, par laquelle ils ont été affranchis de cet assujettissement, tant pour la Bannalité des moulins que pour celles de fours & pressoirs ; mais, comme cette Ordonnance n'a point été homologuée, ni registrée au Parlement, la Cour par Arrêt rendu en la Grand'Chambre, sur les Conclusions de M. le Peletier de S. Fargeau, Avocat Général, le Samedi 30 Janvier 1763, n'a point accordé l'exécution provisoire d'une Sentence rendue au Bailliage de Bar, par laquelle un Curé étoit déchargé du droit de Bannalité des moulins du Seigneur ; au contraire la Cour a ordonné l'exécution provisoire de la Sentence du Siége des Justices de Renesson & Tremon, qui avoit assujetti le Curé de Tremon au droit de Bannalité ; & par autre Arrêt définitif, la Sentence de Bar a été infirmée, & celle des Justices de Renesson & Tremon a été confirmée. Sur les Bannalités V. le Traité des Fiefs de Guyot, tome 1, page 340 & suiv.

BANNERETS.

Même page & même col. à la fin du 1ᵉʳ alinea, après Banniere, ajoutez; quand l'arriere-Ban étoit convoqué.

BANQUEROUTE.

Même page, col. 2, à la fin du 4ᵉ alinea ; au lieu du 13 Juin, mettez ; du 21 Juil. 1726, regist. le 31 Juil. suivant (a).

Page 240, colon. 2, à la fin du 4ᵉ alinea ; après 3000 liv. ajoutez;

La disposition de l'article 13, rapporté n°. 21, s'applique également contre la femme du Banqueroutier : c'est ce qui résulte d'un Arrêt rendu sur délibéré, prononcé le Samedi 7 Septembre 1765, au rapport de M. Blondeau, Conseiller de Grand'Chambre ; cet Arrêt a jugé que la femme du sieur ***, qui, d'intelligence avec lui, avoit favorisé sa Banqueroute, en mettant à couvert ses effets, & recevant comme fondée de sa procuration, différentes sommes dûes à son mari, étoit contraignable solidairement & par corps avec lui, pour raison d'une somme dûe au sieur Pouchet, Négociant, par le mari seul : plaidans Mᵉˢ Sionnest & de Varicourt.

Depuis cet Arrêt, le mari débiteur déposa les 1650 livres, au payement desquelles l'Arrêt du 7 Septembre l'avoit condamné.

(a) Cette Déclaration se trouve dans Bornier, tome 2, page 703, édition de 1755.

Ses créanciers exciperent alors d'un contrat d'union, passé avec eux par leur débiteur antérieurement à l'Arrêt, & soutinrent que les deniers déposés devoient être réunis à la masse des créanciers.

Le sieur Pouchet au contraire demandoit à être autorisé à toucher les deniers déposés, ou bien à continuer ses poursuites contre le mari & la femme, à cause de la solidité prononcée par l'Arrêt du 7 Septembre ; il observoit que le mari étoit condamné à payer & non à déposer, & qu'il n'y avoit qu'un payement réel qui pût arrêter ses poursuites contre le mari & la femme. Par Arrêt du Mardi 10 Février 1767, Audience de 7 heures, la Cour a ordonné que les deniers déposés seroient réunis à la masse des créanciers, & cependant a autorisé le sieur Pouchet à continuer ses poursuites contre la femme du sieur *** jusqu'au payement réel & effectif. La femme du sieur *** a été condamnée aux dépens envers toutes les Parties, que Pouchet pourroit employer en frais de recouvrement, & retenir sur les deniers déposés. Plaidans Mᶜˢ Jouhannin, pour la femme du sieur *** ; Sionnest, pour le mari ; le Blanc de Verneuil, pour les créanciers unis, & de Varicourt, pour Pouchet.

BANQUIERS.

Page 243, colonne 2, à la fin de l'article, après V. Livres, *ajoutez ;*

Bacquet, Traité de la Jurisdiction du Trésor, fait mention d'un privilége accordé aux Lombards, vérifié à la Chambre des Comptes, portant permission de prêter à usure.

Autrefois tous les Banquiers étoient appellés Lombards, & c'est ainsi qu'on les appelle encore en Allemagne & en Flandres.

BAN-VIN.

Page 248. colonne 1, à la fin du premier alinea, après est attaché, *ajoutez ;* Ce droit est principalement en usage dans les Coutumes de la Marche, Anjou, Touraine, Loudun & le Maine.

Page 249, colon. 1, à la fin du 7ᵉ alinea, après Melun, *ajoutez ;*

Le droit de Ban-vin est un droit doma-

nial ; & pour l'établir, la possession peut suffire : c'est ce qui a été jugé par Arrêt du 21 Août 1638, rapporté par Henrys, tome I, liv. 3, chap. 3, quest. 41.

Même page & même colon. à la fin de cet article, après cours, *ajoutez ;* On trouve cet Edit dans Henrys, *loco citato.*

BAPTÊME.

Page 249, colon. 2, à la fin du 4ᵉ alinea, après de l'Etat, *ajoutez ;* Mais voyez M. Fleury, Inst. au Droit Ecclésiast. tome I, p. 281, il est d'avis contraire.

Quoique les Adultes puissent répondre par eux-mêmes, on leur donne aussi des parrains, & cette action est comme une adoption qui produit une parenté spirituelle. M. Fleury *loco citato ;* si l'on a raison de douter que la personne ait déja été baptisée, comme si c'est un enfant exposé ; on peut le baptiser sous condition, en disant, *si tu n'es pas baptisé, je te baptise, &c.*

BAPTEURE.

En Bresse, on nomme ainsi les droits & les salaires de ceux qui battent le bled : ces salaires se payent en bled, & se prennent sur le monceau, avant que le propriétaire & le granger ou le métayer partagent. V. M. de Lauriere sur Rageau.

BARATERIE.

Page 250, colon. 2, après marchandises, *supprimez les deux lignes qui suivent, & mettez en place ;*

On trouve au Journal des Audiences un Arrêt du 6 Septembre 1689, qui juge qu'en crime de Baraterie, le Patron peut être poursuivi où il se trouve, & qu'il n'y a lieu à l'attermoyement.

BARON, BARONIE.

Page 251, col. 1, à la fin du 1ᵉʳ alinea, après Couronne, *mettez ;*

L'article 71 de la Coutume de Tours porte ; *avant qu'aucun puisse se dire Seigneur (Baron), il convient qu'il ait sous lui plusieurs Châtellenies, ou deux pour le moins.*

Une Ordonnance de Henri III de 1579, exige *que la Baronie soit composée de trois Châtellenies*

Châtellenies pour le moins, qui seront unies & incorporées ensemble, pour être tenues à un seul hommage du Roi.

BARRAGE.

Page 251, col. 1, à la fin du 1er alinea, après V. Péage, mettez;

C'est aussi le droit que quelques Seigneurs perçoivent, d'après leurs titres, sur les marchandises qui passent, tant par terre que par eau, sur l'étendue de leur Seigneurie; ce droit s'appelle Barrage, à cause de la *Barre* ou des *Barrieres* établies pour empêcher le passage des marchandises, jusqu'à ce que le droit en ait été payé; Loyseau parle du Barrage, chap. 9, n. 82, Traité des Seigneuries.

BARRILAGE.

Page 252, colonne 1, au premier alinea de cet article, après vaisseaux, *ajoutez;* (moindre que d'un huitiéme de muid,) *Même article, 2e alinea, après* & suiv. *ajoutez;*

Le Barrillage est défendu par l'Ordonnance des Aides, à l'exception des vins de liqueurs qui arrivent en caisse.

BASILIQUES.

On appelle Basiliques » une collection des Loix Romaines traduites en » Grec. On y a compris les Instituts, le » Digeste, le Code & les Novelles de Justi » nien, quelques Edits de Justinien, de » Justin le Jeune, de Tibere, de Thrace, » &c. Cette compilation est divisée en 60 » volumes, dont nous en avons aujourd'hui » 41, traduits en Latin par M. Fabrot.

BÂTARDS.

Mettez ainsi cet article;

☞ On nomme Bâtards, les enfans naturels qui ne sont pas provenus d'un légitime mariage. Ce mot vient du Breton, composé de *bas* & de *fardol germen*, comme qui diroit, *sortis de bas germe*, de femmes publiques ou de basse condition.

Il y a deux espéces de Bâtards; sçavoir, ceux qui sont nés de deux personnes libres qui pouvoient se marier ensemble lorsque les Bâtards ont été conçus; & ceux qui naissent d'une conjonction plus criminelle, tels que les adultérins & les incestueux. *Voyez Adultere* & *Inceste.*

Les Bâtards en général ne sont d'aucune famille & n'ont point de parens : ce qui doit s'entendre par rapport aux successions, & non par rapport aux mariages entre Bâtards, freres & sœurs consanguins ou utérins; le seul lien naturel du sang, lorsque la preuve pourroit en être acquise par une notoriété publique ou autrement, étant ici, comme dans les autres cas, un empêchement civil & diriment à de pareils mariages, qui exciteroit la vigilance du Ministere public.

Les Bâtards sont capables du droit des Gens, & ont l'être civil comme les légitimes, mais ils ne succédent ni à leur pere, ni à leur mere, ni aux parens de leurs pere & mere.

Les enfans des Bâtards succédent à leurs pere & mere légitimes. Si les Bâtards n'ont point d'enfans légitimes, leur succession est déférée au fisc, à l'exclusion de leurs pere & mere naturels.

Si deux Bâtards, freres ou sœurs naturels, consanguins ou utérins, ont chacun des enfans légitimes, ces enfans, cousins-germains entr'eux, ne se succéderont point, *propter medium inhabile, quod impedit conjunctionem extremorum* (a).

Mais les petits-enfans du Bâtard, cousins-germains entr'eux, se succédent, attendu que la conjonction a commencé par le mariage légitime de leur pere commun, quoique Bâtard.

Si l'enfant légitime du Bâtard, après avoir succédé à son pere Bâtard, vient à décéder sans enfans, les parens de son pere ne pourront lui succéder, attendu qu'il n'y a point de cognation entr'eux; mais les parens du côté de la mere succéderont aux propres paternels de l'enfant, à l'exclusion du fisc. *Voyez le Grand, sur l'article* 117 *de la Coutume de Troyes, Glose deux, & Auroux des Pommiers, sur l'article* 186 *de la Coutume de Bourbonnois.*

_____

(a) Ce *Medium* inhabile dont il est parlé L. penult. *sine cum similib.* est l'ayeul qui étoit Bâtard; & qui par *Supplément.* conséquent ne peut être représenté.

Même page, col. 2, à la fin du 6ᵉ alinea, après légitimés, *mettez* ; le défaut de naiſſance les rendant irréguliers ; cependant » avant l'onziéme ſiécle, la Bâtardiſe n'é- » toit point miſe au rang des irrégularités ; » les Bâtards pouvoient être ordonnés, ſans » diſpenſe, quand ils n'imitoient pas leur » perc dans leur incontinence «. Voyez d'Héricourt.

Page 258, colonne 2, 6ᵉ alinea, après Hauts-Juſticiers, *ajoutez* ; pour les biens ſeulement qui ſont dans l'étendue de leur Juſtice.

Page 260, à la fin de l'article, ajoutez ; Les Bâtards, quoique Hauts-Juſticiers, ne doivent point précéder les enfans légitimes, & ces derniers ont réguliérement la Chapelle par préférence au Bâtard. Voyez le Traité des Droits Honorifiques, par Maréchal.

BATEAU.

Suivant Brodeau ſur Louet, le Bateau eſt obligé à la marchandiſe, & auſſi la marchandiſe au Bateau.

BÂTONNIER.

Le Bâtonnier eſt un ancien Avocat choiſi tous les ans, ſelon l'ordre du tableau ; pour être le Chef de la Communauté des Avocats & Procureurs de la Cour, le Maître de leur Chapelle & de leur Confrérie ; préſider à la Bibliothéque des Avocats, au Siége tenu pour la diſcipline du Palais & des Réglemens, & aux Aſſemblées pour la confection du tableau.

Cette fonction honorable exige de la part de celui qui la remplit, de la fermeté, de la vigilance & un zéle bien entendu.

Lorſque le Bâtonnier décéde pendant l'année de ſon exercice, il eſt remplacé pendant la vacance par le Bâtonnier précédemment nommé.

C'eſt au Bâtonnier des Avocats qu'appartient la Commiſſion des Juges inférieurs pendant leur interdiction.

BÉNÉFICES des Fermes du Roi.

Voyez *Fruits.*

BÉNÉFICE D'INVENTAIRE.

Page 276 de l'Edition de 1766, col. 1, mettez ainſi le 2ᵉ alinea ;

Il y a même un Arrêt de Réglement rendu le 23 Février 1702, ſur les Concluſions de M. l'Avocat Général Joly de Fleury, & que l'on trouve au premier tome des Arrêts notables rapportés par Augeard, ch. 31, qui décide que les héritiers bénéficiaires qui ont accepté cette qualité en majorité, ne peuvent relativement à leurs cohéritiers renoncer à la ſucceſſion & au Bénéfice d'Inventaire, pour ſe tenir au douaire.

Ajoutez à la fin de ce même alinea, après cité dans tous les livres.

Enfin le même point de droit vient encore d'être jugé par Sentence contradictoire du Parc Civil, du 22 Janvier 1768, en faveur des ſieur & dame Armand, plaidant Mᵉ Cochu le fils. Il y a eu appel de la Sentence, mais cet appel n'a pas été ſuivi.

BÉNÉVOLE.

Ajoutez au ſommaire ; Voyez auſſi la note, à l'art. *Tranſlation.*

BERGERS.

Page 278, colonne 2, après Troupeaux, *ajoutez* ;

Il eſt libre à tout Particulier, ayant droit d'avoir un troupeau de bêtes à laine, de ſe ſervir de tel Berger qu'il voudra pour la garde de ſon troupeau. C'eſt ce qui réſulte d'une Déclaration du Roi du 20 Juillet 1764, regiſtrée au Parlement le 9 Août ſuivant. L'article 5 s'explique ainſi.

» Pour faire ceſſer les obſtacles qu'on » porte journellement aux choix des Moiſ- » ſonneurs, *Bergers*, Journaliers, & Do- » meſtiques néceſſaires à l'exploitation des » Fermes, voulons qu'un chacun puiſſe » prendre telle perſonne que bon lui ſem- » blera dans tels lieux qu'il jugera à pro- » pos, pour le ſervir & l'aider, à quelque » titre que ce ſoit, dans l'exploitation de » ſon bien & de ſa ferme ; & qu'en cas d'ex- » cès ou de menaces employés contr'eux, » les auteurs en ſeront punis ſuivant l'exi- » gence des cas, & comme des perturba- » teurs du repos public. «

Quoique cette Loi ait pour objet

principal la tacite réconduction dans les Généralités de Soissons, Amiens & Châlons; cependant l'esprit de cette Déclaration, par rapport au contenu en l'article 5, doit s'appliquer aux autres Généralités: C'est ce qui a été décidé formellement par un Arrêt rendu en la Grand'Chambre, le Samedi 10 Janvier 1767, conformément aux Conclusions de M. Barentin, Avocat Général. Par cet Arrêt, la Cour a infirmé une Sentence qui enjoignoit à la veuve Tailleur, de mettre ses moutons sous la garde du Berger choisi & nommé par la Communauté des Habitans de l'Eglantier, proche Clermont en Beauvoisis, avec défenses à elle de faire garder ses moutons par le Berger dont elle avoit fait choix; il est vrai que dans l'espéce de cet Arrêt, la nomination du Berger par les Habitans étoit nulle dans la forme; mais M. l'Avocat Général observa que, quand elle auroit été réguliere, on ne devoit point (à partir de l'esprit de la Déclaration de 1764) gêner les Propriétaires des bêtes à laine dans le choix du Berger. Plaidans MM. Caillard, de la Borde & de Varicourt.

Il est défendu aux Bergers d'avoir des moutons en propriété. Voyez *Troupeaux*.

BESTIAUX.

Page 279, colon. 1, à la fin du 2ᵉ alinéa, après les acheter, ajoutez;

L'article 10 porte que si les Bestiaux saisis produisent d'eux-mêmes quelque profit ou revenu, le Gardien en tiendra compte au Saisi ou aux Créanciers saisissans.

Aux termes de l'Edit de Décembre 1674 (*a*), les Parties saisies peuvent prendre, si bon leur semble, le lait de leurs Bestiaux, sinon il faut que le Gardien leur en tienne compte sur ses frais de garde. Il est aussi permis par ce même Edit aux Parties saisies, de nourrir elles-mêmes leurs Bestiaux & Chevaux.

BIENFAIT.

Ce mot signifie usufruit dans la Coutume du Maine, article 240:

BIENFAITEURS.

En matiere Canonique, on appelle Bienfaiteurs, ceux qui ont fait des fondations dans une Eglise, ou qui ont contribué à sa reconstruction, décoration, ou autrement.

Le Curé ou Vicaire doit recommander publiquement au Prône tous les Bienfaiteurs, de même que les Patrons & Seigneurs, à l'exception que ceux-ci doivent être recommandés expressément & nommés aux Prieres publiques du Prône, tous les Dimanches; au lieu que les Bienfaiteurs & Fondateurs de quelqu'anniversaire ne doivent être nommés que les jours auxquels on annonce la célébration de leurs fondations & anniversaires. Voyez le Traité des Droits Honorifiques, par Maréchal. Voyez aussi *Prieres publiques* & *Patronage*.

BIGAME, BIGAMIE.

Page 285, colonne 2, 3ᵉ alinéa de cet article, après sévérité, ajoutez; qui n'étoit fondée sur aucun texte d'Ordonnance.

Page 286, colonne 1, 4ᵉ alinea, après successivement, ajoutez; ou qui ne s'étant marié qu'une fois a épousé une veuve, (ce qu'on appelle Bigamie interprétative.)

BILAN.

Page 286, col. 2, après Bilan, mettez;

Ce mot vient du Latin *Bilanx*, balance. C'est un petit livre que les Marchands ou Banquiers portent sur eux, & sur lequel ils écrivent d'un côté leurs dettes actives, & de l'autre leurs dettes passives.

Suivant Bornier, le Bilan est beaucoup en usage à Lyon, à cause des foires; mais ce terme s'applique plus particuliérement au grand livre, qui, suivant les Ordonnances, doit contenir tout le Négoce des Marchands, leurs Lettres de change, dettes actives & passives, & les deniers employés à la dépense de leurs maisons. C'est encore l'arrêté ou la clôture de l'inventaire d'un Négociant où l'on a écrit vis-à-vis tout ce qui lui est dû, & ce qu'il doit.

Tout Marchand qui est dans l'usage de porter un Bilan sur la place, ou autre pour lui, est réputé en faillite, s'il ne se rencontre

---

(*a*) C'est l'Edit portant création de Commissaires aux Saisies-mobiliaires.

point fur la place pendant le tems du payement. Il eft encore abfolument néceffaire
qu'un Marchand en faillite préfente fon
Bilan à fes créanciers, avant de pouvoir
être admis à aucun accommodement avec
eux. V. *Banqueroute.*

BILLETS.

*Page 287, col. 1, à la fin du 2ᵉ alinea;
après* Voyez Hypothéque, *ajoutez;*

L'hypothéque n'étant point ce qui fait
qu'un bien eft meuble ou immeuble, les
Billets portant promeffe de paffer Contrat de Conftitution pardevant Notaires,
à la premiere réquifition du Créancier, peuvent être faifis réellement comme immeubles; il n'y a que les Coutumes qui déclarent les rentes meubles en toutes fortes de
cas, ou quand elles ne font pas réalifées,
où ces Billets ne puiffent point être faifis
réellement. Voyez d'Héricourt, chap. 3,
n. 12.

*Même page & même colonne, à la fin du
6ᵉ alinea, après* confacre ce principe, *ajoutez;* qui cependant n'eft point général, puifqu'aux termes de la Déclaration du 20 Février 1714 (a), ce délai d'un mois n'a lieu
que pour les Provinces & Villes où il n'y
a point d'ufage au contraire.

*Page 289, col. 1, à la fin du 2ᵉ alinea,
après* puiffantes, *ajoutez;*

Un particulier étoit porteur d'un Billet de 2400 livres, écrit d'une main étrangere, avec approbation d'écriture, mais
fans qu'il y eût *bon pour 2400 livres.* Le
porteur de ce Billet en demandoit le payement; mais, par Arrêt du Mardi 10 Avril
1764, Audience de 7 heures, le défendeur
fut déchargé de la demande, en affirmant
qu'il n'avoit point reçu la valeur: & cela
fur le fondement qu'il n'y avoit point d'approbation en toutes lettres, de la fomme
portée au Billet; néantmoins il eft à obferver que l'on avoit fait fubir interrogatoire au propriétaire du Billet en queftion;
il avoit foutenu en avoir fourni la valeur
en efpéce, mais il ne paroiffoit pas que
la fortune lui eût permis de faire un pareil prêt. Plaidans Mᵉˢ Delagoutte & le
Preftre.

BLÂME.

Page 292, colonne 1, 2ᵉ alinea, après
genoux, *ajoutez;* pour lui lire fon Jugement; fi le prifonnier déclare qu'il fe porte appellant, on le transfere dans les prifons, où il refte jufqu'après le Jugement
de l'appel; mais s'il ne fe porte point
appellant, &c.

BLASPHÊME.

*Page 293, colonne 1, à la fin de l'article,
après* le Code Pénal, *ajoutez;* & le fixiéme
titre du livre 3 du Traité de la Police de
Lamare. V. auffi *Sacrilége.*

BLEDS.

*Même page, col. 2, à la fin du 1ᵉʳ alinea,
après* excellence, *ajoutez.* Si nihil adjicia-
tur ad verbum Bled, *frumentum apud Gal-
los intelligi certum eft.* Mornac. *ad l. 52,
Mandati.*

BOIS.

Page 298, col. 2, à la fin, après requis, *ajoutez;*

Les délits qui fe commettent dans les
Bois, doivent être jugés au fouverain,
fuivant l'article 5 du titre 13 de l'Ordonnance des Eaux & Forêts, & autres Arrêts
& Réglemens de la Cour.

Un autre Arrêt du premier Août 1729,
a jugé qu'en matiere de Bois vendu, dont
une partie lors du décès du vendeur eft aba-
tue, & l'autre partie fur pied, l'obligation étoit pour le tout mobiliaire. V. Au-
zannet fur l'art. 92 de la Cout. de Paris.

BOIS-MORT.

Bois-Mort eft Bois-Chêne abattu, ou
fec debout qui ne peut fervir qu'à brûler.
Voyez *l'article 12 du titre des Bois* de la
Coutume de Nevers, & l'article 5 du ti-
tre 23 de l'Ordonnance des Eaux & Forêts.
Voyez auffi *Ufagers & Mort-Bois.*

BONNE FOI.

C'eft une maxime dans le droit, que
toutes les fois que la Loi n'y met point
d'empêchement, la Bonne Foi vient autant
à l'appui du poffeffeur, que le pourroit

_____
(a) Elle eft rapportée dans le Code Marchand.

faire la vérité même. *Bona Fides tantùm-dem præſtat poſſidenti quantùm veritas , quoties lex impedimentum non eſt.* **Leg. 136** *de Regulis Juris.*

BONNET VERT.

Le Bonnet vert eſt la marque de ceux qui ont fait ceſſion. L'uſage du Bonnet vert n'a été introduit en France par aucunes Ordonnances, mais par les Arrêts des Cours ſupérieures, notamment par celui du Parlement du 26 Juin 1582 en forme de Réglement : cet Arrêt ordonne que ceux qui ſeront admis au bénéfice de ceſſion, après avoir juſtifié la perte de leurs biens ſans fraude, ſeront tenus de porter le Bonnet vert ; & que s'ils ſont trouvés ne l'ayant pas, ils ſeront déboutés du bénéfice de la ceſſion, & permis à leurs créanciers de les empriſonner, en leur fourniſſant un Bonnet par an à leurs dépens. Il y a même un Arrêt du premier Décembre 1628, qui condamne un ceſſionnaire de biens à porter le Bonnet vert continuellement, ſans diſtinction de jours de Fêtes ; & un autre du 10 Mai 1622, par lequel il fut jugé qu'un Gentilhomme qui faiſoit ceſſion de biens, devoit porter le Bonnet vert : mais aujourd'hui il ſuffit que le ceſſionnaire porte ſur lui le Bonnet vert, & qu'il le montre à ſon créancier, pour éviter la priſon. V. Bruneau, Ragueau & M. Louet, Lettre C. Sommaire 56. V. auſſi *Ceſſion.*

BORDELAGE.

Page 299, colonne 1, après le titre Bordelage, *ajoutez* ; Voyez *Réverſion Bordeliere* & *Taille réelle.*

Même page, col. 2, à la fin du 6ᵉ alinea, après en aſſociation avec le Donateur ; *mettez en note* ; (a)

(a) Cet Arrêt qui eſt du premier Avril 1751, & non du premier Avril 1740, n'a point jugé qu'on ne pouvoit pas donner entre-vifs, un héritage Bordelier à quelqu'un qui n'étoit pas commun avec le donateur au tems de ſon décès ; mais qu'il n'étoit point permis de donner l'héritage par teſtament à l'héritier qui n'eſt pas commun avec le teſtateur.

Il eſt bien vrai qu'il y avoit une donation entre-vifs, d'une portion du bien dont il s'agiſſoit ; mais le ſieur de Pracontal, défendu par Me Duverne, prouvoit que la donation étoit nulle :

1°. Parce qu'elle diviſoit l'héritage, contre la prohibition de l'art. 11 du titre des Bordelages de la Coutume.

2°. Par défaut de toute tradition réelle ou feinte.

Outre cela, le ſieur de Pracontal prétendoit que la donation avoit été révoquée du conſentement mutuel du donateur & du donataire, d'où il concluoit que le ſieur de Savigny n'avoit point d'autre titre que le teſtament de ſon oncle. Cependant le ſieur de Pracontal ne laiſſoit pas de ſoutenir qu'il faudroit juger dans le cas d'une donation entre-vifs, de même que par rapport au teſtament ; mais il eſt certain que la donation fut regardée comme nulle, & que la queſtion ne fut jugée que par rapport aux teſtamens.

Page 300, col. 1, lig. 28, après 1759, *ajoutez* ; en la Grand'Chambre, au rapport de M. Titon.

Même page, col. 2, à la fin de l'article, après Dixmes, *ajoutez* ;

La ſaiſie-réelle ſuivie de baux judiciaires, empêche-t-elle la réverſion Bordeliere ? Voyez *Réverſion Bordeliere.*

BORNES & BORNAGE.

Page 301, col. 2, à la fin du 1ᵉʳ alinea, ajoutez (a), *& mettez en note* ;

(a) Cet Arrêt, auſſi rapporté au mot POTEAUX ; juge encore une autre queſtion.

Même page & même colon. à la fin du 4ᵉ alinea, après clandeſtine, *ajoutez* ; Henrys, tom. 1, liv. 4, queſt. 82.

BOULANGERS.

Page 303, col. 1, lig. 42, après fourniture, *ajoutez* ; tant des ſix premiers que des ſix derniers mois qui avoient précédé le décès du ſieur Bertrand, c'eſt-à-dire, pour l'année entiere, & ce attendu que , &c.

BOURGEOIS.

Page 305 de l'Edition de 1766, col. 1, 4ᵉ alinea, après Le droit de Bourgeoiſie s'acquiert à Paris par un domicile d'an & jour, *ajoutez* (a), *& mettez en note* ;

(a) Ce domicile d'an & jour s'entend d'un véritable & perſonnel domicile avec ſa famille, prouvé par quittances de Loyers, de Capitation, &c. & non point par un Logement pris en Hôtel garni. Sur le Privilége des Bourgeois de Paris, voyez les excellentes notes d'Euſebe de Lautiere, ſur l'art. 173 de la Coutume de Paris.

Page 308, même Edition, à la fin de cet article, après les vins de leur crû, *ajoutez* ;

Par cet Arrêt les Bourgeois de Châlons avoient été aſſujettis à fournir au fermier, des copies collationnées des titres de propriété de leurs vignes, &c. Mais par un ſecond Arrêt de la Cour des Aides, du 22 Mai 1759, les Officiers du Conſeil de Ville

& les Bourgeois & Habitans de Châlons, ont été reçus opposans à l'Arrêt de Réglement du 3 Juillet 1758 ; en conséquence il a été ordonné que les Bourgeois de Châlons seroient seulement tenus de donner des déclarations signées d'eux, de la quantité de vignes qu'ils possédoient, ensemble du vin qu'ils auroient recueilli chaque année, conformément à l'article 6 du titre 9 de l'Ordonnance de 1680. Mᵉ Masson de la Motte fit un Mémoire pour les Officiers de Ville & Bourgeois de Châlons.

BOURSES DES NÉGOCIANS.

Page 308, colonne 2, 1ᵉʳ alinea après des Postes, *ajoutez* ; & tous autres effets Royaux ; cette négociation est autorisée par Arrêt du Conseil du 24 Septembre 1724, & se fait journellement depuis 10 heures jusqu'à une heure après midi dans la Cour de la Compagnie des Indes. C'est à M. le Lieutenant Général de Police qu'appartient la connoissance de toutes les contestations qui peuvent s'élever sur le négoce desdits effets, & sur tout ce qui concerne la Bourse.

Page 308, colonne 2, à la fin de l'article, après Voy. Agens de Change, *ajoutez* ;
Un Arrêt du Conseil d'Etat du Roi du 21 Avril 1766, ordonne » qu'aucuns » Marchands, Négocians, Financiers, Bour-» geois & autres personnes de quelque qua-» lité & condition qu'ils soient, qui auront » obtenu des Lettres de répit, fait faillites » ou contrat d'attermoyement, ne pourront » être admis à la Bourse, pour y faire au-» cunes négociations de quelqu'espéce que » ce soit ; veut Sa Majesté que l'entrée leur » en soit refusée : & dans le cas, où, au pré-» judice de ces défenses, ils prétendroient » pouvoir y entrer, ordonne qu'ils seront » arrêtés comme Perturbateurs de l'ordre » public, & punis suivant l'exigence des » cas «.

BREFS APOSTOLIQUES.

Page 310, à la fin de l'article, ajoutez ;
On peut interjetter appel commme d'abus, des Brefs du Pape, toutes les fois qu'ils sont contraires aux Libertés de l'Eglise Gallicane. Sur les Brefs, voyez Auboux, Pratique Civile & Criminelle pour les Cours Ecclésiastiques.

BREVET.

Page 312, à la fin de l'article, après Métiers, *ajoutez* ;
Brevet, en termes de Marine, est la même chose que Connoissemens. V. à ce mot.

BRÉVIAIRE.

Page 313, col. 1, lig. 8, après introduite, *ajoutez* ; ou plutôt, le mot de Bréviaire vient, ainsi que l'expose D. Joseph Mege, de ce qu'on donnoit aux Moines qui faisoient des voyages, de petits livres contenant les Pseaumes, les Leçons & les Oraisons qu'on récitoit au Chœur dans de grands volumes.

Même page & même colonne, à la fin du 2ᵉ alinea, après institution, *ajoutez* ;
Dans une Consultation imprimée en 1644, sur la réformation des Heures Canoniales, M. Joly, Grand-Chantre de l'Eglise de Paris, soutenoit qu'il n'y avoit point de Loi, mais seulement un usage, qui obligeât un Eccclésiastique à réciter le Bréviaire en particulier : il ajoutoit encore que le Concile de Basle (& avant ce Concile on n'avoit sur cela aucune Constitution) n'enjoignoit point expressément aux Ecclésiastiques de réciter le Bréviaire, mais leur enseignoit seulement de quelle maniere ils devoient le réciter.

BULLES.

Page 315, col. 1, ligne 2 du 1ᵉʳ alinea, après Rome, *effacez, & substituez* ;
La Bulle diffère du Bref, en ce qu'elle est plus ample, & s'expédie toujours en parchemin avec un sceau de plomb ou de cire verte, où sont les images de Saint Pierre & de Saint Paul.

Les Bulles répondent aux Edits, Lettres-Patentes & Provisions des Princes Séculiers.

Lorsque les Bulles sont lettres gracieuses, le plomb est pendant en lacs de soie ; & à une *cordelle* de chanvre, quand ce sont lettres de Justice & exécutoires.

BUREAU DE LA VILLE.

C'est la Jurisdiction du Prévôt des Marchands & des Echevins. Voyez *Hôtel-de-Ville*.

Par Arrêt rendu en la Grand'Chambre, le Vendredi 2 Janvier 1767, Audience de 9 heures, conformément aux Conclusions de M. Joly de Fleury, Avocat Général, il a été jugé *in terminis*, que le Bureau de la Ville ne pouvoit connoître de l'exécution d'une saisie-réelle.

Dans le fait, il y avoit une saisie-réelle pendante au Bureau de la Ville, & une autre moins ample pendante au Châtelet : on convenoit que celle du Châtelet, comme moins ample, devoit être convertie en opposition à la première ; mais la difficulté étoit de sçavoir, qui du Bureau de la Ville ou du Châtelet connoîtroit de cette saisie-réelle ; & par l'Arrêt dudit jour, la Cour a ordonné que l'instruction seroit faite par les Officiers du Châtelet, devant qui les Piéces & Procédures seroient renvoyées. Plaidans MM. Tronchet, Breton, Dandasne & Babille. Lors de la plaidoirie, M. l'Avocat Général considéra le Bureau de la Ville, comme n'ayant point une Jurisdiction patrimoniale, & comme étant des Juges extraordinaires, dont l'Ordonnance de 1672 spécifioit les matieres qui étoient de leur compétence. On cita aussi beaucoup le sentiment de M. Servin, Avocat Général.

BUREAUX DES FINANCES.

Les Bureaux des Finances sont les Siéges des Trésoriers de France dans les vingt-quatre Généralités ; c'est dans ces Bureaux que s'exerce la Jurisdiction non-contentieuse des Trésoriers de France ; ils connoissent en premiere Instance des affaires concernant le Domaine du Roi, & des droits en dépendans, à la charge de l'appel au Parlement.

Par l'incorporation faite par l'Edit de 1693 de la Chambre du *Trésor* aux Trésoriers de France de la Généralité de Paris, la Jurisdiction de ceux-ci a été composée de deux Chambres ; l'une appellée Chambre du Trésor ou du Domaine, (voyez Chambre du Trésor) & l'autre *Bureau des Finances*. Les Trésoriers de France servent par semestre dans chacune de ces deux Chambres, & chacune a un Procureur & un Avocat du Roi.

Le Bureau des Finances à Paris est dans la Cour du Palais ; on y juge les affaires concernant les Finances, les Voyeries & tout ce qui étoit de la Jurisdiction des Trésoriers de France, avant la réunion de la Chambre du Trésor au Corps des Trésoriers de France de la Généralité de Paris. Voyez *Trésorier de France*.

Les Audiences s'y tiennent les Mardi & Vendredi. Les Avocats au Parlement y plaident ; mais le plus souvent, sur-tout en matiere de Voyeries, les Parties qui y sont assignées à la requête du Procureur du Roi, y plaident elles-mêmes leurs causes, ou plutôt répondent aux questions qui leur sont faites par M. le Président, après que M. le Procureur du Roi a rendu compte de l'objet pour lequel elles ont été assignées.

BUREAU (Grand) des Pauvres.

On appelle Grand Bureau des Pauvres, le lieu où s'assemblent d'ordinaire les Lundi & Samedi l'après-midi des Bourgeois notables, choisis de chaque Paroisse pour veiller aux intérêts spirituels & temporels des Pauvres de chaque Paroisse. M. le Procureur Général préside cette Compagnie, d'où l'on tire les Administrateurs des Hôpitaux de Paris & des environs. V. *Commission*.

C

CABARETIERS, CABARETS.

Page 3, col. 1; à la fin de l'article, ajoutez;

IL est défendu aux Clercs d'entrer dans les Cabarets pour y boire ou manger, si ce n'est dans les cas de nécessité, par exemple dans un voyage.

A plus forte raison ne leur est-il pas permis de tenir Cabaret. *Nulli Clerico licet tabernam aut ergasterium habere; si enim ejusmodi tabernam ingredi prohibetur, quantò magis aliis ministrare in eâ! Si quis verò tale quid fecerit, aut cesset, aut deponatur. Ex Synod. 6. Can. Nulli distinctione 44.*

CADASTRES.

Page 3, colonne 1, ligne 3, après réelles, mettez; comme en Provence, Dauphiné & en Languedoc.

A la fin du même alinea, après qui les possèdent, ajoutez; les Romains faisoient la même chose pour leurs cens.

CAISSE DE POISSY.

C'est une Caisse de payement établie au Marché de Poissy par Edit de 1707, dont l'objet a été l'approvisionnement plus facile de la Ville de Paris, & la rentrée certaine & prompte des fonds aux Marchands qui y conduisent leurs bœufs pour les vendre; en effet ils sont payés sur le champ des deniers de la Caisse. V. l'Edit d'établissement de cette Caisse de l'année 1707. Voyez aussi *Bouchers.*

Si le Boucher ne paye point à la Caisse les marchandises qu'il y a achetées & le sol pour livre, on décerne contre lui une contrainte, qui étant visée de M. le Lieutenant Général de Police, peut être mise à exécution, commandement préalablement fait;

les dispositions de l'Edit de 1707 s'observent à cet égard à la rigueur; & par Arrêt rendu à la Séance de la Notre-Dame d'Août, tenue au Châtelet le Samedi 14 Août 1761, un Marchand Boucher détenu prisonnier en vertu d'une contrainte décernée par le Caissier de la Caisse de Poissy, n'a pu obtenir sa liberté provisoire, quoiqu'il offrît de consigner la moitié de sa dette, & de donner caution pour le surplus. On cita deux Arrêts qui avoient pareillement débouté deux Bouchers de leur demande en liberté de leurs personnes, aux offres de payer moitié, & de donner caution pour le surplus; plaidans Mes Desmoulins & de Varicourt.

CALENDRIER GRÉGORIEN.

»Sous le règne de Henri III, la réfor-
»mation du Calendrier Grégorien fut re-
»çue par Edit de 1582. On retrancha en
»France les 10 jours du 15 au 25 Décem-
»bre; & ce même Calendrier fut reçu
»l'année suivante dans la partie de l'Alle-
»magne qui suivoit la Religion Catholi-
»que «. V. le Dictionnaire de Trévoux.

CANON.

Ce mot vient du grec, il signifie règle. Les Canons sont les décisions sur des matieres de Foi, ou les règles de discipline Ecclésiastique qui sont faites dans les Conciles. Voyez *Droit Canonique.*

Les Canons n'ont point force de loi dans l'Eglise Gallicane, s'ils n'ont été publiés & acceptés par les Prélats & par le Roi qui est protecteur de la discipline Ecclésiastique. Voyez d'Héricourt.

CANON EMPHYTÉOTIQUE.

C'est le revenu annuel dû par le preneur d'un héritage à bail emphytéotique.

CAPITAL.

CAPITAL.

On appelle ainsi le fonds & le sort principal d'une rente qui engendre & produit des intérêts.

Les arrérages doivent être payés avant de rien imputer sur le Capital. Voyez *Arrérages & Intérêts*.

CAPITULAIRES.

Page 14, colonne 2, à la fin du premier alinea, après Nation, *ajoutez;* Tels font (difoit Charles-le-Chauve) les Capitulaires de notre pere, que les François ont jugé à propos de reconnoître pour loi, & que nos fidéles ont réfolu, dans une affemblée générale, d'obferver en tout temps.

Même page, colon. 2, à la fin de l'article, après Marculphe, &c. *mettez;*

M. l'Abbé Fleury donne le nom de *Capitulaire d'interrogations*, à deux Mémoires qui contiennent des queftions propofées par Charlemagne aux Evêques, aux Abbés & aux Comtes de fon Royaume en 811.

CAPUCINS.

Page 15, colonne 1, feconde ligne du fecond alinea, après France, *ajoutez;* du confentement de Grégoire XIII.

CARDINAUX.

Page 17, col. 2, à la fin du 2ᵉ alinea, après tolérées, *ajoutez;*

En France, les Cardinaux ne font point fujets au droit d'Indult; la Bulle de Clément IX du mois de Mars 1667, ainfi qu'un Arrêt du Confeil d'Etat du 11 Janvier 1672, & des Lettres-Patentes du Roi du 29 du même mois, les en ont déchargés.

Suivant Fevret, un Cardinal, Abbé Commendataire, exerce la difcipline fur les Religieux, à caufe de l'Eminence de fa dignité; il peut même deftituer un Prieur Clauftral.

Lorfqu'un Eccléfiaftique François ou réfident en France eft promu à la dignité de Cardinal, il faut alors qu'il obtienne l'agrément du Roi pour refter en France, fans quoi fon Bénéfice feroit impétrable. La raifon eft que le Royaume de France étant un Etat purement Monarchique, les loix de l'Etat ne permettent pas d'y admettre (fans le confentement du Souverain) un fujet donné par une Puiffance étrangere, que le nouveau Cardinal reconnoît pour fon chef, lui prête ferment de fidélité, & lui doit par conféquent obéiffance.

CARENCE (Acte de).

Page 17, colonne 2, à la fin du 3ᵉ alinea de l'art. Carence, *après* inventaire, *ajoutez;* & ce procès-verbal de Carence équivaut à un inventaire.

CARMES.

Page 18, colonne 1, à la fin du 1ᵉʳ alinea, après 1254, *ajoutez;* Il les établit à Paris, ainfi qu'il eft prouvé par une lettre de Charles-le-Bel fon arriere petit-fils, de 1322; & ce fut où font à préfent les Céleftins, qu'ils demeurerent d'abord.

CARRIERE.

Même page, col. 2, à la fin du 4ᵉ alinea, après Tourbe, *ajoutez;*

La Coutume d'Orléans, art. 490, décide que le créancier d'une rente fonciere peut empêcher le propriétaire d'un héritage d'y faire perriere (a), d'y fouiller & enlever des pierres, à moins que ce ne foit pour les employer fur ledit héritage, ou que dès le temps du bail à rente, le lieu fût deftiné à faire perriere.

CAS FORTUITS.

Page 19, col. 2, ligne 26, après échue, *ajoutez;* res fua perit domino.

CAS REDHIBITOIRES.
V. *Redhibition, Redhibitoires.*

CAS ROYAUX.

Page 23, colonne 1, à la fin du 2ᵉ alinea, après violence, *ajoutez;* & autres cas expliqués par nos Ordonnances & Réglemens.

Page 24, col. 1, ligne 3, après Royaux, *ajoutez;*

En général; tous les crimes, autres

(a) C'eft la même chofe que Carriere.

Supplément.

que ceux exprimés par l'Ordonnance de 1670, qui se commettent dans le particulier, & n'intéressent point directement la sûreté publique, sont de la connoissance des Juges des Seigneurs & non des Juges Royaux.

C'est sur ce fondement que, par Arrêt du Mercredi 9 Juillet 1766, rendu en la Tournelle Criminelle, conformément aux Conclusions de M. Barentin, Avocat Général, il a été jugé que le crime de viol, commis par un pere à l'égard de sa fille, (ce qui réunissoit en même temps l'inceste) n'étant pas un Cas Royal, les frais de l'instruction du Procès étoient à la charge du Seigneur Haut-Justicier du délit.

Dans le fait, le Juge de la Ferté-Aleps, Domaine engagé, appartenant à M. le Duc de Chartres & à Mademoiselle, du chef de Madame la Duchesse d'Orléans, leur mere, avoit instruit une procédure extraordinaire, & rendu Sentence sur une accusation de crime de viol, commis par un pere dans sa maison, à l'égard de sa fille âgée de six ans (a). Le Greffier ayant envoyé en la Cour, les Grosses des informations pour y être statué sur l'appel de cette Sentence, il avoit été décerné à son profit & en faveur du Messager, deux exécutoires sur M. le Duc d'Orléans, Tuteur de ses enfans, Seigneurs engagistes de la Ferté-Aleps. M. le Duc d'Orléans en interjetta appel, sur le fondement que le viol, même incestueux, n'étant pas un Cas Royal, les frais de l'instruction de cette procédure étoient à la charge du sieur Duval, Seigneur Haut-Justicier du lieu de Saint-Wrain, où le délit avoit été commis; c'est ce qui a été jugé par l'Arrêt que l'on vient de citer. La Cour, en infirmant, a ordonné que l'exécutoire seroit payé par le sieur Duval, Seigneur Haut-Justicier de Saint-Wrain; plaidans Me Savin, Avocat de M. le Duc d'Orléans; & Me Viel, pour le sieur de Saint-Wrain.

Par un Arrêt rendu peu de temps avant celui ci-dessus, on avoit renvoyé, conformément aux Conclusions de M. Seguier, Avocat Général, devant un Juge de Seigneur, l'instruction d'un crime de viol.

<hr/>

(a) La Sentence condamnoit le pere incestueux à être brûlé vif.

CASSATION D'ARRÊT.

Page 24, colonne 2, à la fin du 2e alinea, après sans nombre, *ajoutez;* & les Juges Souverains deviendroient Juges d'appel.

Page 25, colonne 1, ligne 4, après 1738, *ajoutez;* Ils sont d'un an pour l'Eglise, & de six mois à l'égard de toutes autres personnes, même des Ecclésiastiques, lorsqu'il ne s'agit point du droit de leurs Bénéfices.

A l'égard des absens ou de ceux qui sont dans les Isles, voyez ledit Réglement.

L'exécution des Jugemens n'est point arrêtée par une Requête en Cassation; & ceux qui se pourvoyent en Cassation d'Arrêts, tant du Conseil que des Cours & Juges en dernier ressort, sont obligés, lorsqu'ils présentent leur Requête, de consigner l'amende de 450 liv. dont 300 liv. pour le Roi & 150 liv. pour la Partie; cependant l'amende envers le Roi n'est que de 150 l. quand les Jugemens sont par défaut, & de 75 liv. envers la Partie.

Même page, à la fin de l'article, ajoutez; Sur les Cassations d'Arrêts, voyez le Style du Conseil, par Gauret, pag. 174, sect. 1re.

C A T E U X.

Page 26, colonne 1, à la fin de l'article, ajoutez;

On appelle encore *droit de meilleur Catel,* le droit qui appartient à plusieurs Seigneurs dans quelques Provinces des Pays-Bas, & qui consiste à prendre après le décès de leurs vassaux, le meilleur meuble qui se trouve dans la succession, comme vaisselle d'argent, bague, lits, tapisserie, cheval, &c.

C A U S E.

Page 27, colonne 2, à la fin de l'article, après détail, *ajoutez;* Cependant voyez le titre 14 de l'Ordonnance de 1667; & observez que la Cause étant plaidée, doit être jugée en l'Audience, si la matiere y est disposée, & non pas appointée à mettre ou en droit, à moins que le nombre des piéces, ou la nature & l'importance de la Cause ne le requiérent.

CAUTIO JUDICATUM SOLVI.

Page 28, colonne 2, à la fin de l'avant-dernier alinea, après Juge, ajoutez;

L'Etranger qui désavoue son Procureur, est également tenu de donner la Caution de *Judicatum solvi*, avant de pouvoir le forcer à fournir des défenses à la demande en désaveu : c'est ce qui a été jugé formellement, par Arrêt du Vendredi 4 Juillet 1766, Audience de relevée : il y avoit même cette circonstance, que le sieur Prentis, Anglois de Nation, qui avoit désavoué Me Poirier son Procureur à Dunkerque, étoit en prison, & offroit d'y rester jusqu'au Jugement du désaveu ; mais sans s'arrêter à ses Requêtes & demandes dont il a été débouté, l'Arrêt a ordonné qu'il fourniroit la Caution de *Judicatum solvi*, fixée d'office par la Cour à la somme de 500 livres, plaidans Mes Bazin & de Varicourt.

Par Arrêt du Mercredi premier Avril 1767, il a été jugé en la Grand'Chambre deux choses. La premiere, que le privilége de l'exemption d'Aubaine, & de la successibilité réciproque ne dispensoit point les Etrangers qui pouvoient avoir ce double privilége, de donner la Caution *Judicatum-solvi*; & que les Suisses qui ont l'un & l'autre privilége, & les Genevois qui ont seulement l'exemption d'Aubaine, étoient astreints à donner cette Caution.

La seconde, que l'Etranger qui a donné cette Caution en cause principale, doit, (s'il est Appellant,) en donner une nouvelle pour sûreté des dépens de cause d'appel, ou présenter la même ; parce que la cause d'appel forme une nouvelle instance, pour les dépens de laquelle la caution de cause principale n'est point engagée. Il y avoit cela de particulier dans l'espéce, que la personne qui s'étoit portée Caution en cause principale, étoit décédée. Mes de la Goutte & Duponchel plaidoient dans cette cause.

CAUTION.

Page 29, colon. 2, à la fin du 4e alinea, après Domat, ajoutez;

Celui qui cautionne le débiteur d'une lettre de change, par un aval au pied de la lettre de change, s'expose à la contrainte par corps, comme le débiteur principal, ne fût-il point Négociant ; c'est la disposition de l'Ordonnance de 1673, tit. 7, article 1er.

Mais si le Cautionnement étoit fait par acte devant Notaires, alors le créancier n'auroit contre la Caution, qu'une action civile & ordinaire ; c'est ce qui a été jugé par Arrêt du mois de Juillet 1766 ; plaidans MM. Deve & Bazin. Dans un pareil cas, la Caution (autre qu'un Marchand) ne pourroit valablement être assignée aux Consuls ; il n'est même pas besoin alors d'assigner : il suffit de mettre le titre à exécution, en lui donnant une forme exécutoire, s'il ne l'a pas.

Page 31, colon. 1, à la fin du 4e alinea, après événemens, ajoutez;

Un Fidéjusseur peut-il, après un espace de temps considérable, contraindre le débiteur principal à lui apporter décharge, & à rembourser les causes du cautionnement ? Cette question paroît avoir été jugée pour l'affirmative par un Arrêt récent, dont voici l'espéce.

Les sieurs de Turbilly & Toustain avoient passé un Contrat de constitution, formant un principal de 120000 liv. au profit des sieurs de Lial de Sucy, & de Pailly freres, & de la Dame veuve de Rohan Chabot. Le sieur Lallemand de Betz se rendit Caution : au bout de dix ans, ce Fidéjusseur fut poursuivi par les trois créanciers, pour une année d'arrérages qu'il paya effectivement en l'acquit des sieurs de Turbilly & Toustain ; il actionna aussi-tôt les deux débiteurs pour rembourser le sort principal, & obtint deux Sentences par défaut adjudicatives de ses Conclusions : sur l'appel en la Cour, après une ample instruction, & nonobstant la nature des Contrats de constitution (que l'on soutenoit de la part des débiteurs principaux, n'être remboursables que de leur gré, & auxquels on repliquoit que cela étoit vrai du débiteur au créancier, & non du débiteur au Fidéjusseur), le Marquis de Turbilly & le sieur Toustain furent condamnés par Arrêt du 5 Juin 1764, au rapport de M. l'Abbé Terray, *à rapporter au sieur Lallemand de Betz, dans deux ans, acquit & décharge de ses cautionnemens , soit par décharge de la part de ladite de Rohan-Chabot & desdits Lalive, soit par remboursement ou constitution.* Mᵉ Simon écrivoit pour les sieurs de Turbilly & Toustain. V. Basnage, Traité des Hypothéques , partie 2, chap. 5 ; & le Traité des Obligations, par M. Pothier, part. 2, chap. 6, sect. 6, art. 3, n. 442.

Page 31 , colon. 2 , à la fin du 7ᵉ alinea , après Voyez Contrainte par Corps *, ajoutez;* & ci-dessus, n°. 8.

Page 32 , colonne 1, à la fin de l'article, ajoutez ;

Celui qui se rend Caution d'un accusé, est il tenu des dommages-intérêts prononcés contre l'accusé, faute de représenter l'accusé? Cette question importante s'est présentée récemment : voici dans quelles circonstances.

Les nommés Lalouette & Chéron, accusés, furent décrétés; sçavoir, Lalouette, de prise de corps, & Chéron, coaccusé, d'assigné pour être oui. Lalouette après avoir subi interrogatoire, demanda sa liberté provisoire ; cette liberté lui fut accordée par Sentence du 31 Janvier 1765, rendue sur les Conclusions du ministere public ; en voici les termes.

» Nous disons qu'en attendant plus ample instruction, Lalouette sera relaxé & mis hors de prison, à la charge de se représenter en état d'ajournement personnel, à toutes les assignations qui lui seront données pour l'instruction & Jugement de son Procès *& en donnant Caution.* «

Les sieurs Tourraine, Herbel & Blouet, se porterent Caution de Lalouette , & firent leur soumission de représenter Lalouette pour l'instruction & jugement de son Procès seulement.

Sur l'appel interjetté par Lalouette & Chéron, celui-là de la procédure extraordinaire, celui-ci, du Décret d'assigné pour être oui, les nommés Berroyer, Regnault & Pigache, plaignans, appellerent en la Cour, tant de la Sentence de liberté de Lalouette, que du Décret d'assigné pour être oui de Chéron.

Il intervint Arrêt en la Tournelle, par lequel la Cour faisant droit sur les différens appels, mit les appellations & ce dont étoit appel au néant; émendant, évoquant le

principal & y faisant droit , faisant grace aux nommés Lalouette & Chéron , les admonesta, leur fit défenses de récidiver , sous peines de punitions corporelles; les condamna en trois livres d'amende...... en outre solidairement par corps à restituer à Berroyer un billet de 120 l. pris & enlevé de chez lui, sinon la valeur avec les intérêts; les condamna aussi solidairement en 2000 liv. de dommages-intérêts envers chacun desdits Berroyer, Regnault & Pigache; en 3000 liv. envers la veuve Pion, le tout par forme de réparation civile ; ordonna l'impression & affiche de l'Arret aux frais de Lalouette & Chéron qui furent aussi condamnés en tous les dépens.

Berroyer, Regnault & Pigache voulurent faire arrêter Lalouette & Chéron pour leurs dommages-intérêts ; mais Lalouette échappa à leurs recherches, Chéron fut seul arrêté.

Berroyer, Regnault & Pigache demanderent par la suite, que faute par les Cautions de représenter Lalouette, la Cour déclarât exécutoire contr'elles , l'Arrêt rendu contre Lalouette & Chéron, en conséquence que les Cautions fussent condamnées, solidairement & chacune d'eux pour le tout & par corps, à payer la somme de 120 liv. pour la valeur du billet enlevé, & 2000 l. à chacun desdits Berroyer, Regnault & Pigache, pour les dommages-intérêts prononcés à leur profit, ainsi que tous les dépens.

Les Cautions défendoient à cette demande; leurs moyens consistoient (entr'autres) à dire, qu'en général les Cautions étoient tenues de représenter les accusés : que le défaut de représentation les rendoit à la vérité responsables des fins civiles , mais qu'il falloit que cette représentation des accusés, *devînt nécessaire à l'instruction du Procès ,* que dans l'espéce, cette représentation n'avoit pas été ordonnée : que leur cautionnement n'avoit eu pour objet que *de représenter* l'accusé, *en cas de plus ample instruction ;* que le Procès *n'ayant pas été réglé à l'extraordinaire ,* mais la Cour ayant au contraire évoqué le principal & fait droit, *sans ordonner que l'accusé se mettoit en état ,* les Cautions étoient déchargées de droit de tout engagement, & conséquemment des dommages-intérêts, l'engagement de la Caution ne pouvant jamais s'étendre à la peine que mérite le crime de l'accusé, dans le cas où la Caution ne pourroit le représenter, *pœnæ debent tenere suos autores*. C'est aussi ce que la Cour a jugé par Arrêt du Vendredi 14 Mars 1766, qui a déchargé les Cautions. Plaidans Mes Delaune & Ader.

Si la demande du fidéjusseur étoit absolument sans objet réel ou apparent, que le débiteur de la rente fût plus que solvable, que le gage du cautionnement existât toujours, & ne pût même échapper ni au créancier de la rente, ni à la Caution sans le remboursement même de la rente, le fidéjusseur dont le cautionnement seroit indéfini & sans terme, pourroit être (pour le présent) débouté de sa demande ; c'est ce qui vient d'être jugé : voici l'espéce de l'Arrêt.

Le 13 Mars 1734, un Procureur en la Cour acquit d'une veuve, le titre tout nud d'un Office de Procureur au Parlement, moyennant 9000 liv. dont il constitua 450 livres de rentes, *sous le cautionnement solidaire du sieur* . . . . ; la rente fut stipulée remboursable *à volonté*, & le cautionnement *indéfini & sans terme*.

Le Procureur remboursa par la suite la moitié de la rente : mais une opposition survenue entre ses mains sur la veuve venderesse, suspendit le remboursement du surplus. Cependant le Procureur paya exactement les arrérages de la rente jusqu'en 1764 : mais un compte de frais à lui dûs par la venderesse, lui fit interrompre le payement des arrérages.

Dans ces circonstances la venderesse fit faire, sans en prévenir le Procureur, un commandement à la Caution de lui payer 527 livres 5 sols d'arrérages. La Caution paya comme contrainte. Sur la dénonciation faite au Procureur par le fidéjusseur, le Procureur lui remboursa sur le champ les 527 livres 5 sols. La Caution demanda alors contre le Procureur, le remboursement de la rente ; celui-ci soutint qu'il ne pouvoit être forcé au remboursement ; 1°. parce que sa solvabilité étoit reconnue de sa Caution ; 2°. que depuis 1734 jusqu'en 1764, il n'avoit point été inquiété, si ce n'étoit par une circonstance qui n'étoit point du fait du Procureur, qui d'ailleurs avoit rem-

boursé sur le champ la Caution ; 3°. enfin il observoit qu'il avoit remboursé la moitié de la rente, ce qui mettoit le fidéjusseur à l'abri de toute inquiétude, puisque la Charge, augmentée en valeur de plus des trois quarts, étoit son gage, ainsi que celui de la venderesse, à laquelle le gage ne pouvoit échapper *comme bailleur de fonds*, jusqu'à ce que la rente fût remboursée ; ce qui faisoit par conséquent la sûreté & la décharge de la Caution, & prouvoit sa mauvaise humeur.

Ces moyens du Procureur furent adoptés par Arrêt sur délibéré, au rapport de M. l'Abbé Terray, prononcé le samedi 4 Avril 1767. L'Arrêt a débouté, *quant à présent*, la Caution de sa demande en remboursement, avec dépens envers toutes les Parties ; plaidans Mes de la Goutte, Mauduison & de Varicourt. Sur la Caution, voyez le Traité des Obligations, par M. Pothier.

CENS ET CENSIVES.

Page 33, colon. 1, à la fin du 1er alinea, après féodal, changez & mettez en place ;

La Cour, dans une contestation qui s'est élevée entre les Habitans & le Seigneur de Mery-sur-Marne, sans rien décider sur la question de sçavoir si la Coutume de Vitry est ou n'est pas allodiale, a, par Arrêt rendu, au rapport de M. Titon, le 2 Mars 1760, renvoyé au Réglement à faire sur ce point, & ordonné par le même Arrêt que les Habitans de Mery seroient tenus de passer déclaration & exhiber leurs titres à leur Seigneur, qui pourroit les contester, & justifier les Censives à lui dûes ; lesquelles emporteroient lods & ventes, droit de retrait, &c.

Un autre Arrêt du Lundi 19 Juillet 1756, rendu au rapport de M. l'Abbé de Salabery, avoit jugé dans la même Coutume de Vitry, que quand un Sujet n'avoit aucun titre particulier d'affranchissement, le Seigneur direct avoit le droit de se faire payer une redevance : sur-tout lorsqu'il étoit prouvé par les titres généraux de sa terre, qu'il étoit en possession de la percevoir sur tous les héritages étant dans son enclave, sans qu'il fût besoin d'un titre particulier sur chaque canton. Me Delpech de Saint-Denis écrivoit dans cette Instance.

Page 33, col. 1, 3ᵉ lig. du 4ᵉ alinea, après par l'article 135, ajoutez (a); & mettez en note au bas de la page;

(a) Il y a erreur dans le Coutumier général de 1635, où il est dit que l'amende est, dans la Coutume de Laon, de quarante sols. Argou, tom. 1, pag. 149, est tombé dans la même erreur; l'amende n'est sûrement que de quatre sols.

Page 37, col. 1, 3ᵉ alinea, après Beaujollois, ajoutez;

La Cour a jugé par Arrêt du 16 Juin 1763, rendu au rapport de M. Beze de Lys, que dans la Coutume de Nevers, le Cens non Seigneurial étoit prescriptible.

Dans l'espéce de cet Arrêt, la Demoiselle Bourgoin de Sichamp distinguoit deux sortes de Cens; l'un noble & féodal, qui est attaché à un corps de Fief, & se reporte à un Seigneur dominant; l'autre roturier & volant, qui ne se paye qu'à la personne même, & ne doit son origine qu'à la convention; & ce dernier, selon elle, étoit prescriptible; c'est ce que la Cour a jugé par ledit Arrêt.

C E N S U R E S.

Page 38, col. 2, 1ʳᵉ ligne du 1ᵉʳ alinea, après, font, ajoutez; les menaces des peines, ou même des peines, &c.

Page 39, colonne 1, à la fin de l'article, après Corps, ajoutez;

Sous la premiere race de nos Rois, les Papes n'oserent censurer aucun Roi de France. Lothaire est le premier que le Pape Nicolas I excommunia, à cause qu'il avoit répudié Tetberge son épouse légitime; & l'on peut dire que c'est la premiere breche faite aux Libertés de l'Eglise Gallicane: encore ce Pape n'osa-t-il pas prendre sur lui seul cette excommunication, & la fit-il confirmer dans une assemblée des Evêques de France. Mais par la suite, les Rois de France ont soutenu avec plus de vigueur leurs droits; aussi lit-on, dans l'Histoire, entr'autres exemples, que Benoît XIII ayant censuré Charles VI, & mis son Royaume en interdit, le Parlement par Arrêt de 1408, ordonna que la Bulle seroit lacérée.

Toutes les provisions de Cour de Rome portent absolution des censures.

CERTIFICATEURS.

Page 44, col. 2, 3ᵉ alinea, après des Criées, ajoutez; Mais il est d'autres Coutumes, telles que celles de Nivernois & de Berry, qui veulent que chaque Criée soit signifiée à la Partie saisie.

Même page, à la fin du même article, après Châtelet, ajoutez;

On n'est point obligé de certifier les Criées des Offices, ni celles des vaisseaux. L'Ordonnance de la Marine porte en termes exprès, qu'après les trois Criées & les affiches apposées (le lendemain de chaque Criée) au grand mat du vaisseau, à la principale porte de l'Eglise & de l'Auditoire de l'Amirauté, il sera procédé à l'adjudication sans aucune formalité.

Quant aux Offices, voyez l'Edit de 1683. V. aussi d'Héricourt, des Criées & de leur Certification, chap. 7.

CESSION DE BIENS.

Page 47, colonne 1, ligne 4, après le mot Cession, ajoutez;

Celui qui a été admis une fois au Bénéfice de Cession, ne peut faire ensuite un Contrat d'union avec ses créanciers; c'est ce qui a été jugé par Arrêt rendu à l'Audience de 7 heures, le Lundi 27 Juil. 1761: il est vrai que dans l'espéce de cet Arrêt on argumentoit encore de ce que le Contrat d'union n'avoit point été précédé du bilan; mais le premier moyen étoit le principal.

CHAMBRE de la Maçonnerie.

La Chambre de la Maçonnerie est une Jurisdiction particuliere pour les Maçons; elle se tient au Palais, & c'est au Parlement que les appellations sont portées: cette Jurisdiction fut établie en 1645. On appelle ceux qui l'exercent, *Généraux des Œuvres de la Maçonnerie de France;* ils connoissent des différends qui surviennent entre les Ouvriers concernant le fait des bâtimens. Les Procureurs au Parlement exercent dans cette Jurisdiction : les Audiences s'y tiennent les Lundi & Vendredi.

CHAMBRE ECCLÉSIASTIQUE.

*Page 50, col. 1, derniere lig. après diocé-
sains, ajoutez;* Les Chambres Ecclésiastiques
exercent leurs fonctions gratuitement, &
jugent souverainement.

CHAMBRE DU TRÉSOR.

La Chambre du Trésor, aujourd'hui
appellée Chambre du Domaine du Roi, est
une Jurisdiction qui connoît en premiere
Instance de tout ce qui dépend du domaine
du Roi dans l'étendue de la Généralité de
Paris.

Par Edit du mois de Mars 1693, le Roi
a uni la Jurisdiction de la Chambre du Trésor, au corps des Trésoriers de France de
la Généralité de Paris, avec attribution de
tout ce qui concerne le domaine dans l'é-
tendue de cette Généralité, de maniere que
par l'incorporation de toute la Jurisdiction
de la Chambre du Trésor, aux Trésoriers
de France de la Généralité de Paris, ceux-
ci ont seuls le droit de juger en premiere
Instance toutes les affaires du domaine &
les droits qui en dépendent dans l'étendue
de la Généralité, & l'appel de leur Sentence se porte au Parlement. La Chambre du
Trésor ou du Domaine est dans le Palais;
ses Audiences se tiennent le Mercredi &
Samedi. Bacquet a fait un Traité de la
Jurisdiction du Trésor. Voyez cet Auteur;
voyez aussi *Bureaux des Finances & Trésoriers de France.*

CHANCELIER.

Le Chancelier de France est le premier Officier de la Couronne (en ce qui
regarde la Justice) & le Chef de tous les
Conseils du Roi, auquel il rend compte
de tout ce qui concerne l'administration de
la Justice.

La principale fonction du Chancelier
(lorsqu'il est en même-temps Garde des
Sceaux) est de garder le Sceau Royal, de
sceller seul les Lettres des affaires d'Etat,
de Justice & des Finances, & de prendre
garde à ce qu'aucunes Lettres ne passent
au Sceau, au préjudice du Roi & de son
Etat : il est Président-né du Grand-Conseil ; & après le Roi, les Cours Souveraines lui rendent les premiers honneurs.

Suivant une Ordonnance de Charles V
de 1356, le Chancelier ne prête serment
qu'entre les mains du Roi ; *& comme il se
détache de lui-même, pour ne plus représenter que la Justice dont il est le Chef,* c'est
par cette raison qu'il ne porte jamais le deuil
pour quelque cause que ce soit.

Sous la premiere Race, le Chancelier
étoit nommé premier *Référendaire* ; sous la
seconde, *Archicancelier,* & sous la troisiéme *Chancelier* simplement ; & c'est le
seul nom qu'on lui ait donné depuis.

On donne quelquefois un Garde des
Sceaux au Chancelier, mais on ne peut le
déposséder qu'en lui faisant son procès ; il
y en a un exemple sous François Premier,
à l'égard du Chancelier Poyet, accusé de
péculat, & notamment d'avoir prévariqué
au fait du Jugement du procès de l'Amiral
Chabot, auquel il avoit présidé (a).

Lorsque le Roi tient son Lit de Justice
aux Parlemens, le Chancelier est assis devant lui à main gauche, & prononce les
Arrêts par ces mots, *le Roi vous dit, le
Roi vous ordonne.*

Peut-on recuser le Chancelier ? Voyez
à ce sujet plusieurs dissertations insérées au
procès de M. Fouquet, sur l'article Chancelier. Voyez aussi Filleau, tome premier,
partie premiere, titre 5, chapitre premier,
page 212 des Chancelleries de France.

CHANGE ET RECHANGE.

Le Change en fait de négoce est une
sorte de commerce d'argent, qui se fait
lorsqu'on donne de l'argent dans un lieu,
afin de le remettre ou de le faire tenir dans
un autre lieu éloigné ; tel est le profit

(a) L'Arrêt lui fut prononcé le 23 Avril 1543, tous
Messieurs de la Cour assistans, ayant leurs Robes rouges,
ledit Poyet présent, vêtu d'une Robe de taffetas fourrée
de martre, sa cornette de taffetas, nue tête & debout, appuyé sur le Bureau du Greffier. Par cet Arrêt,
il fut privé & déclaré incapable de tenir Office Royal,
condamné en cent mille livres d'amende envers le Roi &
être confiné cinq ans en la Ville de Paris, en tel lieu
qu'il plairoit au Roi ordonner. Après la prononciation
de son Jugement, ledit Poyet proféra telles paroles : » Je
» remercie Dieu de sa bonté infinie, le Roi & la sienne
» Justice, & prie Dieu qu'il me doint la grace de lui
» faire oraison agréable & au Roi profitable «. Filleau,
tome premier, seconde partie, titre 6, page 136.
L'Amiral Chabot obtint l'année suivante, des Lettres
d'Abolition & de déclaration d'innocence.

qn'un Banquier ou un Négociant eſt autoriſé de prendre, tant pour le ſalaire de ſa
négociation, que pour l'intérêt de ſon argent, ſur une ſomme de déniers qu'il a
reçue, & pour raiſon de laquelle il tire
une autre Lettre de Change payable en un
lieu déſigné & par une autre perſonne.

Sur les intérêts du Change & Rechan-
ge voyez l'Ordonnance du commerce de
1673, titre 6.

CHANOINE ; CHAPITRE.

*Page 56, colon. 2, à la fin du 4ᵉ alinea,
après 1691, ajoutez ;*

Pendant la vacance du Siége, le Chapitre a le droit de conférer les Bénéfices auxquels l'Evêque & le Chapitre nom-
moient conjointement ; mais ceux qui ſont
à la nomination de l'Evêque ſeul, ne peuvent être conférés par le Chapitre, ils doivent être réſervés au futur Evêque. Quant
aux Collations forcées qui ſe font à la nomination des Patrons Laïcs ou en vertu
d'Indults, c'eſt au Chapitre qu'appartiennent ces Collations, *Sede vacante.*

*Page 59, colonne 1, à la fin de l'article,
après* effectifs, *ajoutez ;*

Un ſeul Chanoine peut faire caſſer ce
qui eſt fait par un Chapitre, *en contra-
riété du droit.* Cela a été jugé ainſi par
Arrêt du 23 Avril 1581, rendu conformément aux Concluſions de M. Seguier, Avocat Général ; voyez cet Arrêt dans Filleau,
tome 1, page 73, premiere partie, titre 1,
chap. 43.

Les Chanoines ne doivent point ſortir du Chœur de l'Egliſe pendant la célébration du Service Divin, *ſans cauſe légitime, & ſans la permiſſion du Doyen, & en
ſon abſence, d'autre pourvu de dignité, ou
du plus ancien Chanoine préſident au Chœur ;*
ils doivent obſerver la diſpoſition du décret *quomodò Divinum Officium fit recitan-
dum ;* & c'eſt ce que la Cour a jugé par
Arrêt du 25 Février 1614, rapporté par
Filleau, tome 1, premiere partie, titre 1,
chap. 26.

Tous les ornemens faits & appoſés
par un Chanoine en la Maiſon Canoniale,
appartiennent au Chapitre, à l'excluſion
des héritiers ; c'eſt la diſpoſition d'un Ar-

rêt de la Cour du 11 Juillet 1629. V. Filleau, tome 1.

CHANOINES RÉGULIERS.

*Page 59, colonne premiere, à la fin
du deuxiéme alinea, après* Mathurins,
ajoutez ;

Il eſt traité dans le ſecond tome de
l'*Hiſtoire des Chanoines Réguliers,* de leurs
différentes Congrégations, tant d'hommes
que des filles, & des Ordres Militaires qui
y ont du rapport. Voyez les noms de ces
différentes Congrégations dans le Dictionnaire de Trévoux, à l'article Chanoines
Réguliers.

*Page 60, colonne premiere, à la fin de
l'article, ajoutez ;* Voyez auſſi ce qui en eſt
dit dans le Dictionnaire de Trévoux, au
mot *Chanoine Régulier de Sainte Genevieve,
ou Pere de Sainte Genevieve* (qui ailleurs
qu'à Paris, où le Chef d'Ordre eſt l'Abbaye de Sainte Genevieve), *ont différens
noms, pris pour l'ordinaire des noms de
leurs Abbayes ou Prieurés, & des Titulaires
de leurs Egliſes.*

CHANOINESSE.

Les Chanoineſſes ſont des Demoiſelles
qui poſſédent une Prébende affectée à des
filles par le titre de fondation, ſans être
obligées pour cela à renoncer à leur bien,
ni à faire aucun vœu, de maniere que les
Chapitres où ſont ces ſortes de Chanoineſſes, ſont plutôt *un Séminaire & une retraite
diſtinguée des Demoiſelles à marier, qu'un
engagement pour le Service de Dieu ;* ce n'eſt
guéres qu'en Flandres, en Allemagne &
en Lorraine, que l'on voit de ces Chanoineſſes (à Remiremont par exemple). On
trouve dans l'Edition des Conciles du P.
Labbe, tome 7, page 1406, la Régle que
le Concile d'Aix-la-Chapelle fit en 816,
pour les Chanoineſſes ; cette Régle eſt en
28 articles. C'eſt le deuxiéme liv. du Concile d'Aix, & le premier eſt la Régle des
Chanoines.

CHANOINESSES de S. Auguſtin.

Ce ſont des Religieuſes qui ſuivent la
Régle de Saint Auguſtin, & s'engagent par
des vœux ſolemnels,

Le Concile de Rome tenu en 1060, par Nicolas II, fait connoître qu'avant Louis-le-Débonnaire, toutes les Religieuses, en quelqu'endroit qu'elles fussent, suivoient la Régle de Saint Benoît ; ce qui prouve que Saint Augustin n'est pas leur Instituteur.

CHANTRE.

On trouve dans le Concile de Rome, tenu en 595, que le Pape Hilaire se plaignoit, comme d'une mauvaise coutume, de ce que les Chantres étoient choisis parmi les Ministres du Saint Autel, & notamment de ce qu'étant Diacres, ils continuoient de chanter dans un Chœur d'Eglise, au lieu de vaquer à la prédication & distribution des aumônes. Ce pape le défend, & ordonne que l'on ne prenne pour Chantres que des Sous-diacres ou de moindres Clercs, s'il en est besoin, & que les Diacres ne fassent que lire l'Evangile à la Messe.

Chantre est aussi une des premieres dignités d'un Chapitre ; il se dit par excellence du Maître du Chœur. Il porte la Chape & le bâton dans les Fêtes solemnelles, & donne le ton aux autres en commençant les Pseaumes & les Antiennes. Le Chantre a le droit de porter dans ses armoiries un bâton de Chœur, derriere l'Ecu, pour marque de sa dignité. Dict. de Trévoux.

CHAPE.

Page 60, colonne 1, au commencement de cet article, après habit ecclésiastique, *ajoutez ;* Les anciens l'appelloient *pluvial*, parce que quelques Religieux, & notamment les Réguliers de Saint Augustin s'en servoient en hiver pour se défendre contre la pluie.

Autrefois la Chape rouge n'appartenoit qu'aux Papes.

CHAPELLE.

Page 60, colonne 2, au commencement de l'article, ajoutez ;

On lit dans le Traité de Rebuffe, *de pacificis possessoribus,* que le mot *Capella,* Chapelle, vient de *Cappa S. Martini,* qui

étoit une Chape ou Manteau que les Rois de France faisoient ordinairement porter avec eux quand ils alloient à la guerre, cette Chape étoit gardée avec beaucoup de soin dans des tentes particulieres, appellées à cause de cela *Chapelles,* d'où le nom de Chapelain a été donné à ceux à qui ce soin étoit confié (*a*).

CHARIVARI.

Page 61, col. 1, à la fin du 1er alinea, après se marient, *ajoutez ;* Le Concile de Tours a défendu cette espèce de tumulte, sous peine d'excommunication.

CHARTRE.

Même page, col. 2, à la fin du premier alinea de l'article, après Ordonnances, *ajoutez ;* Voyez celle de 1670, tit. 2, article 10,

A la fin du même article, après &c. *ajoutez ;*

On appelle encore Chartres, les titres anciens qui établissent les droits d'une Seigneurie ou de quelque Communauté.

Le trésor des Chartres de la Couronne est à Paris, près la Sainte Chapelle. Il est à la garde du Procureur Général du Roi.

CHASSE.

Page 65, col. 1, lig. 2 du 4e alinea après aux Prélats, *ajoutez ;* ce genre d'exercice, où l'on perd beaucoup de temps (outre les accidens qui en peuvent résulter) convient peu à la sainteté & à l'étendue de leurs fonctions ; aussi Saint Jérôme disoit-il, *venatorem nunquam invenimus sanctum.*

Même page & même colonne, 6e alinea, après disposition contraire, *ajoutez ;* elle n'en contient aucune. Voyez de Heu sur l'art. 240, n. 16.

Même page, colonne 2, à la fin du 1er alinea, après la procédure fut jugée valable, *ajoutez ;*

La Jurisprudence du Parlement de Paris est au contraire. La Cour juge que le fait de Chasse est un délit qui donne lieu

(*a*) On prêtoit autrefois serment sur la Chape de Saint Martin.

à la condamnation d'amende, que par conféquent ce délit ne peut être pourfuivi qu'à la requête du Procureur Fiscal.

En effet, l'article 11 du titre 24 de l'Ordonnance Civile de 1667, ne peut avoir d'application dans une matiere confidérée comme criminelle, & *où il ne s'agit point du patrimoine de la Seigneurie*. Auffi toutes les fois qu'en pareille occafion il fe préfente à la Table de Marbre du Palais à Paris, des appels de Sentences rendues *à la requête du Seigneur*, elles font infirmées. C'eft ce qui vient récemment d'être jugé dans ce Tribunal.

Dans cette efpéce, il étoit intervenu une Sentence en la Juftice de Bernapré, rendue *à la requête* de la dame d'Abancourt, Dame de Bernapré, pourfuites & diligence de fon Procureur Fiscal, contre les nommés Dujon, pour un fait de Chaffe commis fur fes Terres. Il y en eut appel de la part des Dujon, fondé fur les moyens ci-deffus rapportés, & cette Sentence a été infirmée par Sentence des Eaux & Forêts, du Vendredi 10 Avril 1767; plaidans Mes Acher & Jouhannin. Voyez auffi à l'article *Juge*, n°. 46, le Réglement du 8 Août 1712, & à l'article *Seigneurs*.

Page 69, colonne 1, lig. 34, après le mot dépens, *ajoutez*;

Peut-on paffer avec port d'armes fur la terre d'un Seigneur, pour fe rendre plus promptement à l'endroit où l'on a permiffion de chaffer?

Le Comte de Rochechouart avoit fait affigner un Particulier, comme civilement garant des faits de fon fils, pour que défenfes lui fuffent faites de paffer dàvantage fur fa terre avec port d'armes: le Particulier affigné répondoit que, lorfqu'il avoit paffé par le bois du Comte de Rochechouart, il avoit la croffe de fon fufil en haut, & n'avoit paffé par ce bois que pour abréger fon chemin, & fe rendre fur une terre où il avoit permiffion de chaffer. Le Comte de Rochechouart avoit fait faire une Enquête, mais elle ne prouvoit point que le Particulier en queftion eut chaffé dans fon bois; en conféquence, & quoique le Comte de Rochechouart demandât à faire preuve qu'il y avoit un chemin qui conduifoit naturel-

lement à la piéce de terre fur laquelle le défendeur difoit avoir permiffion de chaffer, de maniere qu'il ne préféroit de paffer par fon bois que pour avoir occafion de tirer, quand l'abfence des Gardes & la rencontre du gibier lui en fourniroient l'occafion: comme rien ne prouvoit que le défendeur eût chaffé dans le bois, mais qu'il y avoit feulement paffé, ainfi qu'il en convenoit, le Comte de Rochechouart a été débouté de fes demandes par Sentence de la Table de Marbre du Palais à Paris, confirmée par Arrêt de relevée en la Grand'Chambre, du Vendredi 26 Avril 1765; plaidàns Mes de la Borde & Bazin.

CHEF-SEIGNEUR.

On appelle ainfi le Seigneur Feudal, Suzerain, Foncier, Cenfier; ce mot fignifie encore le Seigneur du *Fief-Chevel*, d'où dépendent les autres; fur quoi eft à obferver que tout homme poffédant un Fief noble & qui tombe en garde, eft *Chef-Seigneur*, fans qu'il foit néceffaire pour cela, que le Chef-Seigneur releve du Roi immédiatement.

CHEMINÉES.

Page 79, à la fin de l'article, ajoutez; Sur les priviléges accordés aux Ramonneurs de Cheminées, voyez *Lombards*.

CHEVALIERS des Ordres du Roi.

On appelle Chevalier des Ordres du Roi, celui qui eft Chevalier de l'Ordre du Saint-Efprit & de Saint Michel.

Ce fut Henri III qui inftitua l'Ordre du Saint-Efprit en 1588.

Louis XI a érigé l'Ordre des Chevaliers de Saint Michel le premier Août 1469, à caufe que ce Saint étoit le protecteur de la France, & le nombre des Chevaliers fut alors fixé à trente-fix; mais à préfent le nombre n'en eft point limité, & il y en a en la préfente année 1768, foixante-quatre de reçus, fans les admis. Cet Ordre paroît être la récompenfe des notables Bourgeois qui fe diftinguent dans leur profeffion, & méritent de la Patrie dont le Roi eft le pere.

Suivant le Dictionnaire de Trévoux, verbo *Chevalier*, l'Ordre de Saint Michel seul ne donne aucune prérogative, ni aucune préféance.

Il est parlé à l'article *Commanderie*, des Ordres Royaux & Militaires de Saint Lazare, de Jérusalem & des Hospitaliers de Notre-Dame du Mont-Carmel.

Louis XIV a institué en Avril 1693, l'Ordre Royal & Militaire de Saint-Louis, confirmé en 1729.

Voyez à l'article *Taille Seigneuriale*, un Arrêt important concernant les Chevaliers de l'Ordre du Saint-Esprit.

Le Roi régnant a institué le 10 Mars 1759 l'Ordre du Mérite Militaire, en faveur des Officiers nés en pays où la Religion Protestante est établie. Cet Ordre a trois dignités, comme celui de Saint Louis ; sçavoir, deux Grands-Croix, quatre Commandeurs & les Chevaliers.

CHIRURGIEN.

Page 85, colonne 2, à la fin de l'article, ajoutez ;

Deux Chirurgiens peuvent-ils demeurer dans le même Bourg ? Cette question s'est présentée récemment, voici dans quelles circonstances. Le Sr Maillard exerçoit depuis plusieurs années la Chirurgie à Rys, il n'étoit point Maître. Un autre Chirurgien qui étoit reçu Maître, & habitoit au Village de Dravelle, fut s'établir à Rys, & fit assigner Maillard, pour que défenses lui fussent faites d'exercer la Chirurgie (n'étant point Maître) ôter son tableau énonciatif de Chirurgien, &c. Le sieur Maillard se fit recevoir Maître & ses Lettres de Maîtrise lui désignoient le lieu de *Dravelle* pour son habitation. Il intervint Sentence qui condamna Maillard à quitter le Bourg de Rys & à se retirer à Dravelle, *lieu à lui désigné par ses Lettres de Maîtrise.* Maillard appella de cette Sentence ; il soutenoit qu'étant actuellement Maître, il pouvoit (aux termes de l'article 6 des Statuts) choisir pour son habitation, le Bourg ou Village qu'il voudroit, pourvû qu'il n'y eut point de Communauté de Chirurgiens: *& qu'on n'avoit pû dans ses Lettres de Maîtrise lui assigner pour son domicile, un lieu exclusif à tous autres.* Par Arrêt du Samedi 9 Février

1765, la Sentence fut infirmée ; sur toutes les demandes, les Parties mises hors de Cour, dépens compensés. Au moyen de cet Arrêt, Maillard & son Confrere ont eu la liberté de demeurer au même lieu. Les Conclusions de M. l'Avocat Général tendoient à confirmer la Sentence. Plaidans Mes Bazin & de Varicourt.

Le succès d'une cure ne dépend point toujours du Chirurgien, *Non est in Medico semper relevetur ut æger.* C'est pourquoi lorsqu'un Chirurgien s'est comporté suivant les régles de son art, il doit être payé de ses opérations, soins & pansemens, quand même le malade n'auroit point été guéri, qu'au contraire on auroit été obligé, par la suite, de lui faire l'amputation de quelque membre fracturé, dont le Chirurgien auroit entrepris la guérison.

Le nommé Bernard, Maréchal à Provins, en descendant d'une échelle, tomba & se cassa le bras. Il appella pour le lui remettre le sieur Cardon l'aîné, Chirurgien en la même Ville. Quelques jours après, le bras de Bernard, ou mal remis, ou trop tôt & inconsidérément agité par lui, se gangrena, & il fallut en venir à l'amputation. Bernard privé de son bras, fut assigné par le sieur Cardon, en payement de ses salaires pour l'opération de la remise du bras & de l'amputation qui s'en étoit ensuivie. Le Maréchal, privé de son bras, trouva cette demande fort extraordinaire ; il refusa le payement des 260 livres à lui demandées, sous prétexte que le Chirurgien s'étoit mal-adroitement acquitté de son opération, & l'avoit mis dans la nécessité de perdre un bras. Les choses en cet état, il intervint Sentence interlocutoire & contradictoire, qui ordonna que par Experts-Chirurgiens nommés de part & d'autre, il seroit vérifié, d'après les déclarations respectives, tant du Chirurgien que du malade (& autrement), de la maniere dont le Chirurgien s'étoit comporté, si l'opération & les pansemens avoient été faits suivant les régles de l'art, &c.

Le rapport se trouva en faveur du Chirurgien ; en conséquence, Sentence définitive, qui condamna le Maréchal au payement des salaires du Chirurgien, & encore en 50 livres de dommages-intérêts demandés par le Chirurgien pour réparation de l'inculpation d'ignorance & de mal-adreſſe. Par Arrêt du 14 Septembre 1764, la Sentence fut confirmée ; plaidans Mᵉ de la Goutte pour le Maréchal , & Mᵉ Paporet pour le Chirurgien.

Le ſieur Callé , Chirurgien Privilégié à Paris, eut un ſort bien différent, lors de l'Arrêt qui intervint contre lui , & dont voici l'eſpéce :

Le nommé Leullier, fils d'un Maître Perruquier à Paris, ſe caſſa le bras. Le ſieur Callé fut appellé pour réduire la fracture ; quelques jours après les panſemens, la gangrene ſe mit au bras de Leullier, le *ſphacele* (a) ſe forma : & il fallut en venir à l'amputation de la main & de l'avant-bras.

Le pere de Leullier ſe pourvut par la voie criminelle, contre le Chirurgien qu'il accuſa d'impéritie, notamment d'avoir occaſionné la gangrene , pour avoir trop ſerré le bandage. Le Chirurgien repouſſa , par des moyens puiſés dans les régles de ſon art, l'atteinte que l'on donnoit à ſa réputation & à ſa capacité connues; mais une information de quinze témoins, (arguée fortement de nullités dans la forme par le ſieur Callé,) & un rapport des Maîtres de l'art attribuoient dans cette occaſion, à l'impéritie du Chirurgien , & notamment *au bandage trop ſerré*, la cauſe de la gangrene, & de ſes ſuites funeſtes.

C'eſt dans ces circonſtances que le Mercredi 22 Juin 1768 , il eſt intervenu Arrêt ſur délibéré en la Tournelle, qui évoquant le principal, condamna le ſieur Callé en 15000 liv. de dommages & intérêts, par forme de réparations civiles, au profit de Leullier pere , ſtipulant pour ſon fils mineur , & fit défenſes au ſieur Callé d'exercer à l'avenir, la profeſſion de Chirurgien. Plaidans Mᵉˢ Pierret de Sanſieres & Ader.

J'ai appris que le ſieur Callé s'étoit pourvu en caſſation d'Arrêt.

C H O I X.

Page 85., colonne 2, 1ᵉʳ alinea & lig. 3 de cet article, après contraire, *ajoutez* ; de même auſſi &c.

CIMETIERES.

Page 87, colonne 2 , à la fin du 1ᵉᵗ alinea de l'article, après les corps des Fidéles, *ajoutez* ;

L'Hiſtoire Eccléſiaſtique nous apprend que les Chrétiens dans les premiers ſiécles de l'Egliſe faiſoient leurs aſſemblées dans les Cimetieres.

Il eſt défendu par le Concile d'Elvire, Can. 34 & 35 , d'allumer des cierges dans les Cimetieres pendant le jour , & aux femmes d'y paſſer la nuit en veille.

Page 88, col. 2, lig. 1 , au lieu de Voyez l'Arrêt de la Cour , *ajoutez* ;

Un Arrêt de la Cour du 12 Mars 1763, ordonne aux Marguilliers & Fabriques des Paroiſſes, de fournir des mémoires ſur l'état des Cimetieres. Ces mémoires ayant été fournis, la Cour a rendu le 21 Mai 1765, un Arrêt ſur la Requête préſentée par le Procureur Général du Roi, qui ordonne entr'autres choſes;

» 1°. Qu'aucunes inhumations ne feront » plus faites à l'avenir dans les Cimetieres » actuellement exiſtans dans cette Ville; » ſous aucun prétexte que ce puiſſe être, & » ſous telle peine qu'il appartiendra; & ce, » à compter du premier Janvier 1766.

» 2° Que les Cimetieres actuellement » exiſtans, demeureront dans l'état où ils » ſont, ſans que l'on puiſſe en faire aucun » uſage avant le temps & eſpace de cinq » années, à compter du premier Janvier » prochain ; après lequel temps , il ſera » procédé à la viſite deſdits terreins par les » Officiers de Police & par les Médecins & » Chirurgiens du Châtelet, pour, leur avis » communiqué aux Curés & Marguilliers « de chaque Paroiſſe , & dans le cas où les » Officiers & Médecins eſtimeroient qu'on » pourroit faire uſage deſdits Cimetieres, » ſe pourvoir par leſdits Curés & Marguil-» liers vers le Supérieur Eccléſiaſtique, » pour obtenir de lui la permiſſion d'ex-» humer les corps & oſſemens avant de » remettre leſdits terreins dans le com-» merce.

» 3°. Qu'aucunes ſépultures ne feront » faites à l'avenir ou accordées dans les

---

(a) Mortification totale de quelque partie.

» Églises, soit Paroissiales, soit Régulieres, si ce n'est celles des Curés ou Supérieurs décédés en place, à moins qu'il ne
soit payé à la Fabrique la somme de
2000 liv. pour chaque ouverture en icelle ; & que quant aux sépultures dans les
Chapelles & caveaux, elles ne pourront
avoir lieu que pour les Fondateurs ou
leurs Représentans, & pour ceux des familles qui en sont propriétaires, ou sont
dans une possession longue & ancienne
d'y avoir leur sépulture ; & ce, à la charge d'y mettre les corps dans des cercueils
de plomb, & non autrement.

» 4°. Qu'il sera fait choix de sept à huit
terreins différens propres à recevoir &
consommer les corps, & situés hors de la
Ville au sortir des Fauxbourgs, aux endroits les plus élevés, ainsi qu'il sera fixé
par l'article 11 ci-après....

» 5°. Que chacun desdits Cimetieres sera
clos de murs de dix pieds d'élévation
dans tout le pourtour ; que dans chacun
d'iceux il y aura une Chapelle de dévotion & un logement de Concierge, sans
qu'on y puisse construire autres bâtimens,
ni même mettre dans l'intérieur aucune
épitaphe, si ce n'est sur lesdits murs de
clôture, & non sur aucunes sépultures «.

Le surplus de ce Réglement concerne de
quelle maniere les enterremens seront faits,
les endroits où les corps seront mis en dépôt, & les lieux où seront placés les Cimetieres : l'article 13 porte que la dépense à
faire pour l'acquisition des terreins & bâtimens qui devront servir aux nouveaux Cimetieres, sera supportée par chaque Paroisse du même arrondissement, à proportion du nombre des sépultures annuelles
qu'elles peuvent avoir, & au marc la livre
de la somme totale qui aura été employée
aux dépenses susdites du Cimetiere de leur
arrondissement. L'article 15 ordonne que,
pour supporter lesdites charges, il sera
payé par les héritiers ou les Représentans
les défunts, à la Fabrique de chaque Paroisse, un supplément de 6 liv. par chaque
enterrement des grands ornemens, & de
3 liv. pour chacun des autres, sauf ceux
de Charité & de demi-Charité, pour rai-

son desquels il ne sera rien perçu, non plus
que pour ceux qui, en payant le double
des frais ordinaires en tout genre, voudroient faire porter directement les corps
de leurs parens au Cimetiere commun,
sans que pour ce l'on y puisse ouvrir aucune fosse particuliere, s'il n'est préalablement payée la somme de 300 liv. qui sera
employée aux dépenses communes des Paroisses de l'arrondissement, & qu'il sera
réservé à cet effet un terrein de huit pieds
au pourtour intérieur des murailles de
chaque Cimetiere, dans lequel espace ne
pourra être ouverte aucune fosse commune. L'article 16 veut que la fosse commune
de chacun des huit Cimetieres soit renou-
vellée au plûtard trois fois dans l'année,
& l'ancienne comblée, quand même elle ne
seroit pas remplie ; par l'article 18, il est
défendu de planter aucuns arbres ni arbris-
seaux dans les Cimetieres ; enfin, l'article
19 ordonne qu'il ne sera rien innové,
quant à présent, pour les sépultures des
personnes habitantes dans les Hôpitaux,
Maisons ou Communautés Religieuses,
tant d'hommes que filles, autres que celles
désignées dans le présent Arrêt.

CIVILISATION.

On appelle Civilisation, un Jugement
qui rend civil un procès criminel ; ce qui
se fait ordinairement en convertissant les
informations en Enquêtes.

Par Arrêt du Lundi premier Septembre 1766, rendu au Souverain, il a été enjoint (entr'autres choses) au Maître Particulier de Crécy, d'observer les Arrêts &
Réglemens de la Cour (a), nommément
l'article 3 du titre 20 de l'Ordonnance de
1670 ; en conséquence de ne prononcer les
Civilisations qu'à l'auditoire & à la pluralité des voix, & de permettre à l'Accusé
de faire preuve contraire ; plaidant Me Caillau pour le Marquis de Vareille, contre
M. Angran, Procureur Général au Grand-
Conseil.

CLÉMENTIN.

On nomme ainsi, chez les Augustins,
un Religieux qui, après avoir été neuf ans

_____

(a) L'article 17 du Réglement de 1665, défend aux
Juges d'exercer aucun acte de Jurisdiction dans leurs
Maisons, sinon pour les cas mentionnés dans ce Régle-
ment.

Supérieur, redevient simple Religieux, & obéit à son Supérieur, conformément à une Bulle de Clément, qui fait défenses aux Religieux Augustins de rester Supérieurs en charge, plus de neuf années.

CLERCS.

Sur la conduite que doivent tenir les Clercs, voyez d'Héricourt, tome premier, page 189 & suivantes. Voyez aussi au mot Cabaret.

CLOCHES.

Page 96, colonne première, ligne 2 du 3e alinea de l'article, après prophanes, *ajoutez;* mais au contraire *pour exciter la dévotion des fidéles, pour repousser les attaques du démon & dissiper les tempêtes* (a).

Même page, col. 2, à la fin du 4e alinea, après bénites, *ajoutez;* Il y en a un Arrêt du Parlement de 1603.

Même Page & même colonne, à la fin du 6e alinea après Curé, *ajoutez;*
En 1552, on priva la Ville de Bordeaux de ses Cloches, à cause de sa rébellion; mais par la suite, lorsqu'on voulut les lui restituer, *le Peuple s'y opposa, après en avoir ressenti le repos, & la commodité de n'être point importuné du son & du tintamare des Cloches.*

C'étoit autrefois l'office des Prêtres de sonner les Cloches, principalement dans les Cathédrales; on les appelloit *Klockmans*, mot Allemand qui signifie *Hommes des Cloches*; ce mot (dit-on) est encore en usage dans l'Eglise d'Amiens.

COADJUTEUR.

Page 104, col. 1, lig. 3 du 5e alinea, après Prélatures, *ajoutez;* L'article 3 de l'Ordonnance de 1629 porte, » défendons » d'obtenir aucunes Coadjutoreries pour » Prébendes ou autres Dignités aux Eglises Cathédrales ou Collégiales, ni même » aux Cures «.

Page 105, col. 1, à la fin du 1er alinea, après Clergé, *ajoutez;* L'Arrêt de 1642 fut rendu contre un pourvu par Coadjutorerie, d'un Canonicat de l'Eglise Cathédrale de Metz: les Plaidoyers rapportés dans cet

Arrêt, forment un Traité sur cette matiere.

CODE.

Page 105, col. 1, ligne 3 du 1er alinea, après Justinien, *ajoutez;* Ce Code, publié en 529, & que nous n'avions jamais connu, fut retrouvé dans la Pouille vers l'an 1137, & apporté en France, où il est devenu notre Droit-Ecrit.

Même page & même colonne, à la fin de l'article, après sage & juste, *ajoutez;* mais il n'est point d'usage qu'on la cite au Parlement.

COLLATEURS, Collation de Bénéfices.

Page 106, col. 1, à la fin du 6e alinea, après Patrons, *ajoutez;*
» Le Roi est Collateur des Bénéfices simples dont il est le Patron; il les » confere de plein droit; mais à l'égard » des Bénéfices consistoriaux, le Roi a seulement la nomination; & le Pape, en » vertu du Concordat, est obligé de conférer à celui qui est nommé par le Roi. » Quant aux Bénéfices dont le Roi est le » Collateur direct & absolu, il les peut » conférer, parce qu'il y a une espéce de » Sacerdoce annexé à la Royauté; les autres Patrons Laïcs, pour l'ordinaire, » ont simplement la présentation, & la Collation appartient à l'Evêque «.

Même page, col. 2, à la fin du 2e alinea, après six mois, *ajoutez;*
» En 1553, le Roi Henri II rendit » un Edit par rapport à la Collation des » Bénéfices, qui confirme la partition des » mois établie en Bretagne, où le Pape » a huit mois, & est obligé, suivant le » Concile de Latran, de conférer dans les » six mois de la vacance. Hist. de France «.

COLLECTEURS.

Page 108, col. 2, au commencement du 6e alinea, après Trésoriers, *changez & mettez;*
Suivant Loyseau, à Rome la Collecte étoit honorable, & ce soin appartenoit aux Décurions; mais, parmi nous, *la Collecte des Tailles est censée une charge sordide;* c'est pourquoi les Avocats qui exer-

_____
(a) Inst. au Droit Can, par M, l'Abbé Fleury.

cent leur profeſſion ſans mélange d'aucune
autre fonction dérogeante, ne peuvent être
contraints à faire la Collecte; cela eſt conforme à la Loi *Sancimus*, *la ſixiéme au
Code de Advocatis*. Cette Loi contient des
peines contre ceux qui voudroient les aſſujettir à autre choſe qu'à l'exercice de leur
profeſſion ; *Nulla igitur togalis inſpectio,
nulla peræquatio ingeratur...... nullum
denique aliud eis mandetur, præter arbi-
trium*. C'eſt en conformité de ces principes
qu'eſt intervenu un Arrêt contradictoire
en la Cour des Aides, le premier Septembre 1761, ſur les Concluſions de MM. les
Gens du Roi, qui a jugé que les Avocats
exerçant leurs fonctions à la Barre Ducale
de Mayenne, étoient exempts, tant de la
Collecte des Tailles, que de la Collecte de
Sel, *autres charges & impoſitions publiques*;
plaidans Me Savin pour les Avocats de
Mayenne, & Me Pierret de Sanſierres,
pour les Maire, Habitans & Communauté
de la Ville de Mayenne. Cet Arrêt eſt imprimé : on prétend qu'un autre Arrêt de
l'année 1733, avoit jugé dans la même
Cour (des Aides) que les Avocats qui faiſoient en même-temps la fonction de Procureur, pouvoient être nommés Collecteurs; mais l'Arrêt que l'on vient de citer,
& qui eſt poſtérieur, n'a point adopté cette diſtinction. En effet, le motif qui exem-
te les Avocats de la Collecte, eſt fondé ſur
l'utilité & l'importance de leurs fonctions;
celles des Procureurs ſont également néceſſaires & exigent de même que tout leur
temps y ſoit conſacré. V. auſſi des Arrêts
précédens des 8 Juillet 1672 & 11 Juillet
1760, relatifs à cette matiere : ils ſont
imprimés.

COLLÉGES.

Page 110, *colonne* 1, *au commencement
de l'article, ajoutez;*

L'Hiſtoire fait connoître que les Nations policées ont eu & ont encore des
Colléges pour l'inſtruction de la jeuneſſe:
ces établiſſemens ſi utiles ſont les ſources
premieres où ſe puiſent toutes les ſciences,
qui par degré & inſenſiblement mettent les
grands hommes à portée de développer leur
génie, & les rendent enſuite le ſoutien &
la gloire de leur Nation.

» Les Colléges ont preſque toujours
» été entre les mains de ceux qui étoient
» conſacrés aux miniſteres de la Religion;
» c'étoit les Mages en Perſe, les Gymno-
» ſophiſtes aux Indes, & les Druides dans
» les Gaules, qui enſeignoient les ſciences
» aux jeunes gens. V. Ceſar, liv. 6 de la
» Guerre des Gaules.

» En France, c'eſt au Roi à qui ap-
» partient l'érection des Colléges; les Par-
» ticuliers peuvent bien les bâtir, les do-
» ter; mais il faut la permiſſion du Roi
» pour les ériger «. V. l'Hommeau, Cha-
line & Fevret, de l'Abus, t. 1.

COMÉDIENS.

Page 116, *colonne* 2, *au commencement
de l'article, ajoutez;*

C'eſt à la fin du règne de Charles V, que
l'on doit rapporter les commencemens des
Piéces de Théâtre en France, ſous le nom de
Chant Royal. V. *le Dict. de Trévoux*.

Le Concile d'Arles en 314, déclare
que les Comédiens & les Gens de Théâtre
ſeront excommuniés tant qu'ils demeureront dans cette profeſſion.

Relativement à ceci, la diſtinction que
quelques perſonnes font entre les Comédiens François & les Italiens, eſt regardée
avec dériſion parmi les gens ſenſés & inſtruits; il faut au contraire ſe renfermer dans
ce principe inconteſtable, qu'où les loix du
Royaume & de l'Egliſe ne diſtinguent pas,
il ne faut point diſtinguer.

*Même page & même colonne, à la fin du
1er alinea, après le mot, corporelle, ajoutez;*

En 1609, une Ordonnance de Police défendit aux Comédiens de repréſenter
aucunes Comédies ou Farces, qu'ils ne les
euſſent communiquées au Procureur du
Roi.

COMMANDERIES, Commandeurs.

Page 121, *colonne* 2, *à la fin de cet
article, après* chapitre 21, *ajoutez;*

En partant des vrais principes & de
l'Eſprit de l'Egliſe, les Commandeurs des
Ordres Royaux & Militaires de Saint Lazare de Jéruſalem & Hoſpitaliers de Notre-
Dame de Mont-Carmel étant Religieux de
profeſſion, devroient obſerver les régles de

la chafteté, c'eft-à-dire, vivre dans le célibat; *mais le Pape, qui, felon les maximes du droit nouveau, eft le Maître des Canons, les a difpenfés de cette obligation*, & ils peuvent fe marier.

6. Par une Bulle du Pape regnant, l'Ordre Royal & Hofpitalier du Saint-Efprit de Montpellier a été réuni aux Ordres de Saint Lazare de Jérufalem & Hofpitaliers de Notre-Dame de Mont-Carmel.

COMMIS des Fermes du Roi.

Page 131, *colon.* 2, *premiere ligne de la note, après* On a penfé, *ajoutez* (a), & *mettez en note*;

(a) On a penfé que les termes de l'Arrêt de 1745, habitans *exempts ou non exempts*, défignoient feulement les privil̃giés, tels entr'autres que les Nobles, les Eccléfiaftiques, les Officiers de Judicature, & non les Commis qui, à caufe des différens changemens que la Régle des Fermes exige, ne peuvent être réputés habitans,

Page 132, *colonne premiere, à la fin de l'article, après* Procès-verbal, *ajoutez*;

Le Jeudi 10 Mars 1763, à l'Audience de fept heures, la Cour a jugé que l'art. 14 de l'Ordonnance des Fermes de 1681, *portant que les appointemens des Employés par les Fermiers des droits du Roi, feront infaififfables*, n'avoit point d'application à un directeur du Bureau de la Régie des biens des Religionaires fugitifs, tel qu'étoit le fieur Préverault, contre lequel plaidoit le nommé Verzenoble, Boulanger. M̃es Paporet & de la Borde plaidoient dans cette Caufe.

C O M M I S S A I R E S.

Page 133, *col.* 2, *ligne* 3, *après* quelques fonctions, *ajoutez*; Ce mot vient de *Committere*, Commettre.

COMMISSAIRES au Châtelet.

Même page 133 *colon.* 2, *à la fin du* 1er *alinea, après* cette Ville, *ajoutez*;

Lamarre, dans fon Traité de Police, chap. 2, expofe que les Commiffaires ont été établis en France par les Romains, & que nos premiers Rois les ont confervés. Cet Auteur dans les chapitres fuivans, continue l'Hiftoire des Commiffaires jufqu'à nos

tems; il explique aux ch. 6 & 7 leurs fonctions; & il traite dans les chapitres 8, 9 & 10, de leurs qualités, rangs & priviléges.

Page 134, *col.* 1, *à la fin du* 2e *alinea, après,* en prifon, *ajoutez*; Ils vifitent auffi lesLivres que font obligés de tenir lesFrippiers, Plombiers, & autres gens achetant du vieux.

Même page & même col. ligne 5 *du* 3e *alinea, après* couper *ajoutez*; même l'envoyer aux Prifonniers ou aux Charités des Paroiffes par forme de faifie provifóire.

Même page, & même col. à la fin du 4e *alinea, après* Service, *ajoutez*; Ils en font auffi pendant le Carême chez les Aubergiftes aux heures des repas, relativement à l'ufage du gras.

Même page & même colon. à la fin du 5e *alinea, après* le danger, *ajoutez*; & ce conformément à la Déclaration du Roi du 18 Juillet 1729, regiftrée le 5 Sep. 1730.

Même page, col. 2, *à la fin du* 5e *alinea, après* perfonnel, *ajoutez*; conformément aux Arrêts de Réglement des 1er Février 1547, & 16 Février 1602, & à l'article 14 du titre 15 de l'Ordonnance de 1670.

Même page & même colonne, à la fin du 7e *alinea, après* hypothéque, *ajoutez*; ainfi qu'il a été jugé par un Arrêt rendu en la troifiéme Chambre des Enquêtes, le 4 Septembre 1744.

Page 135, *colon.* 1, *à la fin du* 3e *alinea, après* Châtelet, *ajoutez*;

C'eft ce qui réfulte bien formellément d'un Arrêt rendu le mercredi 9 Juillet 1766, conformément aux conclufions de M. Joly de Fleury, Avocat Général, entre les Commiffaires au Châtelet de Paris & les Procureurs audit Châtelet. Cet Arrêt a ordonné *l'exécution des Arrêts & Réglemens des premier Fév.* 1547, 16 *Fév.* 1602, 17 *Janv.*,1615; 7 *Avril* 1625; 5 *Août* 1662, 7 *Sept.* 1726, & 7 *Septembre* 1728; *en conféquence a maintenu les Commiffaires-Enquêteurs-Examinateurs au Châtelet dans le droit & la poffeffion de procéder feuls, à l'exclufion de tous autres, & notamment des Procureurs dudit Châtelet, à la taxe des dépens adjugés, modération ou liquidation des fruits, dommages, intérêts & loyaux-coûts, à peine de nullité des réglemens & taxes qui feroient faits par lefdits Procureurs, de reftitution des droits qu'ils*

qu'ils auroient perçus, & de 500 liv. d'a-
mende. Cet Arrêt est imprimé.

*Page 135, colonne 2, à la fin de l'arti-
cle, après de tarif, ajoutez;*

Voyez, relativement aux Commissaires,
un Arrêt provisoire du 22 Mai 1713, rendu entre les Commissaires & le Greffier en
chef du Châtelet. Cet Arrêt est rapporté
au sixième volume du Journal des Audiences, page 352.

Voyez aussi le Traité des Fonctions,
Droits & Privilèges des Commissaires au
Châtelet de Paris, par M. Sallé, Avocat
au Parlement, imprimé en deux volumes à
Paris en 1759.

COMMISSAIRES aux Saisies-Réelles.

*Page 137, colonne 2, à la fin de l'arti-
cle, ajoutez;*

Par Arrêt du 20 Février 1764, la Cour
a accordé aux Commissaires aux Saisies-
Réelles d'Orléans le droit d'hypothéque sur
les biens du Saisissant réellement, pour raison de ce qui lui étoit dû par le résultat de
ses comptes, & ce, à compter de la date de
la Sentence par laquelle il lui avoit été donné acte de la sommation à lui faite par le
Saisissant réellement, de faire ses poursuites. L'Arrêt ordonne que le Commissaire
aux Saisies-Réelles sera payé de ce qui lui
est dû, à raison des poursuites faites sans
sommations, & ce, avec le même droit d'hypothéque sur les biens du Saisissant réellement, de la date de la Sentence d'apurement
de son compte, comme aussi lui donne le pri-
vilège sur les biens saisis réellement, (encore que depuis il y ait eu main-levée) pour
ce dont il ne pourra se faire payer sur les
biens du Saisissant réellement, (Cet Arrêt
a été imprimé.)

COMMISSIONNAIRES.

*Page 140, colonne première, ligne 2,
à la fin de l'article, après appartiendra,
ajoutez;*

Un Commissionnaire qui passe son ordre
au profit de son Commettant, doit avoir attention de mettre *valeur reçue de mon Commettant en marchandises;* autrement, s'il
passe son ordre en ces termes *valeur reçue
comptant,* l'insolvabilité de celui sur qui il
Supplément.

a tiré la Lettre de Change, & qui a accepté, pourroit être pour son compte personnel.

Bonnegens, Neveu & Compagnie, Com-
missionnaires, avoient vendu pour le compte des sieur & dame Bougaret, une certaine partie d'indigo au sieur Pichon du
Rocher; tenant *bonne maison de Commerce
à Rouen* : la veuve Bonnegens, Neveu &
Compagnie, tirèrent deux Lettres de Change sur le sieur Pichon du Rocher en ces termes : *A quatre usances dans Paris, payez
par cette première Lettre de Change à notre
ordre, la somme de 1500 liv. VALEUR EN
NOUS-MESMES, que passerez suivant l'avis
de vos très-humbles serviteurs, veuve Bonnegens & Neveu.* Ces deux Lettres de Change
furent acceptées par le sieur Pichon du
Rocher, qui indiqua à Paris le domicile
où elles seroient payées. La veuve Bonnegens, Neveu & Compagnie, Commission-
naires, passèrent aussi-tôt leur ordre au dos
de ces deux Lettres de Change, au profit
des sieur & dame Bougaret, *valeur reçue
comptant;* le sieur Pichon du Rocher s'é-
tant trouvé dérangé dans ses affaires depuis
son acceptation des Lettres de Change,
les sieur & dame Bougaret obtinrent Sentence de condamnation par défaut aux Consuls de Paris, contre Bonnegens, Neveu
& Compagnie : ceux-ci en interjetterent
appel; ils disoient que, n'étant que Com-
missionnaires à deux pour cent, sur l'indigo
des sieur & dame Bougaret, & aucune
négligence, fraude ou dol ne pouvant leur
être reprochés, ils n'étoient point tenus à
la garantie du payement des Lettres de
Change; les sieur & dame Bougaret excipoient au contraire, de ce que les Lettres de Change tirées par la veuve Bonnegens, Neveu & Compagnie sur le sieur
Pichon du Rocher, portoient, *valeur en
nous-mêmes,* & que l'ordre en avoit été
passé pour *valeur comptant;* d'où ils concluoient que la veuve Bonnegens, Neveu
& Compagnie, avoient reconnu par deux
fois, avoir reçu la valeur des Lettres de
Change en question, qu'ainsi ils ne pouvoient exciper de la faillite de Pichon du
Rocher; & c'est ce qui a été jugé par Arrêt
du Jeudi 14 Août 1766, Audience de 7
heures, confirmatif de la Sentence des

G

Confuls; plaidans Mᵉ de la Goutte pour les Appellans, & Mᵉ de la Borde pour les Intimés.

COMMITTIMUS.

Page 143, col. 1, à la fin du 5ᵉ alinea, après privilége, *ajoutez;*

Mais si un privilégié, ne faisant pas usage de son *Committimus*, assignoit & obtenoit Sentence au Châtelet, pourroit-il ensuite assigner aux Requêtes du Palais ou de l'Hôtel, les représentans de celui contre qui il auroit obtenu-Sentence au Châtelet, pour voir déclarer exécutoire contr'eux, cette même Sentence? Je pense qu'il le pourroit, parce que c'est pour lors une nouvelle demande, une action principale, sur laquelle frappe le droit de *Committimus*; dont il peut faire usage quand l'occasion y écheoit.

COMMUNAUTÉ.

Page 150, colon. 1, à la fin du 5ᵉ alinea, après j'indique ici, *ajoutez;*

Lorsqu'une femme est condamnée aux dépens, & que son mari l'a autorisée, alors les dépens font pris sur la Communauté; si au contraire elle a seulement été autorisée en Justice, la Communauté ne peut point payer les dépens auxquels elle est condamnée, puisque n'en étant pas la maîtresse, elle ne peut la diminuer par son propre fait; & dans ce cas on ne peut se venger que sur la nue propriété des propres de la femme.

C'est seulement sur la part du mari qui a commis un délit, que se prennent les réparations, les condamnations d'amendes & les confiscations de biens prononcées contre le mari, pourvû toutefois que cette condamnation emporte mort civile, & conséquemment dissolution de Communauté; car si la condamnation n'emporte point dissolution de Communauté, c'est sur toute la Communauté que se prennent les réparations, condamnations d'amendes & confiscations.

COMMUNAUTÉS Eccléfiastiques.

Page 160, col. 2, à la fin du 4ᵉ alinea, après chargés d'enfans, *ajoutez;* il a été rendu de semblables Arrêts en 1766 & 1767.

COMPAGINAIRES ou Coténanciers. Voyez *Tenanciers.*

COMPENSATION.

Page 162, col. 2, à la fin du 2ᵉ alinea, après acquise, *ajoutez;*

Relativement à ceci, on propose cette question:

Un Particulier fait faillite, & ses biens font en direction: du nombre de ses créanciers, il s'en trouve un qui est créancier bien légitime du failli, de 30000 livres; d'un autre côté, ce même créancier est débiteur du failli de 15000 livres, & l'une & l'autre créances font liquides: on demande si dans la circonstance de la faillite ouverte, & des biens du failli qui font en direction, il y a lieu à la Compensation respective?

Je me déciderois pour l'affirmative: parce que la Loi prononce la Compensation toutes les fois qu'il y a lieu de liquide à liquide; (voyez l'art. 105 de la Coutume de Paris.) Or dans l'espéce présente, il seroit injuste de forcer le créancier du failli, qui est en même-tems son débiteur, de commencer par payer les 15000 livres qu'il doit, sauf à le faire entrer ensuite en contribution pour les 30000 livres dont il est créancier; voyez aussi les notes de Lauriere, sur la Coutume de Paris, pag 146, Edition de 1699, & le Traité des Conventions.

La raison de douter pourroit être, 1°. que dès l'instant de la faillite, les biens du failli font sous la main de la Justice, & appartiennent indistinctement à tous ses créanciers: 2°. que de même qu'aux termes de l'article 4 du titre 11 de l'Ordonnance du Commerce, le failli, dès l'instant de sa faillite ouverte, ne peut faire aucun transport, de même aussi il n'y a plus lieu à la Compensation; 3°. que l'un des créanciers du failli ne peut être avantagé plus que l'autre; ce qui arriveroit néanmoins, si dans l'espéce proposée, le débiteur de 15000 liv. les compensoit avec les 30000 livres qui lui font dûes, puisque par ce moyen, il sauveroit toujours du naufrage commun, ses 15000 liv. & auroit encore la ressource de la contribution pour ses autres 15000 livres.

COMPÉTENCE.

Page 165, col. 1, au commencement de la page, avant Quoique, *ajoutez;*

Le Marquis de Barbançon trouva un Particulier qu'il prétendit être en délit, comme chaffant fur fes terres ; il lui fit des menaces : ce Particulier répondit qu'il étoit le Garde-chaffe de M. l'Evêque de Noyon, à fes gages, & qu'il chaffoit par fon ordre. Ce Garde-chaffe dreffa fon rapport : informations à la requête du Procureur Fifcal de M. l'Evêque de Noyon, devant fon Juge. (Informations concluantes.) Appel comme de Juge incompétent de toute la procédure par le Marquis de Barbançon, fur le fondement que, s'agiffant d'une procédure criminelle, le Juge de M. de Noyon n'en pouvoit connoître. Arrêt du Samedi 26 Février 1763, qui, conformément aux Conclufions de M. Joly de Fleury, Avocat Général, a déclaré toute la procédure nulle avec dépens, fauf à M. l'Evêque de Noyon à fe pourvoir au Civil fur le droit de chaffe par lui prétendu, dépens à cet égard compenfés. M. l'Avocat Général cita quatre Arrêts de ce fiécle, rapportés au Journal des Audiences (le dernier de 1712) qui avoient déclaré nulles de pareilles procédures ; l'un de ces Arrêts étoit dans une efpéce femblable.

COMPLAINTE & Réintégrande.

Page 170, colon. 1, à la fin du 3e alinea, après & Servitudes, ajoutez; Mais voyez finguliérement Peleus dans fes Queftions illuftres, décidées par Arrêts, Queftion 108, Edition de 1631, pag 219.

Même page & même colonne, 6e alinea, après 4º. Contre le Roi, *ajoutez;* ni contre un Prince du Sang, parce que la Complainte eft une efpéce d'accufation. V. Auroux de Pommiers, fur l'article 91 de la Coutume de Bourbonnois.

5º. Contre l'Apanager du Roi. Ferrière en cite un Arrêt du 7 Mars 1654, art. 96, Glofe unique, n. 10.

6º. Contre le Fermier du Roi ; la raifon de douter, feroit que le Roi ne commet point de délit, & qu'il eft très-poffible que fon Fermier en commette ; mais la raifon de décider, eft que la Complainte ne pou-

vant être intentée contre un fimple Fermier (V. *Fermier*) ; par une conféquence tirée de ce principe général, elle ne peut l'être contre le Fermier du Roi.

Page 170, colon. 1 de la note, ligne 4, après prefcription, *ajoutez;* comme Laon, Châlons, Anjou & le Maine.

COMPROMIS.

Page 172, colon. 1, à la fin du 5e alinea, après au fond, ajoutez;

Le 19 Octobre 1764, on plaida en Vacation la queftion de fçavoir, fi la peine ftipulée par un Compromis pouvoit être encourue par provifion. La claufe du Compromis étoit ainfi rédigée.

» A été convenu entre les Parties, » qu'elles ne pourront être admifes à inter- » jetter appel de la Sentence arbitrale, » qu'à la charge par le contrevenant de » payer à l'acquiefçant une fomme de 200 » livres, laquelle peine & claufe ne pourra » être réputée comminatoire, mais de ri- » gueur «.

Par l'Arrêt dudit jour, il a été jugé, après une plaidoirie très-contradictoire, que la peine ftipulée par le Compromis étoit encourue : plaidans Mes Aujollet & Fougeron.

Même page, col. 2, 5e ligne du 5e alinea, après mariages, &c. *ajoutez; De crimine publico vel privato compromittere non licet, nifi de crimine agatur civiliter.* Mornac. *Lege 23, P. 5 & 6, Digeftis.*

COMPTE.

Page 179, col. 1, 6e ligne du 4e alinea, au lieu de M. Charlet, en la première Chambre des Enquêtes, *mettez;* M. Severt, en la Grand'Chambre, &c.

Page 180, colon. 2, à la fin de l'article, après Châtelet, *ajoutez;* & le Traité des Commiffaires.

COMPULSOIRE.

Page 182, colon. 1, à la fin de l'article, après importantes, *ajoutez;*

La Cour a jugé par Arrêt du Vendredi 19 Octobre 1764, à l'Audience de relevée, que, lorfqu'un tiers qui n'avoit point été Partie dans un Acte, obtenoit un Compulsoire, il devoit payer non-seulement l'expédition de l'Acte, mais encore le coût de l'Acte, quand le Notaire soutenoit qu'il ne lui avoit pas été payé originairement. Plaidans Me Cotton, Procureur de Me Felize, Notaire à Paris, & M^e d'Eve, Avocat de celui qui avoit obtenu des Lettres de Compulsoire.

Il est encore de l'essence du Compulsoire, que l'on y date les piéces que l'on veut faire compulser; c'est ce qui a été jugé par Arrêt bien contradictoire, du Samedi 4 Juillet 1767, par lequel la Cour a ordonné (entr'autres choses) qu'il n'y auroit que les deux actes énoncés & datés dans un bilan, qui seroient compulsés. Dans l'espéce de cet Arrêt, la Communauté des Orfévres avoit demandé par ses Lettres de Compulsoire, à être autorisée à faire compulser, non-seulement les deux actes datés dans le bilan du sieur....... mais encore *tous les actes* relatifs à la société en commandite qu'elle attaquoit; mais le compulsoire n'a été ordonné que pour les deux actes datés dans le bilan. Plaidans M^{es} le Roi, de Varicourt & Bailleux, contre Me Breton.

C O N C I L E S.

Page 183, col. 1, à la fin du 2e alinéa, après Diocésains, *ajoutez;*

On compte dix-huit Conciles Généraux, deux de Nicée, quatre de Constantinople, un d'Ephese, un de Chalcédoine, cinq de Latran, deux de Lyon, un de Vienne, un de Florence: enfin, celui de Trente, tenu depuis 1545 jusqu'en 1563. On n'a point tenu en France de Conciles Provinciaux depuis celui de Bordeaux en 1624: cependant le Concile de Trente ordonne d'assembler des Conciles Provinciaux tous les trois ans; mais on sçait que ce Concile n'est point reçu en France quant à la discipline.

CONCOURS de deux Curés en fait de mariage.
Voyez *Mariage.*

C O N C U B I N A G E.

Page 192, colonne 2, ligne, 4, après ja-

mais eu aucune, *ajoutez*; Remarquez que, dans l'espéce de cet Arrêt, les circonstances particulieres ont beaucoup contribué à sa décision. Le sieur Noizette, Agent de Change, étoit remarié, & avoit un enfant de son second mariage. Il prouvoit qu'il avoit fait des avantages considérables à sa premiere femme, de qui il n'avoit jamais rien reçu, avantages qui auroient passé aux héritiers de sa premiere femme; si elle eût survécu son mari: enfin, non-seulement les enfans du second mariage du sieur Noizette, mais encore sa seconde épouse (fort jeune) auroient été ruinés, si, en déclarant nulle la donation portée au premier contrat de mariage, les héritiers, peu favorables dans cette cause, eussent été admis au partage de la premiere communauté; & M^e de l'Averdy qui plaidoit pour les sieur & dame Noizette, fit valoir, avec la supériorité de ses talens, ces moyens de considération.

Page 194, col. 2, à la fin de l'art. ajoutez;

Le Concubinage est un crime tellement réprouvé de l'Eglise, que, pour inspirer plus d'horreur contre ceux qui le commettent, elle défend d'assister à la Messe des Ecclésiastiques qui ont été convaincus judiciairement, ou qui sont notoirement connus pour coupables de ce crime: l'Eglise défend même de recevoir d'eux les Sacremens. *Greg. 9, capite quæsitum, extrà de cohabitationibus Clericor. & mulierum.*

Aux termes du Concile de Trente, sess. 25, ch. 14, les Clercs Concubinaires, après la premiere monition, perdent la troisiéme partie des fruits de leurs Bénéfices. Ils perdent tous les fruits après la seconde, & sont suspendus de toutes leurs fonctions; enfin après la troisiéme, ils sont dépouillés de leurs Bénéfices & Offices; & déclarés inhabiles à en posséder.

A l'égard des Clercs on tient pour Concubines, non-seulement les femmes dont il est prouvé qu'ils abusent, *mais toutes femmes suspectes*, ou qui ne sont pas au-dessus de *tout soupçon.* Voyez l'Abbé Fleury, Inst. au Droit Ecclésiastiq. tom. 2, p. 124.

C O N D E S C E N T E.

Page 196, col. 2, à la fin du premier alinéa de l'article, après Voyez *Tuteurs;*

ajoutez; & l'article 5 du Réglement du 6 Avril 1666.

CONFESSION.

Page 197, colonne 1, derniere ligne, après Pénitence, *ajoutez;*

Cet Arrêt n'est pas du 24 Mai, mais du Vendredi 24 Mars 1741, il a été rendu sur les Conclusions de M. d'Aguesseau, Avocat Général. L'Arrêt prononce qu'il n'y a abus; condamne l'Appellant en l'amende & aux dépens. Faisant droit sur les Conclusions du Procureur Général du Roi, fait défenses à l'Official de se servir des termes de *Si mandons à tous Huissiers;* plaidant M^e de l'Averdy pour le sieur Savary, Curé de Brinon, appellant comme d'abus, contre M. l'Evêque d'Orléans.

CONFISCATION.

Page 281, colonne 2, à la fin du second alinea de cet article, après confisqués, *ajoutez;*

C'est en conformité de ces principes que, par Arrêt du premier Septembre 1704, il a été jugé en la Grand'Chambre au Rôle de Chartres, sur les Conclusions de M. Joly de Fleury, Avocat Général, qu'un Seigneur confiscataire étoit non-recevable à interjetter appel d'une Sentence qui avoit adjugé 20000 liv. de dommages-intérêts à la Partie civile contre l'accusé & condamné. Le motif de l'Arrêt fondé sur ce que le Seigneur Confiscataire ne peut diviser le Jugement qui prononce la Confiscation du corps, d'avec les dommages-intérêts, le Confiscataire devant au contraire prendre les biens du condamné en l'état qu'ils se trouvent au jour du Jugement de condamnation; les Parties étoient M. de Bercy, Maître des Requêtes, M. le Duc de Foix, & la Partie civile.

Page 204, col. 2, à la fin du 3e alinea, après biens, *ajoutez;*

Les biens confisqués, redonnés par le Roi aux héritiers des condamnés, tiennent lieu d'acquêts aux héritiers auxquels le Roi en a fait le don; il y en a eu Arrêt solemnel en l'Audience de la Grand'Chambre, le 15 Juin 1640, pour la Terre & Seigneurie de

Vatan. Avant cet Arrêt on jugeoit le contraire. V. Fortin & Ricard sur l'article 183 de la Coutume de Paris, page 220; Renusson, Traité des Propres, chap. 1, sect. 9; les Arrêtés de Lamoignon (de Propres) article 5, &c.

CONFUSION.

Page 208, col. 1, ligne 9, après le mot dette, *ajoutez;* Confusione extinguitur obligatio.

CONGÉ pour la résolution des Locations.

Page 210, col. 1, à la fin du 3e alinea, après terme, *ajoutez;*

Par une suite de la même Jurisprudence, il faut rendre les lieux libres & remettre les clefs, au 15 pour les appartemens dont le loyer est de 300 livres & au-dessus; & au 8 pour ceux au-dessous de 300 livres.

Même page, col. 2, à la fin de cet article, après le Congé, *ajoutez;*

Il a été dit à l'article Bail à Ferme, n. 25, qu'un pere, propriétaire d'une maison, ne pouvoit point donner Congé à son locataire en vertu de la Loi *Æde* pour y loger son gendre.

Cependant, par Arrêt rendu en la Grand'Chambre sur délibéré, au rapport de M. Pasquier, prononcé le Lundi 24 Mars 1766, il a été jugé *in terminis*, que le nommé Pauper, Huissier en la Maîtrise de Nevers, propriétaire d'une petite maison sise à Nevers, dont il n'occupoit que deux chambres, avoit pu valablement donner Congé en vertu de la Loi *Æde* au nommé Bachelier, Perruquier en la même Ville, qui occupoit en vertu d'un bail le reste des lieux, aux offres de l'indemniser de six mois de loyer. Le motif du Congé étoit fondé de la part de Pauper, sur ce que, non-seulement il se proposoit de loger ses enfans dans les lieux occupés par Bachelier, mais encore *ses pere & mere*, vieillards, caducs & indigens. Par Sentence de Nevers, du 22 Avril 1765, Bachelier avoit été renvoyé de la demande de Pauper; mais cette Sentence fut infirmée avec dépens par ledit Arrêt, en affirmant par Pauper, qu'il entendoit occuper les lieux en queſtion ; tant par lui, ſa femme & ſes enfans, *que par ſes pere & mere.*

C O N G É de Remuage.

Page 210, colonne 2, ligne 12 du 3ᵉ alinea, après délivrent, *ajoutez ;* ſans frais, &c.

CONJOINTS.

Page 211, col. 2, premiere ligne du dernier alinea, après ſont appellés, *ajoutez ;* par la Loi *undè vir & uxor.*

CONSACRER.

On entend par ce verbe ; toutes les cérémonies qui ſe font pour conférer la puiſſance Epiſcopale, c'eſt-à-dire, l'impoſition, l'onction du Chrême, & la bénédiction que reçoit celui qui eſt nommé à l'Epiſcopat. Voyez *Evêque,* nombre dernier.

CONSANGUINS.

Page 217, colon. 1, à la fin de cet article, ajoutez ;

La Conſanguinité, qui, ſuivant les Loix de l'Egliſe, eſt un obſtacle au mariage juſqu'au quatriéme dégré, n'en eſt point un, ſuivant la Loi de nature ; excepté en ligne directe.

La Conſanguinité finit au 6ᵉ ou 7ᵉ dégré, mais elle ſe perpétue à l'infini pour la ſucceſſion à la Couronne.

C O N S E I L D U R O I.

Page 229, colonne 2, à la fin de l'article, après vacance, *ajoutez ;*

Il ne ſe juge au Conſeil du Roi aucune affaire criminelle ; & ſi dans une Inſtance il ſe trouve quelque piéce arguée de faux ou ſuſpecte, alors ſi les moyens de faux ſont jugés admiſſibles, l'inſtruction en eſt renvoyée aux Requêtes de l'Hôtel. V. le ſtyle du Conſeil, par Gauret.

CONSEIL Supérieur de la Martinique.

Page 233, colonne 2, à la fin de cet article, après d'exercice, *ajoutez ;*

Par Arrêt du Samedi 20 Septembre 1766, rendu en Vacation, conformément aux Concluſions de M. Joly de Fleury, alors Subſtitut (& depuis Avocat Général en 1767) il a été jugé que les Officiers de la Connétablie n'étoient point compétens pour connoître d'une procédure extraordinaire, commencée au Conſeil Supérieur établi à l'Iſle de France.

Dans le fait, il y avoit eu une procédure extraordinaire, commencée à l'Iſle de France, entre le ſieur de Gargas, Officier, & le ſieur Mabille, au ſujet d'une inſulte que le ſieur de Gargas prétendoit avoir reçue dans l'Egliſe, par le ſieur Mabille, lors d'une cérémonie publique : le ſieur de Gargas avoit demandé ſon renvoi au Tribunal des Maréchaux de France, comme étant Gentilhomme & Militaire. Le Tribunal des Maréchaux de France avoit renvoyé devant les Juges qui en devoient connoître. Le ſieur de Gargas s'étoit pourvu à la Connétablie, qui avoit rendu une Sentence : ſur l'appel, la Cour jugea que nul Tribunal ne pouvoit connoître d'une procédure commencée dans un Conſeil Supérieur ; en conſéquence, en infirmant la Sentence de la Connétablie, l'Arrêt renvoya au Conſeil Supérieur de l'Iſle de France, qui eſt une Iſle de l'Afrique.)

☞ Mais les Officiers de la Connétablie, informés de cet Arrêt, & connoiſſant le préjudice qu'il portoit à la compétence de leur Juriſdiction, y formerent oppoſition au chef du Requiſitoire du Subſtitut de M. le Procureur Général ; & par Arrêt du Mercredi 2ᵉ Septembre 1767, rendu contradictoirement avec M. le Procureur Général, les Officiers de la Connétablie, pour leſquels plaidoit Mᵉ Delaune, furent reçus oppoſans à l'Arrêt du 20 Septembre 1766, en ce qui concernoit ledit Requiſitoire, en conſéquence les Officiers de la Connétablie furent déchargés des défenſes portées audit Arrêt & diſpoſitions y contenues, & maintenus dans le droit de connoître de tous cas & délits, dont la connoiſſance leur appartient, conformément aux termes des Edits, Ordonnances & Déclarations du Roi, Arrêts & Réglemens du Parlement, concernans leur Juriſdiction, & dont ils ſont en poſſeſſion de connoître.

Voyez auſſi à l'article Nobleſſe, n°. dernier, deux Edits du mois de Janvier 1766.

Le premier, sur la difcipline des Confeils Supérieurs à Saint-Domingue, contient 18 articles.

Le fecond, porte création d'un Office de fecond Confeiller dans chacun des deux Confeils Supérieurs de Saint-Domingue ; il confirme les nominations faites par les Gouverneur, Lieutenant Général & Intendant, à des Offices de Subftituts de Procureurs Généraux en chacun defdits Confeils Supérieurs ; en conféquence cet Edit crée & établit trois defdits Offices en chacun defdits Confeils.

CONSEILLERS.

Page 232, colonne 1, à la fin de l'article, après acquifition, *ajoutez;*

Philippe de Valois rendit, le 10 Avril 1344, une Ordonnance qui incorporoit les Confeillers-*Jugeurs* & les Confeillers-*Rapporteurs* ; auparavant les uns étoient tirés de la Nobleffe, les autres du nombre des Citoyens.

On appelloit *Maîtres*, les Confeillers, au temps du premier établiffement du Parlement, & les Confeillers de la Chambre des Comptes ont confervé le même nom de *Maîtres*.

Pafquier cite une Ordonnance de 1321; qui fait défenfes *aux Maîtres de défemparer de la Ville fans la permiffion du Souverain,* (c'eft-à-dire, du premier Préfident.) Voyez le Dictionnaire de Trévoux.

CONSENTEMENT de l'héritier apparent.
Voyez *Néceffité jurée.*

CONSENTEMENT des pere & mere pour le mariage de leurs enfans, même des veufs.
Voyez Sommation refpectueufe & l'Arrêt de 1742, dans la Caufe du fieur de Villy.

CONSERVATION de Lyon.

Page 240, colonne 2, à la fin de l'article, après en droit, *ajoutez;*

Les Juges de la Confervation de Lyon ne peuvent connoître des billets payables en Foire, que lorfque le créancier & le débiteur font Marchands. C'eft ce que là Cour a jugé par un Arrêt récent dont voici l'efpéce.

Pierre Fleury, Négociant à Lyon, & fa mère, veuve d'un Commiffaire-Enquêteur & Examinateur en la Sénéchauffée de Lyon, foufcrivirent une obligation folidaire de 2200 liv. devant Notaires à Lyon, payable à Me Coutamine, *Notaire à Lyon,* ou à fon ordre, au payement de Pâques de la ville de Lyon de l'année 1761. Le fieur Coutamine en paffa fon ordre au fieur Perrein, Négociant, qui obtint en la Confervation de Lyon Sentence, & par corps contre le fieur Fleury ; le fieur Fleury en interjetta appel en la Cour : & par Arrêt rendu le Mercredi 19 Mars 1766, Audience de 7 heures, fur délibéré, prononcé & jugé fur le champ, la Sentence a été infirmée. Le motif de l'Arrêt fondé fur l'enregiftrement des Lettres-Patentes du 15 Septemb. 1763, portant Réglement entre les Jurifdictions de la Sénéchauffée de la Confervation de Lyon. La Déclaration porte que, fi dans les déclinatoires propofés par le défendeur, il eft prouvé que l'engagement n'a point pour caufe des faits ou matieres de commerce, *& que ni l'un ni l'autre des Parties n'eft ni Marchand ni Négociant,* en ce cas les Officiers de la Confervation de Lyon renverront les Parties devant les Juges qui en doivent connoître ; mais l'enregiftrement (contenant modification) exige que le créancier & le débiteur originaires foient Marchands, Négocians ou Manufacturiers. Or dans l'efpéce préfente il ne fe trouvoit que le fieur Fleury qui fut Négociant. Maître Jouhannin plaidoit pour l'intimé ; & Me Hochereau, pour l'appellant.

CONSIGNATION.

Page 247, col. 2, à la fin du 4e alinea, après ces louis, *ajoutez;*

☞ Relativement aux trois Arrêts rendus au profit des héritiers Ruvigny, on prétend que le contraire a toujours été décidé uniformément depuis par plufieurs Arrêts, tant du Parlement, que de la Cour des Aides & du Confeil, qui, à l'égard des Confignations antérieures à 1709, jugent que les Receveurs des Confignations ne doivent compter, ni des augmentations, ni des diminutions ; & à l'égard de celles postérieures, qu'ils n'en doivent compter que suivant les Procès-verbaux de proportion, qui ont été faits de l'autorité du Parlement, & qui fixent à la date du 21 Novembre 1719 (jour de l'Arrêt du Conseil cité), l'époque où les Receveurs ont été obligés de porter leurs deniers au Trésor Royal.

Page 248, col. 1, à la fin du 5e alinea, après V. Offres, *ajoutez ;*

D'après l'édition que j'ai, ce n'est point dans l'Epître 56, mais dans l'Epître 57, où Cicéron recommande les affaires de Cluvius, Puteolanus à Thernus. Voici l'endroit.

Caunii prætereà debent; sed aiunt se depositam pecuniam habuisse. Id velim cognoscas ; & si intellexeris eos neque ex Edicto, neque ex decreto depositam habuisse, des operam ut usuræ, Cluvio, (instituto tuo) conserventur. Voyez aussi *Intérêts*, Nombre 6.

Page 250, colonne premiere, à la fin du 3e alinea, après contre ce dernier Arrêt, *ajoutez ;*

Cet Arrêt est d'autant plus remarquable, que les héritiers Ruvigny argumentoient des Arrêts par eux obtenus en 1743, 1745 & 1746; mais on a jugé que les dispositions de ces Arrêts n'étoient qu'une énonciation relative à ce que les Contrats faisoient alors la monnoie courante, & ne pouvoient préjudicier au fond de la question.

» Le Receveur des Confignations fait
» les fonctions d'Officier public, *quand il*
» *donne des quittances comme Receveur des*
» *Confignations* ; & dès-là il faut nécessai-
» rement admettre que sa quittance est aussi
» authentique, & doit, en faveur d'un ad-
» judicataire & de ceux qui lui ont prêté les
» deniers pour consigner le prix, produire
» le même effet, *les mêmes priviléges &*
» *subrogations*, aux droits des vendeurs,
» (Parties saisies) & de leurs créanciers,
» que le seroit une quittance pardevant No-
» taires, donnée par le vendeur à l'ac-
» quéreur dans le cas d'une vente volon-
» taire «.

C'est ce qui a été jugé par un Arrêt récent. Voici dans quelles circonstances.

Me Pierre de Faverolles, Procureur en la Chambre des Comptes, s'étoit rendu adjudicataire en 1689 à la Barre des Requêtes du Palais, d'une maison & héritages, moyennant 4400 liv. faisis réellement fur le nommé Dondon; le sieur de Faverolles emprunta à constitution de rente du sieur Noyer, le 19 Avril 1689, 6000 liv. par contrat devant Notaires à Paris. L'objet de cet emprunt étoit de payer ès mains du Receveur des Confignations le prix de l'adjudication qui venoit de lui être faite ; dans l'acte d'emprunt, le sieur de Faverolles *avoit déclaré que de cette somme de 6000 livres, il en employeroit celle de 4400 livres à la Confignation qu'il étoit obligé de faire ès mains du Receveur des Confignations des Requêtes du Palais, & que par la quittance de Confignation, il feroit tenu de déclarer que ladite somme de 4400 liv. procédoit de ladite constitution & desdits deniers, afin que ledit Noyer acquit hypothèque & privilége spécial fur ladite maison.*

Le même jour, le sieur de Faverolles consigna ès mains du Receveur des Confignations la somme de 4400 livres ; la quittance de Confignation contenoit mention expresse que le sieur de Faverolles avoit déclaré que cette somme de 4400 liv. faisoit partie de celle de 6000 liv. empruntée à titre de constitution du sieur Noyer, *au desir duquel contrat, & pour le privilége & hypothèque spécial dudit Noyer fur lesdits biens, ledit sieur Faverolles faisoit la présente déclaration.*

Les détenteurs des héritages affectés à la rente au principal de 4400 livres, constituée par l'acte du 19 Avril 1689, prétendirent par la fuite des temps, que le contrat de constitution en question ne pouvoit produire en faveur du sieur Patry, qui leur demandoit un titre nouvel de la rente de 220 liv. à lui dûe ès noms & qualités qu'il procédoit, qu'une simple *hypothèque*, & non un privilége fur les héritages dont il s'agissoit, parce que la quittance servant à justifier l'emploi des 4400 livres, formant le principal de la rente de 220 liv. dûe au sieur Patry, *n'avoit pas été passée devant Notaires* ; & que, suivant les Réglemens de la Cour des 31 Août 1676 & 6 Juillet 1690, il falloit, pour pouvoir acquérir *un privi-*

lége

tège & la subrogation, 1°. que dans l'acte d'emprunt que l'on vouloit faire servir à payer à un autre créancier, cet emploi & la destination fussent expressément stipulés; 2°. que dans le second acte, contenant le payement & le remboursement, la stipulation fut exécutée. 3°. Enfin, que ces actes *fussent passés devant Notaires*. Dans ces circonstances, il est intervenu un Arrêt sur délibéré en la troisième Chambre des Enquêtes au rapport de M. Dionis, du séjour qui a renvoyé les Parties à l'Audience; & le Lundi 23 Février 1767, il est intervenu Arrêt contradictoire après deux Audiences, qui a adjugé au sieur Patry ses Conclusions; d'où il résulte que la Cour a jugé que *la quittance du Receveur des Consignations*, contenant la déclaration de l'emploi de deniers, dont l'emprunt étoit constaté par un acte pardevant Notaires, valoit autant que la quittance qui en auroit été passée devant Notaires, & par laquelle il auroit été fait mention de l'emploi. Plaidans Mes Tennesson & Huteau.

CONSULS.

Page 255, col. 2, à la fin du 1er alinea, après Poitiers, *ajoutez*; & l'art. *Echevins.*

Page 257, col. 1, à la fin du 1er alinea, après seulement, *ajoutez*;

Les assignations pour le Commerce maritime doivent être données pardevant les Juge-Consuls du lieu où le contrat a été passé; l'Ordonnance déclare même nulles celles données pardevant les Juge & Consuls du lieu d'où le Vaisseau sera parti, ou du lieu où il aura fait naufrage. Voyez le titre 12 de l'Ordonnance du Commerce de 1673, art. 18.

Page 264, col. 1, à la fin du 1er alinea, après par concurrence avec les Huissiers des Consuls, *ajoutez*;

Mais depuis, les six Corps des Marchands ayant formé opposition à l'exécution de cet Arrêt, il a été ordonné par autre Arrêt contradictoire du 4 Septembre 1734, qui les reçut opposans à ce premier Arrêt, qu'avant faire droit & dans six mois, les Parties se retireroient pardevers le Roi; ce qui ayant été fait, par Arrêts du Conseil d'Etat des 19 Octobre & 16 Novembre 1734, & Lettres-Patentes obtenues en conséquence les 6 Novembre 1734 & premier Février 1735, dûement enregistrées au Parlement par Arrêt du 7 Mars 1735, Sa Majesté a ordonné que la Déclaration du 24 Juin 1710, & l'Arrêt d'enregistrement d'icelle du 10 Juillet suivant, seront exécutés, & en conséquence que les Huissiers Audienciers des Consuls, jouiront du droit de faire seuls, à l'exclusion de tous autres Huissiers ou Sergens, dans la Ville & les Fauxbourgs de Paris, les significations nécessaires dans les Instances interloquées en ladite Jurisdiction, ensemble celles des Ordonnances desdits Juges & Consuls, & des Actes qui se passent en leur Greffe.

Page 265, colon. 2, 1er lig. du 5e alinea, après La Combe, *ajoutez*; à l'article *Contrainte par corps*, &c.

Par Arrêt du Mercredi 11 Avril 1764 Audience de sept heures, la Cour a jugé que les Consuls de Langres n'avoient pu rendre une Ordonnance, portant permission d'arrêter dans sa maison, un débiteur en faillite. L'emprisonnement qui avoit été fait le soir, fut déclaré nul, tortionnaire, & l'écrou rayé. Le motif de l'Arrêt fondé sur ce que le Juge ordinaire pouvoit seul rendre une pareille Ordonnance. Plaidans Mes Achenay & Thevenot le jeune.

La Cour a rendu sur les Conclusions de M. Joly de Fleury, Avocat Général, un Arrêt de Réglement le 11 Juillet 1764, (il est imprimé) entre le Comte de Brienne & les Juge-Consuls de la ville de Troies, par lequel faisant droit sur les Conclusions du Procureur Général du Roi, il est enjoint aux Juge-Consuls de la ville de Troies, d'observer les Arrêts & Réglemens de la Cour, & notamment la Déclaration du 7 Avril 1759, registrée le 12 Mai suivant; en conséquence leur enjoint ès cas des art. 1 & 2 de ladite Déclaration, de renvoyer les Causes portées en leur Jurisdiction, pardevant les Juges qui en doivent connoître aux termes de ladite Déclaration, & sans que celui desdits cas concernant le lieu du payement, puisse s'entendre d'autre lieu que de celui où le payement aura été stipulé devoir être fait.

Ce même Arrêt reçoit aussi M. le Procureur Général, Apellant d'une Sentence rendue en forme de Réglement au Bailliage de Brienne, le 26 Octobre 1761 ; déclare ladite Sentence incompétemment rendue, fait défenses aux Officiers de ladite Justice, même sous prétexte d'exécution des Déclarations du Roi enregistrées en la Cour, DE FAIRE AUCUNS RÉGLEMENS, sauf à eux lorsqu'ils l'estimeront convenable au bien de la Justice, à proposer tels articles de Réglemens qu'ils aviseront bon être, pour être lesdits articles de Réglement homologués en la Cour si faire se doit, en la manière accoutumée. L'impression & publication du présent Arrêt a été ordonnée, tant à l'Audience de la Jurisdiction Consulaire de Troyes, qu'en la Justice de Brienne. Me Janny plaidoit pour le Comte de Brienne.

CONSULTATION.

Page 266, col. 1, *à la fin du* 3e *alinea, au lieu de* Mardis, *ajoutez* ; les Mercredis après midi.

CONTINUATION de Communauté.

Page 268, colon. 1, *à la fin du* 5e *alinea, après* appointoit, *ajoutez* ; (a).

(a) Je pense que dans ce cas, il ne devoit y avoir contre le mari, que la privation de sa part dans les choses recélées.

Page 269, col. 2, *à la fin du* 1er *alinea, après* Vidalin, *ajoutez* ;

Dans l'espéce de cet Arrêt il avoit été fait un inventaire, que l'on soutenoit d'après l'article 268, Chapitre 22 des Communautés, être équipollent à un partage, & conséquemment dissolutif de Communauté : mais on répliquoit, 1°. que cet Inventaire n'avoit pas été fait solemnellement; 2°. que dans la Coutume de Bourbonnois il y avoit plusieurs sortes de Communautés qui pouvoient se contracter entre personnes *parentes ou étrangeres, demeurans ensemblement*, que ces termes *ou autre Convention équipollant*, n'avoient d'application qu'à ces Communautés coutumieres ; mais que, lorsqu'il s'agissoit de Communauté avec des mineurs, le seul Inventaire solemnellement fait par le conjoint survivant, pouvoit la dissoudre, & que cette nécessité d'un Inventaire étoit de droit coutumier général.

Ainsi l'on peut dire que cet Arrêt fixe la Jurisprudence pour la Coutume de Bourbonnois, relativement à la maniere dont la Continuation de Communauté peut être dissoute. Me Michel écrivoit dans cette Instance.

Page 271, colon. 2, *ligne* 8 *du* 3e *alinea, après* en Justice, *ajoutez* ;

Cette question de sçavoir si le droit de Continuation de Communauté est transmissible, vient d'être jugée pour l'affirmative, par Arrêt du Lundi premier Septembre 1766, rendu en la Grand'Chambre au rapport de M. Pasquier. Les Parties étoient les Directeurs des Créanciers unis du feu sieur Durand, Ecuyer, Seigneur de Mezy, contre le sieur Durand de Blonzac & autres. La Sentence de Messieurs des Requêtes de l'Hôtel du 5 Juin 1764 a été infirmée, Me Pincemaille écrivoit dans cette Instance.

Page 274, colon. 1, *à la fin de l'article, après* Châtelet, *ajoutez* ; & les Traités de Renusson & le Brun.

CONTRAINTE PAR CORPS.

Page 280, col. 1, 5e *ligne du* 5e *alinea, après* la foi, *ajoutez* ; (a).

(a) Ce Magistrat, frere de M. Gilbert de Voisins, ci-devant premier Avocat Général du Parlement, actuellement Conseiller d'Etat, ne manquoit point les Audiences. Une maladie l'avoit privé de la vûe depuis nombre d'années ; mais on peut dire que la nature industrieuse à réparer ses pertes, ajouta à son esprit, (s'il est permis de parler ainsi) les lumieres dont la perte d'un sens l'avoit privé; il mourut au regret de la Cour & de tout le Barreau, au commencement de l'année 1767.

Page 281, col. 2, *à la fin du* 3e *alinea, après* tit. 7, *ajoutez* ; & l'Arrêt rapporté au mot *Société*, n. 25.

CONTRAT.

Page 284, col. 1, *ligne* 7 *du* 4e *alinea, après* preuve, *ajoutez* ; & que l'on étoit dans le cas de pouvoir prendre la voie de la plainte.

Par exemple, la Cour par Arrêt du Samedi 6 Septembre 1766, rendu conformément aux conclusions de M. Barentin, Avocat Général, a confirmé une procédure extraordinaire, instruite à la requête de Marie-Geneviève le Normand, veuve de Julien Girard.

Cette veuve âgée de 38 ans, avoit rendu plainte contre le sieur Foucault, qu'elle accusoit de lui avoir, par séduction, fraude, dol & surprise, extorqué un Contrat de trois cent livres de rente, au principal de 6000 livres en espéces, comptées à la vûe des Notaires. Foucault répondoit que la veuve Girard ne se plaignoit pas qu'on l'eût obligée à souscrire le Contrat de 300 livres de rente par force, crainte ou violence, ni par aucune autre voie de fait ; ou enfin qu'on lui eût fait signer cet Acte au lieu d'un autre ; d'où il tiroit la conséquence, que la procédure extraordinaire étoit absolument nulle & irréguliere, comme tendante à acquérir une preuve testimoniale, inadmissible aux termes des Ordonnances, par la voie civile, *Contrà scriptum testimonium, non scriptum testimonium non fertur.* L. 1, Cod. *de Test* ; mais ces moyens ont été absolument proscrits ; & je crois qu'il faut tenir pour principe certain, que la voie extraordinaire est admissible, & même la seule qu'il faille prendre, toutes les fois qu'il y a un commencement de preuve, qu'un Acte ne doit son existence qu'à la fraude, au dol & à la surprise ; telles étoient les circonstances de la cause de la veuve Girard ; on y trouvoit (entr'autres) celle-ci, qu'en sortant de chez le Notaire, l'argent avoit été remis à Foucault par la veuve Girard & autres ; outre cela, huit jours après le Contrat, la veuve Girard s'étoit fait instituer un Conseil par Sentence du Juge de Tours, fondée sur ce qu'elle n'avoit pas le jugement assez sain pour la conduite de ses affaires, & elle avoit rendu plainte le lendemain contre Foucault.

Il est à noter que par le présent Arrêt, la Cour a décrété de prise de corps Foucault ; mais on a sçu que le motif de ce décret a été fondé sur ce que Foucault avoit manqué de respect aux premiers Juges, qui l'ayant interpellé de s'expliquer sur les faits de l'interrogatoire, avoit répondu que l'*Acte parloit pour lui, & qu'il n'avoit rien à dire.* Plaidant Me Marnier pour Foucault.

Page 284, colon. 2, *à la fin du dernier alinea, après necessitatis, ajoutez* ; L. 5. Cod. *de Oblig. & Actionib.*

Page 285, colon. 2, *à la fin du 7e alinea, après en entier, ajoutez* ;

En droit, c'est un principe certain, que d'un Contrat nul, les ventes ni les droits seigneuriaux ne sont dûs ; & que tout Contrat qui peut être cassé, n'est point pour cela nul de droit.

Même page & même colonne, à la fin du 7e alinea, après Châtelet, ajoutez ; & M. Pothier, Traité des Obligations, tom. 1.

CONTRATS DE MARIAGE.

Page 287, col. 2, *ligne 5 du 3e alinea, après dans le Mariage, ajoutez* ;

C'est d'après ces principes que, par Arrêt du Samedi 6 Septembre 1766, rendu en la Grand'Chambre sur les Conclusions de M. Seguier, Avocat Général, la Cour a déclaré nulle & de nul effet, la clause d'un Contrat de Mariage conçue en ces termes : » au régime & gouvernement de laquelle » communauté, ladite Demoiselle, future » épouse, demeure autorisée, à la priere » & requisition dudit sieur Charruau (fu- » tur époux), *lequel reconnoissant sa trop » grande facilité,* & son peu d'expérience » en affaire, renonce par ces présentes à » pouvoir engager, hypothéquer & obli- » ger, tant les biens de la Communauté, » que ses biens particuliers, soit présens & » à venir, *& à passer aucuns actes, que de » l'avis, en présence & du consentement de » la future épouse* ; sans laquelle stipula- » tion expresse, le présent mariage n'eût » été contracté, & les parens des deux fu- » turs époux n'y eussent donné leur con- » sentement «.

Le mari, après une année de mariage, prit des Lettres de Rescision contre cette clause qu'il soutenoit contraire aux bonnes mœurs, comme tendante à donner à la femme l'autorité qui ne peut être que dans la main du mari, & comme renfermant une véritable interdiction sans le ministere du Juge.

La Cour, en déclarant cette clause nulle & de nul effet, a ajouté, *sans qu'il soit besoin de Lettres de Rescision,* plaidans Mes Pierret de Sansieres & Thevenot d'Essaule.

Page 288, colon. 2, *à la fin du 3e alinea, après Notaire, ajoutez* ;

On distingue dans le Mariage, deux

chofes ; le Contrat *Civil*, qui eſt le conſentement des Parties ; & le *Sacrement*, qui
eſt la bénédiction du Prêtre. V. Mariage.

CONTRAVENTION.

Même page, colon. 2, *à la fin de l'article,*
ajoutez ;

Suivant Fevret, la Contravention au
Concordat donne lieu à l'appel comme
d'abus.

CONTREBANDE.

Page 288, *col.* 2, *à la fin du* 1er *alinea*
de cet article après Prince, *ajoutez* ;

Ce mot vient de l'Italien *Contrabando*,
contre le ban & publication des défenſes.

Page 291, *col.* 1, *ligne* 3 *du* 3e *alinea*,
au lieu de 5 Mars ſuivant, *laiſſez la date*
en blanc, attendu qu'il y a erreur dans cette
date.

CONTRE-LETTRE.

Page 293, *colon.* 1, *ligne* 2 *du* 4e *alinea*,
après minute, *changez & mettez* ; & qu'elles
ſont en poſſeſſion de celui contre lequel
elles paroiſſent données.

CONTRIBUTION.

Page 294, *colon.* 1, *à la fin du* 2e *alinea*,
après doit toucher, *ajoutez* ; Voyez le
Traité des Fonctions des Commiſſaires.

Même page & même colonne, à la fin de
l'art. après Ordres, *ajoutez* ;

En matiere d'hypothéque, la Contribution n'a lieu que lorſqu'il y a concurrence d'hypohéque.

Il y a une autre eſpéce de Contribution qui ſe fait ſur la mer entre les
Aſſureurs & les Marchands *aſſurés* (ou
même les Maîtres de navire) lorſqu'il
eſt arrivé quelque perte ou avarie ; cette
Contribution s'appelle auſſi rétribution.

CONTRIBUTION AUX DETTES.

Même page & même colon. après Voyez
Dettes, ajoutez ;

C'eſt ainſi qu'on appelle, en matiere de
ſucceſſion, l'opération qui ſe fait entre pluſieurs héritiers d'un défunt, pour fixer la
part & portion qu'ils doivent payer chacun de la totalité des dettes de la ſucceſſion.

La Cour a jugé, par Arrêt rendu en
la Grand'Chambre le 30 Juillet 1761, au
rapport de M. le Mée, que des Légataires
particuliers, devenus Légataires univerſels, par l'abandon qui leur avoit été fait
des meubles, acquêts & quint des propres
d'une ſucceſſion collatérale, n'étoient point
tenus, dans la Coutume d'Amiens, d'employer au-delà du prix des meubles, au
payement des dettes mobiliaires dont cette
Coutume les chargeoit ; que quand le prix
des meubles n'étoit pas ſuffiſant pour le
payement entier de cette eſpéce de dette,
les quatre quints des propres que les héritiers s'étoient réſervés, devoient contribuer au payement, tant de ces dettes, que
des immobiliaires, avec les acquêts & le
quint des propres abandonnés aux Légataires.

En effet, la Sentence du Bailliage d'A-
miens du 3 Juillet 1758, dont les Demoiſelles de Pingré étoient appellantes, les
avoit condamnées à contribuer à proportion
de l'émolument, à raiſon des quatre quints
des propres auxquels elles s'étoient réduites, au payement du ſurplus des dettes
mobiliaires qui reſteroient à acquitter,
après les meubles épuiſés, & à payer
par même proportion les dettes immobiliaires ; & cette Sentence a été confirmée par l'Arrêt ci-deſſus rapporté. Me
Bruhier de la Neuville écrivoit dans cette
Inſtance.

Page 296, *col.* 2, *à la fin du* 4e *alinea*,
après Mars 1693, *ajoutez* ; Mais voyez
n°. 46.

CONTUMACE & CONTUMAX.

Page 302, *col.* 2, *à la fin du* 2e *alinea*,
après diſpoſitions, *ajoutez* ; cet Edit a été
regiſtré le 10 Janvier 1681. Il eſt rapporté
par Bornier, tom. 2.

Page 306, *colon.* 1, *à la fin de l'article*
Contumax, *après* Voyez *Appel, ajoutez* ;

Chez les Romains, le Procès n'étoit
point fait par Contumace dans la premiere année de l'abſence ; les biens du
fugitif étoient ſeulement annotés : s'il dé-
cédoit dans l'année, il mouroit *integri ſta-*
-tûs, mais il étoit réputé coupable après
l'an révolu.

Saint Athanaſe aima mieux ſe laiſſer

condamner par Contumace, que de se présenter; la raison est, qu'un accusé a plutôt devant les yeux ce que les Juges peuvent, que ce qu'ils doivent. Voyez les Plaidoyers de le Maistre.

CORVÉES.

Page 310, *colonne* 2, *premiere ligne, après* commun, *ajoutez*; En effet, les Corvées étant odieuses, on ne peut les acquérir, même par la prescription centenaire, il faut un titre positif.

L'Ordonnance de 1499 de Louis XII, a beaucoup modéré la rigueur des Corvées, qui sont des exactions.

Page 311, *colon.* 1, *à la fin du* 5e *alinea, après* Février 1684, *ajoutez*;

On limite à douze par an, les Corvées indéfinies, ou les obligations à toutes Corvées & Mandées. Voyez la septiéme régle de Loysel, liv. 6, tit. 6.

COTTE-MORTE.

Page 312, *colonne* 2, *à la fin du premier alinea, après* Religieux, *ajoutez*; qui vivoit hors la manse commune.

Page 313, *colonne* 2, *à la fin de l'article, après* 1748, *ajoutez*;

» La Cotte - Morte des Religieux de » Cîteaux n'appartient point aux Abbés » Commendataires, mais au Monastere «.

COURS D'EAU.

Voyez *Déchargeoir, Riviere, Propriétaire d'héritage supérieur, & Source.*

En général, & de Droit commun, la source appartient au Propriétaire du fonds où elle se trouve, *quod in fundo meo nascitur, meum est.* Le Propriétaire de l'héritage supérieur peut en user à sa volonté; l'employer, *voluptatis causâ*; le Possesseur inférieur n'est point partie capable pour l'en empêcher, *parce que lui-même n'en jouit qu'à titre de faculté, & non point jure optimo.*

Le sieur Bruneau, Baron de Vitry & Seigneur de Champ-Levrier, étoit Propriétaire d'héritages où se trouvoient des sources qui formoient un Cours d'Eau: jusqu'à ce que ces eaux fussent parvenues dans les étangs du Baron de Vitry, elles ne cou-

loient que sur ses propres héritages; ce fut dans ces circonstances que, pour rendre un chemin plus praticable & procurer aussi une irrigation à un pré inférieur qui lui appartenoit, le Baron de Vitry changea le déchargeoir de son étang, & le plaça au septentrion, au lieu du midi où il étoit. Le sieur Brossard, Curé de Chide, se plaignit de ce changement qui ôtoit, disoit-il, au pré de sa Cure, l'eau dont il étoit arrosé auparavant; il articuloit la possession immémoriale où il étoit de jouir de ce Cours d'eau, & argumentoit principalement de trois baux, desquels il résultoit que le Baron de Vitry *& ses auteurs* avoient reconnu *qu'ils ne prendroient par la suite, dans ladite eau, ni possession, ni propriété, ni même, droit d'entrée & de sortie pour desservir les héritages voisins*; d'où il concluoit qu'il avoit un titre décisif en sa faveur.

Le Baron de Vitry répondoit qu'il étoit constamment Propriétaire des héritages supérieurs où étoient les sources qui formoient le Cours d'Eau en question, que par conséquent il avoit pu placer le déchargeoir où il avoit voulu; il se fondoit notamment sur ce que le droit d'irrigation, que le Curé vouloit s'approprier, étoit une servitude, & qu'il n'y avoit point de servitude sans titre; enfin, que le Curé, qui excipoit des baux en question, ne prouvoit point par des titres *antérieurs à ces mêmes baux,* qu'il eût le Cours d'Eau dont il s'agissoit; *enunciativa non probant, sed præsupponunt.* Ces moyens du Baron de Vitry ont été adoptés par Arrêt du Vendredi 22 Août 1766, rendu en la seconde Chambre des Enquêtes, au rapport de M. de Chavaudon de Saint-Maur: la Sentence de Nevers, qui avoit condamné le Baron de Vitry à rendre au Curé le Cours d'Eau en question, sinon permis au Curé de le faire rétablir, a été infirmée, & le Baron de Vitry déchargé des condamnations prononcées par cette Sentence. Mes Boullyer & Lochard écrivoient dans ce Procès.

COURSE AMBITIEUSE.

Page 314, *col.* 1, *ligne* 7 *du* 3e *alinea, après* ainsi des dates, *ajoutez*; se rendent, par cela même, indignes &c.

COURTIERS.

Même page, col. 2, à la fin du 1ᵉʳ alinea, après des marchandises, *ajoutez;* Ce mot vient du verbe Courir.

Même page & même colon. à la fin de cet article, après prix, *ajoutez;*

Chaque Corps des Marchands a ses Courtiers, qui sont nommés par ses Maîtres & Gardes; il y en a aussi chez les Manufacturiers. Dictionnaire de Trévoux.

COÛT.

Page 315 colon. 1, à la fin de cet article, après lever, *ajoutez;* ces piéces, & les signifier, quand il en est besoin.

COUTUME.

Page 318, col. 2, ligne 8 du 2ᵉ alinea, après est sa chaîne, *ajoutez;* tant que l'Ordonnance subsiste &c.

CRIÉES.

Page 321, col. 2, à la fin du 2ᵉ alinea, après Praticien François, *ajoutez;* V. aussi d'Héricourt, de la Vente des immeubles.

CRIME.

Page 325, col. 1, à la fin du 4ᵉ alinea, après aujourd'hui, *ajoutez;* (année 1763.)

CUMUL.

Page 327, col. 2, à la fin de cet article, après du tout, *ajoutez;* Le Brun parle de ce droit dans son Traité des Successions, livre 2, ch. 4, nombre 61.

CURATEURS.

Même page, col. 2, à la fin du 4ᵉ alinea, après actions immobiliaires, *ajoutez:* parce qu'en général le Curateur est donné aux biens, & le tuteur à la personne.

Page 329, col. 1, ligne 2, du 3ᵉ alinea, après on fait le procès, *ajoutez;* dans ce cas le parent du défunt doit être préféré à ceux qui s'offriroient pour en faire la fonction, & ce Curateur peut interjetter appel de la Sentence rendue contre le cadavre, Ord. de 1670, tit. 22, art. 2 & 4.

CUSTODE.

En matiere criminelle, ce mot signifie Prison, du Latin *Custodia*, & c'est en ce sens que l'on dit donner le fouet sous la Custode, châtiment qui s'inflige ordinairement aux criminels à peine parvenus à un âge de discrétion, ou bien à ceux à qui pour des considérations particulieres, la Cour veut bien épargner la honte du châtiment public; cette peine, dans tous les cas, emporte infamie.

Dans les siécles moins éclairés, les Confesseurs donnoient à leurs Pénitens la discipline sous la Custode, c'est-à-dire, en secret & en particulier; cette pratique a été sagement défendue.

CUSTODINOS.

La Jurisprudence Canonique se sert de ce mot Latin pour désigner un Confidentiaire, Titulaire d'un Bénéfice, qui non-seulement prête son nom à un autre à l'effet d'en recueillir les fruits, mais encore est prêt de lui en donner la Résignation toutes les fois qu'elle lui sera demandée: il résulte de cette définition qu'un *Custonos* est un vrai Simoniaque.

D

DÉBET, DÉBITEUR.

Pag. 343, col. 1, à la fin de l'art. ajoutez;

LA condamnation des dépens & des intérêts est la seule peine prononcée contre le Débiteur (qui n'est pas de mauvaise foi); & celui-là n'est point Débiteur qui peut opposer une exception péremptoire à la demande du créancier.

Il est de principe que, tant que l'on n'a point mis le Débiteur en demeure de payer, on ne peut point dire qu'il soit refusant de s'acquitter. *Nulla intelligitur mora ibi fieri, ubi nulla petitio est. ff. de Reg. Juris. L. 88.*

DÉCIMATEURS.

Page 345, colonne 2, à la fin de cet article, après réparations, *ajoutez;*

Lorsqu'il s'éleve quelques contestations entre le gros Décimateur & le Curé pour le partage des dixmes, c'est au Curé à choisir. V. aussi à l'article *Dixme*, n°. 55.

DÉCIMES.

Page 346, col. 1, à la fin du 1er alinea, après biens, *ajoutez;*

« La premiere Ordonnance qui porte » institution des Décimes, est de Philippe » Auguste, à qui elles furent accordées » l'an 1188, dans un Concile tenu à Paris «. Voyez le Dict. de Trévoux.

DÉCLARATION.

Page 350, colon. 1, à la fin du 2e alinea de cet article, après publiées, *ajoutez;*

Il y a cette différence (de forme) entre les Déclarations & les Edits, que celles-là font datées du jour qu'elles font données; ceux-ci au contraire, ont seulement la date du mois.

Les Déclarations se scellent en cire jaune, & les Edits en cire verte.

DÉCONFITURE.

Page 353, colon. 1, lig. 6 du 6e alinea, après immeubles, *ajoutez en note; (a).*

(a) L'Ordonn. du mois de Janvier 1629 n'a point force de Loi en la Cour, attendu l'irrégularité de son enregistrement.

DÉCRÉTALES.

Même page, col. 2, à la fin de l'article, après Mercator, *ajoutez; &* qui font rapportées dans le Décret de Gratien, comme authentiques.

DÉCRETS D'IMMEUBLES.

Page 355, colon. 2, à la fin du 4e alinea, après précédent, *ajoutez;*

Une opposition à fin de charge ne doit pas empêcher de mettre à fin le Décret volontaire, attendu qu'il n'est scellé qu'à la charge de l'événement de l'opposition.

Il n'en seroit pas de même, s'il s'agissoit d'une opposition à fin de distraire : on ne pourroit obliger l'acquéreur de mettre à fin son Décret, sans avoir fait préalablement statuer sur l'opposition à fin de distraire; cette opposition tenant, pour ainsi dire, en suspens la vente, à cause des objets qui peuvent en être distraits.

Page 356, col. 1, à la fin du 1er alinea, après Saisie-Réelle, *ajoutez; &* le Traité de d'Héricourt.

Page 357, colon. 2, à la fin du 2e alinea, après propriétaire, *ajoutez;* Plaidans Mes de Beaubois & Regnard.

Page 358, col. 2, à la fin du 1er alinea, après aux enfans, *ajoutez;*

Par Arrêt du Jeudi 5 Septembre 1765, sur délibéré en la Grand'Chambre, prononcé le 7 du même mois, il a été jugé conformément aux conclusions de Monsieur Seguier, Avocat Général, que le Décret ne purgeoit point le douaire, soit préfix ou coutumier. Plaidans Mes Gerbier & Brousse.

Page 362, colonne 1, ligne 3, après le mot Châtelet, *ajoutez; &* sur-tout le Traité de la Vente des immeubles par d'Héricourt.

Page 365, colonne 1, à la fin de l'article Décrets en matiere Criminelle, *ajoutez;*

L'Auteur anonyme (a) du Traité des Matieres Criminelles, chap. 8, dit « qu'un » Huissier ou autre Officier feroit mal, & » que son procédé feroit blâmable, s'il si- » gnifioit un Décret d'assigné pour être ouï » ou d'ajournement personnel, à un Prêtre » difant la Messe ou étant dans l'Eglise; à un » Juge étant en son Siége pour rendre la » justice; à une personne qui se marieroit ou » qui feroit au convoi de son pere, sa mere » ou autre parent; mais que la signification » du Décret ne feroit pas nulle pour cela, » & que l'Huissier ou Sergent en feroit quitte » pour quelque correction ou amende «.

Je crois que la signification d'un Décret quelconque qui feroit faite à un Prêtre *difant la Messe*, feroit absolument nulle, parce qu'il n'y a point d'Acte de Justice qui doive interrompre la célébration des Mysteres Divins; d'ailleurs l'Huissier peut ne

point perdre de vûe le Prêtre, & lui fignifier le Décret à la fortie de l'Eglife.

L'Huiſſier ou Sergent ne doit pas fouffrir que la Partie Civile foit préfente à
l'exécution d'un Décret de prife de Corps,
crainte des accidens fâcheux qui pourroient
en réfulter. *Ibidem.*

DÉFENSES (Arrêt de).

*Page 368, colonne 2, à la fin de cet arti-
cle, après* inconvéniens, *ajoutez;*

Un Arrêt portant Défenſes de mettre à exécution un déeret décerné contre
un Officier de Judicature, ne feroit point
fuffiſant pour que l'Officier pût reprendre
fes fonctions, fi l'Arrêt n'en contenoit une
difpofition expreſſe.

Peut-on, au préjudice d'un Arrêt de Défenſes, recommander un prifonnier? V. *Recommandation.*

DÉLAI.

*Page 373, col. 2, à la fin du 2e alinea de
cet article, ajoutez;* Qui a terme & délai,
ne doit rien.

DÉLÉGATION.

*Page 376, col. 1, ligne 4 du 5e alinea,
après* obligation, *au lieu de,* & il, *ajoutez;*
& le ſecond débiteur, &c.

*Même page, col. 2, à la fin de cet article,
ajoutez;*

La Délégation ne vaut-elle que Saifie? Voyez *Saifie-Arrêt,* nomb. dernier.

DÉLIBÉRÉ.

*Même page & même col. à la fin de cet ar-
ticle, après* Vacations, *ajoutez;* & la date du
Jugement eſt du jour de ſa prononciation.

DÉLIT.

Un Arrêt du Vendredi 26 Septembre
1766, a jugé *in terminis,* qu'un Maître
n'étoit point civilement garant des blef-
fures que ſes chiens, accompagnant ſon
Domeſtique, avoient faites à un Meûnier
quêtant moûture, parce qu'il étoit prouvé
que les chiens avoient été excités & ani-

més; relativement à une rixe qui s'étoit
élevée entre le Domeſtique du Maître à
qui appartenoient les chiens, & le Meûnier
quêtant moûture; plaidans Mes Breton &
de l'Etang. Voyez auſſi un ſemblable Arrêt au quatriéme tome du Journal des Audiences.

En fait de chaſſe, le Maître répond
civilement des Délits de ſes Domeſtiques.
L'article 7 du titre des Peines, Amendes,
&c. de l'Ordonnance de 1669, paroît le
décider *(a);* & c'eſt ce que la Cour vient
de juger. Voici les principales circonſtances
de l'Arrêt.

Les nommés le Comte & Poulain, Domeſtiques de la veuve Duval, Laboureuſe,
tendirent des collets pour prendre du gibier. Le Délit étoit conſtaté par deux Procès-verbaux du Garde de la Marquiſe de
Reynel. La veuve Duval ſoutenoit qu'auſſi-
tôt qu'elle avoit été inſtruite de ces Délits,
elle avoit renvoyé ſes deux Domeſtiques;
la veuve Duval fut aſſignée en la Maîtriſe
d'Abbeville, à la requête de la Marquiſe
de Reynel; Sentence fur délibéré y intervint, qui (entr'autres difpofitions) déclara
la Marquiſe de Reynel non-recevable dans
ſa demande formée contre la veuve Duval,
à fin de condamnation *ſolidaire* en l'amende, avec ſes deux Domeſtiques; ſur l'appel, la Cauſe fut portée aux Eaux & Forêts au Souverain, il y intervint Arrêt
contradictoire le Jeudi 15 Janvier 1767,
qui ordonna un délibéré; & par Arrêt
rendu ſur délibéré le Lundi 17 Mars 1767,
la Sentence fut infirmée, & la veuve Duval condamnée *ſolidairement* en l'amende
avec ſes Domeſtiques, avec défenſes de
récidiver, ſous plus grande peine; plaidans
Me Defgranges pour l'Appellante, &
Me Perrin pour les Intimés. Il y eut des
Mémoires imprimés dans cette Cauſe; on
cita à l'Audience un Arrêt du 13 Mai
1735, imprimé ſous cet intitulé: *Arrêt
qui condamne ſolidairement les Religieux
de S. Vincent du Mans, avec deux de leurs
Domeſtiques qui avoient chaſſé, & infirme
le Jugement de la Table de Marbre, qui
avoit déchargé leſdits Religieux de la foli-*

___

(a) Les Marchands, Maîtres des Forges, Fermiers,
Uſagers, Riverains & autres, occupant les Maiſons, Fermes & autres héritages dans l'enclos & à deux lieues de
nos Forêts, ſeront reſponſables civilement de leurs Commis, Charretiers, Pâtres & Domeſtiques.

dité prononcée par la Sentence de la Maîtrise du Château du Loir.

Celui qui étant monté sur un cheval, ne pourroit en arrêter la fougue, soit par faute d'adresse ou de force, & qui blesse-roit ainsi quelqu'un, seroit tenu des dom-mages-intérêts du blessé ; parce que l'on ne doit pas monter un cheval, ou con-duire un char, si l'on n'est pas en état de parer, par force ou adresse, à tous les in-convéniens qui peuvent en résulter. C'est la disposition de la Loi *de Mulione*, aux Institutes, liv. 4, tit. 3, *de Lege Aquiliâ.*

DÉMISSION de Bénéfice.

Page 382, colonne 1, à la fin de cet arti-cle, après Démission, ajoutez ;

Suffit-il au Titulaire d'une Cure qui veut s'en démettre, d'en faire sa Démis-sion entre les mains du Collateur ou Pa-tron ; ne doit-il pas encore la faire agréer par son Evêque ? Cette question a fait la matiere d'une Cause célèbre. En voici les principales circonstances.

Le sieur Dulau de l'Allemant, Curé de Saint Sulpice, avoit donné la Démission pure & simple de sa Cure à M. le Comte de Clermont, Abbé de Saint Germain, Collateur de cette Cure ; M. le Comte de Clermont y présenta le sieur Abbé No-guèz, qui se retira devant M. l'Archevê-que de Paris à l'effet d'obtenir des Provi-sions ; refus de la part de ce Prélat, sur le fondement que la Démission n'avoit point été faite entre ses mains, & que, *illius est destituere, cujus est instituere.* L'Abbé No-guèz s'adressa au Primat qui lui donna des Provisions. Appel comme d'abus de l'Ordonnance du Primat. Le moyen du sieur Dulau étoit que M. l'Archevêque n'ayant point voulu recevoir sa Démission, il étoit obligé de garder sa Cure, parce que M. l'Archevêque étoit son Supérieur, auquel il devoit obéissance entière : après plusieurs plaidoiries, l'Abbé Noguèz, à la veille du Jugement, donna son désistement ; cepen-dant on plaida sur l'appel comme d'abus : M. Seguier, Avocat Général, établit pour principe certain, que la Démission de la Cure avoit dû être faite entre les mains de M. l'Archevêque, il adopta la maxime *illius est destituere, cujus est instituere :* il

Supplément.

observa que si M. l'Archevêque eût voulu accepter la Démission faite entre les mains de l'Abbé de Saint Germain, il avoit cette liberté, mais qu'il ne pouvoit être forcé à donner des Provisions à l'Abbé Noguèz, parce que celui-là seul avoit droit de rece-voir la Démission, qui seul avoit le droit de conférer l'institution canonique, & que telle avoit toujours été la discipline de l'E-glise.

Ces principes furent entiérement adoptés par Arrêt rendu en la Grand'Chambre le Jeudi 21 Mars 1765. La Cour déclara qu'il y avoit abus, donna Acte au sieur Noguèz de son désistement, & maintint le sieur Du-lau dans sa Cure avec dépens : plaidans Me Gerbier pour le sieur Dulau, & Me Aubry pour le sieur Noguèz.

Remarquez que le désistement donné par l'Abbé Noguèz, a été considéré comme une circonstance indifférente pour la déci-sion de la Cause, qui fut plaidée & jugée d'après les principes.

DENIER.
V. *Intérêts.*

DÉNOMBREMENT.

En termes de jurisprudence féo lale, le Dénombrement est la déclaration faite par le Vassal au Seigneur dominant, de tous les Fiefs, Droits & Héritages qu'il recon-noît & avoue tenir de lui. Voyez *Aveu*, (qui se joint toujours à Dénombrement.)

La Coutume d'Orléans, article 81, indique que le Dénombrement ancien est un Dénombrement qui a 100 ans.

Sur l'effet du Dénombrement voyez le Commentaire de Dumoulin sur l'article 7 de l'ancienne Coutume de Paris, & le Traité des Fiefs de Guyot.

DÉPENS.

Page 388, colon. 1, à la fin du 1er. alinea, après & inutiles, ajoutez ; V. Commissaires.

DÉPÔT, DÉPOSITAIRE.

Page 397, colon. 1, à la fin du 3e alinea, après sans interruption, ajoutez ;

Lorsqu'un débiteur se charge de faire un Dépôt pour sûreté de ce qu'il doit à son créancier, & qu'il a été spécifié en quelle

I

qualité & nature, le Dépôt feroit fait, il doit le faire ainfi qu'il a été convenu.

M. Gravieres du Rauloy, Confeiller au Parlement de Metz, s'étoit obligé de faire un Dépôt, en acquifition de rente fur la Ville pour la fûreté d'une rente viagere qu'il avoit conftituée à une Particuliere; au lieu du Dépôt défigné, il en fubftitua un autre de moindre valeur (en billets au porteur). Le Notaire, auquel il déclaroit avoir fait le Dépôt, fit faillite; & quoique ce Notaire fût celui de la créanciere, la Cour, par Arrêt du 11 Décembre 1765, au rapport de M. l'Abbé Tudert, Confeiller de Grand'Chambre, a jugé, en infirmant la Sentence des Requêtes du Palais, que le dépériffement du Dépôt étoit à la charge de M. Gravieres du Rauloy, attendu que c'étoit pour fa plus grande commodité qu'il avoit fait ainfi le Dépôt; en conféquence, M. Gravieres a été condamné à payer la rente viagere, dont il auroit été affranchi fi le Dépôt avoit été fait dans les termes convenus: Mes Charon de Saint-Charles & Savin écrivoient dans cette affaire.

Quand un débiteur délegue le payement de fon créancier fur la vente d'un immeuble, fi le créancier déclare avoir pour agréable la délégation, & que l'acquéreur ait configné fon prix, alors fi le dépofitaire fait faillite, le débiteur qui a délégué fe trouve libéré, à moins que le créancier délégué ne prouve que par des caufes perfonnelles au débiteur, il n'a pas été en fon pouvoir de recevoir l'objet délégué. C'eft ce que la Cour a jugé en faveur de M. Titon de Villotran, Confeiller au Parlement, par Arrêt du Mardi 17 Juin 1766, Audience de fept heures, après deux Audiences bien contradiétoires. Le moyen principal de M. de Villotran étoit le défaut de diligence de madame de Novion, pour forcer dans le temps le Notaire à payer la fomme qu'il avoit en Dépôt: il eft vrai que madame de Novion prétendoit qu'on ne l'avoit pas mife à portée de recevoir la fomme déléguée; elle faifoit même à cet égard ufage de moyens particuliers qui paroiffoient confidérables; mais ils ne furent point jugés tels par la Cour, d'autant plus que M. Titon de

Villotran prouvoit qu'il y avoit eu de fes créanciers payés poftérieurement à la délégation; plaidans Me Doillot pour M. de Villotran, & Me Caillard pour madame de Novion.

Page 398, col. 2, à la fin du 5e alinea, après inexcufables, *ajoutez;*

Il ne doit y avoir que le Dépôt néceffaire ou judiciaire qui puiffe opérer la contrainte par corps contre le Dépofitaire. Par conféquent fi un client remet une fomme de deniers (par exemple à un Procureur) pour faire des offres réelles, & que ce Procureur ne foit pas en état de repréfenter & rendre à fon client la fomme qu'il lui a confiée, comme en cette occafion le Procureur n'étoit que Dépofitaire volontaire, il ne devroit point être condamné par corps: cependant, par Arrêt du Vendredi 20 Mars 1767, Audience de relevée, un Procureur en la Cour a été condamné, *& par corps*, à rendre une fomme de trois cent & quelques livres, reftant de plus grande fomme qui lui avoit été remife pour faire des offres réelles (non acceptées,) & de laquelle fomme il fe trouvoit à découvert vis-à-vis de fon client; plaidans Mes de la Borde & Jouhannin.

Même page, col. 2, à la fin de l'art. ajoutez;

Voici encore en matiere de Dépôt une efpéce finguliere qui s'eft préfentée récemment à la Grand'Chambre.

Le Chevalier de Ferrand avoit vendu une maifon au fieur Auvray, moyennant 24000 livres: 8000 liv. avoient été payées comptant; à l'égard des 16000 l. reftant, le vendeur & l'acquéreur convinrent qu'elles refteroient en Dépôt chez Me Denys, Notaire, jufqu'à ce que le Chevalier de Ferrand eût rapporté la radiation d'une ancienne Saifie-réelle; alors les 16000 livres devoient être payées au Chevalier de Ferrand, par le Notaire qui s'y étoit obligé par l'acte de Dépôt. Les fieurs Berembroch, Cafmayer & autres étoient créanciers d'Auvray, acquéreur, en vertu de Sentences des Confuls; ils formerent des oppofitions ès mains du Notaire, à la délivrance de ces 16000 livres: le Chevalier de Ferrand en demandoit la main-levée, fur le fondement que ces 16000 liv. avoient ceffé d'appartenir au fieur Auvray, dès le moment de la vente confommée par l'acte ; il ajoutoit que ces 16000 liv. étoient fa chofe qui n'avoit pu être faifie par les créanciers d'Auvray, à qui il ne devoit rien ; enfin, il rapportoit la radiation de la Saifie-réelle : mais, par Arrêt du Mardi 29 Janvier 1765, Audience de fept heures, le Chevalier de Ferrand a été débouté de fa demande en main-levée des oppofitions des créanciers du fieur Auvray ; & le Notaire a été condamné à payer cette fomme aux créanciers d'Auvray, oppofans. Il paroît que la Cour s'eft déterminée fur ce que des deniers quelconques *volontairement* dépofés, font fujets aux faifies des créanciers du dépofant, & demeurent en quelque forte toujours en fouffrance : en effet, le Chevalier de Ferrand ayant confenti au Dépôt, s'étoit expofé aux hafards des faifies, & devoit s'imputer de n'avoir pas exigé fur le champ la totalité de fon prix ; enfin, en vendant il falloit qu'il mît fon acquéreur en état de pouvoir le payer fur le champ ; plaidans Mes de la Borde, Bidault & de Varicourt.

DÉROGATION.

En termes de Droit, on appelle Dérogation un »Acte contraire à un précédent, » qui l'annulle, qui le détruit, qui le ré-» voque «.

Pour que les Dérogations foient confidérées en Juftice, il ne faut pas qu'elles foient faites en termes généraux, mais au contraire en termes formels & fpécifiques.

On ne peut déroger au droit de Patronage, ni au droit d'autrui.

C'eft une maxime conftante, en fait de loix & de contrats, que *pofteriora derogant prioribus.*

DÉROGEANCE.
Voyez *Nobles.*

DÉSAVEU.

Ajoutez à la fin de cet article ;

Pour former une demande principale & faire une procédure fur une pareille demande, il faut avoir un pouvoir fpécial, fans quoi un Procureur s'expoferoit à être défavoué.

Me Fabus, Procureur au Bailliage de Soiffons, avoit formé oppofition à une Sen-

tence de la Maîtrife de Soiffons, tant au nom du nommé Pennier, que de fept autres Mariniers, pour lefquels il avoit formé des demandes.

Sur l'oppofition à cette Sentence, il en intervint une feconde fur délibéré, dont Pennier interjetta appel, tant en fon nom qu'en celui des autres Mariniers.

Claude Fremeaux & Conforts défavouerent Me Fabus, en ce qu'il leur avoit fait former oppofition à la premiere Sentence, fans en avoir eu un pouvoir d'eux, & en ce qu'il leur avoit fait former des demandes qu'ils n'avoient jamais entendu former. Fremeaux & Conforts déclarerent qu'ils étoient dans l'intention d'exécuter la Sentence fur délibéré dont Pennier avoit interjetté appel, tant en fon nom qu'en celui des autres Mariniers.

De fon côté, Me Fabus oppofoit qu'il avoit eu pouvoir du fieur Pennier pour former oppofition à la premiere Sentence, & pour former les demandes fur lefquelles étoit intervenue la feconde Sentence ; il demandoit le payement de fes frais pour la part & portion de chacun des oppofans à la premiere Sentence : il excipoit encore de ce que Fremeaux & Conforts, déclarant qu'ils exécuteroient la Sentence fur délibéré, dont Pennier étoit appellant ; c'étoit de leur part acquiefcer à la procédure fur laquelle elle étoit intervenue.

Fremeaux & Conforts répondoient que leur confentement à l'exécution de cette Sentence (comme à un Réglement de Police fur le fait de la navigation) n'emportoit pas avec foi l'acquiefcement à la procédure fur laquelle cette Sentence étoit intervenue ; enfin qu'ils n'avoient donné aucun pouvoir à Me Fabus.

Par Arrêt rendu aux Eaux & Forêts au Souverain, fur les Conclufions du Miniftere Public, le Mercredi 13 Mai 1768, le Défaveu a été déclaré bien & valablement formé contre Me Fabus & Pennier ; Me Fabus a été débouté de fa demande en payement de fes frais, & condamné en tous les dépens, ainfi que Pennier envers toutes les Parties, fauf le recours de Me Fabus contre Pennier, de qui il paroiffoit avoir eu un pouvoir. Plaidans Mes Tenneffon, Bidault-de-Montréal, Breton & de Varicourt.

I ij

DESCRIPTION.

On appelle Defcription, le dénombrement rédigé par écrit de meubles, titres & papiers.

Par exemple, quand on leve un fcellé appofé après décès, on fait Inventaire & Defcription des meubles & papiers qui fe trouvent fous les fcellés.

Il faut faire une grande différence entre l'Inventaire & la Defcription.

L'Inventaire eft le tableau circonftancié, accompagné de prifée des biens d'une perfonne décédée.

La Defcription au contraire eft un état fommaire & dénué de toute prifée, des biens d'une perfonne vivante, abfente ou interdite; ou encore, par exemple, l'état fommaire des titres & effets appartenans à des tiers, & dont le défunt fe trouve en poffeffion lors de fon décès.

Les Defcriptions ont lieu en matieres civiles comme en matieres criminelles.

La Defcription en matiere civile fe fait par les Commiffaires au Châtelet, ou à la fuite d'un fcellé, ou après avoir été ordonnée en Juftice.

Lorfque la Defcription a été ordonnée en Juftice, c'eft une exécution de Jugement qui appartient aux Commiffaires; comme, par exemple, dans le cas, où (aux termes de l'article 6 du Réglement du 20 Juillet 1546,) *il n'eft befoin d'ouir les Parties en ordre judiciaire par demandes, défenfes, repliques & dupliques, les appointer en droit, & donner Jugement fur ce.*

Les Notaires ont fait des tentatives pour s'attribuer le droit exclufif de faire les Defcriptions dans l'un & l'autre cas; ils confondoient à cet effet la nature de l'Inventaire avec celle des Defcriptions; mais plufieurs Arrêts intervenus entr'eux & les Commiffaires, les ont toujours ramenés fur ce point à la vérité des principes. Voyez ces Arrêts dans le Traité des Fonctions des Commiffaires, titre 1, pages 791 & fuivantes.

On trouve dans les Chartriers des Notaires, éditions de 1663 & 1738, un Arrêt du 25 Octobre 1658, qui nomme Mes Ogier & le Caron, Notaires, pour faire la Defcription des meubles, marchandifes, titres & papiers de Charles Creffé, Marchand qui étoit en faillite & banqueroute; mais on n'y trouve pas un Arrêt contradictoire entre les Commiffaires & les Notaires, du 24 Janvier 1659, rendu fur appointement avifé au Parquet, le 4 Décembre précédent; cet Arrêt détruit celui du 25 Octobre 1658, (qui n'étoit que provifoire & rendu fur Requête), & ordonne l'exécution des précédens Arrêts, notamment de ceux de 1607 & 1623. Le même Arrêt du 24 Janvier 1659 renvoye les Inventaire & Defcription dont il étoit queftion, au Commiffaire Bannelier, à l'exclufion de Mes Ogier & le Caron, Notaires.

Les Defcriptions en matiere criminelle ne font pas moins du reffort des fonctions des Commiffaires, que celles ordonnées en Juftice, ou qui fe font à la fuite des fcellés; les Commiffaires ont été maintenus dans le droit de faire ces fonctions, par plufieurs Arrêts rapportés dans le Traité déja cité, tome 1, pages 791 & fuivantes.

Le motif de cette compétence paroît être que les Notaires n'ont que les actes volontaires, & les Commiffaires ceux de Jurifdiction contentieufe.

DÉSHÉRENCE.

Page 406, colonne premiere, commencez ainfi le 4e alinea;

Jofeph-François Perelle Davaux, Receveur des Domaines & Bois de la Généralité de Tours, &c.

Ligne 5 du même alinea, au lieu de les fcellés appofés après le décès du Curé de Monnoife, *mettez;* les fcellés appofés après le décès d'Auguftin de Creil, Curé de Monnoye en Touraine, & ce malgré la réfiftance & l'oppofition des Habitans qui avoient averti le fieur Davaux, que leur Curé étoit fils légitime de Pierre de Creil, & d'Antoinette Corrot; qu'il avoit été baptifé fur la Paroiffe de Saint-Sulpice à Paris, le 21 Mai 1650, qu'il avoit des héritiers.

DESSÉCHEMENT de Terres inondées, Landes & Terres incultes.

L'agriculture & fes progrès ont toujours fait le principal objet de l'attention de nos Rois : il a été accordé, très-anciennement aux Particuliers qui ont entrepris les Desséchemens ou les Défrichemens des terres inondées, des exemptions & priviléges proportionnés à l'utilité de leurs travaux, & capables de les encourager : c'est ce qui résulte d'un Edit du 8 Avril 1599, enregistré au Parlement le 15 Novemb. suivant : d'un autre de l'année 1607, enregistré au Parlement le 25 Août 1613, par lequel le Roi Louis XIII a détaillé plus particuliérement & spécifié les priviléges & exemptions dont jouiroient ceux qui entreprendroient de défricher & convertir en bonnes terres, *des terreins incultes* & submergés ; d'une Déclaration du 4 Mai 1641, enregistrée au Parlement le dernier Mars 1642 ; d'une autre du 20 Juillet 1643, non regîstrée : enfin d'une derniere Déclaration du 14 Juin 1764, regîstrée au Parlement le 2 Juillet suivant, dans laquelle sont rappellées celles des dispositions contenues aux anciens Réglemens ci-dessus cités : Il est permis par cette Déclaration, à tous Seigneurs & propriétaires de marais, palus & terres inondés, ensemble à tous ceux qui en ont ci-devant pris, & prendront ci-après par baux emphytéotiques ou à perpétuité, à droit de champart, de faire les Desséchemens desdits marais, palus & terres inondés, *vérification préalablement faite de l'état & consistance desdits terreins par un Procès-verbal qui en sera dressé par le plus prochain Juge Royal des lieux, en présence de toutes les Parties intéressées*, moyennant quoi lesdits propriétaires ou emphytéotes jouiront, eux, leurs fermiers & métayers pendant vingt ans, de l'exemption de toutes tailles & impositions pour lesdites terres ainsi desséchées, qui seront en outre exemptes de dixmes envers les Ecclésiastiques ou autres Seigneurs séculiers qui les pourroient prétendre, & ce durant lesdites vingt années, passé lequel tems, lesdites dixmes ne seront payées qu'à raison de cinquante gerbes, l'une. Le Roi maintient & garde les propriétaires des marais desséchés, dans la possession & jouissance de tous les priviléges ci-dessus énoncés, notamment dans le droit & la possession où ils ont toujours été, de ne payer la dixme à tous Seigneurs laïcs ou

ecclésiastiques décimateurs, sur les terreins desséchés, qu'à raison de cinquante gerbes l'une seulement, encore qu'elle se paye à un taux plus fort pour les autres terres, dans les Paroisses où lesdits marais sont situés, sauf aux décimateurs, dans le cas de concurrence entr'eux pour raison du droit de dixme, à s'accorder sur le plus ou le moins qu'ils auront à prendre dans la cinquantiéme gerbe seulement, avec défenses à tous décimateurs d'inquiéter ou troubler les propriétaires desdits marais, leurs fermiers, colons & cabaniers dans l'enlevement de leurs récoltes, lorsqu'ils auront en leur présence ou de celle des préposés desdits décimateurs, fait le délaissement de la cinquantiéme gerbe.

Les dispositions de ces anciens Edits & de cette derniere Déclaration s'appliquent également aux Particuliers qui entreprennent le défrichement de terres incultes, non inondées, comme landes, pâtis, bruyeres, &c. en observant les formalités prescrites par la Déclaration de 1764.

C'est même ce qui vient d'être ordonné par une Déclaration du Roi du 13 Août 1766, qui porte ; que ceux qui défricheront les terres incultes & qui auront rempli les formalités prescrites par cette Déclaration, jouiront pour raison des ces terreins, de l'exemption des dixmes, tailles & autres impositions généralement quelconques, même des vingtiémes, tant qu'ils auront cours pendant l'espace de quinze années, à compter du mois d'Octobre qui suivra la déclaration qu'ils seront obligés de faire, de la quantité des terres qu'ils voudroient défricher ; le tout cependant à la charge de ne point abandonner la culture des terres actuellement en valeur dont ils seroient propriétaires, usufruitiers ou fermiers, sous peine d'être déchus desdites exemptions.

La même Déclaration porte que les étrangers actuellement occupés auxdits Desséchemens ou défrichemens, ou qui se rendront en France pour cet objet, & y établiront leur domicile, seront réputés Regnicoles, & jouiront comme tels de tous les avantages dont jouissent les Sujets du Roi. Voyez cette Déclaration en entier. Voyez aussi l'Arrêt du Conseil d'Etat du Roi du 2 Octobre 1766, rendu en interprétation de la Déclaration du 13 Août 1766 , concernant les priviléges & exemptions accordés à ceux qui entreprendront de défricher les landes & terres incultes. Il est imprimé à la suite de la Décl. de 1766.

DÉTENTEUR.

Page 411 , *col.* 2 , *à la fin de cet article , après* immeuble réel , *ajoutez ;*

Le tiers-Détenteur peut être assigné en déclaration d'hypothéque.

DETTES.

Page 412 , *col.* 2 , *à la fin du* 8e *alinea , après* prétendre , *ajoutez ;* Bona non computantur, nisi deducto ære alieno.

Page 414 , *colon.* 1 , *supprimez le second alinea, & mettez à la place ce qui suit ;*

Ainsi , lorsqu'un testateur , ayant beaucoup de Dettes , & laissant des propres , a absorbé en legs particuliers , non-seulement tous ses meubles & acquêts , mais encore le quint de ses propres ; alors comme il ne seroit pas juste que les quatre quints restans des propres, demeurassent chargés du payement de toutes les Dettes, l'héritier peut prendre (conformément à l'art. 295 de la Coutume de Paris) les quatre quints des propres, & abandonner à tous les légataires , les meubles , acquêts & conquêts immeubles avec le quint des propres, moyennant quoi il demeurera saisi des quatre quints , & les légataires prendront le surplus , les Dettes toutefois préalablement payées sur tous les biens de l'hérédité. V. l'article 295 de la Coutume de Paris ; & Argou , tom. 1er, liv. 2, chap. 28.

DETTES DE COMMUNAUTÉ.

Voyez *Communauté , Dissolution de Communauté.*

Est-ce du jour de la demande en séparation de corps, formée en Justice par la femme , ou seulement de la date de l'Arrêt qui a fait droit sur cette demande, que la femme est libérée des Dettes de la communauté ? Cette question s'étant présentée en la premiere Chambre des Enquêtes, il a été jugé par Arrêt du Samedi 7 Septembre 1765, après plusieurs Audiences de plaidoirie , que la communauté étoit dissoute du jour même de la demande en séparation

de corps. Dans l'espéce de cet Arrêt la différence étoit considérable pour la femme, de lui accorder sa dissolution de communauté , seulement du jour de l'Arrêt, qui avoit prononcé la séparation de corps , ou du jour que la demande en avoit été formée par elle, attendu que, pendant l'intervalle de la demande à l'Arrêt (ce qui formoit un espace de quatre années) il y avoit eu beaucoup de Dettes de contractées ; il ne paroissoit pas même qu'elles eussent été faites par le mari, en fraude de la femme, & pour lui en faire supporter la moitié; plaidans Mes Racines & Collet.

Me de la Monnoie avoit fait une excellente consultation pour prouver que la dissolution de la communauté ne devoit commencer que du jour de l'Arrêt, qui avoit prononcé la séparation de corps. J'ai même appris que le mari s'étoit pourvu en cassation d'Arrêt, & que sa Requête avoit été admise.

DEVINS.

Page 422, *col.* 2 , *à la fin du* 1er *alinea, de l'article, ajoutez en note ; (a).*

(a) Nescia mens hominum , fati , sortisque futuræ.

Page 423, *colon.* 1, *à la fin du* 2e *alinea , après* &c. *ajoutez ;*

Il est ordonné par un Concile de Narbonne tenu en 589, de fustiger & vendre les Sorciers , & de donner le prix aux pauvres.

DEVIS ET MARCHÉ.

Même page , col. 2 , *à la fin du* 3e *alinea , après le mot* d'Ouvriers , *ajoutez ;* Voyez notamment l'Arrêt du 17 Juin 1763, rapporté au mot *Privilége* ; & l'Arrêt de Réglement du 18 Août 1766. V. aussi *Subrogation.*

DÉVOLUT.

Page 427, *colonne* 2 , *à la fin de l'article ; ajoutez ;*

Un Dévolut, pour cause de simonie, peut être interjetté dans les 30 ans.

DÉVOLUTION.

Même page , colon. 2 , *commencez ainsi cet article ;*

On appelle en général , la Dévolution ,

une défense que font quelques Coutumes au mari furvivant fa femme, ou à la femme furvivant fon mari, d'aliéner fes biens immeubles, mais au contraire de les conferver aux enfans iffus de leur mariage, de maniere qu'ils puiffent y fuccéder exclufivement aux enfans du fecond lit.

» La France a prétendu que le Duché » de Brabant eft fujet au droit de Dévolu- » tion; on a foutenu au contraire qu'en » fuppofant le Duché de Brabant fujet à ce » droit, il ne s'enfuit pas que par la Dé- » volution, une fille fortie du premier ma- » riage doit être préférée à un fils forti du » fecond «. *Dict. de Trévoux.*

Le mot de Dévolution a encore plufieurs fignifications, &c.

DIACRE.
V. *Chantre.*

DIGNITÉS Eccléfiaftiques.

Page 429, col. 1, ligne 4 du 2ᵉ alinea, après fixiéme, ajoutez en note; (a).

(a) La dignité de Chantre eft la premiere au Chapitre de S. Honoré à Paris.

DIMANCHES.
V. *Fêtes.*

Même page, col. 2, à la fin du 3ᵉ alinea, après Religion, ajoutez;
Cependant tous les Canoniftes conviennent qu'on peut travailler les jours de Fêtes, à l'agriculture & à toutes autres chofes, quand il y a danger de perte notable. Voyez *Fêtes*, n°. 5 & 10.

DIMISSOIRE.

Page 431, col. 1, à la fin du 6ᵉ alinea, après Siége Epifcopal, ajoutez mais voyez Fevret, tom. 1, liv. 3, chap. 4.

DIOCÉSE.

Même page, colon. 2, à la fin de l'article, ajoutez; Voyez fur ce le Dictionnaire de Trévoux.

DISPENSES en matieres Spirituelles.

Page 438, col. 2, à la fin de l'article, ajoutez;
Sur les Difpenfes, voyez le Traité des Difpenfes, par Collet, imprimé en 1762.

DISPOSITIONS Conditionnelles.

Page 439, colon. 2, lig. 10 du 2ᵉ alinea, après héritiers, au lieu de, & comme il, mettez; & comme cet acte leur &c.

DISTRACTION de Jurifdiction.

La Diftraction de Jurifdiction ou de Reffort eft l'attribution exclufive à certains Juges, de la connoiffance de certaines affaires qui appartenoient & étoient portées auparavant dans une autre Jurifdiction.

Lorfque le Roi érige une Terre en Duché-Pairie, Baronnie, Marquifat ou Comté, les Lettres-Patentes d'Erection renferment la claufe de Diftraction de reffort & de mouvance, en indemnifant les Seigneurs de qui les Terres incorporées au Duché relevoient, & les Officiers des Siéges à qui la Juftice en appartenoit, foit en premiere inftance, foit par appel; alors s'il y a lieu de diftraire une Paroiffe de fon ancienne Juftice, pour l'incorporer à celle de la Duché-Pairie, il doit préalablement être fait une Enquête *de commodo & incommodo*, en préfence des Juges où reffortiffoit la Paroiffe, & en les indemnifant au *prorata* du tort que leur fait cette Diftraction de Jurifdiction.

La Diftraction de Reffort une fois opérée eft irrévocable, & continue d'avoir lieu, malgré l'extinction du Duché; c'eft ce que la Cour a jugé de la maniere la plus formelle par Arrêt du Samedi 7 Juin 1766, conformément aux conclufions de M. Barentin, Avocat Général.

Dans l'efpéce de cet Arrêt, la Terre de Cany érigée en 1695 en Duché héréditaire, fous le titre de Duché de Boufflers, avoit repris par la fuite des temps fon premier nom, à caufe de l'extinction de ce Duché par le décès du dernier mâle de la defcendance du Maréchal de Boufflers. Cette Terre fut acquife par la fuite par le Comte de Saifferal : il fut queftion de fçavoir fi elle reffortiroit, quant à la Juftice, au Bailliage & Préfidial de Beauvais, ainfi qu'elle y reffortiffoit avant la Diftraction de Reffort, ou fi les appels continueroient d'en être portés directement au Parlement, de même qu'ils y avoient été portés depuis l'érection de cette Terre en Duché. Les Officiers de Beauvais excipoient de l'extinction de ce Duché, & de ce qu'ils n'avoient point reçu d'indemnité dans le temps : la Distraction de Ressort, disoient-ils, n'a été ordonnée qu'à cause de l'érection; la cause principale cessant, l'accessoire doit cesser aussi ; il faut donc que les choses reprennent leur état originaire. On leur répondoit que s'ils n'avoient point été indemnisés, c'est qu'ils avoient fait volontairement remise de toute indemnité en faveur des services que le Maréchal de Boufflers avoit rendus à la Ville de Beauvais & à l'Etat ; que par-là ils s'étoient mis dans la même position que s'ils avoient reçu cette indemnité ; que dès-lors la Justice de Cagny n'avoit plus connu d'autre Supérieur immédiat que le Parlement même ; que, malgré l'extinction de ce Duché, les choses étoient toujours demeurées dans le même état quant à la justice & au Ressort ; que la preuve s'en tiroit de ce que M. le Procureur Général avoit toujours adressé & adressoit encore actuellement les Edits, Déclarations, &c. au Procureur Fiscal : enfin qu'il y avoit cette distinction à faire entre l'érection du Duché & la Distraction de Ressort, que le Duché étoit destiné à finir par le décès de celui en faveur de qui la Terre avoit été érigée en Duché, ou par le décès du dernier de ses descendans mâles ; mais qu'à l'égard de la Distraction de Jurisdiction, lorsqu'une fois elle étoit opérée, comme il n'y avoit point de variation dans l'ordre judiciaire, le nouveau suzerain que la Terre avoit une fois acquis, & le Tribunal auquel le Ressort immédiat de la Justice de cette Terre avoit été attribué, ne pouvoient cesser par l'exinction du Duché ; & c'est ce qui a été jugé *in terminis*, par le présent Arrêt : plaidans Me Collet, pour le tuteur des mineurs du Comte de Saifferal, & Me Timbergue, pour les Officiers du Bailliage & Siége Présidial de Beauvais.

DISTRACTION de Dépens.

Page 441, col. 2, à la fin du 2e alinea, après adjudication, *ajoutez ;*

Ce n'est point seulement contre la Partie condamnée aux dépens, que le Procureur doit former sa demande en Distraction de frais il faut encore qu'il la

forme & l'obtienne contre son Client, qui a obtenu les dépens & à qui ils appartiennent. C'est ce que la Cour a jugé par Arrêt du Samedi 21 Février 1767, Audience de 7 heures, plaidans MM. Jouhannin & de la Borde.

Dans cette espéce la veuve Hue, Créanciere de Jean-Baptiste de la Croix, avoit transporté au sieur du Houssoy sa créance sur le sieur de la Croix, tant en principal, intérêts, que frais & dépens. Postérieurement à ce transport, Me de la Bonne, Procureur au Châtelet & de la veuve Hue, avoit obtenu Sentence de Distraction de ses frais, non contre la veuve Hue, mais contre le sieur de la Croix. Celui-ci appella de la Sentence de Distraction. Son moyen d'appel consistoit entr'autres choses à dire, qu'au moyen du transport fait par la veuve Hue au sieur du Houssoy, il n'étoit plus débiteur de la veuve Hue, mais du sieur du Houssoy qui lui avoit signifié son transport, & avec qui il avoit pris des arrangemens ; que le transport à lui signifié, valoit saisie ; enfin que Me de la Bonne n'avoit point obtenu la Sentence de Distraction contre la veuve Hue ; ces moyens ont prévalu : en conséquence la Cour a infirmé la Sentence & à débouté Me de la Bonne de sa demande en payement de frais, *quant à présent*, & l'a condamné aux dépens.

D I X I É M E.

Page 444, colonne 1, à la fin de l'article, après 1710, *ajoutez ;*

L'article 31 de l'Edit du mois de Décembre 1764, concernant la libération des dettes de l'Etat, ordonne, à compter du premier Janvier 1765 la retenue du Dixiéme des arrérages & intérêts de tous les effets payables aux porteurs mentionnés en l'article 6, des rentes viageres ayant accroissemens & dites *Tontines*, & de toutes les sommes généralement quelconques employées dans les états du Roi. V. ledit Edit.

Un Arrêt du Conseil du 17 Juillet 1766, accompagné de Lettres Patentes enregistrées au Parlement, permet à ceux qui en exécution de l'Edit du mois de Juin précédent (a), placeront à l'avenir leur argent au denier 25, par des contrats de cons-

(a) Voyez Intérêts, n°. 37.

titution, ou par des billets portant pro-
meſſe de paſſer contrat, ou autres actes
portant convention dudit intérêt, de ſtipu-
ler volontairement l'exemption de la retenue des impoſitions royales.

DIXME ECCLÉSIASTIQUE.

*Page 446, col. 1, à la fin du 4ᵉ alinea,
après* en terres labourables, *ajoutez ;* Cet
Arrêt eſt imprimé.

*Même page, col. 2, lig. 7 du 1ᵉʳ alinea,
après* Province, *ajoutez ;* à l'effet de, &c.

*Page 452, col. 2, à la fin du 3ᵉ alinea,
après* cinquantiéme, *ajoutez ;* Voyez *Deſſéchement des terres inondées.*

Page 455, col. 2, 2ᵉ alinea, après ſur
le champ même, *ajoutez ;* cela eſt de Droit
commun, & la voiture eſt à ſa charge, à
moins qu'il n'ait titre ou poſſeſſion immémoriale contraire. Voyez Baſſet & de Jouy,
pag. 147, n. 5 & ſuivans.

*Page 456, col. 2, à la fin du 3ᵉ alinea,
après* gerbe, *ajoutez ;*

La Cour a jugé, par Arrêt du Mercredi 2 Janvier 1765, en la Grand'Chambre, Audience de 9 heures, contre les Concluſions de M. Séguier, Avocat Général,
que, lorſqu'une terre étoit miſe pour la premiere fois en trefle, & que c'étoit la ſeule
des terres de la Paroiſſe qui y fût miſe, la
Dixme en étoit exigible, quand l'uſage des
Paroiſſes voiſines étoit de la percevoir ſur
le trefle ; or, dans l'eſpéce de cette cauſe,
on rapportoit un Acte de Notoriété, qui
prouvoit que dans l'étendue du Bailliage,
l'uſage étoit de dixmer ſur le trefle ; en
conſéquence, il fut ordonné que la Dixme
ſe prendroit ſur cette piéce de terre, & la
Sentence des Requêtes du Palais fut infirmée ; plaidans Mᵉˢ Sanſon & Dinet.

*Page 459, colon. 1, lig. 6 du 2ᵉ alinea,
après* 24 Janvier, *ajoutez en note ;* (a).

(a) Ce dernier Arrêt eſt daté du Lundi 9 Janv. 1606,
dans la Bibliothéque ou Tréſor du Droit François.

*Même page & même colonne, à la fin du
2ᵉ alinea, après* Drapier, *ajoutez ;* & la
Combe, qui cite à ce ſujet l'article 24 de
l'Edit de Décembre 1606.

*Page 463, colonne 1, à la fin de l'article
Dixmes Inféodées, ajoutez ;*

Les Dixmes ne s'éteignent point, pour
Supplément.

être poſſédées par le propriétaire même
des terres qui les doivent ; & la déclaration
que feroit un Vendeur que le Domaine
qu'il vend, eſt exempt de tout droit de Dixme, ne pourroit pas affranchir, le Domaine
vendu, du droit de Dixme qui y auroit été
impoſé originairement ; c'eſt ce que la Cour
a jugé par un Arrêt récent qui, à cauſe de
l'importance de la queſtion, mérite d'être
rapporté avec quelque détail.

Le 18 Mai 1743, le ſieur de Vandegre,
Baron de la Forez, Seigneur de Bulhon &
de la *Goutte*, voulant ſe libérer à l'égard du
ſieur Chaſſain, d'une ſomme de 10000 liv.
qu'il lui devoit, tranſigea avec lui, & lui
abandonna avec promeſſe de garantir &
faire valoir le Domaine des *Chazelets*, avec
les beſtiaux étant dans icelui, droits, ai-
ſances & ſervitudes quelconques....ſans par
ledit Seigneur de Vandegre ſe rien réſerver ni
retenir pour le ſurplus dudit Domaine ; que
les bois de haute Futaye & autres bois taillis, qui (étoit-il dit dans l'acte) demeurent
réſervés audit Seigneur de Vandegre, & ne
font point partie de la vente. On voit que
cette tranſaction ne parloit d'aucun droit
de Dixmes.

En 1753, le ſieur de Blumenſtein acquit
du ſieur du Chaſſain, les Château, rentes
nobles, *Dixmes Inféodées* & Domaine *de la
Goutte* (Seigneurie ſituée en Auvergne.)

En 1757, un ſieur Contamine acquit
du ſieur du Chaſſain, le Domaine des
Chazelets, relevant du Fief *de la Goutte ;* ce
Domaine lui avoit été vendu, *comme franc
& exempt de toutes charges, dettes, penſions, ſubſtitutions & autres redevances généralement quelconques, & par exprès du
droit de Dixme.*

Le ſieur de Blumenſtein avoit perçu la
Dixme ſur tous les Domaines dépendans
du Fief de la Goutte, ſans aucune contradiction, depuis 1753 juſqu'en 1758 : il fut
aſſigné alors par le ſieur Contamine, pour
ſe voir condamner *à lui rendre & reſtituer
la Dixme par lui enlevée des fonds du Domaine des Chazelets :* il ſe fondoit ſur ce
que le ſieur Chaſſain qui lui avoit vendu le
Domaine des Chazelets, le lui avoit vendu
comme exempt de toutes charges, *& par
exprès, du droit de Dixme.*

Les premiers Juges par leur Sentence du

K

10 Mars 1762, avoient jugé que le fieur Chaffain, jouiffant de cet affranchiffement du droit de Dixme, avoit pu le transférer au fieur Contamine ; en conféquence ils avoient déclaré le Domaine des Chazelets franc & exempt du payement de la Dixme. Le fieur de Blumenftein, pour lequel écrivoit M^e le Roy, attaqua cette Sentence. M^e le Gouvé, défenfeur du fieur de Contamine, en foutenoit le bien jugé. M^e le Roy, après avoir rappellé les principes relatifs aux Dixmes Inféodées, & avoir invoqué l'autorité de Henrys, de Dumoulin, de Coquille, de le Maiftre, de Van-Efpen, &c. difoit que, quoique les Dixmes Inféodées ne fuffent qu'un droit domanial & féodal, un droit purement laïcal & profane entre les mains d'un Seigneur, & que le propriétaire pût en difpofer comme de tout autre droit Seigneurial, cependant un Domaine n'étoit point cenfé affranchi de la *redevance fonciere de la Dixme*, quoiqu'il fût dit dans le contrat que le propriétaire *ne fe réfervoit rien fur l'héritage qu'il mettoit hors de fes mains.*

C'étoit là le point de la difficulté : or, pour diffiper tous les doutes, le fieur Blumenftein obfervoit qu'il n'étoit pas exact de dire, comme le faifoit le fieur Contamine, qu'un Seigneur qui poffède une Terre dans l'étendue de laquelle il perçoit la Dixme, ne perçoit pas *activement* ce droit de Dixme fur fes propres héritages. Pour faire voir que dans ce cas, il n'y a point de confufion, & que le principe *nemini res fua fervit*, n'avoit pas d'application dans l'efpéce, le fieur Blumenftein foutenoit que, quoique les Dixmes Inféodées fe gouvernaffent en général, comme les biens purement profanes, elles avoient cependant les prérogatives qui émanoient de leur origine & qui leur étoient particulieres, fur-tout lorfqu'elles étoient les feules qui fuffent perçues dans une Paroiffe ; que leur tendance perpétuelle vers l'Eglife, & la poffibilité du retour entre les mains des Eccléfiaftiques, étoient des caracteres qui leur étoient propres, & s'oppofoient à leur extinction quand elles fe trouvoient réunies fur la tête de celui qui fe trouvoit en même-tems propriétaire de la *Dixme & du Domaine qui la devoit*, &c.

Au contraire, le Sr Contamine oppofoit

que les Dixmes Inféodées étoient dans le commerce, que les propriétaires pouvoient en difpofer comme de leurs autres biens ; qu'en aliénant un immeuble, il étoit toujours aliéné *franc & exempt de toute fervitude* ; que le Sr de Vendegre qui avoit été propriétaire du Domaine des Chazelets, *n'avoit pu fe devoir à lui-même la Dixme* ; qu'il avoit cédé cet héritage au fieur Chaffain, *fans fe rien réferver ni retenir* ; que le fieur Chaffain lui-même l'avoit vendu au fieur Contamine franc & exempt de toutes charges, & *par exprès*, *du droit de Dixme* ; & qu'ainfi le fieur Blumenftein, acquéreur de la Terre de la Goutte, ne pouvoit pas prétendre le droit de Dixme fur ce Domaine, puifque le fieur de Vandegre lui-même ne l'auroit pas pu.

Les moyens du fieur Blumenftein prévalurent fur ceux du fieur de Contamine ; & par Arrêt du Lundi premier Septembre 1766, au rapport de M. Ferrand, Confeiller en la feconde Chambre des Enquêtes, la Sentence fut infirmée. M^e le Roy écrivoit dans ce Procès pour le fieur de Blumenftein, contre M^e le Gouvé, Avocat du fieur Contamine.

Les Dixmes Inféodées rendent-elles taillable celui qui en eft propriétaire. Voyez à l'article *Taille*, n°. 57.

D O L.

Page 463, col. 1, à la fin du premier alinea de cet article, après quelqu'un, *ajoutez* ; du latin *dolus*, dont la racine grecque eft *dolos*.

Même page, col. 2, à la fin du 3e alinea, après elle eft impunie, *ajoutez* ; quemadmodùm in emendo & vendendo naturaliter conceffum eft, quod pluris fit, minoris ; quod minoris fit, pluris vendere, & ita invicem fe circumfcribere : ita in locationibus quoque, & conductionibus juris eft. L. 22. P. ult. ff. de Locat.

Même page & même col. à la fin de l'art. après les Lettres, *ajoutez* ;

Quoique l'action du Dol foit temporelle, l'exception du Dol eft perpétuelle ; *hoc perpetuò competit, cùm actor quidem in fuâ poteftate habeat, quando utatur fuo fure ; is autem cum quo agitur, non habeat poteftatem, quando conveniatur. L. 5. ff. de Dol. mal.*

DOMAINE.

Page 463, col. 2, au commencement de l'article, ajoutez;

En général, on appelle Domaine, les biens qu'on possède en propre; soit héritages, rentes, ou autres droits.

Le Domaine est quelquefois un droit seigneurial sans propriété.

En matière de Seigneurie, celui qui paye le cens, a le Domaine *utile* de la Terre; & le Seigneur à qui on le paye, en a le Domaine direct : d'où il résulte que le Domaine direct est le titre seul du Domaine; & le Domaine *utile*, le profit & l'utilité qui en reviennent.

La femme retient le Domaine direct de ses biens dotaux, & le Domaine *utile* passe au mari.

Page 469, col. 1, à la fin du premier alinea, après ou non, *ajoutez;* Cet Edit est dans le Code de Louis XV.

DOMESTIQUES.

Page 471, col. 1, ligne 3 de la note, après Curé, *effacez;* qui n'avoit plus de Servante.

Même page & même colon. ligne 6 du second alinea, après s'en sont plaint, *ajoutez;* comme d'une contravention aux Canons.

DOMICILE.

Page 473, col. 2, à la fin du quatrième aliena, après y soient joints, *ajoutez; Nulla tempora Domicilium constituunt aliud cogitanti.* D'Argentré.

Ajoutez à la fin de cet article.

Un Domestique qui auroit quitté son pays pour servir un Maître fort éloigné du lieu de sa naissance : qui auroit servi ce Maître pendant beaucoup d'années, doit être jugé avoir eu pour Domicile de fait le lieu où il est décédé, de manière que le partage de sa succession se fera pour le mobilier suivant les loix & usages en vigueur dans le lieu de son décès.

C'est ce qui a été jugé formellement par une Sentence du Châtelet, dont voici l'espéce.

Claude Doumayron, né près Rhodès, avoit quitté son pays aussi-tôt la mort de son pere, & il étoit venu à Paris. Il y demeura en qualité de Domestique pendant 20 ans chez le sieur Bergeret, Fermier Général, chez lequel il décéda en 1765; Il fut question de sçavoir si sa succession mobiliaire seroit régie par la Coutume de Paris ou par le Droit-Ecrit? Si on s'étoit décidé pour la Coutume de Paris, comme elle n'admet point la prérogative du double lien, & au contraire le rejette, Amand Doumayron, *frere consanguin* du défunt, devoit avoir une portion dans cette succession.

Si au contraire le pays de Droit-Ecrit, & ce qui s'y pratique, devoit faire la loi des Parties, alors, comme en Pays de Droit-Ecrit, les parens qui tenoient au défunt des deux côtés, devoient être préférés à ceux qui ne lui étoient unis que d'un côté, Amand Doumayron, frere consanguin, ne devoit rien avoir dans cette succession, qui auroit été dévolue pour le mobilier à son frere *germain*.

Par Sentence contradictoire rendue au Parc Civil le Vendredi 6 Mai 1768, il a été jugé que le défunt avoit eu un domicile de fait à Paris; en conséquence il a été ordonné que ce seroit Amand Doumayron qui feroit procéder au partage & à la division des effets mobiliers, ou réputés tels, délaissés par son frere, & qui se trouveroient dans les lieux qui se régissent par la Coutume de Paris & autres, qui n'admettent point la prérogative du double lien; la même Sentence a accordé 200 liv. de provision à Amand Doumayron. Plaidant Me Courtin pour Amand Doumayron, héritier en partie de Claude Doumayron son frere *consanguin*, contre Me Hamot, Avocat de Pierre Doumayron, se prétendant seul héritier de Claude Doumayron, son frere *germain*. Il y eut un Mémoire imprimé pour Amand Doumayron, signé de Me Trotereau son Procureur; il n'y a point eu d'appel de cette Sentence, qui au contraire a été exécutée.

DOMMAGE.

Le Dommage, généralement parlant, est la perte, diminution, dépérissement de la chose que l'on possédoit.

En termes de Droit, le Dommage se dit plus particuliérement du dégât que les bes-

K ij

tiaux font dans les bois, prés, bleds, & autres héritages.

La Loi des douze Tables a introduit l'action noxale, pour le Dommage caufé par les beftiaux, foit par lafciveté, par effroi ou par férocité. Voyez le titre 9 du Livre 4 des Inftitutes de Juftinien.

D O M M A G E S & Intérêts.

Page 477, colonne 2, à la fin du fecond alinea, après de cette nature, ajoutez; On trouve des exemples de tout ceci aux Inftitutes, Livre 4, titre 3, *de Lege Aquiliâ.*

Page 479, col. 2, à la fin de l'article, ajoutez;

La même chofe vient d'être jugée à la Grand'Chambre par Arrêt du Lundi 14 Avril 1766, Audience de 7 heures; voici l'efpéce:

Le nommé Proffa, Juif d'Avignon, avoit fait emprifonner Coignet fon débiteur; il avoit ufé de voies illicites pour le faire arrêter, & fa conduite fut jugée fi repréhenfible, que par Sentence l'emprifonnement fut déclaré nul, & le Juif condamné en 600 livres de Dommages-Intérêts: fur l'appel interjetté par Proffa, fon Avocat, affifté du Procureur, prit des Conclufions fur le Barreau, tendantes à ce que dans le cas où la Sentence feroit confirmée, les 600 liv. de Dommages-Intérêts demeureroient compenfés jufqu'à dûe concurrence avec la fomme dont Proffa étoit créancier. Son moyen étoit que fa créance fe trouvant liquide de même que les 600 livres de Dommages-intérêts, la compenfation avoit lieu de liquide à liquide; on lui répondoit que les Dommages-Intérêts étant adjugés pour un délit perfonnel, la compenfation ne pouvoit avoir lieu, avec une créance qui procédoit d'une caufe purement civile, la compenfation ne s'opérant que lorfqu'il s'agiffoit de deux créances de même nature. Ces moyens furent adoptés; & par l'Arrêt ci-deffus daté, la Cour, fans s'arrêter à la Requête & demande de Proffa à fin de compenfation, dont il a été débouté, a confirmé la Sentence avec dépens. Plaidans Mes Jouhannin pour Coignet, & Vermeil pour Proffa.

DONATION.

Page 479, colonne 2, à la fin du fommaire Donation, après &c. ajoutez; Voyez auffi à l'article *Veft & Deveft,* l'efpéce & l'Arrêt récent d'une Donation.

Page 480, col. 2, à la fin du 5e alinea, après Donation, ajoutez;

C'eft un principe conftant, que toutes les Donations font fufceptibles de toutes claufes & conditions licites qu'il plaît au donateur d'y appofer, *quilibet poteft, quam voluerit legem liberalitati fuæ imponere.*

Page 482, col. 2, à la fin du 3e alinea, après fucceffion, ajoutez;

Toutes Donations, même mutuelles, à l'exception de celles portées par contrat de mariage, font nulles, fi elles font faites d'autres biens que des biens préfens; une Donation qui feroit faite des biens préfens & à venir, ne pourroit valider fous les offres que l'on feroit de la réduire aux feuls biens qui appartenoient au donateur dans le temps de la Donation.

Page 483, col. 1, à la fin du 1er alinea, après fes héritiers, ajoutez; Défendons de faire dorénavant aucunes donations des biens préfens & à venir, fi ce n'eft dans le cas ci-après marqué, (par contrat de mariage) à peine de nullité defdites Donations, même pour les biens préfens, & ce encore que le donataire eût été mis en poffeffion, du vivant du donateur, defdits biens préfens, en tout ou en partie.

Page 487, col. 2, 1re ligne du 3e alinea, après 1742, ajoutez; en la Grand'Chambre, au rapport de M. Severt.

Page 493, colonne 1, à la fin de l'article, après fieur Gauffen; ajoutez;

Le nommé Brios, Cocher du fieur de Villemur, avoit été gratifié par trois différentes Donations que lui avoit fait fon Maître, elles formoient un objet de 1000 livres de rente viagere, dont 500 livres réverfibles fur la tête de la femme de Brios, en cas que fon mari la prédécédât. La femme de Brios décéde avant fon mari, laiffant fa fille pour fon héritiere; celle-ci prétend qu'au moyen de la communauté établie entre fon pere & fa défunte mere, lors des Donations, la rente viagere étoit un conquêt, qu'ainfi elle devoit partager avec fon pere pendant fa vie, la rente viagere de 1000 livres conſtituée durant la communauté. Au contraire, le pere ſoutenoit que c'étoit un propre inhérent en ſa perſonne, dont il devoit jouir ſeul, d'autant plus que le bienfaiteur n'avoit pu avoir en vûe les héritiers de Briois, puiſque cette rente s'éteignoit par le décès de ce dernier : par Sentence rendue ſur délibéré en la Chambre du Conſeil au Châtelet, le 26 Mars 1765, la fille Briois a été déclarée non-recevable en ſe demande, plaidant Me Gaborit pour Briois.

Même page & même col. à la fin de l'article, ajoutez ;

Remarquez que Baſnage, tome 2, page 209, ſur l'article 429 (a) de la Coutume de Normandie, dit que l'on ne doutoit point que l'article 429 ne devoit être gardé que pour les diſpoſitions teſtamentaires, & qu'il fût jugé en la Grand'Chambre le 16 Mai 1653, que pour donner effet à la Donation de meubles faite par le mari à la femme par leur contrat de mariage, il n'étoit pas néceſſaire qu'il eût été reconnu, & que c'étoit aſſez que la volonté du mari fût certaine. Mais voici ce que je trouve dans une note manuſcrite, tirée ſur celle que feu M. de Pontcarré, premier Préſident au Parlement de Rouen fit inférer dans ſon Baſnage.

» Me Baſnage a mal recueilli l'Arrêt du » 16 Mai 1653 : voici comme il ſe trouve » dans la minute du Greffe, où il a été fait » recherche : il juge poſitivement que la » Donation faite de meubles à la femme » par ſon contrat de mariage, eſt réducti- » ble, comme le ſeroit la Donation par » teſtament.

» Le 16 Mai 1653, entre Philippe Deſ- » mares, appellant de Sentence rendue ſur » Requête par le Juge de Fécamp, par la- » quelle la ſaiſine & délivrance par provi- » ſion, de l'intégrité des meubles laiſſés » après le décès de N. Deſmares (dont » Philippe étoit frere & héritier), étoit » accordée à la Dame S. Jorre, veuve du- » dit Nicolas Deſmares ; ſçavoir, la moi- » tié comme héritiere, & l'autre moitié

» comme lui étant donnée par ſon contrat » de mariage ſous ſeing-privé, en donnant » par ladite dame veuve bonne & ſuffiſante » caution de payer les dettes, & de rap- » porter en cas qu'en définitif il fût autre- » ment ordonné ; & la Dame de S. Jorre, » Intimée d'autre part ; plaidans Herouet » & Liont. La Cour a mis & met l'appel- » lation & ce dont, &c ; émendant & corri- » géant & évoquant le principal trouvé en » état d'être jugé, a accordé définitive » main-levée à ladite veuve de la moitié » deſdits meubles, en donnant par elle » caution d'acquitter moitié des dettes, ſi » fait n'a été ; quant à l'autre moitié en a » réduit la Donation à la valeur de la moi- » tié des immeubles ; pour l'eſtimation deſ- » quels renvoie devant le Juge du lieu, » autre que celui dont eſt appel, devant » lequel les Parties conviendront d'Ex- » perts.

» Le ſecond Arrêt cité de l'autre part, » du 14 Décembre 1677, a été rendu plai- » dans le Page & le Fevre, & les Plai- » doyers de l'un & de l'autre Arrêts ſe trou- » vent tout au long dans la minute du » Greffe «.

Ajoutez à la fin de cet article ;

Celui qui impoſe une condition à la Donation qu'il fait, par exemple, qui charge ſon Donataire de faire une penſion viagere à un tiers qui n'eſt point formellement Partie dans l'Acte, peut par la ſuite révoquer cette même libéralité faite à ce tiers. Il ſuffit pour cela d'une volonté *libre*, de ſa part, & d'un Acte à la ſuite du premier, contenant qu'il décharge ſon Donataire de l'obligation de telle choſe à lui impoſée par la Donation. Cet Acte poſtérieur ſigné du Donateur & accepté par le Donataire, ſera valable comme le premier ; & le tiers, ainſi privé de la libéralité, ſera non-recevable à demander l'exécution de la clauſe de la Donation qui le concernoit, parce qu'il n'a point été Partie dans l'Acte, & que l'on peut révoquer toute libéralité, d'abord de pure volonté, & qui ne ſeroit devenue, *ex poſt facto*, de néceſſité, que par une acceptation juridique.

(a) Le mari n'ayant enfans, ne peut donner de ſes meubles à ſa femme ſinon juſqu'à concurrence de la moitié de la valeur des héritages & biens immeu- bles qu'il poſſede lors de ſon décès ; & s'il a enfans, il ne peut lui en donner qu'à l'avenant du tiers de ſes immeubles.

DON GRATUIT.
V. *Decimes.*
Voyez auſſi l'Edit du 22 Avril 1768.

DON MOBILE.

Page 494, col. 1, à la fin du 3ᵉ alinea, après enfans, *ajoutez;*

Remarquez ici que Baſnage & Berault ne traitent point la queſtion de ſçavoir ſi la ſurvenance des enfans détruit le Don Mobile; du moins je n'ai point vu cette queſtion diſcutée par ces Auteurs; mais l'anonyme qui a fait imprimer en 1749 à Paris, le Texte de la Coutume de Normandie, avec des notes ſur chaque article, s'exprime ainſi, page 234 : *la ſurvenance des enfans détruit le Don Mobile, à moins qu'ils ne viennent à décéder avant la mere.* Cependant le même Auteur dit après, page 471, que *le Don Mobile fait par la femme, à ſon mari, du tiers de ſes immeubles, & de la totalité de ſes meubles par le contrat de mariage, ne s'éteint point par la ſurvenance des enfans de ce mariage ou autre.* Je ſuis du ſecond avis de cet Auteur : & je penſe qu'attendu qu'une donation faite par conjoints par contrat de mariage, n'eſt point révoquée, aux termes de l'article 39 de l'Ordonnance des Donations de 1731, par la ſurvenance des enfans (Voyez *Révocation de Donation*) le Don Mobile ne doit point l'être non plus.

Page 495, col. 2, à la fin du 3ᵉ alinea, après Châtelet, *ajoutez;*

Par Arrêt rendu au Parlement de Rouen le 10 Décembre 1720, il a été jugé, » que » ſi une fille eſt mariée par ſa mere & ſes » freres après le décès de ſon pere, que la » mere & les freres lui donnent un maria- » ge, avec ſtipulation qu'il y en aura le » tiers en Don Mobile, le Don Mobile eſt » alors cenſé fait par la fille, en tant que de » ſa part, dans la ſucceſſion de ſon pere, » à l'effet de ne pouvoir plus rien donner à » un ſecond mari ſur ſa dot paternelle «. Cet Arrêt eſt ainſi rapporté dans un recueil d'Edits, Arrêts & Réglemens imprimés à la ſuite du Texte de la Coutume de Normandie, à Rouen en 1757.

On a agité au Parlement de Paris, la queſtion de ſçavoir ſi le Don Mobile, non inſinué en Normandie, pouvoit s'étendre ſur les immeubles ſitués à Paris, où il n'avoit point non plus été inſinué. Voici l'eſpéce de l'Arrêt intervenu ſur cette queſtion.

Le 26 Aout 1730, le nommé Dedun contraĉta mariage en Normandie, ſous ſignature privée, avec Marianne de l'Epine, veuve de Denis Bardet.

Les Parties n'avoient au jour de leur mariage, que des biens ſitués en Normandie; elles ne firent faire d'inſinuation de leur contrat de mariage, ni en Normandie, ni à Paris.

La clauſe concernant le Don Mobile, étoit conçue en ces termes : » & de la part » de ladite future épouſe a été déclaré » donner par le préſent en faveur de ma- » riage, tous les meubles & effets qu'elle » a en ſa poſſeſſion, & la propriété de la » tierce-partie de ſes immeubles préſens & » à venir, ou l'uſufruit de la totalité de » ſeſdits immeubles, pour lui tenir lieu de » dédommagement de la propriété dudit » tiers, au choix dudit futur époux, *& le » tout en Don Mobile;* parce qu'en cas que » ledit futur époux décéde avant ladite fu- » ture épouſe ſans enfans, le Don Mobile » n'aura lieu «.

Conſtant le mariage, il échut dans la ſucceſſion d'une demoiſelle Bruquedhalles, la moitié d'une rente de 190 liv. ſur l'Hôtel-de-Ville de Paris. L'épouſe du ſieur Dedun étant décédée par la ſuite, il fut queſtion de ſçavoir ſi le Don Mobile, n'ayant été inſinué nulle part, le mari pouvoit exercer le Don Mobile ſur cette rente. Les héritiers de la femme convenoient que le Don Mobile (qu'ils qualifioient de donation ſous ſeing privé, & non inſinué), fait au profit de Dedun, étoit bon pour les meubles délaiſſés par la femme, quelque part qu'ils fuſſent ſitués; bon auſſi pour les immeubles régis par la Coutume de Normandie, mais qu'il ne pouvoit avoir ſon effet ſur les biens ſitués à Paris, Coutume où l'inſinuation de toute donation étoit néceſſaire.

Par Arrêt du 26 Février 1763, rendu ſur délibéré au rapport de M. de Bonnaire, Conſeiller en la premiere Chambre des Enquêtes, il fut décidé que le Don Mobile n'ayant point été inſinué à Paris, il ne pouvoit s'exercer ſur la rente ſur l'Hôtel-

de-Ville (*a*). Mes Cochu & le Preſtre
firent des Mémoires dans cette Cauſe.

La même queſtion vient encore de ſe
préſenter en la Grand'Chambre : dans cette eſpéce le contrat de mariage du ſieur de
Fermanel avec la demoiſelle Rogien de
Neuilly, contenant un Don Mobile, avoit
été contrôlé & inſinué à Rouen, mais il
n'avoit été inſinué à Paris que plus d'une
année après le décès de l'épouſe du Sr Fermanel : celui-ci qui ſentoit la force de cette nullité, prétendoit (il eſt vrai) que le
Don Mobile en queſtion, avoit été converti en une rente de 800 livres, *par un acte
ſous ſeing-privé*, dont il demandoit l'exécution ; mais la dame d'Iclon, héritiere des
biens régis par la Coutume de Paris, établiſſoit que cet acte étoit abſolument étranger au Don Mobile, & d'ailleurs nul, &
d'une nullité radicale : elle obſervoit que
le ſieur de Fermanel avoit lui-même demandé aux premiers Juges la délivrance de
ſon Don Mobile en nature ; enfin, que s'a-
giſſant uniquement d'un Don Mobile, il ne
pouvoit s'exercer ſur les biens de Paris, n'y
ayant pas été inſinué dans un tems utile ;
c'eſt auſſi ce qui a été jugé diſertement par
Arrêt du Mardi 2 Juin 1767, rendu en la
Grand'Chambre conformément aux concluſions de M. Barentin, Avocat Général.
La Cour a évoqué le principal, a débouté
le ſieur de Fermanel de toutes ſes demandes formées, tant au Châtelet qu'en la
Cour, *ſauf à lui à exercer ſon Don Mobile
ſur les biens ſitués en Normandie, tel que de
droit*. Plaidans M^e le Preſtre pour le ſieur
de Fermanel, Me Jouhannin pour le ſieur
Gamare, & autres Créanciers du ſieur de
Fermanel, & Me Bidault pour la dame de
Guichainville, veuve de M. Baillard, Seigneur d'Iclon, Maître des Comptes à
Rouen. Voyez auſſi Baſnage, tome, 2,
page 270.

DON MUTUEL.

*Page 498, col. 2, à la fin du 3e alinea,
après entr'eux, ajoutez ;* Voyez Ricard du
Don Mutuel, tom. 2, n. 137, page 45.

DOT.

*Page 507, col. 1, à la fin du 3e alinea
après* mariage, *ajoutez* ;

Enfin, par Arrêt du Samedi 24 Janvier
1767, rendu en la Grand'Chambre au
Rapport de M. l'Abbé Tudert, Marguerite Maſſuet, dont le mariage avec le ſieur
Borthon, Ecuyer, avoit été déclaré nul &
abuſif par Arrêt du 18 Déc. 1755, a été déboutée de ſa demande en reſtitution de Dot
de 3000 livres.

Le contrat de mariage portoit, *lequel argent comptant & titres conſtitutifs deſdites
créances, ledit futur époux déclare & reconnoît avoir en ſa poſſeſſion, dont il ſe charge
envers ſa future.* Le motif de l'Arrêt, fondé
principalement ſur ce qu'il étoit, pour ainſi
dire, démontré par les circonſtances particulieres de l'affaire, que la Dot n'avoit, ni
été, ni pu être fournie au ſieur Borthon.
Me Cothereau écrivoit dans cette Inſtance.

Même page, col. 2, à la fin de l'article
Dot, *après ſes enfans, ajoutez ;*

On ne peut dans les Pays de Droit-
Ecrit, forcer le mari au payement de la
Dot, qu'autant qu'il le peut faire, ſans
s'expoſer à tomber dans la plus grande in-
digence, *quatenùs facere poteſt deducto eo,
ne egeat* ; & Coquille, ch. 122 de ſes Queſtions, eſtime que cette diſpoſition du Droit-
Ecrit doit être ſuivie dans la France Coutumiere.

C'eſt une maxime de droit que *in am-
biguis, pro Dotibus reſpondere melius eſt.*

DOUAIRE.

*Page 511, col. 2, à la fin du 2e alinea ;
après audit mari, ajoutez* ; V. auſſi l'article
263.

*Page 512, col. 2, à la fin de la premiere
ligne, après* Coutume, *ajoutez* ; Cet Arrêt
eſt au tome 2, page 170.

*Page 513, colonne premiere, à la fin du
troiſiéme alinea, après de Lamoignon, ajoutez* ; & notamment Baſnage, tom. 2, page
13, édition de 1709, qui décide d'après Berault (lequel en cite un Arrêt ſur l'article
273 de la Coutume de Normandie) que

(*a*) La liquidation de la ſucceſſion de la demoiſelle
Bruquedhalles étoit pendante en la premiere des Enquêtes ; c'eſt ce qui y engagea la conteſtation.

les héritiers font déchargés de fournir le Douaire, après la profeffion monaftique. Remarquez que Bafnage dit que Dumoulin en fes notes fur les conf. d'Alex. t. 1. *eftime qu'un Douaire & un ufufruit eft éteint par l'entrée en religion.*

Page 229, col. 2, à la fin du 2ᵉ alinea, après d'Amiens, ajoutez;

L'article 371 de la Coutume de Normandie porte : *femme ne peut avoir en Douaire plus que le tiers de l'héritage, quelque convenant qui foit fait au traité de mariage ; & fi le mari donne plus que le tiers, SES HÉRITIERS peuvent le faire révoquer après fon décès.*

Les réferves coutumieres portées en cet article, n'ont-elles été établies qu'en faveur des héritiers feuls, ou des créanciers de ces mêmes héritiers? A défaut d'héritiers ou de créanciers de ces mêmes héritiers, la Loi conduit-elle jufqu'à des créanciers étrangers, la préférence qu'elle accorde à l'enfant? Cette queftion s'eft préfentée récemment en la Grand'Chambre ; voici de quelle maniere elle fe trouve annoncée dans le Mémoire à confulter imprimé.

Le fieur Mitiffeu, par fon contrat de mariage du 20 Janvier 1736, avoit conftitué un Douaire préfix de 24000 liv. hypothéqué fur tous fes biens ; ce contrat de mariage fut paffé à Paris avec dérogation à toutes autres Coutumes, *notamment à celle de Normandie.* Il ne refta dans la fucceffion du fieur Mitiffeu que des biens à lui échus en ligne collatérale. Le fieur Mitiffeu, fils, après s'être porté héritier par bénéfice d'inventaire, renonça à la fucceffion de fon pere pour s'en tenir au Douaire : il voulut exercer cette créance fur les biens fitués en Normandie, *& échus en ligne collatérale au fieur fon pere.* Des créanciers poftérieurs au contrat de mariage prétendirent le primer, fous prétexte que la Coutume de Normandie déclaroit les héritages échus en ligne collatérale *impaffibles* du Douaire ; ils foutenoient fubfidiairement que ce Douaire devoit être réduit au tiers coutumier. Le fieur Mitiffeu, fils, foutenoit au contraire que ces difpofitions de la Coutume de Normandie n'étoient que des réferves faites *en faveur de l'enfant*, & dont ne pouvoient argumenter des créanciers du pe-

re ; qu'ainfi la queftion rentroit dans l'ordre ordinaire des hypothéques.

La Sentence des Requêtes de l'Hôtel avoit déclaré le fieur Mitiffeu non-recevable dans fa renonciation à l'adition d'hérédité faite par lui, en qualité d'héritier par bénéfice d'inventaire, parce qu'il n'avoit point pris de Lettres de Refcifion ; il en prit depuis : & par Arrêt du Samedi 21 Mars 1767, rendu fur délibéré au rapport de M. Sauveur, la Sentence fut infirmée ; la renonciation du fieur Mitiffeu fut admife fans qu'il foit befoin de *Lettres de Refcifion* ; en conféquence, le fieur Mitiffeu a été envoyé en poffeffion des héritages, rentes, &c. même des biens fitués en Normandie, jufqu'à concurrence du Douaire préfix ; la faculté réfervée toutefois aux créanciers de faire procéder à l'eftimation des biens, & même de demander compte au fieur Mitiffeu de ce qu'il avoit touché, en qualité d'héritier par bénéfice d'inventaire, pour les deniers être partagés par contribution.

Mᵉ Pourfin de Grandchamp fit un Mémoire dans cette Inftance, accompagné d'une Confultation fignée de plufieurs Avocats ; cependant le Barreau fut partagé fur cette queftion.

Page 516, col. 1, à la fin du 3ᵉ alinea, après Août 1702, ajoutez;

Suppofons que celui qui fe marie, doue fa future par fon contrat de mariage de 300 livres de rente, & qu'il fe réferve la faculté d'augmenter par la fuite ce même Douaire, s'il le juge à propos, jufqu'à concurrence de 500 liv. de rente ; cette claufe, mife par la fuite à exécution par le mari, pourroit-elle être attaquée par fes héritiers, comme étant un avantage indirect, prohibé par la Coutume de Paris entre conjoints.

Il faut dire qu'une ftipulation de cette nature eft valable, n'étant que l'exécution d'une convention très-licite, antérieure au contrat de mariage, & conféquemment faite dans un temps où le futur époux avoit toute liberté pour la faire, pouvant même douer la future d'un Douaire plus confidérable : bien loin qu'une claufe de cette nature répugne à l'efprit de notre Coutume, ce feroit au contraire un moyen fouvent efficace

efficace pour engager certaines femmes, à mériter par leurs attentions pour leurs époux, l'accompliſſement & l'exécution de la faculté qu'ils ſe ſeroient réſervée par leur contrat de mariage : c'eſt auſſi le ſentiment de Baſnage, ſur l'art. 364 de la Coutume de Normandie (qui prohibe tous les avantages directs ou indirects entre-conjoints). Baſnage en rapporte un Arrêt du 16 Juillet 1647, tome 2, page 46, édition de 1709, (qui eſt la bonne) *d'autant*, dit ce Commentateur, *que le mari avoit retenu la faculté de le pouvoir faire ; mais ceſſant cette clauſe, puiſqu'il eſt défendu au mari de faire aucun avantage à ſa femme durant le mariage, cette augmentation de Douaire ne pourroit valoir.*

Page 517, col. 2, à la fin du 1er alinea, après Enquêtes, *ajoutez* ; ſeconde centurie, chap. 72.

Page 519, col. 1, à la fin du 4e alinea, après viagere, *ajoutez* ;

C'eſt toujours par la Coutume du lieu où les biens ſujets au Douaire ſont ſitués, que le Douaire doit être réglé, parce que c'eſt un droit réel & foncier ; & que les Coutumes étant réelles, les particuliers n'y peuvent déroger par leur paction : c'eſt le ſentiment de Baſnage ſur la Coutume de Normandie, tome 2, page 4.

Le décret purge-t-il le Douaire ? Voyez *Décret.*

D O U B L E (Ecrit).

Page 520, col. 1, à la fin du 1er alinea, après vente, *ajoutez* ;

Enfin le troiſième Arrêt a été rendu dans des circonſtances encore plus fortes.

Oudart Deſtamenil, Laboureur, décéda laiſſant cinq enfans. Sa veuve les fit conſentir à un Ecrit ſous ſeing-privé, en date du 10 Octobre 1757, qui contenoit un partage (ſans inventaire) des biens de leur défunt pere ; & par cet Ecrit on fit obliger l'un des enfans à payer pour ſoulte de lots, à Marie-Jeanne Deſtamenil ſa ſœur, depuis femme de François Noel, une ſomme de 240 liv. Cet acte avoit été rédigé par le Curé du lieu, & dépoſé chez lui. La mere commune étant décédée peu de tems après, François Noel fit aſſigner le 29 Avril 1763, Oudart Deſtamenil ſon beau-frere, en con-

damnation des 240 liv. à lui dûes à cauſe de ſa femme, aux termes de l'Ecrit du 10 Octobre 1757. Oudart Deſtamenil ſoutint que l'Ecrit étoit nul, attendu que tout acte ſynallagmatique, tel que celui en queſtion, devoit être fait double, ou dépoſé chez un Notaire, formalités eſſentielles qui manquoient à l'Ecrit dont il s'agiſſoit. François Noel oppoſoit à Deſtamenil qu'il l'avoit exécuté en plein pendant ſix ans, puiſqu'en effet il avoit joui des biens tombés dans ſon lot, & coupé des arbres ; il ajoutoit que Deſtamenil avoit aſſiſté & ſigné le contrat de mariage de ſon frere qui s'étoit conſtitué en dot préciſément ſa part à lui échue par l'Ecrit en queſtion ; enfin que cet acte ayant été dépoſé chez le Curé, chacune des Parties avoit pu s'y retirer pour en prendre communication : à l'égard des autres enfans, également héritiers de leur pere, ils conſentoient tous à l'exécution de cet acte en forme de partage. Sentence ſur délibéré étoit intervenue le 17 Janvier 1764 en la Prévôté de S. Riquier, qui, ſans s'arrêter aux moyens de nullité, avoit ordonné l'exécution de l'Ecrit ; il y eut appel de cette Sentence au Bailliage d'Amiens, où il intervint Sentence le 8 Mai 1765, infirmative de celle de Saint-Riquier ; émendant, ſans avoir égard à l'Ecrit *qui fut déclaré nul*, il fut ordonné qu'il ſeroit procédé au partage des biens des pere & mere communs en la maniere accoutumée ; ſur l'appel de cette Sentence interjetté en la Cour par François Noel, Arrêt eſt intervenu le Vendredi 23 Janvier 1767, Audience de relevée (après une plaidoirie très-débattue), qui a mis l'appellation au néant, avec amende & dépens. Plaidans Mes Bazin, Jouhannin & le Breton.

D O U B L E L I E N.

Page 522, col. 2, ligne 10, du 5e alinea, après indéfiniment, *ajoutez* ; en ſucceſſion de propre, dit Argou, tome 1, page 438, le Double Lien n'eſt point conſidéré, pas même dans les Coutumes qui l'admettent en la ſucceſſion des meubles & acquêts ; ainſi le frere germain & le frere utérin ſuccédent également aux propres maternels, excepté dans la Coutume de Berry, qui en a une diſpoſition expreſſe.

L

Page 523, col. 2, ligne 4 du 3ᵉ alinea, après détail, ajoutez ; & notamment le Traité de la Représentation & du Double Lien, par Guyné.

DRAPS DE LAINE.

La Coutume de Touraine, art. 67, porte » on ne peut vendre & exposer en vente » aucuns Draps de Laine, qu'ils n'ayent » été retraits (a), & prests d'eau « (b), à ce, dit Dumoulin, dans sa note sur cet article, qu'ils ne se puissent plus restreindre (c); alias, les robes qu'on en feroit, seroient inutiles.

D R O I T.

Page 524, col. 2, à la fin de cet article, ajoutez ;
Grotius définit le Droit, ce qui n'est pas injuste.

DROIT ANNUEL.
V. Paulette & Marc d'or.

DROIT CIVIL.

Même page col. 2, à la fin de cet article, ajoutez ;
Le Droit Civil est ainsi appellé par les InstITUTES de Justinien, parce qu'il émane de la Puissance civile.

DROIT COMMUN.

Page 525, col. 1, à la fin de cet article, après exceptions, ajoutez ;
C'est une maxime de Droit que, jus commune extendi, jus singulare restringi debet.

D R O I T de meilleur Catel.
Voyez Cateux.

DROIT FRANÇOIS.

Même page, col. 2, à la fin de cet article, ajoutez ; Ejus est Legem interpretari cujus est condere.

DROIT Naturel, DROIT des Gens.

Page 526, col. 1, à la fin du 1ᵉʳ alinea, après eux-mêmes, ajoutez ; conséquemment une chose est censée du Droit Naturel, lorsqu'elle est juste du consentement de toutes les nations, ou du moins des nations les mieux disciplinées. Dict. de Trévoux.

(a) Accourcis, rejiciss, decurtati.
(b) Mouillés,

DROIT ROMAIN.

Même pag. & col. commencez ainsi cet art.
Le Droit Romain (Legum omnium Mater), &c.

DROITS HONORIFIQUES.

Page 532, col. 1, à la fin de l'art. ajoutez ;
Sur toutes les questions concernant les Droits Honorifiques, voyez le Traité de Guyot, qui est le 7ᵉ volume de son Traité des Fiefs, voyez aussi celui de Mareschal.

DROITS LITIGIEUX.

Même page & même col. à la fin de l'avant-dernier alinea, après autres, ajoutez ;
Aussi les Loix Per diversas & ab Anastasio, Cod. Mandati, ont-elles lieu en France, & principalement contre les acquéreurs de Droits Litigieux, qui vili pretio redimunt actiones litigiosas vel dubias.
Même page, col. 2, ligne 5 du 1ᵉʳ alinea, après rétrocession, ajoutez ; Reus vel pretensus debitor, litem redimere possit eodem pretio, quod insidiator ille numeravit, oblato, (a). Et en note ;

(a) Dumoulin, en ses Contrats Usuraires, quest. 62 ; n°. 413.

Page 532, colon. 2, à la fin du 4ᵉ alinea, après cessionnaire, ajoutez ;
C'est sur le fondement de ces mêmes principes qu'est intervenu récemment un autre Arrêt dont voici l'espèce.
Mᵉ Guerin de la Marre, Procureur au Parlement, fit un Traité avec le sieur Pichaud du Pavillon, Ecuyer. Par un Premier écrit, Mᵉ Guérin de la Marre céda au sieur Pichaud, sans aucune garantie, vingt portions d'intérêts de la Compagnie d'Assurance de Paris, pour raison desquelles il avoit fait la somme de 33000 liv. de fonds. De son côté, le sieur Pichaud, pour le payement de cette somme de 33000 livres, & des intérêts, céda & transporta à Mᵉ Guerin de la Marre, sans autre garantie, que de ses faits & promesses, pareille somme de 33000 liv. à prendre dans les sommes principales & intérêts, auxquels avoient été liquidées la dot & reprises de la dame de Permangle, sa fille, par Sentence arbitrale du 18 Octobre 1760, de laquelle

(c) Se resserrer.

somme principale & intérêts, le sieur du Pavillon consentit que Mᵉ Guerin de la Marre fût payé & remboursé par privilége & préférence à lui, sur tous les biens de la succession du Marquis de Permangle ; & par un second écrit du même jour, Mᵉ Guérin de la Marre s'obligea de faire *toutes les avances, faux frais & déboursés* dans l'affaire contre le Chevalier de Permangle, *sur l'appel interjetté respectivement de la Sentence arbitrale du 18 Octobre 1760, se soumettant de ne pouvoir répeter lesdits frais & avances qu'après le Jugement desdits appels.* Par la suite, le sieur du Pavillon soutint que Mᵉ Guerin de la Marre l'avoit trompé, attendu que tous les fonds faits par les associés, non-seulement étoient épuisés, mais encore que chaque associé redevoit considérablement à la Caisse ; il prit même des Lettres de Rescision contre ce Traité qu'il qualifioit d'illicite, il le soutenoit même nul de plein droit, sans qu'il fût besoin de Lettres de Rescision ; parce que, disoit-il, les Loix réprouvent un Traité fait entre un Procureur & son Client, lorsque ce Traité a pour objet l'événement d'un Procès dont le Procureur étoit chargé, & s'étoit soumis de faire l'avance de tous les frais & faux frais. Mᵉ Guerin de la Marre répondoit, entr'autres choses, que le Traité avoit pour objet des *reprises & conventions matrimoniales qui étoient certaines, & n'avoient jamais fait la matiere d'un Procès,* qu'il n'y avoit de difficulté que par rapport aux biens sur lesquels elles étoient affectées, & sur la question de sçavoir, si, attendu de prétendues substitutions, il se trouveroit des biens libres pour acquitter cette créance ; enfin, il ajoutoit que la Sentence arbitrale avoit liquidé ces reprises & conventions matrimoniales & les biens libres de sa succession ; que cette Sentence étoit rendue *lors de la cession,* & que le sieur de Permangle en avoit interjetté appel.

Quant au dol & surprises dont on arguoit le Traité, Mᵉ Guerin de la Marre détruisoit ces imputations par des moyens de fait & tels qu'ils compétoient. Par Arrêt du Mardi 10 Février 1767, Audience

de relevée, la Sentence des Réquêtes du Palais, du 5 Septembre 1766, qui, sans s'arrêter aux Lettres de Rescision, avoit débouté le sieur du Pavillon de sa demande avec dépens, a été confirmée après une plaidoirie très-contradictoire, plaidans Mᵉ de la Goutte pour Mᵉ Guerin de la Marre, & Mᵉ Jouhannin pour le Sʳ du Pavillon. Mᵉ Pichon fit un Mémoire dans cette Cause.

DROITS SEIGNEURIAUX.

Page 540 colonne 1, à la fin de cet article, après Languedoc, *ajoutez ;*

En général, les Seigneurs ont un privilége sur la chose sujette à leurs Droits Seigneuriaux, & sont préférés pour ce, à tous créanciers. V. Argou, tome 1, p. 172, & l'art. 358 de la Coutume de Paris.

Les droits & devoirs Seigneuriaux ne se divisent point, s'il ne plaît au Seigneur. Coutume du Maine, art. 473

DUEL.

Page 542, col. 2, à la fin du 4ᵉ alinea, après de droit, *ajoutez ;*

Enfin, le Duel étoit le moyen pratiqué pour vuider les différends des nobles ; il étoit même tellement en usage, que les Ecclésiastiques, les Prêtres & les Moines n'en étoient point dispensés ; cependant, pour qu'ils ne se souillassent point de sang, ils étoient obligés de donner des champions qui se battoient à leur place. Voyez le Dictionnaire de Trévoux.

Page 543, col. 2, à la fin du 1ᵉʳ alinea, après Cas Prévôtaux, *ajoutez ;*

En prusse, il est ordonné par Edit, au Chirurgien qui panse un homme blessé dans un Duel, de l'aller déclarer aux Magistrats. La même chose s'observe à Paris où tout Chirurgien qui panse une blessure faite par armes offensives, est tenu d'en faire sa déclaration au Commissaire du quartier. V. l'art. 19 de l'Edit de Décembre 1666, concernant les Chirurgiens, registrée le 13 du même mois. On le trouve au second volume du Traité des Fonctions des Commissaires, page 308.

Sur les procédures pour le crime de Duel, voyez le Style Criminel de Gauret, page 5.

Fin du Supplément du premier Volume.

TOME II. PART. I.

E

EAU-BÉNITE.

Page 1, col. 1, commencez cet art. ainsi ;

CEST au Pape Saint Alexandre, martyrisé sous Adrien, que l'on attribue l'institution de l'Eau-Bénite.

Page 3, colonne 2, à la fin de l'article Eau-Benite, ajoutez ;

Il y a une Differtation imprimée à Leipfick, dans laquelle Urbain Godefroy Siber, Allemand de nation, entreprend de prouver, par des paffages tirés de l'Hiftoire Eccléfiaftique, que l'on peut faire boire de l'Eau-Bénite aux animaux.

ECCLÉSIASTIQUES.

Page 11, colon. 1, à la fin du 2ᵉ alinea, après art. 15, ajoutez ;

Un Eccléfiaftique décrété d'ajournement perfonnel, eft interdit de toutes fes fonctions, de même que le feroit en pareil cas un Officier de Judicature ; d'où il réfulte que fi un Eccléfiaftique décrété d'ajournement perfonnel, donnoit la démiffion de fon bénéfice, celui qui feroit pourvu fur une pareille démiffion, avec l'énonciation dans les Provifions, *vacantem per demiffionem*, ne le feroit, ni canoniquement, ni valablement ; à plus forte raifon fi le décrété étoit condamné par contumace : en effet, fe démettre, c'eft faire un acte de propriété & de poffeffion paifible ; or le décrété d'ajournement perfonnel, ou jugé par contumace, n'eft point poffeffeur paifible, par conféquent il ne peut fe démettre ; mais le Patron peut, après les fix mois du Jugement de contumace, préfenter au Bénéfice, & y faire pourvoir, avec l'énonciation pure & fimple, *vacantem*.

Sur l'habit, la demeure & la conduite extérieure des Eccléfiaftiques, voyez l'Ordonnance de M. le Cardinal de Noailles, Archevêque de Paris, du 12 Août 1697.

ÉCHALATS.

Les Echalats nouveaux, apportés, mais non encore employés, ne font point partie du fonds : à l'égard de ceux lévés & ferrés à deffein de s'en fervir encore à l'avenir, ils font cenfés faire partie du fonds.

Pali, qui vineœ causâ parati sunt, antequàm collocentur, fundi non sunt : sed qui exempti sunt, hac mente ut collocentur, fundi sunt. L. Fundi 17. de Act. empt. P. Pali.

ÉCHANGE.

Page 11, colonne 1, commencez cet article ainsi ;

Le Contrat d'Echange n'eft rien autre chofe qu'un double contrat de vente, dans lequel ce que chacun donne eft regardé comme le payement entier de ce qu'il reçoit, fuivant l'eftimation qu'il a faite lui-même. *Principes du Droit & de la Morale, par M. Daube, Maître des Requêtes.*

Même page, col. 2, ligne 3 du 5ᵉ alinea, après de droits Seigneuriaux, ajoutez ; cependant voyez celle d'Orléans, article 13 des Fiefs.

ÉCHEVINS.

Page 14, colonne 2, à la fin de cet article, après d'amende, ajoutez ;

Eft-ce une Caufe légitime pour deftituer un Echevin, lorfqu'après avoir pris des Lettres de Ceffion, il fatisfait entièrement tous fes créanciers avant même d'avoir pourfuivi l'enthérinement de fes Lettres de Ceffion ? Cette queftion s'eft préfentée en la Grand'Chambre. Voici dans qu'elles circonftances.

Le fieur Bon, nommé Echevin de la ville de la Charité-fur-Loire, obtint quelques jours après fon élection à cette place, des Lettres de Ceffion qu'il fit fignifier à tous fes créanciers, enfemble un Arrêt fur Requête qui le recevoit Appellant de leurs poursuites, lui donnoit commission pour les assigner en la Cour en enthérinement des Lettres, & cependant leur faisoit défenses d'attenter à sa personne & biens. Instruits du désastre des affaires du sieur Bon, les Officiers Municipaux de la Charité-du-Loire s'assemblerent à différentes reprises, & arrêterent la destitution du sieur Bon de sa place d'Echevin ; mais dans l'intervalle de l'obtention & signification de ses Letttres de Cession & Arrêt, aux délibérations des Officiers Municipaux, le sieur Bon satisfit tous ses créanciers, *tant en principaux qu'intérêts & frais*, & fit assigner en la Cour les Maire & Echevins, de la Charité, pour voir dire qu'il seroit maintenu dans sa place d'Echevin ; en conséquence, que les délibérations par eux contre lui prises, seroient rayées des Registres de la Ville comme nulles & à lui injurieuses, avec défenses aux Officiers Municipaux d'en faire à l'avenir de semblables. Les Maire & Echevins concluoient au contraire à l'exécution de leurs délibérations, & à ce que le sieur Bon fût déchu de sa place.

M. Séguier, Avocat Général, qui porta la parole dans cette Cause, dit qu'en considération de ce que le sieur Bon avoit abandonné le Bénéfice de ses Lettres de Cession, en satisfaisant pleinement ses créanciers avant d'en avoir même poursuivi l'enthérinement, il paroissoit que la Cour pouvoit, *en usant d'indulgence* envers le sieur Bon, lui épargner & à sa famille, la honte de la destitution demandée : mais qu'à son égard, attendu que l'article 5 du titre 9 de l'Ordonnance de 1673, prononçoit la peine de la destitution dans le cas où s'étoit trouvé le sieur Bon, la rigueur de son ministere l'obligeoit de conclure à son exécution. C'est aussi ce qui fut jugé par Arrêt du Mercredi 7 Décembre 1763, Audience de neuf heures.

ÉCOLÂTRE.

On appelle Ecolâtre, un Chanoine qui, en quelques Cathédrales, jouit d'une Prébende qui l'oblige d'enseigner gratuitement la Philosophie & les lettres humaines, à ses Confreres, aux pauvres Ecoliers du Diocèse, & d'en tenir Ecole.

A Rhéims il y a un Ecolâtre.

Le Concile de Latran, tenu sous Alexandre III, ordonna que les Evêques auroient un Précepteur à leurs gages, pour enseigner, tant la Philosophie que la Théologie. Depuis on a donné le nom d'Ecolâtre à celui qui enseignoit la Philosophie, & le nom de Théologal à celui qui enseignoit la Théologie. Dict. de Trévoux.

ÉCOLE, ÉCOLIER

Page 15 , col. 2 , à la fin du 4e alinea , après frais , ajoutez ;

La faveur des Sciences est si grande, qu'un Ecolier étranger n'est point sujet au droit d'Aubaine.

Même page & même colonne , à la fin du 5e alinea , après Ecoliers , ajoutez ;

Les condamnations d'amende pécuniaire, prononcées contre les Ecoliers, sont censées données sans note d'infamie. Voyez Despeysses, tom. 2 , n°. 5.

ÉCONOMATS, ÉCONOME.

Page 17 , colonne 1 , à la fin du 3e alinea , après l'Econome , ajoutez ;

C'est à la Chambre des Comptes, que les Economes des Bénéfices sujets à la Régale, doivent rendre compte de leur administration ; & par rapport aux autres Bénéfices, ils le rendent aux Juges auxquels sont adressées les Lettres d'Economat.

Page 19 , colonne 2 , à la fin de cet article , après huit articles , ajoutez ;

Par le sixiéme Concile , Can. 2 , il est ordonné à chaque Eglise d'avoir son Econome ; de maniere que si quelqu'une en manque, le Métropolitain en donnera aux Evêques, & le Patriarche aux Métropolitains.

Pendant les troubles de la Ligue, il y a eu en France des Economats, à l'effet de conférer les Bénéfices vacans, *ad instar* des Ordinaires.

ÉDIT.

Page 20 colon. 1 , à la fin de cet article , ajoutez ;

Doit-on dater les Loix résultantes d'un Edit , du jour de l'enregistrement de l'Edit aux Cours Souveraines, à qui elles sont d'abord adressées? ou leurs dates, relativement aux habitans des différentes Provinces, ne doivent-elles être comptées que du jour de leur enregistrement dans les Jurisdictions du reffort ? Cette question s'eft préfentée récemment ; voici dans quelles circonstances. Le 26 *Septembre 1749*, la demoiselle Rochart, fille majeure, fit tranfport aux Dames Adminiftratrices de l'Hôpital de Saint Etienne, d'une rente fonciere de 56 liv. 14 fols 4 deniers au principal de 1418 livres, faifaut partie d'uné plus forte rente, dont le fieur Rochart fon frere s'étoit chargé envers elle. Ce tranfport fut fait, fous différentes claufes & conditions, inutiles à rapporter. Le 30 *Juillet 1750*, les Dames Adminiftratrices firent fignifier leur tranfport au fieur Rochart, avec fommation de payer une année d'arrérages, échûe. Le fieur Rochart fût exact à acquitter les arrérages de la terre, tant que vécut la demoifelle fa fœur ; mais étant décédée en 1760, il demanda la nullité du tranfport, comme étant une *donation, déguifée, le fruit de la furprife & de l'obfeffion*, & comme contraire aux Ordonnances, notamment *à l'Edit du mois d'Août 1749, regiftré en la Cour le 2 Septembre fuivant*.

Les Adminiftratrices, après avoir établi au fond, que l'Hôpital de Saint Etienne étoit capable d'accepter *tous dons, gratifications, legs & aumônes*, obfervoient en outre que la copie collationnée de l'Edit de 1749 n'ayant été *enregiftrée au Greffe de la Sénéchauffée de la Rochelle*, Jurifdiction de l'Hôpital de Saint Etienne, que le 17 *Novembre 1749*, poftérieurement au tranfport, on ne pouvoit oppofer cet Edit, attendu qu'une Loi publiée à Paris, & obligatoire pour fes habitans, ne l'étoit pour ceux des Provinces éloignées, que du jour où l'Edit y avoit été envoyé & publié. Ces diftinctions plaidées par M. Joly de Fleury, Avocat Général, furent adoptées par Arrêt du Mercredi 27 Mai 1767, rendu en la Grand-Chambre, plaidant Mᶜ le Blanc de Verneuil, qui fit un Mémoire pour les Adminiftratrices, contre Mᶜ Savin ; l'Arrêt débouta le fieur Rochart, Partie de Mᶜ Savin, de toutes fes demandes., avec dépens ; ordonna l'exécution du tranfport en queftion ; ordonna en outre que

l'Edit du mois d'Août 1749 ; regiftré en la Cour le 2 Septembre fuivant, feroit exécuté felon fa forme & teneur ; enjoignit au Procureur Général du Roi d'y tenir la main, & d'en envoyer une nouvelle copie en la Sénéchauffée de la Rochelle.

Par autre Arrêt du Lundi 9 Mars 1767, rendu en la troifiéme Chambre des Enquêtes, au rapport de M. Boula de Montgodefroy il a été jugé que l'Edit de 1759, portant fuppreffion des droits fur les Cuirs, avoit fait ceffer la perception du Fermier, du jour de l'enregiftrement en la Chambre des Comptes de Normandie, & non du jour de l'enregiftrement au Parlement de Normandie, où cet Edit avoit été enregiftré, plus de quatre mois après l'enregiftrement en la Chambre des Comptes de Normandie.

ÉGALITÉ.
V. *Subftitution.*

ÉGLISE.

Page 22, col. 1, à la fin du 3ᵉ alinea, après prier, *ajoutez* ;

Les Ordonnances de Henri II en Juin 1551, article 40 ; de Henri III ès Etats de Blois, art. 30, défendent à toutes perfonnes, de quelque qualité & condition qu'elles foient, de fe promener dans l'Eglife, durant la célébration du fervice divin ; *enjoint aux Huiffiers & Sergens, fur peine de privation de leurs Offices, de mettre & conftituer prifonniers ceux qu'ils trouveront contrevenir à ce que deffus.*

ÉLECTION, ÉLUS.

Page 23, col. 2, à la fin du 1ᵉʳ alinea de cet article, après peuples *ajoutez* ;

L'Election de Paris eft dans l'enclos du Palais ; elle eft compofée d'un Préfident, d'un Lieutenant, d'un Affeffeur, de vingt Confeillers, d'un Avocat du Roi, d'un Procureur du Roi, d'un Subftitut & d'un Greffier en chef. Les Audiences fe tiennent dans cette Jurifdiction les Mercredis & Samedis pour les Tailles, les Lundis & Jeudis pour les Fermes, & on y travaille de Rapport les Mardis & Vendredis.

Par Arrêt rendu en la Cour des Aides le Mardi 12 Août 1766, conformément aux Conclusions de M. Belanger, Avocat Général, entre les Officiers de l'Election de Provins, d'une part; & la Communauté des Notaires Royaux de la même Ville, d'autre part; il a été jugé que les Officiers de l'Election avoient droit de faire les Inventaires, à l'exclusion des Notaires (par suite d'apposition de leurs scellés) chez tous les Comptables, Dépositaires, Receveurs, Régisseurs, Débiteurs & Employés au recouvrement des deniers du Roi. Plaidans Me Deve pour les Officiers de l'Election, & Me de Calonne pour les Notaires.

Le motif de cet Arrêt important est, que la conservation des deniers royaux *est un cas royal*; & dans les cas royaux tous les Arrêts ont conservé les Officiers de Jurisdiction contentieuse, dans le droit de faire les inventaires à l'exclusion des Notaires.

Il fut cependant représenté que, lorsque la Partie du Roi étoit acquittée, les Officiers des Elections devoient se retirer.

Cette contestation avoit d'abord été portée au Parlement en la Grand'Chambre, par les Notaires; mais les Officiers de l'Election ayant formé le conflit, ils ont obtenu Arrêt qui a ordonné que les Parties plaideroient en la Cour des Aides.

Les Officiers de l'Election soutenoient le conflit, en disant que le Parlement ayant le droit de connoître en premiere instance, des droits & fonctions des Officiers Royaux de son ressort, par la même raison la Cour des Aides avoit le droit de connoître des droits & fonctions des Officiers des Elections, dont les Sentences viennent par appel à la Cour des Aides : ce moyen sur le conflit a déterminé l'Arrêt qui a renvoyé à la Cour des Aides.

Nous ferons remarquer que sur un conflit, entre les Officiers de l'Election de Paris, & ceux du Châtelet, à l'occasion des scellés apposés par les premiers, à la requête du Régisseur du droit sur les cuirs, sur les meubles & effets d'un Tanneur-Hongroyeur, absent & en faillite, & croisés par le Commissaire Coquelin, à la requête du Procureur du Roi du Châtelet, le Parlement a, par Arrêt du 4 Septembre 1766, jugé la compétence des Officiers de l'Election.

Par une Sentence de l'Election de Paris du 12 Novembre 1766, les Doyen, Syndic & Communauté des Huissiers-Priseurs au Châtelet de Paris ont été déboutés de leur opposition, à l'exécution d'une Ordonnance rendue par un Conseiller en ladite Election, lors de la clôture du procès-verbal de levée de scellés apposés après la faillite d'un Tanneur-Hongroyeur, par laquelle Ordonnance, le Conseiller avoit commis un Huissier-Audiencier de son Tribunal, pour faire la vente des meubles & effets trouvés sous les scellés. Sur l'appel de cette Sentence, Arrêt est intervenu en la Cour des Aides le 19 Novembre 1766 qui, en confirmant la Sentence avec amende & dépens, a déclaré les Doyen, Syndic & Communauté des Huissiers-Priseurs, non-recevables dans leur opposition à l'enregistrement des Lettres-Patentes du 4 Décembre 1731.

ÉLECTION de Domicile.
Voyez *Domicile.*

Le 4 Septembre 1764, il fut plaidé devant M. Joly de Fleury, Avocat Général, & jugé au Parquet de Messieurs les Gens du Roi, que l'Election de Domicile faite pour vingt-quatre heures seulement, & sans attribution de Jurisdiction par un saisissant, en la maison Presbytérale du Curé de la Paroisse où les effets avoient été saisis, ne pouvoit durer plus de vingt-quatre heures; en conséquence, on a déclaré incompétente l'assignation donnée par la Partie saisie au saisissant, au domicile par lui élu pour 24 heures, & on a pareillement déclaré incompétente la Sentence rendue par le Juge, dans la Jurisdiction duquel le domicile avoit été élu par les Procès-verbaux de saisie. Le motif de l'Arrêt, fondé sur ce que de pareilles Elections de Domicile ne sont faites que pour mettre la Partie saisie à portée de faire des offres réelles dans les 24 heures.

Dans cette espèce, la Sentence avoit été obtenue par la Partie saisie deux mois après l'Election de domicile faite par le saisissant, pour 24 heures feulement, en la maifon Presbytérale du Curé.

Cet Arrêt a été rendu contre le fentiment de Jouffe, fur l'article premier des Exécutions, plaidans Mes de la Borde & de Varicourt.

ÉMÉRITE (Profeffeur).

On appelle ainfi un Profeffeur, qui, après avoir enfeigné publiquement pendant vingt ans les Arts & les Sciences dans l'Univerfité de Paris, fe retire, & jouit d'une penfion qu'il touche fur la Ferme générale des Poftes & Meffageries de France. Voyez les Lettres-Patentes du 3 Juin 1766, à l'article *Univerfité*.

Un Emérite ne peut plus jouir de fa penfion d'Emérite, lorfqu'il eft pourvu d'un Bénéfice excédant 1000 livres de revenu.

EMPARAGE, Emparagement.

Ce mot fe trouve dans l'article 241 de la Coutume d'Anjou: il fignifie *Joint*, *Conjoint* à fon pareil: c'eft en ce fens qu'on dit: une fille emparagée noblement, c'eft-à-dire, mariée à fon pareil en nobleffe. V. le Dictionnaire de Trévoux.

Il s'eft préfenté récemment une queftion très-importante fur cette matiere; & fur laquelle toutes les Chambres ont été confultées,

Il s'agiffoit de fçavoir fi » en Anjou, une » fille noble, dotée par fon pere & mariée » par lui à un homme noble, étoit excluse » par le feul fait de fon mariage, de la fuc- » ceffion de fes pere & mere, ayeul & ayeu- » le, quand le pere n'avoit point dit par le » contrat de mariage, *qu'il emparageoit fa* » *fille*, & n'avoit point employé d'autres » expreffions qui annonçaffent l'intention » de l'exclure «.

Dans le fait, le fieur Mercier, Ecuyer, Seigneur de Marigny, avoit époufé en 1751 la demoifelle de Fefque de Marmande. Le fieur de Marigny s'étoit marié *comme fils aîné & principal héritier noble de Meffire Hercule-Mercadek Mercier, Chevalier, Seigneur de Marigny*. Le contrat de mariage portoit » en faveur duquel mariage lefdits » Seigneur de Marmande & dame de Gri- » maude fon époufe, ont conjointement &

» folidairement donné à la demoifelle fu- » ture époufe leur fille, le fonds & pro- » priété de la métairie de Laignier, éva- » luée 5000 liv. & 25 liv. de rente au de- » nier 50, au principal de 1000 liv «. Il étoit ftipulé dans le contrat de mariage : » que les dettes que les futurs époux pour- » ront devoir, n'entreront point dans la » communauté, mais au contraire, feront » acquittées fur les propres & biens de celui » du chef duquel elles procéderont «.

Le fieur de Fefque pere, avoit établi en 1753, le fieur fon fils, comme fon principal héritier.

Après la mort des pere & mere communs, le St de Fefque fils avoit d'abord reconnu par écrit, qu'il devoit partager leur fucceffion avec fa fœur (la dame de Marigny,) enfuite il refufa tout partage, & fonda fon refus fur l'article 241 de la Coutume d'Anjou; il foutint qu'aux termes de la difpofition de cette Coutume & de celles qui lui font femblables, une fille qui a été emparagée, eft excluse de droit de la fucceffion du pere, n'eût-elle reçu qu'un *Chapeau de rofe.*

Les fieur & dame de marigny prétendirent au contraire que l'Emparagement n'étoit point exprimé dans leur contrat de mariage; que dès que le fieur de Fefque fils ne devoit être, aux termes de fon contrat de mariage de 1753, que principal héritier de fon pere, il avoit un co-héritier, qui ne pouvoit être que fa fœur, puifqu'ils étoient feuls enfans; enfin, que l'Emparagement, & par conféquent l'exclufion de fucceffion étoit impoffible dans leur mariage; que quand même il y auroit eu poffibilité à l'Emparagement, ils n'étoient pas dans le cas d'en fupporter les effets, parce que le fieur de Marigny n'étoit pas l'égal en nobleffe de la demoifelle de Fefque fon époufe, & que le fieur de Fefque pere, en mariant fa fille, ne lui avoit point fait connoître fon intention fur l'exclufion à fa fucceffion, en fe fervant de l'expreffion de la Loi, c'eft-à-dire, en déclarant à fa fille *qu'il l'emparageoit.*

Par Sentence de la Sénéchauffée d'Angers, du 2 Août 1765, il avoit été jugé qu'il n'y avoit point eu d'Emparagement dans le mariage de la dame de Marigny, & le Sr

.de

de Fefque avoit été condamné à faire partage à fa sœur, des deux parts ou tiers des biens de la succession du pere commun.

Il y eut appel de cette Sentence par le Sr de Fefque, fur cet appel, les Sr & Dame de Marigny rapporterent en leur faveur trois Actes de Notoriété d'Angers, de Château-Gontier & de la Flêche, le Sr de Fefque en rapportoit un feul de Baugé, en fa faveur. Ces Actes de Notoriété avoient été donnés en exécution d'un Arrêt interlocutoire de la Cour. C'eft dans ces circonstances, que, toutes les Chambres confultées, il eft intervenu Arrêt en la Grand'Chambre, au rapport, de M. Pafquier, le Mardi 18 Août 1767, qui a infirmé la Sentence de la Sénéchauffée d'Angers, & a débouté les sieur & dame de Marigny de leur demande en partage. Me Hochereau fit un Mémoire pour les sieur & dame de Marigny, intimés, & Me Teffier du Breuil en fit un pour le sieur de Fefque, appellant.

Il eft à obferver que les trois Actes de Notoriété rapportés par les sieur & dame de Marigny avoient été donnés fans confulter le Barreau & les Notaires ; ce qui a beaucoup déterminé à ne pas y avoir égard. Celui du sieur de Fefque étoit régulier.

EMPRISONNEMENT.
V Prifon, Ecrou & Groffeffe.

L'Emprisonnement eft la capture que l'on fait d'une perfonne, foit pour caufe criminelle, ou pour dettes en matiere civile; dans l'un & l'autre cas, l'Emprifonnement doit être suivi de l'écrou & enregistrement.

Les formalités en fait d'Emprifonnement font de rigueur ; & par Arrêt du Samedi 25 Octobre 1766, rendu en vacation, un prifonnier obtint fa liberté provifoire, fur le feul fondement que l'Huiffier, dans le Procès-verbal de capture, avoit exprimé que l'emprisonnement étoit fait en vertu des Sentences du Châtelet & d'Arrêts de 1765, tandis que les Sentences (quoique d'ailleurs exactement datées) étoient des Confuls, & les Arrêts de l'année 1766; plaidant Me le Gentil.

La Cour, par autre Arrêt rendu peu de jours avant le précédent, avoit déclaré nul un emprifonnement, & le moyen de nul-

lité réfultoit de l'omiffion faite par erreur, de la date de l'année dans le commandement qui avoit précédé la capture; l'Huiffier avoit mis l'an 1760 au lieu de 1766.

ENCENS.

Page 31, colonne 2, commencez ainfi cet article ;

L'Encens eft un droit honorifique, dû aux Patrons, Fondateurs & Hauts-Jufticiers d'une Eglife.

ENQUÊTE.

Page 59, colon. 2, lig 2 du 2e alinea, après qui font les Enquêtes, ajoutez ; ce droit leur a même été attribué de toute ancienneté; c'eft ce qui réfulte des Chartres & Lettres-Patentes du treiziéme fiécle, où ils font appellés Examinateurs & Enquêteurs.

Des Lettres-Patentes du 27 Avril 1338, font défenfes aux Auditeurs, leurs Lieutenans & leurs Clercs, de s'entremettre *de l'examen des témoins comme appartenant aux Examinateurs.* Toutes ces Lettres-Patentes, Chartres, Arrêts & Réglemens, fe trouvent réunis dans le nouveau Recueil des Commiffaires fous le titre *des Enquêtes,* & un Arrêt récent a confirmé bien pofitivement le droit des Commiffaires fur cette fonction des Enquêtes.

Page 41, colonne 1, ligne 5 du 4e alinea, après fur celle, ajoutez ; des deux fignifications.

Page 43, col. 1, à la fin du 5e alinea, après valable, ajoutez ; plaidans Mes de Varicourt & Marié.

ENQUÊTE *de commodo & incommodo.*

On appelle Enquête *de commodo & incommodo,* les formalités qui s'obfervent lorfqu'il s'agit des biens de l'Eglife ; par exemple, de réunir à une Eglife ou Chapelle un bien qui dépendoit d'une autre, ou bien une Cure à une autre Cure, &c L'objet de cette Enquête eft de conftater juridiquement l'utilité que procurera cette réunion, ou au contraire les défavantages & inconvéniens qui pourroient en réfulter. Voyez *Cure* ou *Curé.*

Relativement aux Enquêtes *de commodo & incommodo,* il a été jugé, par Arrêt du

M

Lundi 10 Juin 1765 , en la Grand'Chambre, conformément aux Conclusions de M. Barentin, Avocat Général , qu'en matiere d'Enquête *de commodo & incommodo*, soit qu'elle se fasse par l'Evêque lui-même, ou par un Commissaire par lui nommé, il falloit observer les formalités prescrites par l'Ordonnance en matiere d'Enquête : il s'agissoit dans cette cause de la réunion de la Cure de Saint Aignan la Fere Champenoise , à celle de Saint Thimothée de la même Ville ; il fut ordonné, par l'Arrêt, que la Partie de Me Doucet se retireroit pardevers le Roi, pour obtenir des Lettres-Patentes en validation de la procédure faite sur l'Enquête *de commodo & incommodo*, dans laquelle les formalités prescrites en matiere d'Enquête n'avoient point été observées. Plaidans Mes Doucet & Caillard.

ENSAISINEMENT.

Page 45 , col. 1 , à la fin du 3e alinea , après les droits, ajoutez ; Voyez *Dépri.*

Page 45 , colonne 2 , à la fin de l'article, ajoutez ;

Le Seigneur ne peut exiger les droits Seigneuriaux du passé depuis qu'il a ensaisiné un contrat. Il ne peut pas non plus obliger à faire ensaisiner un contrat ; mais si l'acquéreur d'un héritage roturier ne notifie point son acquisition au Seigneur de qui releve l'héritage , l'amende est encourue contre lui au profit du Seigneur Censier par l'art. 77 de la Coutume de Paris ; cependant cette amende n'est point dûe lorsque la vente est notifiée par le contrat exhibé, parce qu'aux termes de l'article 81 , *les ventes & amendes se poursuivent par action seulement. Secùs* des profits féodaux qui se poursuivent par saisie. Voyez *Amende & Notification.*

ENTERREMENT.

Page 46 , col. 1 , à la fin du 3e alinea , après n°. 9 , ajoutez ;

Aux convois des pauvres comme des riches, la Croix doit être portée *haute & élevée, & les corps entrés par la même porte.* C'est une des dispositions d'un ancien Réglement de la Cour du 18 Avril 1562 , rapporté en son entier par Filleau , tome 1.

ÉPAVES.

Page 49 , colon. 1 , à la fin de l'article ; ajoutez ;

On appelle encore Epaves foncieres , des fonds présumés vaquans ; & cela attendu que le propriétaire n'en est pas bien connu.

Suivant Bacquet , Epave se dit aussi des personnes, nées tellement hors du Royaume, qu'il n'est pas possible de connoître le lieu de leur naissance.

EPÉE sur le Cercueil.

L'Epée mise sur le cercueil d'un Gentilhomme , doit-elle retourner à la famille du défunt, ou être considérée comme une offrande faite à Dieu, que le Curé peut prendre à titre d'oblation ? Cette question a fait la matiere d'une Instance en la Grand-Chambre : le fait est simple.

Le sieur Henri du Ligondais , Seigneur de Combes , décéda au mois de Mars 1757. Lors de son convoi, on mit l'Epée de ce Gentilhomme sur son cercueil : la Dame de Saint, sa veuve, prétendit que l'Epée lui devoit être remise, ou du moins que le sieur Boudachier, Curé de Nouzerinnes, qui l'avoit fait vendre (48 livres) devoit être condamné à lui payer 150 liv. pour la valeur : la Sentence du Bailliage d'Issoudun avoit rejetté la prétention de la veuve du sieur du Ligondais ; mais elle en appella en la Cour, où elle soutint que s'il étoit un usage qui attribuât indéfiniment à l'Eglise, à titre d'offrande, tout ce qui accompagnoit le cercueil d'un défunt, il y auroit toujours nécessairement une exception pour l'Epée d'un Noble ou d'un Officier, par la raison que l'on devoit assimiler cette Epée aux Colliers de l'Ordre du Saint-Esprit, de Saint Michel, ou à la Croix de Saint Louis , qu'on portoit sur le cercueil, & qui étoient remis au Roi, spécifiquement & en nature ; que cette Epée ne pouvoit être utile à l'Eglise qu'en la faisant fondre ou vendre ; ce qui étoit contraire aux Loix de l'Eglise, qui prohibent tout commerce aux Ecclésiastiques : que l'Epée d'un Gentilhomme étoit comme son Fief qui appartient à son fils , &c.

Le Curé , défendu par Me Pierret de

Sansieres, répondoit (entr'autres moyens) que l'Epée mise volontairement sur le cercueil, lui appartenoit à titre d'oblation ; parce que c'étoit le droit universel de toutes les Eglises, notamment le droit particulier de la sienne : que cet usage n'étoit point un abus, qu'il avoit été observé dans toutes les Religions & parmi toutes les Nations célèbres ; que l'on ne devoit pas seulement regarder comme offrande faite à Dieu, les luminaires & ce qui s'offroit à l'Autel, mais encore tout ce qui étoit employé par les héritiers ou par les parens pour la pompe funèbre, ou à l'occasion de cette pompe. On citoit Van-Espen en son Traité du Droit Ecclésiastique universel, part. 2, tit. 28, chap. 4, nomb. 27 . . . . . *Sed & alia quæ circà funus, sive occasione funeris.* Quant aux Couronnes de Duc, &c. Colliers d'Ordres ou Croix de Saint Louis, le Curé répondoit que la propriété en résidoit perpétuellement en la personne du Prince qui en décoroit ses Sujets ; qu'ainsi les héritiers ne pouvoient avoir intention d'offrir ce qui appartenoit au Roi ; que néantmoins les Couronnes de Comte, Marquis, Baron & autres, présentées sur les cercueils des défunts, demeuroient à l'Eglise : que si dans les Villes fortes ou dans les Camps, les Epées des Militaires, quoique présentées à l'Eglise, en étoient retirées pour être remises aux Majors de Place ou des Régimens, c'est que les Militaires, actuellement occupés dans les Places ou dans les Camps, étoient censés se servir de l'Epée que le Roi leur avoit confiée, & devoir la lui remettre spécifiquement ; mais que ces circonstances cessant, les Epées des Gentilshommes & toutes les autres piéces d'honneur, de guerre & de corps, présentées & offertes à l'Eglise, devoient lui rester, suivant un usage universel dans toutes les Eglises ; à l'exception de celles de Paris, où ce droit n'étoit pas connu *par des raisons particulieres.* Le Curé concluoit de tout ceci que la propriété de l'Epée résidant en la personne du Noble *qui l'avoit acheté de ses deniers*, & cette Epée ayant été présentée volontairement à l'Eglise par les héritiers du Gentilhomme, ceux-ci étoient censés l'avoir offerte à l'Autel, &

laissée au Curé, à titre d'oblation. Cependant, par Arrêt du Samedi 11 Août 1764, au rapport de M. Pellot, la Sentence fut infirmée, & le Curé condamné à rendre l'Epée ou la valeur.

ÉPICES.

Page 49, *colon.* 2, *ligne 7 du 2e alinea, après* les Epiciers, *ajoutez ;* attendu qu'avant la découverte des Indes, les fruits se confisoient avec des Epiceries, & non pas avec du sucre, fort rare dans ces tems-là.

ÉPILEPSIE.

V. *Mariage.*

ÉQUIVALENT.

Page 51, *colonne* 2, *commencez ainsi cet article ;*

Equivalent signifie *ce qui vaut autant qu'un autre ;* ainsi, quand on fait des échanges but à but, il faut que les choses soient équivalentes.

On appelloit autrefois Equivalent, un droit que le Roi levoit pour les frais de la guerre. Dict. de Trévoux.

ERREUR.

Page 52, *col.* 1, *à la fin du 5e alinea, après* connue, *ajoutez ;* Ignorantia juris neminem excusat.

Même page & même colonne, à la fin du 7e alinea, après acquis, *ajoutez ;* parce que l'Erreur ne prescrit jamais contre la vérité.

Même page & même colonne, à la fin de l'avant-dernier alinea, après approuvé, *ajoutez ;* Non videntur qui errant, consentire. L. 116, § 2, de div. Reg. Juris.

Même page, col. 2, *à la fin du 5e alinea, après* la place, *ajoutez ;* Voyez l'Ordonnance de 1667, tit. 29, art. 21.

ÉTANG.

On appelle Etang, un réservoir d'eau douce, dans un lieu bas, fermé par une digue ou chaussée, pour y nourrir du poisson.

La queue de l'Etang est l'endroit par où l'eau entre, & la grille celui par où elle se décharge, lorsqu'il y en a trop.

Il est loisible à chacun de faire de

ſon autorité privée, des Etangs ſur ſon héritage & de ſuivre ſon poiſſon (qui ſeroit
monté par débordement d'eau) juſques
dans la foſſe de l'Etang prochain, & même
faire vuider l'eau, pour y prendre ſon poiſſon, huit jours après les eaux retirées ; le
tout en préſence du Seigneur de l'Etang
voiſin, lui ou ſon Fermier, dûement ſom-
mé à cet effet. Voyez le titre 8 de la Coutume d'Orléans, article 169 & ſuivant, &
le Commentaire de M. Pothier ſur cette
Coutume.

Je ſuppoſe qu'en vendant un Etang,
le contrat de vente porte expreſſément
qu'il contient un arpent & demi, & que
néantmoins, meſurage fait par l'acquéreur,
depuis la vente, l'Etang ne ſe trouve contenir dans le vrai qu'un arpent ; y aura-t-il
lieu à une indemnité au profit de l'acquéreur, ou même à la réſolution de la vente,
ſi le vendeur refuſe cette indemnité ?

On peut dire pour le vendeur, qu'un
Etang (à la différence des terres labourables) contient par ſa nature, une ſurperficie
dont l'étendue & les bornes conſtantes, ap-
parentes & immuables, ne ſont ſuſceptibles
ni d'extenſion, ni de mépriſe, de maniere
même que la déclaration de l'étendue &
continence de l'Etang eſt entièrement ſuperflue dans ce contrat de vente.

Mais la raiſon de décider, au contraire,
eſt que dès le moment que l'Etang eſt déclaré contenir un arpent & demi, il faut
que l'acquéreur trouve cette étendue, d'a-
près laquelle il a calculé & eſtimé le produit de l'Etang, & s'eſt déterminé à en
faire l'acquiſition : d'ailleurs un Etang peut
par la ſuite être deſſéché, défriché & mis
en valeur ; il ſe trouveroit donc alors que
le propriétaire actuel ne poſſéderoit qu'un
arpent, tandis que ſon contrat d'acquiſition
lui en donneroit un & demi : en un mot,
tout vendeur eſt tenu de ſes faits, c'eſt à
lui à s'imputer d'avoir déclaré & déterminé
la continence de l'Etang, au lieu de l'avoir
vendu, ſans ſpécification particuliere, mais
ſeulement tel & ainſi qu'il ſe comportoit :
c'eſt auſſi ce qui a été jugé, entr'autres choſes, par Arrêt du 4 Mars 1765, en la troiſiéme des Enquêtes ; le vendeur a été condamné à la garantie envers l'acquéreur d'un
Etang, pour raiſon de ce que l'Etang avoit

de moins que ce qui étoit porté au contrat
de vente. Mᶜ Aujollet écrivoit dans ce
Procès.

Ajoutez à la fin de cet article ;
Par l'article 18 du titre de la Pêche,
de l'Ordonnance des Eaux & Forêts de
1669, il eſt défendu à toutes ſortes de perſonnes, d'aller ſur les marres, Etangs &
foſſés, lorſqu'ils ſont glacés, pour en
rompre la glace, & y faire des trous ; ni
d'y porter flambeaux, brandons & autres
feux, à peine d'être punis comme de vol.

ÉTANT.

En termes d'Eaux & Forêts, Etant ſe
dit du bois qui eſt en vie, debout, ſur
pied & racine.

L'article 5 du titre 17 de l'Ordonnance des Eaux & Forêts défend de vendre aucuns arbres en *Etant*, ſous prétexte qu'ils
auroient été fourchés ou étranchés par la
chûte des chablis.

ÉTAT (Queſtion d').

*Page 56, colon. 2, à la fin du 1ᵉʳ alinea,
après écrit, ajoutez ;*
L'anonyme Hatte, (le ſieur de Rougemont) réclama après 44 années de ſilence, l'état de fils du ſieur Hatte, Fermier
Général ; la dame veuve Hatte venoit 4
années après la mort de ſon mari, atteſter
à la Cour que le ſieur de Rougemont étoit
ſon fils, conſéquemment celui de ſon mari,
ſuivant la maxime, *Pater eſt,* &c. Elle avoit
quitté ſon époux en 1618, un an avant l'é-
poque où elle diſoit être devenue enceinte
du Sʳ de Rougemont ; elle rendoit compte
des raiſons qui l'avoient obligée à tenir ſon
accouchement ſecret, & à faire appeller ſon
fils des noms *de la Riviere & de Corrigé ;* elle
articuloit & demandoit à faire preuve *des
fréquentations de ſon mari avec elle, depuis
leur ſéparation,* & de cet autre fait, *qu'une
cruelle parente* ('l'auteur de tous ſes malheurs') avoit empêché qu'elle ne préſentât
ſon fils à ſon mari, les derniers jours de ſa
maladie, pour le lui faire reconnoître ; mais
la déclaration de la dame Hatte, que le
ſieur de Rougemont étoit ſon fils légitime,
ne put l'emporter ſur l'extrait-baptiſtaire

du fieur Rougemont, (quoique non adopté de lui). Cet acte portoit qu'il étoit fils d'Etienne de Rougemont, Officier, & de Jeanne Morel fa femme. Les deux filles de la dame Hatte oppofoient donc au fieur de Rougemont, défendu par maître Gerbier, qu'il n'avoit ni état, ni poffeffion du nom de Hatte, qu'il ne prouvoit rien, & que tout étoit prouvé contre lui. Auffi, malgré les efforts de fon défenfeur, le fieur de Rougemont fut débouté de fes demandes par Arrêt fur délibéré du jeudi 23 Mai 1765, rendu contre les Conclufions de M. Séguier, Avocat Général. Ce Magiftrat avoit conclu à ce qu'il fût donné acte à M. le Procureur Général de ce qu'il rendoit plainte de la fuppreffion d'état du fieur de Rougemont, lors de fa naiffance, & depuis, & à ce que la dame Hatte & le fieur de Rougemont fuffent admis à la preuve des faits par eux avancés.

Les Mémoires imprimés de Mes Doillot, Thevenot Deffaule, Aubry & Doucet, qui feront confervés dans les cabinets, difpenfent d'entrer dans tous les détails de cette caufe célébre (a).

ÉTAUX à Bouchers.

Page 56, col. 1, à la fin du 2e alinea, après Avril 1726, *ajoutez;*

Par Arrêt du 24 Mars 1760, rendu au rapport de M. l'Abbé le Noir, la Cour, en confirmant une Sentence du Châtelet de Paris, a jugé que quoiqu'un terrein dépendant d'une maifon fût à l'ufage d'une Boucherie, depuis plus de 70 ans; qu'il y eût même eu originairement une Enquête *de commodo & incommodo*, néantmoins le Propriétaire pouvoit difpofer de fon terrein comme bon lui fembloit, & le mettre à autre ufage qu'à celui d'une Boucherie.

Il faut remarquer que dans l'efpéce de cet Arrêt, il étoit prouvé qu'il n'y avoit point eu de Lettres-Patentes obtenues originairement pour cette Boucherie, & que le Propriétaire n'avoit point été entendu lors de l'Enquête *de commodo & incommodo*.

ÉTOLE.

Page 57, col. 1, lig. 2 du 1er alinea, après Dignitaires, *ajoutez;* fon ufage a commencé dans l'Eglife avec celui de l'aube.

Page 57 col. 1, lig. 3 du dernier alinea, après Orarium, *ajoutez en note; (a).*

(a) D'orare, parce que les Prêtres qui, fuivant le témoignage d'Alcuin, la portoient toujours autrefois, même en prêchant, étoient les Orateurs de l'Eglife.

Même page, col. 2, à la fin du 1er alinea, après d'ufage, *ajoutez;* Je crois-néantmoins qu'on peut regarder l'Etole comme une marque de la fupériorité des Curés dans leur Eglife.

Même page & même col. à la fin de l'article Etole, *ajoutez;*

Chez les anciens Romains, de même que chez toutes les nations, l'Etole étoit une Robe d'honneur : non-feulement les Rois s'en fervoient, mais encore ils la donnoient *pour le prix de la vertu.*

Le fieur Thiers, Curé de Champrond, a fait un traité fur l'Etole.

Un Arrêt de Réglement rendu contradictoirement en la Grand'Chambre le 19 Avril 1766, a fait défenfes au Curé de Maulle, près Mantes, d'affifter aux affemblées de Fabrique, revêtu d'Etole, & l'a condamné aux dépens, tant contre les Marguilliers que contre la Dame du lieu.

ÉTRANGERS.

Page 59, colon. 1, à la fin du 4e alinea, après Suiffe, *ajoutez;* Génevois, &c.

ÉVÉNEMENT INCERTAIN.

Toutes les fois que l'on a traité fur un Evénement Incertain, il faut fe reporter au moment du contrat, & non pas aux faits poftérieurs; en effet, l'incertitude formoit alors l'égalité de la convention : on ne peut donc (fans de fortes circonftances) revenir contre un forfait, fous le prétexte qu'il y auroit eu plus de profit à ne pas le foufcrire : c'eft par cette raifon que, généralement parlant, on n'admet point de reftitution contre les ceffions de droits fucceffifs, & autres actes femblables qui renferment un forfait. Cependant il faut confidérer fi l'action tendante à revenir contre un engagement fondé fur une incertitude, eft intentée perfonnellement par celui qui a foufcrit un acte de cette nature, ou fi elle eft formée par un tiers; dans ce dernier cas, l'action feroit plus

(a) Le fieur de Rougemont s'eft pourvû en caffation d'Arrêt au Confeil; mais il a été débouté.

favorablement écoutée : c'eſt ce qui paroît réſulter de l'Arrêt du 30 Mai 1767, dont il eſt parlé à l'article *Tierce-oppoſition*. On y voit que le Marquis de Rochebaron, Créancier d'une rente viagere de 6000 liv. que lui faiſoit ſon donataire, s'étant contenté par la ſuite d'une ſomme de 24000 liv. une fois payée, à lui offerte par les créanciers de ſon donataire, pour l'extinction & amortiſſement de cette rente, & le Marquis de Rochebaron étant décédé une année après cette convention, & avant que les 24000 liv. lui fuſſent payées, des créanciers du donataire du Marquis de Rochebaron, furent reçus tiers - oppoſans à l'Arrêt qui avoit prononcé l'amortiſſement de la rente viagere, au moyen du forfait des 24000 livres, & furent ſeulement condamnés à payer ſix mille livres pour une année d'arrérages de la penſion viagere, échue à la mort du Marquis de Rochebaron.

ÉVÊQUE.

Page 61, col. 2, à la fin du 1ᵉʳ alinea de cet article, après univerſelle, *ajoutez ;* ce mot vient du Grec, *Epiſcopos*, qui ſignifie *Surveillant* ou *Inſpecteur*.

Page 64, colon. 2, à la fin du 5ᵉ alinea, après négligé, *ajoutez ;*

Les Evêques étant Chanoines en leurs Egliſes Cathédrales, gagnent les fruits de leurs Chanoinies ſans être ſujets à la poincte, en aſſiſtant aux Services & heures Canoniales, lorſque les autres occupations de leur Diocèſe le leur permettent, & en réſidant dans leur Diocèſe, à moins qu'ils n'en ſoient abſens pour cauſe légitime. Voyez Filleau qui en rapporte un Arrêt du Parlement de Touloufe pour l'Evêque d'Alby, du 18 Juil. 1602, dans lequel Arrêt les moyens des Parties ſont rapportés, tom. 1, premiere partie, tit. 1, ch. 29.

Un Evêque eſt obligé de ſe faire conſacrer dans trois mois, à compter du jour de ſa promotion, ſous peine de deſtitution de fruits. Voyez *Conſacrer*.

Page 65, colonne 1, à la fin de l'article, après ſuivans, *ajoutez ;*

On appelle Evêque *in partibus Infidelium*, celui qui a le titre d'un Evêché dont les Infidéles occupent le Diocèſe :

ce titre ſert à l'Evêque pour être coadjuteur d'un autre.

Ce fut lorſque les Sarraſins chaſſerent de Jéruſalem tous les Evêques, ainſi que de toutes les autres Terres d'Orient, que l'on commença à nommer les Evêques *in partibus Infidelium*. Ils ſe retirerent alors en Italie, & on leur attribua des coadjutoreries pour les faire ſubſiſter.

ÉVICTION.

Page 65, col. 1, à la fin du 1ᵉʳ alinea de cet article, après poſſeſſion, *ajoutez ; Evincere eſt, aliquid vincendo auferre.*

Page 66, colon. 2, à la fin de cet article, ajoutez ;

Sur l'Eviction, voyez le Traité du Contrat de Vente, tom. 1, pag. 85.

ÉVOCATION.

Page 67, col. 2, à la fin du 2ᵉ alinea, après Juge, *ajoutez ;*

L'art. 92 du titre premier de l'Ordon. de 1737, exige que *les Cauſes & Procès évoqués ſoient jugés par les Cours auxquelles le renvoi aura été fait, ſuivant les loix, coutumes & uſages des lieux d'où ils auront été évoqués, à peine de nullité des Jugemens qui auront été rendus au contraire.*

EXCEPTION.

Page 69, colon. 2, à la fin du 1ᵉʳ alinea, après &c. *ajoutez ;*

Il y a dans les Inſtitutes de Juſtinien, deux titres entiers qui traitent des exceptions ; ſçavoir, les tit. 13 & 14 du liv. 4.

EXCOMMUNICATION.

Page 71, col. 2, ligne 2 du 1ᵉʳ alinea, après épouſé, *ajoutez ;* Berthe.

Page 72, col. 1, lig. 4 du 2ᵉ alinea, après diſpoſition, *ajoutez ;* les biens ſur leſquels.

EXCOMPTE.

Page 72, col. 2, à la fin du 1ᵉʳ alinea, après l'échéance, *ajoutez ;* ou quand la dette eſt douteuſe & difficile à exiger.

EXEAT.

Même page & même colon. à la fin du 1ᵉʳ alinea de cet article, après ailleurs, *ajoutez ;* Ce mot vient du latin, *exire, ſortir.*

EXÉCUTEUR, Exécution Testamentaire.

Page 74, colon. 1, lig. 8 du 4ᵉ alinea, après nécessairement, ajoutez en note ; (a).

(a) J'ai de la peine à me ranger de cet avis ; comme cette exécution est à titre onéreux, je crois que le conjoint peut donner à son conjoint, son Exécuteur-Testamentaire, un diamant, tel qu'il le donneroit à un Etranger. En cela il ne fait point de tort à ses héritiers, & il y auroit de l'indécence de leur part, à contester cette marque de reconnoissance, pourvû toutefois qu'elle fût modique. Voyez aussi nᵒ. 11 & 12.

Même page & même col. à la fin du 5ᵉ alinea, après gratuites, ajoutez ;

Si le testateur nomme deux Exécuteurs Testamentaires, avec une somme pour les deux ; que l'un accepte la charge, & l'autre la refuse, celui qui acceptera la charge doit avoir la totalité de la somme, puisque celui-ci seul a la peine d'exécuter le testament. Cependant Bacquet est d'avis contraire, Traité du droit de Bâtardise.

Page 76, col. 1, à la fin du 1ᵉʳ alinea, après par Arrêt, ajoutez ;

Quelquefois encore c'est une cause légitime de priver un Exécuteur Testamentaire de l'exécution du testament, du moins relativement à certaines opérations de conséquence, lorsque l'on a de justes raisons de le suspecter : c'est ce que la Cour a jugé par Arrêt du Mardi de relevée, 19 Mars 1765, entre le sieur Micault, & le sieur de Jettonville, Exécuteur Testamentaire ; il fut jugé par cet Arrêt que le sieur de Jettonville n'auroit point l'argent ni les papiers ; de sorte que, sans perdre la qualité d'Exécuteur Testamentaire, cette qualité fut pour lui un vain titre, puisqu'il fut privé de faire les opérations les plus importantes, relativement à sa qualité d'Exécuteur Testamentaire. Plaidans Mᵉ de la Borde, pour le sieur Micault ; & Mᵉ Perrein, pour le sieur de Jettonville.

Même page, col. 2, à la fin du 2ᵉ alinea, après chap. 2, ajoutez ;

Il faut remarquer que ce n'est que du jour que l'Exécuteur Testamentaire a eu connoissance du Testament, que court l'année de l'Exécution Testamentaire ; & s'il survient des contestations de la part de l'héritier, elle est prorogée jusqu'au temps où elles sont définitivement décidées : c'est ce que la Cour a jugé par Arrêt rendu au rapport de M. l'Abbé Malezieux, Conseiller en la premiere Chambre des Enquêtes, le Vendredi 22 Mai 1767.

Dans l'espéce de cet Arrêt, le sieur Abbé Linart, Docteur de la Faculté de Théologie, Maison & Société de Sorbonne, avoit nommé pour ses Exécuteurs Testamentaires les sieurs Abbés de Marcilly & le Bel, Docteurs de Sorbonne ; il les avoit chargés de faire vendre à l'amiable, & sans frais, lés effets qui pourroient se trouver en Sorbonne ; comme aussi de faire le recouvrement de tout ce qui pourroit être dû à sa succession, & de remettre le tout à M. l'Evêque d'Amiens, *pour une bonne œuvre dont il étoit convenu avec lui, & dont ce Prélat avoit bien voulu se charger.* L'Abbé Linart avoit déchargé ses Exécuteurs Testamentaires de rendre aucun compte.

L'Abbé Linart mourut en Province en 1758 ; les Exécuteurs Testamentaires ne purent avoir copie de son Testament qu'en 1759, & fatigués par les contestations du sieur Wasservasse (héritier du sieur Linart), ils se pourvurent contre lui au Châtelet, *seulement en 1761.* Pendant le cours des contestations, M. l'Evêque d'Amiens fit confirmer le Testament, attaqué par le sieur de Wasservasse, qui se fondoit sur l'Edit du mois d'Août 1749 ; & antérieurement à cet Arrêt, les Exécuteurs Testamentaires avoient obtenu, contre le sieur de Wasservasse, Sentence au Châtelet, qui avoit pareillement ordonné l'exécution du Testament : il y eut appel de cette Sentence ; le sieur de Wasservasse opposoit au sieur Abbé le Bel (car le sieur de Marcilly étoit décédé) qu'il avoit eu connoissance du décès du Testateur ; qu'il avoit laissé passer l'année (& même trois années au-delà) sans agir comme Exécuteur Testamentaire ; qu'il n'avoit point fait faire d'inventaire, ainsi que l'exigeoit la Coutume, que ce défaut d'inventaire l'avoit fait déchoir, de droit, de sa qualité d'Exécuteur Testamentaire ; que lui de Wasservasse avoit été autorisé, par Arrêt provisoire, à faire vendre, & qu'il avoit fait procéder à la vente ; que par-là tout étoit consommé relativement à l'Exécution Testamentaire ; enfin, qu'étant héritier, il étoit seul partie capable, pour accorder la délivrance du legs fait à M.

l'Evêque d'Amiens, qui n'étoit point même partie dans le procès, & ne demandoit rien.

Mais par l'Arrêt ci-deſſus daté, les moyens du ſieur de Waſſervaſſe, & notamment ſes différentes fins de non-recevoir, n'ont point réuſſi ; le ſieur le Bel au contraire a été autoriſé à faire le recouvrement des deniers appartenans à la ſucceſſion du Teſtateur, pour les remettre à M. l'Evêque d'Amiens, *conformément au Teſtament*, & même le ſieur de Waſſervaſſe a été condamné à reſtituer les ſommes par lui reçues proviſoirement, avec tous dépens. Mᶜ de Varicourt écrivoit dans ce procès pour le ſieur Abbé le Bel ; & Mᵉ Charon de Saint-Charles pour le ſieur de Waſſervaſſe.

EXÉCUTION Proviſoire.

Page 79, col. 2, ligne 5, du 3ᵉ alinea, aprés criminelle, *ajoutez* ; Cependant, &c.

Même page & même colonne, à la fin du 4ᵉ alinea, aprés envers nous, *ajoutez* ;

Quelque précis que ſoit cet article, les diſpoſitions qu'il contient, ne ſont guères en uſage. On s'en tient à la régle générale que *in criminalibus, appellatio extinguit judicatum.*

Autre choſe eſt (en matiere criminelle) des Sentences de proviſion, pour géſine, panſemens ou médicamens ; l'Exécution n'en peut jamais être arrêtée ni ſuſpendue ; elle ne peut l'être non plus, relativement aux Sentences d'inſtruction.

Page 80, colonne 2, à la fin de l'article, ajoutez ;

Toutes Exécutions ceſſent par la mort du débiteur : c'eſt la diſpoſition de l'article 340 de la Coutume d'Orléans ; car il faut, dit Dumoulin ſur cet article, ajourner l'héritier, pour voir déclarer exécutoire : il ajoute, *ſed executio inchoata tranſit in hæredem,* QU'IL SUFFIT D'AJOURNER POUR REPRENDRE.

EXÉCUTOIRE de Dépens.

Page 81, col. 1, à la fin de cet article, ajoutez ;

La queſtion de ſçavoir ſi les Exécutoires décernés contre les Seigneurs, dans l'étendue de la Seigneurie deſquels un dé-

lit a été commis, s'exécutoient toujours par proviſion, s'eſt préſentée à l'Audience de la Tournelle, & a été jugée pour l'affirmative de la maniere la plus poſitive, par Arrêt du Samedi 13 Juillet 1765, & par autre Arrêt du 6 Septembre ſuivant : il a même été jugé dans l'eſpéce de ce dernier, qu'il n'étoit pas néceſſaire qu'il fut prouvé que les délits avoient été commis dans l'étendue de la Juſtice du Seigneur ; en effet, le contraire étoit démontré par des piéces non ſuſpectes, notamment par la déclaration de pluſieurs accuſés ; néanmoins la Cour a ordonné l'exécution proviſoire de l'Exécutoire, ſauf le recours du Seigneur. Plaidans Mᵉˢ Fougeron, Jouhannin & Breton.

Un Arrêt de la Tournelle criminelle, du Vendredi 4 Juillet 1766, a jugé qu'il n'y avoit point de nullité, lorſque pour ſe faire payer d'un Exécutoire de dépens & des intérêts, on n'avoit point pris une Commiſſion en la Chancellerie, ou un Arrêt : la Cour au contraire a décidé que l'on avoit pu agir directement en vertu dudit Exécutoire. Plaidans Mᵉˢ le Gentil de Kermoiſan & Jouhannin

EXEMPTION de Tutelle, Curatelle, Logement de guerre, &c.

Il y a des charges qui exemptent ceux qui en ſont pourvus, de Tutelle, Curatelle, Logement de guerre & autres fonctions de cette nature. Telles ſont entr'autres les charges de Meſſager de l'Univerſité. Un Particulier Négociant, pourvu de l'une de ces charges, s'en prévalut pour conteſter la nomination faite de ſa perſonne pour Juge-Conſul. M. le Peletier de Saint Fargeau, Avocat Général, qui porta la parole dans cette Cauſe, diſtingua les fonctions & charges publiques qui étoient de longue durée, d'avec celles qui n'étoient que paſſageres & momentanées ; il mit dans la claſſe des premieres, les Tutelles, Curatelles, Logemens de guerre, &c. & dans la ſeconde les fonctions de Juge-Conſul qui ne ſont que pour un temps ; il conclud de cette diſtinction, que le Marchand ne pouvoit ſe prévaloir des Exemptions que lui donnoit ſa charge, pour refuſer une fonction publique qui n'étoit que paſſagere & momentanée,

momentanée, telle que celle du Juge-Con-
ful, & fes Conclufions furent fuivies (a).

2. La même chofe a été jugée en la Cour
des Aides, par Arrêt du Mercredi 14 Janvier 1767, rendu fur les Conclufions de M.
Bellanger, Avocat Général. Dans l'efpéce
de cet Arrêt, un Huiffier-Audiencier, de
Saumur prétendoit, qu'en vertu des Exemptions attribuées à fa charge, il devoit être
dechargé de la collecte des tailles, & foutenoit la nullité de la nomination faite de
fa perfonne relativement à cette perception; mais l'Arret jugea qu'il devoit faire
cette collecte, & adopta la diftinction que
l'on fait entre les fonctions qui peuvent
durer plufieurs années, & celles qui ne
font que paffageres, telles que les fonctions d'un Collecteur des Tailles. M. l'A-
vocat Général fit même voir que cet Huiffier pouvoit les remplir, fans que fon fervice à l'Audience en fouffrît.

EXHÉRÉDATION.

Page 85, col. 1 lig. 2 du 4e alinea, après
vingt-cinq, *ajoutez*; fuffent-ils même veufs.

Page 86, colon. 2, à la fin du 3e alinea,
apres enfans, *ajoutez*;

Bafnage, fur l'article 143 de la Coutume de Normandie, page 221, rapporte un Arrêt du Parlement de Rouen du
8 Mars 1608, qui a jugé que le prévenu
de crime pouvoit être exhérédé, pour éviter la confifcation.

Page 87, colon. 1, à la fin du 4e alinea,
après effet, *ajoutez en note*; (a).

(a) *Secùs*, des autres difpofitions étrangeres à l'Exhérédation; *quia utile per inutile non vitiatur.*

Même page & même col. ligne 7 du 7e
alinea, après prodigue, *ajoutez*;

C'eft fur le fondement de ces principes que la Cour par Arrêt du Vendredi 5
Septemb. 1766, après plufieurs Plaidoiries
célèbres, a confirmé, contre les Conclufions
de M. Séguier, Avocat Général, le teftament de M. le Préfident ***, contenant
une Exhérédation officieufe à l'égard de
M. fon fils, Confeiller au Parlement : le
motif de l'Exhérédation étoit la diffipation
prouvée du fils. Plaidans Mes Gerbier,
Tymbergue, Brouffe & Target.

E X I L.

Page 87, col. 2, ligne 1 du 1er alinea,
après de quelqu'un, *ajoutez*; (caufée par
quelque difgrace de la Cour.)

Même page & même colonne, à la fin du
même alinea, après congé, *ajoutez*; Du latin *Exilium*, d'où a été formé *Exul.*

Même page & même col. à la fin de cet ar-
ticle, ajoutez;

Celui qui eft en Exil eft toujours cenfé
avoir l'efprit de retour, *animum revertendi.*

Sur la queftion de fçavoir fi on acquiert
un domicile par la réfidence, dans un lieu
d'Exil ? V. *Domicile.*

EXPECTATIVE.

Page 88, colon. 2, à la fin du 2e alinea,
après fon Indult, *ajoutez*; » C'eft un privi-
» lége que l'Eglife accorde au Roi, à fon
» avénement à la Couronne, ou lorfqu'il
» reçoit le ferment de fidélité des Evêques,
» de pouvoir nommer à deux Canonicats de
» chaque Eglife Cathédrale.

» On prétend que quand la nomination
» aux Prébendes appartient au Chapitre
» conjointement avec l'Evêque, elles ne
» font point fujettes à l'Expectative royale
» du ferment de fidélité, parce que cette
» Expectative eft une dette perfonnelle de
» l'Evêque à laquelle le Chapitre ne doit
» pas contribuer «. Dict. de Trévoux.

EXPÉDITION.

On appelle Expédition en termes de Pratique, des Lettres & des Actes qu'on délivre en Juftice, foit en original ou en copie.
V. *Greffe & Greffier*, n°. 33.

Quand un contrat n'eft point délivré *en*
forme, mais feulement en papier, ce n'eft
qu'une Expédition.

Les copies des actes fignées par les Procureurs & par eux fignifiées, s'appellent
encore *Expéditions.*

E X P E R T S.

Page 91, col. 2, à la fin du 5e alinea,
après examen, *ajoutez*;

C'eft pourquoi fi les Experts excédant
leur mandat qui feroit feulement, par exemple, de dreffer un plan figuratif des lieux,

(a) Je n'ai pu fçavoir au jufte la date de cet Arrêt; mais Me Doillot, de qui je tiens ceci, plaidoit dans cette Caufe.

Supplément.   N

pour mettre enfuite les Juges à portée de décider à qui appartient la propriété de quelques arbres ou autre chofe quelconque, déclaroient à la fuite du plan figuratif des lieux, par eux dreffé, qu'il leur paroît que l'objet contentieux appartient à Pierre, & non pas à Jacques, cela ne feroit point une nullité abfolue dans leur rapport, parce que le Juge pourroit mettre de côté la décifion des Experts, pour confidérer feulement ce qui réfulte du local dont ils ont dreffé le plan, & en tirer les conféquences qu'il croiroit en réfulter naturellement.

Page 92, col. 2, à la fin de l'art. ajoutez;

Lorfqu'une fois des Experts nommés par les Parties, en vertu d'un Jugement, à l'effet d'eftimer la valeur d'une terre, ont fait leurs opérations, affirmé & mis leur procès-verbal de rapport au Greffe; s'il s'élève des difficultés relativement à leur eftimation, les Parties conteftantes ne peuvent obliger les Experts à être Parties dans un Procès de cette nature; mais au contraire les Experts doivent être payés, fans retardation, de leurs frais & falaires: c'eft ce qui a été jugé par un Arrêt très-contradictoire.

Dans l'efpéce de cet Arrêt, la dame veuve du Marquis de Courtomer fe plaignoit de ce que l'eftimation de la terre de Carency avoit été faite *en gros*, par les Experts; elle foutenoit que, pour parvenir à établir la léfion qu'elle prétendoit fe trouver dans un partage, il auroit néceffairement fallu que l'eftimation de cette terre eût été faite *par menu & détail;* elle la demandoit ainfi, & même que cette nouvelle eftimation par menu & détail fut ordonnée conjointement avec les Experts, qui demeureroient à cet effet Parties dans le procès: elle concluoit en outre à la nullité du procès-verbal qui avoit été fait. Les fieurs Camus & le Clerc, Experts, répondoient que la Sentence, d'après laquelle ils étoient partis, ne portoit point qu'ils feroient l'eftimation de la terre *par menu & par détail*, mais feulement qu'ils eftimeroient la valeur de la terre de Carency: ils ajoutoient qu'après une année de foins & de travail, ils étoient parvenus au moyen des titres, piéces, papiers & renfeignemens qui leur avoient été remis, à fixer la valeur de cette terre; enfin que, par l'acte de dépôt de leur rapport au Greffe, & de l'affirmation qu'ils en avoient faite, tout étoit confommé à leur égard; qu'ainfi ils ne devoient point être Parties dans le procès en queftion, mais qu'au contraire ils devoient être payés fans délai. Le fieur le Clerc obfervoit qu'à fon égard, la dame veuve du Marquis de Courtomer étoit d'autant plus non recevable à prétendre qu'il devoit être Partie dans l'incident, au fujet de l'enthérinement du procès-verbal d'eftimation, qu'il avoit été payé de fes frais & falaires: c'eft dans cet état que, par Arrêt du Samedi 2 Août 1766, rendu en la feconde Chambre des Enquêtes après quatre Audiences, la dame Marquife de Courtomer a été, entr'autres difpofitions, déboutée de fes demandes formées contre les Experts, condamnée à payer au fieur Camus, fes frais & falaires, fuivant la taxe qui en avoit été faite, & condamnée aux dépens envers toutes les Parties. Plaidans Mes Dandafne, Pierret de Sanfieres, Duponchel & de Varicourt.

EXPONSE.

Page 93, col. 2, à la fin du 2e alinea, après ne peut être admife, *ajoutez;* V. le Traité des Fiefs de Pocquet de Livonniere.

F

FABRIQUE.

Ajoutez à la fin de cet article;

PAR Arrêt du 19 Avril 1766 rendu en la Grand'Chambre, conformément aux Conclufions de M. Barentin, Avocat Général, la Cour a homologué une délibération en forme de Réglement pour la Fabrique de la Paroiffe de Saint Nicolas de Maulle. Quoique l'Arrêt homologatif de la délibération ne foit réglement que pour cette Fabrique, cependant, attendu qu'il pourroit fervir de régle aux autres Fabriques qui auroient de pareilles conteftations à foutenir, & prévenir par-là tous procès, nous croyons devoir en rapporter ici les difpofitions en entier.

» ART. I. Les Affemblées fe tiendront au » banc de l'Œuvre, ou à un Bureau particulier; elles feront requifes par le Marguillier en charge, & compofées du fieur » Curé, qui pourra y affifter s'il le juge à » propos, après avoir été averti dans la forme ordinaire; & s'il y affifte, il aura la » préféance, du Procureur de Fabrique, du » Marguillier en charge, & de quatre anciens Marguilliers au moins; & feront » les fuffrages recueillis par le Marguillier » en charge, commençant par ledit fieur » Curé, QUI Y ASSISTERA SANS ÉTOLE, attendu que les affaires qu'on y traite » font purement laïques & temporelles; » Seront les délibérations écrites fur un » regiftre tenu à cet effet, & feront en » outre les Officiers de Juftice invités d'y » affifter, & jouiront des prérogatives & » préféances qui leur font attribuées par » les Arrêts & Réglemens de notre d. Cour.

» II. L'élection du Marguillier fe fera » tous les ans le Dimanche qui précédera » la Fête de Saint Martin d'hiver, auquel » jour il aura foin de faire couper & diftribuer le pain béni pendant cette première » année; en la feconde, à pareil jour, il » entrera en charge de Receveur & Comptable des biens & revenus, dont il rendra compte au plûtard fix mois après » fon année de recette finie; le reliquat » duquel compte fera payé au Marguillier » en charge, qui fera tenu de l'employer » dans le premier chapitre de recette de » fon compte; & fera fait un bordereau » ou chapitre de reprife, pour être remis » au Marguillier en exercice qui fera tenu » de veiller au recouvrement, finon il fera fait à fes rifques, périls & fortunes. » Sera fait un autre état de tous les revenus, tant fixes que cafuels, de la Fabrique, enfemble de toutes les charges & » dépenfes d'icelle, tant ordinaires qu'extraordinaires, lequel fera remis par le » Procureur de Fabrique à chaque Marguillier Comptable entrant en exercice, » pour lui fervir au recouvrement des revenus & à l'acquittement des charges; & » fera ledit état renouvellé tous les ans par » rapport aux changemens qui pourroient

» arriver dans le renouvellement de chaque » année.

» III. Ne pourront les Marguilliers en » charge entreprendre aucun procès, ni y » défendre, qu'il n'en foit délibéré, à l'exception toutefois des pourfuites ordinaires pour le recouvrement des deniers, » & faire paffer titres aux débiteurs des » rentes; comme auffi de ne pouvoir faire » aucunes dépenfes excédant fix livres, fans » au préalable avoir délibéré à cet effet.

» IV. Ne fera fait aucune dépenfe, foit » pour cire ou autre, que celle accoutumée; il fera fourni au fieur Curé le » jour de la Chandeleur, un cierge d'une » demi-livre, aux Prêtres & Chantres revêtus de furplis, & aux Marguilliers en » charge, un de fix onces chacun, & un de » trois onces à chacun des Enfans-dechœur : le tout à leur profit.

» V. Les titres, comptes & piéces juftificatives d'iceux, enfemble les autres » piéces concernant les affaires de la Fabrique & de la Cure, enfemble les regiftres de délibérations feront mis dans un » coffre fermant à trois clefs, l'une defquelles fera mife ès mains du Sᵗ Curé, la » feconde en celles du Procureur Fifcal, & » la troifiéme en celles du Marguillier en » charge; & n'en fera tiré aucun qu'il ne » foit donné, par celui qui s'en chargera, » un récépiffé porté fur le regiftre de délibérations, où feront expliquées les caufes » pourquoi ils en ont été tirés.

» VI. Le Marguillier étant chargé de » veiller à ce que les fondations foient acquittées, fera tenu de remettre avant la » fin de chaque mois à la Sacriftie, un état » des charges qui doivent être acquittées » dans le mois qui fuivra, & de fournir » dans le courant du mois de Décembre » de chaque année deux regiftres pour fervir aux actes de Baptêmes, Mariages & » Sépultures.

» VII. Toutes les fondations feront annoncées au Prône & acquittées dans » l'Eglife de Saint Nicolas de Maulle : À » L'ÉGARD DES *LIBERA* qui fe chantoient » autrefois pendant le Saint Sacrifice de » la Meffe, ILS SERONT CHANTÉS AVANT » OU APRÈS, attendu que cela interrompt » l'Office, & eft à charge à la Fabrique à

» cauſe de la conſommation des cires, ET
» DANS LE CAS OÙ IL SEROIT ESTIMÉ QU'ILS
» Y FUSSENT CHANTÉS, LA FABRIQUE AURA
» LA MOITIÉ DES ÉMOLUMENS.

» VIII. Il ne pourra être donné à bail ou
» concédé aucunes choſes appartenantes à
» la Fabrique, ſans au préalable en avoir
» fait la publication par trois jours de Di-
» manches ou Fêtes, à la porte de l'Egliſe
» & au ſon de la cloche, & qu'affiches
» ſoient appoſées dès la premiere publica-
» tion

IX. Les Marguilliers en charge veille-
ront à la propreté de l'Egliſe, & de tout
» ce qui peut avoir rapport à l'Office Di-
» vin : & le ſieur Curé aura ſoin de l'in-
» térieur du Tabernacle & des Fonts bap-
» tiſmaux.

» X. Le Marguillier aura ſoin de faire
» ſonner l'Office dans les heures convena-
» bles & accoutumées, c'eſt-à-dire, depuis
» le Dimanche des Rameaux incluſivement
» juſqu'au premier Dimanche d'Octobre
» excluſivement, la premiere Meſſe à ſix
» heures, & celle de Paroiſſe à neuf; Vê-
» pres à deux, & le Salut du Saint Sacre-
» ment à ſix; & depuis ce temps juſqu'au
» Dimanche des Rameaux, à ſept heures &
» dix; les Vêpres toujours à deux heures,
» & le Salut enſuite.

» XI. Ledit Marguillier ſera tenu de
» payer aux ſieurs Curé & Vicaire leurs
» honoraires ſur le pied réglé par l'arrêté
» mis enſuite du Mortuologe dépoſé au
» coffre du Tréſor. Le ſieur Vicaire donne-
» ra deux quittances ſéparées : la premiere,
» de cinquante livres pour ſes aſſiſtances au
» Service de fondation; & la ſeconde, de
» cent cinquante-ſix livres pour l'acquit des
» fondations de Mᵗᵉ Michel de Clerem-
» bourg, au cas que ledit ſieur Vicaire ſoit
» chargé de les acquitter.

» XII. L'émolument de la ſonnerie ap-
» partiendra à la Fabrique. Il ſera payé
» pour la grande ſonnerie aux inhuma-
» tions 12 livres, dont 3 livres appartien-
» dront à la Fabrique; pour la moyenne
» ſonnerie, c'eſt-à-dire, à trois cloches,
» dont deux bridées, 9 liv. dont trente ſols
» à la Fabrique; & pour la petite, c'eſt-à-
» dire, deux cloches en volées, ſix livres,
» dont vingt ſols à la Fabrique; & pour les

» ſervices de huitaine, du mois & bout-de-
» l'an, 12 liv. 6 liv. & 3 l. la rétribution de
» la Fabrique à proportion comme deſſus.

» XIII. Ayant été obſervé que par abus
» on enterre depuis quelque temps les corps
» des défunts dans une enceinte contenant
» quatre à cinq perches de ſuperficie, qui
» ſert d'entrée à l'Egliſe de la préſente Pa-
» roiſſe Saint Nicolas, laquelle eſt ſituée
» dans le centre du Bourg, ce qui eſt fort
» à charge à tout le voiſinage, attendu que
» ce terrein eſt ſi reſſerré qu'on eſt ſou-
» vent obligé de rouvrir des foſſes qui ren-
» ferment des corps mal conſommés, &
» qu'il s'éleve des exhalaiſons qui, répan-
» dues dans l'air, infectent par leur putré-
» faction, & corrompent les alimens les
» plus néceſſaires à la vie, ce qui met jour-
» nellement la vie des citoyens en danger,
» & les expoſe à toutes ſortes de mala-
» dies épidémiques; les principaux & no-
» tables habitans de la Paroiſſe, ſenſible-
» ment touchés de ces inconvéniens, & ani-
» més du zele du bien public autant que de
» leur intérêt propre, réclament depuis
» long-temps contre ces inhumations faites
» dans l'enceinte du Bourg, & leurs plain-
» tes ſont d'autant plus fondées, qu'il exiſte
» encore un autre cimetiere hors l'enceinte
» des murs, lequel contient plus d'un ar-
» pent, dans lequel il y a une chapelle;
» c'étoit anciennement le cimetiere de la
» Paroiſſe : il eſt clos en entier, tant de
» murs que de haies vives : il s'y fait an-
» nuellement trois Proceſſions, l'une le Di-
» manche des Rameaux, la ſeconde le pre-
» mier jour de Mai, & la troiſiéme le jour
» des Trépaſſés, auquel jour ſe fait l'aſper-
» ſion de l'Eau-bénite dans toute ſon éten-
» due : ceci a été reconnu par Sentence ren-
» due au Bailliage de Maulle, le 10 Dé-
» cembre 1763, homologuée en notredite
» Cour le 14 Mai 1764; & il n'a été aban-
» donné à préſent, que par la négligence
» des Curés : or l'Aſſemblée voulant re-
» médier à un pareil abus, & calmer les in-
» quiétes trop fondées des Notables de
» la Paroiſſe; voulant en outre ſe confor-
» mer à l'Arrêt de Réglement du Parlement
» de Paris du 12 Mai dernier, portant
» Réglement pour les Cimetieres de la ville
» de Paris; il a été ſtatué, *qu'aucunes inhu-*

» mations ne seroient plus faites à l'avenir
» dans le Cimetiere actuellement existant
» dans le Bourg, sous aucun prétexte que ce
» puisse être, & sous telles peines que de droit,
» & ce à compter du jour qu'il plaira à no-
» tredite Cour de fixer par son Arrêt d'ho-
» mologation.

» XIV. Les honoraires du sieur Curé ont
» été réglés pour un mariage, compris la
» publication des bans & la Messe, à quatre
» livres dix sols ; & pour une inhumation y
» compris les Vigiles & la Messe, à une
» même somme de quatre livres dix sols ; &
» trois livres seulement lorsque l'inhuma-
» tion se fera à Vêpres.

» XV. ET DERN. Attendu l'éloignement
» & le peu d'expérience qu'ont quelquefois
» les Marguilliers au sujet des affaires de
» Fabrique, on est convenu de créer un
» Procureur de Fabrique pour régir con-
» jointement & d'accord avec le Marguil-
» lier : il sera choisi dans les anciens Mar-
» guilliers, & continuera en cette qualité
» pendant trois ans ; la Paroisse pourra con-
» tinuer le même pendant plusieurs trien-
» naux, du consentement dudit Procureur
» de Fabrique. Sa principale obligation a
» été spécifiée à l'article deux de ce Régle-
» ment ; les autres sont de tenir la main à
» l'exécution d'icelui, de diriger les Mar-
» guilliers en charge en tout ce qu'il jugera
» convenable pour le bien de la Fabrique ;
» de rédiger les comptes des Marguilliers,
» si mieux ils n'aiment les rédiger eux-mê-
» mes, & pour ce il sera alloué au Rédac-
» teur, deux livres, & pareille somme pour
» l'état mentionné audit article 2. Le Mar-
» guillier ne pourra rien entreprendre sans
» son consentement, pas même dépenser
» les 6 livres dont il est fait mention dans
» l'article 3. Il ne pourra de même rien en-
» treprendre sans le consentement du Mar-
» guillier en charge ; & en cas de contesta-
» tion, l'un & l'autre pourront requérir le
» sieur Curé d'annoncer une assemblée dans
» laquelle on décidera la contestation «.

Cette délibération, comme on l'a dit, a
été homologuée, à l'exception de l'article
15 concernant l'établissement d'un Procureur de Fabrique, relativement auquel la
Cour a ordonné que sans rien innover à ce
sujet, il en seroit usé comme par le passé,

& Charles-François Maurice, Curé de la
Paroisse de Maulle, & ses adhérens, ont
été condamnés en tous les dépens envers
toutes les Parties.

FACULTÉ de Rachat ou de Réméré.

*Page 100, col. 1, à la fin du 4e alinea,
après* Brevanes, *ajoutez ;*

En matiere de bail à rente, le droit de
racheter la rente passe aussi à tous les héritiers du preneur à qui cette Faculté a été
accordée par le bail ; & quoique le tiers-
acquéreur n'ait pas été chargé par son contrat
d'acquisition de souffrir le rachat de la rente, il n'est pas moins obligé de le souffrir
lorsque le débiteur le voudra faire. Voyez
sur ce le Traité du Contrat de bail à rente,
pages 60 & 61.

A la fin de cet article, ajoutez ; Sur la
prorogation de la Faculté de Réméré, &
qu'elle ne doit pas s'étendre au-delà du
terme fixé par le contrat, voyez M. le Président Bouhier, tom. 2, chap. dernier ; la
matiere y est traitée supérieurement, & à
la maniere de M. le Président Bouhier.

FAIDE (Droit de)

Le Droit de Faide étoit la vengeance
permise par les *Loix barbares*, aux parens
d'un homme tué, quelque part qu'ils trou-
vassent le meurtrier.

Ceux qui quittoient leur pays à cause du
Droit de Faide, ne pouvoient se remarier,
ni leurs femmes non plus. V. le Dictionnaire de Trévoux, & l'Histoire Ecclésiastique,
par M. Fleury.

FAITS DE CHARGE.

*Page 102, colon. 1, à la fin du 2e alinea,
après un tiers, ajoutez ;* mais voyez *Dépôt.*

FAITS ET ARTICLES.

*Page 104, colon. 1, à la fin du 3e alinea,
après* de répondre, *ajoutez ;*

Au Châtelet, ce sont les Commissaires auxquels il appartient de faire les interrogatoires sur Faits & Articles ; ils ne déclarent pourtant point les Faits pour con-
fessés & avérés, depuis l'Arrêt du 6 Septembre 1681, qu'on trouve au Journal des
Audiences, tome 4, livre 4, chap. 21. Cet
Arrêt leur a fait *défenses de déclarer des*

Faits confeſſés & avérés, faute de ſubir interrogatoire devant eux, & leur a enjoint au contraire de renvoyer les Parties à l'Audience, pour y être pourvu par les Juges.

Cet Arrêt a été rendu ſur les Concluſions de M. le Procureur Général, à l'occaſion des Faits & Articles que le Commiſſaire Baudelot avoit déclaré pour confeſſés & avérés, faute par M. Dufos, Conſeiller en la Cour, & la dame ſon épouſe d'être comparus.

Page 106, col. 2, à la fin du 5ᵉ alinea, après 2°. L'ulibi, ajoutez; (C'eſt le fait le plus péremptoire.)

FAIX A COL.

C'eſt ainſi qu'on appelle en termes d'Eaux & Forêts, le fardeau qu'une perſonne emporte elle-même, ſoit attaché à ſon cou, ou ſur ſes épaules.

FAUSSAIRES, FAUX.

Page 109, col. 1, à la fin du 4ᵉ alinea, après s'en pas vouloir ſervir, ajoutez; car quoique l'accuſé déclare que la fauſſeté eſt de lui, il doit être jugé ſur piéces de comparaiſon : ainſi jugé par Arrêt de 1703; tom. 7 des Mémoires du Clergé, pag. 856, édition de 1719.

FAUTE.

On appelle dans le Droit, Faute, un manquement, une offenſe qui ſe fait, par imprudence, impéritie ou négligence, & que par conſéquent on auroit pu éviter.

On diſtingue trois ſortes de Fautes; la LOURDE FAUTE, *culpa lata*; LA LÉGERE, *levis*, & LA FAUTE TRÈS-LÉGERE, *leviſſima.*

Une grande négligence eſt une Faute; & une grande Faute eſt un dol. *Magna negligentia culpa eſt, magnà culpa dolus eſt.* De Verb. ſignif. L. 226.

La Faute qui eſt très-proche du dol, repréſente le dol lui-même : *culpa dolo proxima, dolum repræſentat.*

C'eſt une Faute de ſe mêler d'une choſe qui ne nous regarde pas. *Culpa eſt ſe immiſcere rei ad ſe non pertinenti.* De div. Regulis juris. L. 36.

FÉLONIE.

Page 111, col. 2, à la fin du 1ᵉʳ alinea, après féodal, ajoutez; de φηλειν, tromper.

Page 112, colonne 1, à la fin de l'article, ajoutez;

L'action de Félonie ſe preſcrit par 30 ans.

FEMME.

Page 113, col. 1, ligne 8 du 7ᵉ alinea, après Loyſel), au lieu de & elles, ajoutez; on prétend qu'elles.

Même page & même col. à la fin du même alinea, après V. Pairie, ajoutez;

Cependant Juſtinien a généralement défendu aux Femmes de pouvoir être Arbitres, parce que ces ſortes d'emplois ne convenoient point à leur ſexe; mais le Droit Canon a excepté les Femmes d'une qualité éminente, ou qui avoient quelqu'autorité ſur les perſonnes qui avoient compromis : par exemple, le Pape Alexandre III confirma une Sentence arbitrale qu'une Reine de France avoit rendue; il s'agiſſoit même dans ce cas du temporel de l'Egliſe.

FERME & FERMIER.

Page 116, col. 1, ligne 2 du 7ᵉ alinea, après pour autrui, ajoutez; non ſibi, ſed Domino poſſidet.

Même page & même col. ligne 3 du même alinea, après troublé, ajoutez; C'eſt la diſpoſition préciſe de l'Ordonnance de 1667; tit. 18, article 1; & comme il ne peut pas intenter complainte, par une ſuite du même principe, il n'eſt point partie capable pour défendre par lui-même à la complainte intentée contre lui: la voie de la reſtitution eſt la ſeule qui ſoit à prendre, ſoit de la part de celui qui intente ou de celui qui défend à l'action en complainte, Voyez Auroux des Pommiers, ſur la Coutume de Bourbonnois, tit. 12, art. 91. Voyez auſſi *Complainte & Poſſeſſion.*

Même page & même colonne, à la fin de cet article, ajoutez;

Le Fermier d'un Seigneur peut-il être ſon Juge ou Procureur Fiſcal? Voyez *Juge.*

L'empriſonnement du Fermier eſt-il une cauſe de réſolution du bail? V. *Réſilier.*

Si le locataire ou Fermier d'un héritage eſt tenu des charges réelles & réparations de l'héritage, lorſqu'on ne s'en eſt pas expliqué ? Voyez le Traité du Contrat de Louage, par M. Pothier, page 199.

FÊTES.

Page 117, col. 1, ligne 1 du 1er alinea, après Les Fêtes, ajoutez en note; (a).

(a) Fête vient du latin *Festum*, dérivé de *Feriari*, fêter.

Même page, col. 2, à la fin du 1er alinea, après la piété, ajoutez;

Du Cange, dans son Glossaire Latin, rapporte qu'on célébroit autrefois dans la Cathédrale de Rouen, le jour de Noel, une Fête appellée la Fête des ânes. C'étoit une Procession où des Ecclésiastiques représentoient les Prophétes qui avoient prédit la naissance du Messie ; & attendu que le Prophéte Balaam y paroissoit avec les autres, monté sur une ânesse, on nomma cette singuliere cérémonie, la Fête des ânes. On a célébré en France, pendant plus de 150 ans, *la Fête des foux*, ou *la Fête des Soudiacres*; du Cange & Mezeray décrivent les sacriléges & les impiétés qui s'y commettoient.

FEUDATAIRE, FEUDISTE.

On appelle Feudataire, celui qui tient en Fief une Seigneurie òu un Fief qui dépend du Seigneur dominant. V. *Vassal*.

Autrefois il n'étoit point permis aux Feudataires de la Couronne, de recevoir les hommages de leurs Vassaux, si auparavant ils n'avoient eux-mêmes fait hommage au Roi ; & ce fut à ce sujet que Charles IV fit mettre en Arrêt au Château du Louvre, Louis, Comte de Flandre.

On donne le nom de Feudiste à un Jurisconsulte qui a écrit des Fiefs; Dumoulin est un de ceux qui a le plus approfondi cette matiere.

FIANÇAILLES.

Page 119, col. 1, ligne 2 du 5e alinea, après rédigées par écrit, ajoutez; L'article 44 de l'Edit de Blois de 1579, fait défenses à tous Notaires, sur peine de punition corporelle, de passer ou recevoir aucunes promesses de mariage par paroles de présent ; &.

FIDÉICOMMIS.

Page 120, col. 1, ligne 2, après le mot particulier, ajoutez;

Auguste ordonna la contrainte pour obli-

ger le Fidéicommissaire à exécuter ce qu'il avoit promis au Testateur. Voyez le deuxiéme livre des Institutes.

FIEFS.

Page 123, col. 1, à la fin du 2e alinea, après seulement, ajoutez;

Le Fief-Servant se gouverne suivant la Coutume du lieu où il est assis, & non suivant la Coutume du lieu où est situé le Fief-Dominant, art. 224 de la Coutume de Vermandois; *hoc generale in toto regno, & mea perpetua sententia, ut dixi in Consuetudine Parisiensi*, paragraphe 7; *adde Consuetudinem Rhemensem*, dit Dumoulin. Voyez aussi ci-après.

Même page, col. 2, à la fin du 4e alinea, après fondation, ajoutez; Voyez Franche-Aumône.

Page 124, col. 1, à la fin du 6e alinea, après V. Commise, ajoutez;

On nomme *Fiefs de Danger*, ceux dont le propriétaire ne peut, sans s'exposer à la commise, disposer, ni prendre possession, sans congé spécial du Seigneur dominant: les articles 56 de la Coutume de Chaumont, & 1er de celle de Bar-le-Duc parlent de ces sortes de Fiefs: il y a aussi de ces Fiefs en Bourgogne & en Dauphiné ; &, suivant l'article 16 de la Coutume de Bourgogne, il faut pareillement, pour donner lieu à la commise une possession réelle du Fief, sans avoir pris auparavant le consentement du Seigneur. V. la Note de Dumoulin sur cet article.

Il a été dit par erreur, dans les précédentes éditions, que l'article 37 de la Coutume de Troyes faisoit mention du Fief de Danger : cet article porte au contraire, qu'au Bailliage de Troyes, il n'y a aucuns Fiefs de Danger ; c'est au Procès-verbal de cette Coutume qu'il est parlé de cette espéce de Fiefs.

Les Coutumes qui admettent le danger ou la commise, dans les Fiefs, à faute d'avoir demandé le consentement, avant que de s'en mettre en possession, ne portent point le droit de relief en mutation. Le Fief de Danger suppose un Fief sans profit.

La Commise, que nous appellerons *Commise de Danger*, s'est plus conservée dans la Franche-Comté, que dans toute autre Province, à raison des droits du Roi,

& de la vigilance des Traitans : cette Coutume au chapitre premier des Fiefs contient un grand nombre de difpofitions, pour exprimer les cas auxquels il n'eft pas befoin de requérir le confentement des Seigneurs.

Il y a le treize & quatorziéme articles qui permettent de donner à rente ou cens perpétuel (fans le danger de la commife) les héritages faifans partie du Fief qui avoient déja été accenfés depuis 30 ans , ou qui étoient inutiles & en ruine. Voyez Dumoulin en fon Commentaire fur la Coutume de Paris, art. 56 de l'ancienne Coutume, & 82 de la nouvelle, nombres 20 & fuivans.

Mais il y a eu un Réglement de placités des Rois d'Efpagne de 1607, qui n'a permis de donner à rente, ou accenfer partie du Fief, *irrequifito domino,* que dans le cas où les deniers d'entrée n'excéderoient pas une année de la rente ou de la cenfive.

On peut fe faire relever de la commife, quand il y a eu erreur ou ignorance : Voyez Dumoulin *loco citato,* & Taifand fur la Coutume de Bourgogne, titre des Fiefs, article 7.

Page 125, col. 2, à la fin du 6e alinea, après les collatérales, *ajoutez ;*

Remarquez auffi qu'en partage de Fiefs, on n'eft point tenu de prendre le confentement du Seigneur Féodal, pour prendre poffeffion de parts & portions qui aviennent à chaque partageant dans le Fief. V. la note de Doumoulin fur l'article du chap. 3 de la Coutume de Bourgogne.

Page 128, col. 1, à la fin de l'article, après commun, *ajoutez ;*

Par Arrêt de la Chambre des Comptes du 29 Décembre 1766, il a été ordonné que tous les propriétaires, poffeffeurs & détenteurs de Fiefs, ou Terres érigées en titres de Dignité, étant en la mouvance du Roi & dans le reffort de la Chambre, comme auffi tous poffeffeurs & détenteurs de fimples Fiefs & Seigneuries, mouvans du Roi, & fitués dans l'étendue du même Reffort, feront tenus, dans le délai fixé par les Coutumes, de faire en la Chambre, ou pardevant qui il appartiendra, la foi & hommage qu'ils doivent au Roi, pour raifon defdits Fiefs, & d'en fournir les aveux

& dénombremens dans le temps porté par lefdites Coutumes.

Sur toutes les queftions concernant la matiere des Fiefs, voyez Dumoulin , & les Traités des Fiefs, de Pocquet de Livonniere & de Guyot.

FILS & FILLE de Famille.

Page 129, col. 1, à la fin du 2e alinea, après voyez *Macédonien, ajoutez ; &* Puiffance paternelle.

FINS.

Même page, col. 1, à la fin du 1er alinea, après conteftation, *ajoutez ; &* doivent être propofées *in limine litis.*

FISC.

Page 130, col. 1, ligne 4 du 5e alinea, après prérogatives, *ajoutez ;*

Non puto delinquere eum, qui in dubiis quæftionibus contrâ fifcum facilè refponderit. L. 10 ff. *de Jure Fifci.*

» L'Empereur Trajan appelloit le Fifc, » la rate de l'Empire, parce que plus la » rate s'enfle, plus le refte du corps dimi- » nue ; ainfi plus le Fifc s'enrichit, plus le » peuple s'appauvrit «.

FOI & HOMMAGE.

Page 130, col. 2, à la fin du 1er alinea, après même Seigneur, *ajoutez ;* On entend par le mot de *Foi,* la promeffe & le ferment du vaffal, d'être fidéle à fon Seigneur ; & le mot *Hommage* fignifie l'engagement du vaffal, d'être l'homme de fon Seigneur, & de le fervir *envers & contre tous, fors contre le Roi;* aujourd'hui cet engagement, qu'on appelle l'*Hommage-lige,* n'a point lieu en France, parce que nul Seigneur, quel qu'il foit, n'a point le droit de faire la guerre, qui eft un droit de Souveraineté, appartenant feulement au Roi.

FOIRES & MARCHÉS.

Page 138, col. 1, à la fin du 1er alinea, après beftiaux, &c. *ajoutez ;*

De tous temps, les Foires fe font tenues aux lieux où fe célébroient les fêtes ou les dédicaces des Eglifes : auffi le mot *Foire,* en Latin *Forum,* dérive de *Feriis, Fêtes.*

Page

Page 140, col. 1, à la fin du 1ᵉʳ alinea, après change & Protêt, ajoutez; voyez aussi Conservation de Lyon.

A la fin du même article, après lendemain, ajoutez;

Le temps auquel tiendroit la Foire S. Germain, ayant donné lieu à un différend avec les Religieux de Saint-Denis, ce différend fut terminé par un Arrêt de la Cour du 12 Mars 1484, sous Louis II. L'Arrêt ordonna qu'elle commenceroit le 3 Février de chaque année; & cela s'est toujours observé depuis. Voyez les Antiquités de Paris, par Dubreuil.

FOL-APPEL.

Page 140, col. 2, à la fin de l'article, ajoutez;

Ce furent les Empereurs Gratien, Valentinien & Théodose qui introduisirent les amendes contre les folles-appellations.

FONDATION.

Page 143, col. 1, ligne 5 du 1ᵉʳ alinea, après enfans, ajoutez; qui seroient, &c.

Page 144, col. 1, à la fin de l'article, ajoutez;

Un Fermier, obligé par son bail d'acquitter des Messes qui doivent être dites à certains jours de l'année, doit exécuter les clauses de son bail; il ne seroit pas recevable à exciper de ce que le titre constitutif de la Fondation ne seroit pas représenté: c'est ce que la Cour a jugé, par Arrêt de relevée du Mardi 22 Juillet 1766, rendu conformément aux Conclusions de M. Séguier, Avocat Général.

Dans cette espéce, le nommé Menitroux, Fermier des revenus du Prieuré de Neret, s'étoit obligé par son bail, conforme à de précédens, d'acquitter des Messes à certains jours de l'année. Le Bureau des Trésoriers de France, en la Généralité de Bourges avoit ordonné, par Sentence du 12 Février 1757, ce requérant le Procureur du Roi, que le titre de Fondation seroit rapporté par le sieur Gaudon, Procureur Fabricien, Demandeur; mais cette Sentence a été infirmée sur le fondement que la possession depuis le commencement de ce siécle, étant constante, elle suffisoit aux termes de l'Edit de Melun, & plus encore d'après l'article 49 de l'Edit du mois d'Avril 1695; en conséquence, Menitroux a été condamné à acquitter la Fondation, conformément à son bail, malgré le défaut de représentation du titre constitutif de Fondation, que l'on disoit être entre les mains du Roi; il a encore été condamné à payer une certaine somme qui seroit fixée par M. l'Archevêque de Bourges, pour les Messes non acquittées, laquelle somme seroit appliquée aux réparations de l'Eglise du Prieuré de Neret; cependant, attendu que le Fermier s'en étoit rapporté à Justice, les dépens ont été compensés fors le cours de l'Arrêt auquel le Fermier a été condamné. Plaidans Mᵉˢ de l'Estang & de Varicourt.

FORAINS.

Page 144, col. 1, commencez cet article ainsi;

» Forain se dit particuliérement d'un » Marchand: non-seulement de celui qui » est d'un autre Royaume, mais de tout au-» tre qui n'est pas du lieu où il vient faire » trafic «. Ce mot dérive de l'adverbe *Foris, Dehors.*

FORBAN.
V. *Corsaires.*

Un Capitaine qui seroit trouvé chargé de commissions de parties contraires, ou qui porteroit différens pavillons, seroit pendu comme voleur. Voyez l'Edit de Juillet 1691, & Corsaires.

FORBAN (Droit de) *Forbannir.*

Le droit de Forban, en termes de Coutumes, signifie le droit que l'on a de punir de la peine de bannissement; car Forban se prend pour exil & pour l'ordre que l'on donne à un malfaiteur d'aller en exil. Lobineau, Histoire de Bretagne, dit que la forme du Forban étoit autrefois en Bretagne, de faire conduire l'exilé par un Sergent au-delà de la riviere de Coïsnon.

Dans les Coutumes de Normandie & d'Anjou, Forbannir signifie la même chose que bannir & reléguer.

FORCLUSION.

Page 145, col. 2, à la fin, après Souverain, ajoutez; Il y a donc cette différence entre *Défaut* & *Forclusion*, que le défaut, contre le défendeur, & le congé contre le demandeur, ne peuvent s'obtenir qu'avant la contestation en cause; au contraire la Forclusion s'acquiert après, & indistinctement contre l'un ou l'autre des défaillans.

F O R Ê T.

Voyez *Bois, Eaux* & *Forêts.*

Il est défendu à toutes personnes de faire construire aucuns Châteaux, Fermes & Maisons dans l'enclos, aux rives & à demi-lieue des Forêts Royales, & ce sans espérance d'aucune remise, ni modération des peines d'amendes, & de confiscation du fonds & des bâtimens; c'est la disposition textuelle de l'article 18 de l'Ordonnance des Eaux & Forêts de 1669, tit. 27. Voyez ce titre pour tout ce qui concerne la police & conservation des Forêts.

La Forêt *Hercinie* contenoit autrefois presque toute l'Europe.

FORFAIRE ou FORFAITURE.

Page 146, col. 2, commencez ainsi cet art.
Forfaire signifie en général pécher, manquer à son devoir; des deux mots Latins *Foris*, hors, *Facere*, faire (une action hors des régles.)

FORLIGNAGE, FORLIGNER.

Page 146, col. 2, commencez cet art. ainsi;
Forligner est la même chose que *dégénérer.*

F O R M E.

Page 147, col. 1, à la fin du 1er alinea, après le Fond, ajoutez en note; (a).

(a). La Bruyere ajoute que la maxime directement contraire devroit être véritable.

FORMULAIRE, FORMULE.

Page 148, colonne 1, commencez ainsi cet article;
On appelle Formulaire, un écrit contenant la forme du serment qu'on doit prêter en certaines occasions. Tel est entr'autres le Formulaire fait en 1665 par Alexandre VII, touchant la doctrine de la grace.

Formule se dit de certains termes prescrits & ordonnés pour faire quelques Actes de Justice. Ces deux mots viennent du Latin, *Formare*, Former.

Chez les Romains (où tout étoit plein de Formules) la moindre omission des termes prescrits & ordonnés pour la formation des actes, rendoit quelquefois nuls les contrats les plus importans.

Nous avons les Formules de Marculphe, commentées par M. Bignon, qui sont fort estimées.

F O U A G E

Même page, col. 2, à la fin du 1er alinea, après Fournage, *ajoutez;*
Une Ordonnance de Humbert II, Dauphin, de 1134, fait connoître que l'imposition du Fouage se faisoit alors par *feu* ou par *famille.* Aussi le Fouage a-t-il été appellé en Latin, *Focagium, pro singulis Focis.*

F O U R C H A G E.

Page 149, colonne 2, commencez ainsi cet article;
Fourchage se dit ʺ lorsqu'il se forme ʺ une nouvelle branche dans une Maison, ʺ dans une famille ʺ.

FOURNISSEURS & Fournitures.

Quoiqu'en général, les Fournitures faites seulement par l'ordre d'une femme en puissance de mari, ne donnent point une action utile au Fournisseur contre le mari, pour en avoir le payement, cependant, s'il y avoit preuve que le mari eût eu connoissance de ces Fournitures & qu'elles eussent fait partie de l'entretien commun de la maison, le mari pourroit y être condamné: c'est ce qui vient d'être jugé récemment; voici dans quelles circonstances.

La Marquise de .... commune en biens avec son mari, avoit commandé à un Tailleur, des habits de livrée pour ses gens. Sur la demande du Tailleur formée contre le mari en payement des Fournitures, Sentence étoit intervenue au Châtelet qui avoit débouté le Tailleur; il y en eut appel en la Cour: le Tailleur soutenoit que cette Fourniture étoit du nombre des dépenses nécessaires, qu'elle n'avoit pas été ignorée du mari, qu'il n'en étoit pas de cette Fourniture, comme de celles qui auroient po...

objet des étoffes achetées par la femme sans le consentement de son mari ; le mari répondoit qu'une femme, en puissance de mari, ne pouvoit par son fait personnel, obliger son mari ; qu'il donnoit à sa femme une somme par an, pour l'entretien de ses gens ; que le Tailleur avant de faire la Fourniture devoit s'informer de lui, s'il y donnoit son consentement : le Tailleur répliquoit que s'il étoit vrai que le Marquis de...... donnât une somme d'argent par an à son épouse, pour l'entretien de ses gens, il pourroit retenir la Fourniture en question sur le premier payement qu'il feroit à sa femme. Par Arrêt du Vendredi 6 Juin 1766, la Sentence du Châtelet a été infirmée, & le mari condamné à payer les Fournitures. Plaidans Me de la Borde pour le Tailleur, & Me Durouzeau pour l'Intimé.

FOURNISSEURS DES VIVRES.

Les opérations qui se font pour la Fourniture des Vivres & du fourrage de l'armée, sont différentes des négociations ordinaires du commerce. Tout s'y exerce par l'autorité du Ministre & de l'Intendant de l'armée ; leurs Ordonnances forment la loi, parce que le bien du service du Roi l'exige. Un Fournisseur quelconque qui veut être payé, se présente avec le titre de ses Fournitures, visé du Commissaire des Guerres & des Inspecteurs Généraux & Particuliers ; cet état est arrêté par l'Intendant de l'armée ; le Fournisseur met sa quittance au bas, & on lui délivre en échange une ordonnance sur le Trésorier de l'armée ; cette ordonnance est un effet au porteur, qui ne peut être saisi : on paye l'ordonnance à celui qui se présente, parce qu'elle est représentative de l'argent qu'on auroit donné au Fournisseur. C'est ce que la Cour a jugé par un Arrêt bien contradictoire dont voici les principales circonstances.

Le sieur Doucelle avoit fait, dans la derniere guerre d'Allemagne, des Fournitures d'avoine pour la Cavalerie. Il lui étoit dû à la fin de la guerre une somme de près de 12000 livres : en payement de cette Fourniture, le sieur Gayot Intendant de l'armée, fit délivrer une ordonnance de pareille somme au sieur Doucelle, qui envoya

cette ordonnance au sieur Caulet d'Hauteville, Régisseur général des Fourrages & armées du Roi en Allemagne.

Trois Créanciers du sieur Doucelle s'étoient fait autoriser par le Ministre, à former opposition sur le sieur Doucelle ès mains du sieur Caulet d'Hauteville. Le sieur Bourbet de Vaux avoit aussi formé une opposition entre les mains du sieur Caulet d'Hauteville, sur le sieur Doucelle, mais sans y être autorisé par le Ministre. Le sieur Doucelle consentit au payement des Opposans ; ce fut d'après le consentement volontaire du sieur Doucelle, que par les ordres du Ministre, sous les yeux de l'Intendant de l'armée, se fit une contribution au marc la livre (entre les quatre Opposans) des 12000 liv. formant le montant de l'ordonnance délivrée au sieur Doucelle ; trois des Opposans reçurent leur part afférente dans la contribution. Le sieur Bourbet de Vaux refusa de recevoir, & fit assigner en la Cour le sieur Caulet d'Hauteville pour fournir sa déclaration affirmative, sinon réputé débiteur, & les trois autres Opposans pour apporter titres & exploits : il conclut en outre à ce que dans le cas où il y auroit lieu à contribution elle seroit faite à sa requête ; le sieur Caulet fournit sa procuration affirmative : mais fatigué des contestations qu'on lui faisoit essuyer de la part du sieur de Vaux, il obtint une ordonnance de l'Intendant de l'armée qui l'autorisoit à déposer chez un Notaire les 1370 liv. pour lesquelles le sieur de Vaux étoit entré dans la contribution. Les moyens du sieur de Vaux consistoient à soutenir que le sieur d'Hauteville avoit mal payé les trois autres Opposans, au préjudice de son opposition ; qu'il ne devoit pas s'ériger en Juge des Parties, & faire entre elles une contribution ; il ajoutoit que c'étoit de l'argent qu'il lui falloit & non des effets Royaux. Le sieur d'Hauteville répondoit qu'il avoit exécuté les ordres à lui donnés ; que la contribution s'étoit faite par ordre du Ministre, sous les yeux de l'Intendant de l'armée ; que les ordonnances vouloient que l'on n'eût aucun égard aux oppositions formées ès mains des Comptables, si elles n'étoient visées d'eux ou de leurs Commis ; que d'ailleurs le sieur de Vaux ne s'étoit point fait autorifer par le Miniftre lors de fon oppofition : le fieur d'Hauteville ajoutoit qu'il ne pouvoit payer qu'avec les effets qu'il avoit reçus du Roi ; enfin Mᵉ Tenneffon, fon défenfeur, faifoit ufage des autres moyens rapportés ci-deffus : ces moyens prévalurent ; & par Arrêt du Vendredi 29 Mai 1767, Audience de 7 heures, le fieur de Vaux, défendu par Mᵉ Caillard, fut déclaré non recevable dans fa demande avec dépens.

F R A I S.

Page 150, *col.* 2, *à la fin du* 3ᵉ *alinea, après* contr'elles ; *ajoutez*, & jamais contre les accufés, c'eft la difpofition des anciennes Ordonnances, d'après lefquelles la Cour, par Arrêt rendu en forme de Réglement le 23 Février 1607, en infirmant des Sentences & appointemens du Lieutenant Criminel du Châtelet de Paris, a ordonné que le Lieutenant Criminel & le Greffier rendroient, comme pris contre la prohibition des Ordonnances ; ce qu'ils avoient reçu des accufés pour les interrogatoires à eux faits ; leur a fait très-expreffes défenfes, de prendre à l'avenir leurs falaires & vacations des accufés, *à peine de concuffion,* mais de les taxer fur les Parties civiles, *avec telles modérations qu'il n'y ait plainte.* V. Filleau, tome premier.

Page 152, *colon.* 1, *lig.* 2. *du* 4ᵉ *alinea, après* Grand'Chambre, *ajoutez* ; fans s'arrêter à la demande à fin de nouvelle taxe.

FRANC-ALEU.

Page 154, *col.* 1, *à la fin du* 1ᵉʳ *alinea, après* devoirs Seigneuriaux, *ajoutez* ; conféquemment les Francs-Aleus ne doivent aucune indemnité au Seigneur Cenfier, ni au Seigneur direct. *Auxerre, art.* 9.

Page 156, *col.* 2, *à la fin du* 6ᵉ *alinea, après* de Paris, *ajoutez* ;

Par Arrêt du Mercredi 30 Avril 1766, il a été jugé, au rapport de M. Terré, Confeiller en la deuxiéme des Enquêtes, entre la veuve le Corché, & le fieur de Merigny, qu'une feule reconnoiffance, même avec adminicule de preuves, n'étoit pas fuffifante contre la préfomption générale de l'allodialité dans la Coutume de

Troyes. Mᵉ Davau écrivoit dans ce Procès, contre Mᵉ Pauly.

Page 157, *colonne* 2, *à la fin de l'article ajoutez* ;

Sur le Franc-Aleu voyez le Traité des Fiefs de Pocquet de Livonniere, & celui de Guyot.

FRANCHE AUMÔNE.

Page 160, *colonne* 1, *commencez ainfi cet article* ;

On appelle Franche Aumône, un bien qui, concédé originairement à l'Eglife, & poffédé depuis en main-morte Eccléfiaftique, n'eft tenu d'aucune redevance Seigneuriale. Voyez l'art. 108 de la Coutume de Poitou, & l'art. 141 de la Coutume de Normandie.

Par Arrêt du Mardi 18 Décembre 1764, rendu en la Grand'Chambre, Audience de relevée, il a été jugé, conformément aux Conclufions de M. Barentin, Avocat Général, qu'on ne pouvoit demander qu'une déclaration *feche* à un Curé qui poffédoit des terres dans une Seigneurie, & relativement auxquelles les prédéceffeurs Curés n'avoient jamais paffé aucune déclaration cenfuelle : il y avoit même dans cette caufe cette circonftance particuliere, que le prédéceffeur immédiat du Curé avoit paffé une déclaration, mais c'étoit dans un tems très-voifin de la démiffion qu'il avoit donnée de fa Cure, de maniere qu'on a regardé cette déclaration comme colluforement paffée entre le Seigneur & le prédéceffeur Curé. Plaidans Mᵉ Vermeil pour le Seigneur, & Mᵉ Hutteau pour le Curé. Voyez fur cette matiere, le Traité des Fiefs de Pocquet de Livonniere, page 139.

FRAUDE.

Page 167, *col.* 2, *à la fin du* 2ᵉ *alinea de cet article, après* chap. 31, *ajoutez* ;

C'eft une maxime conftante de Droit, que la Fraude ne fe préfume jamais : il faut qu'elle foit prouvée. *Fraus nufquàm præfumitur.*

C'en eft encore une autre que celui qui fait quelque chofe par ordre du Juge ne peut jamais être foupçonné d'avoir agi avec un efprit de Fraude, parce qu'en cela il eft obligé d'obéir. *Qui Judicis juffu ali-*

quid facit, non videtur dolo malo facere, quia parere necesse habet. De Regulis Juris. L. 167, § 1.

Même page & même col. à la fin du 4ᵉ alinea, après occulte, ajoutez ; Ce font donc les circonstances qu'il faut principalement considérer, Fraus consistit in circumstantiis.

FRAYE.

On appelle Fraye, le temps de la jonction des poissons pour leur génération.

L'Ordonnance des Eaux & Forêts de 1669, titre 31, art. 6, défend aux Pêcheurs de pêcher durant le temps de la Fraye, & de mettre au bout des *dideaux* des nasses d'ofier, fçavoir, aux Rivieres ou la truite abonde fur tous les autres poissons, depuis le premier Février jusqu'à la mi-Mars ; & aux autres, depuis le premier Avril jusqu'au premier Juin, à peine, pour la premiere fois, de 20 livres d'amende & d'un mois de prifon ; du double de l'amende & de deux mois de prifon pour la feconde, & du carcan, fouet & banniffement du reffort de la Maîtrife pendant cinq années pour la troifiéme.

L'article 7 excepte de cette prohibition la pêche aux faumons, alofes & lamproyes, qui fera continuée en la maniere accoutumée.

FRUITS.

Page 168, col. 1, à la fin du 6ᵉ alinea, après propriétaire, ajoutez ; & que, quafi prædones tenentur, L. 25, §. 7, de Hæred. petit.

Page 169, col. 2, à la fin de cet article, ajoutez ;

La même queftion s'eft encore préfentée depuis au Châtelet, pour le tuteur des enfans mineurs du feu fieur de Moracin & de fa feconde femme, contre la Demoifelle de Moracin, fille du premier lit du fieur de Moracin.

La premiere femme du fieur de Moracin lui avoit apporté en dot, entr'autres biens, un intérêt de 31250 liv. dans différentes fous-Fermes de Sa Majefté ; le fieur de Moracin étant décédé, laiffant des enfans de deux lits, il s'eft agi de fçavoir fi fa fuccession devoit rapporter à la Demoifelle de

Moracin, fille du premier mariage, & les 31250 livres, & les profits qui en étoient réfultés ? L'enfant du premier lit foutenoit que les profits des Fermes & des fous-Fermes formoient un capital qui ne pouvoit tomber dans la communauté, qu'avec la charge de reprife, & dont le Gardien ne pouvoit jamais profiter ; au contraire les enfans du fecond lit prétendoient que les Fruits & revenus de la dot étant deftinés à l'entretien du mariage, il n'y avoit de rapportable que les 31250 livres ; mais que pour ce qui étoit des profits, c'étoit de véritables Fruits qui tomboient dans la communauté fans reprife, & que le Gardien avoit droit de retenir & faire fiens : par Sentence contradictoire du Châtelet du 26 Juin 1764, il fut ordonné que dans les comptes & liquidations, on employeroit les produits, grains & bénéfices quelconques, provenans des intérêts que le feu fieur de Moracin & fa femme avoient dans les Baux & Fermes par eux pris en fociété, même ceux échus depuis le décès de la premiere femme jufqu'au fecond mariage du fieur de Moracin, *pour être partagés comme fonds & capitaux*, entre la demoifelle de Moracin & la fuccession de fon pere, ainfi qu'il appartiendroit. Il y eut appel de cette Sentence ; mais par Arrêt du Samedi 30 Août 1766, rendu en la Grand'Chambre au Rapport de M. l'Abbé Terray, la Sentence a été confirmée. Mᵉ Caillau écrivoit pour les Appellans.

FUMAGE.

C'eft ainfi qu'on appelle un droit, qui, en certains lieux, fe perçoit fur les Étrangers qui font feu & fumée. Voyez l'Hiftoire de Bretagne & M. Galland ; ce droit a de l'analogie avec le fouage. Voyez à ce mot.

FUMÉE.

La Fumée eft-elle une caufe de réfiliation du bail ? Voyez *Locataire*.

FUMIERS.

Le Fumier eft la paille, qui, ayant fervi de litiere aux chevaux ou autres animaux domeftiques, s'imbibe de leurs excrémens, fe brife & fe pourrit ; le Fumier

quand il eſt neuf, eſt propre pour le jardi-
nage ; lorſqu'il eſt vieux, il ſert à engraiſ-
ſes & amender les terres.

Lorſqu'un Fermier ſort de ſa ferme à
l'expiration de ſon bail, s'il laiſſe cette
ferme garnie de Fumiers ſuffiſans pour l'a-
mendement des terres, & qu'il ait fait autant de fumages que de récoltes, doit-il
encore être aſtreint à engranger la derniere
récolte dans la ferme qu'il a quittée, pour
être les pailles converties en Fumiers &
ſervir à l'engrais des terres ? Cette queſtion s'eſt préſentée en la Grand'Chambre
entre Claude Merat & Noël Salleron., Laboureurs à Loiſy-ſur-Marne.

Dans cette eſpéce, Mérat avoit formé ſa
demande contre Salleron au Bailliage de
Vitry-le-François ; elle tendoit à ce que
Salleron, ſorti de la ferme d'Avançon à
l'expiration de ſon bail, fût tenu d'engranger dans cette ferme, tous les grains généralement, & de toutes eſpéces qu'il récolte-
roit ſur les terres dépendantes de la ferme,
pour que la moitié des pailles provenant de
la derniere récolte, reſtât dans la ferme, à
l'effet d'être les pailles converties en Fumiers & ſervir à l'amendement des terres ;
par Sentence contradictoire du Bailliage de
Vitry-le-François du 22 Août 1765, Claude Mérat fut débouté de ſa demande contre
Salleron. Merat en appella en la Cour ;
& par Arrêt du Mardi 3 Juin 1766, Audience de relevée ; cette Sentence a été
infirmée, plaidant Me Pierret de Sanſieres
pour Salleron.

Il faut remarquer que Salleron avoit
engrangé *une partie* de ſa derniere récolte
dans la ferme qu'il quittoit : par-là, on a
pu le regarder comme non-recevable à conteſter, ce qu'il avoit déja exécuté lui-
même, *ſponte ſuâ* : on argumentoit en outre contre lui d'anciens baux qui, diſoit-
on, devoient ſervir de régle & de déciſion.
Cependant Salleron rapportoit un Acte de
Notoriété, certifié de ſeize Habitans notables : il en réſultoit clairement que, ſuivant l'uſage du Pays, le Fermier avoit droit
d'enlever la derniere récolte, & de diſpoſer à ſon gré des pailles & *putifs* en provenans ; par la raiſon que le Fermier ne
devoit de fumages des terres, qu'autant
qu'il y avoit d'années dans ſon exploitation, & qu'il ſuffiſoit que le Fermier eût
fait autant de fumages qu'il avoit joui
d'années : mais cet Acte de Notoriété,
quoique bien motivé, n'avoit point été
donné juridiquement, ce n'étoit point l'ouvrage des Officiers de la Juſtice ; on a pu
le conſidérer comme un certificat mendié,
& l'on ſçait combien il eſt facile de s'en
procurer : d'ailleurs la clauſe, de laiſſer
les pailles de la derniere récolte pour
être converties en Fumiers, eſt une clauſe qui ſe trouve dans preſque tous les
baux.

Il eſt défendu aux Jardiniers de ſe ſervir
de Fumiers de pourceaux.

F U T A Y E.

*Page 170, col. 2, ligne 2 du 1er alinea
de cet article, après* croître, *ajoutez* ; au-
deſſus de 40 ans, & qui par conſéquent.

*Page 171, col. 1, à la fin du 1er alinea,
après* Coutumier, *ajoutez* ; Voyez auſſi
l'Ordonnance de Charles V. de 1376.

*Même page & même colon. à la fin du
même alinea, ajoutez* ;

Par Arrêt rendu aux Eaux & Forêts
au Souverain, au mois de Mars 1764, il
a été jugé que la vieille écorce, réſervée
dans la vente d'un taillis, embraſſoit tout
ce qui étoit au-deſſus de l'âge qu'avoit le
taillis, lorſqu'il avoit été vendu. Les Parties étoient la Comteſſe de Briqueville, &
les Créanciers Diot, Blanchard ; Maître
Lemoyne de Grandpré écrivoit dans cette
affaire, & fit un Mémoire imprimé.

» Quand le bois a quarante ans, on
» l'appelle Futaye ſur taillis ; depuis qua-
» rante ans juſqu'à ſoixante, demi-Futaye ;
» depuis ſoixante juſqu'à ſix-vingt, jeune
» haute Futaye, & paſſé deux cens ans,
» haute Futaye ſur le retour «.

*Même page, col. 2, à la fin de l'article,
ajoutez* ; & le titre 15 de l'Ordonnance
des Eaux & Forêts, ſur l'exploitation des
bois de haute Futaye.

G

GABELLES.

Page 172, colon. 2, à la fin de cet article, ajoutez ;

UN Arrêt de la Cour des Aides du 3 Septembre 1766, enjoint aux Collecteurs de l'impôt du sel, de lever le sel d'impôt, les huit premiers jours de chaque quartier de l'année, & de le délivrer aux contribuables dans le même temps.

Un autre Arrêt contradictoire du Conseil d'Etat du Roi du 5 Août 1766, déboute les Officiers des Greniers à Sel, des grandes Gabelles, de leurs prétentions & demandes tendantes à s'arroger de nouveaux droits, & à changer la régie & administration desdits Greniers.

GAGE.

Même page & même colonne, à la fin du premier alinea de l'article Gage, ajoutez ;
Aussi le mot Gage, en Latin *pignus*, vient-il de *pugnus*, poignet, parce que les choses données en Gage sont livrées avec la main. *Pignus appellatum à pugno, quia res quæ pignori dantur, manu traduntur : undè etiam videri potest verum esse quod quidam putant, pignus propriè rei mobilis constitui.* De verb. signif. ff. Leg. 238. p. 2.

Même page & même colonne, à la fin du 2e alinea de cet article ; ajoutez ;
Cependant je crois qu'il faut distinguer ; ou la contestation qui naît à l'occasion du Gage ou nantissement, ne concerne que le prêteur sur Gage & son débiteur ; ou cette contestation intéresse un tiers. Au premier cas, & absolument parlant, il n'est pas besoin d'acte pardevant Notaires : il suffit de la preuve, par elle-même convaincante, que l'effet qui est entre les mains du prêteur lui a été remis pour sûreté de la somme prêtée. Au second cas, il est nécessaire qu'il y ait un acte devant Notaires, & cela pour obvier aux inconvéniens de la fraude & de l'intelligence qui pourroient régner entre le prêteur sur Gage & celui à qui il a prêté ; pour nuire à un légitime créancier, soit du prêteur sur Gage ou de celui à qui le prêt a été fait. C'est ainsi que la Cour l'a jugé récemment, par Arrêt dont je n'ai point la date, mais dans l'espéce duquel plaidoit Me Vermeil. Cette distinction fut adoptée.

Page 173, col. 2, à la fin du 2e alinea, après Prescription, ajoutez ;
Sur la matiere du Gage voyez M. Pothier, des Contrats de bienfaisances, tome 2, pag. 406 & suivantes.

GAGES & APPOINTEMENS.

Page 175, col. 2, à la fin du 1er alinea, après décision, ajoutez ;
C'est aussi ce que la Cour a jugé par un Arrêt récent dont voici l'espéce. Un domestique, Chartier, forma une demande devant le Juge d'Ormesson contre son maître, afin de restitution de différens effets, & de payement de plusieurs années de Gages, à raison de 150 liv. par an. Le maître, *in limine litis*, avoit déclaré qu'il ne devoit rien, qu'il n'avoit point les effets demandés & qu'il avoit payé les Gages, il offroit son affirmation sur ces objets. La Sentence de la Justice d'Ormesson avoit condamné le maître à payer 150 liv. pour une année de Gages, en affirmant par le domestique qu'elle lui étoit dûe, & le maître avoit été déchargé de la demande en restitution des effets, en affirmant qu'il n'en retenoit aucuns ; mais par Arrêt rendu en la Grand-Chambre, Audience de relevée le 14 Décembre 1764, la Sentence a été infirmée ; émendant, le maître déchargé du payement des 150 liv. en affirmant (comme il l'avoit toujours offert) qu'il ne devoit rien au domestique. Plaidans Mes Breton & de la Borde.

GAGEURES.

Page 176, colonne 1, commencez ainsi cet article ;
On appelle Gageures, l'argent ou les Gages pariés sur quelques contestations.
Même page & même colonne, à la fin du 2e alinea, après déshonnête, ajoutez ; de

maniere qu'elles font réprouvées, *nbi pro virtute, certamen non fit. L.* 3 *de Alèat.*

Même page, col. 2, *à la fin du* 2ᵉ *alinea, après* d'une fille, *ajoutez ;*

Il y a deux Loix dans le digefte qui parlent des Gageures, fçavoir la Loi 3 *de Abatorit.* & la Loi 17 *de Præfc. verb.*

Même page & même col. à la fin de l'article, après Defpeyffes, *ajoutez ;*

Voyez auffi Danty, de la preuve par témoins.

G A L E R E S.

Page 177, *col.* 2, *à la fin du* 1ᵉʳ *alinea, après* & à rames, *ajoutez ;* Il y en a eu à Marfeille depuis Charles IV.

Même page & même col. ligne 3 *du* 5ᵉ *alinea, après* moindre que dix ans, *ajoutez ;* Et Henri III, par fon Ordonnance de 1564, défend aux Capitaines de retenir les forçats, quand ils ont fait leur temps.

Même page & même colonne, à la fin du 7ᵉ *alinea, après* Mort Civile, *ajoutez ;*

Peut-on oppofer la prefcription à un Galérien à temps ? Voyez *Prefcription.*

Page 178, *colon.* 2, *ligne* 3 *du dernier alinea, après* fimples, *au lieu de* n'eft pas privé de fes Bénéfices, *mettez ;* ne le prive pas de fes Bénéfices.

GALERIE DES PRISONNIERS.

Lorfque les Parlemens ou Cours Supérieures, en jugeant le procès d'un accufé, reconnoiffent qu'il a été mal & fans raifon accufé : en le renvoyant de l'accufation, ils lui donnent fa pleine & entiere liberté, & le laiffent aller de la Chambre du Confeil où il a été jugé, *fans le faire defcendre ni remettre en prifon*, fauf dans la fuite à faire mention de l'Arrêt, fur le regiftre du Greffier de la Conciergerie ou Geole, pour la décharge du Greffier. Quand cela arrive au Parlement de Paris, on dit, *le Prifonnier eft forti par la Galerie ;* & c'eft pour cela qu'on appelle cette Galerie, *la Galerie des Prifonniers.*

GARANT, GARANTIE.

Page 180, *col.* 1, *à la fin du* 4ᵉ *alinea, après* art. 11, *ajoutez ;*

Aux termes de l'article 15 du titre 8 de l'Ordonnance de 1667, les Jugemens rendus contre les Garans font exécutoires contre les Garantis ; mais pouvons-nous procéder par voie de faifie-exécution contre le Garanti de notre Garant, lorfque nous n'avons point de titre paré contre lui ? Voici dans quelles circonftances cette queftion s'eft préfentée. Bonnefoy vend à Parmentier un furcens moyennant 12 liv. 5 f. de rente, vrai furcens. Parmentier, en retard de payer les arrérages, vend ce furcens à Crapart : Sentence de la Juftice de Drecy du 6 Juillet 1758, qui condamne Parmentier à paffer à Bonnefoy titre nouvel du furcens, en payer les arrérages, & condamne Crapart à garantir & indemnifer Parmentier des condamnations contre lui prononcées au profit de Bonnefoy. Bonnefoy fait fignifier cette Sentence à Crapart, avec commandement de payer les arrérages du furcens ; faute de payement, Bonnefoy fait faifir-exécuter les meubles de Crapart ; ce dernier appelle à Château-Thierry des commandemens à lui faits, & demande main-levée de la faifie-exécution de fes meubles ; il fe fondoit fur ce que Bonnefoy n'avoit aucun titre paré contre lui ; cependant Crapart obtint à fes fins, au Bailliage de Château-Thierry, par Sentence du 25 Janvier 1762. Appel par Bonnefoy en la Cour : Bonnefoy, fur l'appel, foutenoit qu'il exerçoit les droits de Parmentier, fon Garant, *qui avoit un titre paré contre* Crapart ; que d'ailleurs Crapart étoit *en poffeffion* de l'immeuble affecté à fon furcens, que par conféquent il avoit pu mettre à exécution contre lui la Sentence obtenue contre Parmentier ; que c'étoit l'efprit de l'article 15 du titre 8 de l'Ordonnance de 1667, & le fentiment du Commentateur de l'Ordonnance fur cet article. Par Arrêt rendu en la Grand'Chambre, au rapport de M. Sahuguet d'Efpanac, le Lundi 12 Mars 1764, la Sentence de Château-Thierry du 25 Janvier 1762, fut infirmée ; celle de la Prevôté de Drecy du 6 Juillet 1758, confirmée, & Crapart condamné aux dépens envers toutes les Parties. Le motif de l'Arrêt fondé fur ce que Crapart étoit le détenteur de l'héritage affecté à la rente, & que c'étoit la chofe même qui devoit. Mᶜˢ de Varicourt & Caillau écrivoient dans cette Inftance.

Page.

GAR

Page 184, *colon.* 1, *à la fin du* 2ᵉ *alinea*, *après* locataire, *ajoutez en note* ; (a).

(a) Il faut qu'il y ait eu quelques circonstances particulieres.

Même page, même col. & même alinea, après locataire, *ajoutez* ;

Augeard rapporte un Arrêt du 21 Avril 1701, qui a jugé que les femmes des mineurs qui s'étoient obligées pour eux en majorité à la Garantie des biens vendus, & qui avoient pris la qualité de femmes séparées de biens, en devoient être déchargées, sans qu'elles eussent besoin de prendre de Lettres de Rescision.

Même page & même colonne, à la fin de l'article Garantie, *ajoutez* ;

Sur l'exception de Garantie contre l'héritier du locateur, lorsqu'il est héritier pur & simple, voyez le Traité du Contrat de Louage, par M. Pothier, page 100.

GARDE.

Page 184, *colonne* 1, *à la fin du premier alinea de cet article, ajoutez* ; Un célèbre Jurisconsulte l'a qualifiée de *Deprædatio bonorum pupilli.*

Page 185, *colon.* 2, *à la fin du* 7ᵉ *alinea, après* demande, *ajoutez* ;

Le Gardien noble a le droit de jouir des honneurs & des droits honorifiques qui dépendent des Fiefs, Terres & Seigneuries appartenans à ses enfans mineurs tombés en Garde. C'est le sentiment de Dumoulin sur l'ancienne Coutume de Paris, tit. 1, P. 1ʳᵉ ; la raison qu'il en donne est que, *jura feudalia magis conservantur, fructuario utente, quàm si nullus uteretur.*

Page 189, *colonne* 1, *à la fin de l'article, ajoutez* ;

Sur les différentes questions concernant cette matiere, voyez le Traité de la Garde Noble & Bourgeoise, par Renusson.

GARDIENS.

Page 193, *col* 1, *ligne* 2 *du* 4ᵉ *alinea, après* se rendent, *ajoutez* ; & restent.

Même page & même colonne, à la fin de cet article, ajoutez ;

Par Arrêt du Mercredi 4 Septembre 1766 ; Audience de 7 heures, il a été jugé
Supplément.

que le saisissant étoit responsable du Gardien pendant 30 ans, de maniere que la Partie saisie pouvoit s'adresser au saisissant, sans que ce dernier pût le renvoyer au Gardien ; la raison est, que l'Ordonnance ne prononce la décharge (après 30 ans) qu'en faveur du Gardien contre le saisissant, & non point en faveur du saisissant contre la Partie saisie. Plaidans Mᵉˢ Breton & Huteau.

GARENNES.

Même page colonne 2, *commencez ainsi cet article* ;

» Garenne est un mot générique qui » signifie tout héritage défensable, c'est- » à-dire, où il n'est pas permis d'entrer, » dont il n'est pas permis d'user sans le con- » gé du Seigneur, même du Particulier qui » a mis son héritage en défense, comme son » pré, pendant un certain temps «. Voyez Guyot des Fiefs, tome 6, pag. 678.

Page 194, *col.* 2, *à la fin du* 3ᵉ *alinea, après* Fief, *ajoutez en note* ; (a).

(a) Je pense que cette exception ne doit avoir lieu que quand il s'agit de Garenne forcée.

Même page & même col. à la fin du 4ᵉ *alinea, après* larrons, *ajoutez* ; Cela ne peut s'appliquer au Seigneur dominant du Fief.

Même page & même col. ligne 8 *du même alinea, après* l'homme, *ajoutez en note* ; (b).

(b) Dans les Garennes ouvertes, les terriers sont l'ouvrage seul des lapins, & non de l'industrie de l'homme.

Même page & même col. à la fin du même alinea, après gîte, *ajoutez en note* ; (c).

(c) En cela Lalande paroît comparer les lapins aux pigeons, animaux domestiques.

GARNISON.

En Droit, on appelle Garnison, les Archers & Sergens qui sont envoyés en vertu d'Ordonnance de Justice, dans une maison, à l'effet de contraindre les Maîtres au payement de quelque taxe, ou pour être gardiens de scellé, ou de meubles saisis.

Les Archers de ces Garnisons sont nommés dans les anciens titres, *Comestores*, à *comedendo*, par la raison qu'ils vivoient aux dépens du débiteur jusqu'à ce qu'il eût

P

payé, & c'est pour cela que dans la Coutume de Tournai, ils sont encore appellés *Mangeurs*.

Lorsqu'un Procureur ne veut point remettre un procès, instance ou autres pièces, qu'il a pris en communication sous son récépissé, on établit chez lui Garnison, même *à hautes armes*, jusqu'à ce qu'il ait remis les pièces.

On prétend qu'à Lyon, la Garnison est toujours réelle, & que l'usage constant de la Province est, que les Huissiers ne peuvent établir Garnison, qu'en s'établissant eux-mêmes avec leurs assistans. J'ignore sur quelle Loi ou Réglement ceci peut être fondé.

GÉNÉRAUX d'Ordres Religieux.

Page 196, col. 1, à la fin du 1er alinea de cet article, après Congrégation, *ajoutez ;* établies sous la même Régle.

Même page & même col. à la fin du même alinea, ajoutez ;
Sur l'origine des Généraux d'Ordres, voyez le Pere Thomassin, de la Discipline Ecclésiastique, tom. 2, part. 3, liv. 1, ch. 37, n°. 1.

GÉNÉVOIS.

Même page & même col. à la fin du 1er alinea de cet article, après leur République, *ajoutez ;* depuis l'an 1535.

GENS DE MAIN-MORTE.

On appelle Gens de Main-morte, des » *Gens de condition servile*, tels qu'il y » en a encore plusieurs familles en Bour-» gogne. Dans quelques Coutumes ils sont » appellés *Gens de corps*, *Gens de pote*, ou » *Gens de poste*, qui tiennent des héritages » cottiers, ou de main-ferme, qui sont ro-» turiers & opposés aux Nobles. Voyez » *Main-morte*.

» On appelle encore Gens de Main-» morte, les Monasteres, Sociétés & Com-» munautés qui ne meurent jamais, qui se » renouvellent toujours. «

Page 198, col. 1, à la fin du 3e alinea, après attribués, *ajoutez ;*
Tous les Baux dont il est parlé dans l'article 8 de l'Edit de 1691.

À la fin du même alinea, ajoutez ;
Cependant lorsque l'on réfléchit attentivement sur l'esprit de l'Edit de 1691, il paroît en résulter que si le bail sous seing-privé étoit enregistré au Greffe des Domaines des Gens de Main-morte, que les droits eussent été payés au Fermier, & que ce dernier ne se plaignît ni ne formât aucune demande, le successeur du Bénéficier, ou un tiers ne devroit pas être écouté lorsqu'il demanderoit la nullité d'un bail, sur le seul fondement qu'il seroit passé sous *signature privée*, sur-tout si ce bail avoit été fait de bonne foi, suivi d'exécution & que l'enregistrement, ensemble la déclaration des biens pris à ferme, eussent été faits au Greffe, & les droits du Fermier payés,

Page 206, colonne 1, à la fin de l'article, ajoutez ;
Par Arrêt du Mardi 8 Juillet 1766, rendu en la Grand'Chambre, au rapport de M. l'Abbé Tudert, il a été jugé qu'une disposition testamentaire de l'Abbé Linart, Docteur en Théologie de la Maison de Sorbonne, *pour la bonne œuvre dont le testateur étoit convenu avec M. l'Evêque d'Amiens*, n'étoit point dans le cas de la prohibition de l'Edit de 1749. Cette bonne œuvre avoit pour objet l'érection d'une Chapelle ; or (disoit-on) l'Edit ne défend de pareils établissemens, que dans le cas où les Lettres-Patentes n'auront pas été obtenues, & il étoit incertain si elles seroient refusées dans cette occasion. Me Charon de S. Charles écrivoit dans cette Instance pour les héritiers qui contestoient le testament.

GENS DU ROI.

Page 209, col. 2, à la fin de cet article, ajoutez ;
Il n'y a point de dépens, pour, ou contre les Gens du Roi.

GEOLE, GEOLIERS.

Page 209, col. 2, lig. 1re du 1er alinea, après Prison, *ajoutez ;* Du vieux mot *Gayola*, Cage. En effet, dans la Coutume d'Arras, on appelle encore la *Gayolle* d'un moulin, ce qu'ailleurs on appelle *Cage*.

Page 210, col. 1, à la fin du 2e alinea, après Voyez l'article 437, *ajoutez ;*
Les Geoliers sont responsables de l'éva-

fion des prifonniers, à moins qu'ils ne fe la foient procurée par Bris de Prifon; comme, par exemple, fi le prifonnier s'étoit évadé en fciant des barreaux ou en démoliffant un endroit du mur, & qu'il fût moralement prouvé que le Geolier n'y eût participé en aucune maniere; c'eft ce qui a été jugé il y a quelques années à la Cour des Aides: dans l'efpéce de cet Arrêt, il y avoit preuve que le prifonnier s'étoit fauvé par une ouverture qu'il avoit faite à la muraille, au moyen d'une pince de fer qui lui avoit été adminiftrée; mais lorfqu'il y a manque d'attention & de continuation de vigilance de la part du Geolier, il eft refponfable de l'évafion du prifonnier.

Un prifonnier du Fort-l'Evêque avoit fait une machine affez curieufe: il obtint du fieur le Gris, Concierge du Fort-l'Evêque, la permiffion de faire emballer dans une longue caiffe cette machine, pour, difoit-il, la faire vendre; la machine avoit été emballée en préfence du commiffionnaire du fieur le Gris: le prifonnier envoya chercher, du confentement du fieur le Gris, une voiture de place pour le tranfport de la machine; dans l'intervalle du temps qui s'écoula, jufqu'à ce que la voiture fut arrivée, le prifonnier, aidé de quelqu'un avec qui il étoit d'intelligence, fe mit dans la caiffe, qui fut portée dans le carroffe, & il s'évada par cette adreffe: les créanciers s'étant pourvus contre le fieur le Gris, Sentence contradictoire eft intervenue au Châtelet, le Mercredi 23 Juillet 1766, qui a condamné le Concierge à repréfenter dans fix mois le prifonnier, finon condamné à payer 10000 livres, caufes de l'emprifonnement. Plaidans Me Dandafne pour le fieur le Gris, & Me le Blanc de Verneuil pour les Créanciers (a).

GÉSINE.

Page 210, colon. 1, ligne 1 du premier alinea de cet article, après accouchement, *ajoutez;* du vieux mot François, *Gefir,* être couché.

GIROVAGUE.

On appelle Girovague (a), la quatriéme efpéce de Moines dont S. Benoît fait mention au chapitre premier de fa régle. C'étoit des Moines qui erroient toujours de Monaftere en Monaftere, & à qui l'amour de la liberté & de l'indépendance faifoient préférer ce genre de vie à celui des Cénobites. Saint Benoît n'approuvoit pas le genre de vie de ces Moines qui ne s'attachoient à aucun Monaftere, il difoit qu'ils étoient pires que les Sarabaïtes, c'eft-à-dire, des Moines vagabonds (de l'Hebreu *Sarab,* qui fignifie être rebelle). V. auffi à l'art. *Mariage,* l'Arrêt de Pitrot du 6 Juin 1766.

GIROUETTES.

Même page, col. 2, à la fin du premier alinea de cet article, après le vent, *ajoutez;* Du Latin *Gyrare,* tourner, pirouetter.

GÎTE, GEOLAGE & GEOLIERS.

Page 211, colon. 2, à la fin de cet article, après fait arrêter, *ajoutez;*
En crimes de faux, le droit de confignation, quoiqu'offert, ne doit point être pris par les Geoliers ni les Greffiers de la Geole. C'eft la difpofition de l'Ordonnance de 1670, article 33, titre 13.

GLANAGE & GLANEURS.

Page 212, colon. 1, lig. 1 du 2e alinea, commencez ainfi; Quelques Coutumes, &c.
Même page, & même col. à la fin du 3e alinea, après vignes, *ajoutez;*
La Coutume de Melun a de femblables difpofitions.
Celle de Dourdan fait défenfes de fe tranfporter fur les terres d'autrui, pour y Glaner, dans le temps de la moiffon, jufqu'à ce que les grains en foient enlevés & portés hors le champ, à peine d'amende arbitraire.
Un Arrêt de la Cour du 13 Juillet 1662 défend la même chofe.

GOUVERNEURS.

Page 214, colonne 1, à la fin de cet article, après Official, *ajoutez;*
Les Gouverneurs des Maifons Royales ne dépendent point des Gouverneurs des Provinces, ils ne prennent les ordres que du Roi.

(a) Le Prifonnier a été quelques mois après réintégré dans la Prifon.

(a) De *gyrare,* tourner; & *vagari,* errer.

GRACE.

Grace fignifie en Droit, pardon ; c'eſt en ce ſens qu'on dit *Lettres de Grace* ou *d'abolition*, qui s'obtiennent en la Grande Chancellerie, par celui qui a commis un crime capital, par malheur, ou à ſon corps défendant; ſur quoi voyez l'Ordonnance de 1670, titre 16, articles 4 & 5 ; Bornier; Jouſſe, & le Style Criminel de Gauret, tome 2, p. 123.

Les Juges inférieurs doivent toujours juger à la rigueur, il n'appartient qu'aux Juges ſouverains de faire quelques Graces.

C'eſt une maxime de Droit, qu'il faut étendre les Graces, & reſtreindre les peines; *favores ampliandi, odia reſtringenda.*

On appelle encore *ventes à Grace*, celles faites avec faculté de rachat ou de réméré, pendant un temps limité. V. *Rachat.*

GRADES & GRADUÉS en matiere Bénéficiale.

Page 218, col. 2, à la fin du 6ͤ alinea, après Concordat, *ajoutez ;*

» Il ſuffit aux Nobles d'avoir étudié trois
» ans, en Droit Canon ou Civil, pour être
» Bacheliers, le tout pour acquérir un Bé-
» néfice «. V. *Nobles.*

Page 223, col. 1, ligne 5, du 5ͤ alinea, après rien faire, *ajoutez ;* il faut dire au contraire.

Page 226, col. 1, à la fin du 3ͤ alinea, après Eccléſiaſtiques, *ajoutez ;* pour les Bénéfices à charge d'ames.

Même page, col. 2, à la fin de cet article, après Paris, *ajoutez ;*

Les Gradués peuvent requérir les Bénéfices des Pays nouvellement conquis; voyez d'Héricourt, deuxième partie, page 304, n°. 30, & l'Arrêt du 26 Janvier 1717, dont il parle.

Par Arrêt du 8 Mai 1731, il a été jugé qu'un condamné par contumace au banniſſement de neuf ans, n'avoit pu valablement requérir en vertu de ſes Grades, un Bénéfice qui avoit vaqué en mois de rigueur, quoiqu'il ſe fût écoulé vingt ans entre le Jugement de condamnation au banniſſement, & le jour auquel le Bénéfice avoit été requis. Le ſieur Abbé le Normand, qui avoit requis le Bénéfice (c'étoit une

Chapelle de Neſle) ſe trouvoit plus ancien que le ſieur Duhamel ſon compétiteur ; mais celui-ci lui oppoſoit qu'il étoit devenu irrégulier, que par conſéquent il ne pouvoit tirer avantage de la priorité de ſes Grades. Le ſieur le Normand répondoit que l'Arrêt de condamnation ne paroiſſoit pas avoir été ſignifié ni exécuté, qu'ainſi la peine étoit preſcrite par vingt ans. On lui répliquoit qu'il n'avoit pas preſcrit contre l'infamie. M. Nau, Conſeiller en la cinquième des Enquêtes, Rapporteur du Procès, étoit d'avis de l'infirmation de la Sentence de Saint-Quentin, qui avoit adjugé le Bénéfice au ſieur le Normand. Les avis furent partagés. M. Drouin, Compartiteur, eſtimoit que la Sentence avoit bien jugé. Le Procès porté en la quatrième des Enquêtes pour y être départagé, l'avis de M. le Rapporteur prévalut; & par Arrêt dudit jour 8 Mai 1731, la Sentence fut infirmée.

GRAFION.

C'eſt le nom que les François donnoient autrefois aux Juges pour les affaires qui concernoient le Fiſc.

Il y avoit chez les François des Juges pour les affaires qui regardoient le Fiſc : on les appelloit Grafions, (de γϱάφειν écrire) & pour limiter leur pouvoir, on choiſiſſoit en chaque pays, des perſonnes de probité, que les Loix appellent *Sagibarons*, ou hommes de Loi, qui jugeoient des cauſes fiſcales ; & ce que trois de ces perſonnes avoient ordonné, ne pouvoit être changé par les Grafions. Voyez le Dict. de Trévoux, de qui tout ceci eſt tiré.

GRANDS-VICAIRES.

Page 231. col. 2, à la fin du 1ᵉʳ alinea, après V. Coadjuteur, *ajoutez ;*

Aux termes de l'Ord. de Blois, art. 45, un Grand-Vicaire doit être Prêtre & Gradué.

Même page & même colonne, à la fin du 5ͤ alinea, après n°. 3, *ajoutez en note ;* (a).

(a) Tout Prêtre, quand même il ſeroit Régulier, peut être Grand-Vicaire, pourvû qu'il ait les qualités requiſes, & qu'il ait obtenu le conſentement de ſon Supérieur, avant que d'accepter la Commiſſion.

Page 232, col. 2, à la fin de cet art. ajoutez ;

Le pouvoir du Grand-Vicaire ceſſe par la mort de l'Evêque qui l'a conſtitué.

Suivant l'Ordonnance d'Orléans, article 17, la commission de Grand-Vicaire ne peut être donnée par les Evêques, à l'Ecclésiastique qui tient à ferme les revenus de l'Evêché. Lorsque le Grand-Vicaire a disposé des Bénéfices en faveur de personnes indignes ou incapables, il est permis au Collateur, suivant le sentiment de plusieurs Canonistes, de conférer à des personnes capables, le Bénéfice, dans les six mois de la vacance. Voyez d'Héricourt, des Loix Ecclésiast. premiere partie, pag. 26, n. 15.

GREFFE & GREFFIER.

Même page & col. commencez ainsi cet art.

Le Greffe est le dépôt public où se gardent les registres & les actes de Justice, pour y avoir recours lorsqu'on veut en avoir des expéditions.

C'est au Greffe que les Edits qu'on vérifie, s'enregistrent.

Les Greffes sont domaniaux; & la raison pour laquelle ils sont réputés tels, c'est que, parmi les Romains, les Serfs & gens de Main-morte étoient un domaine qu'on pouvoit vendre & aliéner. Entre les Serfs il y en avoit de publics pour le service des Villes, dont quelques-uns furent Greffiers, destinés à recevoir les Sentences des Juges; & les autres, Tabellions pour recevoir les contrats particuliers. Voyez le Dictionnaire de Trévoux.

Suivant Ricard & Brodeau sur l'article 148 de la Coutume de Paris, les Greffes sont dans l'exception du retrait lignager.

Même page & même col. lig. 6 du 2e alinea, aprés déplacer, ajoutez en note ; (a).

(a) Il y a des Arrêts que M. le Procureur Général a fait rendre sur ses Conclusions, les 18 Février 1741, & 16 Mars 1743, qui défendent aux Greffiers de se dessaisir des minutes & papiers des Greffes, & de les transporter hors du Greffe.

Page 232, col. 2, à la fin du premier alinea, aprés prévaricateurs, ajoutez ;

Aux termes de l'article 78 de l'Ordonnance d'Orléans, le Greffier est tenu civilement des faits de ceux qu'il employe en qualité de ses Commis.

Même page & même colonne, à la fin du 7e alinea, aprés Gens du Roi, ajoutez ; Cependant par Arrêt du mardi 23 Septembre 1766, rendu en la Chambre des Vaca-

tions, entre Paul Moreau, Intimé, & Léonard Brideau, Appellant, la Cour n'a point eu égard à la prétendue nullité, résultante de ce que le Greffier qui avoit rédigé la Sentence dont il s'agissoit, & de laquelle Brideau étoit Appellant, étoit mineur : mais il faut remarquer que l'on trouva le moyen de nullité si peu considérable, que la Cause ne fut point plaidée. Me le Breton, Avocat de l'Intimé.

La Cour a rendu un Arrêt le 7 Septembre 1765, portant Réglement pour les Droits des Greffiers du Châtelet de Paris.

Ce Réglement ordonne, entr'autres choses, l'exécution de l'Edit du mois de Mars 1690, concernant les Greffiers du Châtelet, & le tarif y annexé; leur fait défenses d'employer dans les *vûs* des Sentences rendues sur Procès par écrit, autres titres & pièces, que ceux permis par les Réglemens: leur enjoint de mettre dans les expéditions qu'ils délivreront en parchemin, vingt-deux lignes à chaque page, & quinze syllabes à la ligne.

GRENETIER.

Page 238, col. 2, à la fin de cet article, aprés Grenier à Sel, ajoutez ; Voyez aussi les Edits, Déclarations, rapportés par Brillon, verbo Grenier à Sel, concernant les droits & Priviléges des Grenetiers à Sel.

GROS (en matieres d'Aides).

Page 240, col. 1, à la fin du 1er alinea de cet article, aprés Rouen, &c. ajoutez ;

L'Ordonnance des Aides de 1680 exprime dans les différens articles des titres 4 & 5 du droit de Gros, quand, par qui & comment ce droit doit être payé.

Même page, col. 2, à la fin du 1er alinea, aprés ch. 2, ajoutez ;

Le droit de Gros pour le vin est fixé au vingtiéme du prix de la vente : il doit être payé par le vendeur, au lieu du crû, aprés la vente ; mais lorsque le vin est destiné pour Paris, les droits dans ce cas ne sont pas dûs, au lieu du crû : la raison est que la quittance des droits que l'on paye pour l'entrée des vins à Paris, comprend tous les droits possibles de Gros, d'augmentation, de détail, même de revente, quoique le vin ne soit point vendu en détail, ni revendu.

Tous ces droits ont été impofés à l'entrée, pour la facilité de la régie, & pour prévenir les fraudes ; enforte que, lorfqu'un propriétaire de vignes d'un Pays fujet aux droits de Gros & d'augmentation, envoye du vin à Paris, il n'eft pas obligé de payer, au lieu du crû, les droits pour la vente qu'il a faite à Paris ; il n'eft tenu que de rapporter dans fix femaines, la preuve du payement des droits, par la quittance d'entrée dans Paris. C'eft ce qui a été jugé par Arrêt folemnel de la Cour des Aides de Paris, rendu fur délibéré, prononcé le Vendredi 18 Juillet 1766, entre la demoifelle Chanlaire, propriétaire de vignes à Vertus en Champagne ; Pierre Henriet & Jean-Jacques Prévôt, Adjudicataires des Fermes, & le fieur Poirier, Bourgeois de Paris, qui avoit acheté le vin & étoit intervenu dans la Caufe. M. Boula de Mareuil, Avocat Général, donna fes Conclufions lors de cet Arrêt : plaidans Me Darigrand pour la demoifelle Chanlaire, Me Milley pour les Adjudicataires des Fermes, & Me Maffon de la Motte pour le fieur Poirier.

Les Adjudicataires généraux des Fermes fe font pourvus au Confeil, & ont obtenu fur Requête non communiquée, la caffation de cet Arrêt ; mais la demoifelle Chanlaire y a formé oppofition, & a établi, par des Mémoires imprimés, les principes fur lefquels la Cour des Aides s'eft décidée (a).

G R O S S E.

Page 241, *col.* 1, *à la fin du* 1er *alinea de cet article, après* publique, *ajoutez;*

Par Arrêt du Jeudi 2 Octobre 1766, rendu aux Eaux & Forêts au Souverain, la Cour faifant droit fur les conclufions de M. le Procureur Général, a fait défenfes à Jean Vincent, Huiffier Royal, Juré-Prifeur à Lyon (qui s'étoit rendu en fa qualité d'Huiffier, gardien d'un moulin faifi fur Jofeph Vaillant) & à tous Huiffiers, de mettre en Groffe leurs Exploits & Procès-verbaux de faifie-exécution : plaidans Mes Fougeron & Tenneffon.

Page 242, *colon.* 1, *à la fin de l'article; ajoutez;*

En général, lorfque le débiteur fe trouve muni de l'obligation en brevet, cela induit en fa faveur, la libération de la dette ; c'eft pourquoi fi la minute n'eft pas déchargée, & que le créancier dénie avoir été payé, c'eft à lui à le prouver, attendu la préfomption de payement réfultante de la minute en la poffeffion du débiteur. Voyez Guerin fur M. le Preftre, Centurie 4, chap. 21.

Mais la Jurifprudence actuelle eft d'accorder l'hypothéque, à compter de l'époque du contrat conftitutif, à celui qui ayant eu le malheur de perdre ou d'égarer fa premiere Groffe, en produit une feconde, en affirmant néantmoins qu'il n'a pas été payé en tout ou en partie de fa créance.

En effet, fi la préfomption de payement réfulte de la non-repréfentation de la premiere Groffe, réputée avoir été remife lorfqu'elle a été acquittée, en accordant l'hypothéque du jour de la feconde Groffe feulement, il y auroit une abfurdité palpable ; car fi le créancier eft préfumé avoir été payé par le défaut de repréfentation de fa part de la premiere Groffe, par une conféquence de cette préfomption, il ne doit en aucune maniere être colloqué.

Les principes fur lefquels l'hypothéque en pareilles circonftances doit être accordée du jour de la premiere & non de la feconde Groffe, ont été mis dans tout leur jour, par M. Barentin, Avocat Général, dans une Caufe plaidée pendant plufieurs Audiences en la premiere Chambre des Enquêtes, & jugée par Arrêt du Samedi 30 Avril 1768. Il eft vrai que M. l'Avocat Général s'eft déterminé par des circonftances particulieres (a), pour conclure à ce que l'hypothéque fût accordée au créancier, à compter de la date de la premiere Groffe, quoique le créancier n'en repréfentât qu'une feconde ; mais M. l'Avocat Général a obfervé qu'en général, lorfqu'il n'y avoit aucune préfomption de fraude, ou de payement, relativement au créancier, qui ne re-

---

(a) La Demoifelle Chanlaire n'a point réuffi au Confeil.

(a) Il y avoit une forte préfomption que la premiere Groffe avoit été remife par le créancier aux Syndics de la Direction, lors d'un premier projet d'ordre ; outre cela une note trouvée dans les papiers du défunt, porteur de la premiere Groffe, note non fufpecte, faifoit mention de la remife par lui faite de cette Groffe, aux Directeurs.

préfentoit qu'une feconde Groffe (la premiere étant adirée) l'équité paroiffoit exiger que l'hypothéque lui fût toujours accordée de la date de la premiere Groffe. Mes Bidault & Breton plaidoient dans cette Caufe.

GROSSE AVANTURE.

Page 243, *col.* 1, *à la fin de cet article, ajoutez*;

Sur toutes les queftions relatives à cette matiere voyez le Traité du Contrat de Preft à la Groffe Avanture, par M. Pothier.

GROSSESSE.

Page 245, *col.* 2, *à la fin du* 4e *alinea, après* commuée, *ajoutez*;

En matiere purement civile, la Groffeffe d'une femme doit-elle être un obftacle à l'exécution de la Sentence de condamnation par corps, obtenue contr'elle pour dettes? Je n'ai point connoiffance de Loix qui défendent l'emprifonnement dans ce cas; & ce n'eft que lorfqu'il s'agit de peine de mort, ou même, comme l'obferve Bornier, de peines corporelles, que les Loix & l'Ordonnance défendent de paffer outre au Jugement qui prononce de pareilles peines; cependant je crois qu'à partir de l'efprit des Ordonnances, un Huiffier ne doit pas mettre à exécution une Sentence portant le *par corps* contre une femme dont la Groffeffe feroit évidente, & que l'Huiffier, ou du moins le Créancier, par l'ordre duquel il auroit agi, s'expoferoit à de juftes dommages-intérêts, fi la demande en étoit formée, fur-tout, fi relativement à cet emprifonnement, il étoit arrivé quelques accidens fâcheux à la femme ou à fon fruit; il eft aifé de preffentir les moyens fur lefquels eft fondée cette opinion particuliere.

GRUIER, GRUERIE.

Page 247, *col.* 2, *à la fin du* 1er *alinea, après* la finance, *ajoutez*;

Un Seigneur Haut-Jufticier, qui conftamment a la Gruerie, peut fe pourvoir directement devant le Juge de la Maîtrife, & par ce moyen éviter le premier dégré de Jurifdiction: c'eft ce qui a été décidé en grande connoiffance de caufe au Parquet,

le premier Février 1766, plaidans M^{es} le Preftre, Jouhannin & du Rouzeau, devant M. Barentin, Avocat Général

GUERRE.

Le Dictionnaire de Trévoux définit la Guerre, un différend, une querelle entre des Etats ou des Princes Souverains, qui ne fe peut terminer par la Juftice, & qu'on ne vuide que par la force, par la voie des armes. Ce mot peut venir de γέρρον, efpéce d'armes offenfive ou défenfive.

La Guerre eft un droit des gens, & un moyen légitime d'acquérir, fuivant le Droit civil; & il n'appartient qu'au Souverain de faire la Guerre, de créer & d'établir des peines contre ceux qui prévariquent dans les fonctions des offices Militaires. Voyez M. le Bret, de la Souveraineté du Roi.

» La Déclaration en forme de la Guerre, n'eft néceffaire que de la part de celui » qui eft aggreffeur, & non point de la part » de celui qui, en fe défendant, juftifie que » l'aggreffeur l'attaque injuftement «. M. Daube.

Un mineur peut-il fe faire reftituer contre un billet par lui fait à l'armée. V. *Mineur.*

GUET (Chevalier du).

Le Guet de Paris eft une Compagnie d'Officiers & Archers, tant à pied qu'à cheval, commandée par un Officier principal, fous le titre de *Chevalier du Guet*, reçu & attaché au Corps du Chatelet, ainfi que les autres Officiers du Guet.

Cette Compagnie, établie pour procurer la fûreté des citoyens de la ville de Paris, eft aux ordres du Prévôt de Paris, lorfqu'il eft à la tête & préfide ce Tribunal, & qu'il s'agit de la main-forte pour l'exécution feulement des Sentences, Ordonnances ou autres Actes émanés de ce Tribunal, tant au Civil, Police, que Criminel.

Les ordres du Tribunal du Châtelet font intimés au Chevalier du Guet par le Procureur du Roi, qui les reçoit lui-même pour les faire paffer au Chevalier du Guet; & alors celui-ci qui a feul la direction & difcipline de fa Compagnie, doit faire trouver aux jours heure & lieux à lui indiqués, le nombre d'hommes qui lui font demandés pour la main-forte.

Le Chevalier du Guet se trouve nommé *Miles Gueti* dès l'an 1254, dans une Ordonnance de S. Louis & dans un Arrêt du Parlement des Octaves de Pâques.

Un Arrêt du Parlement du 9 Juillet 1668, enjoint aux Officiers & Archers du Guet d'exécuter les Jugemens & les ordres du Lieutenant Général de Police.

L'Ordre de l'Etoile ou Notre-Dame de l'Etoile, institué par le Roi Jean en 1352, fut donné en 1358 par le Régent au Capitaine du Guet, dont la Compagnie porte encore des figures d'étoile sur son uniforme.

La Charge de Chevalier du Guet avoit été remboursée en 1733 après le décès du sieur Choppin, dernier Titulaire, & elle étoit restée sans exercice ; mais elle vient d'être rétablie, par Commission, par une Déclaration du Roi donnée à Compiegne le 12 Juillet 1765, regiftrée au Parlement le 30 du même mois. Par cette Déclaration, les Officiers & Archers de la Compagnie du Guet sont destinés à recevoir & écrouer les prisonniers qui leur sont amenés de l'Ordonnance des Commissaires au Châtelet par les patrouilles de la Garde de Paris.

Le Guet est composé du Chevalier du Guet, quatre Lieutenans, un Guidon, huit Exempts, trente-neuf Archers à cheval, cent Archers à pied, un Greffier, un Contrôleur & un Tréforier.

Sur cette matiere voyez l'Ordonnance de Henri II du mois de Mai 1559, regiftrée au Parlement le 30 du même mois ; l'Edit de 1561, donné à S. Germain-en-Laye le 3 Septembre, & regiftré le 13 Octobre ; la Déclaration du 12 Juillet 1765, & le Traité de Police de Lamarre.

Outre la Compagnie du Guet, il y a un Corps de 1000 hommes, tant Cavalerie qu'Infanterie, préposé pour la sûreté de cette Capitale, sous le titre de Compagnie d'ordonnance de la Garde de Paris : ce Corps de troupe est commandé par un Officier breveté du Roi, & par lui discipliné à l'instar des autres troupes militaires de Sa Majesté (a).

GUET & GARDE.

Page 248, col. 1, ligne 6 du 1er alinea, après Château, *ajoutez ;* Ce droit ne doit point être converti, en redevances, argent ou grains. Il y en a un Arrêt du Parlement de Toulouse, rapporté par M. de Catelan.

Même page & même colonne à la fin du même alinea, après Poitou, *ajoutez ;* & Vigier sur Angoum.

Même page, col. 2, à la fin de cet article, ajoutez ; V. la Peyrere, Let. G, nomb. 26.

GUYAGE.

C'est ainsi qu'on appelle dans le Languedoc, un droit dû par ceux qui habitent le long de la côte de la mer, & qui sont obligés d'allumer toutes les nuits des flambeaux sur les tours les plus élevées, pour guider les Vaisseaux qui sont en mer. Voyez Graverol sur la Rocheflavin, des Droits Seigneuriaux ; & Salvaing, de l'Usage des Fiefs, chap. 97.

(a) Le sieur le Roy de Roquemont, Ecuyer, ancien Capitaine de Cavalerie, Chevalier de l'Ordre Royal & Militaire de S. Louis, & aujourd'hui pourvû (par Commission) des deux places de Chevalier du Guet, & de Commandant la Garde de Paris.

H

HABILE A SUCCÉDER.

Page 248, col. 1, commencez cet art. ainfi ;

EN droit, Habile se dit de celui qui a l'aptitude, les dispositions propres, & les qualités suffisantes pour faire ou recevoir quelque chose ; c'est en ce sens que Dumoulin a dit, que celui qui étoit Habile pour le mariage, l'étoit aussi pour toutes fortes d'actes. *Habilis ad nuptias, Habilis est ad pacta omnia.*

HABITATION.

Page 254, col. 1, à la fin de cet article, ajoutez ; Il y en a un ancien Arrêt du 24 Avril

Avril 1584. Voyez auſſi Carondas, liv. 8, rep. 61.

HABITS NUPTIAUX.

Par Arrêt rendu en la premiere des Enquêtes, au rapport de M. Charlet, le Vendredi 18 Mai 1764, il a été jugé pour la demoiſelle Garreau , veuve Rouſſillon, contre les ſieur & demoiſelles Momet Deſfarges, que dans la Coutume de la Marche, la veuve n'avoit, aux termes de l'article 225, que l'option de ſes Habits Nuptiaux, en nature, tels qu'ils ſe trouvoïent au décès du mari, ou le prix, ſuivant l'eſtimation portée au contrat de mariage, c'eſt-à-dire, *rem aut pretium*; au lieu que dans la Coutume d'Auvergne, la veuve a l'un & l'autre, *rem & pretium*, aux termes de l'article 45. La Sentence de la Sénéchauſſée de Gueret, du 20 Mai 1760, a été infirmée ; Mᵉ Pincemaille écrivoit dans ce Procès.

HAINAUT.

Ajoutez à la fin ce cet article ;
Voyez auſſi les Lettres-Patentes du 3 Août 1766, regiſtrées au Parlement le 26 Novembre ſuivant, portant ratification de la convention pour l'abolition réciproque du droit d'Aubaine, & de celui de rétorſion en faveur des ſujets reſpectifs des Provinces du Royaume de France, & de ceux des Etats Héréditaires de Hongrie, de Bohême, d'Autriche & d'Italie, ſoumis à la domination de l'Impératrice Douairiere, Reine de Hongrie & de Bohême, tant à l'égard des biens meubles, que des immeubles.

HARAS.

Page 254, col. 2, à la fin du 1ᵉʳ alinea, après race, *ajoutez ; de* Hara, étable.

HAVAGE ou HAVÉE.

Page 256, col. 2, ligne 4 du 1ᵉʳ alinea, après Marché, *ajoutez ;*
Le Havage vient de l'ancien mot *Havir*, qui ſignifie *prendre* ; de ſorte que le Havage eſt le droit de prendre ce que la main peut contenir : c'eſt un droit Seigneurial abandonné dans l'origine par le Haut-Juſticier, aux Exécuteurs des Hautes-Œuvres.

Supplement.

Par Arrêt du Vendredi 30 Juillet 1767, rendu en la Grand'Chambre au rapport de M. le Preſtre de Lezonet, portant Réglement pour la perception des Droits de Havage dûs à l'Exécuteur des Sentences Criminelles du Bailliage d'Etampes, la Cour, en infirmant, avec dépens, une Sentence de ce Bailliage du 6 Juillet 1764, qui ordonnoit que *Deſmorets*, Exécuteur des Sentences Criminelles, ſeroit tenu de ſe conformer pour la perception du Havage, à une prétendue Commiſſion qui lui avoit été délivrée au Bailliage d'Etampes, a ordonné » faiſant droit ſur les Conclu- » ſions du Procureur Général du Roi, que » pour tenir lieu audit *Deſmorets* de tous » Droits de Havage en la Ville d'Etam- » pes, il ſera & demeurera autoriſé à per- » cevoir tous les jours indiſtinctement aux » Portes & Barrieres de lad. Ville d'Etam- » pes SEULEMENT, *ſix deniers* par chacun » ſac de Froment, Seigle, Orge & Avoine » qui entreront pour être vendus dans la- » dite Ville ; & *trois deniers* par chacun » ſac de Pois, Feves, Veſces & Lentilles » qui entreront dans ladite Ville pour y » être vendus : lui fait défenſes d'en per- » cevoir aucuns ſur les Bleds, Froment, » Seigle, Orge, Avoine, Pois, Feves, » Veſces & Lentilles de Redevance ou » Moiſſon, envoyés aux Bourgeois de la- » dite Ville : lui fait pareillement défen- » ſes d'en percevoir aucuns ſur les Bleds » qui ſeroient achetés dans les Marchés » voiſins pour la proviſion de Paris, ſoit » qu'ils entrent dans ladite Ville d'Etam- » pes pour être convertis en Farine dans » les Moulins de ladite Ville, ſoit qu'ils y » entrent pour être portés à Paris en na- » ture ſans être convertis en Farine, en » repréſentant par les Particuliers qui les » auront achetés un Certificat des Rece- » veurs des Marchés où ils auront été a- » chetés. Fait défenſes audit *Deſmorets* de » percevoir de plus grands droits les jours » d'Exécution, & les jours de Foires & » Fêtes de Vierge, & de percevoir aucuns » droits ſur les Beurre, Œufs, Légumes, » Fruits, Gibier, & autres denrées géné- » ralement quelconques. Fait pareillement » défenſes de troubler ledit *Deſmorets* dans » la perception deſdits droits ; & en cas

Q

» de refus par les Redevables, lui permet
» de faire faifir ou d'affigner. Sur le furplus
» de toutes les autres demandes, fins &
» conclufions refpectives des Parties, les
» met hors de Cour, tous autres dépens
» entr'elles compenfés, même le coût du
» préfent Arrêt, &c «.

Il faut obferver que le nommé Defmorets, Exécuteur des Sentences Criminelles des Bailliages d'Etampes, de Dourdan
& de la Ferté-Alais, ne paye aucun impôt;
qu'en adoptant ce plan, il fe trouvoit déchargé de fept ou huit Prépofés, qu'il
étoit obligé d'avoir les jours de Marché,
& qu'ainfi, (& ne fupportant aucune charge publique) fa place lui procuroit plus
de 3000 livres par an. Les moyens contre
Defmorets étoient entr'autres, qu'il n'a-
voit aucun droit pour prétendre qu'il lui
falloit telle ou telle fomme, parce que
l'enregiftrement fait en 1740 de certaines
provifions de 1667, étoit nul : que n'ayant
payé aucune finance, il ne pouvoit fe plaindre du plus ou du moins du produit de fon
Office, & que lorfqu'une Ville, de concert
avec le Prince Engagifte, lui offroit un
fort, il devoit l'accepter, ou quitter fa
place s'il n'étoit pas content.

Remarquez encore qu'on percevoit avant
l'Arrêt, le Havage, au petit Marché, fur
toutes les menues denrées, comme Beurre, Œufs, Gibier, Volailles, Fruits, Légumes, Poiffon; ce qui fatiguoit beaucoup
le Public, & fur-tout les gens de campagne. Les Maire & Echevins en demandant
un nouveau Réglement, infiftoient fur la
fuppreffion du Havage perçu fur ces denrées vendues au petit Marché, & ils l'ont
obtenue.

Me Hochereau fit un Mémoire dans cette affaire, où le droit de Havage fe trouve
traité & approfondi.

HAUTE-JUSTICE.

*Page 258, col. 1, à la fin du 1er alinea,
après au Parlement, ajoutez; Cependant
voyez l'Arrêt rapporté au mot Exécutoire
de dépens.*

*Page 259, col. 2, à la fin de l'article,
ajoutez;*

Les enfans expofés font-ils à la charge
du Seigneur Haut-Jufticier? Cette quef-

tion s'eft préfentée en la Grand'Chambre;
voici dans quelles circonftances.

Le 14 Octobre 1761, le nommé Livet
& fa femme, pauvres artifans de la ville
de Laval, difparurent après avoir expofé
fur le foir, dans un cimetiere, à une des
portes de cette Ville, trois filles de leur
mariage; âgées, l'aînée de 11 ans, la feconde de 6, & la troifiéme de 18 mois,
avec chacune leur extrait-baptiftaire dans
leur poche.

Le Procureur Fifcal, fur l'avis qui lui
fut donné de cette expofition, par une
femme du quartier, les fit retirer à la
Maifon de Charité de la ville de Laval,
jufqu'au lendemain 15, qu'il fit dreffer à
fa requête, un Procès-verbal de ce fait; le
Juge ordonna que par provifion, les trois
enfans refteroient & feroient nourris
dans cet Hôpital. Il y eut appel de cette
Ordonnance en la Cour, de la part des
dames Adminiftratrices de la Maifon de
la Charité de la ville de Laval, qui firent intimer fur leur appel M. le Duc de
la Tremoille, Comte & Seigneur Haut-
Jufticier de Laval : les Adminiftratrices
foutinrent que M. le Duc de la Tremoille,
en fa qualité de Seigneur Haut-Jufticier,
devoit fe charger des enfans en queftion;
elles alléguoient en outre, pour fe difpenfer de garder les trois enfans, que leur
maifon n'avoit point été fondée à cette fin,
mais feulement pour affifter les pauvres
malades de la Ville, leur porter des bouil-
lons, &c. ainfi qu'il fe pratiquoit par-tout
ailleurs, par des Sœurs de Charité comme elles.

M. le Duc de la Tremoille répondoit,
entr'autres chofes, que les enfans dont il
s'agiffoit, devoient être regardés comme
orphelins, dont l'entretien ne concernoit
pas les Seigneurs Hauts-Jufticiers, mais les
Hôpitaux des Villes, ou les Villes mêmes,
en corps.

M. le Peletier de Saint-Fargeau, alors
Avocat Général, portant la parole, &
par qui les moyens ci-deffus furent rapportés, dit que cette caufe n'étoit pas
moins affligeante pour l'humanité, que la
décifion en étoit embarraffante, foit par
les conféquences qu'elle pouvoit entraîner,
foit par l'impoffibilité de s'aider fur ce

point, des avis des Auteurs, & de l'autorité des Ordonnances: qu'il lui paroissoit que l'Ordonnance de Moulins, ainsi que l'Arrêt du 30 Juin 1664, rapporté au Journal des Audiences, concernant les enfans exposés, n'avoient parlé que des bâtards, & des enfans dont on ne connoissoit pas les peres & meres: qu'on n'avoit pas prévu » que dans un Royaume, dont » la fertilité naturelle devoit assurer à ses » habitans une heureuse abondance, les » devoirs les plus sacrés seroient ainsi vio- » lés, & le cri de la nature inconnu; nous » les voyons ces jours malheureux non pré- » vus par nos peres, &c «.

A la suite de la discussion des inconvéniens particuliers que faisoient craindre les différens partis que l'on pouvoit prendre dans cette affaire, cet illustre Magistrat s'est principalement appuyé sur ce que l'exposition des enfans quelconques étoit un délit public, dont la poursuite & la vengeance, & par conséquent toutes les circonstances regardoient le Seigneur Haut-Justicier; ses Conclusions tendirent à ce que l'appellation & ce fussent mis au néant: émendant, M. le Duc de la Tremoille, tenu par provision, dans un délai fixe, de retirer les enfans en question, de la Maison de la Charité de la ville de Laval; payer aux Sœurs de cette Maison, la nourriture desdits enfans; & entretien pendant le temps qu'ils y étoient restés; avancer les frais de l'un & de l'autre objet, dans l'Hôpital de la ville de Laval, & du tout certifier M. le Procureur Général; sauf à M. le Duc de la Tremoille, son action en répétition desdites dépenses en définitif, soit contre les parens qu'il leur connoîtroit, soit, à défaut de parens, contre l'Hôpital ou la ville de Laval.

Mais la Cour, par Arrêt rendu le Samedi 10 Décembre 1763, a ordonné un délibéré qui n'est pas encore jugé. Plaidans Me Tronchet pour la Maison de la Charité de la Providence de Laval, & Me Caillau pour M. le Duc de la Tremoille.

HAYE.

Page 260, *col.* 1, *à la fin du* 1er *alinea de cet article, après* contraire, *ajoutez;*

Lorsqu'une Haye a été plantée pour retenir les terres d'une chaussée, la présomption est, que celui qui est propriétaire de la chaussée, l'est aussi de la Haye; cependant cela peut dépendre des circonstances. V. aussi Coquille, Question 298.

Ajoutez à la fin de cet article;

Il y a un adage reçu en Nivernois, que quand une Haye vive sépare un pré d'une terre, & que les titres de propriété sont muets sur la Haye, elle appartient au pré par préférence à la terre.

Les Coutumes de Berry, art. 22; de la Marche art. 330, ont fait une régle de ceci en ajoutant seulement, *s'il n'apert du contraire.*

Il a été jugé en conformité de ces principes, dans la Coutume de Nevers, en faveur de François Tardivon, contre Jeanne Camusat, par Arrêt rendu au rapport de M. Blondel, en la premiere Chambre des Enquêtes, le Samedi 17 Avril 1768, confirmatif des Sentences de Nevers. Me Lemoine de Grand-Pré écrivoit pour l'Appellante; & Me Blondat, Procureur, fit un Mémoire pour Tardivon.

HERBAGES.

Page 261, *colonne* 1, *commencez ainsi cet article;*

Herbage est le nom collectif, qui signifie toutes sortes d'Herbes.

Même page & même col. à la fin de cet article, ajoutez;

» Le droit d'Herbage vif est plus gros » que celui d'Herbage mort.

» On appelle *Franc-Herbager*, l'exemp- » tion du droit d'Herbage vif ou mort, » qu'on ne paye point au Seigneur, quand » le bétail à laine est tenu en lieu & Fief » noble «.

HÉRÉDITÉ, HÉRITIERS.

Page 263, *col.* 1, *lig.* 3 *du* 3e *alinea; après* composée, *ajoutez;*

L'Héritier par bénéfice d'inventaire, qui transporte son droit *moyennant un prix,* ne peut être contraint par les créanciers de la succession *à rapporter ce prix,* comme un objet dépendant de la succession: en effet, ce prix n'étant point de la succession & n'en diminuant en rien la valeur, il est naturel qu'il profite à l'héritier, & se confonde avec ses biens parti-culiers, sans être plus qu'eux affecté au payement des dettes de la succession. Le créancier qui n'a d'autre gage affecté à son dû, que les biens de la succession, ne peut donc demander à l'Héritier bénéficiaire, ou à celui qui le représente, qu'un compte de la succession ; & ce compte étant offert, doit arrêter, *jusqu'à son apurement*, les poursuites du créancier : c'est le sentiment de le Brun, Traité des Successions, liv. 3, chap. 8, sect. 2, n. 25 ; & c'est aussi ce qui a été jugé *in terminis*, par Arrêt du Samedi 4 Juillet 1767, rendu en la seconde Chambre des Enquêtes au Rapport de M. de Chauvaudon de Saint-Maur ; cet Arrêt a confirmé la Sentence de la Sénéchaussée d'Angoulême du 7 Septembre 1764, qui avoit ordonné, avant faire droit, que les Héritiers bénéficiaires, suivant leurs of-fres, rendroient ou feroient rendre, par leurs cessionnaires, le compte de la suc-cession. Les Parties étoient les sieurs Filhon & Consorts, Intimés, contre Bernard Du-mond, Marchand, appellant de la Senten-ce de la Sénéchaussée d'Angoulême du 7 Septembre 1764, qui fut confirmée. Mes Serpaud & Perron firent des Mé-moires dans cette affaire.

HÉRÉSIE, HÉRÉTIQUE.

Même page & même col. à la fin du dernier alinea, après l'Etat, *ajoutez* ; Voyez aussi l'article 5 de la Coutume de Bretagne.

Page 264, colonne 1, à la fin de l'article, après besoin, *ajoutez* ;

On a vu des guerres civiles se termi-ner sans aucune effusion de sang, *parce que ce n'étoit point des guerres de Religion.*

HERMAPHRODITE.

Même page & même col. à la fin de cet article, après du fouet, *ajoutez* ;

Voici un Arrêt récent rendu dans une pareille matiere : il mérite d'être rapporté avec quelque détail.

Du mariage de Jean-Baptiste Grand-Jean & de Claudine Cordier, naquit en 1732 à Grenoble, un enfant baptisé sous le nom d'Anne, fille de Jean-Baptiste : à peine parvenue à sa quatorziéme année,

un instinct de plaisir la rapprochoit sans cesse de ses compagnes ; la présence des hommes au contraire la rendoit froide & tranquille. La Grand-Jean, par le conseil de son Confesseur, & du consentement de son pere, quitta ses habits de fille pour pren-dre des habits d'homme ; elle épousa même en 1761 Françoise Lambert : le mariage fut précédé de trois publications de bans, & célébré avec les formalités ordinaires. Il paroît que le pere de la Grand-Jean donna son approbation à ce mariage ; que même en l'émancipant, il lui donna dans l'acte d'émancipation, le nom de Jean-Baptiste ; que la Grand-Jean porta toujours depuis. Mais voici ce qui arriva : la nommée le Grand, que Grand-Jean avoit connu à Gre-noble, & avec laquelle il avoit pris des familiarités, eut occasion de voir à Lyon la femme de Grand-Jean, elle lui dit qu'elle étoit étonnée de son mariage, parce que Grand-Jean étoit Hermaphrodite. Ce discours surprit Françoise Lambert, elle fit des réflexions sur la stérilité de son union, & son Confesseur lui conseilla de n'avoir plus de familiarité avec son mari.

La nouvelle divulguée par la Legrand, frappa les oreilles du Substitut de M. le Procureur Général à Lyon, qui rendit plainte contre cet individu : des témoins furent entendus, l'accusé visité ; les Chi-rurgiens dans leur Procès-verbal, après avoir rendu compte de ce qu'ils avoient trouvé appartenir au sexe masculin, cru-rent devoir attester que le sexe prédomi-nant de Grand-Jean, étoit celui de femme. Voici la description de cet Hermaphrodite, telle qu'on la trouve dans le Mémoire qui fut fait pour elle.

Intra pudendi labra ; suprà meatum uri-narium, carnosa quædam moles inspicitur, speciem virilis membri præ se ferens, sese arrigens cum delectatione in conspectu fæ-minæ, & firma stans in coitu ; crassitudine digiti cum arrecta est & extensa, longitudine quinque transversorum digitorum quantita-te : in summitate mentulæ vel membri vi-rilis apparet glans cum præputio, sed non est glans perforata, ideòque nullum se-men per hanc emitti potest : infrà mentulam & in orificio vulvæ, ambo apparent globu-li, testiculorum ad instar. Exiguum autem est vulvæ orificium, penè digitum admittens, nec per hanc menstrua fluunt, nec ullâ sensatione jucundâ commovetur nec semine fœminino irrigatur.

Tout l'ensemble de la grand-Jean paroissoit être un mèlange des deux sexes dans la même imperfection. Cet Hermaphrodite avoit de la gorge plus qu'un homme n'en a communément, mais elle n'étoit point délicate, ni sensible aux coups. Ses mammelons, si l'on consultoit leur grosseur, appartenoient au sexe féminin, mais on n'y voyoit point ce cercle d'un rouge obscur au milieu duquel ils se trouvent placés chez les femmes; sa voix étoit celle d'un enfant mâle qui arrive dans l'adolescence, & qui dans une espéce d'enrouement, rend des sons, tantôt graves, tantôt aigus.

Grand-Jean fut interrogé & mis dans un cachot les fers aux pieds. Enfin Sentence intervint à Lyon qui condamna l'accusé à être attaché au carcan pendant trois jours avec cet Ecriteau: *Profanateur du Sacrement de Mariage*, à être fouetté par la main du Bourreau & au bannissement à perpétuité. Sur l'appel interjetté par Grand-Jean, il fut transféré dans la Conciergerie & mis au secret. Maître Vermeil entreprit sa défense, & dans un Mémoire aussi décent que curieux) duquel a été tiré tout ce qui vient d'être rapporté), il établit que l'accusé étant dans la bonne foi, il n'y avoit point eu de profanation du Sacrement de mariage, & conséquemment point de délit; il termina par observer que le Jugement prononcé contre Grand-Jean, rapproché du temps, où les Romains encore barbares jettoient les Hermaphrodites dans la mer, eût été plus facile à justifier; mais que les François étant gouvernés par des Loix fondées sur l'humanité & la justice, l'accusé avoit tout lieu d'attendre de la Cour un Arrêt qui le déchargeât de l'opprobre & lui rendît la liberté; le succès a couronné l'ouvrage du Défenseur de Grand Jean: & par Arrêt rendu en la Tournelle, au rapport de M. de Glatigny, le Jeudi 10 Janvier 1765, la Sentence a été infirmée quant aux peines prononcées contre Anne Grand-Jean: le mariage déclaré nul & abusif, la Grand-Jean tenue de reprendre l'habit de femme, avec défenses de hanter Françoise Lambert, & de contracter aucun mariage.

HIÉRARCHIE.

Page 264, colon. 2, ligne 5 du 3ᵉ alinea, après Métropolitain de, *ajoutez;* ceux-ci, du Métropolitain: &c.

HOLLANDOIS.

Page 266, col. 2, à la fin du 1ᵉʳ alinea, après jugé incapable, *lisez le reste de l'article comme il suit.*

Une Sentence rendue au Châtelet, sur les Conclusions de M. de la Briffe, Avocat du Roi, le Vendredi 23 Mars 1759, a jugé le sieur Krabbe, Hollandois, demeurant en France, & la demoiselle Krabbe, sa sœur, Hollandoise comme lui, mais demeurant en Hollande, capables de succéder à leur parent François: cette Sentence a été depuis confirmée par Arrêt de la Grand'Chambre, intervenu sur les Conclusions de M. le Peletier de S. Fargeau, Avocat Général, le Samedi 26 Janvier 1760. Mᵉ Bazin qui avoit plaidé au Châtelet pour les Sieurs & Demoiselle Krabbe, & qui plaida aussi au Parlement sur l'appel, fit un Mémoire où la question de la capacité des Hollandois se trouve traitée & approfondie.

Cet Arrêt qui juge la question *in terminis*, est conforme à l'art. 37 du Traité conclu entre le Roi & les Provinces-Unies, le 21 Décembre 1739, revêtu de Lettres-Patentes du 11 Août 1741, registrées le 18 dudit mois d'Août, par lequel article il est convenu que » les Sujets des Etats-» Généraux ne seront point réputés Aubains » en France, & conséquemment seront » exempts du droit d'Aubaine; ensorte » qu'ils pourront disposer de leurs biens » par testament, donation ou autrement, » & que leurs héritiers, Sujets desdits Etats, » demeurans tant en France qu'ailleurs, » pourront recueillir leurs successions, mê-» me *ab intestat*, soit par eux-mêmes, soit » par leurs Procureurs ou Mandataires, » quoiqu'ils n'ayent obtenu aucunes Letttres » de naturalité « ..... Voyez l'article entier & les suivans. Voyez aussi une Délibération des Etats-Généraux du 28 Août 1758, donnée à l'occasion de l'affaire des

Sieur & Demoiselle Krabbé, qui conſtate que la ſucceſſibilité admiſe en France, au profit des Hollandois, a lieu en Hollande en faveur des François à titre de réciprocité (a).

Ajoutez à la fin de cet article ;

Un Autre Arrêt du Parlement, rendu au profit du ſieur François-Antoine Jabach, le 28 Juillet 1755, a jugé que les Traités paſſés entre la France & la Hollande, admettoient la ſucceſſibilité réciproque, non-ſeulement aux meubles, mais encore aux immeubles ; & qu'ainſi le ſieur Jabach, Bourgeois de la ville de Midelbourg en Zélande, mais ſujet naturaliſé Hollandois, étoit habile à recueillir en France les immeubles que ſes peres y avoient laiſſés.

Les Receveurs du Domaine ſe ſont pourvus au Conſeil en caſſation, contre cet Arrêt ; mais ils ont été déboûtés de leur demande en caſſation.

Mᵉ de la Borde défendoit le ſieur Jabach, lors de l'Arrêt du 28 Juillet 1755. Il y eut auſſi un Mémoire imprimé pour le ſieur Jabach, contre la demande en caſſation de l'Arrêt de la Cour du 28 Juillet 1755.

HOMICIDE

Page 268, colonne 2, commencez cet article ainſi ;

L'Homicide eſt l'action qui cauſe la mort d'autrui, du Latin, *Hominis cædes.*

HOMME de Plejure.

L'Homme de Plejure eſt celui qui doit ſe faire pleige & caution pour ſon Seigneur.

HOMME Lige.

C'eſt ainſi qu'on appelle le Vaſſal qui ſe trouve non-ſeulement en foi & hommage, mais encore en la Juriſdiction & Domaine de ſon Seigneur, & aſtreint à un ſerment plus étroit que le Vaſſal.

HOMME ſans moyen.

On donne ce nom à celui qui tient immédiatement du Roi, en hommage.

HOMME Vivant, Mourant & Confiſcant.

Page 267, col. 2, à la fin du 1ᵉʳ alinea ; après Voyez *Vicaire, ajoutez ;* Comme la Coutume d'Orléans & quelques autres.

HOMMÉE.

Une Hommée eſt une portion de terre meſurée par le travail que peut faire un homme en un jour. Ce terme eſt fort uſité en Berry & en Lyonnois.

Huit Hommées environ font un arpent de Paris.

HÔPITAUX. Hôtel-Dieu.

Page 280, col. 2, à la fin du 2ᵉ alinea, après Lettres-Patentes, *ajoutez ;*

Par Arrêt du Vendredi 13 Mars 1767, il a été jugé en la Grand'Chambre, conſormément aux Concluſions de M. Joly de Fleury, Avocat Général, que l'Hôpital Général, nonobſtant la diſpoſition de l'Edit de 1749, pouvoit recevoir des legs d'immeubles & contrats ſur Particuliers. La raiſon eſt que l'Hôpital-Général n'eſt point confondu dans la claſſe des Mains-mortes ordinaires : il eſt habilité par l'art. 45 de l'Edit de 1656, conſtitutif de ſon établiſſement, à recevoir tous legs, même univerſels ; & par les articles 46 & 47, à acquérir & vendre, ſans formalités, même à pouvoir compromettre & tranſiger. Cet Arrêt eſt intervenu entre les Directeurs & Adminiſtrateurs de l'Hôpital-Général, contre les ſieur Buſſet, Moret, les demoiſelles Landry & le ſieur Tabouret de Vraincourt, prétendans droit à la ſucceſſion de la dame le Mannier ; la Cour, ſans s'arrêter aux demandes des Héritiers, dont ils ont été déboûtés, a fait délivrance à l'Hôpital-Général, du legs univerſel qui étoit de 300000 livres, cependant l'a réduit, & a ordonné qu'il ſeroit prélevé 100000 liv. au profit des héritiers, ſans préjudice aux legs particuliers.

Ainſi cet Arrêt a jugé que l'Hôpital-Général jouiſſoit de tous les droits d'un pere de famille, ſauf la réduction des legs immodérés.

Mᵉˢ Marguet & Brouſſe firent imprimer des Mémoires dans cette cauſe.

(a) Cet article imprimé dans les précédentes éditions, a paru devoir être ainſi réformé.

Par un autre Arrêt du Samedi 18 Juillet 1767, Audience de neuf heures, il a été jugé, conformément aux Conclusions de M. Séguier, Avocat Général, que l'Hôpital de la Trinité (voyez *Arts & Métiers*), jouissoit du privilége de faire admettre ses Enfans, comme Maîtres, dans quelques métiers que ce fût. Il s'agissoit dans cette espéce d'un enfant de l'Hôpital de la Trinité, qui vouloit se faire recevoir Maître Boucher. La Communauté des Maîtres Bouchers de Paris prétendoit que les priviléges de l'Hôpital de la Trinité ne s'étendoient pas passivement jusqu'à eux; ils soutenoient en outre, qu'en tout événement l'enfant de l'Hôpital de la Trinité devoit faire son chef-d'œuvre; mais M. l'Avocat Général observa que les Lettres-Patentes de 1652, registrées le 26 Novembre de la même année, concernant l'Hôpital de la Trinité, ne faisoient aucune distinction relativement aux Corps de Communautés dans lesquels les enfans de cet Hôpital pourroient être admis comme Maîtres; & attendu que les fils de Maîtres Bouchers, nés depuis la réception de leur pere, étoient dispensés de faire un chef-d'œuvre, M. l'Avocat Général établit que le nommé Pinparès, enfant de l'Hôpital de la Trinité, & qui avoit fait son apprentissage chez un Boucher privilégié, devoit jouir des mêmes avantages, & être dispensé du chef-d'œuvre; c'est aussi ce qui fut jugé par l'Arrêt ci-dessus, qui condamna les Bouchers en 50 livres de dommages-intérêts, & ordonna l'impression de l'Arrêt jusqu'à concurrence de 50 exemplaires. Plaidans Mes Caillard, de la Goutte & Coquelay de Chaussepiere.

Même page & même colonne, à la fin du 3e alinea, après Octobre 1711, ajoutez;

Les Hôtels-Dieu ont seuls le droit de conclure les marchés pour la fourniture de la viande pendant le Carême : & dans toutes les Villes où il y a un Lieutenant Général de Police, c'est à lui seul & exclusivement à tous autres, qu'appartient le droit de mettre la taxe sur la viande. C'est ce qui a été jugé par Arrêt rendu en la Grand'Chambre, le Mercredi 25 Février 1767, conformément aux Conclusions de

M. Joly de Fleury, Avocat Général; plaidans Mes Dumortoux & Bazin.

Même page & même colon. à la fin du dernier alinea de cet article, ajoutez;

Les bois enlevés par l'Hôtel-Dieu, dans les chantiers de Paris, sont-ils exempts des droits perçus par les Officiers Mouleurs de Bois? Voyez *Mouleurs de Bois*.

HÔTEL-DE-VILLE de Paris.

Page 285, colon. 2, à la fin de cet article, après est dû, ajoutez;

Le Samedi 7 Mars 1767, Audience de neuf heures, M. Barentin, Avocat Général, a établi pour principe que le Bureau de la Ville pouvoit prononcer la contrainte par corps, contre un Particulier non Marchand, qui avoit acheté des marchandises arrivées par eau, soit qu'elles eussent été achetées sur le Port, ou seulement d'un Marchand forain. Il est vrai que dans cette espéce l'emprisonnement fut déclaré nul; mais la nullité provenoit de circonstances particulieres : en effet la nullité de cet emprisonnement n'a été prononcée qu'en affirmant par le sieur Prévôt de Saint-Cyr, qu'il avoit fait des billets au sieur Jolivet, Marchand de vin, & que par ces billets il avoit pris du temps pour le payer; cela paroissoit même d'autant plus vraisemblable, que le sieur Jolivet avoit été près de quatre ans sans poursuivre son débiteur. Les billets, & les surséances y portées ont fait considérer la dette comme dette ordinaire, & même comme une renonciation de la part du Marchand aux priviléges accordés aux Marchands forains, ou à ceux qui vendent leurs marchandises sur les Ports. Plaidans Mes Dandasne, Babille & Bayeux. Les dépens ont été compensés fors le coût de l'Arrêt, auquel le débiteur a été condamné.

Voyez aussi l'Edit du Roi du mois de Juillet 1767, enregistré au Parlement le 19 Août suivant, portant suppression des droits aliénés à la Ville de Paris par les Déclarations des 9 Juillet & 10 Décembre 1758, & concession en faveur de ladite Ville, d'un seul droit sur les différentes boissons & liqueurs entrant, tant par terre que par eau.

Ajoutez à la fin de cet article ;

Le Bureau de la Ville, comme on l'a dit, connoît de toutes les contestations élevées entre tous Particuliers, au sujet des marchandises arrivées par bateaux, pour l'approvisionnement de la ville de Paris, & qui sont encore dans les bateaux, ou déchargées sur les ports.

Un Marchand de fer avoit vendu une quantité assez considérable de fer, à un Marchand de la ville de Paris. Le marché paroissoit avoir été conclu sur le port, à l'inspection des marchandises *qui ensuite avoient été conduites dans les magasins du Marchand de Paris :* s'étant élevé des contestations pour le payement, le Marchand de Paris fit assigner son débiteur aux Consuls qui rendirent une Sentence. Le Procureur du Roi du Bureau de la Ville, revendiqua la Cause sur le fondement que le Bureau de la Ville devoit connoître de toutes contestations qui naissent au sujet des marchandises arrivées par bateaux pour l'approvisionnement de Paris, étant encore dans les bateaux, ou ayant été déchargées sur les ports, lieux où les marchés avoient été conclus entre les deux Marchands. C'est aussi ce qui fut jugé dans cette Cause portée au Parquet, devant M. Barentin, Avocat Général, le Mercredi 8 Juin 1768. Plaidans Me Dandasne, pour le Bureau de la Ville; Me Viel, pour le Marchand de Paris; & Me Mercier, pour le Marchand Forain. La Sentence des Consuls fut déclarée incompétemment rendue, les Parties renvoyées au Bureau de la Ville, & le Marchand de Paris fut condamné aux dépens envers toutes les Parties : malgré tous les efforts de son Défenseur qui fit usage de tous les moyens possibles.

HÔTELLERIES, HÔTELLIERS.

Page 285, colonne 2, commencez ainsi cet article ;

On appelle Hôtellier, celui qui tient une maison garnie de meubles & de vivres pour loger les voyageurs ou ceux qui n'ont point de ménage établi.

Page 287, colonne 2, à la fin de cet article après de détail, ajoutez ;

Le Réglement général de Police, du 30 Mars 1635, enjoint aux Hôtelliers de s'enquérir de ceux qui logeront chez eux, de leurs noms, surnoms, qualités, conditions, demeures; du nombre de leurs serviteurs, chevaux; du sujet de leur arrivée, du temps de leur séjour; en faire registre, le porter le même jour au Commissaire de leur quartier, lui en laisser autant par écrit; & s'il y a aucuns de leurs Hôtes soupçonnés de mauvaise vie, en donner avis au Commissaire, *& de bailler caution de leur fidélité* au Greffe de la Police; le tout, à peine de 48 liv. *Parisis* d'amende. Voyez de la Mare, liv. premier, titre 8, chapitre 3.

HUISSIER.

Page 288, colon 1, à la fin du 2e alinea, après Voyez Exploit, *ajoutez ;*

L'Auteur du Mémoire fait en 1765, pour les Huissiers au Parlement, relativement à l'Echevinage auquel ils prétendent droit (a), expose que *l'origine des Huissiers du Parlement est la même que celle de la monarchie & du Parlement,* & qu'ils ont été qualifiés d'Huissiers ordinaires du Roi depuis la création des Huissiers de la Chancellerie & du Conseil.

Il est enjoint aux Huissiers, par les Ordonnances de 1396 & 1560, rapportées par Fontanon, de porter en leur main une baguette, de laquelle ils toucheront ceux auxquels ils auront charge de faire Exploits de Justice, lesquels seront tenus d'y obéir sans résistance, sur peine de déchéance de leur droit, ou d'être réputés convaincus des cas à eux imposés, ou autrement punis à l'arbitrage de Justice; ces mêmes Ordonnances portent défenses, sous peine de la vie, sans pouvoir espérer aucunes lettres de grace, d'outrager ni excéder les Huissiers.

Même page & même colonne, à la fin du 3e alinea, après d'icelle, ajoutez ;

Il n'y a que les Huissiers au Parlement qui puissent signifier les Arrêts non scellés. C'est d'après ce principe certain que, par Arrêt du Vendredi 13 Mars 1767, rendu en la Grand'Chambre, Audience de relevée, un Huissier résidant à Saint-Quen-

(a) Les Parties ont été renvoyées devant le Roi, par Arrêt du Vendredi 5 Juillet 1765.

tia

tin fut interdit, sur les Conclusions de M. Joly de Fleury, Avocat Général, de ses fonctions pour un mois, pour avoir signifié un Arrêt de la Cour, non scellé; & attendu que la copie de cet Arrêt écrite (comme projet) de la main d'un Procureur en la Cour, mais non signée de lui, portoit: Louis par la, &c. Scellé le, &c. Ce qui annonçoit qu'il avoit été mis en forme & scellé, tandis que la grosse de l'Arrêt rapporté prouvoit le contraire; M. l'Avocat Général avoit conclu à l'interdiction contre le Procureur; mais la Cour lui fit seulement une injonction d'être plus circonspect. Plaidans M^{es} le Gentil & Viel.

Les Sergens d'une Justice Seigneuriale peuvent faire, dans l'étendue du ressort de la Justice Seigneuriale, *concurremment avec les Huissiers Royaux*, les significations, tant des Jugemens rendus par les *Juges Royaux*, que de tous les actes passés sous le scel Royal; c'est ce qui a été jugé par provision, par Arrêt du 11 Janvier 1766, rendu en la Grand'Chambre conformément aux Conclusions de M. Barentin, Avocat Général. Cet Arrêt qui est imprimé, a été rendu en faveur du Marquis d'Armaillé, Baron & Seigneur Haut-Justicier de la Baronnie, Terre & Seigneurie de Craon & dépendances, contre René Chevalier, Sergent Royal; Pierre le Tessier, premier Huissier-Audiencier au Grenier à Sel de Craon; & contre les Corps & Communauté des Sergens Royaux de la Sénéchaussée & Siége Présidial d'Angers, plaidans Mes Brousse & Viel.

La même chose a été jugée définitivement, par Arrêt du mois de Mars 1767, plaidans Mes Hutteau & Savin.

Page 288, colonne 2, à la fin du 4e alinea, après par jour *ajoutez;*

Le Roi Charles VI donna, en 1408, des lettres en forme de commission, adressées *au premier Huissier de notre Parlement, Examinateur en notre Châtelet de Paris*, & ce fut en 1418 que la place de premier Huissier fut érigée en titre d'Office.

Les registres des Huissiers font connoître que sept des Huissiers ordinaires ont succédé à l'Office de premier Huissier; que Renaud, premier Huissier, ayant traité de son Office en 1651, Adrien Moreau, Huis-

Supplément.

fier ordinaire, demanda la préférence, & qu'elle lui fût accordée.

Même page & même colonne, ligne 2 de la note, après de Ponthieu, *ajoutez;* Et sous le Regne de S. Louis, l'ajournement à comparoître en la Cour fut signifié à Enguerrand de Coucy, non par les Pairs, mais par les Huissiers de la Cour. Voyez l'Histoire de France, par Boulainvilliers, tit. 3, pag. 260, & la Chronique de Flandre, chap. 63.

Page 289, col. 1, à la fin du 3e alinea, après en gros, *ajoutez;*

Un autre Arrêt de la Cour des Aides rendu sur les Conclusions du Ministere public, au rapport de M. Dionis du Sejour, le 5 Septembre 1760, a maintenu les sieurs Thoré & Fournier, anciens Huissiers de la quatriéme & cinquiéme Chambre des Enquêtes de la Cour de Parlement de Paris, dans l'exemption des tailles.

Page 290, col. 2, à la fin du 1er alinea, après de Livres, *ajoutez;* Voyez aussi l'Acte de Notoriété du Châtelet du 25 Mai 1703.

Même page & même colon. à la fin du 2e alinea, après Bailliage, *ajoutez;*

Le Vendredi 25 Novembre 1763, Audience de relevée, on a plaidé en la Grand'Chambre la question de sçavoir si un Huissier-Priseur, qui dans une vente après décès, avoit adjugé à la veuve du défunt, commune en biens avec lui & gardienne des scellés, des effets du prix desquels elle étoit demeurée débitrice, étoit fondé à renvoyer les créanciers qui vouloient le faire compter de la somme dont il avoit fait crédit à cette veuve, à en demander le payement contr'elle? Par l'Arrêt dudit jour il fut jugé que l'Huissier-Priseur n'y étoit pas fondé, *qu'il devoit représenter le prix total de la vente*, sauf son action contre la veuve à qui il avoit fait crédit. Plaidans Me Paporet, pour l'Huissier, & Me Jouhannin pour le créancier.

HYPOTHÉQUE.

Page 295, colonne 1, à la fin du premier alinea de cet article, après d'une créance, *ajoutez;* du verbe grec ὑποθεῖναι, qui signifie chose sujette à quelqu'obligation.

R

Page 301, colon. 1, lig. 1 du 4ᵉ alinea, après indivisible, *ajoutez;* tota est in toto, tota in qualibet parte rei.

Même page, même colonne, à la fin du même alinea, après de Paris, *ajoutez;*

L'Hypothéque étant indivisible, l'objet Hypothéqué doit l'être aussi.

Mᵉ Parent, Avocat au Parlement, avoit donné à bail à rente une maison au sieur Vezinier; faute de payement de la rente, il obtint une Sentence de déguerpissement, & passa nouveau bail à un autre particulier qui y fit des réparations: les héritiers du sieur Vezinier, premier preneur à bail à rente, formerent par la suite leur demande contre Mᵉ Parent, à fin de rentrer dans la moitié de la maison qui étoit un conquêt de la communauté de leur mere; Mᵉ Parent offrit de leur remettre, non pas la moitié, mais la totalité de la maison, en payant les anciens arrérages du bail à rente, & les continuant jusqu'au remboursement, & en payant aussi le montant des réparations que le second preneur à bail à rente y a fait faire, frais & mises d'exécution. Une Sentence du Bailliage de Nevers n'avoit ordonné le désistement de la maison que pour moitié seulement, & en remboursant la moitié des réparations & des arrérages, & les continuant à l'avenir pour moitié; il y eut appel de cette Sentence de la part de Mᵉ Parent, qui soutenoit que l'Hypothéque résultante d'un bail à rente, & la chose hypothéquée étant indivisibles au regard du créancier, il falloit que les représentans Vezinier offrissent de rentrer dans la totalité, & non dans la moitié de la maison, & de payer la totalité des réparations & des arrérages échus & à échoir jusqu'au remboursement; c'est aussi ce qui fut jugé par Arrêt rendu en la seconde Chambre des Enquêtes, au rapport de M. l'Abbé Gayet de Sansalle, le Vendredi 5 Septembre 1766. La Sentence du Bailliage de Nevers, du 4 Septembre 1761, fut infirmée. Mᵉˢ Parent & Michel écrivoient dans ce Procès.

Cependant un créancier, auquel un cohéritier a obligé sa portion indivise, ne peut pas, après le partage, exercer son Hypothéque sur tous les biens de la succession, mais seulement sur ceux qui sont tombés dans le lot de son débiteur, à moins que le partage n'eût été fait en fraude du créancier, ou qu'il lui fût si incommode, qu'il n'eût plus les mêmes sûretés. La Coutume de Nivernois, celles de Bourgogne, Cambrai, &c. autorisent ces sortes de partages. Voyez Argou, tome premier, page 485 des partages & rapports.

Page 307, colonne 1, dernier alinea, après Notaire, *changez & mettez comme il suit;*

On a quelquefois prétendu que les clôtures de comptes arrêtés devant les Commissaires au Châtelet ne produisoient point d'Hypothéque; parce que, disoit-on, les fonctions des Commissaires sont bornées à entendre les Parties sans pouvoir rien prononcer: mais cette opinion, fondée sur une simple subtilité, tirée de ce que les Commissaires, en cas de contestation sur un ou plusieurs articles du compte, sont tenus de renvoyer les Parties à l'Audience, n'a jamais été adoptée. Ce renvoi se fait par une Ordonnance qui suppose dans les Commissaires un caractere & une fonction de Juge, caractere qu'ils portent dans leurs fonctions, qui, pour la plûpart, dans les autres Tribunaux & même en la Cour, se font par les Juges, comme Conseillers-Commissaires en cette partie; & que la puissance publique, sans le secours de laquelle l'Hypothéque, qui est un droit réel, ne peut s'imprimer sur des héritages, réside encore plus éminemment dans les Commissaires, que dans les Notaires, aux actes desquels l'Hypothéque est cependant attachée.

Ce droit d'Hypothéque, résultant des clôtures des comptes rendus pardevant les Commissaires, a été disertement jugé par l'Arrêt d'ordre du prix des biens du nommé Mouret, rendu en très-grande connoissance de cause, le 4 Septembre 1743, qui a accordé l'Hypothéque au créancier, du jour de la clôture d'un compte de communauté rendu devant un Commissaire. Cet Arrêt est imprimé avec un Précis du fait & des moyens.

Ce qui a été jugé par cet Arrêt, a une application générale, tant à la clôture de leurs autres comptes, qu'aux partages & aux autres actes faits par les Commissaires.

Conseillers, étant de leur reffort & fonctions, lorsque ces actes font susceptibles de produire l'Hypothéque : *Ubi eadem ratio , ibi idem jus.*

Même page , col. 2 , à la fin du 5ᵉ alinea , après V. Contre-Lettre *, ajoutez;*

En concours de deux contrats de constitution de rente, la premiere rachetable dans trois ans , & la seconde dans un an ,

l'Hypothéque est acquise au premier créancier, quoique le délai du second fût plutôt échu ; la raifon est que , *qui prior est tempore , potior est jure.* Voyez Ferron fur la Coutume de Bordeaux , pag. 293 & 294.

Même page & même colonne , à la fin de cet article , après Sceau , ajoutez; & le Traité des Hypothéques par Basnage.

I

JALLAGE.

Page 308 , col. 1 , lig. 4 du 1ᵉʳ alinea , après Afforage , ajoutez;

CE mot vient de ce que l'on mefure le vin dans une Jalle, ou Jatte.

JAUGE & COURTAGE.

Même page , col. 2 , à la fin du 3ᵉ alinea , après revendues , ajoutez; V. aussi à l'article *Gros.*

JAUGEURS.

Page 309 , col. 1 , à la fin du 5ᵉ alinea , ajoutez;

» Le Jaugeur doit imprimer fa marque fur le vaisseau avec une Rouanette, » & y mettre la lettre B fi la Jauge est » bonne ; la lettre M fi elle est trop foible » ou moindre, & la lettre P fi elle est plus » forte, avec un chiffre qui marquera le » nombre des pintes qui y feront de moins » ou de plus, & chaque Jaugeur doit avoir » fa marque particuliere. V. le Dictionnaire de Trévoux «.

IDOINE.

Page 309 , col. 2 , ligne 2 du 1ᵉʳ alinea , après quelque chofe , ajoutez; du Grec Ἴδιος, *Proprius.*

JÉSUITES.

Page 313 , col. 2 , à la fin de cet article , ajoutez;

Depuis il est intervenu un Edit au mois de Nov. 1764, regiftré au Parlement le 1ᵉʳ Décembre fuivant, dont voici la teneur :

» Voulons & nous plaît qu'à l'avenir la » Société des Jéfuites n'ait plus lieu dans » le Royaume, Pays, Terres & Seigneu» ries de notre obéissance ; permettant » néantmoins à ceux qui étoient dans la» dite Société de vivre en particulier dans » nos Etats, fous l'autorité fpirituelle des » Ordinaires des lieux, en fe conformant » aux Loix de notre Royaume, & fe com» portant en toutes chofes comme nos bons » & fidéles Sujets : Voulons en outre que » toutes procédures criminelles qui au» roient été commencées à l'occafion de » l'Inftitut & Société des Jéfuites, foit re» lativement à des ouvrages imprimés ou » autrement, contre quelques perfonnes » que ce foit & de quelque qualité & con» dition qu'elles puiffent être, circonftan» ces & dépendances, foient & demeurent » éteintes & assoupies, impofant filence » à cet effet à notre Procureur Général «.

Le même jour premier Décembre 1764, date de l'enregiftrement du préfent Edit : » la Cour, toutes les Chambres assemblées, » les Princes & Pairs y féant, délibérant » fur l'exécution des Lettres-Patentes en » forme d'Edit du mois de Novembre 1764, » a ordonné que lefdits ci-devant foi-difans » Jéfuites, qui feroient dans le cas de pro» fiter de ladite permission, feront tenus » de réfider dans le Diocèfe de leur naiffan» ce, & néantmoins ne pourront appro» cher de la ville de Paris plus près que » dix lieues; comme aussi de fe préfenter » tous les fix mois devant le Subftitut du » Procureur Général du Roi, aux Bail» liages & Sénéchaussées, dans l'étendue » defquels ils feront leurs réfidences, le-

» quel en enverra certificat au Procureur
» Général du Roi ; le tout à peine d'ê-
» tre les contrevenans pourſuivis extraordinairement : enjoint aux Subſtituts du Pro-
» cureur Général du Roi, dans leſdits Bail-
» liages & Sénéchauſſées, de veiller chacun
» en droit ſoi à ce que leſdits ci-devant
» ſoi-diſans Jéſuites ſe conforment aux
» Loix du Royaume, Arrêts & Réglemens
» de la Cour, & ſe comportent comme
» bons & fidéles Sujets du Roi, ainſi qu'il
» eſt preſcrit par ledit Edit, & d'en rendre
» compte au Procureur Général du Roi ;
» ordonne que le préſent Arrêt ſera im-
» primé, publié & affiché, & copies col-
» lationnées d'icelui, envoyées aux Bail-
» liages & Sénéchauſſées du reſſort, enſem-
» ble au Conſeil Provincial d'Artois, &c.
Nous ferons remarquer qu'une Sanc-
tion-Pragmatique de S. M. le Roi d'Eſpagne, datée du *Pardo* le 2 Avril 1767,
porte ordre à tous les Religieux de la Compagnie de Jéſus de ſortir de ſes Royaumes,
ſaiſie & confiſcation de leur temporel, défenſes de jamais rétablir ladite Compagnie, &c.

L'article 2 de cette Sanction-Pragma-
tique porte : » ledit Conſeil fera pareille-
» ment ſçavoir aux Prélats Diocéſains,
» Congrégations, Communautés Eccléſiaf-
» tiques & autres Aſſemblées, ou Corps
» politiques du Royaume, que les motifs
» juſtes & graves, par leſquels je me ſuis
» vû à regret, forcé de donner cet or-
» dre néceſſaire, reſtent renfermés dans
» mon cœur royal, & que je n'ai voulu
» employer aucun autre moyen que mon
» pouvoir, ſans procéder par d'autre voie,
» cédant uniquement aux mouvemens de
» ma clémence royale, comme étant le pere
» & le protecteur de mes peuples «.

Par Arrêt du Parlement du 9 Mai
1767, rendu toutes les Chambres aſſemblées, la Cour, vû le récit fait par un de
Meſſieurs le 29 Avril 1767, & les états
laiſſés ſur le Bureau par les Gens du Roi
(à l'occaſion de ladite Sanction-Pragmati-
que) a déclaré & déclare ladite Société &
tous ſes membres, publics & ſecrets, ennemis de toute puiſſance & de toute autorité
légitime, de la perſonne des Souverains &
de la tranquillité des Etats : en conſéquence,

ordonne que tous les ci-devant ſoi-diſans
Jéſuites demeureront déchus du bénéfice à
eux accordé par l'Edit de Novembre 1764 ;
ordonne que tous & un chacun de ceux qui
étoient membres de ladite Société, à l'époque du 6 Août 1761, ſeront tenus de ſe
retirer hors du Royaume dans quinzaine de
la publication du préſent Arrêt, laquelle
vaudra ſignification à chacun d'eux, ſous
peine d'être pourſuivis extraordinairement :
à l'exception toutefois de ceux qui auroient prêté les ſermens ordonnés par les
Arrêts de la Cour des 6 Août 1762 & 22
Février 1764, conformément auxdits Arrêts, en exécution d'iceux & dans les délais
y portés, ſe réſervant ladite Cour de ſtatuer ſur la contravention aux Arrêts de la
Cour, qu'aucun deſdits ci-devant Jéſuites qui auroient prêté leſdits ſermens, auroient pu commettre poſtérieurement à la
preſtation deſdits ſermens..... & ſera le
Roi ſupplié d'ordonner que les penſions ali-
mentaires accordées aux ci-devant ſoi-diſans
Jéſuites, ne leur ſoient plus payées à l'a-
venir, que ſur le certificat légaliſé en la forme ordinaire du Juge des lieux où ils auront fait leur réſidence, hors des terres de
ſa domination ; fait défenſes à tous & un
chacun de ceux qui auront été obligés de
ſe retirer hors du Royaume, en vertu du
préſent Arrêt, de rentrer, ſous quelque prétexte que ce puiſſe être, dans les Etats de
la domination du Roi, à peine d'être pourſuivis extraordinairement.... fait défenſes
de leur donner retraite, ... d'entretenir
directement ou indirectement correſpon-
dance avec eux, à peine d'être pourſuivis
ſuivant la gravité du délit & l'exigence des
cas..... De recevoir du Général de ladite
Société ou de quelqu'autre en ſon nom,
des lettres d'aſſociation ou affiliation quelconque, ſous peine d'être pourſuivis extraordinairement...... enjoint à ceux qui
en ont de les dépoſer au Greffe........ &
ſera le Roi très-humblement ſupplié de
vouloir bien rendre communes à tout ſon
Royaume par une loi générale, les diſpoſitions du préſent Arrêt.

Et le 15 Mai, la Cour, toutes les Chambres aſſemblées, a rendu un autre Arrêt
concernant les Jéſuites infirmes. V. le Recueil de toutes ces piéces.

JEU.

Page 314, col. 1, commencez cet art. ainsi;

Par les Ordonnances de Charles VI de 1319 & de Henri III de 1586, il est défendu à toutes personnes de tenir *Berlans publics & Jeux de cartes, dez & pariages, sur peine de punition corporelle, quant à ceux qui les tiendront; & quant à ceux qui joueront, sur peine de prison & d'amende pécuniaire à la discrétion de Justice pour la première fois, & de punition corporelle pour la seconde.*

On fera observer que les *Berlans*, dont il est parlé dans ces Ordonnances, sont ce qu'on appelle aujourd'hui *Académies;* Étrange relâchement des mœurs qui a fait prendre au vice le nom du lieu où la vertu étoit anciennement exercée!

Même page, col. 2, à la fin du 5e alinea, après également, *ajoutez;*

Par l'Ordonnance de François Premier à Château-Briant, en Juin 1532, il est défendu à tous ceux qui manient les deniers & finances du Roi, *de jouer desdits deniers, en quelque lieu que ce soit, sur peine de perdition de leurs états, d'être fustigés & bannis à perpétuité, & leurs biens confisqués;* il est ordonné que ceux qui joueront avec eux, *soient condamnés à rendre l'argent, & le double dicelui.*

Page 315, col. 1, ligne 3, du 5e alinea, après mais, *ajoutez;* la maxime générale est au contraire, *actio ex ludo aleæ rejicitur;* c'est même une, &c.

Même page, col. 2, à la fin du 4e alinea, après prohibés, *ajoutez;*

Il y auroit cependant une distinction à faire entre les Jeux de hasard toujours prohibés, & un Jeu de pur exercice du corps, tel que celui de la paume. Celui qui auroit joué à ce Jeu, pourroit avoir action en justice contre un majeur, pour raison de ce qu'il lui auroit gagné publiquement & sans fraude. *Actio ex ludo pilæ à senatu admittitur,* & il y en a un Arrêt du 6 Mai 1603. Voy. Mornac, L. 2, §. 1, ff. de *Aleatoribus, folio* 481; voyez aussi le Traité des Contrats Aléatoires, par M. Pothier.

Même page & même colonne, à la fin du dernier alinea de l'article Jeu, *ajoutez;*

Voici un autre Arrêt, par lequel le débiteur d'un billet à ordre n'a point été admis à faire preuve que le billet avoit pour cause le Jeu.

Dans le fait, un Particulier non Négociant, avoit souscrit plusieurs billets à ordre, pour valeur reçue. Le porteur de l'un de ces billets avoit obtenu la condamnation du payement par Sentence du Châtelet. Il y en eut appel en la Cour, où l'Appellant soutint que le billet avoit été par lui souscrit, pour argent perdu au Jeu, il demandoit même à faire preuve de ce fait, quoiqu'il s'agit de plus de 100 livres; mais par Arrêt du Jeudi 12 Juillet 1764, la Sentence du Châtelet, portant condamnation du montant du billet, fut confirmée avec amende & dépens. Plaidans Me. Paporet pour l'Appellant, & Me Jouhannin pour l'Intimé. On cita à l'Audience l'Ordonnance publiée par Louis XIII, au mois de Janv. 1629 (a), qui comme on l'a dit ci-dessus, admet la preuve, en matiere de Jeu, quoiqu'il s'agisse de plus de 100 liv. Mais on sçait que, quoique cette Ordonnance (Code Michault) ait été enregistrée au Parlement, aujourd'hui elle n'y fait point loi par elle-même; d'ailleurs elle est antérieure à l'Ord. de 1667, qui défend la preuve testimoniale au-dessus de 100 liv.

JEU DE FIEF.

Page 321, col. 1, ligne 2 du 2e alinea, au lieu de son empire, *mettez;* l'Empire de la Coutume de Paris.

A la fin du même alinea, ajoutez;

Les Jeux de Fief doivent être précédés du consentement du Seigneur; autrement, en cas d'ouverture du Fief servant, il y auroit lieu de la part du Seigneur, à la saisie de tout ce que le Vassal auroit retenu ou aliéné: le Seigneur pourroit même, dans le cas où le Vassal viendroit à vendre son Fief, le retirer en entier par retrait féodal, avec les dépendances aliénées; dans ce cas, le Seigneur ne seroit tenu qu'au remboursement du prix de l'acquisition du Fief, & des deniers que le Vassal auroit reçus lors du bail à cens & rente, avec les bâtimens, améliorations, frais & loyaux-coûts. Voyez Bacquet.

(a) Code Michault.

I G N O R A N C E.

Même page , col. 2, à la fin du 1er alinea, après V. *Erreur, ajoutez ;*

L'ignorance du droit excuse quelquefois les femmes. V. Ferron, sur la Coutume de Bordeaux , p. 189. V. aussi la Loi finale *Cod. de juris* & *facti ignorantiâ.* Cette Loi explique plusieurs cas où les femmes sont excusées de l'ignorance du droit. Mornac, sur cette Loi, a discuté les exceptions de la glose.

L'ignorance excuse ceux qui ont contracté avec une veuve, la croyant telle, bien qu'elle fût mariée secrettement. V. Ferron, pag. 117.

I M B É C I L L E S.

Même page & même colonne , après In-terdits, ajoutez ;

» La foiblesse d'esprit de l'un des puî-» nés n'empêcheroit point que l'aîné ne fût » saisi de sa part, & ne fît les fruits siens , » si les autres freres négligeoient de lui fai-» re donner un curateur, en lui fournissant » néanmoins ses alimens «. Voyez Basnage, sur l'art. 237 de la Coutume de Normandie, tom. 1er, pag. 170, col. 2.

I M M E U B L E S.

Page 322, *col.* 2, *à la fin du* 6e *alinea, après* des bateanx, *ajoutez ; art.* 90.

Page 323, *colonne* 1, *à la fin de l'article* Immeubles, *ajoutez ;*

Il falloit avant l'Ordonnance de 1539, discuter les Meubles du Débiteur, avant que de pouvoir saisir ses Immeubles. Aujourd'hui cet usage est aboli à l'égard des majeurs, mais il subsiste encore à l'égard des mineurs.

I M M I X T I O N.

Même page & même col. lig. 2 *du premier alinea, après* de quelqu'affaire , *ajoutez ;* Il signifie plus particuliérement l'adition d'hérédité, ou le maniement des effets de l'hérédité.

I M M U N I T É.

On appelle immunité , le privilége ou l'exemption de quelque charge publique , devoir ou imposition ; & ce mot se dit

particuliérement de ce qui est accordé aux Villes & Communautés.

» Il y a un privilége de l'Immunité » dont on jouit en certains lieux, sur-tout » en Italie. Il regarde les personnes & les » choses Ecclésiastiques, lesquelles sont » exemptes de certaines sujétions , par » exemple, de payer certains droits, d'ê-» tre à couvert des poursuites de la Jus-» tice...... le privilége de l'Immunité » n'a pas en France la même étendue qu'il » a en Italie. François I déclare dans son » Ordonnance de 1539 , art. 166, qu'il » n'y aura lieu d'Immunité, pour dettes , » ni autre matiere civile, & se pourront » toutes personnes prendre en franchise , » & sauf à les réintégrer«. V. le Dictionn. de Trévoux.

I M M U N I T É S Ecclésiastiques.

Même page , col. 2, *à la fin du* 1er *alinea ; après* lui demandoit........ *ajoutez ; redde* Cæsari, &c.

I M P E N S E.

Page 524, *col.* 1, *ligne* 3 *de cet article ; après* de bonne foi, *ajoutez ;*

On répete les Impenses & améliorations faites, constant le mariage, sur les propres héritages de l'un ou l'autre des conjoints. Cependant pour les Impenses & améliorations que le mari a faites sur les héritages de la femme, la répétition du prix ne vient qu'à *die soluti matrimonii.*

L'héritier du mari a action contre sa veuve pour les Impenses & améliorations faites *in fundo uxoris* durant le mariage, & il ne peut les demander à un tiers-détenteur. Voyez le *Vest*, art. 76.

Le donataire doit être remboursé par ses cohéritiers des Impenses utiles & nécessaires. Voyez l'art. 305 de la Coutume de Paris.

I M P É R I T I E.

Ajoutez à la fin du 2e *alinea , après* selon les circonstances ; *Imperitia, culpæ an-numeratur.*

I M P É T R A N T.

Même page , col. 2, *à la fin de cet article, après* Rome, *ajoutez ;*

Un Impétrant de Lettres de grace, les

doit lui-même préfenter à la Cour ; & les faire lire à l'Audience, à genoux.

» Un Impétrant de deux commiffions » de deux Juges différens, contre une mê- » me perfonne, dans une même caufe, perd » les avantages de chacune des deux Com- » miffions, felon le chap. 16 *de Refc.* Dict. » de Trévoux.

IMPOSITIONS Royales.

Page 325, *col.* 1, *à la fin du* 1er *alinea, après* V. *Gros, ajoutez* ;

On peut ftipuler la non-retenue des Impofitions Royales, foit que l'on donne un immeuble à rente fonciere, ou qu'on le vende pour un prix dont l'acquéreur conftitue une rente fur lui même : la raifon eft que dans l'un & l'autre cas, fans la claufe de non-retenue, la rente fonciere ou conftituée auroit été exigée plus forte que celle dont il a été convenu.

Par rapport aux Offices, dont la Finance n'eft point fixée par un Réglement, on peut auffi en les vendant, moyennant une rente conftituée, ftipuler la non-retenue des Impofitions Royales ; mais cette claufe feroit illicite relativement aux Offices, dont la valeur eft déterminée par un Réglement, tels que font, par exemple, les Offices de Notaires au Châtelet de Paris, parce qu'en général cette claufe n'eft admife que dans le cas où les Offices ont été vendus au deffous du prix fixé, ou qu'ils font de nature à être vendus plus ou moins cher, fuivant l'affection qu'y mettent les acquéreurs. C'eft ce qui a été jugé par un Arrêt récent : il s'agiffoit d'une rente de 205 livres conftituée fans retenue d'aucun dixiéme denier par le fieur de Beaucé, acquéreur d'un Office de Juge Sénéchal de la Baronnie de Champagné ; cet Office lui avoit été vendu le 5 Août 1716, par la dame veuve Brillard, moyennant 4100 liv. produifant 205 liv. de rente, *fans pouvoir* (par le fieur de Beaucé) *retenir aucun dixiéme denier.* Il y eut rétroceffion de cet Office par le fieur de Beaucé aux fieur & dame du Viviers, pour la fomme de 5000 livres, avec délégation de 4100 liv. à la dame veuve Brillard, venderelle originaire, qui lui devoient être rembourfées par les fieur & dame du Viviers, à la décharge du fieur de

Beaucé ; à Pâques 1718 ; à l'écheance, les fieur & dame du Viviers offroient de fe mettre au lieu & place du fieur de Beaucé, ce qui fut accepté par la veuve Brillard ; & par acte du 16 Juillet 1718, elle déchargea le fieur de Beaucé de fon obligation de la fomme de 4100 liv. fans dérogation à fes hypothéques, & les fieur & dame du Viviers s'obligerent d'abondant & folidairement de payer à la dame veuve Brillard ladite rente de 205 liv. en l'acquit du fieur de Beaucé, *fans rétention d'aucun dixiéme denier.* Cet Office étant paffé en 1749, fur la tête du fieur Cofnard, celui-ci prétendit (entr'autres chofes) contre la veuve Brillard, que les claufes de non-retenue n'étoient licites que dans les baux à rentes, & non dans les ventes à prix d'argent, quand le prix étoit converti en rente ; que dans l'efpéce il y avoit novation ; que l'acte du 16 Juillet 1718 avoit dénaturé la rente conftituée par l'acte du 5 Août 1716 ; enfin que dans la vente faite par le fieur de Beaucé aux fieur & dame du Viviers, on avoit excédé la Finance de l'Office, & qu'il étoit de maxime que quand l'Office étoit vendu au-deffus de fa Finance, la claufe de non-retenue étoit ufuraire ; mais ces moyens ont été profcrits par Arrêt du Mardi 26 Août 1766, rendu au rapport de M. Michault de Monblin, fur le fondement des principes & des exceptions expliqués au commencement de cet article : Me Caillau écrivoit dans cette affaire pour la dame veuve Brillard.

Un fieur Jouffe avoit vendu au fieur Prot fon Office d'Huiffier au Grand-Confeil, moyennant une rente de 425 liv. au principal au denier vingt de 8500 livres ; cette rente fut ftipulée payable par l'acquéreur, franche & exempte de toute retenue, la préfente convention faifant partie du prix principale de la vente ; le dernier Office de cette nature avoit été vendu 10000 liv.

Quelque temps après le fieur Jouffe fit tranfport à fon frere de la propriété de cette rente que lui devoit le fieur Prot ; le fieur Jouffe, ceffionnaire, fit fignifier fon tranfport au fieur Prot, à qui il demanda le payement des arrérages échus de la rente de 425 livres ; le fieur Prot fit des offres au fieur Jouffe, ceffionnaire, du montant des arrérages de la rente, mais à la déduction fur iceux, des impofitions telles que de droit : il prétendit auffi devoir être autorifé à faire à l'avenir la retenue des impofitions.

Sur cette conteftation, il intervint Sentence d'appointement aux Requêtes du Palais : le fieur Jouffe en interjetta appel ; & par Arrêt du premier Mars 1763, de relevée, l'appellation & ce dont étoit appel furent mis au néant, émendant, les offres du fieur Prot déclarées infuffifantes ; en conféquence, il fut condamné à payer au fieur Jouffe, vendeur, les arrérages de la rente en queftion, *francs & quittes* de toute retenue, & aux dépens. Sur la demande en garantie du fieur Jouffe, ceffionnaire de fon frère, & contre lui formée, les Parties furent mifes hors de Cour, dépens compenfés. Plaidans Me Duponchel pour le fieur Jouffe, vendeur & cédant ; Me Jouhannin pour le fieur Prot, & Me le Breton pour le fieur Jouffe, ceffionnaire de fon frere.

Le fieur Prot s'étayoit de l'autorité d'un Arrêt du 7 Mars 1760, rendu fur les Conclufions de M. Séguier, Avocat Général, mais voici l'efpéce de cet Arrêt bien différente de celle d'entre les fieurs Prot & Jouffe.

Après l'accident arrivé à Batefte, Notaire, Me Demay acheta fa pratique : à l'égard de l'Office il n'en fit point l'acquifition, mais il fe fit remettre une procuration *ad-refignandum*, à l'effet d'en difpofer en faveur de qui il jugeroit à propos. Me Demay vendit l'Office de Notaire à Me de Ribbe, moyennant 40000 livres ; dix mille livres furent d'abord payées ; quant aux 30000 livres reftantes, Me de Ribbe s'obligea d'en paffer, foit au profit de Me Demay, foit au profit de telles perfonnes qui lui feroient indiquées par Me Demay, un ou plufieurs contrats de conftitution de rente au denier vingt, qui feroient francs du vingtiéme denier & de toutes autres charges impofées ou à impofer, de *convention expreffe entre les Parties, fans laquelle le préfent Traité n'eût été fait.*

Le fieur C. devint Ceffionnaire des droits de Me Demay, au moyen de trente mille livres qu'il lui paya réellement. Me Demay préfenta le fieur C. à Me de Ribbe qui paffa au profit du fieur C. un contrat de conftitution de 1500 livres de rente ; laquelle rente, fut-il dit, feroit exempte du vingtiéme, conformément au Traité de l'Office fait entre Me Demay & Me de Ribbe. Me de Ribbe paya exactement au fieur C. les arrérages de la rente de 1500 livres, jufques & compris les fix premiers mois 1750, fans aucune retenue de vingtiéme ; mais dans la fuite fur les repréfentations qu'il fit au fieur C., celui-ci confentit à la retenue du vingtiéme.

Les deux vingtiémes ayant été enfuite impofés, Me de Ribbe voulut auffi les retenir fur les arrérages qu'il devoit. Le fieur C. s'y refufa. Il obferva que Me de Ribbe abufoit de la grace qu'il avoit bien voulu lui faire relativement à la non-retenue du premier vingtiéme ; il foutint qu'étant au lieu & place de Me Demay, Me de Ribbe ne pouvoit lui retenir ni dixiéme ni vingtiéme (de même qu'il n'auroit pû les retenir à Me Demay, aux termes formels de la claufe des deux contrats, qui étoit licite. Au contraire Me de Ribbe foutint que la claufe de non-retenue du vingtiéme, inférée dans l'un & l'autre acte étoit ufuraire, parce qu'un Office avoit une valeur fixe & déterminée (40000 livres) en quoi un Office de Notaire différoit de la vente d'une maifon (voyez *fuprà* l'Arrêt du 26 Août 1766) ; que d'ailleurs il y avoit une novation en ce que le fieur C. ayant payé à Me Demay 30000 livres en l'acquit de Me de Ribbe, Me de Ribbe étoit devenu le débiteur du fieur C., & Me Demay n'étoit refté que caution de Me de Ribbe, vis-à-vis du fieur C. Celui-ci répondoit qu'il ne pouvoit pas être fubrogé aux droits de Me Demay pour une partie feulement, l'effet de la fubrogation étant indivifible ; que fi la claufe de non-retenue étoit licite pour Me Demay (comme on n'en pouvoit douter) elle l'étoit conféquemment pour lui, puifque *fubrogatus fapit naturam fubrogati* ; cependant par Arrêt rendu conformément aux Conclufions de M. Séguier, avocat Général, le Vendredi de relevée 7 Mars 1760, la claufe de non-retenue des impofitions Royales, fut déclarée nulle, & Me de Ribbe fut autorifé à retenir les impofitions

Royales

Royales pour les années pendant lesquelles il ne les avoit pas retenues. Plaidans le célèbre Me Doucet pour le sieur C. , & Me Jouhannin pour Me de Ribbe.

Voici une autre espéce assez singuliere par les circonstances.

Par contrat passé devant Notaires à Orléans, le 15 Déc. 1760, les sieurs Culembourg, freres, acquirent de Pierre de Zais, Laboureur, tous ses droits successifs dans la succession de son frere, moyennant 6000 livres, & à la charge de lui faire solidairement 600 liv. de rente ou pension viagere, sans que par la mort du premier des deux acquéreurs, la rente ou pension viagere de 600 liv. par an, *pût être, réduite ni modérée pour quelque cause ou prétexte que ce pût être.*

Le 26 Août 1762, l'un des deux acquéreurs écrivit une lettre au Sr de Zais, par laquelle il lui marqua qu'il lui payeroit *sa portion de la rente de 600 livres jusqu'à sa mort, sans aucune diminution des vingtiémes.*

Postérieurement à cette lettre, le sieur de Zais donna à l'un des deux acquéreurs, deux quittances en Août & Décembre 1763, des arrérages de la rente de 600 livres, dûs solidairement par les sieurs Culembourg, freres, dans lesquelles quittances il étoit fait mention que le sieur de Zais, créancier de la rente, avoit fait déduction des Impositions Royales. Par la suite, les Parties ayant eu des contestations ensemble, le sieur Culembourg fit des offres réelles au sieur de Zais des arrérages de la rente, à la déduction des Impositions Royales. Le sieur de Zais soutint que ces offres réelles étoient insuffisantes, parce que, disoit-il, le sieur Culembourg s'étoit obligé par sa lettre missive du 26 Août 1762, à ne pas lui retenir les Impositions Royales. Les choses en cet état, Sentence contradictoire intervint le 21 Octobre 1765, qui, *attendu le consentement porté par la lettre missive du 26 Août 1762, par laquelle le sieur Culembourg avoit marqué à de Zais qu'il lui payeroit sa portion de la rente de 600 liv. jusqu'à sa mort, sans aucune diminution des vingtiémes, ce qu'il étoit permis de stipuler, dé-* clara les offres du sieur Culembourg insuffisantes, le condamna à payer la moitié des arrérages de la rente de 600 liv. en deniers

Supplément.

ou quittances valables, *sans aucune retenue depuis sa création, & tant qu'elle auroit cours,* ordonna que l'autre moitié seroit payée par le frere, à la déduction des vingtiémes. Le sieur Culembourg ayant interjetté appel de cette Sentence, Arrêt intervint le Mardi 14 Mars 1767 à l'Audience de 7 heures, confirmatif de la Sentence. Plaidans Me Dumortoux pour l'Appellant, & Me le Prestre pour l'Intimé. Tout le Barreau étoit pour l'infirmation de la Sentence, ce qui étoit conforme aux principes de la matiere; mais il y a lieu de croire que l'on a regardé défavorablement le sieur Culembourg, qui revenoit & appelloit de la promesse faite par sa lettre.

Les cens, surcens & rentes Seigneuriales doivent-ils être payés aux Seigneurs sans retenue des Impositions Royales? Voici dans quelles circonstances s'est présentée cette question.

Le sieur Crochard étoit Fermier de la Seigneurie de Beaurepaire, appartenante au Marquis de la Grange. Par le bail que le Marquis de la Grange avoit fait à Crochard, il y avoit compris les cens & rentes, de la nature qu'ils étoient dûs, y compris le surcens Mangot.

Louis Boucher étoit débiteur de partie de ce surcens appellé Mangot: il fut assigné à la requête de Crochard, qui lui fit un commandement de payer les arrérages par lui dûs du surcens.

Le sieur Boucher forma opposition au commandement: il soutenoit qu'aux termes d'une quittance dont il donnoit copie, il avoit payé l'année 1764, mais que Crochard n'avoit point voulu lui tenir compte du dixiéme & autres Impositions Royales; il demandoit acte de ses offres de payer, fournir & livrer à Crochard huit mines un quartier & demi de grains, &c. & cependant que Crochard fût condamné à lui payer les sommes auxquelles se trouveroient monter les 10e, 20e & 2 s. pour l. pour huit années du surcens Mangot payés par lui Boucher, à proportion du montant de chacune desdites années, suivant l'appréciation qui seroit faite de huit mines & un quartier de bled.

Sentence par défaut étoit intervenue au Bailliage de Senlis le 15 Mai 1766, qui avoit donné acte au fieur Boucher de fes offres , & avoit ordonné la déduction des Impofitions Royales , tant pour ce qui étoit alors dû , que pour les huit années antérieures qu'il avoit payées fans les déductions des Impofitions Royales. Il y eut appel en la Cour de cette Sentence par Crochard. Il foûtenoit que l'article 4 de l'Edit du 20 du mois de Mars 1745 , vouloit que le vingtiéme fût payé du revenu de tous les fonds, terres , prés, bois, vignes, màrais , pacages , ufages... cens, rentes, dixmes , champarts , droits Seigneuriaux , &c. que le Marquis de la Grange payoit le 20e pour tous les revenus de fa terre : qu'ainfi le fieur Boucher ne pouvoit le retenir, & que s'il en étoit autrement, le Seigneur payeroit deux fois les Impofitions Royales. Crochard citoit encore un Jugement du Confeil qui décidoit que les cens & rentes Seigneuriales feroient payés aux Seigneurs fans retenue du vingtiéme. Par Arrêt rendu en la Grand'Chambre, Audience de 7 heures , le Jeudi 30 Avril 1767, la Cour , en infirmant la Sentence, a jugé qu'il n'y avoit pas lieu à la retenue des Impofitions Royales. Me de la Borde plaidoit pour le fieur Crochard.

IMPÔT & BILLOT.

Page 325, colon. 1 , à la fin du 1er alinea de cet article, après de l'Etat, ajoutez ;

L'Auteur du Traité de l'Ordre Naturel & effentiel des Sociétés Politiques , (Livre qu'on ne peut affez lire) établit avec évidence , que *dans une Société formée* (il parle d'un Etat Monarchique), *la Loi la plus effentielle, la Loi fondamentale concernant l'Impôt , eft qu'il n'ait rien d'arbitraire.*

IMPRESCRIPTIBILITÉ DE CENS.
Voyez *Cens.*

L'Impreſcriptibilité eft la qualité d'une chofe qui la rend impreſcriptible : c'eft dans ce fens que l'on dit que l'Impreſcriptibilité a lieu pour la dixme.

Par Arrêt du 30 Juillet 1767, il a été jugé en la premiere Chambre des Enquêtes, au rapport de M. l'Abbé Malezieux , que le Fief de Font-Chapelle, autrement Cacheeffe, fitué entre Saint-Romain-Siangues,

Saint-Privat & Limagnes Province d'Auvergne , étoit régi par le Droit Romain : que conféquemment le cens qui avoit été reconnu, étoit impreſcriptible (& il y avoit 250 ans qu'il n'avoit été reconnu). Les Parties étoient le Comte de la Roche-Lambert, Seigneur du Fief en queftion, Intimé; contre le fieur Salvaing de Boiffieux & conforts , Appellans. La Sentence de la Sénéchauffée de Riom fut confirmée. Me Maiziere fit un Mémoire pour l'Intimé, & Me Carteron pour les Appellans.

Ajoutez à la fin de cet article ;

Par un autre Arrêt du Lundi 20 Mai 1765 , rendu en la feconde Chambre des Enquêtes au rapport de M. le Pileur de Brevannes, il a été jugé en faveur du fieur Clerquet de Loifcy , Chevalier , Seigneur de Rozey , que lorfque le Propriétaire d'un héritage de Franc-Aleu donnoit cet héritage à Cens à un Particulier, ce Cens purement emphytéotique n'étoit point prefcriptible , foit par 30 ans ou par tout autre laps, comme feroit une rente fonciere.

Le motif de l'Imprefcriptibilité dans une pareille efpéce eft fondé fur ce qu'il eft de là nature du bail à Cens purement emphytéote, que le *canon* emphytéotique, de quelque nom qu'on l'appelle, *Cens, Penfion,* ou autrement , foit imprefcriptible , comme la foi & hommage l'eft pour les Fiefs, & comme le Cens feigneurial l'eft pour les Rotures qui en dépendent ; parce que cette redevance eft payée en reconnoiffance de la fupériorité directe qui demeure au bailleur dans l'emphythéofe, comme dans l'inféodation ou dans l'accenfement fait par un Seigneur de Fief.

Par Sentence du Bailliage de Màcon du 12 Avril 1760 , le fieur de Loifcy avoit été débouté de fa demande; mais par l'Arrêt ci-deffus daté, la Sentence fut infirmée, & le fieur Mautray, Confeiller au Bailliage & Siége Préfidial de Châlons-fur-Saône, prenant le fait & caufe de Paul de l'Homme, Vigneron, fut condamné à payer les arrérages du Cens, les lods & ventes de fon acquifition, exhiber fes titres & paffer une nouvelle reconnoiffance. Me Douet d'Arcq fit un Mémoire pour le fieur de Loifcy, & Me le Roi écrivoit pour le sieur Mautray, Intimé. Il y eut aussi une excellente Consultation de Me de la Monnoye, qui est bien à conserver.

IMPUBERES.

Page 328, colonne 1, à la fin de cet article; après d'Etampes, *ajoutez;*

Un Official ne sçauroit connoître du mariage des Impuberes, si l'un d'eux est mort avant la puberté. V. Fevret, Traité de l'Abus, livre 5, chapitre premier, article premier.

IMPUDICITÉ, IMPUDIQUE.

L'Impudicité est le vice opposé à la chasteté.

L'Impudicité de la fille est prouvée par sa conduite & par ses liaisons avec les impudiques. *Per actus impudicos, Impudicorúmque familiaritatem.* Voyez Ferron sur Bordeaux, p. 114.

Plusieurs exemples & Arrêts prouvent que la femme impudique est souvent empoisonneuse.

Les Loix Grecques & Romaines déclaroient infâmes les Impudiques, & Démosthenes nous apprend qu'il ne leur étoit point permis de parler en public, ni d'approcher des temples. V. le Dictionnaire de Trévoux.

IMPUISSANCE.

Page 331, col. 1, à la fin du 4e alinéa, après sa femme, *ajoutez;*

Le Pape Alexandre III a décidé que si la femme étoit impuissante & incapable des actes du mariage, *propter actitudinem,* on pouvoit procéder à la dissolution.

INCAPABLES, INCAPACITÉ.

Page 333, colon. 2, commencez ainsi cet article;

On appelle Incapable, celui qui manque des qualités & des dispositions nécessaires pour être en état de faire ou recevoir quelque chose.

Page 338. col. 1, à la fin de l'article, ajoutez;

» En matiere Bénéficiale on connoît » deux sortes d'Incapacités. Les unes ren» dent nulle la provision du Bénéfice dans » son principe; les autres surviennent &

» annullent les provisions qui étoient va» lables dans leur commencement.

» Les Incapacités qui annullent les pro» visions dans leur origine, sont le dé» faut de dispense d'âge pour un mineur; » de légitimation pour un bâtard, de na» turalisation pour un étranger, &c.

» Les Incapacités & inhabilités qui ar» rivent au possesseur d'un Bénéfice de» puis ses provisions, sont les délits ou » crimes atroces qui rendent le Bénéfice » impétrable, ou qui le font vaquer de plein » droit, ou qui le font tomber dans l'irré» gularité «.

INCENDIE.

Page 339, col. 2, à la fin du 3e alinéa; après le silence, *ajoutez;*

Cependant il y a au tome 2 du Journal des Audiences, liv. 1, ch. 17, un Arrêt rendu sur les Conclusions de M. Talon, Avocat Général, le Lundi 2 Juillet 1657, qui a jugé *in terminis*, qu'un Particulier dont la maison avoit été abattue par ordre du Juge, Prévôt du Mans, pour empêcher les progrès du feu qui avoit déja consumé six maisons, ne pouvoit intenter son action pour obliger les voisins, dont les maisons avoient été préservées au moyen de la démolition de la sienne, à lui payer par contribution, le prix de sa maison ruinée.

Quand même la maison auroit été démolie par le voisin, & de son autorité privée, il n'y auroit point lieu à la contribution, pourvû que la nécessité de la démolition, pour arrêter les progrès du feu, fût bien prouvée. C'est la disposition de la Loi 49, ff. *ad Legem Aquiliam,* & de la Loi 3, §. 7, *de Incendio. Injuriam,* dit cette Loi, *non fecit qui se tueri voluit, cùm aliàs non posset... quoniam nullam injuriam, aut damnum dare videtur æquè perituris ædibus.*

Page 340, col. 2, 2e alinéa, après l'Arrêt du 29 Mars 1756, *ajoutez;*

La même chose a encore été jugée dans une espéce assez semblable, par Arrêt rendu à l'Audience de relevée le Vendredi 29 Avril 1768: la Cour a infirmé une Sentence contradictoire du Châtelet du 12 Août 1767, qui avoit autorisé le sieur

Joly, Fermier judiciaire, à faire faire à une maison faisant partie de son bail judiciaire, & qui avoit été incendiée, les réparations urgentes & nécessaires, & à y employer jusqu'à concurrence de la somme de 160 liv. 14 f. L'Arrêt, en infirmant ladite Sentence, a condamné au contraire le Fermier judiciaire (qui ne prouvoit pas que l'Incendie eût été occasionné par méchanceté ou de dessein prémédité) à rétablir les lieux, sinon a autorisé la dame Cosseron poursuivante, & consorts, à les faire rétablir aux frais du Fermier judiciaire, sauf le recours de celui-ci contre le sous-Fermier, avec dépens. Mᵉ de la Borde plaidoit dans cette Cause pour l'Appellante.

Page 341, *col.* 1, *à la fin de l'article, après* 50 liv. d'amende, *ajoutez*;

Sur la preuve par témoins pour dépôt en cas d'Incendie, voyez l'Ordonnance de 1667, art. 3, tit. 20.

INCESTE.

Même page & même col. à la fin du 1ᵉʳ *alinea de cet article, ajoutez*;

Salvian, livre 4 de la Providence, sect. 7, estime l'inceste plus énorme que le meurtre, & se plaint moins de ce qu'on accusoit les premiers Chrétiens du parricide de leurs enfans, à l'Office de Matines, que du crime qu'on leur imputoit de se mêler indifféremment avec leurs parentes, dans leurs Oratoires souterreins, quand les lampes étoient éteintes. Voyez le 7ᵉ Discours sur l'Inceste, par M. Fardoil, ci-devant Président au Parlement de Rouen, chap. 10, p. 168. Ce Traité complet sur l'Inceste est divisé en 16 chap. imprimé en 1665, chez Sébastien Cramoisy.

Le premier Concile de Lyon, en 517, fut convoqué pour réprimer un seul Inceste.

Page 342, *col.* 1, *à la fin de l'article, après* Cas, *ajoutez*;

L'Inceste est-il Cas Royal ? Voyez *Cas Royaux.*

INCLUSION.

C'est une régle de Droit, que l'Inclusion d'une chose est l'exclusion de l'autre ; *Inclusio unius est exclusio alterius.*

INCOMPÉTENT.

Page 353, *col.* 1, *à la fin de cet article, après* provisoire, *ajoutez*;

Par Arrêt du Mercredi premier Juillet 1767, rendu en la Grand'Chambre, conformément aux Conclusions de M. Joly de Fleury, Avocat Général, il a été jugé que tout appel d'Incompétence ne pouvoit être porté qu'en la Cour : il a été fait défenses aux Bailliages de les recevoir, & la Cour a ordonné que l'Arrêt contenant réglement à cet égard, seroit envoyé aux Bailliages & Sénéchaussées. Plaidans Mᵉˢ Dinet & Massonnet. Les autres dispositions de cet Arrêt sont rapportées à l'article *Noblesse,* vers la fin.

Par Arrêt avisé au Parquet le Mercredi 22 Juillet 1767, par M. l'Avocat Général Joly de Fleury, entre Mᵉ Brousse, pour M. le Duc de Nevers, & Mᵉ Boullyer, pour M. le Duc de Béthune, la Cour a jugé que les appels d'Incompétence en matiere criminelle n'étoient point du ressort du Parquet, mais devoient se porter à la Tournelle.

Ajoutez à la fin de cet article;

On distingue deux sortes d'Incompétences; l'Incompétence *ratione materiæ,* & l'Incompétence *ratione personæ.*

L'Incompétence, *ratione materiæ,* est celle qui résulte d'un Jugement rendu dans une matiere dont le Juge ne pouvoit connoître. Par exemple, si un Bailliage ou autres Juges, autres que ceux des Elections, avoient connu d'une matiere concernant les Tailles, les Traites, &c. ce seroit une Incompétence *ratione materiæ,* & une Incompétence absolue.

L'Incompétence, *ratione personæ,* s'applique à un Jugement rendu par un Juge dont on prétend n'être pas Justiciable; V. Déclinatoire : ou bien à une Sentence émanée d'un Juge qui pouvoit bien connoître de la contestation portée devant lui (par exemple, les Consuls, s'il s'agissoit de matiere de négoce entre Marchands), mais dont le Défendeur auroit décliné la Jurisdiction, sur le fondement qu'il auroit dû être assigné devant les Consuls établis au lieu de son domicile. Cette derniere Incompétence seroit bien moins considérable que les deux autres ; & un appel comme de Juge Incompétent dans cette derniere espéce paroîtroit n'être qu'une suite, pour éloigner une condamnation légitime.

Cependant, pour exciper valablement de la part du créancier, de l'article 17 du titre 12 de l'Ordonnance de 1673, qui est le siége de cette matiere, il faut nécessairement que si le débiteur ne s'est pas obligé de payer dans le lieu du domicile du créancier (ce qui seroit décisif contre le débiteur), comme aussi s'il avoit reconnu la Jurisdiction, il y ait concours de deux choses, c'est-à-dire, que la promesse de payer ait été faite, & (a) la marchandise fournie, dans le lieu où l'assignation se trouvera avoir été donnée ; autrement il faudroit assigner devant les Juges-Consuls établis dans le lieu du domicile du débiteur, ou devant le Juge Royal, s'il n'y avoit pas de Consuls. Voy. *Consuls*, n°. 42, & le Commentaire de M. Jousse, sur cet article.

INCORPOREL.

Même page & même col. ligne 5 de cet article, après rentes constituées, *ajoutez ;* les droits Seigneuriaux sont, &c.

INDEMNITÉ.

Ce mot signifie dédommagement. L'Indemnité procéde de la stipulation des contractans, ou bien elle est acquise de droit.

INDEMNITÉ de Droits Seigneuriaux.

Page 355, col. 2, ligne 4 du 5ᵉ alinea, après l'Indemnité, *au lieu de* est dûe en ce cas, *mettez,* peut en être dûe en certains cas.

Page 357, col. 1, à la fin de l'art. ajoutez ; L'Indemnité se prescrit contre les Laïcs par 30 ans, & contre l'Eglise par 40 ans. Voyez sur cette matiere ce que dit la Combe, verbo *Indemnité*.

INDICES.

Même page & même col. à la fin du 1ᵉʳ alinea de cet article, après vraisemblance, *ajoutez ;* En matiere criminelle, quelque violens

que soient les Indices, ils ne font qu'une demi-preuve, cependant ils suffisent ; &c.

INDIGNES, INDIGNITÉ.

Page 358 col. 1, à la fin du 6ᵉ alinea, après en ses Réponses, *ajoutez ;* & notamment Basnage, tom. 1, pag. 363, édit. de 1706.

A la fin du même alinea, ajoutez ;

Le Roy de Valines, d'auprès d'Abbeville, fut condamné à mort, & préalablement appliqué à la question, pour avoir empoisonné ses oncle, tante, & autres personnes qui dînoient ensemble.

Ceux qui avoient échappé à la violence du poison, obtinrent par forme de réparations civiles, des dommages-intérêts, à prendre sur les biens de le Roy de Valines.

Lors du Procès-verbal de torture, le Roy de Valines déclara de lui-même qu'il avoit aussi empoisonné son pere & sa mere.

Question alors de sçavoir, si à cause de l'Indignité, le Roy de Valines avoit été dans le cas de succéder à ses pere & mere.

La tante paternelle de le Roy de Valines soutenoit que non, & qu'ainsi les réparations civiles ne pouvoient se prendre que sur les biens personnels, & non sur les propres paternels de le Roy de Valines, puisqu'à cause de son Indignité, il n'avoit pu succéder à son pere. La tante de le Roy de Valines réclamoit ses propres.

Par Arrêt du Mardi 27 Janvier 1767, rendu en la Grand'Chambre, la Cour ordonna un délibéré. Les Conclusions de M. Barentin, Avocat-Général, tendoient à déclarer le Roy de Valines, incapable d'avoir succédé à ses pere & mere ; plaidans Mᵉˢ Etienne le fils, Target, Vermeil & Cochu le fils.

Il y avoit encore la question de sçavoir, si les réparations civiles s'adjugeroient & courroient pour l'hypothéque, à compter du jour du délit, ou de celui auquel la demande en avoit été formée ; c'est-à-dire, si ceux qui les premiers avoient obtenu les réparations civiles, en seroient payés par préférence.

On prétendoit de la part de ceux qui les derniers avoient demandé les réparations

(a) La particule & qui est conjonctive, établit le concours de ces deux choses.

civiles, que prenant toutes ici leur source dans le même attentat, tous ceux qui en avoient obtenu, devoient être rangés dans la même classe.

Le Jeudi 19 Février 1767, le délibéré fut jugé au rapport de M. l'Abbé Farjonel ; la Cour prononça en faveur de la sœur du sieur le Roy de Valines pere, Partie de Me Etienne le fils, qui soutenoit l'incapacité de succéder, en la personne de le Roy de Valines, à cause de son Indignité.

Ainsi la question de l'hypothéque pour les réparations civiles est devenue sans objet, au moyen du Jugement ci-dessus ; il y eut des Mémoires imprimés de part & d'autre dans cette cause.

INDIVIS, INDIVISION.

Page 359, col. 1, commencez cet art. ainsi ; On entend par Indivis, ce qui doit être partagé, & ne l'est pas encore.

INDULT, INDULTAIRE.

Même page, col. 2, à la fin du 1er alinea, de cet article, après d'Indults, *ajoutez ;* & on appelle Indultaire, celui qui a un Indult, ou qui requiert un Bénéfice en vertu d'un Indult d'un Conseiller au Parlement, d'un Maître des Requêtes, &c.

INDULT DU PARLEMENT.

Page 362, col. 1, derniere ligne, après lui-même, *ajoutez ;* Ce que ne peut faire le Patron, ni le Collateur.

A la fin de cet article, ajoutez ; Le Conseiller au Parlement ne confere pas le Bénéfice, il ne fait que présenter au Roi le sujet à qui il fait passer son Indult ; le Roi donne à celui-ci des Lettres-Patentes notifiées au Collateur, à l'effet de donner à l'Indultaire le premier Bénéfice qui se trouvera vacant ; conséquemment les Lettres-Patentes désignant nommément le sujet, celui-ci ne peut céder son droit à un autre ; mais s'il venoit à mourir avant d'avoir eu le Bénéfice, ou qu'il se déportât de l'Indult à lui accordé, l'Officier pourroit présenter une autre personne au Roi.

INFAME, INFAMIE.

Page 368, col. 1, à la fin du 8e alinea, après Mai 1731, *ajoutez ;* rapporté au mot Grades & Gradués.

Même page, col. 2, à la fin du 3e alinea, après des deux Puissances, *ajoutez ;* L'Infamie a lieu contre le condamné qui a acquiescé à la Sentence par contumace, pour crime qui emporte Infamie ; en effet si l'accusé y acquiesce, il transige par ce moyen sur le crime. V. Ferron & son Annotateur, p. 165.

INFORMATION.

Page 371, col. 2, lig. 2 du 4e alinea, après Commissaires au Châtelet, *ajoutez,* qui font dans ce Tribunal presque la totalité des Informations, & qui réclament le droit exclusif à tous autres Officiers de faire cette fonction au Châtelet, d'après les titres ci-devant rapportés au mot *Enquête,* devroient eux-mêmes écrire les Informations ; cependant depuis cent soixante ans, ou environ, que les Greffiers du Tribunal ne remplissent plus auprès des Commissaires aucunes fonctions au Châtelet, ils sont dans l'usage d'écrire, ou par eux-mêmes les dépositions des témoins, ou de les faire écrire en leur présence par leurs Clercs, dont ils répondent des faits.

Page 372, col. 2, ligne 9 du 3e alinea, après l'Interprète, *ajoutez ;* le même Arrêt enjoint de &c.

INGRATITUDE.

Page 373, col. 2, ligne 3 de cet article, après la Société, *ajoutez ;* & des plus fréquens, peut &c.

INQUISITION.

Page 377, col. 2, à la fin du 2e alinea, après Hérétiques, *ajoutez ;* Le Pape Paul IV appelloit l'Inquisition, le *grand ressort du Pontificat.*

» L'Etendart de l'Inquisition est un damas rouge, sur lequel est peinte une » Croix, accompagnée d'un côté d'une » branche d'olivier, & de l'autre d'une » épée, & autour ces paroles du Pseaume, » *Exurge, Domine, & judica causam* » *tuam «.*

INSCRIPTION DE FAUX.

Page 378, col. 2, à la fin de cet article, après &c. ajoutez; Voyez aussi le Traité des Inscriptions en Faux, de Jean Ragueneau.

Ajoutez à la fin de cet article;

Par Arrêt du 5 Avril 1764, rendu en la Cour des Aides sur les Conclusions de M. Clément de Barville, Avocat Général, les sieurs Dubois de Grancé ont été déboutés de leur demande en nullité de l'Inscription de Faux formée par les Officiers municipaux de la ville de Châlons, contre les Pièces par eux produites au soutien de la noblesse qui leur étoit contestée. Le moyen sur lequel les sieurs Dubois fondoient leur demande en nullité de l'Inscription de Faux, étoit que la sommation de déclarer s'ils entendoient, ou non, se servir des Pièces arguées de Faux, avoit été faite par un acte signifié de Procureur à Procureur; & non par un Exploit en forme, contrôlé: les sieurs Dubois soutenoient cette formalité nécessaire d'après l'article 3 du tit. du Faux Incident de l'Ordonnance de 1737: mais on n'eut aucun égard à ce moyen, & MM. de la Cour des Aides ont jugé au contraire que la signification faite de Procureur à Procureur étoit suffisante, les sieurs Dubois ont été condamnés aux dépens. Me Masson de Lamothe plaidoit pour les Officiers Municipaux de la ville de Châlons. V. la suite de cet Arrêt à l'art. *Usurpateur de Noblesse.*

INSENSÉS.

Page 379, col. 1, à la fin de cet article, après comme elle l'auroit dû, ajoutez;

On prend sur les biens des Insensés, les dommages-intérêts auxquels leurs délits ont donné lieu.

INSINUATION.

Page 387, col. 2, à la fin de cet article, après & des substitutions, ajoutez;

Les donations portées par contrat de mariage, au profit du survivant, doivent-elles être insinuées au lieu de la situation des immeubles trouvés dans la succession du prédécédé; suffit-il qu'elles soient seulement insinuées au lieu du domicile des conjoints? Voici dans quelles circonstances cette importante question s'est encore présentée.

Par le contrat de mariage de Pierre-Eustache Pepin & de Geneviéve Aubry, en date du 4 Novembre 1744, il étoit stipulé, entr'autres choses, » que les futurs » époux se sont fait donation mutuelle & » réciproque l'un à l'autre, & au survivant » d'eux, ce acceptant réciproquement par » ledit survivant, de tous les biens, meu- » bles, acquêts, conquêts & propres, de » toute nature & espéce, qui se trouveront » appartenir au premier mourant au jour de » son décès, pour, par ledit survivant, en » jouir & en usufruit seulement, sa vie du- » rant, à sa caution juratoire, sans être te- » nu de donner caution, sous quelque pré- » texte que ce puisse être; pour avoir lieu » ladite donation, quand même il y auroit » au jour du décès du premier mourant, des » enfans provenus du futur mariage; telles » étant la volonté & l'intention desdits fu- » turs époux «.

Le contrat de mariage fut insinué à Paris, lieu du domicile des conjoints, dès le 28 Novembre 1744. Rhétoré & consorts, héritiers de Pierre-Eustache-Nicolas Pepin, fils mineur & unique héritier de Geneviéve Aubry, sa mere, prétendirent (& les Juges du Châtelet de Paris avoient décidé que cette Insinuation n'étoit pas suffisante), qu'il falloit encore qu'elle fût faite au lieu de la situation des immeubles que la femme Pepin possédoit, & qui s'étoient trouvés dans sa succession.

Pierre-Eustache Pepin étoit Appellant de la Sentence du Châtelet, il soutenoit que les dispositions des Ordonnances de 1539, art. 132 de la Déclaration du mois de Février de la même année: de l'Ordonnance de Moulins de 1566, & de l'Ordonnance du mois de Février 1731, ne s'appliquoient qu'aux donations entre-vifs; qui, outre le ministere de l'Officier public, exigent l'acceptation expresse & formelle, l'irrévocabilité & la tradition au moins par équivalent: mais que dans l'espéce présente, il ne s'agissoit point du tout d'une donation entre-vifs, que les contractans ne se dépouilloient de quoi que ce soit, que la libéralité que les sieur & dame Pepin avoient exercée l'un à l'égard de l'autre reſpectivement, étoit une eſpéce d'inſtitution contractuelle, un gain de ſurvie, une donation à cauſe de mort; que par conſéquent, & attendu l'incertitude de ce qui pourroit former au jour du décès du premier mourant, la maſſe des biens compoſans la donation, il ne falloit tout au plus que l'Inſinuation au lieu du domicile des contractans. C'eſt auſſi ce qui a été jugé par Arrêt rendu, *Conſultis Claſſibus,* en la troiſiéme Chambre des Enquêtes, au rapport de M. Boula de Montgodefroi, le Mercredi 29 Juillet 1767. Mᵉ Mouſſu fit un Mémoire pour l'Appellant, & Mᵉ Picard pour les Intimés.

Depuis cet Arrêt, il s'eſt préſenté au Parc-Civil du Châtelet de Paris, une queſtion qui a de l'analogie avec celle ci-deſſus rapportée.

Le contrat de mariage du ſieur de Brayac, Ecuyer, avec demoiſelle Jeudy de Villeneuve, en date de l'année 1749, contenoit la clauſe qui ſuit:

» En conſidération de leur futur mariage, les futurs époux ſe font l'un à l'autre » & *au ſurvivant d'eux,* ce acceptant reſ-» pectivement, donation entre-vifs, pure » & ſimple, égale, réciproque & irrévoca-» ble de tous & un chacun les biens, meu-» bles, immeubles & autres, *qui ſe trouve-» ront appartenir au premier mourant des » futurs époux le jour de ſon décès,* pour, » par le ſurvivant, jouir, faire & diſpoſer » *en toute propriété, de tout ce qui pourra* » *faire l'objet de la préſente donation,* le » jour du décès dudit premier mourant, ſoit » qu'audit jour il y eût des enfans dudit ma-» riage, ſoit qu'il n'y en eût pas «.

Le contrat de mariage dont il s'agiſſoit, contenoit ſoumiſſion aux diſpoſitions du Droit-Ecrit, & dérogation à toutes Loix & Coutumes contraires.

Ce n'avoit été qu'en 1755 que le ſieur de Brayac avoit fait inſinuer à Paris la donation; mais à cette époque, il y avoit ſix ans que la demoiſelle Jeudy de Villeneuve ne demeuroit plus à Paris : ainſi c'étoit la même choſe que s'il n'y avoit point eu d'Inſinuation. L'épouſe du ſieur de Brayac étant décédée, les ſieur & dame de Meynadier attaquerent de nullité la donation,

ſur le fondement que le contrat de mariage n'avoit été inſinué, *ni au lieu du domicile de la dame de Brayac,* qui avoit prédécédé ſon mari, ni au Bureau de la ſituation des biens qu'elle avoit laiſſés à ſon décès.

Le ſieur de Brayac, défendu par Mᵉ Onfroy, ſoutenoit que toutes les Loix qui aſſujettiſſoient les donations à être inſinuées, ne parloient que des donations entre-vifs, & en diſpenſoient textuellement les donations à cauſe de mort; que la diſpoſition du contrat de mariage en queſtion étoit une donation à cauſe de mort, une véritable inſtitution contractuelle, affranchie par toutes les Ordonnances, de toute Inſinuation quelconque.

Mᵉ Dandaſne, pour les ſieur & dame de Meynadier, établiſſoit au contraire, entr'autres choſes, qu'il auroit fallu, dans l'eſpéce préſente, une double Inſinuation; à plus forte raiſon, une Inſinuation au lieu du domicile des conjoints; il fit même connoître que la donation dont il s'agiſſoit, participoit de la nature des donations entre-vifs & de celles à cauſe de mort; mais que n'y ayant eu aucune Inſinuation, ni au lieu du domicile de la Dame de Brayac, ni au lieu de la ſituation de ſes biens, la donation étoit radicalement nulle.

C'eſt auſſi ce qui a été jugé par Sentence du Parc-Civil, du Vendredi 28 Août 1767, conformément aux Concluſions de M. Marquet, Avocat du Roi.

L'inſinuation de la donation conſentie en faveur d'un Magiſtrat, ne peut être faite devant lui. V. Ferron, p. 10; la raiſon eſt, dit ſon Annotateur, que perſonne ne peut être Juge ni témoin en ſa propre Cauſe.

INSINUATION Eccléſiaſtique.

Page 393, colon. 1, à la fin de cet arti-cle, après de Montbriſon, *ajoutez;*

Un Arrêt du Conſeil d'Etat du Roi du 10 Sept 1766 ordonne qu'il ne ſera payé aucuns droits de Contrôle pour tous les actes & contrats qui auront pour objet des rentes ou effets de la nature & qualité déſignées par l'Edit du mois de Déc. 1764; & que ceux d'Inſinuation des donations ou legs deſdites rentes ou effets, continueront d'être perçus comme par le paſſé, en conformité du tarif du 29 Septemb. 1722.

INSOLITE.

INSOLITE.

Même page & même col. ligne premiere de cet article, après Ce mot, *ajoutez*; qui vient de l'opposé du verbe latin *Soleo*, avoir coutume, signifie, &c.

INSOLVABLE.

Même-page & même col. à la fin de cet article, ajoutez;

Pour faire voir l'insolvabilité d'un homme, il faut discuter ses biens.

INSPECTEURS.

Il y a dans le Droit, des Inspecteurs qu'on nomme autrement *Peræquatores*, égaleurs; ce nom leur étoit donné, parce qu'ils considéroient & examinoient la qualité des fonds des héritages, & qu'ensuite ils répartissoient également sur chaque Particulier les Impôts, à raison de la quantité & de la qualité des fonds que chaque Particulier possédoit, & qu'ils rendoient les Impôts proportionnels; c'en étoit les Asséeurs ou Asseyeurs. Voyez le Code Justin. liv. 2, tit. 58, *de Cens.* & Cujas.

INSPECTEURS de Police.

Même page, col. 2, ligne 18, après &c. *ajoutez*;

Ces Procès-verbaux doivent être dressés sur le champ, signés de deux d'entr'eux & affirmés véritables devant l'un des Commissaires au Châtelet du quartier où la contravention aux Ordonnances de Police aura été faite, pour en être par le Commissaire fait rapport en l'Audience de Police.

A la fin de cet article, ajoutez;

Une Déclaration du Roi du 15 Mars 1712, registrée le 12 Mai de la même année, accorde aux Inspecteurs de Police, le titre de *Conseillers du Roi*: preuve que jusqu'à nos jours on s'est toujours attaché à rendre recommandables dans les différentes classes, les Officiers qui sont chargés de contribuer à l'ordre public, quoiqu'ils ne soient ni judiciaires ni militaires, & l'exécution de cette Déclaration a été ordonnée par l'Edit de Mars 1740, en ce qui n'étoit pas contraire aux dispositions de cet Edit.

Supplement.

INSTALLER, INSTALLATION.

Ces mots signifient la mise en possession d'une Charge, d'un Bénéfice; du latin *Installare*, parce que *Stallum* a été dit des siéges ou bureaux; comme si l'on disoit, *ponere in stallo*.

»Le Concile de Latran tenu en 1179, » défend dans son septiéme Canon, de rien » exiger pour l'Installation des Ecclésiasti-» ques, ou pour la prise de possession des » Curés. «

INSTIGATEUR, INSTIGATION.

On appelle Instigateur, celui qui excite un autre à faire quelque chose: c'est en ce sens que l'on dit en Droit, que l'Instigateur d'un crime est complice de celui qui l'a commis, & mérite une pareille punition.

Instigateur signifie quelquefois simplement un Dénonciateur.

Un accusé poursuivi à la requête du Procureur du Roi, quand il est absous, a droit de l'obliger à nommer son Instigateur, pour le faire condamner en ses dommages-intérêts. Dict. de Trévoux.

INSTITUT.

A la fin de cet article, ajoutez; Les Instituts ou Institutes font la derniere partie du corps du Droit.

Accurse, Théophile, Borcolten, Mysinger, Haute-Serre, (Professeur à Toulouse) & plusieurs autres, ont commenté les quatre Livres des Institutes.

INSTITUTION Contractuelle.

Page 395, col. 2, à la fin du 1er alinea après leurs descendans, *ajoutez*; Ainsi l'Institution Contractuelle est lorsque les pere & mere donnent *par contrat de mariage*, à leurs enfans & à ceux qui en naîtront, leur future succession, en tout ou en partie, la légitime réservée aux autres enfans de l'Instituant.

Page 398, col. 1, à la fin du dernier alinea, après Rapport, *ajoutez*;

Remarquez cependant que ce qui vient d'être dit, doit s'entendre de celui qui est marié *comme fils aîné & principal héritier*; ce qui est bien différent d'un héri-

T

tier inftitué par contrat de Mariage ; l'enfant marié comme fils aîné & principal héritier , eft fujet à l'incompatibilité , parce qu'il n'eft qu'héritier fimple , déclaré comme tel par fon contrat de mariage , ne pouvant prétendre que fa portion héréditaire, fans aucune diminution & fans crainte d'être réduit à fa légitime , jouiffant en outre des avantages confidérables attachés à l'aîné par certaines coutumes, comme celles du Maine & d'Anjou ; alors il ne peut en directe, non plus qu'un autre héritier, cumuler les deux qualités d'héritier & de légataire , il faut qu'il opte , & c'eft-là ce qui a été jugé par l'Arrêt du 5 Mars 1711, rendu dans la maifon de Condé ; Arrêt célébre, rapporté avec étendue au Journal des Audiences, à fa date : il en eft auffi parlé à l'article *Incompatibilité d'Héritier* , vers la fin.

Celui au contraire qui eft inftitué héritier par contrat de mariage, ne peut être dans le cas d'opter entre les deux qualités d'héritier & de légataire, puifque l'Inftitution Contractuelle lui fait paffer l'univerfalité de la fucceffion , la légitime réfervée à fes freres & fœurs.

Cependant fi le fils n'étoit inftitué héritier contractuel, que pour une partie de la fucceffion , & que fon pere , outre le don irrévocable de partie de fa fucceffion, l'eût fait encore par fon teftament, ou autrement, fon légataire particulier , il faudroit qu'il optât entre les deux qualités , fuivant le principe certain, qu'on ne peut être en même-temps héritier & légataire en ligne directe.

La raifon de douter , eft que la maxime , *nul ne peut être héritier & légataire en directe* , n'a lieu que dans l'efpéce d'une fucceffion déférée par la Loi : or l'Inftitution d'héritier contractuel procéde de la feule difpofition de l'homme , conféquemment elle eft fufceptible de toute l'extenfion que le pere a pu lui donner, *tàm ab initio , quàm ex poft facto* ; le fils peut donc prendre , *eundo* , le legs qui ne fait qu'un même corps avec l'Inftitution Contractuelle, & en eft indivifible.

Mais la raifon de décider, eft que le fils tirant tout fon droit de l'Inftitution Contractuelle , doit fe renfermer dans les ter-

mes mêmes & dans les difpofitions de cette Inftitution ; le pere pouvoit fans doute inftituer fon fils, fon héritier pour le tout , par fon contrat de mariage , mais il ne l'a pas fait , *non fecit quod potuit* ; ne l'ayant au contraire inftitué que pour une partie de fa fucceffion , par-là *votum emifit* ; tout a donc été confommé à l'époque de cette Inftitution Contractuelle : *pacta ab initio funt voluntatis , ex poft facto fiunt neceffitatis.*

Page 399, col. 2, à la fin de l'art. ajoutez ;
Sur les Inftitutions Contractuelles, voyez le Traité qu'en a fait de Lauriere.

INTENDANS.

Page 400, col. 2, commencez cet art. ainfi ;
Le mot Intendant fignifie, en général , celui qui a l'infpection , la conduite & la direction de certaines affaires.

Les Intendans de Juftice, de Police , Finances, *Miffi Domini* , font des gens de Robe envoyés par le Roi dans les Provinces ; on les appelle auffi Commiffaires départis en une telle Généralité pour l'exécution des Ordres du Roi.

C'eft l'Intendant de chaque Généralité qui reçoit de la Cour l'état de ce qui doit être impofé fur chaque Election. Dict. de Trévoux.

On appelle auffi Intendant, celui qui dans la maifon d'un Seigneur ou d'un homme en place, a le foin & la conduite de fes affaires.

INTERDICTION, Interdits.

Page 401 , col. 2 , à la fin du 3e alinea , après nécessaires , ajoutez ;
» Il y avoit trois fortes d'*Interdits* , en » ufage parmi les Romains, *prohibitoria* , » *reftitutoria* , & *exhibitoria. Prohibitoria* » font ceux par lefquels le Juge défend à » quelqu'un de vexer un autre, dans la » poffeffion d'un bien qui lui appartiendra » légitimement. *Reftitutoria* font ceux par » lefquels le Juge ordonne que celui qui a » été chaffé de fon fonds , foit rétabli , avant » que faire droit fur la propriété, & c'eft » ce qu'on appelle réintégrande. *Exhibitoria* font ceux par lefquels le Juge ordonne que celui qui a des meubles qui » lui font conteftés, les repréfente , avant » auffi que faire droit fur la propriété.

Page 403, avant l'alinea qui commence par l'interdiction du furieux, *mettez à la ligne;*

DANS LE FOR DE LA CONSCIENCE, il y a nullité dans l'engagement contracté avec un prodigue, quoiqu'avant son interdiction; soit en achetant de lui quelque chose, ou en lui prêtant de l'argent, quand on avoit connoissance qu'il ne vendoit ou n'empruntoit que pour employer incontinent à ses débauches, le prix de la chose, ou de la somme prêtée. V. M. Pothier, Traité des Obligations, tom. 1ᵉʳ, pag. 65.

Page 406, col. 2, à la fin du 1ᵉʳ alinea, après par l'Acquéreur, *ajoutez;*

Par Arrêt du Mardi 17 Juillet 1764 de relevée, il a été jugé qu'il suffisoit que la Sentence qui prononçoit l'Interdiction, eût été signifiée au Doyen des Notaires du domicile de l'Interdit, sans qu'il fût besoin, quand l'Interdit changeoit après de domicile, de faire signifier & notifier l'interdiction aux Notaires des nouveaux domiciles de l'Interdit; attendu qu'étant Interdit une fois il ne pouvoit plus contracter (dans le Droit) d'autre domicile que celui qu'il avoit lors de son Interdiction; plaidans Mᵉˢ Jouhannin & de la Borde.

Un Interdit pour cause de prodigalité peut-il tester? V. *Testament* vers la fin.

INTERDICTION D'OFFICIERS.

Page 407, col. 2, à la fin du 3ᵉ alinea, après par l'Arrêt, *ajoutez;*

Il faut donc tenir pour maxime certaine, que tout Officier interdit par Jugement, ne peut être relevé de son Interdiction que par un autre Jugement, quelque soit la cause de son Interdiction. C'est ce que la Cour a jugé par Arrêt rendu aux Eaux & Forêts au Souverain, le Jeudi 10 Septembre 1767. Un Huissier à Verge au Châtelet de Paris avoit été interdit pour ne s'être point présenté à la montre des Huissiers, qui se fait le lendemain de la Trinité: il représentoit bien la quittance du payement de la somme à laquelle il avoit été condamné, & jusqu'à ce interdit; mais comme il ne rapportoit point de Jugement qui l'eût relevé de son Interdiction: qu'au contraire il étoit compris comme interdit, dans les listes des années postérieures à son Interdiction, on n'eut point égard à ses

moyens, qui consistoient à dire, que s'il se trouvoit compris dans les listes, au rang des Huissiers interdits, c'étoit pour avoir négligé de représenter à sa Communauté la quittance de payement. La Cour, sans être touchée de pareils moyens, a déclaré nul un Exploit qu'il avoit signifié depuis sa prétendue quittance: & j'ai sçu de l'un de Messieurs, que, quand même il n'y auroit point eu de nullité dans l'Exploit par lui signifié (laquelle nullité consistoit en ce qu'il n'avoit pas déclaré la Jurisdiction où il étoit immatriculé) la seule circonstance de l'Interdiction, prononcée par Jugement, & non levée par un autre Jugement, auroit suffi pour faire prononcer la nullité de l'Exploit, & des procédures faites en conséquence.

INTÉRÊTS.

Page 409, col. 2, à la fin du 5ᵉ alinea, après subséquens, *ajoutez;*

En général il n'y a que le payement réel, ou la consignation effective dûement ordonnée avec les Parties intéressées, qui fasse cesser les Intérêts. Cependant si le Débiteur se fait autoriser en Justice à consigner le prix de son acquisition, & que ce soit par le fait du vendeur que la Sentence qui a autorisé l'Acquéreur à consigner, n'ait pas son exécution, il ne seroit pas juste que le débiteur ne fût pas libéré des Intérêts, du jour de la Sentence qui l'auroit autorisé à consigner. Néantmoins un Arrêt récent paroît avoir jugé le contraire: en voici les circonstances.

Le 30 Mars 1765, le sieur Marquet de Peyre acquit des sieur & dame le Normand une maison & dépendances, moyennant 240000 livres; il survint sur les vendeurs, nombre d'oppositions au décret volontaire que le sieur de Peyre s'étoit réservé la faculté de faire faire sur lui; ces oppositions furent dénoncées aux sieurs & dame le Normand, avec sommation d'en apporter main-levée; le sieur de Peyre fit faire, le 9 Juin 1766, des offres réelles intégrales, aux sieur & dame le Normand, à la charge d'apporter main-levée des oppositions. Le 13 Juin 1766 il obtint au Châtelet Sentence par défaut contre les sieur & dame le Normand, qui lui donna acte de la réalifation de fes offres, au principal renvoya les Parties aux Ordonnances, & cependant *permit au fieur de Peyre de configner la fomme offerte* ès mains du Receveur des Confignations : un des créanciers oppofans au décret, ayant fait évoquer en la Cour la demande du fieur de Peyre à fin de confignation, cette évocation occafionna l'évocation demandée par le fieur de Peyre, tant vis-à-vis de fes vendeurs, que vis-à-vis de tous les créanciers oppofans, & ce pour n'être pas obligé de plaider pour raifon du même fait en différens Tribunaux. Les fieur & dame le Normand formerent oppofition aux Arrêts d'évocation : cela fit la matiere d'un incident au Parquet, jugé par Arrêt du *31 Janvier 1767*, qui, fans s'arrêter à l'oppofition des fieur & dame le Normand, ordonna que fur toutes les conteftations les Parties procéderoient en la Grand'Chambre. Le fieur de Peyre ayant fait fes diligences pour faire ordonner l'exécution de la Sentence du 13 Juin 1766, ce ne fut qu'à la veille de la plaidoirie de la Caufe, que les fieur & dame le Normand compléterent la juftification de la mainlevée des oppofitions fur eux formées, foit au décret volontaire, foit entre les mains du fieur de Peyre. Les chofes en cet état, les fieur & dame le Normand prétendirent que le fieur de Peyre devoit les Intérêts du prix principal de la vente, jufqu'au moment du payement qu'il en feroit, & que ces Intérêts ne pouvoient ceffer de courir, que par *une confignation réelle & effective du prix de la vente*. Le fieur de Peyre foutenoit au contraire que les Intérêts avoient ceffé du jour de fes offres réelles : ou du moins qu'il devoit en être déchargé à compter du *13 Juin 1766*, date de la Sentence qui lui avoit donné lettre de la réalifation de fes offres, & lui avoit permis de configner ; il prouvoit qu'il avoit humainement fait tout ce qui étoit en lui pour fe libérer, & que c'étoit *les chicanes multipliées* de fes vendeurs, qui avoient empêché l'exécution de la Sentence du 13 Juin 1766. Cependant, par Arrêt du Lundi 30 Mars 1767, à l'Audience de 7 heures, le fieur Marquet de Peyre a été condamné à payer *la totalité des Intérêts* du prix de fon acquifition, jufqu'au jour du payement effectif qu'il en

feroit. Plaidans Mes de la Goutte, & Tenneffon qui fit un Mémoire imprimé pour le fieur de Peyre.

Page 412, colon. 2, à la fin du 2e alinea, après au denier 20, *ajoutez;* ce qui a eu lieu jufqu'à préfent.

Mais par Edit donné à Verfailles au mois de Juin 1766, regiftré au Parlement le 30 du même mois, le Roi a ordonné par l'article premier, qu'à compter du jour de l'enregiftrement du préfent Edit, le denier de la conftitution fera & demeurera fixé dans l'étendue du Royaume, à raifon du denier vingt-cinq du capital ; il eft défendu par l'article fecond à toutes perfonnes publiques de paffer à l'avenir aucuns actes fur un pied plus fort que le denier 25, à peine de privation de leurs Offices, & d'être lefdits actes déclarés ufuraires ; les mêmes défenfes font faites à tous Juges. L'article 4 porte que les reconftitutions de rente dûes à un denier plus fort que le denier 25, ne pourront fe faire que fur le pied du denier 25. Enfin, par l'article 5, le Roi déclare n'entendre rien innover aux contrats de conftitution, billets portans promeffe de paffer contrats de conftitution, & autres actes faits ou Jugemens rendus, jufqu'au jour de la publication du préfent Edit, lefquels feront exécutés comme ils l'auroient pu être auparavant.

Cet Edit a été enregiftré à la charge que les reconftitutions faites en vertu de conventions antérieures au préfent Edit, & qui auroient une date certaine, ne pourront être réduites fuivant le préfent Edit.

Sur le contrôle des promeffes de paffer contrats à un denier plus fort que le denier 25, & de tous les écrits fous fignature privée, voyez la Déclaration du premier Juillet 1766. Voyez auffi à la fin de l'article Dixiéme, l'Arrêt du Confeil du 17 Juillet 1766.

Page 416, colon. 1, à la fin de l'avant-dernier alinea, après du denier 30, *ajoutez;*

Lorfqu'un créancier touche par provifion fa créance en donnant caution de rapporter, fi par l'événement du Jugement du fond il eft obligé de rapporter, il n'eft tenu de payer les intérêts de la fomme qu'il a reçue, qu'à compter du jour que la demande en payement des Intérêts en a été formée ; & d'ordinaire on forme cette demande pendant l'Inftruction du fond de l'appel de la Sentence, qui a autorifé le créancier à recevoir ; ou lors du Jugement, au fond, de l'Arrêt qui par provifion a autorifé à toucher, en donnant caution.

Même page, col. 2, à la fin de cet article, après des légitimes, *ajoutez* ;

Il faut fuivre la loi & l'ufage du pays où l'on a contracté, pour fçavoir s'il eft dû de plein droit des Intérêts : *femper debet fervari ftatutum loci contractûs, quoad quæ concernunt litis conditionem, & quæ oriuntur fecundùm naturam ipfius contractûs, non autem ex morâ. Alex. lib. 2, conf. 37.*

Dans un Teftament, un Legs fe trouvoit ainfi exprimé :

Je donne & legue aux Pauvres de la Paroiffe de Baby, la fomme de 4000 livres, pour en faire un fonds au profit defdits Pauvres, laquelle fomme de 4000 liv. fera payée *dans un an,* à compter du jour de mon décès, *fans Intérêts jufqu'à ce.*

Il s'eft agi de fçavoir fi les Intérêts étoient dûs après l'année révolue, ou feulement du jour de la demande ; & par Arrêt du Vendredi de relevée 15 Avril 1768, il a été jugé, conformément aux Conclufions de M. Joly de Fleury, Avocat Général, qu'ils avoient commencé à courir après l'année révolue. Plaidans Mes Carlier, Bidault & Jouhannin.

Intérêt fe dit auffi de la caufe qui nous détermine à faire ou ne pas faire une chofe, & à ne confidérer feulement que le *quid utilius.* C'eft dans ce fens que l'on dit en morale & en droit, *l'Intérêt marche toujours le premier : perfonne n'eft reçu à plaider fans Intérêts : l'Intérêt eft la mefure de l'action de l'homme :* enfin *nemo gratis malus.*

INTERPRÉTATION, Interpréter.

On appelle Interprétation, l'explication d'une chofe, qui d'obfcure qu'elle étoit la rend claire. Ce mot vient du latin *Interpres,* compofé de la Prépofition *Inter* & de *Partes.*

On dit en pratique, » Interpréter un » Arrêt, quand on l'explique par un fe- » cond «.

C'eft à la Puiffance fouveraine qu'appartient l'Interprétation des Loix ; *ejus eft Interpretari, cujus eft legem condere.*

Les chofes qui ont toujours eu une Interprétation certaine, ne doivent être changées ni altérées dans leur fens, en aucune maniere. *Minimè mutanda funt quæ Interpretationem certam femper habuerunt.* ff. de Legib. L. 23.

Lorfqu'il y a quelque difficulté fur l'Interprétation d'une claufe, il y a moins de danger à s'attacher plutôt à l'efprit qu'à la lettre. *Plerùmque, dum proprietas verborum attenditur, fenfus veritatis amittitur,* dit le chap. *Proptereà extrà de verb.fignific.* Le paffage de S. Hilaire eft encore remarquable ; *non fermoni res, fed rei eft fermo fubjectus.* En effet l'intention, ou le fait doivent l'emporter fur le difcours ; *plus valere quod agitur, quàm quod fimulatè concipitur. L. I. ff. §. Licet de exercitoriâ actione.*

INTERROGATOIRE.

A la fin du 3e alinea, après Faits & Articles, *ajoutez* ;

Les Commiffaires au Châtelet ont le droit d'Interroger d'Office les coupables dans le flagrant-délit : & indépendamment des titres qu'ils ont pour ce faire, ils en font dans la plus entiere poffeffion ; mais ils ont en outre le droit d'interroger les accufés fur les Décrets d'ajournemens perfonnels, & même de prife de corps, lorfque les Décrets d'ajournemens perfonnels ont été convertis en Décrets de prife de corps, faute par l'accufé de s'être préfenté fur le premier Décret ; parce qu'alors il faut confidérer le Décret dans fon principe ; c'eft ce qui a été difertement jugé en leur faveur par des Arrêts de Réglemens des 1er Février 1547, & 16 Février 1602, recueillis entr'autres autorités dans le Traité déja cité de leurs Fonctions.

On a oppofé aux Commiffaires à cet égard, que l'Ordonnance criminelle du mois d'Août 1670 avoit introduit quant à ce un droit nouveau, en réduifant à une fimple faculté leur pouvoir d'interroger en matiere criminelle ; *les Commiffaires au Châtelet pourront,* porte l'art. 14 du titre 14 de cette Ordonnance, *interroger pour la première fois les accufés pris en flagrant-délit, les Domeftiques*

accufés par leurs Maîtres & ceux contre lefquels il y aura Décret d'ajournement perfonnel feulement ; mais à cette objection, les
Commiffaires oppofent que dans nombre
d'articles de cette Ordonnance concernant
les fonctions des Juges, l'Ordonnance s'eft
fervie du même terme *pourront,* fans avoir réduit le pouvoir des Juges à une fimple faculté ; que l'Ordonnance a eu pour objet d'établir un ordre fixe de procéder, fans porter
aucune atteinte à l'attribution ni à la compétence des divers Officiers, relativement à
leurs fonctions ; que le nouveau Commentateur des Ordonnances a expliqué l'article
comme les Commiffaires l'entendent : &
d'après l'Arrêt de 1602, auquel il renvoye
dans fa note fur cet article, il met au rang
des fonctions des Commiffaires au Châtelet
de Paris, les Interrogatoires des accufés
décrétés d'ajournement perfonnel, & ceux
des décrétés de prife de corps, dans le cas
où les Décrets d'ajournemens perfonnels
font convertis en Décrets de prife de
corps, faute d'être comparus ; enfin, pour
écarter tout équivoque, les Commiffaires
excipent de l'Arrêt de Réglement du 13
Août 1695, rendu en faveur de M^e. Gougenot, Commiffaire-Enquêteur de la Prevôté de Coiffy, contre les Magiftrats &
Officiers de ce Siége ; lequel Arrêt, d'a-
près le Réglement de 1602, particulier aux
Commiffaires au Châtelet de Paris, dont
il ordonne l'exécution, a attribué à M^e
Gougenot, les fonctions de l'Interrogatoire
des accufés décrétés d'ajournemens perfonnels, & de ceux contre lefquels ces Décrets font convertis en Décrets de prife de
corps, faute d'être comparus.

Cet Arrêt de 1695 fe trouve au Journal des Audiences, tome, 4, page 598, où
il eft rapporté comme Réglement, en faveur des Commiffaires en général, & des
Juges tant au Civil qu'au Criminel.

Page 418, colon. 1, ligne 2, après ou
la déguifer, *ajoutez;* tela prævifa minus
feriunt.

INTRUS, INTRUSION.

*Page 421, col. 2, à la fin, du 1er alinea
de cet article, après* moins coloré, *ajoutez;*
Du latin *Intrudere,* faire entrer par force.

*Page 422, col. 1, à la fin de cet article,
ajoutez ;*
Toute-violence ou autorité privée emporte intrufion.

INVENTAIRE.

*Même page & même colonne, à la fin du
4e alinea de cet article, après* Bénéfice d'Inventaire, *ajoutez ;*
En général, la communauté entre conjoints ne peut être diffoute que par un Inventaire parfait, clos & folemnel, fuivant
les articles 240 & 241 de la Coutume de
Paris : cependant la Cour a jugé que dans
la Coutume de Senlis, la communauté
pouvoit être diffoute par un Inventaire fous
fignature privée, attendu que cette Coutume n'étoit point une Coutume rigoureufe
en matiere d'Inventaire.

Dans cette efpéce un homme veuf (c'étoit
un Fermier) avoit convoqué les parens de
fes mineurs devant les Juges : il avoit été
nommé tuteur, & par le même acte, un oncle maternel avoit été nommé curateur ; le
même jour, le pere tuteur & le curateur
avoient procédé entr'eux, à l'amiable, fans
Juge & fans Notaire, à l'Inventaire des biens
de la communauté : ils étoient convenus
d'Experts pour la prifée du mobilier ; auffi-
tôt cet Inventaire fait, le tuteur & le curateur l'avoient préfenté au Juge qui avoit
reçu le ferment du pere, portant qu'il n'a-
voit rien détourné : en conféquence il avoit
été ordonné que l'Inventaire demeureroit
clos. Le pere s'étant remarié, fes enfans
foutinrent la nullité de l'Inventaire, fur le
fondement qu'il étoit fous fignature privée,
d'où ils tiroient la conféquence que l'Inventaire étant nul, la communauté n'étoit
point diffoute : mais par Arrêt du 31 Janvier 1763, au rapport de M. de Bretigneres, Confeiller de Grand'Chambre, la Cour
a confirmé la Sentence fur délibéré du Juge
de Chaumont en Baffigny, qui, en confirmant une autre Sentence du premier Juge
qui avoit déclaré les enfans non-recevables
dans leur demande, avoit ordonné l'exécution de la Sentence de clôture de l'Inventaire du 14 Février 1729, & débouté les
enfans de leur demande en continuation de
communauté. Il eft à obferver que la Cour
a jugé nuement la queftion de droit, abf-

traction faite de la fin de non-recevoir, & qu'elle s'est déterminée sur ce que la Coutume de Senlis n'étoit point une Coutume rigoureuse en matiere d'Inventaire. M. Mauclerc écrivoit dans cette Instance. Voyez Ricard sur l'article 169 de cette Coutume, & *Continuation de Communauté.*

Page 426, col. 2, à la fin du 1er alinea, après dit Duplessis, ajoutez;

Par Arrêt du Lundi 8 Juillet 1765, il a été jugé à l'Audience de sept heures, conformément aux Conclusions de M. Joly de Fleury, Avocat Général, que l'on pouvoit faire constater par Inventaire de commune renommée, pardevant un de Messieurs, quelles étoient les forces d'une communauté, au temps de sa dissolution. On prétendoit, 1° que quand il y avoit eu Inventaire de fait, on ne pouvoit procéder à un nouvel Inventaire, parce qu'*Inventaire sur Inventaire ne vaut;* 2°. que les Inventaires étoient du ressort des Notaires, & au-dessous de la dignité de l'état de Messieurs : mais ces moyens ne furent en aucune maniere adoptés, & dans le fait particulier, l'Inventaire qui avoit été fait, avoit eu un autre objet que celui pour raison duquel on demandoit qu'il fût fait Inventaire par commune renommée.

INVESTITURE.

Page 434, colon. 1, ligne 2, après Concession, *ajoutez;*

L'Investiture ayant été donnée par celui qui n'avoit pas le pouvoir du Seigneur, est censée être approuvée par le Seigneur, s'il donne ensuite le pouvoir au même qui l'avoit accordée. Ferron sur Bordeaux, p. 267. Mais voy. son Annotateur.

IRRÉGULARITÉS.

Page 439, col. 2, ligne 2 du 4e alinea, après l'homicide, *ajoutez;* même involontaire.

Même page & même col. à la fin du même alinea, après Ecclésiastiques, *ajoutez;* l'apostasie, l'adultere, &c.

ITA EST.

Voici dans quelle occasion on employe dans la pratique ces mots, qui sont purement latins, & signifient *cela est ainsi.* Lors-

qu'un Notaire qui a reçu un acte, est décédé ou absent, le Scelleur du Châtelet qui a un registre sur lequel sont toutes les signatures de chaque Notaire, met sur l'expédition *Ita est,* après qu'il en a vû la minute; & cet *Ita est* tient lieu de la signature du Notaire.

ITERATO (Arrêt ou Sentence d').

Page 441, col. 1, à la fin de cet article, après de biens, *ajoutez;*

Voici un autre Arrêt qui rentre dans l'espéce de celui de 1711.

Une femme avoit obtenu un Exécutoire de dépens contre son mari; elle céda ses droits à un Particulier; celui-ci obtint un Arrêt d'*Iterato* en vertu duquel il voulut faire emprisonner le mari. Le mari forma opposition à l'Arrêt d'*Iterato;* par Arrêt du 5 Septembre 1765, Audience de 7 heures, le Cessionnaire fut débouté de sa demande, sur le fondement que la femme étant non-recevable à vouloir faire emprisonner son mari, de même aussi le Cessionnaire qui n'avoit pas plus de droit que sa Cédante. Plaidans MM. Jouhannin & Doniol.

Par Arrêt du Jeudi 28 Mars 1765, rendu en la Grand'Chambre, Audience de 7 heures, la Cour a jugé qu'une femme pouvoit être emprisonnée pour dépens, en vertu de Sentence d'*Iterato.*

Remarquez que la dame Brasse, qui étoit Appellante de son emprisonnement, excipoit de deux circonstances, assez considérables. La premiere, que les deux Exécutoires de dépens avoient été attaqués par l'Appel qu'elle en avoit interjetté, d'où elle tiroit la conséquence que le sieur Marion, sa Partie adverse, n'avoit pu obtenir la Sentence d'*Iterato,* avant d'avoir fait statuer sur l'Appel des Exécutoires; la seconde, qu'elle étoit fille lors des dépens adjugés, & qu'à l'époque de son emprisonnement elle étoit mariée au sieur Brasse, Marchand Epicier; cependant la Cour a mis les Appellations au néant. Plaidans Me de l'Estang pour la dame Brasse, & Me Bazin pour le sieur Marion.

JUGEMENT.

En Droit on appelle Jugement, les Sentences, Arrêts, & les autres décisions qui font prononcées par l'autorité des Souverains, foit de leur propre bouche, foit par les Officiers qu'ils commettent pour rendre la Juftice en leur place.

Le Jugement des Légiflateurs regarde les chofes univerfelles & futures. Celui des Juges concerne les caufes préfentes portées devant eux. Ferron, page 201.

L'art. 117 de la Coutume de Bordeaux dit, que les chofes arrêtées ne nuiront aux fucceffions & queftions paffées, excepté lorfque la Loi décide pour le paffé.

JUGEMENS D'OLERON.

On appelle Jugemens d'Oleron, des Jugemens faits par Eléonor, Ducheffe de Guyenne, concernant la Marine, le Commerce & la Navigation : ces Jugemens font dans le tréfor des Chartres de la Connétablie de Bordeaux, au livre cotté A, *fol.* 191; on les trouve auffi imprimés dans un in-4°. intitulé *Les Us & Coutume de la Mer.*

JUGES.

Page 441, *col.* 2, *lig.* 1 *du* 4ᵉ *alinea*, *après* Les Juges Royaux, *ajoutez*; ou Juges ordinaires.

Page 445, *col.* 2, *ligne* 3 *du* 2ᵉ *alinea*, *après* les Domaines, *ajoutez en note*; (a).

(a) Les Domaines, droits & revenus ordinaires ou cafuels, fignifient les lods & ventes & amendes, les cens, rentes Seigneuriales, droits de rachat, quint & requint, &c.

Même page & même col. à la fin du même alinea, *après* connoître, *ajoutez*;

Telle eft la difpofition de l'Ordonnance de 1667, titre des récufations des Juges, article 11; fur quoi il faut obferver que fi le fond du droit ou de la rente étoit contefté de la part de celui à qui on demanderoit le profit ou la redevance, le Juge du Seigneur n'en pourroit connoître : de même, fi la qualité de Vaffal ou de cenfitaire, faifoit l'objet de la conteftation, ou que la propriété de l'héritage fur lequel le droit feroit demandé ne fût ni reconnue, ni accordée, le défendeur dans tous ces cas pourroit décliner; *in quâcumque parte litis, five conteftata fit, five ante conteftationem*;

cum perpetuum fit gravamen & injuria ejus, qui velit in caufâ fuâ judicare contra jus, & tyrannico judicio pro fe fcilicet; hoc autem poteft five fimpliciter declinando, five remiffionem petendo ad Judicem fuperiorem; d'Argentré fur l'article 30 (a) de la Coutume de Bretagne, n°. 4, page 106, édition de 1640. Voyez auffi ce que difent Bornier & Jouffe fur cet article de l'Ordonnance & fur l'article premier du titre 6, portant défenfes à tous Juges de retenir aucunes caufes dont la connoiffance ne leur appartient pas.

Page 446, *col.* 1, *à la fin du* 2ᵉ *alinea*, *après* prétendues injures, *ajoutez*; Voyez l'efpéce de cet Arrêt à l'article *Compétence.*

Page 449, *col.* 1, *à la fin du* 4ᵉ *alinea*, *après* coufin-germain, *ajoutez*;

Et par Arrêt du Samedi 10 Janvier 1767, il a été jugé, conformément aux Conclufions de M. Barentin, Avocat Général, qu'un Seigneur ne pouvoit point nommer pour fon Procureur Fifcal, celui qui étoit Fermier & Receveur de fa Seigneurie; en conféquence, la Cour faifant droit fur les Conclufions du Procureur Général du Roi, a ordonné que dans trois mois le nommé Defruelles, Procureur d'Office de la dame veuve Palliffot, dame de la Seigneurie de l'Eglantier, feroit tenu d'opter d'entre fon état de Procureur d'Office & fa qualité de Fermier & Receveur de ladite Seigneurie. Plaidans Mᶜˢ Caillard, la Borde & de Varicourt.

Même page, col. 2, *à la fin du* 4ᵉ *alinea*, *après* Avril 1735, *ajoutez*;

Dans le Droit, non-feulement les Juges ne pouvoient point acquérir de Droits litigieux, mais même ils ne pouvoient rien acquérir du tout dans les Provinces où ils exerçoient leur miniftere. Cette difpofition du Droit étoit autrefois fuivie en France, fuivant l'Ordonnance de Saint Louis de 1254. A préfent & depuis que les Charges de Judicature font devenues perpétuelles, il eft permis aux Juges d'acquérir dans leur Province; il leur eft feulement défendu de prendre des ceffions & tranfports de Droits

(a) Si le Seigneur veut prétendre plus grand devoir lui être dû par fon fujet, que le fujet n'avoue & ne reconnoît, icelui peut décliner la Jurifdiction de fondit Seigneur, & aller à la Jurifdiction Suzeraine.

litigieux,

litigieux , dont les procès font pendans en leur Jurifdiction, comme auffi de fe rendre adjudicataires des biens qui fe vendent par décret dans leur Siége. Voyez les Queftions de Droit par Bretonnier, tom. 1, pag. 243.

JUIFS.

Même page & col. commencez ainfi cet article.

On donne le nom de Juifs à un Peuple defcendu du Patriarche Jacob.

Page 451, col. 1 , à la fin de cet article, après 30 den. *ajoutez ;*

On finira cet Article par faire remarquer que Louis X, dit le Hutin, avoit permis aux Juifs dans le treiziéme fiécle d'acheter des Rotures ; mais lorfque le Juif fe faifoit Chrétien, le Seigneur de la terre où il demeuroit, confifquoit fes biens, fous le prétexte que la liberté qu'acquéroit le Juif, dépouilloit fon Seigneur de la propriété qu'il avoit auparavant de la perfonne du Juif; il arrivoit fouvent de cela que les Juifs convertis, fe trouvant dénués de toutes chofes, retournoient à la mendicité; mais Charles VI, par une Déclaration donnée en 1381, abolit fagement cet ufage. V. *Bruffel.*

JUMEAUX.

Même page & même col. commencez ainfi cet article;

Jumeaux fe dit de deux enfans, qu'une mere a portés en même temps dans fon ventre.

JURANDES JURÉS.

Même page & même col. à la fin de cet article , ajoutez ;

Voyez auffi fur cette matiere l'Arrêt du Confeil d'Etat du Roi du 23 Août 1767, portant Réglement pour les profeffions d'Arts & Métiers & autres qui intéreffent le commerce & qui ne font pas en Jurande, & notamment le fecond Arrêt du Confeil d'Etat du Roi du 13 Septembre 1767, en interprétation de celui du 23 Août précédent qui fixe la Finance qui fera payée pour une fois feulement par ceux qui exercent dans la Ville de Paris aucunes profeffions d'Arts & Métiers qui ne font point en Jurande : pour par eux, fur la quittance qui leur en fera expédiée, être reçus & prê-

ter ferment conformément aux Edits de Décembre 1581 , Avril 1597 & Mars 1673, ordonnés être exécutés par celui du mois de Mars 1767, & continuer à exercer lefdites profeffions, fans pouvoir y être troublés.

JURAT.

Même page & même col. à la fin de cet article , après s'y commettent , *ajoutez ;*

Les Jurats doivent être propriétaires d'une maifon avant leur élection, & un Jurat ayant vendu fa maifon depuis fon élection, & en ayant loué une plus petite, fut deftitué. Voyez Ferron fur Bordeaux, page 203.

Ceci eft fondé fur les Statuts qui portent qu'on ne peut élire un Jurat, qu'il ne tienne fa maifon principale, de laquelle il foit Seigneur; mais l'Annotateur de Ferron dit que ceci n'eft point obfervé, & que l'on voit tous les jours des élections de Jurats qui font logés au loyer.

JURÉE (Droit de).

Jurée (Droit de), eft une redevance feigneuriale anciennement établie fur les Gens de condition ferve, qui, ayant obtenu leur affranchiffement, venoient s'établir dans une Ville où ils étoient déclarés *Bourgeois du Roi*, ou du Seigneur, & devenoient fes jufticiables. Ce droit avoit finguliérement lieu dans la Province de Champagne, où la plûpart des Habitans étoient main-mortables. Les affranchiffemens qui leur étoient accordés par les Seigneurs particuliers, les rendoient maîtres d'aller demeurer où ils jugeoient à propos : mais s'ils vouloient s'établir dans une Ville, ou dans l'étendue de la Juftice d'un autre Seigneur, & fe faire *Bourgeois*, ils n'aquéroient ce titre, qu'en payant une redevance annuelle, appellée *Droit de Jurée*. Pithou, fur l'article 2 de la Coutume de Troyes, rapporte une Charte de Thibaut, Comte de Champagne & de Brie, donnée en l'an 1230, par laquelle ce Prince affranchit » tous fes » hommes & femmes de Troyes & de la » Châtellenie, qui fe font mis & mettront » en fa Juftice, *de toutes toltes & de toutes* » *tailles*, à condition que tous ces hommes » & femmes, qui de fors viendront en la

» Communauté de Troyes, lui payeront 6
» deniers de la livre des meubles, & deux
» deniers pour livres de leurs héritages,
» *par le serment de ceux qui ce devront ;* &
» si les préposés à la perception de cette
» redevance avoient quelque soupçon sur
» la fidélité du serment de ceux qui au-
» roient juré de rendre 6 deniers de la li-
» vre des meubles, & 2 deniers de la livre
» de l'héritage, ils leur pourroient croître
» selon leur bonne conscience «.

Ainsi il paroît que la dénomination de
cette imposition est tirée du serment que
l'on exigeoit des redevables. Mais, suivant
la même Charte, on pouvoit s'abonner, &
s'affranchir de cette formalité, moyennant
une somme de 20 liv. par an : *est à sçavoir
que se aucun de la Communauté de Troyes
veut payer 20 livres en l'an, il sera quitte du
serment & de prisée de cette année*, &c.

Le même Pithou cite un article du Livre de la valeur du Comte de Champagne,
portant, chapitre de la Baillie de Troyes,
*item, Li sires ha Jurée en ses hommes, pour
laquelle Jurée on prend de chacun homme pour
livre de ses meubles 6 deniers tournois, &
pour livre des biens non meubles 2 deniers
tournois : elle estimée pour maintenant mil
cent livres tournois.*

» L'affranchi, dit Pasquier «, (Recherches de la France, liv. 4, chap. 7,) » vou-
» lant être justiciable immédiat du Comte,
» il étoit requis outre le domicile, qu'il
» payât certaine redevance par chacun an,
» qui étoit appellée Droit de Jurée, pour
» l'honneur qu'il recevoit sortant fraîche-
» ment d'une servitude, d'être mis au rang
» des anciens Bourgeois. Pour jouir de
» cette qualité, il étoit requis deux choses :
» l'une que laissant son premier domicile,
» il s'habituât en une Ville du Comte, de
» laquelle il devenoit justiciable : l'autre,
» qu'il payât par chacun an le Droit de
» Jurée, s'il n'étoit Clerc ou noble, ou
» autrement bien & dûement privilégié «.

Salligny, Commentateur de la Coutume de Vitry, articles 78 & 79, rapporte
une Charte pareille à celle de la Ville de
Troyes : enforte qu'il paroît que le Droit
de Jurée étoit universellement établi dans
toute la Province de Champagne. Dans la
suite des temps, les Souverains ont cédé ce

droit aux Seigneurs particuliers. Il a été
aboli dans plusieurs endroits ; dans d'autres,
il a été converti en une prestation différente, & il y a très-peu de Seigneuries dans
l'étendue desquelles il ait conservé son ancienne dénomination. Néantmoins il faut
convenir que le droit de Jurée est le germe
de la plûpart des redevances seigneuriales,
soit personnelles, soit réelles, qui se perçoivent aujourd'hui dans la Province de
Champagne : & c'est peut-être la plus forte objection que l'on puisse faire contre le
système du franc-aleu naturel, dans les
Coutumes qui ne l'établissent pas expressément.

JUREMENT.

On appelle Jurement, l'affirmation qu'on
fait d'une chose, dont on prend Dieu à témoin. V. *Serment.*

JURISDICTION.

*Page 451, col. 2, à la fin de cet article,
après cette autorité, ajoutez ;*

Les Jurisdictions sont de Droit-étroit ;
elles doivent être conservées à ceux à qui
elles appartiennent : de-là ces maximes,
on ne peut se donner des Juges à soi-même : cette autre, *Sua cuique servetur Ju-
risdictio :* celle-ci enfin, *non est mittenda
falx in messem alienam.*

Un Procureur Fiscal, en vertu d'Ordonnance du Juge, avoit fait assigner Jean
Hubert & Julien Lasseux, pour voir dire
qu'ils seroient tenus de procéder en la Justice de Champagne à Poïlé, avec défenses
de procéder devant les Juges - Consuls, à
peine de 100 livres d'amende ; & pour par
Lasseux *avoir voulu se soustraire à la Jurisdiction, & avoir commis un despect à Justice,* qu'il seroit condamné, & par corps, en
50 livres d'amende. Par Sentence du Juge
de Champagne à Poïlé, il avoit été sursis,
& délaissé au Parlement le Jugement du
fond de la contestation; & pour par *Lasseux
avoir décliné la Jurisdiction au mépris de
la Déclaration du Roi du 7 Avril 1759,
sans avoir au préalable déduit aucune raison
ni moyens, conformément à l'article premier
du titre 5 de l'Ordonnance de 1667, ce qu'on
doit regarder comme despect à Justice, le
condamne en 50 l. d'amende & par corps.*

Lasseux appella de cette Sentence en la Cour : il soutint, 1°. qu'il n'y avoit point de despect à Justice, puisque le Juge n'é-toit point compétent; 2°. que l'Arrêt de Réglement du 7 Août 1698, défendoit aux Juges de prononcer aucune condamnation d'amende pour distraction de Jurisdiction; 3°. enfin, que l'article de l'Ordonnance de 1667, qu'on lui opposoit, ne permettoit en pareil cas que de prendre défaut....., *autrement sera donné défaut avec profit, sans autre acte ni sommation préalable.* Par Arrêt du Jeudi premier Octobre 1767, Julien Lasseux fut déchargé des condamnations, & le Marquis de Juigné, Seigneur de Champagne à Poilé, condamné en tous les dépens. Plaidans Me Godard de Sergy pour Lasseux, & Me Bidault (le fils) pour le Marquis de Juigné.

JUSTICE.

Page 455, col. 1, ligne 2 de cet article, après à la Loi, *ajoutez;* qui veut que l'on rende à chacun ce qui lui appartient. *Justitia est constans & perpetua voluntas jus suum cuique tribuendi.*

Page 458, col. 2, à la fin de cet article, après possession, *ajoutez;*

La distinction de la Haute, Moyenne & Basse-Justice, n'est pas bien clairement établie par les Auteurs; peut-être les Praticiens n'ont-ils imaginé cette différence que pour l'accommoder aux trois espéces de Jurisdictions des Romains, *merum, mixtum imperium, & simplicem Jurisdictionem.*

» La Haute - Justice est celle d'un Sei-» gneur qui a pouvoir de faire condamner à » une peine capitale, & de juger de toutes » causes civiles & criminelles, excepté des cas Royaux. Voyez *Haute-Justice.*

» La Moyenne-Justice a droit de Ju-» ger des actions de tutelle & injures, » dont l'amende ne peut excéder soixante » sols.

» La Basse - Justice connoît des droits » dûs au Seigneur, du dégat des bêtes, & » injures dont l'amende ne peut excéder sept » sols six deniers, & on l'appelle autrement » Justice fonciere «. Le Dictionnaire de Trévoux entre sur tout cela dans quelque détail.

TOME II. PARTIE II.

L

LABOUREURS.

Page 1, colonne 1, commencez ainsi cet article;

LE nom de Laboureur, qui vient du Latin *Laborare,* travailler, se donne à un homme de campagne, qui laboure des terres pour lui-même ou pour autrui.

Même page, col. 2, à la fin du 2e alinea, après des propriétaires, *ajoutez;* Voyez aussi à l'article *Desséchement de terres inondées.*

LAMANAGE, LAMANEURS.

On appelle Lamaneurs, les conducteurs de petites barques qui vont au-devant des navires, pour diriger leur marche à leur entrée dans un Port ou dans une Riviere.

Les frais de Lamanage, pilotage & rouage, étant des frais ordinaires de voyage, ne peuvent concerner les Assureurs : il en seroit autrement si quelqu'accident extraordinaire eût donné lieu à ces frais; par exemple, si un navire à l'occasion d'une tempête, ou étant poursuivi par un corsaire, avoit été obligé de relâcher dans un Port. Voyez le Traité des Contrats Aléatoires, par M. Pothier, page 71; voyez aussi Police d'Assurance.

LÉGALISATION.

Page 5, colon. 1, ligne 3 du 1er alinea de cet article, après d'un acte, *ajoutez;* par un Magistrat qui atteste que, &c.

Même page, col. 2, ligne 8 du 3ᵉ alinéa, après la signature, ajoutez; du Magiſtrat qui légaliſe, que la ſignature de la perſonne qui ſouſcrit l'acte légaliſé, &c.

L É G A T.

Page 6, colonne 2; lig. 4 du 4ᵉ alinea de cet article, après s'introduiſit, ajoutez; d'obliger les Évêques à prêter, &c.

LÉGITIMATION, LÉGITIMITÉ.

Page 8, colonne 2, commencez ainſi cet article;

La Légitimation eſt l'acte juridique par lequel des enfans naturels ſont rendus légitimes.

Ferron, ſur la Coutume de Bordeaux, page 305, dit que les Peuples du Rhin éprouvoient la Légitimité des enfans, en plongeant l'enfant avec un glaive dans le Fleuve : ſi le glaive ſurnageoit, c'étoit preuve de la Légitimité; mais ſi le glaive étoit ſubmergé, c'étoit la preuve du contraire, *oh! temporà!*

Page 15, col. 1, à la fin du 2ᵉ alinea, après Cauſes Célèbres, ajoutez;

La Légitimation du bâtard n'a lieu pour exclure la fille dotée avec terre & argent, Ferron, , page 202.

A la fin de cet article, ajoutez;

Voyez auſſi dans le Recueil des Arrêts de Bouchel, le Plaidoyer de M. Brebart, fait devant le Roi Charles IX, & tout ſon Conſeil Privé, le 17 Septembre 1573, ſur la queſtion de ſçavoir *ſi le fils d'un Chanoine, par Lettres de Légitimation eſt rendu capable de ſuccéder à ſon pere.*

L É G I T I M E.

Même page & même col. à la fin du 2ᵉ alinea de cet article, ajoutez; Quemadmodum à patribus liberis, ita à liberis patribus deberi legitimam.

Page 16, col. 1, ligne 3 du 2ᵉ alinea, après quatre enfans, *ajoutez;* ou moins.

Page 26, col. 2, à la fin du 5ᵉ alinea, après deſdits Offices, *ajoutez;*

Voici encore une queſtion, en matiere de ſupplément de Légitime qui mérite d'être rapportée.

Benoiſt Menayde avoit fait le 4 Décembre 1727, un teſtament nuncupatif, par le-

quel il avoit donné & légué, & à titre d'inſtitution particuliere délaiſſé à Claudine Menayde ſa fille, la ſomme de 250 livres, & quelques autres effets qui devoient lui être délivrés au jour de ſa majorité ou mariage : quant à la ſomme de 250 livres, le teſtateur avoit ordonné qu'elle fût de même payée à ladite Menayde en cinq payemens égaux & ſans intérêts, juſqu'à l'échéance de chaque terme. Le teſtament contenoit cette clauſe.....
Ledit legs fait à ladite Menayde pour tous & chacun les droits de Légitime, actions & prétentions, que ſadite fille légataire pourroit avoir & eſpérer en ſes biens, ſucceſſions & hoiries, la faiſant ledit teſtateur héritiere particuliere audit legs; & au réſidu de tous & un chacun ſes biens, ledit teſtateur a fait, créé, nommé & inſtitué pour ſon héritier univerſel Michel Menayde, ſon fils & donataire, &c.

Le 9 Mai 1734 Claudine Menayde ſe maria à Pierre Duché, en préſence de ſa mere, de ſon frere, & de pluſieurs parens & amis. L'énonciation ſuivante ſe trouvoit dans ſon contrat de mariage; *& à l'égard de ladite épouſe, ſes droits conſiſtent en la ſomme de 250 livres du chef dudit Benoiſt Menayde, qu'il lui a légué par ſon teſtament; & celle de 50 livres pour ſes droits maternels, dont ladite Peragut (mere de la future épouſe (, a chargé ledit Michel Menayde, fils & donataire, compoſant en tout la ſomme de 300 livres, laquelle ledit Michel Menayde audit nom d'héritier & donataire de ſeſdits pere & mere & au ſien propre, ſolidairement ſans diviſion ni diſcuſſion, à quoi il renonce, promet payer à ladite épouſe en ſix payemens égaux de chacun 50 livres......., & en faiſant leſdits payemens par ledit Menayde, ladite épouſe (attendu ſa minorité), ſera tenue d'en faire l'emploi, &c.*

Le 17 Octobre 1741, Claudine Menayde & Pierre Duché ſon mari donnerent quittance pardevant Notaires à Michel Menayde, en ces termes..... : *leſquels de leur gré, tous deux enſemble & ſolidairement, ſans diviſion ni diſcuſſion de bien, à quoi ils renoncent, reconnoiſſent & confeſſent avoir reçu préſentement, réellement & comptant en eſpéces ayant cours de Mi-*

chel *Menayde*, *présent & acceptant*; *la somme de 112 livres pour solde, final & dernier payement de la constitution faite à ladite Claudine Menayde par son contrat de mariage avec ledit Pierre Duché,* ..... *de laquelle somme de 112 livres pour les causes susdites, lesdits mariés Duché & Menayde solidairement comme dessus,* SE CONTENTENT, *quittent & promettent faire tenir quitte ledit Michel Menayde, frere de ladite Claudine Menayde,* AVEC PROMESSE DE NE LUI EN JAMAIS RIEN PLUS DEMANDER.

Ce fut dans ces circonstances, que le 12 Mai 1760, dix-neuf ans après la quittance ci-dessus, & vingt-six ans depuis la majorité de Claudine Menayde, celle-ci, alors veuve de Pierre Duché, forma contre son frere sa demande en supplément de légitime.

Il intervint en la Jurisdiction d'Escotay, quatre Sentences, qui, avant faire droit, ordonnèrent l'estimation des biens à dire d'Experts.

Michel Menayde interjetta à Montbrison, appel de ces Sentences; elles y furent confirmées par Sentence par défaut; il y en eut encore appel en la Cour, où, par Arrêt sur appointé à mettre, l'exécution provisoire de la Sentence de Montbrison fut ordonnée. Depuis cet Arrêt provisoire, les Experts fixèrent les biens à 5819 livres, ce qui faisoit pour Claudine Menayde, déduction faite des 250 livres, 750 livres de principal sans les intérêts; mais il y avoit eu plusieurs payemens de faits par Michel Menayde qui diminuoient cette somme de 750 livres de principal, attendu que ces payemens étoient dettes de la succession du pere commun.

Sur le fond de l'appel, Michel Menayde soutenoit sa sœur non-recevable : il tiroit sa fin de non-recevoir de la quittance finale du 17 Octobre 1741, & du laps de temps qui s'étoit écoulé depuis : il ajoutoit que Claudine Menayde ayant renoncé formellement, *in apochâ* (a) à plus rien demander de la constitution à elle faite par son contrat de mariage, elle avoit par-là re-noncé à plus rien demander de sa Légitime, puisque les 250 livres, qui, entr'autres choses, lui avoient été léguées par le testament de son pere, & qu'elle s'étoit constituées en dot, étoient aux termes formels du testament, par elle adoptées, pour son droit de Légitime, actions & prétentions qu'elle pourroit avoir & espérer dans l'hoirie de son pere.

Claudine Menayde, veuve de Pierre Duché, répondoit que l'action en supplément de Légitime duroit 30 ans; que depuis sa quittance finale jusqu'à sa demande en supplément de Légitime, il n'y avoit que 19 ans d'écoulés; qu'on ne pouvoit lui opposer sa quittance finale comme fins de non-recevoir, attendu que par cette quittance finale elle avoit (à la vérité) renoncé à rien demander davantage de la constitution dotale; ou, si l'on vouloit, de la Légitime qui lui avoit été fixée par le testament de son pere, *mais non pas de la Légitime qui lui étoit dévolue par la Loi* : elle se fondoit principalement sur cette Loi, & *generaliter definimus, quandò pater filio minus Legitimâ portione reliquerit, vel aliquod dederit mortis causâ donatione, vel inter vivos, sub eâ conditione, ut hæc inter vivos donatio in quartam computetur, si filius post obitum patris, hoc quod relictum, vel donatum est,* SIMPLICITER AGNOVERIT, *fortè & securitatem hæredibus fecerit, quod ei datum vel relictum est accepisse,* NON ADJICIENS NULLAM SIBI SUPERESSE DE REPLETIONE QUÆSTIONEM, NULLUM SIBI FACERE PRÆJUDICIUM, *sed legitimam partem repleri,* NISI HOC SPECIALITER, SIVE IN APOCHA, SIVE IN TRANSACTIONE SCRIPSERIT, VEL PACTUS FUERIT, *quod contentus relictâ* VEL DATA PARTE, DE EO QUOD DEEST NULLAM HABERE QUÆSTIONEM, *tunc enim omni exclusâ quærelâ,* PATERNUM AMPLECTI COMPELLITUR JUDICIUM. Cod. liv. 3, tit. 28, liv. 35, §. 2.

Par Arrêt du Mardi 22 Octobre 1765, la Cour, en confirmant la Sentence de Montbrison, a jugé que Claudine Ménayde étoit recevable dans sa demande en supplément de Légitime (b).

(a) Dans la quittance.
(b) Cette Cause avoit été renvoyée devant un ancien Avocat : ce fut d'après des consultations verbales & par écrit, qu'à la pluralité des voix, l'avis pour la confirmation de la Sentence fut donné, & reçu par forme d'appointement.

L'eſtimation des biens pour régler la Légitime, doit être faite eu égard au temps de la mort du teſtateur. Ferron, pages 188 & 225.

Les legs faits par le défunt, entrent en maſſe pour la Légitime, mais elle ne ſe prend ſur les legs que ſubſidiairement; & ſi les biens légués étoient les plus précieux, ce ſeroit aux Experts à juger la part que le légitimaire pourroit y prendre. C'eſt le ſentiment de Ferron qui dit, *loco citato*, que la Légitime ne ſe prend des choſes léguées, s'il y a autres biens ſuffiſans; excepté ſi les choſes léguées étoient les plus précieuſes.

LEGS.

Page 27, colon. 1, à la fin du 4ᵉ alinea, après V. Dettes, ajoutez;

Une femme, donataire mutuelle de ſon mari, renonçant à ſon don mutuel, cette renonciation opere-t-elle l'extinction du don mutuel, & donne-t-elle ouverture à l'exigibilité actuelle d'un Legs particulier? Cette queſtion s'eſt préſentée en la Grand-Chambre: voici dans quelles circonſtances.

M. de Farcy, Conſeiller au Châtelet, & la dame ſon épouſe, ſe firent un don mutuel en 1741 de l'uſufruit des effets de leur communauté. Le 18 Octobre 1753, M. de Farcy fit un teſtament olographe, en voici les termes.

» Mon mariage n'ayant point été ſuivi » de la naiſſance d'enfans, j'ai fait avec » dame Marie-Françoiſe Marchand, ma » femme un don mutuel, *que je veux & en-* » *tends être exécuté.*

» Je donne & légue à l'Hôpital des Cent-» Filles de la Miſéricorde, la ſomme de » 200 livres de rente au principal de » 8000 livres en contrats ſur l'Hôtel-de-» Ville de Paris, faiſant partie des biens » qui ſe trouveront dans ma ſucceſſion.

» Plus, je donne & légue à mademoiſelle » Camuzet, ma petite niéce la ſomme de » 4000 livres une fois payée.

» *Mon intention eſt que les deux Legs ci-* » *deſſus n'ayent leur effet & exécution,* » *qu'après l'extinction du don mutuel dont* » *il eſt fait ci-devant mention.*

» Mais je donne & légue, pour être le » payement effectué dans l'année, à comp-

» ter *du jour de mon décès, à la demoi-* » ſelle le Vaſſeur, 300 livres; à Julien dit » la Jeuneſſe, 200 livres, &c.

» Je prie M. Pithoin, Conſeiller au Châ-» telet, mon confrere, d'accepter comme » une marque de mon amitié tous les livres » de Juriſprudence qui ſont dans ma biblio-» théque «.

Enfin M. de Farcy nomma pour ſa léga-taire univerſelle, la demoiſelle Camber ſa couſine iſſue de germaine, femme de Mᵉ Duparq, Avocat au Parlement, & pour exécutrice de ſon teſtament, la dame Farcy ſon épouſe.

Après le décès de M. de Farcy arrivé en 1757, la dame de Farcy renonça à la com-munauté, & le 9 Août 1758, il fut paſſé entre les ſept héritiers de M. de Farcy, la légataire univerſelle, & la dame de Farcy un acte portant compte de l'exécution teſ-tamentaire & liquidation des repriſes de la dame de Farcy: elle y déclara qu'*elle n'en-tendoit point accepter le don mutuel, recon-noiſſant n'en pouvoir tirer avantage, attendu que la communauté étoit plus qu'abſorbée par les dettes, repriſes, &c.*

Les héritiers demeurerent chargés du Legs particulier fait à l'Hôpital de la Miſé-ricorde, & la demoiſelle Camber légataire univerſelle, de celui fait à la demoiſelle Camuſet, depuis épouſe du Comte d'Eſ-parres; Queſtion alors de ſçavoir, ſi au moyen de la renonciation de la dame de Farcy au don mutuel, la dame d'Eſparres, légataire particuliere de 4000 livres, étoit fondée à demander à la dame Duparq, légataire univerſelle, le payement actuel du Legs de 4000 livres. La dame d'Eſparres ſoutenoit qu'il ſuffiſoit que le don mutuel n'eût pas lieu, & fût ſans exécution, au moyen de la renonciation de la donataire mutuelle, pour que la condition fût cenſée accomplie & pour rendre le Legs de 4000 livres exigible *hic & nunc.* La dame Du-parq au contraire, ſoutenoit que la condi-tion dont il s'agiſſoit, n'embraſſoit point le cas de la répudiation du don mutuel, que cette condition ſe bornoit au cas de l'ex-tinction d'un don mutuel accepté *& exécuté*, qui n'étoit autre que le décès du donataire; qu'ainſi le Legs en queſtion, à partir *du ſens propre & littéral* du teſtament, n'étoit exigible qu'au décès de la dame de Farcy ; parce que le teſtateur avoit compté qu'elle accepteroit le don mutuel, & avoit voulu que le payement du Legs de 4000 livres ne ſe fît qu'après l'extinction du don mutuel, qui ne devoit s'opérer que par la mort de la dame de Farcy. Par Sentence par défaut du Châtelet du 22 Février 1764, le payement actuel du Legs de 4000 livres avoit été ordonné au profit de la dame Comteſſe d'Eſparres. Mᵉ Duparq & la dame ſon épouſe, légataire univerſelle de M. de Farcy, interjetterent appel de cette Sentence, & par Arrêt très-contradictoire du Mardi 7 Juillet 1767, Audience de relevée, la Sentence fut confirmée. Plaidans Mᵉ Caillard pour les Appellans, & Mᵉ Bazin pour les Intimés. Il y eut dans cette Cauſe Mémoire & Conſultation imprimés pour Mᵉ Duparq & la dame ſon épouſe.

Page 27, col. 2, à la fin du 3ᵉ alinea, après à l'art. Teſtament, *mettez à la ligne ;*

Mais voici un Arrêt plus récent, qui a jugé la même queſtion dans ces circonſtances, où l'intention du teſtateur n'étoit pas à beaucoup près auſſi marquée que dans l'eſpèce ci-deſſus rapportée, où l'on voit qu'il y avoit une déſignation de tout l'argent comptant.

Au mois de Septembre 1765, le ſieur de la Cour, fils de feu Mᵉ de la Cour, Procureur au Parlement, fit ſon teſtament en Touraine, en préſence de témoins ; ce teſtament fut reçu par le Curé du lieu & dépoſé chez Mᵉ Frappier, Notaire Royal au Bailliage d'Amboiſe.

Ce teſtament contenoit une diſpoſition conçue en ces termes :

» Plus, il nous a déclaré qu'il laiſſoit & » léguoit au ſieur Didier Foſſeyeux, ſon » filleul, & à demoiſelle Roze Manguin, » ſa filleule, TOUS SES EFFETS MOBILIERS «.

Le ſieur de la Cour inſtitua Mᵉ....... Avocat au Parlement, ſon légataire univerſel & ſon exécuteur teſtamentaire.

Le ſieur de la Cour décéda le même jour de ce teſtament ; dans le cours de l'inventaire, le légataire univerſel & exécuteur teſtamentaire, déclara avoir entre ſes mains une ſomme de 8000 liv. d'argent comptant, appartenante à la ſucceſſion du ſieur de la Cour, laquelle lui avoit été remiſe par

le défunt, auquel il n'en avoit point donné de reconnoiſſance.

La queſtion fut de ſçavoir, ſi cette ſomme de 8000 liv. feroit partie de tous les effets mobiliers légués au ſieur Foſſeyeux & à la Dˡˡᵉ Manguin : ou ſi au contraire elle appartiendroit au légataire univerſel.

Le légataire univerſel ſoutenoit que cette ſomme, ainſi que l'argent comptant & les arrérages échus, ne devoient pas être compris dans le legs que le teſtateur avoit fait à ſon filleul & à ſa filleule, *de tous ſes effets mobiliers*, qu'ils devoient au contraire faire partie de ſon legs univerſel, parce que ſous la dénomination d'effets mobiliers, on entendoit les meubles meublans & autres effets de cette nature, & non point l'argent comptant qui mérite bien la peine d'être exprimé ſous ſa véritable déſignation. D'ailleurs il obſervoit & prouvoit par la réunion de pluſieurs circonſtances, que l'intention du teſtateur (qui lui avoit eu les plus grandes obligations & auquel il avoit tenu lieu de pere) étoit manifeſtement de lui laiſſer l'argent comptant, ſans quoi & d'après l'état où ſe trouvoit la ſucceſſion du ſieur de la Cour, le Legs univerſel ſe trouveroit réduit preſqu'à rien.

Au contraire le ſieur Foſſeyeux, comme tuteur de ſon fils, ſoutenoit que les effets mobiliers comprenoient non-ſeulement tout ce qu'on entend par meubles meublans, mais encore *les actions pour ſommes mobiliaires*, & les *deniers comptans*, quelque conſidérables *qu'ils fuſſent*. Quant à l'objection du légataire univerſel, que ſi la prétention du ſieur Foſſeyeux étoit admiſe, ſon Legs univerſel deviendroit infructueux, le ſieur Foſſeyeux répondoit qu'il n'y avoit aucune loi qui exigeât qu'un Legs univerſel enrichît le légataire. Par Arrêt du Mercredi 18 Mai 1768, rendu en la Grand-Chambre, au rapport de M. Robert de Monneville, la Cour a confirmé la Sentence par défaut du Châtelet du 21 Février 1767, qui condamnoit le légataire univerſel à remettre au ſieur Foſſeyeux, la moitié, tant du prix de la vente des meubles, que de la vaiſſelle d'argent, des arrérages échus, des deniers comptans & notamment les 4000 liv. faiſant moitié des 8000 liv. dont le légataire univerſel avoit fait fa déclaration lors de l'inventaire ; les légataires particuliers contribuant néant-moins aux dettes de la fucceffion. Me Cochu le fils, fit un Mémoire pour le fieur Foffeyeux, & il y en eut auffi pour le légataire univerfel.

Page 27, colonne premiere à la fin du 5e alinea, après de profiter des Legs, ajoutez ; Cependant cela dépend beaucoup des circonftances, en voici un exemple.

Le fieur Potthier, Contrôleur de l'extraordinaire des guerres, avoit fait à 84 ans, fon teftament olographe. Par ce teftament, outre une penfion viagere de 200 liv. qu'il avoit faite à Louife Bafty fa domeftique, par acte du 18 Novembre 1738, pour la récompenfer des fervices qu'elle lui avoit rendus depuis 10 ans qu'elle étoit à fon fervice, il l'inftitua par fon teftament du 20 Avril 1764, fa légataire univerfelle, & il la qualifia de fa gouvernante : le teftateur faifoit par fon teftament l'éloge de cette fille, déclarant qu'il vouloit la récompenfer des foins qu'elle avoit eus de fa femme & de lui pendant 30 années, & de ceux qu'elle continueroit de lui rendre jufqu'à fon décès. Les héritiers du teftateur, au nombre de trois, tous gens fort pauvres, attaquerent le Legs univerfel, foutenant que la légataire, domeftique du teftateur, étoit du nombre des perfonnes incapables de recevoir des Legs univerfels de leurs maîtres : ils citoient l'Ordonnance de 1539, article 131. L'article 276 de la Coutume de Paris, & l'extenfion que les Jurifconfultes ont donné à cette Loi : les héritiers demandoient ou la réduction du Legs, ou que la légataire univerfelle n'en eut que l'ufufruit. La Sentence du Châtelet du 12 Juillet 1765, avoit fait délivrance du Legs univerfel : mais par Arrêt du Mardi 22 Avril 1766, Audience de relevée, la Sentence a été infirmée, le Legs réduit à 6000 livres, outre la penfion viagere de 200 livres, les dépens ont été compenfés, fors le coût de l'Arrêt que la Cour a ordonné être à la charge des héritiers. Plaidans Me Boullemer de la Martiniere pour les Appellans, & Me de la Borde pour l'Intimée. La fucceffion pouvoit faire un objet de 20000 l. & tout étoit acquêt en la perfonne du teftateur qui jouiffoit de 6400 liv. de rente viagere.

Un autre Arrêt rendu fur délibéré, jugé en la Grand'Chambre le Vendredi 27 Juin 1766, Audience de relevée, a réduit un Legs fait aux pauvres par le Commiffaire Glou. Plaidans Mes Turpin & de Laune.

Voici l'efpéce d'un autre Arrêt où un Legs fait à un domeftique qui, lors du décès de fon maître, n'étoit plus à fon fervice, fut confirmé.

Le 11 Août 1755, M. le Maréchal de Thomond fit fon teftament devant Notaires, par lequel, entr'autres difpofitions, il fit un Legs de 400 liv. de penfion viagere à Seveftre, fon cuifinier, laquelle penfion devoit commencer à courir du jour de fon décès ; plus il lui léguoit fix mois de fes gages, indépendamment de ce qui lui en feroit dû. Trois mois après ce teftament, le Maréchal de Thomond fit un codicile, en faveur de trois domeftiques, à qui il légua à chacun une penfion viagere de 150 livres, *bien entendu*, portoit le codicile, *que ces penfions & ces difpofitions n'auront lieu qu'autant que ces trois domeftiques feront à mon fervice à l'heure de ma mort.*

Trois ans après la date de ces teftament & codicile & en 1758, Seveftre fortit de chez M. le Maréchal de Thomond, où il étoit tombé malade. Le Maréchal de Thomond décéda le 9 Septembre 1761.

Quatre années après fa mort, Seveftre demanda en Juftice le payement de fa rente viagere : il foutint au Châtelet qu'il n'étoit forti de chez le Maréchal de Thomond qu'à caufe d'une maladie : il ajouta qu'il n'avoit point perdu la protection de ce Seigneur, qui même l'avoit placé chez le Marquis de Saffenage : enfin que s'étant écoulé trois ans depuis fa fortie de chez M. le Maréchal de Thomond, fans que le Teftateur eût révoqué le legs à lui fait, c'étoit une preuve que M. le Maréchal de Thomond avoit perfifté dans fa volonté.

Le tuteur des mineurs des enfans de M. le Maréchal de Thomond oppofoit pour défenfes, que Seveftre ne s'étant point trouvé au fervice de fon maître, lors de fon décès, il étoit non-recevable dans fa demande ; il argumentoit du codicile, & des termes qui s'y trouvoient relativement aux nouveaux Legs faits aux trois autres domeftiques ;

domestiques ; *bien entendu qu'ils seront à mon service à l'heure de ma mort.* Enfin il excipoit de cette autre circonstance que le testateur, outre les 400 livres de rente viagere, lui avoit en outre légué six mois de ses gages, ainsi qu'aux trois autres domestiques, *pour leur donner moyen de se mettre en condition* ; ce qui supposoit par conséquent que Sevestre ainsi que les autres domestiques seroient encore à son service lors de son décès, sans quoi les Legs seroient caducs.

Par Sentence contradictoire du Châtelet du 28 Novembre 1766, Sevestre fut débouté de sa demande avec dépens. Sevestre en appella en la Grand'Chambre, & par Arrêt du Lundi 13 Juillet 1767, Audience de 7 heures, après une plaidoirie très-contradictoire, la Sentence fut infirmée, & la délivrance du Legs ordonnée en faveur de Sevestre, avec les intérêts, à compter seulement du jour de la demande, avec dépens. Plaidans Me le Prestre pour Sevestre, & Me Mouriceau pour les Appellans. Sur cette matiere voyez *Avantage indirect, Incapables, Indigne,* & notamment un semblable Arrêt à l'art. *Legs caducs.*

Page 28, col. 1, à la fin du 1ᵉʳ alinea, après délivrance, ajoutez ; Cependant par l'Arrêt du 13 Juil. 1767, rapporté ci-dessus, le nommé Sevestre n'a eu les intérêts de sa rente viagere de 400 livres, qu'à compter du jour de la demande en délivrance de Legs, formée seulement quatre années après l'ouverture du testament.

Même page & même colon. à la fin du 4ᵉ alinea, après 19 Août 1743, ajoutez ; C'est d'ailleurs ce qui résulte de la définition même du Legs : *Legatum est donatio quædam à defuncto relicta, ab hærede præstanda.* § 1, Inst. *de Legat.* Or, pour que l'héritier fournisse (*præstet*) il faut que le Legs lui soit demandé.

Page 30 colon. 1, à la fin du 3ᵉ alinea, après Duplessis, ajoutez ;

L'héritier en Pays de Droit-Ecrit est non-seulement tenu de fournir la chose léguée, mais même les autres choses qui sont nécessaires pour parvenir à la possession du Legs. C'est d'après ce principe qu'il a été jugé que le testateur ayant légué un im-

meuble à Gens de Main-Morte, l'héritier étoit obligé de payer le droit d'amortissement. V. Argou, tom. 1, p. 369.

Il n'en est pas de même en Pays Coutumier, où l'héritier n'est pas tenu de fournir au légataire la valeur de l'immeuble, lorsque cet immeuble n'étoit pas disponible.

Dans la Coutume de Touraine, un testateur avoit légué un héritage de valeur de 600 livres, cependant il ne pouvoit disposer de la propriété, aux termes de la Coutume ; l'héritier refusa la délivrance du Legs. Le légataire disoit, qu'attendu que la volonté du testateur étoit claire & manifeste, il falloit lui laisser l'immeuble légué ou la valeur ; mais, par Arrêt du Jeudi 25 Juin 1761, le légataire fut débouté de sa demande, aux offres de l'héritier de lui abandonner l'usufruit, dont le testateur auroit pu valablement disposer.

M. l'Epine de Grainville rapporte un Arrêt du premier Février 1729, qui a jugé que le Legs fait par un mari, des conquêts de communauté, étoit valable, quoiqu'il y eût un don mutuel. Le motif de l'Arrêt est fondé sur ce que *res hæredis, vel etiam res aliena legari potest.*

Même page, col. 2, à la fin de l'article Legs, après propres fictifs, ajoutez ;

Le Legs fait à condition de porter le nom & les armes, est annullé, si la condition n'est remplie. V. Ferron sur Bordeaux, page 217.

Le même Auteur, pages 180 & 184, agite la question de sçavoir si le Legs fait à un des proches parens, est compensé avec les deux tierces-coutumieres : il rapporte les différentes opinions sur cette question ; la Peyrere, lett. L. nᵒ. 2, estime que la compensation du Legs a lieu avec la dette nécessaire, telle que la légitime légale ou coutumiere.

LEGS CADUCS.

Page 32, colon. 2, à la fin de cet article ; après d'un corps certain, ajoutez ;

Cependant un Legs ne laisseroit pas de subsister, quoique la cause pour laquelle le testateur l'auroit fait, se trouvât fausse ; par exemple, si le testateur avoit légué une certaine somme, à cause du soin que le légataire auroit pris de ſes affaires, le Legs auroit ſon exécution, quand même il ſeroit prouvé que le légataire n'auroit-jamais pris ſoin des affaires du teſtateur. Cette déciſion eſt fondée ſur la maxime. *Falſa cauſa non vitiat Legatum.*

Il en ſeroit de même de la fauſſe démonſtration, pourvû que la choſe léguée ſubſiſtât & fût d'ailleurs connuë. V. Argou, tom. 1, pag. 366.

LEPRE, LÉPREUX.

La Lepre eſt une maladie contagieuſe, qu'on appelle autrement Ladredrie, & que pluſieurs Médecins croyent n'être autre choſe que la maladie vénérienne. Ce mot vient du Grec λεπίς, écaille, parce que la Lepre forme des eſpéces d'écaille ſur la peau.

Par Arrêt du 29 Novembre 1596, les Lettres en forme de Commiſſions décernées par le Bailly de Noyon, pour la recherche des Lépreux, furent défenduës, ſi ce n'eſt ſur la plainte ou requête des Parties.

Leproſi ab hominibus excluduntur quaſi Mortui. Paul. Fag. *cap.* 12. *Mittit Deus propter peccatum.* Exod. Voyez auſſi le Chapitre 109 de la Coutume de Hainault.

L E S T.

Le Leſt eſt le ſable ou cailloux, mis à fond de cale pour donner au vaiſſeau un contre-poids qui l'empêche de ſe renverſer.

Suivant l'Ordonnance de la Marine, liv. 4, tit. 4, il eſt défendu de décharger le Leſt dans les Ports & dans les Rades; la négligence qu'on a euë là-deſſus a été la cauſe de la ruine de bien des Ports; tant en France qu'ailleurs.

LETTRES DE CHANGE.

Page 33, col. 1, à la fin du 5ᵉ alinea, après Octobre 1759, ajoutez;

Il y a notamment un Arrêt rendu en vacation, le Vendredi 26 Octob. 1759, ſur les Concluſions du Miniſtere public, & après une plaidoirie très-contradictoire, par lequel il a été jugé, que ſi le tireur d'une Lettre de Change, payable à lui ou à ſon ordre, en paſſoit ſon ordre à un

particulier, & que celui-ci repaſſât ſon ordre au tireur, un pareil écrit ne ſeroit pas une Lettre de Change, mais un billet à ordre, attendu que la 3ᵉ perſonne n'auroit jamais été dénommée.

Page 40, col. 1, à la fin de cet article, après ou endoſſeurs, ajoutez;

Un Eccléſiaſtique, quel qu'il ſoit, qui fait une Lettre de Change, s'expoſe à la contrainte par Corps.

Le ſieur de Bozon, Prêtre, Prévôt & Chanoine de la Sainte Chapelle à Dijon, pour obliger, diſoit-il, le ſieur Mille de la maiſon rouge, ci-devant Avocat au Parlement, & le tirer de l'embarras où il ſe trouvoit, ſigna trois papiers dont deux étoient en forme de Lettres de Change, & le troiſiéme étoit un endoſſement d'autre Lettre de Change. Les Porteurs des Lettres de Change obtinrent aux Conſuls, quatre Sentences par défaut, qui condamnoient l'Abbé de Bozon *par corps* & ſolidairement avec le ſieur Mille, au payement du contenu auxdites Lettres de Change. Le ſieur de Bozon interjetta Appel de ces Sentences, tant comme de Juges incompétens, qu'autrement, & notamment en ce qu'il avoit été condamné par corps. On combattit ſon Appel d'incompétence par les diſpoſitions de l'Ordonnance de 1673, qui déclare les Conſuls compétens entre toutes perſonnes, pour Lettres de Change tirées de place. Quant à l'appel des Sentences qui condamnoient l'Abbé de Bozon & par corps, Mᵉ Bazin, qui défendoit le Porteur de la Lettre de Change, obſerva que l'Abbé de Bozon s'étoit rendu indigne de profiter des Priviléges accordés aux Eccléſiaſtiques conſtitués dans les Ordres Sacrés, par le négoce par lui fait de Lettres de Change, négoce conſtaté par celles qui avoient été la cauſe de ſes empriſonnement & recommandation: plus encore par une premiere détention faite de ſa perſonne ès priſons du Grand-Châtelet pour cauſe de Lettres de Change, d'où il étoit ſorti en payant; enfin, par la récidive de Lettres de Change faites depuis.

Par Arrêt du Mardi 25 Février 1766, Audience de relevée, la Cour, ſur les appellations, mit les appellations au néant avec amende & dépens. Plaidans Me Des-maison pour l'Abbé de Bozon, appellant; Me Bazin pour le nommé le Quay, em-prisonnant; & Me Duponchel pour Re-naud, recommandant.

Cependant, si un Ecclésiastique faisoit une Lettre de Change, qu'il mit ensuite de sa signature, sa qualité d'Ecclésiastique, & qu'il n'y eût de sa part ni fraude ni dessein de tromper, l'emprisonnement qui seroit fait de sa personne, pourroit être argué de nullité, & lui faire obtenir, (au moins par provision) la liberté de sa per-sonne. Le porteur de la Lettre de Change doit, dans un pareil cas, s'imputer d'a-voir contracté avec une personne, qui s'é-tant fait connoître, par la Lettre de Chan-ge même, pour être constituée dans les Ordres sacrés, n'étoit point contraignable par corps: c'est ce qui a été jugé par un Ar-rêt dont voici l'espéce.

Le sieur Deschamps, Curé de Serris, avoit tiré de Rouen, une Lettre de Change sur le sieur Garroux, payable à l'ordre du sieur le Bas, Négociant: la Lettre de Change portoit *valeur reçue en marchan-dise*; elle étoit acceptée du sieur Garroux, & signée *Deschamps, Curé de Serris*. Faute de payement de la part de l'accepteur & du tireur, le sieur le Bas, en vertu de Sentence des Consuls, fit emprisonner le sieur Deschamps: celui-ci demanda la li-berté provisoire de sa personne. Il se fon-doit sur deux moyens; le premier, que la Lettre de Change n'avoit été souscrite par lui, que pour sûreté & cautionnement des fournitures de marchandises faites à sa niéce par le sieur le Bas, & *il rappor-toit la preuve de ce fait*; le second, que la Lettre de Change, écrite de la main du sieur le Bas, & signée de lui Deschamps, annonçoit sa qualité d'Ecclésiastique, puis-qu'elle étoit signée *Deschamps, Curé de Serris*.

Il excipoit en outre de la disposition de l'Ordonnance de Blois, article 57; de celle de 1667, titre 33, article 15, & de la Déclaration du Roi du 30 Juillet 1710, qui défendent l'emprisonnement des Ec-clésiastiques pour dettes purement civiles, (voyez lesdits articles.)

Le sieur le Bas répliquoit que tout Ec-clésiastique qui fait une Lettre de Change, doit sçavoir qu'elle engendre la contrainte par corps; que s'il y a une exception dans l'Ordonnance de 1667 en faveur des Ec-clésiastiques, elle concerne les dépens & non point les Lettres de Change, &c.

Par Arrêt du Mardi 27 Octobre 1767, en Vacation, la Chambre, en renvoyant sur le fond après la Saint Martin, a ordon-né que par provision, le sieur Deschamps seroit mis hors des Prisons du Châtelet *sur la minute même de l'Arrêt:* le motif de ce Jugement, fondé sur ce que le sieur Deschamps avoit signé *Deschamps, Curé de Serris:* plaidans Mes Bazin & de Va-ricourt.

Remarquez ici, que les circonstances ont pu déterminer à rendre cet Arrêt: & je ne conseillerai jamais à un Ecclésiastique, fût-il Curé, & signât-il en cette qualité, de faire ou endosser une Lettre de Chan-ge; je crois au contraire, que, faute de payement, on peut réguliérement l'em-prisonner.

LETTRES DE RATIFICATION.
Voyez *Ratification.*

LETTRES de Recommandation.

Les Lettres de Recommandation faites entre Marchands, produisent l'effet du Mandat; & l'on trouve dans les Arrêts de Boniface, tome 2, livre 8, chap. 6, un Arrêt du 30 Juin 1686, qui a jugé que le Marchand qui donnoit une Let-tre de Recommandation, devoit répon-dre de la personne en faveur de laquelle il l'avoit donnée.

LETTRES MISSIVES.

Même page & même colonne, à la fin du 1er alinea de cet article, après in fine, ajoutez: Voyez aussi *Lettres de Recomman-dation.*

LETTRES DE RESCISION.

Page 42, colonne 2, à la fin de cet arti-cle, après l'Arrêt, ajoutez;
Voyez aussi la Bibliothéque de Bouchel, aux mots *Rescision & Restitution.*

LETTRES-PATENTES.

Ce sont des Lettres du Roi, scellées

X ij

du grand Sceau : elles ont pour objet, & doivent être obtenues, lorfqu'il s'agit de quelqu'établiffement, privilége, grace, oétroi, &c.

Toutes les Lettres-Patentes doivent être fignées en commandement par un Secrétaire d'Etat.

Les Lettres-Patentes n'ont force de Loix qu'après qu'elles ont été vérifiées dans les Parlemens, les Parties intéreffées ouies ou dûement appellées.

Le Roi finit ainfi fes Lettres-Patentes..... fauf en autre chofe notre droit....., & l'autrui en toutes.

On les appelle *Lettres-Patentes*, parce qu'elles font ouvertes, par oppofition aux Lettres de Cachet qui font clofes, & cachetées du cachet du Roi.

LEZE-MAJESTÉ.

Page 43, *col.* 2, *à la fin du* 6e *alinea, après* deffein, *ajoutez*; Le Vicaire de S. Nicolas des Champs, pour avoir dit en tenant un couteau, il fe trouvera encore quelqu'homme de bien, comme Frere Jacques Clément, pour tuer le Roi, & ne fût-ce que moi, a été condamné par Arrêt du Mercredi 11 Janvier 1595, confirmatif de la Sentence du Prévôt de Paris, à être pendu & étranglé : exécuté le même jour à la Porte de Paris. *Bouchel, dans fa Bibliothéque ou Tréfor du Droit François*; verbo *Leze-Majefté*.

Page 44, *col.* 1, *ligne* 2 *du* 2e *alinea, après* à être écartelés, *ajoutez en note*; (a).

(a) Hodiè apud Turcas, *fi quis crimen Lefæ-Majeftatis incurrerit, caudæ equinæ pedibus alligatus, per Urbis plateas miferando fpeétaculo raptatur, donec confraétis membris, comminuitifque, horrenda morte abfumatur. Hift. Turcicæ*, tom. 1, part. 2, cap. 5, pag. 104.

LÉZION.

Même page & même colonne, à la fin du 2e *alinea de cet article, après* anéanti, *ajoutez*; Alors la reftitution fe fait *ut ex tunc : fieri enim poteft ut neuter fraudandi animum habuerit; res tamen ipfa, propter enormem læfionem, dolum habeat.* Dans les autres cas, la reftitution fe fait *ut ex nunc :* Voyez Godefroy, *ad legem Si quis*, 36.

Même page, colonne 2, *ligne* 5 *du huitième alinea, après* effets mobiliers, *ajoutez en note*; (a).

(a) Secùs, du mineur : s'il étoit léfé dans quelqu'aéte qui concernât feulement fon mobilier, il pourroit fe faire reftituer, quand même il feroit émancipé. C'eft l'avis de Carondas.

Page 45, *col.* 2, *à la fin du* 4e *alinea, après* les majeurs, *ajoutez*; *Minor non reftituitur ut minor, fed ut læfus.*

LIBELLES DIFFAMATOIRES.

Page 46, *col.* 1, *à la fin du* 1er *alinea de cet article, ajoutez*;

Quelques Auteurs, du nombre defquels eft Plarine, prétendent que quelqu'injurieux que puiffe être un écrit, il ne peut porter le nom de Libelle, quand l'Auteur y a mis fon nom.

L'Edit de 1577 de Henri III, article 14 s'exprime ainfi : » Défendons à pei- » ne de punition corporelle, tous Libel- » les, livres peints & portraits diffama- » toires, & fera procédé extraordinaire- » ment, tant contre les Auteurs, Com- » pofiteurs & Imprimeurs, que contre ceux » qui les publient à la diffamation d'au- » trui. «

Une ancienne Loi, ainfi paraphrafée par *Godefroy*, porte, *Si quis publicè aliquem diffamuerit, eique convicium fecerit, vel carmen famofum condiderit ad alterius injuriam, fuftibus feriatur.*

Il y a des diffamations de plufieurs genres : une ironie piquante & continuelle qui régne par affeétation dans un Mémoire imprimé pour la défenfe d'une Partie, peut quelquefois être regardée comme une diffamation : la fuppreffion d'un femblable écrit feroit la moindre chofe que pourroit demander celui contre lequel il feroit fait; & c'eft fur ce fondement que par Arrêt rendu en la Tournelle le Samedi 7 Février 1767, fut fupprimé un Mémoire, relativement auquel M. Séguier, Avocat Général, obferva que la Partie, par une ironie continuelle, des plaifanteries épifodiques, & des expreffions peu dignes du Barreau, mettoit la Cour dans la néceffité d'en ordonner la fuppreffion.

LIBRAIRE.

V. Imprimeurs.

Les Libraires doivent avoir dans leurs boutiques, un catalogue des Livres réprouvés. Voyez l'Ordonnance de Henry II de 1551, article 10.

LICITATION.

Page 50, col. 2, à la fin de cet article, après &c. ajoutez;

On trouve au cinquiéme tome du Journal des Audiences, liv. premier, chap. 4, un Arrêt du 19 Juillet 1683, qui a jugé qu'une maison laissée indivise, étant échue dans un partage provisionnel entre mineurs, la Licitation du fonds n'avoit point lieu, mais seulement des loyers.

LIEUTENANT.

Page 51, col. 1, à la fin du 1er alinea de cet article, après légitime, ajoutez; Ce mot est le composé de *lieu* & de *tenant*, *locum tenens. Vicarius est seu officiarius alterius vices gerens.*

LIEUTENANT CIVIL.

Le Lieutenant Civil est un Magistrat, ordinairement choisi parmi Mrs les Maîtres des Réquêtes, pour juger au Parc Civil en premiere Instance, les affaires civiles: le Lieutenant Civil est le premier des Lieutenans de M. le Prévôt de Paris. Voyez *Châtelet.*

LIGE.

Page 54, col. 1, à la fin du 1er alinea, après &c. ajoutez;

Ainsi, Lige signifie un » vassal qui tient » une certaine sorte de Fief qui le lie en- » vers son Seigneur dominant, d'une obli- » gation plus étroite que les autres. «

Même page & même colonne, à la fin de cet article, après de Paris, ajoutez; & le Dictionnaire de Trévoux.

A la fin du même alinea, ajoutez;

Lige est encore un Droit de relief que l'on paye en cas de mutation de Fief au Seigneur. En quelques lieux il est fixé à 10 liv. pour plein Lige, & en d'autres à la moitié ou au quart de cette somme; alors il se nomme demi-Lige, ou quart de Lige.

LIGNAGE.

Le Lignage est dans quelques Coutumes, un Droit qui se leve pour la conduite & l'entrée du bois.

LIGNAGER.

On appelle Lignager, celui qui est du même lignage ou parenté. Voyez *Retrait Lignager.*

LIQUIDATION.

Même page & même colon. ligne 1 de cet article, après Ce mot, changez & mettez; vient du latin *liquet*, qui veut dire, il est clair, &c.

A la fin de cet article, ajoutez;

On fait quelquefois, par l'arrêt, la liquidation des dépens, pour en épargner la taxe.

LITIGE.

Page 55, colon. 1, ligne 1, après Procès, ajoutez; du latin Litigare, être en Procès.

Page 56, col. 2, à la fin du 5e alinea, après Régale, ajoutez;

Il faut encore qu'il soit formé entre deux Patrons, & non pas entre deux Présentés par le même Patron.

LITRES.

Page 57, à la fin de l'avant-dernier article, après ou Cour, ajoutez;

» On double les Litres pour les Sei- » gneurs titrés, ou qui ont quelque gran- » de dignité, Duc, Maréchal de France, » Prince, &c. l'une est pour le Fief, l'au- » tre pour la dignité. On en met trois pour » les Souverains, pour marquer par la troi- » siéme, leur droit de Souveraineté. «

LIVRES & REGISTRES.

Page 58, colon. 2, à la fin du 2e alinea, après de son commerce, ajoutez;

Les Statuts de la Communauté des Orfévres les obligent à avoir des Livres en bonne régle & paraphés par M. le Lieutenant Général de Police; & cette disposition de leurs Statuts s'observe à la rigueur.

Un sieur Alland, Marchand Orfévre, avoit reçu de la vaisselle d'argent d'un

fieur Cava, Graveur : cette vaiffelle appartenoit au fieur Comte de Turpin, Brigadier des armées du Roi, qui l'avoit confiée à Cava, pour la convertir en couverts d'argent, & en cuillers à ragoût ;
le Comte de Turpin réclama fa vaiffelle
d'argent : le fieur Alland difoit qu'il la
tenoit du fieur Cava, auquel il s'étoit engagé de livrer douze couverts d'argent,
& de garder le furplus, pour payement
de ce qui lui étoit dû par Cava ; celui-
ci dénioit devoir la totalité de ce que demandoit Alland, & attendu que le Livre
repréfenté par Alland, où la livraifon de la
vaiffelle d'argent étoit portée, ne fe trouvoit point en régle, n'étant point relié,
ni paraphé de M. le Lieutenant Général
de Police ; que d'ailleurs Alland n'avoit
point pris la déclaration par écrit de Cava,
Alland a été condamné par Arrêt rendu
en la Grand'Chambre, le Vendredi 29 Février 1760, à remettre à Cava le reftant de
la vaiffelle d'argent du Comte de Turpin :
le motif de l'Arrêt fondé fur ce que cette
vaiffelle n'auroit pu refter à Alland, que
dans le cas où il l'auroit achetée ; & qu'un
Orfévre ne peut prouver un achat de vaiffelle d'argent, que par un Livre marchand
en régle, & conforme aux Statuts de la
Communauté des Orfévres.

LOCATAIRE,

Page 59, colonne 2, à la fin de l'article,
ajoutez ;

Un principal Locataire a action contre fon propriétaire, pour l'obliger à faire
mettre les cheminées de la maifon en état,
de maniere qu'elle ne foit pas abfolument
inhabitable à caufe de la fumée, fi mieux
n'aime le Propriétaire confentir à la réfiliation du bail ; c'eft ce qui a été pré-
jugé par Arrêt très-contradictoire du Jeudi
18 Septembre 1766. Plaidans Mes Viel
& de la Goutte.

Dans cette efpéce, un Particulier avoit
loué une maifon à Paris, pour en faire
un Hôtel garni : le bail portoit que le Locataire avoit déclaré bien connoître les
lieux : par la fuite il articula & demanda
à faire preuve, en cas de déni, qu'il n'y
avoit pas *une feule* cheminée de cette maifon qui ne fumât à tel point, qu'en tout

temps, lorfqu'on y faifoit du feu, il fal-
lût tenir les portes ou les fenêtres ouvertes;
comme ce fait fut dénié par la Comteffe
de Beuil, propriétaire, la Cour a ordonné
avant faire droit, que par Maçons-fumif-
tes, les cheminées feroient vûes & vifi-
tées, pour, le rapport fait & rapporté,
être par la Cour ftatué ce que de raifon.

Il eft à obferver que la Cour n'a point eu
égard à la fin de non-recevoir oppofée par
la Propriétaire, réfultante de ce que ce
n'avoit été qu'après plus d'une année que
le Locataire avoit formé fa demande en
Juftice contr'elle ; que même ce n'avoit été
que fur l'appel & à la veille de l'Audience,
qu'il avoit articulé les faits dont il demandoit à faire preuve. La Sentence du Châtelet avoit déclaré le Locataire non-recevable dans fa demande.

Mais cette même caufe s'étant préfentée
pour être jugée d'après l'interlocutoire ordonné : Arrêt eft intervenu le Mardi 7 Juillet 1767, Audience de 7 heures, qui a jugé
que le procès-verbal de vifite, conftatant
qu'il n'y avoit que fept cheminées fur onze,
qui fumaffent, le Locataire n'étoit pas dans
le cas de forcer la Propriétaire à faire les
réparations indiquées par le Procès-verbal,
pour empêcher la fumée : l'Arrêt interlocutoire ne fit aucune impreffion, parce que le
Locataire avoit articulé que *toutes les che-*
minées fumoient, & que le procès-verbal
fait en exécution de cet Arrêt, n'en contenoit pas la preuve. Plaidans Mes Viel &
de la Goutte.

Un Locataire qui feroit un bruit affecté
& extraordinaire fur la tête de fon voifin ;
qui interromproit fon fommeil à toute
heure de nuit, par des coups redoublés,
en rentrant à des heures indûes, qui l'in-
fulteroit continuellement, ou fes domeftiques ; en un mot, qui *méfuferoit abfolu-*
ment de la chofe qui lui eft louée, fe mettroit dans le cas d'en être *expulfé* par la
Juftice. C'eft ce qui a été jugé formellement dans de pareilles circonftances, par
Arrêt rendu en la Tournelle, conformément aux conclufions de M. Séguier, Avocat Général, le Samedi 7 Février 1767.
La Cour ordonna l'expulfion du fieur Panet, de l'appartement qu'il occupoit dans
la même maifon où demeuroit le fieur Pa-

lifot, Chevalier, Seigneur de Beauvois. Plaidans M^e le Blanc de Verneuil pour le fieur de Beauvois, contre le fieur Panet, premier Commis d'un Bureau.

LODS & VENTES.

Page 61, col. 1, à la fin du 2e alinea, après parifis, *ajoutez;*

Il faut avoir recours aux titres particuliers des Seigneurs, pour examiner s'ils peuvent prétendre, comme dit Dumoulin, fur l'article 76 de la Coutume de Paris, *Jure & titulo particulari*, des droits plus confidérables que ceux portés par la Coutume, *Graviora aut duplicia quàm Jure Communi, & de Confuetudine, & Jure Communi Parifienfium.*

A défaut du titre primordial, qu'il eft difficile de rapporter après un long temps, il faut recourir aux reconnoiffances & déclarations paffées par les Tenanciers & Cenfitaires, dans lefquelles ils avouent les droits du Seigneur, & qui peuvent fuppléer à ce titre primordial; fi les titres rapportés ne prouvent pas avec évidence le droit des Lods & Ventes demandés par le Seigneur, fur un pied plus fort que celui de la Coutume, le Seigneur doit fans difficulté être débouté de fa prétention, & les Lods & Ventes payés conformément à ce que prefcrivent les Coutumes: c'eft ce qui a été jugé par Arrêt du 12 Mars 1763, au rapport de M. l'Abbé Terray, Confeiller de Grand'Chambre: les Dames Religieufes d'Hieres prétendoient les Lods & Ventes pour les acquifitions faites par M. de Noinville dans l'étendue des Fiefs de Corbeil & de Senart, à raifon du fixiéme: mais attendu qu'elles ne rapportoient point de titres fuffifans pour établir une pareille prétention, exorbitante du Droit commun; que même elles n'avoient point de poffeffion bien établie, elles ont été déboutées de leur demande: & la Cour a ordonné le payement des Lods & Ventes fur le pied du douziéme: Me Pincemaille écrivoit dans cette Inftance.

Il n'eft point dû de Lods & Ventes en matiere d'échange, *permutatis fundis, nulla Laudimia debentur.* V. Chopin fur Paris, liv. 1, tit. 3, n°. 21; & Ferron fur Bordeaux, pages 72 & 289. Mais voyez *Echange*, n°. 9.

Page 62, à la fin de la note, après Août 1758, *ajoutez;*

Ainfi le délaiffement d'un immeuble, qui feroit fait dans une Direction à un enfant pour le payement du douaire de fa mere, ne donneroit point lieu au payement des Lods & Ventes. C'eft ce qui a été jugé par Arrêt du Mercredi 27 Avril 1768.

Dans cette efpéce, les fyndics des créancies du fieur Barbier avoient fait le délaiffement d'une maifon affectée au douaire de l'époufe du fieur Barbier, & par conféquent propre à fes enfans. Le Seigneur, dans la mouvance duquel étoit la maifon, prétendit qu'il lui étoit dû des droits de Lods & Ventes; il fe fondoit fur ce que les mineurs Rondeau, petits-enfans des fieur & dame Barbier, n'étoient devenus propriétaires de la maifon, qu'en conféquence du délaiffement qui leur en avoit été fait en payement d'une créance qu'ils avoient droit d'exiger, & qu'une pareille ceffion étant en tout femblable à la Vente à prix d'argent, les Lods & Ventes étoient dûs. Les mineurs au contraire foutenoient que le délaiffement en queftion, n'avoit point fait perdre à l'immeuble, la qualité de propre réfultant du contrat de mariage de leur ayeul & ayeule, par lequel la maifon en queftion étoit fpécialement affectée au douaire ftipulé propre aux enfans: que toutes les Coutumes favorifoient les mutations au préjudice des droits feigneuriaux, qu'elles donnoient cette faveur aux actes qui contenoient partage entre co-héritiers, & en général à tout ce qui étoit accommodement de famille; qu'ainfi il n'étoit point dû de Lods & Ventes, pour raifon du délaiffement à eux fait de la maifon dont il s'agiffoit. C'eft auffi ce que la Cour a jugé par ledit Arrêt. Plaidans Mes Racine & de Leftang.

Page 70, col. 1, à la fin du 1er alinea, après qui favorifoient fa prétention de franchife, *ajoutez;*

Cependant un Arrêt antérieur rendu en la premiere Chambre des Enquêtes fur Procès par écrit au rapport de M. Pafquier, le 27 Août 1748, & fur partage d'opinions (M. Tudert, Compartiteur) a jugé que dans la Coutume de Lorris, il n'étoit point dû de droits seigneuriaux en licitation, comme en soulte de partage.

La contestation étoit entre M. l'Evêque de Soissons, Abbé de Saint Victor, & en cette qualité Seigneur de Puiseaux, joint avec Jacques Veray son Receveur, tous deux Appellans d'une part; & Geneviéve Geaut, veuve de Jacques-Charles-Antoine Chevillard, en son nom & tutrice, Intimée, d'autre part.

La Sentence dont étoit appel, avoit été rendue au Châtelet de Paris sur appointement en droit, le 22 Juillet 1744: elle confirmoit celle du Juge de Puiseaux du 11 Mars 1743, qui renvoyoit la veuve Chevillard avec dépens des demandes contr'elle formées, tant par M. l'Evêque de Soissons que par Veray.

Les demandes tendoient toutes à ce que la veuve Chevillard, conformément aux articles 5 du chapitre des Fiefs & 30 du chapitre des Censives de la Coutume de Lorris, fût tenue de payer des Lods & Ventes dans l'espéce dont on va rendre compte.

Au mois d'Octobre 1738, décès de Pierre Chevillard; sa succession fut dévolue à six enfans tous majeurs, qui dans le mois de Novembre suivant, procéderent entr'eux au partage. Dans la masse des biens il se trouva une maison située à Puiseaux, régie par la Coutume de Lorris qui ne pouvoit être placée dans un des lots, sans le rendre beaucoup plus fort que les autres, & sans par conséquent donner lieu à une soulte qui auroit opéré des droits seigneuriaux.

Pour éviter cet inconvénient, les copartageans convinrent que cette maison n'entreroit dans un des six lots que jusqu'à la concurrence de 1500 livres, & que pour connoître qu'elle somme totale pouvoit produire la même maison, elle seroit mise à prix par les six enfans, & que celui d'entr'eux, qui par ses encheres la feroit monter le plus haut, prendroit pour sa portion le lot dans lequel seroit placée la maison en question, & payeroit à ses co-héritiers les cinq sixiémes de la somme à laquelle il auroit porté l'excédent du prix de 1500 livres.

Jacques-Charles-Antoine Chevillard; en enchérissant la maison de 2500 livres au-delà des 1500 livres pour laquelle somme elle étoit entrée dans le partage, se trouva débiteur de ses co-héritiers de 2083 liv. 6 sols 8 deniers pour leurs cinq sixiémes, suivant un acte du 18 Novembre 1738.

M. l'Evêque de Soissons & Veray son Receveur, sur l'appel au Parlement, ont établi leurs griefs sur deux propositions.

La premiere, que l'acte du 18 Novembre 1738, étoit un véritable partage dans lequel la totalité de la maison n'avoit été transférée à Chevillard qu'en payant par lui une soulte de 2500 liv., dont les droits étoient dûs incontestablement au Seigneur, suivant les deux articles ci-devant cités de la Coutume de Lorris.

La seconde subsidiaire, que dans le cas où l'on pourroit porter l'indulgence jusqu'à envisager les 2500 livres, plutôt comme le prix d'une vente par licitation, que comme une soulte de partage, il n'y avoit pas moins d'indispensabilité de payer au Seigneur les droits de Lods & Ventes, parce que les portions du prix d'une adjudication par licitation, payées aux co-héritiers, des deniers de l'adjudicataire, sont véritablement une soulte assujettie aux droits, par les deux articles ci-dessus cités.

L'Intimée au contraire a soutenu d'abord que les 2500 liv. qu'il en avoit coûté à son mari pour acquérir la totalité de la maison en question, ne pouvoient être regardées autrement que comme le prix d'une licitation, qui elle-même avoit completté le partage des biens de la succession de Pierre Chevillard: elle établissoit de plus que la Coutume de Lorris, & les autres qui assujettissent les soultes de partage aux droits seigneuriaux étant exorbitantes, devoient être restreintes, au lieu de recevoir de l'extension, & que dans cette perspective, leur disposition devoit être limitée aux soultes de partage, parce qu'elles statuoient littéralement à cet égard: mais qu'on ne pouvoit leur donner aucun empire sur les licitations par rapport auxquelles elles étoient muettes, de sorte qu'alors il falloit recourir à la Coutume de Paris, qui affranchissant les licitations des droits Seigneuriaux, offroit la raison de décider.

L'Arrêt

L'Arrêt a jugé, en conformité de ce dernier fyftême, en confirmant.

Il y eut Mémoire imprimé de part .& d'autre; Me Moreau écrivoit pour les Appellans.

Le Mémoire de l'Intimée n'indique aucun nom d'Avocat.

Voyez à l'article *Soulte de partage*, un Arrêt du 17 Juillet 1765, qui eſt très-important ſur cette matiere.

Page 70, colon. 2, ligne 3 du 4ᵉ alinea, après former, *ajoutez ;* & conſommer enſuite le contrat de Vente, c'eſt-à-dire, qu'il y a la choſe vendue, le prix & le conſentement actuel, *res, pretium & conſenſus ;* alors les, &c.

Même page & même colonne, ligne 7 du 3ᵉ alinea, après du Maine, *ajoutez ;* Voyez auſſi la note de Dumoulin ſur l'article 25 du Chap. 14 de la Coutume de Lodunois.

A la fin du même alinea, ajoutez ;

Cependant il faut dire, qu'au moins dans la Coutume de Paris, il eſt dû des Lods & Ventes, dans le cas de la Vente avec faculté de réméré ou de rachat, quand même le délai fixé n'excéderoit pas neuf ans : Cela paroît même conforme à l'article 78, qui veut, ſans aucune diſtinction, que les Ventes ſoient payées dès qu'on achete à prix d'argent ou à rente rachetable, un héritage qui ſe trouve en la cenſive d'un Seigneur cenſier ou foncier ; en effet, la faculté de réméré qui n'a d'effet que pour l'avenir, ne peut dénaturer un acte qui contient bien certainement une Vente & une dépoſſeſſion ; les droits de Lods & Ventes ſont donc dûs dans ce cas : c'eſt auſſi ce que la Cour vient de juger tout récemment par un Arrêt dont voici l'eſpéce.

Le 8 Août 1763, le ſieur Berrier vendit au ſieur Dormois une maiſon & dépendances ſiſes à S. Germain-en-Laye, moyennant 12000 livres ; le Vendeur ſe réſerva la faculté de réméré pendant *trois ans*, à compter du jour de la vente ; le même jour le ſieur Dormois fit ſa déclaration au profit de la demoiſelle Moiſcette : le 14 Octobre 1764, M. le Duc de Noailles (lors Duc d'Ayen) fit aſſigner la demoiſelle Moiſcette en la Prévôté de S. Germain, pour ſe voir condamner à lui payer la ſomme de

Supplément.

1000 liv. pour les Lods & Ventes de la précédente acquiſition, & l'amende de 3 l. 15 ſols, faute d'exhibition du contrat ; la demoiſelle Moiſcette fit révoquer cette demande au Châtelet; Sentence contradictoire y intervint le 6 Nov. 1765, qui condamna la demoiſelle Moiſcette au payement des droits, avec intérêts du jour de la demande & aux dépens, & ſur l'amende mit hors de Cour. La demoiſelle Moiſcette appella de cette Sentence; ſon moyen étoit de dire que lors de la demande de M. le Duc d'Ayen, la faculté de réméré ſtipulée par le Vendeur ſubſiſtoit; que le contrat étoit en ſuſpens, qu'ainſi elle ne devoit point de Vente, & n'en pourroit devoir que quand elle ſeroit propriétaire incommutable ; ce qui n'arriveroit que lorſque l'on auroit prononcé la déchéance de la faculté, ou qu'elle ſe trouveroit preſcrite : mais par Arrêt du Samedi 21 Février 1767, rendu en la Grand'Chambre conformément aux Concluſions de M. Barentin, Avocat Général, la Sentence fut confirmée avec amende & dépens. Plaidans Mᶜˢ Pierret de Sanſieres pour l'Appellante, & Me Caillau pour M. le Duc de Noailles. Voyez auſſi la note de Dumoulin ſur l'art. 46 de la Coutume de Chartres.

Page 71, col. 1, à la fin du 5ᵉ alinea, après & autres, *ajoutez en note ;* (a).

(a) Dans un Mémoire imprimé que j'ai ſous les yeux, on prétend que cet Arrêt eſt mal rapporté; qu'il ne s'agiſſoit pas d'une adjudication faite en Juſtice, mais d'un premier contrat paſſé pardevant Me Poulletier & ſon Confrere, Notaires au Châtelet de Paris, le 14 Août 1738, par lequel Jean Giffart a acquis, des Directeurs des créanciers du ſieur Rivoy, deux maiſons ſiſes à Paris, rue des Vieilles Etuves, quartier S. Honoré, moyennant 81000 livres : ce contrat lui a été délivré; il l'a fait inſinuer & enſaiſiner ; & par quittance du 13 Janvier 1739, il a payé 5750 liv. pour les Lods & Ventes de ſon acquiſition, au Fermier de M. de Vintimille, alors Archevêque de Paris. Il a joui en conſéquence de ces deux maiſons, & il en a reçu les loyers en qualité de Propriétaire, *animo Domini*, pendant 13 années; il avoit même acquis la preſcription de dix ans, entre préſens, contre toutes dettes & hypothéques, ſuivant la coutume ; enſorte que ſa vente n'a jamais été plus conſommée. Au bout de 13 années de propriété, poſſeſſion & jouiſſance, & par un autre contrat paſſé pardevant les mêmes Notaires, le 17 Août 1751, les Directeurs des créanciers Rivoy ont revendu ces deux maiſons au ſieur Guelle de Logrie, moyennant 67100 livres ; & par ce ſecond contrat ces Directeurs avoient diſpenſé le ſieur de Logrie de payer les Lods & Ventes de ſon acquiſition, & s'étoient chargés de l'en garantir, enſorte qu'on voyoit *Conſilium fraudis*, & l'événement a ſuivi de près; le ſieur de Logrie a refuſé en conſéquence de payer les

Y

Lods & Ventes aux Fermiers de M. de Beaumont; cela a donné lieu à une Inſtance, dans laquelle les Directeurs, qui ont pris le fait & cauſe du ſieur de Logrie, ont redemandé aux Fermiers de feu M. de Vintimille, les 6750 livres, qui lui ont été payées le 13 Janvier 1739, pour les Lods & Ventes du premier contrat, quoiqu'il eût été pleinement exécuté pendant 13 années; mais, par l'Arrêt, le ſieur de Logrie a été condamné de payer les Lods & Ventes aux Fermiers de M. de Beaumont : les Directeurs ont été condamnés d'en acquitter, garantir & indemniſer le ſieur de Logrie, déboutés de leur demande en répétition contre les Fermiers de M. de Vintimille, & condamnés aux dépens envers toutes les Parties.

C'eſt ainſi que cet Arrêt eſt rapporté dans un Mémoire de Mᵉ Lambert, qui obſerve que les circonſtances en ont été tirées de la minute même de l'Arrêt qui eſt au Greffe de la Cour. Voyez notamment à l'article *Retrait Lignager*, nº. dernier.

Page 74, col. 1, à la fin du 3ᵉ alinea, après de Paris, ajoutez;

Cependant il faut convenir que c'eſt une queſtion fort controverſée par les Juriſconſultes, de ſçavoir ſi le Seigneur qui donne à bail général ſa Terre, & qui comprend dans ce bail les Lods, Ventes & autres droits ſeigneuriaux, doit à ſon Fermier les droits de Lods & Ventes & autres droits, pour raiſon des acquiſitions qu'il fait dans ſa mouvance, & s'il lui en doit également pour les Ventes qu'il fait pendant la durée du bail?

On peut dire en faveur du Fermier, qu'en affermant la terre & les droits ſeigneuriaux qui comprennent les Lods & Ventes, le Fermier a compté que, de toutes les acquiſitions qui pourroient ſe faire pendant la durée de ſon bail, il en naîtroit en ſa faveur des droits, & que c'eſt ſur ce pied qu'il a calculé & eſtimé le produit de ſon bail : que par conſéquent le Seigneur en acquérant & uniſſant à ſon domaine les fonds dépendans de ſa directe, ou bien en vendant des héritages relevans de lui, fait ſouffrir à ſon Fermier la double perte des cens & rentes qui ceſſent à l'inſtant de la réunion; qu'il lui fait auſſi ſouffrir la perte des Lods & Ventes, en ce que c'eſt au Seigneur que l'acquéreur les paye; que par conſéquent, le Seigneur doit une indemnité pour tous ces objets au Fermier, & que s'il en avoit penſé autrement en paſſant le bail, c'étoit à lui à s'expliquer clairement, *in cujus poteſtate fuit legem apertiùs dicere.* C'eſt le ſentiment de pluſieurs célèbres Juriſconſultes, entr'autres, de Dumou-

lin, ſur l'article 55 de l'ancienne Coutume de Paris, & 78 de la nouvelle, gloſe 1, nº. 13; de d'Argentré, ſur l'art. 64 de l'ancienne Coutume, & 71 de la nouvelle; de Salvaing, des Fiefs, chap. 82; de Brodeau, ſur Paris, art. 78; de Godefroy, ſur l'art. 171 de la Coutume de Normandie; & de Pocquet de Livonniere, ſur Dupineau, art. 161 de la Coutume d'Anjou : enfin c'eſt la diſpoſition de l'art. 476 de la Coutume de Bourbonnois; & outre les Arrêts ci-deſſus cités, il y en a trois autres; l'un du Parlement de Dijon, du 27 Mars 1608, rapporté par Taiſan ſur la Coutume de Bourgogne, tom. 2, art. premier, nº. 7; & les deux autres du Parlement de Paris des 5 Septembre 1704, & 3 Septembre 1718.

D'autres Juriſconſultes ſe décident en faveur du Seigneur, parce que c'eſt une régle de droit, que la perſonne qui parle eſt toujours exceptée de la propoſition générale : *in generali ſermone, perſona loquentis non intelligitur,* & les clauſes obſcures doivent s'interprêter par ce qui eſt plus vraiſemblable & de l'uſage ordinaire : or le Seigneur qui acquiert ou qui vend dans ſa mouvance, ne peut (par un privilége qui lui eſt perſonnel & inſéparable de ſa qualité de Seigneur) ſe devoir à lui-même des droits ſeigneuriaux; en effet, il eſt contre toute vraiſemblance qu'en affermant les droits de Lods & Ventes & autres droits, il ait voulu ſe dépouiller de cette prérogative eſſentielle, & l'ait cédée contre lui-même à ſon Fermier. Une convention auſſi extraordinaire ne peut être admiſe que par une clauſe formelle & préciſe, *indiget ſpeciali notâ.* C'eſt le ſentiment de Guyot, des Fiefs, tom. 3, Traité du Quint & des Lods & Ventes, chap. 14, qui diſcute les deux queſtions ci-deſſus propoſées, & rapporte les autorités qui ſont en faveur du Seigneur; entr'autres, celles de Cambolas, Baſnage, Dupineau, Dupleſſis, & les arrêtés de M. de Lamoignon, art. 13, tit. 12 des Droits ſeigneuriaux.

Il s'eſt préſenté une queſtion aſſez ſemblable à celle-ci aux Requêtes du Palais, entre M. Cappellet, Seigneur d'Etrepy en Pertois, Auditeur des Comptes; & Nicolas Lefevre, ci-devant Fermier de la terre

d'Etrepy: &, par Sentence rendue en la seconde Chambre des Requêtes, sur délibéré, au rapport de M. Gautier de Chailly,
le Samedi 30 Mai 1767, il fut jugé contre le
Fermier; plaidans Me Pierret de Sansieres
pour le Fermier; & pour M. Cappellet,
Me Thetion, qui fit un Mémoire où la matiere est traitée à fond.

*Page 75, col. 1, à la fin du 1er alinea,
après un titre d'exemption, ajoutez;*

Les Lods & Ventes ne sont dûs pour donation d'héritages, faites pour causes pieu-
ses & sans fraude: mais il en est dû pour
donation faite pour récompenses de services ou autres charges; *& consequenter etiam
locus est retractui proximitatis; postquàm
enim officia Sacrificulorum pecuniâ estimen-
tur, sequitur quod sunt in commercio, &
consequenter profana, & quantùmvis su-
perstitione tecta; quod etiam vidit antiquitas,
ut in hâc antiquâ Consuetudine.* Dumoulin,
sur l'article 125 de la Coutume d'Orléans.

Les Lods & Ventes sont dûs par la chose même: ainsi le Seigneur peut, dans le
cas où le vendeur rentre dans l'héritage
vendu, faute de payement, (voyez *suprà,*
l'Arrêt du 6 Avril 1726) actionner le détenteur actuel, sauf le recours de celui-
ci, s'il y a lieu, & contre qui il appartiendra (a).

LOI APPARENTE.

*Page 76, col. 2, à la fin du 1er alinea
de cet article, après ont perdue, ajoutez en
note; (b).*

(b) » Ladite Loi *apparoissant* étoit quelquefois termi-
» née par bataille, c'est-à-dire, par Duel «. V. Berault
sur l'article 60.

LOIX.

*Page 77, col. 1, à la fin du 1er alinea,
de cet article, après autorité, ajoutez;*

Les Loix ne nous imposent un joug apparent, que pour conserver notre liberté
réelle. *Legum servi sumus, ut liberi esse
possimus.* Just.

*Page 78, col. 1, ligne 4, après Chauve,
ajoutez en note; (c).*

(c) » Les Loix différoient autrefois des Capitulaires,
» en ce que c'étoit le consentement du peuple seul qui
» faisoit les Loix, au lieu que les Capitulaires se fai-
» soient par les Rois & les Princes, avec le consente-
» ment du peuple. Ensuite on confondit les Capitulai-
» res avec les Loix.

(a) Ceci n'a pû être mis dans la nouvelle Edition.

LORRAINE.

*Page 82, colonne 2, à la fin de cet
article, après criminelles, ajoutez;*

Sur la Prise de Possession des Duchés
de Lorraine & de Bar, Terres, Fiefs &
Seigneuries, droits & revenus qui en
dépendent, sans aucune exception, pour
les posséder par le Roi en toute souveraineté, ainsi & de même que les Princes de
la Maison de Lorraine & le feu Roi de
Pologne en ont joui & dû jouir, voyez les
Lettres-Patentes en forme d'Edit du mois
de Février 1766, & l'Arrêt du Conseil
d'Etat du Roi, du 10 Mars 1767, qui détermine la forme dans laquelle il doit être
pourvu à l'acquittement des dettes de la
Lorraine. Par cet Arrêt il est dit, entr'autres choses, que toutes les parties des rentes, actuellement comprises dans les Etats
de Finance de la Lorraine & du Barrois,
pour raison des créances affectées & hypo-
théquées sur le revenu de ces deux Duchés,
à quelque titre que ce soit, continueront
d'y être employées, & seront payées en la
maniere accoutumée.

LOTERIE.

*Page 84, col. 1, à la fin de cet article,
après de l'Hôtel-de-Ville, ajoutez;*

Un Buraliste de Loterie peut-il exciper du privilége des septuagénaires pour
s'exempter de la contrainte par corps? Cette question s'est présentée récemment; voici dans quelles circonstances.

Susanne Dicq, veuve Menissier, avoit
mis en société 25 billets; le gros lot de
12000 liv. échut dans l'un de ces billets, &
un autre billet porta 100 livres, cela faisoit pour chaque société, à raison du vingtiéme dans l'intérêt, 605 livres. Le sieur
de Meyracq fit assigner devant M. le Lieutenant Général de Police, la veuve Menissier, pour se voir condamner *& par corps*
à lui payer 605 liv pour raison du vingtiéme d'intérêt résultant du billet de société
dont il étoit porteur; il fit assigner en même-temps le Curé de Saint Sulpice, comme
civilement garant de la veuve Menissier:
la veuve Menissier se trouvoit à découvert
de cette somme de 605 livres, seulement

vis-à-vis du fieur de Meyraq : Le fieur de Meyracq obtint Sentence par défaut le 29 Juin 1762, qui le déclara non-recevable dans fa demande vis-à-vis du Curé de Saint Sulpice, & le condamna aux dépens : mais par la même Sentence la veuve Meniffier fut condamnée & par corps au payement des 605 liv. en queftion ; elle forma oppo-fition à cette Sentence, & demanda qu'en tout événement elle fût déchargée de la contrainte par corps, *attendu qu'elle étoit plus que feptuagénaire,* (ayant alors 73 ans). Par Sentence contradictoire du 3 Août 1762, la veuve Meniffier fut débou-tée de fon oppofition à la premiere Sen-tence ; il lui fut feulement accordé un fur-cis d'un mois. Depuis le 18 Septembre 1762, qu'il lui fut fait un commandement de payer, jufqu'au 18 Février 1767, le fieur de Meyracq demeura dans l'inaction (attendu l'abfence de fa débitrice) ; mais le 18 Février 1767 il la fit conftituer pri-fonniere. La veuve Meniffier obtint Arrêt fur Requête qui la reçut appellante de fon emprifonnement, & fur fa demande à fin d'être mife par provifion hors de prifon, la Cour indiqua un jour. Au jour indi-qué, la veuve Meniffier fonda fon princi-pal moyen en liberté provifoire, fur ce qu'elle étoit plus que feptuagénaire ; on lui répliqua que *l'exception des feptuagé-naires* n'avoit pas lieu en faveur des Bura-liftes ; que les Loteries étoient établies par l'autorité du Souverain ; que les deniers qu'elles produifoient, foit activement, foit paffivement, devoient être confidé-rés, comme deniers royaux ; qu'il y avoit de fa part abus de confiance, excroquerie : enfin, que la veuve Meniffier étoit vis-à-vis du fieur de Meyracq, dépofitaire né-ceffaire.

Ces moyens prévalurent ; & par Arrêt du Samedi 14 Mars 1767, Audience de fept heures, la veuve Meniffier fut débou-tée de fa demande avec dépens. Plaidans Mcs Rimbert & Saint Jullien.

LOYAUX-COÛTS.

Page 84, col. 2, à la fin du 1er alinea, après Loyaux-Coûts, *ajoutez* ; c'eft-à-dire, qui doivent être rembourfés conformément à la Loi.

LOYERS.

Page 85, colon. 2, à la fin du 1er alinea, après les Baux expirés, ajoutez ; c'eft-à-dire, après que le Fermier fera forti des lieux.

Quoique cette Ordonnance (le Code Michault) n'ait point force de Loi dans le reffort du Parlement de Paris, à caufe de l'irrégularité de fon enregiftrement, ce-pendant la Jurifprudence en a adopté plu-fieurs difpofitions, notamment celle de l'article 142.

Page 86, col 1., à la fin du 2e alinea, après de Paris, *ajoutez* ;

Dans le Droit Coutumier, tous les Lo-cataires d'une maifon font tenus de la garnir de meubles fuffifans qui puiffent ré-pondre d'un certain nombre de termes de Loyers à écheoir : par exemple, la Coutu-me d'Orléans, article 417, oblige le Lo-cataire à garnir la maifon pour deux ter-mes à écheoir.

Même page, col. 2, à la fin du 1er alinea, après & Douet d'Arc, *ajoutez* ;

Par un fecond Arrêt rendu dans la même affaire, fur délibéré, au rapport de M. l'Abbé le Noir, le 22 Janvier 1761, la Cour a jugé que ce privilége du Proprié-taire étoit même préférable à tous frais de pourfuite & de contribution.

Page 87, colon. 2, à la fin du 4e alinea, après V. acceptation, *ajoutez* ;

Voici encore fur cette matiere, l'efpéce d'un Arrêt qui mérite d'être rapportée.

Le Comte de Saintot, Introducteur des Ambaffadeurs Extraordinaires de France, fe trouvoit débiteur du fieur Dubreuil, d'une fomme de 3000 livres pour la con-fection du terrier de la Terre de Veymard. Après le décès du Comte de Saintot, le Comte de la Tour d'Auvergne, proprié-taire de cette Terre, à titre de donataire du Comte de Saintot fon oncle, offrit à Me Mirlavaud, Avocat au Parlement, comme étant aux droits du fieur Dubreuil fon beau-pere, quatre mandemens, de cha-cun 750 livres, à prendre fur le nommé Leblanc, Fermier de la Terre de Vey-mard.

Il fut expreffément convenu & arrêté entre les Parties, que les quatre mandemens ne feroient tirés au profit de Me Mirlavaud, par le Comte de la Tour d'Auvergne, & acceptés par Leblanc, Fermier, que *fous la renonciation expreffe à toutes réferves contraires* ; le Fermier accepta les mandemens, *fous la renonciation à toutes chofes.*

Me Mirlavaud ayant voulu fe faire payer du premier mandement à fon échéance, Leblanc excipa d'arrêts & d'empêchemens, antérieurs & poftérieurs à fon acceptation : il prétendit qu'au moyen de ces empêchemens, il avoit les mains liées, & ne pouvoit payer les mandemens. On répondoit à Leblanc qu'il ne pouvoit point oppofer les arrêts & autres empêchemens dont il parloit, parce qu'il avoit *librement & volontairement renoncé à tout ce qu'il pourroit oppofer de contraire à l'exécution des mandemens acceptés de lui. Mandatum non fufcipere cuilibet liberum eft* (a). Il ne tient qu'au mandataire d'accepter ou de rejetter le mandement ; mais a-t-il opté l'alternative, il ne lui eft plus permis de varier ni

de rétrograder : *fufceptum autem* (*mandatum*) *confummandum eft* (b). Et comme dit Dumoulin, *fit deinde néceffarium* ; Enfin Me Mirlavaud argumentoit beaucoup de l'Arrêt du 14 Juin 1751 ; cependant par Arrêt rendu en la Grand'Chambre le Jeudi 8 Mars 1764, au rapport de M. de la Guillaumie, Me Mirlavaud fut débouté de fa demande contre le Fermier, & il fut jugé que les mandemens en queftion n'étoient productifs d'aucune action directe contre le Fermier.

Remarquez que fi la délégation n'eût pas été faite fur un Fermier, il en auroit été décidé autrement.

Lorfque le Propriétaire a fait vendre les meubles du Locataire, pour les termes échus, il peut enfuite, fi on ne garnit point la maifon de meubles & effets fuffifans pour répondre de la fûreté des Loyers, demander la réfolution du bail. V. *Bail* ; voyez auffi le Contrat de Louage, par M. Pothier.

(a) Voyez le paragraphe pénultiéme des Inftitutes, au Titre *de Mandato.*

(b) Même paragraphe.

F

MACHINATION.

Page 88, col. 2, à la fin du 2e alinea, après s'en foit enfuivi, ajoutez ;

DONT auffi n'entendons donner aucune grace ou rémiffion ; & où aucunes, par importunité feroient octroyées, défendons à nos Juges y avoir égard, encore qu'elles fuffent fignées par nos Secrétaires d'Etat.

MAGISTRATS.

Page 89, col. 1, ligne 8 du 2e alinea ; après Jurifdiction, ajoutez ; parce qu'il eft, quafi Magifter fuœ Jurifdictionis.

MAIN-FORTE.

On appelle Main-Forte, le fecours prêté à la Juftice pour l'exécution de fes Jugemens.

Les Gouverneurs, Lieutenans Généraux des Provinces & Villes, les Baillis, Sénéchaux, Maires & Echevins, les Prévôts des Maréchaux, Vice-Baillis, Vice-Sénéchaux, leurs Lieutenans & Archers, font obligés de prêter Main-Forte à l'exécution des décrets & de toutes les ordonnances de Juftice, à peine de radiation de leurs gages en cas de refus, dont il doit être dreffé procès-verbal. Voyez l'article 15 du titre 10 de l'Ordonnance de 1670.

Un Arrêt du Confeil d'Etat du 18 Avril 1723, enjoint aux Officiers de la Maréchauffée, de prêter Main-Forte pour l'exécution des Jugemens des Eaux & Forêts.

La Main-Forte n'eft point dûe aux Juges d'Eglife, ils ne peuvent avoir recours qu'au bras féculier.

Page 94, col. 1, ligne 4 du 2e alinea, après mais, au lieu de elle n'exclud, mettez ; elles n'excluent, &c.

MAIN-MORTE.

Page 95 colon. 2, à la fin du 1er alinea, après & intérêts, ajoutez;

M. Séguier, Avocat Général, observa dans le sçavant Plaidoyer qu'il fit sur cette matiere, que le mot de Main-morte venoit de ce qu'originairement, si un Serf mouroit sans laisser aucun bien, les parens étoient obligés d'apporter au Seigneur du Main-mortable, la main droite du mort, *in signum Dominii & Servitutis :* de même que lorsqu'un cerf ou autre bête est tuée ou forcée à la chasse, on présente au Seigneur de la Terre, le pied gauche de l'animal, par marque d'honneur & de distinction. V. aussi *Jurée (Droit de).*

MAINTENUE.

On appelle Maintenue, la Sentence définitive, qui maintient le demandeur en complainte dans sa possession, en attendant qu'il soit fait droit aux Parties sur le pétitoire. Voyez *Complainte, Pétitoire & Possessoire.*

Il y a cette différence entre la pleine Maintenue & la récréance, que celle-ci n'est que par provision, jusqu'à ce que le procès soit décidé, & à la charge par celui qui l'obtient, de donner caution de restituer les fruits, s'il succombe au pétitoire : celle-là au contraire est une pleine possession & jouissance de la chose contestée, qui n'oblige point à donner caution, ni à la restitution des fruits ; & dans le cas où celui qui les a perçus, succomberoit au pétitoire, il ne seroit tenu de rendre que ceux perçus depuis la contestation au pétitoire.

La Maintenue, ou pleine Maintenue en matiere bénéficiale, se dit de la Sentence définitive, qui maintient dans la possession du Bénéfice, celui qui y étoit troublé. V. *Récréance & Réintégrande.*

L'exécution de la Sentence de pleine Maintenue ne peut être suspendue par l'appel.

MAIRE, MAIRIES.

Page 101, colon. 1, commencez ainsi cet article;

Le Maire, (par abréviation de Maî-

tre) étoit autrefois la premiere dignité du Royaume.

MAÎTRE en fait d'Armes.

Par Arrêt du 3 Septembre 1664, rendu sur Lettres-Patentes du mois de Mai 1656, la Noblesse a été accordée au Doyen des Maîtres en fait d'Armes, après vingt ans d'exercice.

MAÎTRISE parmi les Artisans.

C'est la qualité qu'on acquiert, lorsqu'après avoir fait son chef-d'œuvre, on est reçu Maître dans quelque corps.

" Les Maîtrises & Jurandes étoient une " belle invention de Police, quand elles " ont été établies par l'Ordonnance de " François Premier ; maintenant ce n'est " plus que cabale, ivrognerie & mono- " pole ". Voyez *Arts & Métiers.*

MAÎTRISE PARTICULIERE des Eaux & Forêts.

La Maîtrise particuliere des Eaux & Forêts de Paris est une Jurisdiction existante dans l'enclos du Palais, à côté de la Conciergerie ; elle tient ses Audiences le Lundi & le Vendredi.

Cette Jurisdiction est établie " pour " connoître en premiere Instance, tant au " Civil que Criminel, de toutes matieres " d'Eaux & Forêts, pêche & chasse dans " l'étendue de son ressort. C'est en ce Siè- " ge que les appellations des Grueries " Royales de son ressort, doivent être " portées : tous les gardes-bois, pêches " & chasses, tant du Roi, que des Com- " munautés & Seigneurs particuliers, y " doivent être reçus & y faire leurs rap- " ports, à peine de nullité, & ce à l'ex- " clusion des autres Juges ; il est défendu " aux Parties & à leurs Procureurs de se " pourvoir ailleurs en premiere Instance, " à peine de nullité & d'amende contre les " Procureurs. C'est au Siége de la Ta- " ble de Marbre que se relevent les ap- " pellations des Sentences rendues par " les Maîtres particuliers. Voyez *Eaux & Forêts.*

MANDAT.

Page 108 *, colon.* 2 *, ligne* 2 *du premier alinea de cet article, après* faire quelque chofe, *ajoutez;* du latin *Mandare,* donner ordre.

Page 109 *, colon.* 2 *, ligne* 14 *du premier alinea, après* rendre fervice, *ajoutez;* mais en aucuns cas, le Mandataire ne doit point excéder fon pouvoir.

Mêmes page & col. commencez ainfi cet article;

C'eft une maxime certaine, en fait de Mandat, que le Mandataire n'a point de dommages-intérêts à répéter, pour raifon des pertes & des torts qu'il peut avoir éprouvés par cas fortuits, en exécutant les ordres du mandant : *Mandator non præftat cafum fortuitum : quia hæc, cafibus magis quàm Mandato, imputari oportet.* Voyez la Loi 26, ff. & M. le Preftre, chap. 15, Centurie première.

MANDEMENT.

On appelle en Droit, Mandement, l'ordre qu'un créancier donne par écrit à fon débiteur, de payer une certaine fomme à celui qui eft porteur de ce Mandement. C'eft, par exemple, ce qui fe pratique plus fréquemment de la part d'un propriétaire vis-à-vis de fon locataire ou fermier. V. à ce fujet à l'art. *Loyers.*

On appelle encore Mandement, les Ordonnances délivrées par les Commiffaires au Châtelet, dont l'objet eft de faire payer par le Receveur des Confignations, les créanciers qui ont été colloqués utilement dans un ordre.

MANOIR.

Page 110 *, colon.* 1 *, lig.* 1 *de cet article, après* habitation, *ajoutez;* du latin *Manere,* demeurer.

Même page & même colonne, ligne 3 *du* 2ᵉ *alinea, après* à l'aîné des enfans, *ajoutez;* partageant noblement.

MANUMISSION.

Ce mot, qui vient du latin *manu mittere,* fignifie l'action par laquelle on donnoit chez les Romains, la liberté à un efcla-ve (*a*). Voyez les Inftitutes de Juftinien & du Cange.

En France, la Manumiffion eft l'affranchiffement des gens de condition ferve ou de main-morte.

Il y a un titre à Saint-Germain-des-Prés, de la Manumiffion des Habitans de leur Seigneurie. Ce titre eft du quinziéme fiécle.

MARC d'or & d'argent.

Le Marc d'or eft un droit qui fe leve fur toùs les Offices de France, à chaque changement de Titulaire.

Ce droit a été établi par Henri II, au lieu d'un droit qui fe percevoit pour la preftation de ferment.

Certains Offices étoient taxés à un Marc d'or, en efpéce, & quelques autres à proportion, ce qui a été depuis évalué en argent ; ce fonds étoit deftiné pour payer les appointemens des Chevaliers du Saint-Efprit.

Il eft fait mention dans les Ordonnances de Louis XI, du marc d'or payé par les Officiers.

Le Marc d'argent eft le droit payé par les Notaires en Pays de Droit-Ecrit au Roi, pour le Joyeux-avénement à la Couronne, & ce droit eft domanial.

Charles VII, par fes Lettres du 25 Août 1452, ordonna que les Notaires qui refuferoient de le payer, y feroient contraints.

Il y a auffi un droit de Marc d'argent, eftimé dix livres parifis, qui eft dû par les Vaffaux au Seigneur ; voyez le Dictionnaire de Trévoux, de qui tout ceci eft tiré.

Un Arrêt du Confeil du 28 Décembre 1762, a reduit à la moitié les droits de Marc d'or, pour ceux qui leveroient des Offices, depuis le premier Janvier jufqu'au dernier Décembre 1763, vacans aux Parties cafuelles ; & aux tiers pour ceux qui fe feroient pourvoir d'Offices de nouvelle création, ou qui n'auroient point encore été levés ; le même Arrêt porte que ceux qui fe démettront après fix mois, defdits Offices de nouvelle création, payeront lefdits droits en entier.

Un autre Arrêt du Confeil du 26

(*a*) *Quia fervus mittebatur extrà manum feu poteftatem Domini fui.*

Décembre 1763, a prorogé le délai ci-deſſus accordé pour la levée des Offices, en exemption de moitié, & des droits de Marc d'or juſqu'au dernier Décembre incluſivement.

MARCHANDE PUBLIQUE.

Page 111, *col.* 1, *ligne* 9 *du* 4ᵉ *alinea,* après *contre ſon mari,* ajoutez;

Mais pour cela il faut (comme on vient de l'obſerver) que la femme faſſe un commerce ſéparé de celui de ſon mari. C'eſt d'après ces principes conſtans, que par Arrêt du Mardi 14 Octobre 1766, rendu en Vacation, la Cour a ordonné que la veuve Bazand ſeroit élargie des priſons où elle avoit été conſtituée, en vertu de Sentence des Conſuls, à la requête du ſieur Fournier, Marchand de vin. Dans l'eſpéce de cet Arrêt, Bazand, Marchand de vin, & ſa femme, communs en biens, avoient fouſcrit conjointement une Lettre de change au profit de Fournier, pour fournitures de vin; Bazand étant décédé, ſans avoir payé, Fournier prétendit que la Lettre de change, fouſcrite par le mari & la femme, opéroit non-ſeulement la ſolidité de l'action, mais encore engendroit la contrainte par corps contre la veuve, d'autant que les marchandiſes avoient tourné à ſon profit; Fournier, en vertu de Sentence des Conſuls, fit conſtituer dans les priſons la veuve Bazand; celle-ci forma ſa demande en liberté proviſoire, elle excipoit des articles 234 & 235 de la Coutume, & de la diſpoſition de l'Ordonnance de 1667, elle diſoit qu'elle n'avoit jamais été Marchande Publique, & ne s'étoit mêlée d'aucun autre commerce que de celui de ſon mari : qu'il n'y auroit eu lieu à la contrainte par corps contr'elle, que dans le cas où elle auroit contracté de ſemblables engagemens poſtérieurement à la mort de ſon mari : ces moyens ont été adoptés, & par l'Arrêt ci-deſſus daté, main-levée proviſoire de ſa perſonne a été faite à la veuve Bazand, avec dépens. Plaidans Mᵉˢ de Létang & Achenay.

Même page, col. 2, *à la fin de cet article,* après *contre la femme,* ajoutez;

La femme d'un Marchand Mercier de Paris avoit obtenu ſa ſéparation de biens d'avec ſon mari; les meubles, effets & marchandiſes avoient été adjugés à la femme en déduction de ſes conventions matrimoniales. Poſtérieurement à la Sentence de ſéparation, le mari qui vivoit toujours avec ſa femme, tira des marchandiſes d'un Marchand de Province, & accepta une Lettre de change. Faute de payement, le porteur de la Lettre de Change, en vertu de Sentence des Conſuls, fit ſaiſir-exécuter les meubles, effets & marchandiſes étant en la maiſon & boutique du Marchand : la femme oppoſa ſa Sentence de ſéparation, & la vente qui lui avoit été faite des meubles, effets & marchandiſes : on lui objecta qu'elle n'étoit point dans le cas de l'article 235 de la Coutume de Paris, qu'elle ne faiſoit point un commerce ſéparé de celui de ſon mari, qu'elle ne vendoit des marchandiſes de mercerie, que parce que ſon mari, avec qui elle vivoit, étoit Marchand Mercier. Par Arrêt de relevée, du Mardi 4 Août 1761, il fut ordonné qu'il ſeroit paſſé outre à la vente des effets & marchandiſes, autres que ceux adjugés à la femme en vertu de ſa Sentence de ſéparation; à l'effet de quoi, récollement en ſeroit fait. L'Arrêt fut rendu contre le ſentiment de Rouſſeau de la Combe en ſon Recueil de Juriſprudence, cité à l'Audience.

MARCHÉ.

Page 112, *colon.* 1, *à la fin de cet article,* après *Preuves,* ajoutez;

Marché ſe dit auſſi du prix de la choſe vendue.

On appelle encore Marché, le lieu où l'on étale les marchandiſes qui ſont à vendre; & ſelon Cujas, le Marché differe de la Foire, en ce que celui-là eſt pour une Ville ou un lieu particulier, celle-ci regarde toute une Province. V. *Foires.*

MARCIAGE.

Le Marciage, dans la Coutume de Bourbonnois, eſt une redevance que le Seigneur direct eſt en droit de percevoir dans les cas & les lieux marqués par la Coutume, ſur les héritages compris en ſa cenſive ou directe. Ce droit conſiſte à prendre de trois années, la dépouille de l'une quand ce ſont des fruits naturels, & la moitié de la dépouille

pouille de l'une quand ce font des fruits naturels, & la moitié de la dépouille quand ce font des fruits induftriaux. V. Auroux des Pommiers, fur l'art. 1 de la Coutume locale de Verneuil, Pays & Duché de Bourbonnois.

MARÉCHAUSSÉES.

Page 114, col. 2, à la fin de cet article, ajoutez;

On appelle dans plufieurs Coutumes, *Maréchauſſées*, les matériaux affemblés pour bâtir. V. les Coutumes de Bapaume, Artois, Montreuil, &c.

MARÉE (Officiers-Vendeurs de).

Un Arrêt du Parlement, en date du 28 Juin 1766, ordonne l'exécution des Edits, Déclarations, Jugemens, Arrêts & Réglemens de la Cour, concernant la Police à exercer dans la Halle au fujet de la vente de la Marchandife de poiffons; enjoint aux Officiers-Vendeurs de Marée, de veiller à ce que les paffages & arrivages de voitures, fourgons ou chevaux de bâts, amenant ledit poiffon au carreau de la Halle, foient libres; ordonne que les Marchandes détaillereffes de poiffon, ne pourront étaler fur leurs échoppes ou boutiques, qu'après que la vente en gros fera faite; leur ordonne, lorfque le poiffon arrivera, de déranger leurs planches, tonneaux & autres uftenfiles de commerce, & de donner paffage au travers de leurs places, pour porter à la vente les paniers, contenans lefdites marchandifes; fait en outre défenfes à toutes perfonnes de troubler ladite vente, faire tumulte, injurier, ni maltraiter dans ladite Halle qui que ce foit; le tout à peine contre les contrevenans, d'être pourfuivis extraordinairement.

Un autre Arrêt de la Cour du 2 Juillet 1766, ordonne par provifion, que, conformément aux Edits, Déclarations, Lettres-Patentes du Roi & Arrêts de Réglemens de la Cour y relatés, les Officiers-Vendeurs de Marée feront maintenus dans le droit de vendre feuls ladite marchandife de poiffon arrivée en cette Ville, même celle faifie par autorité de Juftice; & fait défenfes à tous Marchands de poiffon de la Ville de Paris ou Forains; & à toutes perfonnes, de quelque condition qu'elles foient, de

troubler lefdits Officiers-Vendeurs dans la vente dudit poiffon, à peine de confifcation defdites marchandifes & de 1500 liv. d'amende contre les contrevenans. Voyez auffi *Marchande publique.*

MARGUILLIERS.

Même page & même colonne, à la fin du 1er alinea de cet article, ajoutez en note; (a).

(a) » On a depuis établi des Marguilliers dans les » Cathédrales, à l'imitation des Paroiffes. Odon, Evêque, » en a établi dans l'Eglife de Paris; fçavoir, quatre Clercs » & quatre Laïcs, qui, à caufe de leur Marguillerie, font » un hommage-lige à l'Evêque «.

Page 118, col. 1, à la fin du 2e alinea; après ch. 4, n. 35, ajoutez;

Par Arrêt rendu en Vacations, le Vendredi 10 Oct. 1766, fur les Conclufions de M. Joly de Fleury, Subftitut, & à préfent Avocat Général (en 1767) le Sr Camet, Marchand Epicier, & *Maître de la Pofte aux Lettres* à Conflans, banlieue de Paris, a été déchargé, en fa qualité de Maître de la Pofte aux Lettres, de remplir les fonctions de Marguillier; en conféquence l'élection faite de fa perfonne a été déclarée nulle, & il a été ordonné que les Curé & Marguilliers de la Paroiffe de Conflans feroient procéder dans huitaine à une nouvelle élection. M. Joly de Fleury obferva même que les Curé & Marguilliers de Conflans n'ayant point leurs caufes commifes en la Cour, ils auroient dû réguliérement fe pourvoir devant le Juge Royal. Plaidans Mes Viel & de Varicourt.

Un autre Arrêt récent, fervant de Réglement général pour la Fabrique de la Paroiffe de Guiry, Diocèfe de Rouen, a jugé que le Seigneur Haut-Jufticier, Patron fondateur, étoit Marguillier d'honneur-né; qu'il préfideroit, s'il le vouloit, à toutes les affemblées de ladite Fabrique, & recueilleroit les fuffrages & autres difpofitions.

Par Arrêt du Confeil d'Etat du Roi du 10 Février 1767, le fieur Duchemin de Chaffeval, Ecuyer, Lieutenant de Robe-Longue en la Maîtrife des Eaux & Forêts de Montargis, a été maintenu dans les privilèges & exemptions attribués à fon Office; en conféquence, la nomination faite de fa perfonne à la Charge de Marguillier de la

Paroisse de Sainte Marie Magdeleine de ladite Ville, a été cassée & annullée, & il a été déchargé de l'exercice de ladite Charge, tant qu'il seroit pourvu dudit Office.

MARI.

Page 126, col. 1, à la fin du 2ᵉ alinea, après 226 & 227, ajoutez ;

Ferron, sur la Coutume de Bordeaux, page 109, décide que le Mari est obligé d'exécuter la location que la femme a faite avant le mariage. Son Annotateur dit que plusieurs sont d'avis contraire.

Despeysses estime que le Mari n'est pas tenu d'entretenir le bail fait par la femme, ou le pere d'icelle, des biens qui ont été constitués en dot ; le Mari en ce cas étant regardé comme acquéreur à titre singulier.

Je pense, d'après Ferron, que même dans les Coutumes qui admettent la communauté, le Mari doit entretenir les baux faits par sa femme avant son mariage, lorsqu'ils n'excédent point la durée ordinaire des baux : le droit que le Mari a de jouir de la communauté, dans laquelle tombent les loyers, ne peut recevoir d'atteinte de l'entretien du bail, puisqu'il percevra les loyers. D'ailleurs le mariage ne résilie point les engagemens & obligations de la femme, par elle personnellement & légitimement contractés avant son mariage ; mais le Mari peut dans ce cas, jouir du bénéfice de la Loi Æde, en indemnisant le locataire, & il est de la prudence de ce dernier, s'il n'a qu'un bail sous signature privée, de le faire reconnoître par le mari aussi-tôt le mariage ; & même pour éviter l'inconvénient de l'objection d'antidate, qui pourroit être faite par le mari, il seroit plus régulier que de pareils baux fussent toujours passés devant Notaires.

MARIAGE.

Page 127, col. 1, commencez cet art. ainsi ;

» Le Mariage est un Contrat civil & » politique, par lequel un homme est uni » & joint à une femme.

Page 128, col. 2, à la fin du 3ᵉ alinea, après pour les filles, ajoutez ; Il faut de plus avoir obtenu le consentement de ses

pere & mere. Voyez ci-après *Sommations respectueuses.*

Un Arrêt du Parlement du Jeudi 9 Février 1764, a déclaré nulle la clause insérée au testament de la demoiselle de Chambon, portant que la demoiselle de Courval, fille de M. Dubois, Conseiller en la Cour, ne pourroit se marier, si indépendamment du consentement de son pere, elle ne réunissoit celui des sieurs Larive, & Dutartre Notaire, Exécuteurs Testamentaires.

Même page & même col. à la fin du 4ᵉ alinea, après se marier, ajoutez ;

» L'une des sources des malheurs du » Mariage, c'est que la fille n'y envisage » que la personne, & la mere n'y considere que le bien «.

Page 129, col. 2, à la fin du 5ᵉ alinea, après l'Officialité, ajoutez ;

Une fille majeure ayant formé opposition au Mariage d'un garçon, avec lequel elle avoit eu un enfant, il intervint Sentence en l'Officialité qui fit main-levée de l'opposition : la fille interjetta appel de cette Sentence, *tant comme de Juge incompétent, qu'autrement ;* sur cet appel, le garçon conclut à ce qu'il fût dit qu'*il n'y avoit abus.* La cause portée à l'Audience du Samedi 5 Septembre 1767, M. Séguier, Avocat Général, observa que l'appel avoit été mal qualifié, tant comme de Juge incompétent qu'autrement ; en conséquence, il conclut à ce que *ledit appel seroit qualifié d'appel comme d'abus :* y faisant droit, dire qu'il n'y avoit abus, & renvoyer sur les dommages-intérêts devant le Juge qui devoit en connoître ; c'est aussi ce qui fut ordonné par l'Arrêt ci-dessus daté, plaidans Mᵉˢ Tennesson & de Varicourt.

Page 138, col. 2, ligne 12 du 5ᵉ alinea, après la femme, ajoutez ; du Comte des Gouttes, &c.

Même page & même colon. ligne 13 du même alinea, après minorité, ajoutez ; Le Marquis des Gouttes, pour parer à l'objection de faux dont on excipoit contre lui, invoquoit aussi sa minorité.

Page 141, colon. 2, à la fin du 3ᵉ alinea, après l'Arrêt, ajoutez ;

Quoique la nécessité du concours des deux Curés, pour la validité d'un Ma-

riage, foit une maxime certaine, des circonftances particulieres peuvent en déranger l'application : c'eft ce qui réfulte d'un
Arrêt du Mardi 10 Mars 1763, rendu conformément aux Conclufions de M. Séguier,
Avocat Général. Dans l'efpéce de cet Arrêt, le feu fieur Limeil de Loriol, neveu &
plus proche héritier de Nicolle Parifelle,
mere de Jacques Delorme, avoit le premier interjetté appel comme d'abus du Mariage d'Anne Leclerc, avec Jacques Delorme. Cet appel fut repris enfuite par
Louife de Novarin, veuve du fieur de Loriol, tutrice de fes enfans; elle fe porta
appellante comme d'abus du Mariage d'Anne Leclerc, fe difant tutrice des enfans
d'elle & de Jacques Delorme. Anne Leclerc foutenoit que fon mariage devoit fubfifter, parce que la préfence du Curé du
domicile de droit, fans être une formalité
indifférente, n'étoit pas non plus une formalité effentielle. Son Mariage avec le fieur
Delorme avoit été célébré à Aix-la-Chapelle, où le domicile s'acquiert, non pas
comme en France par une demeure de fix
mois ou d'une année, mais par le ferment
de s'y fixer, & Jacques Delorme avoit
rempli cette formalité : on répondoit à
Anne Leclerc, que le domicile de Delorme, confidéré même comme majeur, (car
il ne l'étoit pas lors de fon Mariage), étoit
fixé fur la Paroiffe de S. Medard, au 12
Août 1738: que le Curé de S. Medard étoit
fon propre Curé, que par conféquent Delorme, marié à Aix-la-Chapelle, fans le
confentement de fon véritable Pafteur,
devoit être confidéré comme n'étant point
marié. Enfin on faifoit réfulter des difpofitions de l'Ordonnance, & de deux Arrêts
des années 1700 & 1711, des moyens contre la célébration d'Aix-la-Chapelle, &
l'on foutenoit que c'étoit par les feules
Loix de France, que la conteftation devoit
être terminée. Ces moyens ne furent point
adoptés par l'Arrêt ci-deffus daté; peut-
être que la réconciliation (quoique déniée)
de la mere du fieur Delorme avec fon
fils, fut regardée comme conftante; c'étoit
même fur le fondement de cette réconciliation, que la Sentence du Châtelet avoit
levé l'exhérédation prononcée contre Jac-

ques Delorme par le teftament de fa
mere. Par l'Arrêt ci-deffus, la Cour a
déclaré qu'il n'y avoit abus. Me Target
plaidoit pour l'Appellante comme d'abus.

Louife Regis, femme de Pitrot, Maître des Ballets de la Comédie Italien-
ne, interjetta appel comme d'abus de fon
Mariage; elle alléguoit principalement le
défaut de concours du propre Curé des
Parties; cependant Louife Regis, née à
Marfeille, avoit toujours couru de Théâtres en Théâtres, de Provinces en Provinces,
&c. Arrivée à Warfovie, le Vicaire Général
de l'Archevêque de Gnefne & de Warfovie s'étoit chargé de célébrer lui-même le
Mariage dans l'Eglife Paroiffiale, en préfence de témoins; l'acte de célébration
prouvoit que toutes les formalités prefcrites par le Concile de Trente, avoient été
obfervées, &c.

Lors de la Plaidoirie, le défenfeur de
Pitrot diftingua entre les perfonnes domi-
ciliées, & celles qui par état courent habi-
tuellement de Villes en Villes; il rangea
Louife Regis & Pitrot fon mari, dans la
Claffe des Gyrovagues (a); c'eft-à-dire de
ceux qui étant Paroiffiens de tous les endroits où ils féjournent fans être fixés dans
aucun lieu, peuvent fe marier valablement
avec la permiffion de l'Ordinaire; il cita
à ce fujet nos Rituels, entr'autres celui
d'Aufch; il fit d'ailleurs valoir avec force,
l'indignité de la demande de la Regis, qui
avant fon Mariage avoit eu plufieurs enfans
de Pitrot, dont l'un avoit été baptifé comme enfant légitime; par-là il écartoit toute
idée de violence prétendue exercée à l'é-
gard de la Regis, pour lui faire époufer
Pitrot, Mariage d'ailleurs contracté par
majeurs *mutuo & libero confenfu*, &c. Il
conclud de fes différentes circonftances, que
tout Mariage contracté fans fraude chez
l'Etranger étoit régulier, de même que s'il
eût été célébré en France, & qu'il s'élevoit
la fin de non-recevoir la plus infurmonta-
ble contre la Regis, appellante comme
d'abus de fon propre Mariage.

Ces moyens, notamment cette fin de non-
recevoir, développés par un jeune Orateur,
qui dès fon coup d'effai, fe montra digne de
fes ayeux & de l'auteur de fes jours, furent

(a) *Multi funt qui vagantur, &c. Conc. Trident. Seff.* 14, *Cap.* 27.

Z ij

adoptés par Arrêt du Vendredi 6 Juin 1766, rendu conformément aux Conclusions de M. Barentin, Avocat Général : la Cour déclara qu'il n'y avoit abus dans la célébration du Mariage, & débouta Louise Regis de toutes ses demandes, &c. Plaidans Me Joly de Fleury pour Pitrot, & Me Boquet de Chantreme pour Louise Regis. V. le Mémoire imprimé de Me Marguet pour Pitrot.

Remarquez que, quoique la Cour ait prononcé simplement par *il n'y a abus*, M. l'Avocat Général établit que la fin de non-recevoir résultante de ce que Louise Regis étoit appellante comme d'abus de son propre Mariage, auroit suffit pour la faire déclarer non-recevable.

Mais la Cour, par autre Arrêt du Jeudi 8 Août 1765, Audience du Rôle, a jugé conformément aux Conclusions de M. Séguier, Avocat Général, qu'il y avoit abus dans la célébration du Mariage d'entre la nommée Gouffier, Ouvriere en Linge, & le sieur de Lamotte, Receveur des Tailles de la Ville de S. Florentin : la dame de Lamotte étoit appellante comme d'abus du Mariage de son fils ; elle se fondoit sur ce que les Parties l'avoient célébré à Paris, quoiqu'elles n'y eussent fait auparavant que trois mois de résidence, temps insuffisant pour y avoir acquis domicile, & par conséquent hors la présence de leur propre Curé ; ces moyens furent adoptés : en conséquence le Mariage dont il s'agissoit, fut déclaré nul & non valablement contracté. Faisant droit sur les Conclusions du Procureur Général du Roi, défenses furent faites aux Parties de se hanter ni fréquenter l'une l'autre ; le sieur de Lamotte condamné à restituer à la demoiselle Gouffier, la somme de 600 liv. qu'il avoit reconnu avoir reçue d'elle par leur contrat de Mariage ; en 6000 liv. de dommages-intérêts & en tous les dépens ; sur le surplus des demandes, fins & conclusions de la demoiselle Gouffier, les Parties furent mises hors de Cour. Ce surplus des conclusions de la demoiselle Gouffier consistoit dans une demande contre le sieur de Lamotte, à fin de payement de conventions matrimoniales, telles que douaire, préciput, habitation, &c. auxquelles la Cour a jugé n'y avoir lieu, le Mariage étant

censé, au moyen de l'abus, n'avoir jamais subsisté : Plaidans Me Viel pour la dame de Lamotte mere, appellante comme d'abus, & Me Limanton pour les sieur & dame de Lamotte.

Page 142, col. 2, à la fin du 1er alinea, après des filles, ajoutez ; V. Sommations Respectueuses.

Page 143, col. 2, à la fin du 4e alinea, après suffit, ajoutez ;

S'il y a opposition au Mariage d'une mineure, de la part de ses parens paternels ou maternels, & que la mineure n'ait que sa mere ou son ayeule, l'autorité de la mere qui voudroit seule le Mariage, seroit moins prépondérante que celle du pere, parce qu'en général les femmes ont une autorité moins considérable, à cause de la foiblesse de leur sexe ; le vœu des parens doit donc concourir avec la volonté de la mere : à plus forte raison, faut-il le vœu des parens, quand c'est l'ayeule seule qui veut le Mariage.

Ces principes furent plaidés par M. Barentin, Avocat Général, dans une cause dont voici l'espèce.

La Dame Gros-Jean, ayeule maternelle de la Demoiselle Gargam, âgée de 13 ans 4 mois, fille d'un Trésorier de France, avoit formé le projet de marier sa petite-fille (jouissante d'une fortune considérable) au sieur Heuvrard, second Secrétaire de l'Intendance de Châlons, homme âgé de 35 à 40 ans : les bans avoient déja été publiés, & il alloit être procédé à la célébration du Mariage ; les choses en cet état, il y eut opposition, tant de la part du sieur Gargam de Chevigny, Ecuyer, oncle paternel, & curateur à l'émancipation de la mineure, que de la part des autres parens : leurs moyens principaux étoient, 1°. la disproportion d'âge, de biens & de naissance. 2°. Ils relevoient la circonstance du grand âge de l'ayeule, qui seule vouloit ce Mariage ; ils observoient que la Dame Gros-Jean, âgée de 80 ans, & accablée d'infirmités, pouvoit facilement avoir été séduite par les manieres engageantes & politiques du sieur Heuvrard : Enfin, que la mineure parvenue à un âge plus mûr & susceptible de réflexions, pourroit se repentir, & sans qu'il pût y être remédié, d'un Mariage auquel elle n'auroit eu en quelque forte aucune part. Les Conclufions de M. l'Avocat Général, tendoient à ce qu'avant faire droit, il feroit convoqué, chez la Dame Gros-Jean, une nouvelle affemblée des parens paternels & maternels de la mineure, à l'effet de connoître fi, après avoir expliqué à l'ayeule leurs moyens d'oppofition, elle perfifteroit à vouloir le Mariage en queftion : pour le Procès-verbal de l'avis des parens, dires & réquifitions des Parties rapportés, être ordonné ce que de raifon ; mais, par Arrêt du Samedi 30 Mai 1767, Audience de 9 heures, la Cour (quoique l'ayeule déclarât qu'elle ne donnoit fon confentement à ce Mariage, que fous la condition que fa petite-fille, à caufe de fa grande jeuneffe, refteroit encore deux ans au Couvent après fon Mariage) a remis la Caufe *à deux ans*, & cependant a ordonné que dans huitaine, à compter de la fignification de l'Arrêt, la Dame Gros-Jean & le fieur Gargam, oncle & Curateur, conviendroient conjointement d'un Couvent, dans lequel feroit mife la mineure, duquel Couvent elle ne pourroit fortir que du confentement de la Dame Gros-Jean & du fieur Gargam. Plaidans Mes Coqueley de Chauffepierre & Target.

Page 144, *col.* 2, *à la fin du* 7e *alinea, après* l'année 1726, *ajoutez* ;

L'épilepfie (ou mal caduc) eft-elle une caufe de diffolution de Mariage ? Dans la thèfe générale, il faut décider pour la négative : mais, dans la thèfe particuliere, il faut diftinguer : ou ce mal eft antérieur au Mariage, ou il lui eft poftérieur ; en premier lieu, fi l'épilepfie eft antérieure au Mariage, je crois que la femme feroit fondée à demander la diffolution de fon Mariage d'avec un homme qui l'auroit trompée auffi cruellement, en lui diffimulant qu'il étoit affligé d'une auffi terrible maladie. Le feul confentement fans doute fait les nôces : mais il fuppofe de la bonne foi de la part des deux époux, & dans cette

occafion le mari en auroit manqué effentiellement. J'ajoute que l'erreur étant mife au nombre des empêchemens dirimans, dans la préfente hypothèfe, on peut dire qu'il y a eu erreur, relativement à la perfonne époufée, puifque la femme croyoit & devoit croire qu'elle fe marioit à un homme, tel qu'en général en préfente le commerce de la vie ; à un homme enfin avec lequel la fociété conjugale feroit entretenue, tandis au contraire que par la diffimulation criminelle du mari, cette même fociété conjugale ne peut avoir lieu ; en effet, quelle femme pourra fe réfoudre à partager fa couche avec celui qui, d'un moment à l'autre, fera du lit nuptial un objet d'horreur, d'effroi & de faififfement mortel ?

En fecond lieu, fi ce mal étoit poftérieur au Mariage : par exemple, fi le mari tomboit dans cet état, ET POUR LA PREMIERE FOIS DE SA VIE, le premier ou le fecond jour de fes nôces, j'eftime que la femme ne feroit point recevable à demander la diffolution de fon Mariage, parce que le mari étoit dans la bonne foi lorfqu'il s'eft marié, & n'avoit point eu intention de tromper fon époufe ; cependant la femme feroit fondée à demander fa féparation de corps : il eft en effet de principe, que fi l'un des deux époux *tombe dans une maladie contagieufe*, il y a lieu à la féparation forcée (a) ; or le mal caduc, par l'effroi qu'il infpire, & dont on ne peut fe défendre, eft auffi à craindre que la maladie contagieufe ; on prétend même qu'il peut fe communiquer (b).

Mais je fuppofe qu'à l'Eglife, & tout auffi-tôt la bénédiction nuptiale donnée, le mari tombe du haut mal pour la premiere fois de fa vie, y auroit-il lieu à la diffolution du Mariage ?

Je réponds que fi ce funefte accident arrivoit au mari à l'Eglife, auffi-tôt après la bénédiction nuptiale, l'action en diffolution du Mariage feroit fondée, fi elle étoit formée fur le champ ; elle devroit même d'autant moins faire de difficulté, qu'il n'y au-

---

(a) Inftitution au Droit Eccléfiaftique par l'Abbé Fleury, tom. 1, page 307. Voyez auffi la feconde partie du Journal des Audiences, liv. 5, chap. 173 & M. le Preftre, centurie premiere, chap. 101.

(b) Les Latins ont appellé le mal épileptique, *comi-tialis morbus*, attendu que fi quelqu'un, dans les Affemblées du peuple Romain, appellées *comitia*, fe trouvoit furpris de quelque accès d'Epilepfie, on rompoit fur le champ l'Affemblée, tant cet accident étoit tenu pour un préfage finiftre. Dictionnaire de Trévoux.

roit point encore de confommation de Mariage, ni même de contrat civil. En effet, & abfolument parlant, le contrat civil n'a d'exiftence parfaite & légale que l'orfqu'il fe trouve configné dans les Regiftres de l'Eglife ; or dans l'efpéce préfente (& dont il y a un exemple récent) la mariée & la famille ne manqueroient point de s'oppofer à ce que l'acte de célébration fût tranfcrit fur les Regiftres ; que fi par hafard il s'y trouvoit infcrit, comme cela arrive dans certaines Paroiffes où l'acte de célébration eft infcrit d'avance, au moins il ne feroit pas figné ; (car fans un abus, contre lequel en pareil cas on pourroit revenir, la fignature ne doit point précéder, mais feulement fuivre la bénédiction nuptiale) : conféquemment fi l'acte de célébration fe trouvoit feulement infcrit fur les Regiftres, le défaut de fignature, dans une circonftance auffi étrange, pourroit faire confidérer le Mariage comme imparfait. Il n'y auroit donc alors, & dans le fait particulier, que le Sacrement de Mariage, fans le contrat civil ; or l'oppofition de la femme & celle de la famille, rendant ce contrat civil imparfait, ou tout au moins en fufpens par le défaut de fignature, la femme feroit plus favorable à pourfuivre en Juftice la nullité & diffolution d'un tel Mariage, d'autant que l'on fçait la diftinction admife entre le Sacrement de Mariage & le contrat civil ; & qu'en général un Mariage où il ne fe trouve que le Sacrement, & qui n'a point été confommé, eft plus facile à diffoudre, que celui où le Sacrement & le contrat civil fe rencontrent.

Par Arrêt du Samedi 4 Janvier 1764 , Audience de neuf heures, il a été jugé en la Grand'Chambre, conformément aux Conclufions de M. Séguier, Avocat Général, que l'*allégation* des pere & mere de la fille Royer, 1°. d'une difproportion de fortune entre le nommé Denyau, Huiffier, & leur fille ; 2°. d'attaque d'épilepfie contre le futur, ne formoit point un moyen légitime de les empêcher de fe marier, en conféquence main-levée fut faite de l'oppofition des pere & mere.

Page 149, col. 2, à la fin du 1er alinea, après Mariage, *ajoutez ;*

Un acte de célébration de Mariage ;

non figné des Parties majeures, ni même fur le regiftre, n'eft pas nul ; c'eft ce qui a été jugé par Arrêt du 13 Juin 1684, entre Buffy Rabutin & la Riviere. La raifon eft que » l'Ordonnance ne l'a pas pref- » crit à peine de nullité, & qu'en matiere » de Sacrement, elle confeille plutôt qu'el- » le n'ordonne ; de même qu'un enfant ne » feroit pas moins chrétien, quoique. le » parrain n'eût pas figné le baptiftaire, de » même on n'eft pas moins bien marié ; » c'eft Dieu, qui, par le miniftere du Prê- » tre confere les Sacremens : il laiffe aux » contrats civils la néceffité des fignatures : » & une omiffion d'un témoignage, d'ail- » leurs certain, ne doit pas changer l'état » des perfonnes « ; voyez le Jurifconfulte Cartulaire, Paris 1698.

Page 150, col. 1, à la fin du 1er alinea, après Légitimation, ajoutez ;

Voici un autre Arrêt qui a encore confacré le principe, que la feule bonne foi de la femme fuffit pour faire valider fon Mariage, lorfqu'il s'y trouve des fauffetés procédant du feul fait de fon mari.

Jean-Baptifte Dourlan avoit époufé à l'infçu de fes pere & mere, Catherine Laurent. Il avoit fuppofé un autre pere que le fien : un Particulier avoit figné en cette qualité fon contrat de Mariage : il y étoit fait mention du décès de fa mere, quoiqu'elle fût encore vivante ; il avoit changé de nom, fes bans avoient été publiés fous celui de Boulan. Les pere & mere de Dourlan interjetterent appel comme d'abus de la célébration. Dourlan peu content de fon engagement fe joignit à eux. En cet état, la caufe portée à l'Audience, on y propofa plufieurs moyens d'appel comme d'abus, finguliérement la fuppofition de pere ; le déguifement de nom, l'allégation de la mere encore vivante. La Cour, fur les Conclufions de M. Portail, Avocat Général, jugea par Arrêt du 5 Juin 1703, que ces fauffetés puniffables ne pouvoient faire tort à Catherine Laurent, qui étoit dans la bonne foi ; en conféquence l'Arrêt prononça qu'il n'y avoit abus dans la célébration du Mariage, & cependant décréta de prife de corps Dourlan, & celui qui avoit figné le contrat en qualité de pere.

Le Chapitre *in Præfentiâ*, de Clément

III, veut que la femme, dont le mari a disparu & qui veut se remarier, ait sur la mort de son mari, *certum nuncium*: cependant on s'en tient à la certitude morale; & en supposant que la femme qui se remarie n'eût pas un dégré de certitude suffisante de la mort de son mari, ce Mariage une fois contracté, ne pourroit être cassé qu'en prouvant l'existence du premier mari, au tems du second mariage.

Antoinette Leblanc, avoit épousé Adrien Lejeune, elle en eut deux enfans. Lejeune, en revenant de la Fête d'un Village prochain, ne rentra point chez sa femme. Le bruit courut qu'il avoit été assassiné. Recherches de la part du Ministere Public: on recommande son ame au Prône, & on dit un Service pour son repos; cependant nulles preuves de la mort de l'absent: en les attendant, la femme de Lejeune eut deux enfans avec Jacques Feuquet, premier Garçon de son mari, qui étoit Charron: elle épousa Feuquet après quatorze ans d'absence du premier mari, & légitima les deux enfans par le Mariage subséquent, contracté en bonne forme. Appel comme d'abus du second mariage, de la part de Marie-Jeanne Leblanc, femme du nommé Dupeigne.

Arrêt solemnel du Jeudi 24 Janv. 1760, sur les Conclusions de M. le Peletier de Saint-Fargeau, à présent Président à Mortier, *qui déclare quant à présent*, la femme Dupeigne non-recevable *dans l'appel comme d'abus*, parce qu'il étoit possible, qu'au temps du second Mariage, le premier mari fût décédé, & que par provision, on ne peut anéantir un second Mariage qui se trouveroit avoir été légitimement contracté, si véritablement le premier mari étoit décédé alors.

Page 155, colonne 1, à la fin de l'article Mariage, *après* 1742, *ajoutez;*

Nous ferons remarquer ici que, lorsque le Mariage n'a point été consommé, si l'une des deux Parties se retire dans un Monastere approuvé, & y fait profession par des vœux solemnels, le Mariage est alors résolu de plein droit, & il est libre à celui des deux conjoints qui reste dans le monde, de se remarier, après toutefois la profession religieuse de l'autre. Voyez à ce sujet le titre des Décrétales *de Conversione conjugatorum*.

Il y a une espéce de Mariage, en Allemagne, où le mari donne à sa femme la main gauche, au lieu de la droite: & alors les enfans qui en proviennent, sont réputés bâtards, à l'égard des effets civils, quoique légitimes en effets; car ils ne portent ni le nom, ni les armes de la maison; il n'y a que les Princes ou Grands Seigneurs d'Allemagne qui puissent contracter ces sortes de Mariages. V. Nicolaus Mylerus en sa Gamologie.

M. Pothier vient de donner un Traité du Contrat de Mariage en deux volumes *in-*12. Paris 1768.

Le nom de l'Auteur est un sûr garant de l'excellence de cet Ouvrage.

MARNE.

L'usage de marner les terres, est fort ancien dans les Gaules. *Alia est ratio, quâ Galli & Britanni invenere alendi terram; quoad genus vocant margam: spissior ubertas in eâ intelligitur.* Pline, liv. 18, ch. 6.

Quoique l'usufruitier puisse se servir des carrieres, ardoisieres, sablonnieres & marnieres pour sa commodité seulement, il ne peut en vendre & tirer du profit. V. Basnage, tome 2, page 48, sur l'article 365 de la Coutume de Normandie.

MASQUES.

Page 156, colonne 1, à la fin de cet article, après prison, *ajoutez;*

» En Espagne, les Moines mettent des » Masques, & dansent dans l'Eglise en plu- » sieurs Fêtes solemnelles «. Dict. de Trév.

MATRICULE.

Même page, col. 2, à la fin du 1er alinea de cet article, ajoutez; Il vient du latin, *Matricula*.

Même page & même col. à la fin de cet article, après sont immatriculés, *ajoutez;* & cette omission opere la nullité de l'Exploit.

MAUVAIS LIEUX.

Page 157, colon. 1, à la fin du 2e alinea de cet article, après l'abolir, *ajoutez;* V. la Constitution de Justinien.

Page 159, col. 1, à la fin du 3ᵉ alinea, après Paris, ajoutez;

Les Statuts de Bordeaux, pag. 123 & 124, parlent contre toutes les personnes de mauvaise vie, & ordonnent qu'elles soient chassées.

MÉDECIN.

Même page & même col. commencez ainsi cet article;

Il est dit dans l'Ecriture : *Honora medicum propter necessitatem ; etenim creavit eum Altissimus.*

Même page, col. 2, lig. 13 du 2ᵉ alinea, après désuétude, ajoutez; l'usage est que les Médecins avertissent lorsqu'il y a du danger.

Page 161, col. 1, à la fin de cet article, après Médecins, ajoutez;

Ce qu'il en coûte pour être reçu Médecin, est-il sujet à rapport? Voyez *Rapport.*

MENDIANS.

Page 163, col. 2 à la fin du 1ᵉʳ alinea de cet article, après Mendians, ajoutez; V. aussi l'Arrêt du Parlement rendu sur les Conclusions de M. le Procureur Général, le 9 Juillet 1740. On le trouve au 12ᵉ tom. du Code de Louis XV.

MER.

Page 164, col. 1, ligne 2 du 2ᵉ alinea, après des choses publiques, ajoutez; » de- » là vient que les Loix Romaines don- » noient action contre celui qui empêchoit » qu'on ne navigeât sur la Mer, ou qu'on » n'y pêchât librement « : mais, en France, la Mer & ses rivages, comme choses publiques, appartiennent, &c.

Page 165, colonne 2, à la fin de l'article, après, d'Aides, ajoutez;

» Les Rois d'Angleterre prétendent à » l'Empire des Mers qui environnent les » trois Royaumes, d'Angleterre, d'Ecosse, » & d'Irlande, & cela jusqu'aux rivages des » Pays voisins; c'est en conséquence de » cette prétention que les enfans nés sur ces » Mers sont déclarés naturels Anglois, » comme nés sur les terres des Rois d'An- » gleterre «.

L'enfant qui naît sur la Mer, dans le cours des voyages de longue durée, suit la condition de son pere ; conséquemment il est sujet du Souverain, sous les Loix duquel vivoit le pere, au temps de la naissance de l'enfant, dans quelque lieu qu'elle soit arrivée.

MERCURIALES.

Même page & même colonne, à la fin du 1ᵉʳ alinea de cet article, après assemblées, ajoutez;

Les Mercuriales se font à huis clos, & ces jours-là il n'y a point de service de Parquet pour les communications à Messieurs les Gens du Roi.

Page 166, col. 2, à la fin du 2ᵉ alinea, après de la Compagnie, ajoutez;

Les Audiences de relevée à la Grand-Chambre & aux Requêtes du Palais, ne se tiennent que lorsque les Mercuriales, d'après la S. Martin & la *Quasimodo*, ont été faites.

MESSAGERS. (Maîtres des Coches).

Page 167, colonne 1, commencez ainsi cet article;

Les Entrepreneurs des Coches sont autorisés par différens Réglemens, à louer exclusivement à tous autres, les voitures de transport d'un lieu à un autre; en conséquence ils sont en droit de faire saisir, (en remplissant les formalités de Justice) les voitures & chevaux qui auroient été loués par des particuliers, n'ayant ni droit, ni qualité pour ces sortes de locations; & les Réglemens prononcent, tant contre ceux qui ont donné, que contre ceux qui ont pris à location des voitures & chevaux, l'amende de 500 livres, & la vente des chevaux & voitures.

C'est sur le fondement de ces Réglemens, que le sieur Fourmentin, Entrepreneur des Carrosses de Rouen, fit saisir une berline & quatre chevaux, dont s'étoit servi le sieur Boulland, Marchand de bois, pour le transporter lui & sa compagnie à Dieppe. Le sieur Fourmentin concluoit à la validité de la saisie de la voiture & des quatre chevaux, à la vente d'iceux, à la délivrance des deniers & à l'amende de 500 livres, tant contre le sieur Boulland, que contre ceux qu'il disoit lui avoir loué la voiture, les chevaux, & le cocher, qui étoit un cocher de place : le sieur Fourmentin demandoit subsidiairement à faire preuve, que le sieur Boulland, Marchand de Bois, n'avoit point d'écurie ni de remise, & que lorsqu'il avoit voyagé pour son commerce, il s'étoit toujours servi d'un cheval à loyer ; que même, reconnoissant sa contravention, il avoit employé des personnes de considération, pour faire modérer l'amende, & qu'alors il avoit déclaré que la berline & les chevaux n'étoient pas à lui, & qu'il les avoit loués ; mais attendu que le sieur Boulland articuloit au contraire, & *même prouvoit* qu'il avoit acheté la berline du nommé Collesson, Mᵉ Sellier : & les chevaux du nommé Blanchard, tenant Hôtel garni, & que d'ailleurs Collesson & Blanchard attestoient les mêmes faits (notamment Collesson) que le prix de la berline lui avoit été payé, la Cour, par Arrêt du Vendredi 5 Juin 1767, rendu à l'Audience de 7 heures, a déclaré nulle la saisie, en a fait main-levée pure & simple, & a condamné le sieur Fourmentin aux dépens envers toutes les Parties. Plaidans Mᶜˢ Bazin, Mauduison & Jouhannin.

Page 168, col. 2, à la fin du 3ᵉ alinea, après du Soleil, ajoutez ;

Mais on trouve dans le Journal des Audiences, un Arrêt du 31 Janvier 1693, qui a jugé que les Messagers ou Maîtres des Coches n'étoient responsables des paquets, que lorsque leurs registres s'en trouvoient chargés, & non pas lorsqu'on les avoit confiés aux Cochers pour les mettre dans leurs magasins.

Un autre Arrêt du 4 Septembre 1715, rendu en la Grand'Chambre, au rapport de M. le Dreux, a jugé que les Fermiers des Coches, les Messagers & Hôteliers n'étoient point responsables des vols faits dans leurs Bureaux ou Hôtelleries, nuitamment ou avec effraction.

MESSIERS.

Page 169, col. 2, à la fin du 1ᵉʳ alinea de cet article, après la terre, ajoutez ; ce mot vient de *Messis*, moisson.

MESURES.

Page 173, col. 2, à la fin du 4ᵉ alinea, après géométriques, ajoutez ;
Supplément.

La brasse contient cinq pieds quatre pouces.

Page 174, col. 2, ligne 3 du 4ᵉ alinea, après boisseaux, ajoutez ; & pese 100 liv.

Page 176, col. 1, à la fin de cet article, ajoutez ;

La sûreté & la facilité des opérations du commerce exigeant que l'on remédiât aux inconvéniens que la diversité des Mesures lui occasionne, le Roi a donné une Déclaration le 16 Mai 1766, registrée au Parlement le 27 Juin de la même année, par laquelle il est annoncé que l'once & la livre, poids de marc, la toise de six pieds de Roi, & l'aulne Mesure de Paris, seront préférées pour être la base du tarif de proportion que Sa Majesté se propose de faire exécuter ; en conséquence il est ordonné qu'à la diligence du Procureur Général du Roi, il sera incessamment envoyé au *Châtelet de Paris, & aux Bailliages & Sénéchaussées de Beauvais, Sens, Dreux, Amiens, S. Quentin, Soissons, Arras, Boulogne, Calais, Orléans, Chartres, Ville-Franche en Beaujolois, la Rochelle, Poitiers, Clermont, Ferrand, Riom, Limoges, Châteauroux, Bourges, Tours, Blois, Angers, le Bar-le-Duc,* des étalons matrices de la livre, poids de marc, de la toise de six pieds de Roi, & de l'aulne Mesure de Paris, avec les divisions de chacun desdits poids & Mesures, pour être lesdits poids & Mesures déposés au Greffe desdits Bailliages & Sénéchaussées, &c.

MEUBLES.

Page 177, col. 1, à la fin du 6ᵉ alinea, après immeubles, ajoutez ; Voyez aussi un Arrêt du premier Juin 1681, au Journal des Audiences.

Même page, col. 2, 5ᵉ alinea, changez & mettez ;

Les échalas sont-ils meubles ? Voyez *Echalas.*

Page 178, col. 2, à la fin du 4ᵉ alinea, après des Requêtes, ajoutez ; Voyez aussi Coquille, Question 161.

Même page & même colon. à la fin du 5ᵉ alinea, après des immeubles, ajoutez ; Mobilia sequuntur Consuetudinem loci, in quo quisque habet domicilium : Immobilia sequuntur Consuetudinem loci in quo sita sunt. V.

A a

Dumoulin fur l'art. 254 de l'ancienne Coutume d'Orléans; Voyez auffi *Domicile*.

Même page & même col. à la fin du 7ᵉ alinea, après vente, *ajoutez*;

Les Collecteurs de la Paroiffe de Saint Didier au Mont-d'or, pour l'année 1760, firent faire commandement le 17 Juillet 1762, à Antoinette Grand, ou fes biens tenans, de payer 117 livres 10 fols en refte de la cotte pour laquelle Antoinette Grand, ou biens tenans étoient compris fur leurs rôles : le 21 Juillet deuxiéme commandement.

Par acte paffé devant Notaires, le 19 Juillet 1762, Françoife Perrut, héritiere d'Antoinette Grand, vendit fes Meubles à Jean Demolliere, fon beau-frere; le 27 Juillet, Demolliere forma demande contre les Collecteurs en nullité du commandement du 21 Juillet. Sentence intervint en l'Election de Lyon, qui, fans s'arrêter à la vente, ordonna qu'à défaut de payement, les exécutions encommencées feroient continuées. Demolliere interjetta appel de cette Sentence en la Cour des Aides; mais, par Arrêt du 11 Mars 1766, la Sentence fut confirmée avec amende & dépens; plaidans Mᵉ Defgranges pour les Collecteurs, & Mᵉ Fougeron pour Demolliere. Le moyen des Collecteurs fut qu'il n'y avoit pas eu de déplacement, que par conféquent il n'y avoit point eu de vente, parce que *vente de Meubles ne fe peut confommer que par la tradition réelle & actuelle.*

Page 179, col. 1, à la fin du 2ᵉ alinea, après de fucceffion, *ajoutez*; Voyez auffi Coquille, Queftion 63, fur *Meuble n'a fuite par hypothéque.*

Même page & même colon. à la fin du 4ᵉ alinea, après du vingtiéme, *ajoutez*;

Chofe mobiliaire étant vûe à l'œil, (c'eft-à-dire, dans un lieu public) *peut être entiercée,* (id-eft, fequeftrée & mife *in tertiam manum.*) Dumoulin, fur l'article 379 de la Coutume d'Orléans.

MEUNIERS.

Page 180, col. 1, lig. 4 du 4ᵉ alinea, après Moulins, *ajoutez*; (a).

(a) *Nam furti infamiâ, Molitores vexari folent, nec femper injuriâ.* D'Argentré.

(a) Mᵉ Dupin, Avocat au Parlement de Bordeaux.

MI-DENIER.

Page 181, col. 1, lig. 2, après Récompenfe, *ajoutez*; & le Brun, Traité de la Communauté, liv. 3, ch. 2, diftinction 7.

MINAGE.

Page 182, col. 1, à la fin de cet article, après de Paris, *ajoutez*;

Tenir à Minage, fignifie dans les Coutumes, tenir une Terre à ferme, à condition de rendre tant de mines de bled par an.

MINEURS.

Page 185, col. 2, à la fin du 7ᵉ alinea, après contracté, *ajoutez*; Conféquemment le Mineur non marié, qui a pris à loyer des héritages qui excédent beaucoup fa capacité, & qu'il ne peut faire valoir fans employer beaucoup de perfonnes, peut fe faire reftituer contre un engagement de cette nature. V. Legrand fur l'art. 139 de la Coutume de Troyes.

Page 186, col. 1, ligne 2 du 2ᵉ alinea, après Mineurs, *ajoutez*; *contrà non valentem agere, non currit præfcriptio.*

Page 188, col. 1, lig. 4, après, mais, *changez & mettez*; à quel âge peut-il le réfigner valablement ?

Même page & même colon. à la fin du 3ᵉ alinea, après tuteurs, *ajoutez*; en effet, le Bénéfice d'un Mineur eft fon pécule, dont conféquemment il peut difpofer : c'eft pour cela que, dans le Droit canonique, il n'y a point de tirre *de minoribus*, parce que les divers âges, où le Droit canon déclare que l'on eft capable des Bénéfices ou des Ordres Sacrés, font autant d'efpéces de majorités. Dict. de Trévoux.

Même page colonne 2, à la fin du 3ᵉ alinea, après Macédonien, *ajoutez*;

Les biens des Mineurs ne changent point de qualité pendant leur minorité, & le remploi de leurs propres vendus en tient lieu. V. le Brun des fucceffions, livre 2, ch. premier, fect. 3, n°. 33, & l'art. 94 de la Coutume de Paris.

Mineur n'eft reftitué contre un Mineur. Ferron, page 34. Cela eft conforme à la Loi *Si Minor*, ff. *de Minor*. Mais voy. l'Annotateur de Ferron, page 228 (a).

Page 192, col. 2, à la fin du 3ᵉ alinea, après Enfans Mineurs, ajoutez; Voy. aussi Puissance paternelle.

M I N U T E.

Page 196, col. 1, à la fin du 1ᵉʳ alinea de cet article, après intéressées, ajoutez; ce mot & ses dérivés viennent de Minuta & Minutus.

M O I N E S.

Page 202, col. 1, commencez ainsi cet art.;

Cet mot vient du Grec μόναχος, qui signifie seul, attendu que les premiers Moines vivoient dans la solitude; par la suite on appella Cénobites, ceux qui vivoient en commun dans un Couvent & faisoient vœu de suivre & vivre selon la régle que leurs Fondateurs avoient établie. On confond à présent les Moines avec les Religieux : cependant on doit appeller, proprement parlant, Moines; ceux qui sont rentés, tels que les Chartreux, Bénédictins, Bernardins, &c. &c. &c. ceux qui sont Mendians s'appellent Religieux. (Il y a néantmoins bien de la différence entre Moines & Religieux.)

» Les premiers Moines ont été ceux de » Saint Antoine, de Saint Bazile, qu'on » appelle en Orient Caloyers, (bon vieil- » lard) ceux de S. Jérôme, les Hermites » de S. Augustin, & puis ceux de S. Bé- » noît, de S. Bernard. Depuis sont venus » ceux de S. François, de S. Dominique & » une infinité d'autres «.

Un ancien proverbe dit, *vestimenta pium non faciunt Monachum ;* cela vient d'une question agitée autrefois; si, pour être capable d'un Bénéfice régulier, il suffisoit du noviciat ou de l'habit, on a jugé que non, & qu'il falloit être Profès : cependant ceci ne doit s'entendre que des collations ordinaires, puisqu'il en vient plusieurs de Rome *pro cupiente profiteri,* auquel cas on est seulement obligé de se faire Moine dans 6 mois.

M O I N E S, Lais & Oblats.
Voyez *Oblats.*

M O N A S T E R E.

On appelle Monastere, » une maison » bâtie pour y loger des Religieux ou Re- » ligieuses, soit Abbaye, Prieuré ou autre » sorte de Couvent «.

Le Monastere, selon Procope, fut bâti pour les filles repenties. V. Ferron, p. 205.

M O N I T O I R E S.

Même page & même col. à la fin du 1ᵉʳ alinea de cet article, après disent, ajoutez; Ce mot vient du Latin Monitio, avertissement.

M O N N O I E S.

Page 204, col. 2, commencez ainsi cet art.;

M. Boizard, Conseiller en la Cour des Monnoies, a défini la Monnoie; » une por- » tion de matiere, à laquelle l'autorité pu- » blique a donné un poids & une valeur » certaine, pour servir de prix en toutes » choses dans le commerce «.

Ce mot est dérivé du Latin *Moneta,* à *Monendo,* AVERTISSANT, parce que la marque du Prince avertit qu'il n'y a point eu de fraude en la fabrication de la piéce de métal, mise dans le public comme monnoie.

Même page & même colonne, à la fin du 4ᵉ alinea, après la prévention, ajoutez; Aussi, par Arrêt rendu en la Chambre des Vacations, de l'année 1767, la continuation de la procédure extraordinaire, instruite contre des faux Monnoyeurs par les Officiers du Châtelet, qui avoient prévenu ceux de la Cour des Monnoies, a été ordonnée; & la Sentence du Châtelet, prononçant condamnation à mort (& confirmée par ledit Arrêt) a été mise à exécution.

Page 206, colonne 1, à la fin de cet article, ajoutez;

La Monnoie ne se peut prêter au poids ni au nombre; conséquemment, soit que les Espéces augmentent ou diminuent, on ne peut obliger l'emprunteur à restituer autre chose que la somme prêtée. V. M. Pothier, des Contrats de bienfaisance, tom. 1, p.155.

MONOPOLES & MONOPOLEURS.

Même page & même colonne, à la fin du 1ᵉʳ alinea de cet article, après Sénat, ajoutez; Ce mot vient du grec μονος & πωλεῖν, vendre tout seul.

M O R G U E.

On appelle ainsi une Geole basse qui est dans la Cour du Grand-Châtelet à Paris, où l'on expose les cadavres des noyés, ou de ceux trouvés morts dans les rues & qui ne font point reconnus ou réclamés fur le champ. Cette Geole fe nomme Morgue, du verbe *Morguer*, qui dans l'une de fes deux fignifications veut dire *regarder fixé-ment*, comme l'on fait à l'égard du cadavre expofé à la Morgue, que l'on ne peut reconnoître fi on ne le regarde fixément : c'est auffi ce qui fe pratique de la part des Geoliers qui tiennent pendant quelque temps dans le fecond guichet (auffi appellé Morgue) le prifonnier qu'on leur amene, pour s'imprimer dans la mémoire fes traits, & ne point fe laiffer furprendre par les reffemblances de quelqu'autre, qu'ils laifferoient fortir au lieu du prifonnier. Voyez *Geoliers*.

M O R T.

Page 212, col. 2, à la fin de cet art. ajoutez;
Dans le doute, on préfume toujours contre le mort. *In dubio præfumitur contra mortuum. Lege primâ, Cod.*
Celui qui a fourni l'occafion de la Mort de quelqu'un, eft cenfé l'avoir tué. *Qui præftat occafionem Mortis, occidere videtur.*

M O R T B O I S.

Mort bois eft tenu & réputé *Bois non portant fruit.* Coutume de Nevers, article 11 du titre *des Bois.*
Après Enquête faite par ordre de Philippe de Valois en 1332, il fut décidé que le *Mortuum Nemus*, (le Mort Bois) fe devoit entendre *de Bofco viridi & vivo, flante fuprà pedem, fructum non portante,* & que *Nemus Mortuum* (le Bois Mort) étoit celui *quod ad terram cecidit.* V. le Commentaire des Eaux & Forêts, titre 23, article 5. Voyez auffi *Bois Mort.*

M O R T C I V I L E.

Page 213, col. 1, à la fin du 3ᵉ alinea, après & Vœux, ajoutez;
Sur la queftion de fçavoir ce qui fait abfolument réputer une Religieufe morte civilement au monde, voici un Arrêt qui mérite d'être rapporté.
La Sœur Duhan, Religieufe à la Congrégation de la Providence de Chartres, avoit elle-même payé fa dot, poftulé pendant dix mois, pris le voile blanc par les mains du Prêtre, fait plus d'un an de

noviciat, fubi l'examen juridique de l'Ordinaire, fait une profeffion folemnelle avec cérémonie extérieure & publique. Cette Religieufe, après avoir perfévéré trente-cinq ans dans cet état, & fans réclamation, prétendit qu'elle étoit encore capable des effets civils, & qu'elle devoit être admife à partager une fucceffion collatérale : fon moyen principal étoit que la Congrégation de la Providence de Chartres étoit *féculiere* par la nature de fon inftitution; qu'ainfi toutes celles qui compofoient cette Congrégation, ne pouvoient être régulieres ni mortes au monde.
Le fieur Duhan répondoit qu'outre l'Inftitut de cette Congrégation, & les Lettres-Patentes homologuées en la Cour, ces Religieufes avoient des Statuts fecrets, auxquels elles s'étoient foumifes dans le for intérieur; que depuis plus d'un fiécle, tout, dans ce Monaftere, annonçoit la profeffion de la vie religieufe : que l'intérêt public étoit tellement lié à fa propre caufe, qu'il n'en pouvoit être féparé; combien de filles, ajoutoit-il, encore reclufes dans le Monaftere de la Providence, qui y vivent depuis quinze, vingt & trente ans, n'attendent-elles que le fuccès de la prétention de la Sœur Duhan, pour porter le trouble & la confufion dans une infinité de familles ! Les moyens du fieur Duhan n'ont point réuffi; & par Arrêt du Mercredi 25 Juin 1766, conforme aux Conclufions de M. Barentin, Avocat Général, les Conclufions de la Sœur Duhan lui ont été adjugées. Le motif de l'Arrêt fondé principalement fur ce principe, que pour qu'une Religieufe foit morte civilement au monde, il faut que l'Inftitut foit régulier par fa nature, & celui de la Congrégation de la Providence de Chartres a été jugé féculier.
Page 216, col. 1, ligne 8 du 5ᵉ alinea, après plus probable, ajoutez en note; (a).

(a) L'Auteur du Traité de *la Mort Civile*, dans une confultation par lui communiquée à feu Mᵉ Denifart, (qui a oublié d'en faire ufage.) s'eft rétracté & a reconnu que la condamnation à Mort, prononcée par contumace pour délit Militaire, par les Confeils de Guerre, n'emportoit point Mort Civile & confifcation.
En effet, pour qu'une condamnation à Mort par contumace puiffe opérer Mort Civile & confifcation, il faut qu'elle foit prononcée conformément, & d'après les difpofitions des Ordonnances dûement enregiftrées.

Même page, colonne 2, à la fin de cet article, après Militaires, *ajoutez ;*

Je dois observer qu'il m'a été assuré que dans l'espéce de cet Arrêt, la Cour s'étoit uniquement décidée par la fin de non-recevoir. Me Perrault de Bruel a fait un Mémoire imprimé, où la question est traitée à fond. Voyez *Conseil de Guerre*, & l'article 16 du titre 17 de l'Ordonnance de 1670.

MORT TAILLABLE.

Mort Taillable se dit des personnes de condition servile, dont le Seigneur hérite. Voyez *Main-morte*.

MOULEURS DE BOIS.

Les Officiers-Mouleurs sont des Commissaires de Police qui ont serment en Justice ; & qui, dans leur partie, exercent à l'exclusion de tous autres Officiers, leurs fonctions sur les Ports, Quais & Chantiers de la ville de Paris.

Les Offices de Mouleurs de Bois furent supprimés par Edit du mois de Septembre 1719, ainsi que tous les autres Offices établis sur les Quais, Ports, Halles & Marchés ; mais ils furent rétablis par Edit du mois de Juin 1730.

Tout Marchand qui fait venir du bois, est obligé dès l'instant de l'arrivée, de se transporter aux Bureaux des Mouleurs, & d'exhiber sa lettre de voiture dont on tient regître. On fait le relevé sur des feuilles imprimées, de la quantité qui est arrivée & de celle qui a été vendue : les doubles de ces feuilles se remettent entre les mains du Prévôt des Marchands & du Procureur du Roi au Bureau de la Ville : par-là ces Magistrats ont, sans cesse sous les yeux, le tableau de ce qui entre &, se consume chaque année dans Paris, & sont en état de veiller à l'approvisionnement.

Quand il s'agit de placer les bois dans les chantiers, les Officiers-Mouleurs doivent tenir la main à ce que *chaque espéce* de bois, neuf ou flotté, soit rangée dans des piles différentes, afin que le public ne puisse jamais être trompé. Quand les Marchands confondent dans leurs piles *les différentes espéces* de bois, afin de faire pas-

ser ceux d'une qualité inférieure, avec ceux du plus haut prix, les Commissaires-Mouleurs de bois saisissent & confisquent.

C'est sur le rapport que font ces Officiers, au Bureau de la Ville, de la qualité des bois qu'ils ont vus & contrôlés, & sur les échantillons qui y sont apportés, que les Officiers Municipaux mettent le prix sur chaque espéce.

Une Ordonnance de 1672, qui forme le Code du Bureau de la Ville, renferme le détail de toutes les fonctions de ces Officiers dans les chap. 17 & 19.

Voyez aussi un Edit du mois de Mai 1706, enregistré en la Cour des Aides, concernant les droits attribués aux Jurés-Mouleurs, & aides à Mouleurs de bois de la Ville & Fauxbourgs de Lyon.

Tout bois arrivé *dans les chantiers* & sur les Ports, doit aux Mouleurs 5 sols par voie : mais les Lettres-Patentes de 1544, accordées par François Premier, donnant l'exemption à l'Hôtel-Dieu de Paris, *sur les provisions entrantes par eau & par terre, que l'Hôtel-Dieu fera acheter & conduire pour sa provision,* l'Hôtel-Dieu de Paris, d'après ces Lettres-Patentes, a prétendu ne devoir payer aucuns droits aux Officiers-Mouleurs, *pour les bois enlevés dans les chantiers de Paris* pour la provision de cette maison ; mais, par Arrêt confirmatif de la Sentence du Bureau de la Ville, rendu le Vendredi 30 Janvier 1767, en la Cour des Aides, après cinq Audiences, & contre les Conclusions de M. Bellanger, Avocat Général, l'Hôtel-Dieu a été condamné à payer aux Officiers-Mouleurs, les droits à eux dûs sur les bois enlevés *dans les chantiers de Paris* pour l'Hôtel-Dieu. Plaidans Me Savin pour les Administrateurs de l'Hôtel-Dieu ; & Me Hochereau, qui fit un Mémoire pour les Officiers-Mouleurs de bois.

MOULINS.

Page 217, col. 1, à la fin du 1er alinea de cet article, après art. 538, *ajoutez ;* & l'article 241 de la Coutume de Blois.

Page 218, col. 1, à la fin du 2e alinea, après voyez *Meûniers, ajoutez ;*

Suivant Legrand, sur la Coutume de Troyes, n. 15, glose première, celui qui d'ancienneté a un Moulin bâti fur la Seigneurie d'autrui, peut empêcher le Seigneur d'en faire conftruire.

Page 219, col. 1, à la fin de cet article, après 1720, ajoutez;

Un Moulin ayant été incendié, le Fermier du Moulin à vent fut affigné par le Propriétaire en payement du prix du Moulin, & en réparation du tort caufé par le feu. La défenfe du Fermier confifta à dire que le feu n'avoit point pris dans le Moulin même, mais qu'il avoit commencé par une chambre fervant de logement à un Particulier, Charron de fon métier, qui étoit logé *gratis* par le Propriétaire, & n'étoit point domeftique du Fermier.

Le Propriétaire au contraire foutint que cet homme logé dans une chambre voifine du Moulin, étoit employé journellement par le Fermier du Moulin : il argumentoit encore de ce que le Fermier étoit convenu, qu'il donnoit à cet homme fix fols par jour pour lui rendre des fervices relatifs à l'exploitation du Moulin : les premiers Juges, d'après ces moyens, condamnerent le Fermier à la réparation du dommage caufé par l'incendie du Moulin, & cette Sentence fut confirmée par Arrêt rendu, Audience de relevée, le Mardi 13 Avril 1763. Me Bazin plaidoit pour l'Intimé.

M O U V A N C E.

Page 222, col. 1, ligne 8 du 6e alinea, après d'Aiguillon, ajoutez; Enfin, voyez l'Arrêt du 7 Juin 1766, rapporté au mot Diftraction de Jurifdiction.

M O Y E N - J U S T I C I E R.

Page 223, col. 1, à la fin de cet article, après fur cette Coutume, ajoutez; Voyez auffi *Juftice.*

M U N I C I P A U X.
V. *Officiers Municipaux.*

M U N I T I O N.

Les Munitions & Marchandifes, tranfportées pour les Troupes, Camps & Armées de Sa Majefté, pour fes Vaiffeaux & Galeres, font exemptes de tous droits d'octrois & autres que ceux des Fermes. Voyez l'Arrêt du Confeil du 22 Avril 1698.

M U R S, M U R A I L L E S.

Page 223, col. 1, à la fin du 1er alinea de cet article, après 1695, ajoutez;

La Loi derniere au digefte *de Rerum Divifione,* prononce la peine de mort contre celui qui aura la hardieffe de paffer fur les Murailles, y appliquer échelles, ou autrement les efcalader.

La Cour, par Arrêt du Lundi premier Décembre 1603, a appointé au Confeil, fur la queftion de fçavoir fi les Murs & Portes de la ville de Noyon étoient au Rôi ou au Comte de Noyon. Il s'agiffoit dans cette efpéce de deux hommes, qui le foir trouvant les Portes de la Ville fermées, fortirent par-deffus les Murs de la Ville. Voyez la Bibliothéque de Bouchel, verbo *Murs.*

Page 224, col. 1, à la fin de cet article, après par elle, ajoutez;

On peut conftruire des Murs & faire des foffés en l'héritage d'autrui, pour l'utilité publique, les formalités judiciaires préalablement obfervées. *Muri & foffata conftrui poffunt in alieno fundo, pro publico commodo.* Rigordus in Philipp. Auguft. p. 219.

On ne peut adoffer aucun bâtiment contre le Mur d'un édifice appartenant au Roi.

Il eft défendu de faire travailler à un Mur mitoyen fans avertir le voifin avec qui il eft commun. Voyez l'article 203 de la Coutume de Paris, & *Servitude.*

M U T A T I O N.

Page 225, colonne 2, à la fin de l'article, après 1740, ajoutez; Voyez fur cette matiere le Traité des Fiefs, par Guyot.

M U T A T I O N (Droit de).

Par l'Edit du mois de Décembre 1764, concernant la libération des dettes de l'Etat, le Roi a établi (article 24) un droit de Mutation, *lors de chaque changement de propriété, par fucceffion collatérale feulement, donations & legs, autres que ceux faits en ligne directe, par ventes, tranf-*

ports, échanges, reconstitutions, ou par quelqu'autre voie que ce puisse être.

Ce droit est *d'une année* du revenu des rentes perpétuelles assignées sur les Tailles, Aides & Gabelles, & autres revenus de Sa Majesté; pareillement d'une année du revenu des contrats & rentes dûs, aux termes de l'art. 1er de cet Edit, par les Corps, Villes & Communautés d'Habitans.

Il ne peut y avoir ouverture au payement du droit de Mutation, *plus d'une fois dans le cours de la même année, pour* raison d'ouverture de succession collatérale, donation ou legs fait en collatérale. Même article 24.

Par l'article 26 il est dit que le droit de Mutation sera payé par le nouveau Propriétaire, avec permission de l'acquitter *en deux payemens égaux,* d'année en année, par *délégation* sur les arrérages, lesquels seront perçus par le Trésorier de la Caisse des Amortissemens, nonobstant toutes saisies, oppositions & autres empêchemens quelconques.

N

NAISSANCE.

Page 226, col. 1, à la fin de cet article, après voyez *Enfans, ajoutez;*

IL y a des Parlemens de Droit-Ecrit, où il est dû au Seigneur, fondé en titres, le droit de la taille, vulgairement dite *la Taille au quatre cas,* lors de la Naissance de ses enfans. V. Guyot, des Fiefs, tome 6, page 586.

NAMS.

Même page & même col. à la fin du 1er alinea de cet article, après saisis, *ajoutez;* C'est ce qu'on appelle en droit *pignora accepta.*

Même page & même colonne, à la fin du 2e alinea de cet article, après &c. *ajoutez;* Au Vicomte où à son Lieutenant appartient la connoissance de *matiere de Nams & des oppositions qui se mettent sur iceux Nams.* Voyez l'article 5 de la Coutume de Normandie.

A la fin de cet article, ajoutez; Voyez aussi l'article 63.

NANTISSEMENT.

Page 228, colon. 2, à la fin de cet article, après V. Gage, *ajoutez;* & sur le Nantissement, voyez M. Bouguier, let. N.

NAUFRAGE.

Page 232, col. 2, à la fin de cet article, après 1672, *ajoutez;* Celui qui seroit convaincu de s'être emparé d'un effet péri par Naufrage, dans le dessein de le dérober, seroit puni des mêmes peines dont le sont les voleurs: c'est ce qui résulte d'un Arrêt du Parlement de Provence rapporté par Boniface, tome 1, livre 8, titre 18, chap. 3, en date du mois de Novembre 1664, confirmatif d'une procédure criminelle, instruite dans un cas semblable.

Suivant la pensée d'un ancien, le Naufrage est par-tout: *si bene calculum ponas, ubique Naufragium est. Petron.*

NAVIRE.

Même page & même col. à la fin de cet article, après par Basnage, *ajoutez;* Sur la police qui doit être observée dans les Navires, voyez l'Ordonnance de la Marine, livre 2, titre premier.

Audio, non licere cuiquam mortalium, in Nave, neque ungues, neque capillos deponere, nisi cum Pelago ventus irascitur. Petron.

NÉCESSITÉ.

La Nécessité est une puissance à laquelle on est forcé de céder; de-là ces maximes:

Les Loix de la Nécessité sont invincibles. *Necessitatis Leges invictæ.* Lipf. lib. 1, polit. cap. 4.

Ce qui n'est point licite par la Loi, le devient par la Nécessité: *Quod non est licitum in Lege, necessitas facit licitum.*

Les choses que la Nécessité contraint de faire, ne doivent pas être tirées à conséquence pour les cas où elle n'y oblige point. *Quæ propter Neceſſitatem introducta ſunt, non debent in argumentum trahi.* L. 123, de *Reg. juris.*

La Néceſſité eſt la Loi du temps. *Neceſſitas eſt Lex temporis.* Senec. liv. 4 *Controverſ.* 4.

NÉCESSITÉ-JURÉE.

Page 234, colon. 1, à la fin du 3e alinea, après ſa demande, ajoutez; Summum jus, ſumma injuria.

Page 632, colon. 1, à la fin de cet article, après même, ajoutez;

Voici un autre Arrêt rendu en conformité de l'article 19 de la Coutume de Ponthieu, qui défend de *charger, vendre ni hypothéquer l'héritage venu des prédéceſſeurs, ſi ce n'eſt par le conſentement de l'héritier apparent, ou par Néceſſité-Jurée, & ſuffiſamment prouvée, ſinon par quint & forme de quint, &c.*

Le ſieur de Calonne, pere, avoit hypothéqué ſes biens à ſes créanciers, qui les mirent enſuite en ſaiſie-réelle. Le ſieur de Calonne fils, héritier apparent, forma oppoſition à la ſaiſie-réelle, à fin de diſtraction des quatre quints de la Terre de Coquerelle: il ſe fondoit uniquement ſur la diſpoſition textuelle de l'article 19 de la Coutume de Ponthieu: au contraire les créanciers du ſieur de Calonne pere argumentoient, entr'autres moyens, de la Déclaration du 14 Mai 1722, qui ordonne que les Sentences, promeſſes, rentes conſtituées, & toutes autres obligations perſonnelles, auront leur entiere exécution contre les héritiers des biens patrimoniaux ſitués en Artois, encore que l'une des trois voies marquées par l'article 76 de cette Coutume, qui ſont entr'autres, le conſentement de l'héritier apparent, ou la Néceſſité-jurée, n'ayent été obſervées. Le ſieur de Calonne fils répondoit que cette Déclaration rendue pour l'Artois, ne pouvoit avoir d'effet que pour l'Artois & non pour le Ponthieu, où il n'en étoit point intervenue de ſemblable: c'eſt auſſi ce qui a été jugé par Arrêt notable du Samedi 10 Août 1766, rendu ſur productions reſpectives des Parties, au rapport de M. Beze de Lys, Conſeiller de Grand'Chambre: la Cour s'eſt uniquement déterminée par la diſpoſition textuelle de la Coutume de Ponthieu; en conféquence elle a infirmé la Sentence par défaut des Requêtes du Palais, qui, ſans s'arrêter à l'oppoſition à fin de diſtraire, avoit ordonné qu'il ſeroit paſſé outre à l'adjudication des biens du ſieur de Calonne pere. Ainſi cet Arrêt juge que dans la Coutume de Ponthieu, l'hypothéque générale ne peut tomber que ſur les biens perſonnels du débiteur, & que les quatre quints des propres n'en font point partie, la Coutume en contenant une ſubſtitution en faveur de l'héritier apparent. Me Charon de Saint-Charles écrivoit pour le Sr de Calonne fils.

NÉGATIF, Négative, Négation.

Ces termes ſignifient l'action par laquelle on nie ou l'on conteſte la vérité d'une choſe.

On dit en termes de procédure, qu'on ne peut pas prouver un fait Négatif, qu'il le faut convertir en affirmatif.

Celui qui nie un fait, & tire ſa Négation de la cauſe naturelle du fait même, n'a aucune autre preuve à faire: *Negantis factum per rerum naturam (ait Lex) nulla eſt probatio. C. Leg. act. de Probat.*

Tout l'avantage eſt pour celui qui eſt véritablement dans le cas de la Négative, ſuivant cet adage: *Negativa verba potentius negant.*

Celui qui ſeroit enclin à avancer au Barreau des faits faux, ou à dénier ceux qui ſeroient vrais, trouveroit dans l'Orateur Romain, une excellente leçon, dont il devroit faire ſon profit: *Quid eſt enim minus, non dico, oratoris, ſed hominis, quàm id dicere adverſario, quod ille, ſi verbo negarit, longiùs progredi non poſſit, qui objecerit.* Cic. Philip. 2.

NOBLES, NOBLESSE.

Page 241, colon. 1, à la fin du 1er alinea, après d'armes, ajoutez; ou Nobles d'extraction.

Même page & même colon. à la fin du 2e alinea, après chap. 7, ajoutez;

Chez les Romains, la préférence pour remplir les Charges publiques, appartenoit de droit aux Nobles: *Qui Nobili genere nati ſunt, omnia Populi Romani beneficia dormientibus*

mientibus conferuntur. Cic. in verrem : &
Cassiodore disoit ; *Melius agnoscitur ele-
gisse Nobilem quàm fecisse felicem ; quia
iste commotus per veterum facta, se custodit :
ille autem exemplum non habet, nisi quod
fecerit.*

On voit aussi que la Noblesse, &c.

Page 249, *col.* 1, *à la fin du* 1er *alinea,
après* Collecteurs, *ajoutez ;*

C'est un principe constant en matiere de Noblesse, que les enfans reçoivent la Noblesse de leurs ayeux, & non
point de leur mere : c'est pourquoi si quelqu'un est né de pere & d'ayeul nobles ; que
de ceux-ci soit née une fille qui se sera
mariée à un Noble, & ensuite à un Roturier, les biens nobles se partageront comme entre personnes nobles. *Si quis habet pa-
trem & avum Nobiles, & ex illis orta sit
filia quæ Nobili se junxit, posteà nupsit Ple-
beio, partienda esse Nobilia ut inter Nobiles, QUIA LIBERI NON A MATRE, SED
AB AVIS ET ATAVIS NOBILITATEM GE-
NERIS ACCIPIUNT.* Voyez Mornarc. L. 7,
§. *ult,* ff, *de Senatoribus.* Il y en a aussi
un Arrêt du 3 Juin 1618, rapporté par
Brillon.

Même page, col. 2, *lig.* 3 *du* 4e *alinea,
après* sont arrivés à la troisiéme souche,
ajoutez ; Cette disposition de Coutume donna lieu autrefois à la question de sçavoir si
un Fief, non encore parvenu en la troisiéme génération, mais qui se trouvoit à
partager dans la succession d'un Conseiller
en la Cour, devoit être partagé également
entre ses enfans, comme entre Roturiers ;
ou si au contraire l'aîné étoit fondé à soutenir qu'il falloit partager le Fief féodalement, comme entre Nobles ; il fut jugé
par Arrêt du 8 Mai 1573, que le fils
d'un Conseiller en la Cour étoit Noble,
pour être fils d'un Conseiller en la Cour,
en conséquence le Fief fut partagé féodalement.

A la fin du même alinea, ajoutez ; Voyez
aussi les Plaidoyers de M. le Bret.

Page 251, *colon.* 1, *à la fin de cet article,
après* M. Titon, *ajoutez ;*

Un Edit du Roi, donné au mois de
Mars 1766, attribue la Noblesse au second dégré aux Offices de Conseillers-Titulaires, & de Procureurs Généraux dans
Supplément.

ses Conseils Supérieurs du Port-au-Prince
& du Cap-François ; veut Sa Majesté, que
ceux qui sont actuellement pourvus desdits Offices de Conseillers-Titulaires &
Procureurs Généraux, ou qui seront à l'a-
venir pourvus desdits Offices, fassent souche de Noblesse, lorsqu'eux & leurs enfans,
successivement & sans interruption, auront
exercé lesdits Offices chacun pendant vingt
années ; dans le nombre desquelles seront
comptées les années de service des Officiers
actuels, reçus sur les provisions de Sa Majesté, expédiées avant le présent Edit, ou
lorsqu'ils seront morts revêtus desdits Offices, & qu'ils jouissent des honneurs prérogatives, prééminences, franchises, libertés, exemptions & immunités dont jouissent les autres Nobles du Royaume, sans
distinction ; tant & si long-temps qu'ils ne
feront acte dérogeant à la Noblesse, en
vertu du présent Edit, sans qu'il soit besoin d'autres lettres émanées de Sa Majesté ; jouiront en conséquence lesdits Officiers de la Noblesse personnelle leur vie
durant, & ne pourront être recherchés
à l'occasion de la qualité d'Ecuyer qu'ils
auront pris & pourront prendre à l'avenir, &c.

Par Arrêt du Mercredi premier Juillet 1767, rendu en la Grand'Chambre,
conformément aux Conclusions de M. Joly
de Fleury, Avocat Général, il a été jugé
que les Nobles ne pouvoient, en matiere
criminelle, demander leur renvoi à un Bailliage Royal, lorsqu'ils avoient été traduits
dans la Justice d'un Seigneur ; leurs priviléges ne pouvant s'appliquer qu'au cas où
ils ont été assignés devant un Juge Royal
inférieur, dont ils peuvent décliner la Jurisdiction. Plaidans Mes Dinet & Massonet.
Voyez les autres dispositions de cet Arrêt à
l'art. *Incompétence.*

L'anobli, par Lettres du Prince, même le Noble d'extraction, est-il déchu
des priviléges de la Noblesse, lorsqu'il
vient à faire faillite ? Voici dans quelles
circonstances cette question s'est présentée.

Le sieur Lay de Serisy, pere, avoit
fait en cette Ville le commerce de fers, &
il s'étoit acquis toute la distinction dont son
état étoit susceptible. Echevin en 1703 &

enfuite Conful, le Roi voulut bien lui accorder encore en 1720 des Lettres de Noblesse ; (car en 1703. l'Echevinage ne la conféroit pas ; cette prérogative, attachée dans le principe à cette dignité municipale, en avoit été féparée par la suite, & ne lui fut rendue qu'en 1716.) Les Lettres du sieur de Serify lui avoient été accordées, tant pour lui que pour ses descendans, *tant qu'ils vivroient noblement & sans faire acte de dérogeance.* Après la mort du sieur de Serify, le sieur son fils continua le même commerce avec autant d'honneur & de distinction que le sieur son pere : mais en 1746, une faillite, des plus considérables, d'un débiteur du sieur de Serify l'obligea lui-même à mettre son bilan au Greffe, & à faire l'abandon de ses biens à ses créanciers : il étoit prouvé au Procès que sa faillite étoit simple & en aucune maniere frauduleuse.

Le sieur de Serify se retira à Soissons, & fit signifier aux Syndics & Habitans de la Paroisse de Saint Léger de Soissons, les Lettres de Noblesse que le sieur son pere avoit obtenues en 1720. Les Collecteurs n'imposerent point d'abord le sieur de Serify à la taille, mais par la suite, instruits qu'il avoit fait faillite, ils le comprirent dans le rôle de 1765, pour une somme de 38 liv. 15 sols 9 deniers ; opposition du sieur de Serify au commandement qui lui fut fait de payer : Sentence de l'Election rendue sur productions respectives le 19 Avril 1766, qui débouta le sieur de Serify de son opposition & de sa demande, à fin de radiation de son imposition sur le rôle : appel en la Cour des Aides par sa veuve & ses héritiers. Les Collecteurs, pour soutenir le bien jugé de la Sentence, se fondoient sur les dispositions de l'article 10 de l'Edit de 1701 (a), qui portent : *Nous déclarons déchus des honneurs & prérogatives ci-dessus accordés,* ceux des Marchands & Négocians en gros, aussi-bien que les autres Marchands, qui auront fait faillite, pris des Lettres de Répit, ou fait des contrats d'attermoyement avec leurs créanciers : les Collecteurs invoquoient pareillement l'Edit du

mois de Juin 1716, où il est dit, *qu'au cas qu'aucuns d'eux* (Echevins) *vint à faire faillite, passer contrat d'attermoyement ou obtenir Lettres de Répit, ils seront déchus de la Noblesse qui leur est accordée par le présent Edit* (b).

La dame veuve & héritiers de Serify répondoient que l'Edit ne parloit que des anoblis de l'Echevinage, & non point des Nobles d'extraction ou des anoblis par les Lettres du Prince : or le feu sieur de Serify avoit été anobli, non point par l'Echevinage, puisqu'en 1703 l'Echevinage n'anoblissoit pas, mais par les Lettres de Noblesse que le Roi lui avoit accordées en 1720, pour récompense des services par lui rendus à l'Etat, relativement au commerce qu'il avoit porté au plus haut dégré dans la partie qu'il avoit embrassée. Lors du rapport, il y eut d'abord six voix contre sept. L'affaire ayant paru mériter la plus grande attention, plusieurs des sept se déclarerent pour demander le *consultis Classibus,* & les autres s'y réunirent. Enfin, par Arrêt rendu en la troisiéme Chambre de la Cour des Aides, *consultis Classibus,* au rapport de M. Bernard de la Fortelle, le Jeudi 27 Août 1767, la Sentence fut infirmée ; & la radiation de l'imposition sur le rôle fut ordonnée : Me Carré de Saint-Pierre fit un Mémoire pour les Syndics & Habitans de la Paroisse de S. Léger de Soissons.

NÔÇAGE ou droits de Nôces.

Même page & même colonne, à la fin de cet article, après, &c. ajoutez ;

» Par Arrêt du Mardi matin 6 Mars » 1601, jour de Carême-Prenant, plai- » dant Chopin le jeune, & Gourreau la » Proustiere ; un Seigneur Féodal, ayant » Haute-Justice, Moyenne & Basse, fut » maintenu en la jouissance des droits spé- » cifiés par les aveux qu'icelui sieur Féo- » dal avoit rendus à son Seigneur Féodal » dominant, & en la possession & jouis- » sance desdits droits, vérifiée par l'infor- » mation, dont fut fait récit par M. Servin,

(a) L'exécution de cet Edit a été ordonnée de nouveau, par un autre Edit du mois de Mars 1765.

(b) Voyez aussi l'article *Echevin*, n°. 22.

» Avocat du Roi ; lesquels droits, appellés
» droits de nôces, étoient tels que ce Sei-
» gneur Féodal, Haut-Justicier, & en son
» absence son Sergent de sa Justice, devoit
» être convié à la nôce huit jours devant,
» pour accompagner l'épousée allant à l'E-
» glise, & se pouvoir servir avant la mariée
» & dîner, & avoir deux chiens courans &
» un lévrier durant le dîner, *qui auroient*
» *aussi à dîner* ; & après dîner, ledit sieur ou
» son Sergent pourroit dire *la premiere chan-*
» *son.* Remarquez que l'Arrêt est fondé sur
» ce qu'il n'y a rien en ces droits contre les
» bonnes mœurs : & par cet Arrêt fut con-
» firmée la Sentence du Juge des lieux, par
» laquelle il avoit ordonné que les mots
» concernans *autres droits de nôces*, con-
» traires aux bonnes mœurs, contenus dans
» les mêmes aveux, seroient rayés «.

Cet Arrêt est ainsi rapporté par Bouchel
dans sa Bibliothéque, page 920, verbo
Droits Seigneuriaux.

NÔCES (SECONDES).

*Page 252, col. 2, à la fin du 2ᵉ alinea,
après 1560, ajoutez* ; Voyez aussi *Conquêts,*
n. 22 & suivant.

*Page 254, col. 1, à la fin de l'avant-der-
nier alinea, après ordonné, ajoutez ;*

Cet Arrêt a donné lieu à une autre
question. Le sieur Bourgoin, par son contrat de mariage, avoit fixé sa mise en communauté à 10000 livres : celle de la veuve
Delamarre, femme à son décès du sieur
Bourgoin, avoit été fixée à 30000 livres,
qui seroient prises sur ses biens mobiliers. Il
s'est agi alors de sçavoir dans la liquidation
de la succession de la dame de Bourgoin, entre ses collatéraux & le sieur Bourgoin, si
les 30000 livres que la dame Bourgoin
avoit fait entrer dans la communauté par
son contrat de mariage, étoient un avantage prohibé ; les collatéraux (simples légataires) soutinrent qu'ils n'étoient pas
moins dans le vœu de la Loi, que les enfans ; que la prohibition d'avantager au-delà d'une part d'enfant, étoit absolue : en
conséquence ils demanderent que la mise
de la dame Bourgoin fut réduite à 10000
livres, fixation de la mise de son mari. Le
sieur Bourgoin prétendit au contraire, que

les collatéraux n'étoient point recevables à
critiquer la mise en communauté de sa femme, ni à demander qu'elle fût réduite,
comme excédant la donation de la part
d'enfant, attendu que l'Edit des secondes
Nôces n'avoit été fait qu'en faveur des enfans seulement, de maniere que cette Loi
n'existoit qu'où il y avoit des enfans, &
disparoissoit avec eux. Le Châtelet, sur
cette question, avoit appointé en droit.
Le sieur Bourgoin, appellant, demandoit
l'évocation du principal : mais ses adversai-
res s'y étant opposés, & quoique la question eût été discutée au fond dans les
Plaidoiries, la Cour, par Arrêt du Mardi 27 Mai 1766, de relevée, a confirmé
purement & simplement la Sentence d'appointement. Plaidans Mᵉ Carré de Saint
Pierre, pour le sieur Bourgoin ; & Mᵉ
Jouhannin, pour les collatéraux légataires.

NOM.

*Page 257, colon. 1, lig. 2 du 2ᵉ alinea,
après du Roi, ajoutez ;* c'est la disposition
de l'Ordonnance de Henri II de 1555.

*Même alinea, ligne 3, après Commu-
tation, ajoutez en note ;* (a).

(a) Un des enfans du Procureur Rolet, si connu
par la satyre, fut obligé d'obtenir des Lettres de Commu-
tation de Nom, parce qu'étant Officier & même Mous-
quetaire, il auroit été exposé sans cesse aux railleries auxquelles ce *Nom* immortel donnoit lieu ; il se fit appeller
de Saint-But.

*Même page, colonne 2, à la fin du 5ᵉ
alinea, après Royaume, ajoutez ;* Bouchel,
en sa Bibliothéque, a traité avec étendue
la matiere des Changemens de Nom.

*Page 258, col. 2, à la fin de cet article,
après du Palais, ajoutez ;*

Le Dictionnaire de Trévoux entre dans
quelque détail sur les Noms, surnoms, &
rapporte ce qui se pratiquoit à cet égard
chez les Romains.

NONCES.

*Même page & même colonne, ligne 4 du
1ᵉʳ alinea de cet article, après Royaume
ajoutez ;*

En 1565, le Parlement décréta contre
un Imprimeur qui avoit imprimé l'écrit où

le Nonce du Pape en France avoit pris la qualité de *Nonce au Roi & au Royaume.*

N O N E.

La None étoit le neuviéme denier qu'on payoit anciennement pour certains biens. L'Abbé Fleuri dit que le Concile de Meaux demande que ceux qui doivent à l'Eglise, les Nones & les Dixmes, à cause des héritages qu'ils possédent, soient excommuniés s'ils ne les payent, pour fournir aux réparations & à l'entretien des Clercs. La raison qu'en donne l'Abbé Fleury, c'est que les Laïcs qui tenoient des terres par concession de l'Eglise, lui devoient double redevance : d'abord la dixme Ecclésiastique, puis la neuviéme partie des fruits, comme rente Seigneuriale.

N O T A I R E S.

Page 262, col. 1, à la fin du 4ᵉ alinea, après *Bail à Loyer, ajoutez* ; & notamment à l'article *Gens de Main-morte.*

Page 266, col. 1, à la fin du 2ᵉ alinea, après *du 8 Mai 1744, ajoutez* ; Voyez aussi un semblable Arrêt, au mot *Compulsoire,* à la fin.

Page 273, colonne 1, 4ᵉ alinea, après Langlois étoit lui-même Notaire, *ajoutez en note;* (a).

(a) (Mᵉ Denisart étoit lui-même Procureur.)

Page 274, col. 1, à la fin du 1ᵉʳ alinea, après Procureur, *mettez en note;* (a).

☞ (a) Cependant & relativement à la question de préséance en faveur des Procureurs sur les Notaires, ou de ceux-ci sur les Procureurs, il a été jugé par Arrêt, au rapport de M. Severt, le 7 Mai 1741, que les Notaires de Beauvais, créés à l'instar de ceux de Paris, auroient la préséance sur les Procureurs de la Ville de Beauvais, *en toutes les Assemblées publiques ou particulieres.* La même chose a été jugée en faveur des Notaires de Saumur, contre les Procureurs de la Sénéchaussée de Saumur, par Arrêt du 1 Août 1755. Enfin un Arrêt du Conseil-Privé, du 9 Août 1762, a accordé la préséance aux Notaires du Présidial de Moulins, sur les Procureurs de cette Ville. Mais pourquoi, en général, la préséance seroit-elle donnée aux Procureurs sur les Notaires ? Ceux-ci exercent un ministere de Juridiction volontaire, & par conséquent un ministere de paix ; les Contrats de mariage, les Partages, les Transactions, & tant d'autres actes qui se passent dans leur Etude, respirent tous le bon accord, & ont pour objet d'éteindre tout ressouvenir de dissentions entre les familles ; au contraire, les procédures sont inséparables de la haine & de la discorde ; aussi les Procu-

reurs qui se distinguent le plus, sont ceux qui, dans certaines occasions, forçant, pour ainsi dire, leurs Cliens à se concilier, les conduisent chez les Notaires, les articles du traité de paix tout dressés.

Au surplus, sans s'appesantir sur les questions de sçavoir, par exemple, *si la Loi a moins de confiance dans les Notaires que dans les Huissiers,* & si des actes volontaires méritent plus de faveur que des procédures, nécessaires à la vérité, mais souvent funestes (au moins à l'une des Parties), il faut dire que dans l'un & l'autre état, de Notaire ou de Procureur, ceux qui en remplissent les fonctions comme ils le doivent, sont au même degré de considétation aux yeux des Magistrats & du Public ; & l'on ne peut se dissimuler que dans tout ce que notre Auteur a dit, pour avilir une Profession aussi honorable que celle des Notaires, il y a peut-être plus que de la passion.

Page 278, col. 1, à la fin de cet article, après de provision.... ajoutez ;

Les Loix rejettent les sociétés que les Notaires pourroient faire entr'eux : elles les regardent comme contraires aux bonnes mœurs. *Societas inter Notarios rejicitur, ut bonis moribus contraria.* Voyez Mornac, L. 54, ff. pro Socio, fol. 650 ; voyez aussi un Arrêt cité par de la Ville, en date du 8 Février 1612.

NOTAIRES APOSTOLIQUES.

Page 279, col. 2, lig. 2 du 6ᵉ alinea, après Apostoliques, ajoutez ; de même aussi ceux de Paris. V. l'Edit de 1693, &c. &c.

N O T I F I C A T I O N.

Page 280, colon. 1, à la fin de cet article, après V. Grades, ajoutez,

En matiere de vente d'héritages, il y a trois sortes de Notifications :

1°. La Notification de la vente d'un Fief.
2°. Celle d'une saisie féodale.
3°. Enfin la Notification de la vente d'un héritage tenu en roture.

Par rapport à la vente d'un Fief, la Notification doit en être faite au Seigneur de qui releve le Fief acquis ; & c'est du jour de cette Notification que court l'an du retrait féodal, article 20 de la Coutume de Paris.

La Notification de la saisie féodale se fait par le Seigneur féodal ou Vassal dont le Fief est saisi faute de payement des droits & des devoirs non faits. Voyez l'article 30.

Enfin la Notification de la vente d'un héritage roturier se fait par l'Acquéreur au

Seigneur cenfier de qui releve l'héritage; & faute de cette Notification, l'amende eſt prononcée au profit du Seigneur cenfier, par l'article 77 de la Coutume de Paris.

NOVALES.

Page 284, col. 2, à la fin du 2ᵉ alinea, après en la Cour, ajoutez;

Les Seigneurs qui ſont fondés en titres valables pour prendre les dixmes inféodées dans un certain territoire, peuvent preſcrire les Novales, par l'eſpace de quarante ans, c'eſt-à-dire, qu'ils peuvent continuer à jouir des dixmes des terres défrichées avant 40 ans, pourvû qu'ils les ayent poſſédées paiſiblement dans tout ce temps. Voy. Argou, tome premier, page 172. V. auſſi *Deſſéchement de Terres inondées.*

Même page & même col. lig. 2, du 4ᵉ alinea, après entre les, ajoutez; ci-devant ſoi-diſant Jéſuites.

Ajoutez à la fin de cet article; Voyez auſſi l'Edit du 13 Mai 1768, concernant les *Portions Congrues.*

NOVATION.

Page 285, col 2, à la fin du 8ᵉ alinea, après du 6 Octobre 1742, ajoutez;

Par une ſuite de ce même principe, ſi le débiteur & le fidéjuſſeur s'obligent au profit de quelqu'un, & qu'enſuite le principal obligé convertiſſe ſon obligation en un contrat de conſtitution, le fidéjuſſeur ne peut point oppoſer qu'il y a Novation : au contraire, il demeure toujours obligé. *Semel liberatus fidejuſſor, adversus eum obligatio convaleſcere non poteſt : Titius obligatus eſt Caio cum fidejuſſore: commutavit obligationem in conſtitutionem annui reditûs eidem Caio, non liberatur fidejuſſor.* V. Mornac, L. ult. ff. *de Pactis*, folio 130. Voyez auſſi l'Inſtitut, au titre *Quibus modis tollitur Obligatio.*

NOVICE, NOVICIAT.

Page 286, col. 1, à la fin du 2ᵉ alinea, après de Blois, ajoutez; &, ſuivant le Concile de Trente, s'il manquoit un ſeul

jour à l'année de probation, il n'en faudroit pas davantage pour la rendre nulle (a).

NOURRICES.

Page 288, col. 1, à la fin du 1ᵉʳ alinea, après cet article, ajoutez; & ſi les pere ou mere s'étoient retirés dans quelques lieux, ou enclos prétendus privilégiés, en préſentant Requête au Juge de l'endroit, expoſitive du fait, le Juge préviendroit vraiſemblablement les ordres ſupérieurs qui pourroient lui être intimés, en cas de refus de ſa part de permettre d'arrêter, tant cette créance eſt favorable & privilégiée.

Même page & même colon. à la fin de cet article, après expreſſément, ajoutez;

Une Nourrice qui, par ſa faute, ſuffoque l'enfant qu'elle allaite, doit être condamnée (ſuivant l'avis d'un Auteur) à faire amende honorable devant la maiſon des pere & mere de l'enfant, fouettée & bannie. Moſnier in §. Homicide, n. 8; elle ſeroit pendue ſi elle l'avoit fait par méchanceté ou par quelqu'autre motif criminel.

NOUVEAUTÉ.

Toutes nouveautés ſont ſuſpectes, & le plus ſouvent dangereuſes par leurs conſéquences. L'évidence de leur utilité peut donc ſeule autoriſer à détruire ou changer ce qui a paru juſte pendant un long temps, & devoir être ſuivi. *In rebus novis conſtituendis, evidens eſſe utilitas debet, ut recedatur ab eo jure, quod diù æquum viſum eſt.*

NUESSE.

Page 289, colon. 2, commencez ainſi cet article;

C'eſt l'étendue de la Seigneurie féodale ou cenſuelle, de laquelle les choſes ſont tenues nuement & immédiatement ſans moyen; cette eſpéce de Fief, appellée Nueſſe, eſt fort commune dans le Maine, &c.

NUL, NULLITÉ.

Page 290, col. 1, à la fin du premier alinea, après en France, ajoutez; Ce qui, comme on voit, doit s'entendre des Nullités que le Droit Romain a introduites, & non point de celles prononcées par les Ordonnances ou Coutumes, & qui produisent leurs effets sans *Lettres Royaux*.

Même page, col. 2, à la fin du 1ᵉʳ alinea, après l'a prononcée, ajoutez;

Le 6 Février 1730, le feu sieur Puisset passa deux actes différens; par l'un il vendit à la feue dame de Chamborand la métairie de Querois, aux charges & conditions portées dans l'acte de vente; par l'autre, il céda une maison au feu sieur de S. Georges, qui, en contre-change, lui donna le moulin de la Garde, sis dans le pays du Droit-Ecrit. Le lendemain 7 Février, le sieur Puisset disposa au profit de sa femme & de ses beau-pere & belle-mere, tant du moulin, que des 1100 liv. à lui restantes dûes sur la métairie de Querois, & il décéda peu de jours après. Les héritiers du sieur Puisset attaquerent de Nullité ces 2 actes; ils disoient que si le testateur ne les eût pas consentis, comme les biens qui en étoient l'objet étoient des propres, il auroit été obligé, aux termes de la Coutume de Poitou qui les régissoit, d'en laisser les deux tiers à ses héritiers; d'où ils concluoient que c'étoit une fraude à laquelle avoient participé le sieur de Saint-Georges & la dame de Chamborand, qui devoient par conséquent rendre la maison & la métairie, sauf à eux à se pourvoir contre les Légataires.

Les représentans la dame de Chamborand & le sieur de Saint-Georges soutenoient d'abord que les Nullités de droit ne pouvoient se proposer qu'autant qu'on avoit obtenu des Lettres du Prince; que par conséquent les héritiers n'en ayant point, leur réclamation ne pouvoit être écoutée. Au fond, ils disoient qu'il n'y avoit ni incapacité de traiter dans la personne du sieur Puisset, ni incapacité de recevoir dans celles du sieur de Saint-Georges & de la dame de Chamborand; que par conséquent, on ne pouvoit arguer les actes d'aucune Nullité.

Le Juge de Dorat avoit condamné la dame de Chamborand & le sieur de Saint-Georges à se désister de la métairie & du domaine échangé, avec restitution de fruits & les intérêts du jour de la demande, & il les avoit renvoyés à se pourvoir comme ils le jugeroient à propos, tant pour ce qu'ils avoient payé, que pour le moulin de la Garde.

Sur l'appel de cette Sentence par les héritiers & représentans la dame de Chamborand & le sieur de Saint-Georges, Messieurs de la troisiéme des Enquêtes se trouverent partagés. M. Berthelot de S. Alban étoit le Rapporteur. Par Arrêt du Lundi 31 Août 1767, l'avis de M. Forien de Saint-Juire, Conseiller-Compartiteur, a passé de dix-sept contre quatre: il a été jugé qu'il n'y avoit aucune Nullité dans les actes, & la Sentence a été infirmée. Mᵉ Caillau fit un Mémoire pour les Appellans.

Même page & même colon. ligne 3 du 3ᵉ alinea, après judiciaires, ajoutez;

Par Arrêt rendu aux Eaux & Forêts au Souverain, le Jeudi 10 Septembre 1767, en Vacation, il a été jugé qu'un exploit dans lequel le nommé Brodier, Huissier à Verge au Châtelet de Paris, n'avoit point déclaré où il étoit immatriculé, étoit Nul, de Nullité d'Ordonnance. En conséquence, la Sentence obtenue sur cet exploit a été infirmée; & faisant droit sur la demande en garantie formée par le sieur Norta d'Amboise, Seigneur de Fligny, qui s'étoit servi de cet Huissier, celui-ci a été condamné à l'acquitter, garantir & indemniser des condamnations de dépens prononcées au profit des Lescurieux qui soutenoient l'exploit Nul, quoique dans les exploits qui avoient suivi, la matricule de l'Huissier s'y trouvât inférée. La Cour a jugé que ce n'étoit pas le cas, de la part de l'Huissier, d'appliquer la maxime, *à mal exploiter point de garant*. Il est vrai que dans cette espéce, on opposoit encore que l'Huissier, lors de l'exploit, étoit interdit; mais cet Huissier ne l'avoit été que pour n'avoir point paru à la montre le lendemain de la Trinité: il avoit été nommé enseigne, on le fit substituer; & sur la plainte des Maîtres de sa Communauté, il fut condamné & par corps à payer une somme, & jusqu'à ce interdit; mais comme cet Huissier rapportoit la quittance de payement en date du 15 Septembre 1764, & que l'exploit dont il s'agissoit, étoit de l'année 1765, il soutenoit que son interdiction avoit cessé de droit à l'instant du payement;

Il prétendoit encore que s'il se trouvoit compris au nombre des interdits dans la liste de l'année 1767 & des précédentes, c'étoit faute d'avoir eu le soin de représenter sa quittance, ainsi qu'il étoit prouvé par plusieurs certificats de Maîtres en Charge de sa Communauté ; Il est possible que les deux moyens ayent concouru à faire déclarer Nul l'exploit, qui cependant étoit parvenu à ceux qui en demandoient la Nullité. Plaidans Mes Janny, Gudin & de Varicourt.

Les Nullités d'Ordonnance, &c.

Page 293, col. 1, à la fin du 3e alinea, après tit. 8, §. 3, ajoutez ; & M. Bouguier, let. N. n°. 3, fol. 211. V. aussi dans le Dictionnaire des Arrêts, par de la Ville, un Arrêt du 21 Janvier 1605 qui a jugé que les Notaires ne pouvoient être poursuivis ni condamnés pour une faute commise par impéritie de leur art. *si dolus absit.*

Même page, col. 2, à la fin de l'article, après Elections, ajoutez ;

C'est une règle de Droit que ce qui est Nul, ne peut être confirmé : *Quod Nullum est, non potest confirmari.*

C'en est une autre, que ce qui est Nul dans son principe, ne peut jamais valoir par le laps de temps : *Quod Nullum est ab initio, lapsu temporis convalescere non potest.*

En matière de retrait, la Nullité fondée sur l'Ordonnance ne se couvre point par une nouvelle assignation. Voy. Auroux des Pommiers, sur la Coutume de Bourbonnois, page 236, n°. 5 & 6.

NUNCUPATIF.

Même page & même colonne, ligne 1 de cet article, après Ce mot, ajoutez ; qui vient du verbe latin *Nuncupare,* nommer.

O

OBÉDIENCE (Pays d').

Pag. 299, col. 1, commencez cet art. ainsi ;

EN matière Ecclésiastique on appelle Obédience, (du latin *Obedientia,*) l'obéissance qu'on rend à un Supérieur Ecclésiastique.

L'Obédience est encore l'acte que le Supérieur Ecclésiastique donne à un inférieur pour faire une translation de sa personne en un autre lieu.

Les Moines qui errent par le monde & ne montrent point leur Obédience, doivent être arrêtés comme vagabonds.

Un Prêtre doit montrer son Obédience, pour être reçu à dire la Messe dans un Diocèse étranger ; & son Obédience est la permission de son Évêque.

L'Obédience se dit encore des Ambassadeurs envoyés au Pape par des Princes pour lui rendre hommage de quelques Fiefs relevans de lui. Par exemple, le Roi d'Espagne envoie un Ambassadeur d'Obédience au Pape, pour lui présenter la Haquenée qu'il lui doit à cause du Royaume de Naples. Dict. de Trévoux.

OBITUAIRES, OBITS.

Page 294, col. 2, à la fin du 1er alinea de cet article, après Titulaires, ajoutez ; du latin *Obitus* après la mort.

Page 295, col. 1, ligne 7 du 3e alinea, après la cause de dévolut, ajoutez ; & le résignataire est toujours préféré à l'Obituaire quand son titre est en règle, & qu'il n'y a rien à redire à sa personne.

A la fin du même alinea, ajoutez ;

Les Obits fondés, & pour l'acquittement desquels on a légué des pensions de grains & autres denrées, doivent être réduits *ad legitimum modum.* Voy. M. Expilly, *fol. 616,* Arrêt 60. V. aussi *Fondations.*

OBLATS.

Même page, col. 2, à la fin de cet article, après V. Biens d'Eglise, ajoutez ; d'Héricourt, des Loix Ecclésiastiques, & le Dict. de Trévoux.

Ajoutez à la fin de cet article ;

Une Déclaration du Roi du 2 Avril 1768, enregistrée au Parlement le 19 du même mois, fixe le droit d'Oblat à une somme annuelle de 300 liv.

OBS

OBLIAGE.

Même page & même colonne, à la fin du 1ᵉʳ alinea de cet article, après Coutumes, ajoutez ; Ce mot vient du verbe Oublier.

OBLIGATION.

Page 297, col. 1, à la fin de cet article, après Février 1726, ajoutez ;

On ne peut point alléguer qu'on a été obligé de faire une chose déshonnête, parce que *Obligatio nulla rei turpis.*

L'Obligation s'anéantit par la confusion. *Obligatio confusione tollitur :* l'application de cette maxime a lieu, lorsqu'il y a concours de la créance & de la dette en la même personne.

L'Obligation de faire une chose est indivisible. *Obligatio faciendi, est individua,* parce qu'il seroit contradictoire de s'obliger à faire & à ne pas faire : cependant une Obligation peut être conditionnelle.

L'Obligation qui se trouve entre les mains du débiteur, induit seulement une présomption & non une preuve du payement. *Chirographum seu instrumentum Obligationis redditum, inducit tantum præsumptionem liberationis.* Mornac, *Lege 3, ff. de Pactis,* folio 117. Voy. aussi M. le Prestre Centurie 3, chap. 113, & à l'article *Grosse.*

Sur toutes les questions relatives aux Obligations, voyez le Traité des Obligations par M. Pothier.

OBMISSION, V. *Omission.*

OBREPTION ET SUBREPTION.

Même page, col. 2, à la fin du premier alinea de cet article, après exposé, ajoutez ; Ces deux mots viennent du latin *Obripere & Subripere.*

OBSESSION.

L'Obsession est l'action par laquelle on se rend maître de l'esprit ou de la maison de quelqu'un, empêchant à cet effet les autres personnes d'y entrer.

Tous les avantages qui ne sont que l'effet d'une véritable Obsession, sont dans le cas d'être déclarés nuls, comme procédans plutôt de *l'extorsion* que de la libéralité. *Extorsio autem & importuna flagitatio æqui-*

parantur, cùm in eâdem causâ sint obtenta per importunitatem, & obtenta per metum. C. Si quis attest. L. ult.

La preuve de l'Obsession est admissible ; ainsi que celle de la suggestion. Voyez sur cela Danty, de la preuve par témoins, pag. 391, & à l'art. *Moribond,* n. 6 & 7. Voy. aussi *Suggestion.*

OCTROIS.

Page 299, colon. 2, à la fin de cet article, après Déclaration, ajoutez ; & le Dict. des Aides.

OFFICES & OFFICIERS.

Page 303, col. 2, à la fin du 4ᵉ alinea,

La préférence accordée aux héritiers sur les Offices vacans & tombés dans les Parties Casuelles, est de même nature que les Offices ; car quoique les enfans ne tiennent pas leur droit du défunt, & que ce soit une grace du Prince, ils n'en sont pas moins appellés à la propriété de l'Office.

Ainsi, la vente d'une faculté, qui a pour objet de rendre l'Acquéreur, propriétaire d'un Office, est une vraie cession de droits immobiliers, & non de droits mobiliers. C'est ce qui a été jugé en la seconde des Enquêtes, au rapport de M. Robert de Saint-Vincent, par Arrêt sur partage, du Jeudi 2 Septembre 1762, départagé le 6 du même mois. Cet Arrêt fut rendu en faveur de la demoiselle Boursault, contre la demoiselle Gobin, veuve du sieur Vexiau, à qui la vente de l'Office avoit été faite par la veuve du Titulaire. Mᵉ Sanson écrivoit pour la demoiselle Boursault. Il est parlé de cet Arrêt au mot *Mineurs,* n° 55.

On cita dans cette affaire un Arrêt du Conseil du 13 Octobre 1719, par lequel une question semblable fut dit-on jugée de même : il s'étoit élevée une contestation entre la veuve d'un Officier, héritiere mobiliaire de son mari, & les héritiers des immeubles : il fut jugé que le droit de préférence appartenoit aux héritiers des immeubles, à l'exclusion des héritiers mobiliers : Sa Majesté a même déclaré par cet Arrêt, que dans les Pays, tant de Droit-Ecrit, qu'autres, où la Communauté n'a pas lieu, les veuves seront tenues de rapporter

rapporter actes équipollens à Communauté; ou de justifier qu'elles ont part dans les immeubles, *de la nature desquels sont les Offices*, sinon qu'elles ne pourront entrer dans aucune préférence ni aucune concurrence avec les enfans ou héritiers des Titulaires, pour la levée des Offices tombés aux Parties Casuelles; mais voyez n°. 65.

Page 309, colon. 2, lig. 11 du 2ᵉ alinea, après Juin 1744, ajoutez; que des Offices d'Inspecteurs sur les Veaux, de Planchéeurs & de Gardes-nuit à Paris, n'étoient pas, &c.

A la fin du même alinea, ajoutez; La Sentence du Châtelet fut rendue contradictoirement sur les Conclusions de M. Moreau, Avocat du Roi. Plaidans Mᵉˢ Beviere & de Varicourt; mais l'Arrêt confirmatif fut passé de concert.

Page 311, col. 2, à la fin du 5ᵉ alinea, après 1747, ajoutez;

Lorsqu'une fois le Titulaire d'un Office a donné sa procuration *ad resignandum,* quand même les provisions accordées au nouveau Titulaire, ne seroient point encore scellées, le vendeur ne pourroit plus former opposition au titre, mais seulement au sceau; & faute de payement il ne pourroit demander à rentrer dans la propriété de l'Office, il auroit seulement le droit de le faire saisir réellement pour le payement du prix qui lui seroit dû? c'est ce qui résulte d'un Arrêt dont voici l'espéce.

Le sieur l'Epingleux avoit vendu son Office au sieur Joubert, qui le revendit au sieur Bureau, avec délégation du prix à l'Epingleux, opposant au Sceau de la derniere vente. Bureau paya une somme à compte à l'Epingleux, & prit terme pour le surplus. A l'échéance & bien au-delà, les héritiers de l'Epingleux formerent demande contre Bureau en condamnation de la somme principale avec intérêts, sinon & à faute de ce faire, que dans tel temps, il seroit tenu de donner sa procuration *ad resignandum,* à l'acquéreur que lui présenteroient les héritiers de l'Epingleux; Sentence intervint, qui ordonna que dans la huitaine qui suivroit, Bureau donneroit sa procuration *ad resignandum,* sinon que la Sentence vaudroit ladite procuration. Sur l'appel, Arrêt du Vendredi 13 Juin 1766 de rele-

Supplément.

vée, infirmatif de la Sentence; le motif fondé sur ce que le vendeur d'un Office ne peut en demander l'envoi en possession qu'après la saisie-réelle, qui est la seule voie à prendre dans cette occasion; plaidans Mᵉ le Prestre pour l'Appellant, & Mᵉ Turpin pour les Intimés.

Page 312, colon. 2, à la fin de cet article, après pour forfaiture, *ajoutez;* Il y a à ce sujet une Déclaration de Louis XI de 1467, portant; *qu'il ne sera donné aucun Office, s'il n'est vacant par mort, résignation ou forfaiture.* Voyez *Destitution & Juges.*

Des Lettres-Patentes données en 1567, sous Charles IX, portent; » que nul ne » sera reçu dans un Office de Judicature, » sans information de vie & de mœurs, & » s'il n'est de la Religion Catholique. «

Voyez aussi un Edit donné à Versailles au mois d'Avril 1768, registré en Parlement avec modification, le 22 Avril 1768, portant *suppression de plusieurs Offices, & des droits qui leur étoient attribués, & prolongation des droits du Don gratuit.*

OFFICIAL.

Page 321, col. 1, à la fin du 2ᵉ alinea, après ne décide pas, *ajoutez;* à moins qu'il n'entende les Jugemens, qui, par leur nature & les abus qu'ils pourroient renfermer en eux-mêmes, paroîtroient plus susceptibles que les autres d'être cassés.

Même page & même col. à la fin du 3ᵉ alinea, après considérable, *ajoutez;* Voyez Henrys, tome 1, liv. 2, ch. 4, quest. 23.

Même page, col. 2, à la fin du 1ᵉʳ alinea, après d'en appeller, *ajoutez;* mais la raison de décider, est que les Assesseurs ne sont appellés que comme *Conseils,* & non comme *Juges.*

Page 326, colon. 1, à la fin du 3ᵉ alinea, après être faites, *ajoutez;* leurs Jugemens n'emportent point non plus d'hypothéque.

Page 327, col. 1, à la fin de cet article après d'un Bedeau *ajoutez;*

Par Arrêt du Jeudi 19 Juin 1766, rendu en la Grand'Chambre à l'Audience du Rôle, il a été jugé conformément aux Conclusions de M. Séguier, Avocat Général, que l'Official (c'étoit celui de Troyes)

C c

ne pouvoit ordonner que des Séculiers comparoîtroient devant lui : ni sur une promesse verbale de mariage, condamner à tenir la promesse, ou prononcer une aumône, *pro fide mentitâ*, contre le refusant ; mais que dans une pareille mâtiere, il falloit se pourvoir pour les dommages-intérêts, devant le Juge ordinaire. Plaidans Mes Bailleux & Sionnest.

OFFICIERS MUNICIPAUX.

On donne ce nom aux personnes dont on fait choix, par voie d'Election, pour veiller aux intérêts des Villes, défendre leurs droits & priviléges & y faire observer la Police & le bon ordre ; tels sont en général les Maires, Echevins, Conseillers de Ville, Consuls, Capitouls, &c.

Par Edit du mois d'Août 1764, le Roi a supprimé les Offices Municipaux en titre, dans les Villes & Bourgs qui contiennent 4500 Habitans & plus : le même Edit annonce qu'il seroit procédé par la suite à un Réglement concernant les autres Villes & Bourgs, qui sans contenir un aussi grand nombre d'Habitans, ont néantmoins des revenus communs & des Charges pour l'administration desquels il étoit nécessaire de leur donner des régles. En conséquence il a été rendu un Edit donné à Marly au mois de Mai 1765, registré au Parlement le 17 Mai 1765, contenant Réglement pour l'exécution de celui du mois d'Août 1764 dans les Villes & Fauxbourgs du Royaume. Par cet Edit du mois de Mai 1765, le nombre des Officiers Municipaux est fixé invariablement en proportion de l'importance de chaque Ville & Bourg : il y est donné des régles pour les Elections & faire présider chaque Assemblée par un Chef en état de veiller à la manutention de l'ordre prescrit par cet Edit : à cet effet, la Présidence des Assemblées des Notables est attribuée au Lieutenant Général dans les Bailliages, ou autre premier Officier du lieu, mais sans qu'il puisse donner dans lesdites Assemblées, sa voix, réservée pour son Siége. Le Roi se réserve la nomination du Maire choisi par Sa Majesté sur trois Sujets qui seront élus & lui seront présentés par les Notables de chaque Ville ou Bourg, lequel Maire ainsi

choisi par le Roi, présidera à toutes les Assemblées ordinaires du Corps de Ville.

Pour assurer d'autant plus l'entiere observation de toutes les régles déja établies par l'Edit du mois d'Août 1764, & de celles établies par le présent Edit, le Roi charge son Procureur dans les Jurisdictions ordinaires, ou celui des Seigneurs dans les lieux où la Justice ne se rend pas au nom du Roi, d'y veiller, & d'assister aux Assemblées des Notables pour y faire ses fonctions, & y former tels réquisitoires que de droit ; se réservant Sa Majesté de fixer par des Lettres-Patentes particulieres, ce qui sera observé dans chaque Ville & Bourg, pour l'administration de ses revenus, en prenant, aussitôt que les Villes & Bourgs auront adressé à cet effet, leurs Mémoires à Sa Majesté, les arrangemens convenables pour mettre chaque Communauté en état de supporter ses charges, & même d'acquitter ses dettes. V. cet Edit qui contient 58 articles.

L'enregistrement porte, entr'autres choses, que le Bailli d'Epée sera remplacé en cas d'absence, par le Lieutenant Général du Siége, ou autre premier Officier, pour la tenue des Assemblées prescrites par l'art. 35.

Voyez aussi la Déclaration du Roi du 15 Juin 1766, enregistrée au Parlement le 30 Août suivant, interprétative des articles 35 & 41 de l'Edit de Mai 1765.

OFFRANDE.

Même page 327, col. 1, commencez ainsi cet article ;

L'Offrande, prise dans sa signification primitive, est le sacrifice, l'oblation, ou le présent que l'on fait à Dieu ou à ses Saints.

Dans une signification plus particuliere, l'Offrande se dit des présens que l'on fait aux Curés, en allant baiser la paix.

Ce mot vient du latin *Offerre*, Offrir.

Il y a presque toujours de la dispute pour les Offrandes, lorsque ce sont les Curés primitifs qui officient.

» Les Rois de France ont coutume » de donner des Offrandes au Curé dans la » Paroisse duquel ils couchent. Voyez *le* » *Maîstre* «.

Même page & même colonne, à la fin du 2ᵉ alinea, après n. 15, ajoutez ; V. aussi les dispositions de l'article 5 de la Déclaration de 1731, rapportées au mot *Curé.*

OFFRES RÉELLES.

Page 328, col. 1, à la fin du 3ᵉ alinea, après la Combe, *ajoutez ;* Mais voyez un Arrêt récent, rapporté au mot *Intérêt,* n. 6.

OFFRIR (Droit d').

Page 329, colon. 1, à la fin de cet article, ajoutez ;

Mais le créancier hypothécaire peut demander à être envoyé en possession de l'immeuble, si mieux n'aiment les opposans faire vendre à si haut prix, qu'il soit payé. V. *Saisie-Réelle,* n°. 59.

OMISSION.

En terme de droit, l'Omission est le manquement d'avoir fait une chose : ce mot vient du Latin *Obmittere,* Omettre.

Si l'Omission procéde d'un oubli involontaire, elle est excusable ; mais elle est presque toujours un délit, lorsqu'elle a été faite à dessein.

C'est une maxime de droit, que les choses omises par oubli sont tenues pour reconnues & exprimées. *Obmissa per oblivionem, in jure habentur pro expressis.*

En fait de Finance, l'Omission de recette est assimilée à la fraude, & le Comptable condamné à la peine du quadruple.

OPÉRATEUR.

On trouve au Journal du Palais un Arrêt du Parlement d'Aix du 20 Mai 1678, qui a jugé qu'un Opérateur débitant un reméde spécifique, appellé l'Orviétan, qu'il prétend lui appartenir, comme héritier de ses ancêtres qui l'ont inventé, a une action en Justice pour faire défendre aux autres Opérateurs de vendre son reméde sous le même nom d'Orviétan, sauf à eux de donner à leur antidote tel autre nom que bon leur semblera.

OPINIONS.

Même page, col. 2, commencez ainsi cet article ;

L'Opinion est le sentiment de celui qui s'explique sur quelque chose : ainsi, en termes de pratique, &c.

Même page & même colon. à la fin du 1ᵉʳ alinea de cet article, ajoutez ;

» Pour bien opiner, ce n'est pas as-» sez de dire son avis, il faut l'appuyer de » raisons «, & sur-tout éviter que l'opiniâ-treté ne prenne la place de l'Opinion : par exemple, *qui pietatem videntur sectari, sunt sententiâ tenacissimi.*

OPPOSITIONS.

Page 332, colon. 2, ligne 2 du premier alinea de cet article, après acte, *ajoutez ;* par lequel on s'oppose à l'exécution d'un Jugement par défaut, ou bien qui, &c.

Page 335, col. 2, à la fin du 1ᵉʳ alinea, après conserver, *ajoutez ;*

Si l'Acquéreur d'un immeuble avoit consenti, par son contrat d'acquisition, que les oppositions qui pourroient être formées de la part des rentiers viagers, au Décret volontaire stipulé par l'Acquéreur, subsisteroient jusqu'à l'extinction des rentes viageres, sans que le vendeur fût tenu de fournir à l'Acquéreur les mains-levées & radiations des Oppositions qui pourroient être formées au Décret de la part des Légataires de rentes viageres ; alors, malgré la conversion des Oppositions à fin de conserver, en saisie-arrêt, obtenue par l'Acquéreur, non-seulement il ne pourroit point demander par la suite au vendeur, la main-levée des oppositions, ou à être autorisé à consigner son prix, mais au contraire, il demeureroit toujours personnellement garant du fonds & service desdites rentes, & la Terre vendue, continueroit de servir de sûreté & d'être le gage du fonds des rentes viageres.

C'est ce que la Cour a jugé par Arrêt du Mercredi 23 Juillet 1766, rendu en la Grand'Chambre, infirmatif de Sentence contradictoire des Requêtes du Palais, du 4 Mars de la même année : quoique cet Arrêt ait été passé de concert, ce n'a été qu'après l'examen le plus réfléchi de la part des défenseurs de toutes les Parties, & en avoir communiqué à Messieurs les Gens du Roi : la raison est qu'un vendeur est le maître d'apposer à la vente qu'il fait toutes les conditions licites qu'il juge à propos, & que quand ces conditions ont été formellement acceptées par l'Acquéreur, elles deviennent la loi réciproque des Parties, dont il ne leur eſt plus permis de s'écarter : *Legem contractus dedit.* Plaidans Me Gerbier pour M. le Duc d'Ayen, (à préſent Duc de Noailles), légataire univerſel du ſieur de Janvry ; Me Babille pour le ſieur Haudry, *Fermier Général*, Acquéreur de la Terre de Janvry ; & Me de Varicourt pour deux Rentiers viagers.

J'ai connoiſſance d'un Arrêt rendu en la Grand'Chambre le 10 Mars 1766, au rapport de M. Paſquier, par lequel un oppoſant à un décret volontaire, qui avoit conſenti formellement la converſion de ſon oppoſition en ſaiſie-arrêt ſur le prix de la vente, entre les mains de l'acquéreur, a été admis à enchérir le prix porté par le contrat de vente lors de l'adjudication : Me Phelippeau qui écrivoit dans cette inſtance pour le ſieur Dutems, Négociant à Châtellerault, contre le ſieur Collineau, m'a communiqué ſes écritures.

Mais par un autre Arrêt rendu de relevée en la Grand'Chambre le Vendredi 5 Février 1768, après une plaidoirie très-contradictoire, la Cour a jugé que le ſieur Desbroſſes, Curé de Nouray, étoit ſans moyens valables pour attaquer la Sentence du Bailliage de Blois du 28 Février 1767, qui avoit converti, contradictoirement avec lui & de ſon conſentement, ſon oppoſition en ſaiſie-arrêt, ſur le prix de la vente entre les mains de l'acquéreur, & qu'après cette converſion le ſieur Desbroſſes n'étoit pas recevable à vouloir forcer l'acquéreur à payer plus que le prix de ſon acquiſition ; plaidans Mes de la Goutte, Gaultier, Jouhannin, de l'Eſtang & Pelletier.

OPPOSITIONS aux Jugemens.

Par Arrêt du 23 Août 1766, l'exécution des Ordonnances, Arrêts & Réglemens de la Cour a été ordonnée ; en conſéquence il a été fait défenſes à tous Procureurs de former des Oppoſitions aux Arrêts rendus ſur le vu des Procès inſtruits par récollemens & confrontations.

L'exécution d'un Jugement par défaut eſt ſuſpendue par l'Oppoſition, & ce n'eſt que du jour que l'Oppoſant eſt débouté de ſon Oppoſition, que courent les délais accordés par l'Arrêt par défaut, parce que les délais ne courent point pendant la conteſtation : voici cependant l'eſpéce d'un Arrêt où le contraire de ce Principe fut, entr'autres moyens, plaidé avec force à l'Audience.

Le ſieur Lejariel, Chevalier, Seigneur en partie de Forges, étoit Pourſuivant une ſaiſie-réelle. Un Arrêt par défaut du 28 Mars 1767 ordonnoit, entr'autres choſes, que dans *ſix mois*, pour toute préfixion & délai, à compter de la ſignification de l'Arrêt, le Pourſuivant mettroit à fin la ſaiſie-réelle, ſinon accordoit la pourſuite de cette ſaiſie-réelle à celui qui la demandoit. Il y eut Oppoſition à cet Arrêt ; &, par un autre rendu ſur délibéré le 6 Mai 1767, le Pourſuivant fut débouté de ſon Oppoſition à celui du 28 Mars précédent, dont l'exécution fut ordonnée avec dépens. Cet Arrêt ne fut ſignifié que le 14 Mai ; dès le 7 Mai, le Pourſuivant avoit fait faire les premieres criées & autres procédures de la pourſuite de la ſaiſie-réelle ; enfin, il avoit obtenu l'enchere de quarantaine le 25 Novembre 1767, & elle étoit affichée & publiée, de maniere qu'il ne s'agiſſoit plus que de prendre les remiſes & de faire adjuger : il offroit de mettre la Cour en état d'adjuger dans tel délai qu'elle jugeroit à propos. Le Créancier, Ceſſionnaire & Oppoſant, qui avoit obtenu l'Arrêt par défaut du 28 Mars, ſoutint que, faute par le Pourſuivant d'avoir mis à fin la ſaiſie-réelle dans les ſix mois accordés par l'Arrêt par défaut, il devoit être ſubrogé, & que c'étoit de l'époque de l'Arrêt par défaut, & non point de celle de l'Arrêt du 6 Mai qui avoit débouté de l'Oppoſition, que le délai de ſix mois avoit commencé à courir. Le Pourſuivant, au contraire, prétendoit que les délais n'avoient couru que du jour de l'Arrêt qui avoit débouté de l'Oppoſition ; ſon moyen étoit, comme on l'a dit, que l'exécution d'un Arrêt eſt ſuſpendue de droit par l'Oppoſition, & que les délais ne courent point pendant la conteſtation ; il ajoutoit en outre qu'il n'avoit point perdu de tems depuis l'Arrêt du 6 Mai, & qu'il n'avoit pu obtenir l'enchere de quarantaine que le 25 Novembre ; il obſervoit que, quoique le tems des vacances ne doive pas être compté comme jours utiles, cependant il les avoit employés utilement, & que l'intention de la Cour n'étoit jamais de réduire les Parties à l'impossible. Malgré les moyens du Pourfuivant, par Arrêt du Samedi 28 Novembre 1767, Audience de 7 heures, la Cour a ordonné l'exécution de ses Arrêts, & accordé la subrogation de la poursuite de la saisie-réelle au Créancier-Opposant qui l'avoit obtenue par l'Arrêt par défaut du 28 Mars 1667. Plaidans Mes Bréton & de Varicourt.

ORDINAIRE.

Page 340, *col.* 1, *à la fin de cet article, après des* Ordinaires, *ajoutez*; V. *Bénéfice, Pape, Préfentation, Prévention, &c.*

ORDRE de Lettre de Change & de Billets de Commerce.

Page 342, *col.* 2, *à la fin du* 1er *alinéa, après* qui a reçu, *ajoutez*;

Il faut tenir pour principe certain, que les Billets à Ordre ne font Confulaires, & n'engendrent la contrainte par corps, que lorfqu'ils font faits entre Marchands, Négocians, Gens de finance, &c. c'est pourquoi si celui qui ne feroit dans aucun de ces cas, faifoit un Billet, ou agiffoit en vertu d'un Billet à Ordre que lui auroit fait un Marchand, qu'il en pafsât ensuite son Ordre, ou en fît tranfport à un Marchand, alors il n'y auroit point lieu à l'action Confulaire, foit activement ou paffivement. Il y a plus; si le débiteur étoit emprifonné en vertu de Sentence des Confuls, l'emprifonnement feroit déclaré nul, tortionnaire & déraifonnable, quand même le débiteur, non Marchand, auroit reconnu la Jurifdiction Confulaire, & y auroit requis terme & délai : remarquez même que, s'il n'y avoit point d'appel interjetté de la Sentence des Confuls de la part du débiteur, & que fa demande eût feulement pour objet la nullité de fon emprifonnement, M. le Procureur Général fe pourroit faire recevoir appellant de la Sentence des Confuls portant la condamnation par corps; c'est ce qui a été jugé par nombre d'Arrêts, notamment par un rendu en la Grand-Chambre dans de pareilles circonftances,

le Mercredi 6 Mai 1767, fur les Conclufions de M. Joly de Fleury, Avocat Général.

Dans cette efpèce, le nommé Sellier, Maître Serrurier à Paris, avoit foufcrit un Billet à Ordre de 761 livres au profit d'un Particulier non Marchand (c'étoit un Ecclésiastique) : celui-ci en pafsa fon Ordre au fieur Blet, Marchand Epicier, qui tranfporta le Billet au fieur Hillier, Bourgeois de Paris, avec fubrogation en tous fes droits; Hillier, en vertu du tranfport, fit conftituer prifonnier le nommé Sellier, Serrurier, débiteur originaire. Sellier demanda la nullité de fon emprifonnement; fon moyen étoit que le fieur Hillier ceffionnaire repréfentoit le créancier originaire porteur du Billet à Ordre, lequel n'étoit ni Marchand ni Négociant, qu'ainfi le Ceffionnaire n'avoit pu agir confulairement, ni faire prononcer le par corps contre lui. Ces moyens furent adoptés par Arrêt du Mercredi 6 Mai 1767, rendu conformément aux Conclufions de M. Joly de Fleury, Avocat Général, qui fe fit recevoir appellant de la Sentence des Confuls; l'emprifonnement fut déclaré nul avec 300 liv. de dommages-intérêts & dépens, le tout folidairement : & fur les demandes originaires, la Cour renvoya les Parties au Châtelet. Plaidans Mes Caillard, Marnier & de Varicourt. V. *Contrainte par Corps.*

ORDRE de Privilége & d'Hypothéque.

Page 343, *col.* 2, *à la fin du* 3e *alinéa, après* Notaire, *ajoutez*;

Les Ordres au Châtelet font très-peu coûteux. Les droits des Commiffaires à cet égard font fixés par un Edit de 1707, fur le pied de 8 liv. par oppofition, lorfque le prix à diftribuer eft de plus de 3000 livres, & à 4 liv. quand le prix eft de 3000 livres & au-deffous : d'ailleurs la procédure fur l'Ordre eft par elle-même auffi fimple que peu difpendieufe; les fommations à faire aux oppofans, par le miniftere des Huiffiers-Audienciers, au domicile ou à Procureur, ne fe payent que fur le pied de 5 fols chacune.

De ces obfervations il réfulte qu'il paroît affez étonnant que les Commiffaires

ayent eu dans tous les temps, des contestations à essuyer à l'occasion d'entreprises
contr'eux faites pour raison de cette fonction, dont le coût paroît ne pouvoir être
moindre, quelque voie qu'on entreprenne
de prendre pour suppléer à la forme réguliere de l'Ordre pardevant eux. Aussi le
Recueil déja cité de leurs fonctions, con-
tient-il une preuve suivie, que cette partie
de leurs fonctions leur a été soigneuse-
ment conservée dans tous les temps.

Ce qui vient d'être dit pour les Ordres, s'applique de même aux contribu-
tions, dont la rédaction appartient pareillement aux Commissaires au Châtelet.

Outre les droits appartenans aux Commissaires lorsqu'ils font les Ordres, &
dont il vient d'être parlé, il leur appartient quatre deniers pour livre dans le
prix des adjudications qui sont faites au
Châtelet; mais ce droit n'a rien de commun avec celui dû pour l'Ordre & l'exécution d'icelui : cette attribution particuliere
leur a été accordée par des Edits de maintenue & par des Arrêts, & cela en conséquence de ce qu'il leur appartenoit autrefois d'être Receveurs des Consignations du
prix des adjudications.

*Page 244, col. 2, à la fin de cet article,
après 1703, ajoutez*; V. aussi le Traité de la
Vente des Immeubles, par d'Héricourt.

ORIGINE.

L'Origine premiere des choses est toujours à considérer, parce que les choses
retournent facilement à leur premiere Origine : *Res de facili redit ad suam primæ-
vam Originem.*

Cette régle est principalement applicable en matiere de propres aliénés ; lorsque le vendeur reprend ensuite les mêmes biens, qui retiennent leur qualité de
propres. V. l'Annotateur de Ferron, pag.
240.

ÔTAGES.

En France les Otages sont réputés aubains & sujets au droit d'aubaine ; c'est
pourquoi s'ils décédent lorsqu'ils sont tenus
en Otages, sans enfans nés au Royaume,
les biens qu'ils ont en France, sont acquis
au Roi, de maniere que leurs héritiers testamentaires ou *ab intestat* n'y peuvent prétendre aucun droit : il n'y a que des Lettres
de naturalité qui puissent les affranchir de
la Loi d'aubaine. Voyez les questions notables de M. le Prestre, troisiéme Centurie,
ch. 25 ; & Bacquet, de l'Aubaine, ch. 12.

OUTRÉE.

Ce mot, dans quelques Coutumes,
signifie délivrance, adjudication, enchere.

Il y a des Seigneurs qui ont un droit
de neuf gros à eux payable par celui qui
a l'*Outrée*, c'est-à-dire, qui est Adjudicataire.

OUVERT.

On dit qu'un Fief est *Ouvert*, quand
il y a mutation de Seigneur ou de Vassal,
& que le nouveau Possesseur n'a pas encore
été investi ; ou bien quand le Vassal a manqué à la foi par lui dûe. V. *Fiefs.*

On appelle encore, en matiere de négoce, un *compte Ouvert*, le commerce
réciproque qui se fait entre Marchands,
par les envois de marchandises, d'argent,
de rescriptions, &c. depuis le dernier compte soldé entr'eux.

OUVERTURES de Requête Civile.
Voyez *Requête Civile.*

Un Arrêt est quelquefois injuste au fond
qui cependant sera confirmé, faute d'Ou-
vertures de Requête Civile, dans la forme.

Fin du Supplément du second Volume.

TOME III. PART. I.

P

PACAGE.

Page 1, colonne 1, à la fin de cet article, après Usages, ajoutez ;

Voyez auffi les Loix 2 & 3, *Cod. de Pafcuis* ; & la Pèyrere, let. P. n. 62, let. S, n. 38 & 77. Ce mot vient du latin *Pafcua.*

PACTE.

Même page, col. 2, à la fin du 1er alinea, après Diable, ajoutez ;

Il n'y a point d'obligation à exécuter une convention réfultante d'un acte qu'on n'a jamais vu : *Nemo obligatur ad tuendam Pactionem inftrumenti quod nunquam viderit.* Mornac, l. 6, ff. *de Tranfact.* fol. 131.

Les Loix & les Réglemens défendent aux Procureurs & aux Avocats de pactionner d'*un certain revenant bon* d'un Procès. *Pactum de quotâ Litis improbatur.* Mornac, l. 53, ff *de Pactis.*

PAGÉSIE.

Page 2, col. 1, à la fin de cet article, après copagénaires, ajoutez ; Le mot de Pagéfie vient de *Pagus,* Payfan

PAIN-BÉNI.

Page 7, colon. 1, à la fin de cet article, après de Brachay, ajoutez ; V. fur cette matiere Marefchal, Guyot & d'Héricourt.

PAIN DE MUNITION.

Le Pain de Munition eft une *ration* de Pain bis blanc du poids de 24 onces, qui doit être fournie chaque jour aux Soldats par les Munitionnaires.

PAIR, PAIRIE.

Même page, colonne 2, à la fin du 3e alinea, après des Pairs, ajoutez ;

Ce fut fous Henri II, en 1551, » que » les Pairs commencerent à entrer au Par- » lement l'épée au côté, malgré les remon- » trances du Parlement qui répréfenta au » Roi, que de toute Antiquité *cela étoit* » *réfervé au Roi feul, en figne de fpéciale* » *prérogative de fa dignité royale* ; & que » François, fils du feu Roi François Pre- » mier, étant Dauphin, & Meffire Charles » de Bourbon y étoient venus laiffant leur » épée à la porte «.

Page 10, colon. 1, à la fin du 3e alinea, après d'un mâle, ajoutez ;

Voici fur la matiere de la Pairie, un Arrêt récent, qui doit trouver ici fa place.

Le Préfident de S. Michel avoit acquis des directeurs Matharel, la Baronnie de Montigny-les-Ganelon, relevante du Comté de Dunois ; il s'adreffa à M. le Duc de Chevreufe, Comte de Dunois, pour le payement des droits. M. le Duc de Chevreufe céda le droit de retraire féodalement à M. Thiroux d'Houarville. M. Thiroux ayant exercé ce droit de retrait, il lui fut adjugé par Sentence rendue par défaut aux Requêtes du Palais, contre M. le Préfident de S. Michel. Sur l'appel le Préfident de S. Michel prétendit contre M. le Duc de Chevreufe, que le Comté de Dunois ayant été donné en Pairie à Jean, bâtard d'Orléans, celui-ci & fes héritiers ne l'avoient pu poffféder que de cette maniere ; mais que la Maifon de Longueville, dont Jean étoit la tige, s'étant éteinte, le Comté de Dunois étoit retourné à la Couronne. Le Préfident de S. Michel fe fondoit principalement fur l'Edit de 1566 : il foutenoit que le principe de la reverfion à la Couronne avoit toujours eu lieu avant l'Edit de 1566 ; il faifoit encore ufage de plufieurs autres moyens de droit, fçavamment traités dans fon Mémoire imprimé. M. le Duc de Chevreufe pofoit au contraire pour principe certain, qu'un privilége de tenir en Pairie des Terres, ne formoit point érection de Pairie; que les Terres poffédées ainfi, n'étoient point reverfibles au Domaine; enfin, que cette réunion (à la Couronne) des Terres titrées établies par l'Édit de 1566, & autres poftérieurs, portoit la claufe expreffe *que cela n'auroit lieu que pour l'avenir*: d'où M. le Duc de Chevreufe tiroit la conféquence, que le Comté de Dunois, qui étoit dans fa Maifon depuis un très-long temps, n'avoit point été dans le cas de la reverfion à la Couronne, & lui appartenoit en toute propriété. C'eft auffi ce qui fut jugé par Arrêt du Jeudi 9 Avril 1767, rendu en la Grand'Chambre, conformément aux Conclufions de M. Seguier, Avocat Général (qui porta la parole pendant deux Audiences), & après un délibéré ordonné & jugé fur le champ. Plaidans Mc Gerbier pour M. le Duc de Chevreufe, Pair de France, Mc le Gouvé pour le Préfident de S. Michel, & Mc Caillard pour M. Thiroux. Voyez les Mémoires imprimés dans cette caufe.

PAIR (Change au).

On appelle en termes de négoce *Change au Pair*, l'orfqu'il n'y a rien à perdre ou à gagner entre les *Cambiftes*; ce qui arrive, lorfque pour une fomme qu'on donne en un lieu, la même fomme eft reçue en un autre lieu fans aucune remife.

PALLIUM,

Page 13, col. 1, à la fin du 1er alinea de cet article, après S. Siége, ajoutez; Ce mot qui eft Latin fignifie en François Manteau.

A la fin du 2e alinea après page 420 ajoutez;

» Le premier des Evêques de France » qui le reçut (*le Pallium*) fut Vigile, Ar-» chevêque d'Arles, afin d'avoir la pré-» féance fur les autres Evêques, en faveur » duquel Childebert II écrivit au Pape S. » Grégoire «.

Page 13 col. 1, 3e alinea, après ces mots, L'Evêque d'Autun a droit de porter le *Pal-*

lium comme les Archevêques. J'ignore fur quoi fon droit eft fondé, *mettez en note;* (a).

(a) Pour fçavoir fur quoi ce droit eft fondé, il faut confulter le Bréviaire d'Autun, au 17 Août, jour auquel tombe la Fête de S. SYAGRE, EVESQUE D'AUTUN. On y lit ce qui fuit à la fixième leçon des Matines de la Fête, où fe trouve la Légende du Saint.

Ex Epiftolâ S. Greg. 113. Lib. 7.

Pallii ufum, ob præclaras ab eo res geftas, ei (Syagrio) conceffit, hæc ad ipfum fcribens.

Multum tibi, dileétiffime frater in Domino, condeleétor atque congaudeo, quod eâ charitate te præditum, multorum teftificatione comperio, ut & ipfe quæ Sacerdotis funt, decenter exhibeas, & aliis te imitandum laudabili:er often-das. Proinde PALLII ufu Deo authore provi.imus honorandum: cujus, ne indumenti munificentiam nudam videamur quodam modo contuliffe, hoc etiam pariter profpeximus concedendum, ut Metropolitæ fuo per omnia loco & honore fervato, Ecclefia Civitatis Auguftodunæ, cui Omnipotens Deus præeffe te voluit, poft Lugdunenfem Ecclefiam effe debeat, & hunc fibi locum ac ordinem ex noftræ autoritatis indulgentiâ vindicare. . . . . Obiit Syagrius circâ annum fexcentefimum.

On voit par-là que le droit de l'Evêque d'Autun, de porter le *Pallium*, comme les Archevêques, prend fon origine dans le pouvoir qui en a été donné par S. Grégoire, à S. Syagre, Evêque d'Autun; & cet honneur accordé à cet Evêque, (à caufe de fes vertus perfonnelles,) a paffé à fes Succeffeurs.

Même page, col. 2, à la fin du premier alinea, après Jurifdiction, *ajoutez;*

» Un Métropolitain, avant que d'a-» voir le *Pallium*, ne peut pas confacrer » des Evêques, dédier des Eglifes, & être » appelé Archevêque: & lorfqu'il étoit » transféré, il falloit qu'il demandât le *Pal-*» *lium* de nouveau, & jufques-là il ne pou-» voit tenir de Synode, ni faire d'autres » fonctions Pontificales «.

PANAGE.

Même page & même colon. à la fin de cet article, ajoutez; Ce mot vient à *Pafcendo.*

Dans la plûpart des aveux & dénombremens, il y eft fait mention du droit de Panage.

On appelle *Arriere-Panage*, le tems pendant lequel on laiffe les beftiaux dans les Forêts après l'expiration du tems de Panage.

PANONCEAU.

Même page & même col. à la fin du 1er alinea de cet article, après d'armoiries, *ajoutez;*

» Le Panonceau eft appelé en quel-» ques lieux *Banniere*, & fur-tout dans le » ftyle

» ſtyle du Châtelet de Paris , où il y a des
» Regiſtres qu'on appelle *des Bannieres* ,
» c'eſt-à-dire , des publications «.

Page 14 *, col.* 1 *, à la fin de cet article,*
après jouir *, ajoutez* ;

Panonceau ſignifie en pluſieurs lieux, une
girouette , parce que les Seigneurs y faiſoient mettre leurs Armes.

PAPE.

Même page & même colonne , commencez
ainſi cet article ;

Le Pape eſt le Chef de l'Egliſe univerſelle ; & dans le Concile de Latran,
tenu ſous Innocent III , le Pape fut déclaré Ordinaire des Ordinaires

PARAGE.

Page 18 *, colonne* 2 *, commencez ainſi*
cete article ;

Ce mot ſignifioit autrefois » égali-
» té de conditions entre Nobles ou tenans
» noblement « , du latin *Paragium* , fait de
par , & ſignifiant parité.

En termes de coutume , &c.

Page 20 *, col* 1 *., à la fin de cet article ,*
après Parageurs *, ajoutez* ;

Sur l'origine du Parage voyez Loyſeau.

PARAPHERNAUX (Biens).

Même page , col. 2 *, à la fin du* 1er *alinéa,*
après le mariage *, ajoutez* ; à moins qu'il
n'y ait une paction contraire dans le contrat. Ce mot vient du grec Παρά, au-delà.
Φερνή, dot ; AU-DELA DE LA DOT : *in his re-*
bus quas extrà dotem mulier habet, & quas
Græci Παράφερνα *vocant, nullam, uxore*
prohibente, vir habeat communionem. Cod.
de Pactis.

PARC-CIVIL.

Page 21 *, colonne* 1 *, commencez ainſi cet*
article ;

On appelle à Paris, Parc-Civil, le lieu
où l'on juge à *l'Ordinaire* , c'eſt-à-dire ,
les affaires qui ſont de la compétence de la
Prévôté, & non point de celle du Préſidial :
voyez *Châtelet*.

Parc-Civil eſt ſynonime à *Parquet-Ci-*
vil , & ſignifie l'eſpace enfermé par les Siéges des Juges, & par le Barreau où ſont les
Avocats.

Supplément.

PARCOURS.

Page 22 *, colon.* 2 *, à la fin du* 5e *alinea,*
après commun *, ajoutez* ;

En effet , il faut tenir pour maxime
certaine, que le Parcours qui , généralement parlant, eſt contraire au Droit commun, ne peut avoir lieu que dans les Coutumes qui l'autoriſent par une diſpoſition
expreſſe : dans celles qui n'en parlent pas ,
on doit s'en tenir à la régle générale qui
veut que chacun ſe renferme dans ſon territoire, pour la vaine pâture des beſtiaux,
ſans qu'on puiſſe s'étendre ſur le territoire
voiſin, quand même on poſſéderoit des terres dans ce territoire, & cette régle doit
être ſuivie dans les Coutumes muettes ſur
le Parcours, à moins qu'on ne repréſente un titre qui adminiſtre la preuve
d'une convention faite entre deux Communautés voiſines, pour l'exercice du Parcours.

Les Pâturages, dit Saint Leu, ſur l'article 107 de la Coutume de Senlis, *ſe ré-*
glent communément par les Villages, dans
les Coutumes qui n'en diſposent pas autre-
ment. . . . . Les beſtiaux d'une Paroiſſe ne
peuvent s'étendre ſur les pâturages d'une autre, bien que le maître y ait des terres & héritages à cultiver, quand il n'y fait point
engranger les fruits en provenans.

Le Code Rural, tome premier, chapitre
22, donne pour régle générale, que *les*
Habitans d'une Paroiſſe ne peuvent mener
leurs beſtiaux ſur le Finage d'une autre Pa-
roiſſe ; & du Freſne ſur la Coutume d'A-
miens, chap. 19, rapporte un Arrêt du 10
Avril 1607, qui a décidé que *le pâturage*
n'eſt permis au propriétaire, ſur ſes terres
ſiſes en un autre territoire que celui dont
il eſt.

C'eſt auſſi ce qui a été jugé par Arrêt
rendu le 27 Mars 1741, au rapport de M.
Fornier de Montagny : l'Arrêt, en infirmant une Sentence de Villers-Cotrets, fit
défenſes aux ſieurs Ourſin & Baurin, ainſi
qu'à leurs Fermiers, de faire pâturer leurs
troupeaux & beſtiaux ſur aucunes des terres
& pâtures du territoire de Saint Martin-de-
Betizy, de quelque nature & qualité qu'elles ſoient, *ni même ſur les héritages à eux*
appartenans, qui pourroient être renfermés,

D d

dans l'étendue & circonspection dudit territoire de Saint Martin-de-Betizy.

Enfin deux Arrêts plus récens ont confirmé les mêmes maximes; le premier, rendu le 19 Avril 1766, en la seconde Chambre des Enquêtes, au rapport de M. le Pileur de Brevannes, en faveur de la veuve Remi, Fermiere au Village de Chaignolle, contre Charles le Gendre, Fermier au Village de Villegat. Ce dernier vouloit envoyer son troupeau sur Chaignolle, Paroisse limitrophe de la sienne: pour soutenir sa prétention, il disoit que le Parcours étoit admis dans la Coutume d'Orléans, voisine de celle de Chartres, qui régit les Paroisses de Chaignolle & de Villegat; qu'il avoit la possession, qu'il faisoit valoir 80 arpens dans le terroir de Chaignolle, & que la veuve Remi, son Adversaire, avoit elle-même envoyé son troupeau paître sur Villegat.

On lui répondoit que la Coutume d'Orléans étant muette sur le Parcours, il falloit y admettre les régles ordinaires, qui font que chaque Communauté doit jouir de son bien, sans que les étrangers puissent l'usurper en tout ou en partie: que le droit de vaine pâture fait partie de ce qui compose les biens d'une Paroisse & d'une Communauté; qu'il n'y a donc qu'elle qui puisse le réclamer & qui doive y être maintenue: que son exploitation de 80 arpens de terre dans la Paroisse de Chaignolle ne pouvoit lui donner le droit d'envoyer son troupeau dans cette Paroisse, dès qu'il n'y demeuroit pas; qu'à l'égard des faits de possession qu'il articuloit, ils étoient indifférens, vû que le droit de vaine pâture sur un territoire étranger ne pouvoit, sans titre, s'acquérir par la seule possession (quelqu'ancienne qu'elle fût) dans une Coutume qui n'admettoit point le Parcours.

Sur ces moyens, l'Arrêt du 19 Avril 1766, en infirmant la Sentence du Bailliage de Chartres, qui avoit adopté la prétention de le Gendre, lui a fait défenses d'envoyer à l'avenir son troupeau sur la Paroisse de Chaignolle.

Voici l'espéce du second.

Le Village de Neuvizy tient par une extrémité au Hameau de Buissonwé; de ce Hameau dépend une ferme en roture, appellée *Plemont*, dont Vincent Beglot étoit Fermier.

Le Hameau de Buissonwé est régi par la Coutume de Vitry-le-François, qui admet le Parcours entre les Habitans de deux Villages, qui ont leurs Finages contigus & joignans, sans moyens.

Le Village de Neuvizy est situé dans l'étendue de la Coutume de Rheims, qui ne parle point du Parcours où il est totalement inconnu. Jean Simon, Laboureur à Buissonwé, & Vincent Beglot, Fermier de Plemont, s'aviserent d'envoyer leurs bestiaux sur le terroir de Neuvizy dans le courant du mois d'Août 1765. Le Procureur Fiscal du lieu de Neuvizy présenta sa Requête au Juge, tendante à ce qu'il lui fût permis de faire assigner ces deux Particuliers, pour voir dire que défenses leur seroient faites de faire pâturer à l'avenir leurs bestiaux dans l'étendue de la Terre & Seigneurie de Neuvizy, & que pour l'avoir fait, ils seroient condamnés chacun en 150 livres d'amende. Sentence intervint en la Justice de Neuvizy le 26 Novembre 1765, qui ne jugea point le droit de Parcours, attendu qu'il ne pouvoit être agité qu'avec la Communauté de Buissonwé; mais cette Sentence condamna Simon & Beglot, chacun en 75 liv. d'amende, parce qu'en supposant que les Habitans de Buissonwé fussent en état de représenter un titre attributif du droit de Parcours sur le terroir de Neuvizy, ces deux Particuliers étoient toujours en contravention, pour avoir envoyé sur ce territoire leurs bestiaux, *à garde séparée*, tandis qu'en admettant cette supposition de droit de Parcours, ils doivent les remettre à la garde du pâtre de la Communauté de Buissonwé.

Simon & Beglot interjetterent appel de cette Sentence, & releverent leur appel au Bailliage de Rheims, où ils firent intimer le Comte d'Auger, Seigneur de Neuvizy, comme devant prendre le fait & cause de son Procureur Fiscal: mais attendu que les appels des Sentences rendues en matiere de Police, se porte directement au Parlement, le Comte d'Auger obtint un Arrêt qui lui permit d'anticiper Simon & Beglot sur leur appel: depuis, la Cause fut renvoyée aux Eaux & Forêts, attendu qu'il s'agissoit de statuer sur un délit relatif à un fait de pâturage ; mais par la suite, la question sur le fond du droit de Parcours s'engagea aux Eaux & Forêts, au moyen de la mise en cause de toutes les Parties intéressées au droit de Parcours. Les Habitans de Neuvizy soutenoient que ceux de Buissonwé ne pouvoient envoyer leurs bestiaux en vaine pâture, sur le territoire de Neuvizy, à titre de Parcours ou d'entrecours, parce que ce droit ne pouvoit avoir lieu que dans les Coutumes qui l'autorisoient par une disposition expresse, ou bien à moins qu'on ne représentât un titre qui administrât la preuve d'une convention faite entre deux Communautés voisines, pour l'exercice du Parcours. Or les Habitans de Neuvizy observoient que les Habitans de Buissonwé, ainsi que les sieur & demoiselle Giraud, Seigneurs en partie de Buissonwé, ne possédoient aucunes pièces de terres sur le territoire de Neuvizy, qu'ainsi ils n'avoient aucun prétexte pour faire conduire leurs bestiaux sur le territoire de Neuvizy, régi par la Coutume de Rheims, qui n'admettoit point le Parcours, & dans laquelle Coutume il étoit entiérement inconnu. Enfin, que l'entrecours n'étant fondé que sur la réciprocité, dès qu'il n'y avoit point de réciprocité, il ne pouvoit avoir de Parcours.

Les Habitans de Buissonwé opposoient à ceux de Neuvizy, que l'entrecours devoit être considéré, comme ayant pour principe une sorte d'Association entre deux Communautés voisines, pour leur avantage réciproque ; & que sous ce point de vûe, il devoit être favorablement accueilli, d'autant qu'il tendoit à multiplier les pâturages & à faciliter l'entretien des bestiaux ; enfin, que la Coutume de Vitry, dans laquelle étoit située la Coutume de Buissonwé, autorisoit le Parcours par l'article 122. Les Habitans de Neuvizy répliquoient que la présomption d'une Société convenue entre les deux Communautés, ne pouvoit être admise dans l'espéce présente ; 1°. parce qu'aux termes de la Coutume de Rheims article 385, *Société n'a lieu, sinon qu'elle soit convenue par exprès* ; 2°. parce que les Habitans de Neuvizy n'avoient jamais me-

né leurs troupeaux sur le territoire de Buissonwé ; enfin, que l'autorité de la Coutume de Vitry devoit être renfermée dans les limites de son territoire, suivant le témoignage même de Durand, Commentateur fort estimé de cette Coutume, qui dit que quand les Coutumes sont en même Souveraineté, & ont des dispositions semblables, le droit d'entrecours a lieu, comme étant réciproque, mais que *si l'une établit l'entrecours, & l'autre non, celle qui l'établit, ne devant avoir son extension, qu'à la charge de l'indemnité, ne doit pas le souffrir.* Par Arrêt rendu aux Eaux & Forêts au Souverain, le Jeudi 2 Octobre 1767, les moyens des Habitans de Neuvizy furent adoptés, & la Cour n'eut point égard à la possession de trente ou quarante ans du droit de Parcours & entrecours, alléguée par les Habitans de Buissonwé ; soit parce que de leur aveu elle n'étoit pas réciproque, soit parce qu'elle avoit été interrompue par des Arrêts & Sentences ; soit enfin, parce que la possession immémoriale ne suffit pas pour établir le Parcours dans le lieu où la Loi municipale ne l'autorise pas. Plaidans Mes Deve, Benoist, Bellot, & de la Goutte, qui fit un Mémoire pour les Habitans de Neuvizy.

PARDON (Lettres de).

Page 23, colon. 1, à la fin du 2e alinea, après corporelle, *ajoutez* ; & quoiqu'ils soient compris dans les informations.

PARENT.

Page 26, colonne 1, commencez ainsi cet article ;

Ferron, sur la Coutume de Bordeaux, page 199, observe que les Parens du côté masculin étoient regardés autrefois comme plus proches ; mais, comme le remarque son Annotateur, cette observation est indifférente dans les Coutumes où l'on admet la régle, *Paterna paternis*, *Materna maternis*, puisque les plus proches y succédent aux meubles & acquêts.

PARJURE.

Page 27, col. 2, à la fin du 2e alinea, après crime, *ajoutez* ; C'est pour cela que les Canons défendent de faire jurer un

homme, que l'on peut sur le champ con-
vaincre de Parjure, parce que, suivant les
Canons, c'est être homicide de son ame.

PARLEMENT.

Page 28, col. 1, commencez ainsi cet article ;

On appelle Parlement, une » Compa-
» gnie souveraine établie par le Roi pour
» juger en dernier ressort les différends des
» Particuliers, & prononcer sur les appel-
» lations des Sentences rendues par les Ju-
» ges inférieurs «. Sur quoi on fera remarquer que dans les premiers temps, &c.

*Page 34, col. 2, à la fin de cet arti-
cle, après d'aumône, ajoutez ;*

*Ce fut l'institution des Parlemens, (dit
Loyseau) qui nous sauva d'être canton-
nés & démembrés comme en Italie ou en Allemagne, & qui maintint ce Royaume en
entier.*

PAROISSE.

Page 35, colonne 1, commencez ainsi cet article ;

On appelle Paroisse, une Eglise des-
servie par un Curé & par ses Vicaires, où
s'assemble un certain nombre d'Habitans
pour s'acquitter des devoirs de la Religion.

» On prétend que dans la primitive
» Eglise, le mot de Paroisse signifioit une
» seule Eglise, ou un troupeau renfermé
» dans une seule Eglise ; mais dans la suite
» on étendit la signification de ce terme, &
» l'on entendoit par-là un Diocèse composé
» de plusieurs Eglises ; il n'y avoit d'abord
» qu'une seule maison dans chaque grande
» Ville où tout le peuple s'assembloit, &
» cela s'appelloit la Paroisse ; mais depuis,
» une Paroisse étoit un petit Diocèse, &
» c'est pourquoi Eusebe appelle les Eglises
» de France, les Paroisses des Gaules «.

PARRICIDE.

*Même page, col. 2, ligne 1, après ou sa
mere, ajoutez ;* ou même quelqu'autre parent fort proche.

*A la fin du même alinea, après crime,
ajoutez ;* quelques-uns étendent même le
mot de Parricide à tout crime énorme &
dénaturé.

PARTAGE.

*Page 36, col. 2, à la fin du 2e alinea de
cet article, après partager, ajoutez ;* & le
Partage étant fait d'un certain fonds, chaque partie séparée forme un tout pour chacun des possesseurs. *Quintus Mutius ait,
partis appellatione, rem pro indiviso signi-
ficari ; nam quod pro diviso nostrum sit, id
non partem, sed totum esse. L. Recte 22, §.
1, ff. de Verb. signif.*

*Page 38, col. 2, à la fin du 2e alinea,
après souscrire, ajoutez ;*

Au Châtelet de Paris, ce sont les Commissaires auxquels appartient la fonction
des Partages judiciaires qui y sont ordonnés ; une foule d'autorités réunies dans le
Recueil déja cité de leurs fonctions, tome
premier, page 131 & suivantes, les a maintenus & confirmés dans cette fonction, à laquelle est inhérent le droit d'hypothéque,
ainsi qu'il a été annoncé ci-devant sur le
mot Compte.

*Page 43, col. 1, à la fin du 6e alinea,
après la légitime, ajoutez ;* Il en est de
même dans la Coutume de Bordeaux, article 63.

*Même page, col. 2, à la fin du 2e alinea,
après leur inégalité, ajoutez ;*

Argou est aussi d'avis qu'il faut qu'il y
ait égalité dans ces sortes de Partages. Il
est permis, (dit-il, tome 1, page 482,)
aux pere & mere de faire Partage à leurs
enfans, soit par testament ou par acte entre-vifs, afin d'éviter les contestations qui
pourroient naître entr'eux ; & les enfans
sont obligés de se tenir à ces Partages, à
moins qu'il n'y ait une lésion considérable :
quelques Coutumes disent que la lésion doit
être d'un sixiéme ; ces sortes de Partages
sont autorisés & reçus favorablement en
Justice, *dans les Coutumes mêmes qui n'en
disposent pas,* pourvû qu'il paroisse que le
pere & la mere ont conservé l'égalité entre
leurs enfans.

*Page 44, col. 1, à la fin de l'article ;
après freres & sœurs, ajoutez ;*

Les lods & ventes ne sont point dûs en
Partage de succession directe, par la raison que le Partage n'attribue aucun nouveau droit ; il distingue seulement, & conserve ceux déja acquis par la loi du sang :

Divisio nullum jus attribuit, sed quæsitum distinguit.

Suivant l'article 78 de la Coutume de Bordeaux, en matiere de Partage, le provoquant doit faire les lods, & le plus jeune les choisit.

Le Partage étant fait d'un certain fonds, alors *pro pluribus habetur*; c'est-à-dire, que chaque partie fait un tout pour son possesseur; ce qui est conforme à la loi *Recte* 25, §. 1, ff. *de Verb. signif.*

Mais, après le Partage en deux parties, la servitude peut être imposée comme à deux fonds. V. Ferron, page 256.

Les frais de Partage doivent être supportés au *prorata*.

PARTAGE PROVISIONNEL.

Le Partage des biens d'une succession est quelquefois seulement provisionnel; & cela arrive, lorsqu'il s'agit de l'envoi en possession par provision, des biens d'un absent. V. *Absent.*

Relativement à ce Partage Provisionnel on fait une question.

Une sœur se fait envoyer en possession Provisionnelle des biens de son frere absent: elle en jouit provisoirement, en vertu du Jugement d'envoi en possession; ensuite, & quelques années après, elle décéde, laissant des enfans *qui renoncent à sa succession*: en conséquence de cette renonciation, un curateur est créé à sa succession vacante. On demande si ce sera aux enfans qui ont renoncé à la succession de leur mere, sœur de l'absent, ou *aux Créanciers personnels de la sœur de l'absent*, qu'appartiendra la jouissance provisoire des biens de l'absent?

Il faut répondre qu'elle appartiendra aux créanciers de la sœur de l'absent, parce que *la succession d'un absent est dévolue de droit à ses héritiers, du jour qu'il a disparu,* & que la sœur de l'absent, son unique héritiere, s'étant fait envoyer en possession des biens de son frere, la succession de ce dernier s'est trouvée dans la succession de sa sœur, & soumise conséquemment aux loix ordinaires des successions, suivant la maxime, *Tantùm operatur fictio in casu ficto, quantùm veritas in casu vero.*

Il est vrai que cette propriété n'étoit que provisionnellement dans la succession de la sœur de l'absent: aussi ne passera-t-elle que provisionnellement aux créanciers de celle-ci, qui seront tenus de la remettre à l'absent, au cas qu'il reparoisse.

Il est inutile d'observer que si les enfans, neveux de l'absent, pouvoient prouver par là suite, que leur oncle seroit décédé depuis leur mere, les créanciers de la sœur de l'absent seroient obligés de remettre les biens aux neveux de l'absent, avec restitution des fruits, du jour qu'ils les auroient perçus.

PARTIES CASUELLES.

Page 45, colonne 2, à la fin de cet article, après V. *Paulette, ajoutez;*

La Cour a jugé par Arrêt du Samedi 6 Septembre 1761, rendu en la seconde des Enquêtes au rapport de M. le Pileur, qu'un Office de Notaire Royal levé aux Parties Casuelles, par le fils aîné du défunt Titulaire, dans le mois de préférence, & du consentement de la veuve, étoit toujours resté dans les biens du défunt Titulaire, de sorte que si le fils le vendoit par la suite pour un prix au-dessous de sa finance, ses freres & sœurs pouvoient être admis à sur-enchérir l'Office, sauf le recours de l'acquéreur.

Page 47, col. 2, à la fin du 3ᵉ alinea, après n. 6, ajoutez;

On prétend qu'en Bretagne & en Normandie, il y a plus de Cures & de Bénéfices en Patronage Laïc, que dans tout le reste du Royaume.

Page 48, col. 1, à la fin du 1ᵉʳ alinea, après V. *Prévention, ajoutez;*

Le droit de Patronage ne passe point au légataire universel; il appartient à l'héritier qui représente la personne du défunt. *Jus Patronatûs non transit in fidei-commissarium universalem, sed remanet penès hæredem qui repræsentat personam defuncti; neque in curatores bonis datos, seu commissarios; neque in procuratorem generalem.* Voyez Mornac, sur la Loi 12, ff. *de Pignoribus.*

Page 51, colonne 1, à la fin de cet article, après (dénoncé), *ajoutez;*

Si un Patron Ecclésiastique confere un Bénéfice à celui qui n'en est point capable, 'il perd son droit pour cette fois, attendu qu'il ne peut point varier.

Il y a un excellent Traité du Droit de Patronage, intitulé : *Tractatus de Jure Patronatûs*, &c. c'est un gros *in-folio* imprimé à Lyon en 1579.

PÂTURAGE.

Page 55, col. 2, à la fin du 2ᵉ alinea de cet article, après de s'y conformer, ajoutez ;

Suivant tous les Auteurs, le droit de Pâturage sur les terres d'autrui se peut acquérir par titre, ou par prescription d'un temps immémorial. Voici comment s'explique à ce sujet, Mornac, sur la Loi 3 au Digeste *de Servitutibus rusticorum. Jus pascendi in agris vicinis, cùm habeant discontinuam causam, titulo tantùm, vel tempore cujus non exstet memoria, acquiritur ; & probatio debet fieri, rejectis omnibus quorum animalia pascuntur in pascuo controverso.* V. aussi Henrys, tom. premier, livre 4, chapitre 6, question 79 ; les régles 20 & suivantes des Institutions cout. de Loysel & les Notes de Lauriere.

Page 59, col. 1, lig. 3 du 4ᵉ alinea, après vignes*, ajoutez ; Illa servitus pascendi pecoris, pascua tantùm & sylvas respicit, nec potest ad vineas extendi.* V. Franc-Marc, *Quæst. 223, t. 1.* Voyez aussi *Vignes.*

PAULETTE.

Page 61, col. 1, à la fin du 5ᵉ alinea, après Juillet 1731*, ajoutez ;*

Il y a un Arrêt du Conseil d'Etat du Roi, du 12 Septembre 1748, qui déclare vacans, au profit de Sa Majesté, tous les Offices des Officiers décédés après avoir payé l'Annuel, ou dont ils jouissoient à titre de survivance & d'hérédité, faute par les veuves, enfans, héritiers, créanciers, adjudicataires ou propriétaires d'en avoir fait sceller des provisions dans l'espace de trente années, à compter du jour du décès desdits Officiers.

Page 63, col. 1 ; à la fin de cet article, après V. Mineur*, ajoutez ;*

Par une Déclaration du Roi, donnée à Compiégne le 23 Juillet 1767, le droit Annuel accordé aux Officiers de Judicature, Police & Finance, a été continué pour neuf années, qui sont commencées

du premier Janvier 1768, & doivent finir le dernier Décembre 1776.

PAUVRES.

Page 67, col. 1, à la fin de cet article, après 1718*, ajoutez ;*

Loysel, dans ses Institutions Coutumieres, livre 5, titre 5, nombre 16, dit que *pauvreté n'est pas vice,* mais que *en grande pauvreté n'y a pas grande loyauté. Rara viget probitas, ubi regnat grandis egestas . . . . ad turpia cogit egestas.*

En toutes Coutumes & en tous Pays, la pauvreté est une excuse pour accepter la charge de tutelle.

PAYEMENT.

Page 68, colon. 2, ligne 3 du 1ᵉʳ alinea, après acquitté*, ajoutez ; Solveré pro invito & ignorante, cuique licet ; cùm sit jure Civili constitutum, licere, etiam ignorantis, invitique, meliorem conditionem facere.* Gaïeus, en la Loi 53, ff. *de Solut.* Voyez aussi *Ordre de Lettres de Change,* n°. 10.

A la fin du même alinea, après Transport*, ajoutez ;*

Les offres faites au créancier par quelque personne que ce soit, au nom du débiteur, » de recevoir le Payement de ce » qui lui est dû, sont valables, & cons-» tituent le créancier en demeure, lorsque » le débiteur a intérêt à ce payement «. Voyez M. Pothier, *Traité des Obligations,* tome 2, page 9.

Page 70, col. 1, à la fin de cet article, après le montant, &c. *ajoutez ;*

On ne peut forcer le créancier à recevoir *par parties,* ce qui lui est dû, à moins qu'il n'y ait une clause contraire au contrat. V. M. Pothier, Traité des Obligations, tome 2, page 36.

PÉAGE.

Page 72, col. 1, à la fin du 4ᵉ alinea, après le Cher*, ajoutez ;*

La Cour a jugé par Arrêt du Mercredi 9 Janvier 1765, en la Grand'Chambre, Audience de 7 heures, que le Fermier particulier des droits de Péage par eau, dûs à M. le Duc d'Orléans, à la Mothe & à Jaury, n'avoit point contre les Entrepreneurs des Coches, pour la répétition du prix de leur abonnement pour les deux Péages, la contrainte par corps, & que ce n'étoit qu'une dette ordinaire. Le Fermier particulier des droits de Péage par eau se fondoit pour soutenir le contraire, sur ce que le Péage dû par les Entrepreneurs des Coches, étoit relatif aux marchandises qu'ils voituroient par eau, & qu'ainsi cela devoit passer pour dette de commerce; mais la réponse (d'après Jousse dans son Nouveau Commentaire sur l'Ordonnance de 1673), est que, par dette de commerce, on doit seulement entendre celles contractées pour vente & achat de marchandises, de nature à être revendues, telles qu'elles ont été achetées, & pour y bénéficier. Ainsi l'achat fait par un marchand de drap, de cette sorte de marchandises à lui vendues par un Fabriquant, formera à ce dernier une créance qui soumettra son débiteur à la contrainte par corps; mais, & par la raison contraire, il n'en sera pas de même (par exemple) d'un Meûnier qui aura acheté une meule de moulin, d'un Carrier; ou d'un Menuisier à qui un Taillandier aura vendu des outils: dans ces cas, & autres pareils, il n'y aura point de contrainte par corps pour ces dettes. Plaidans Mes Caillard pour les Entrepreneurs des Coches sur les rivieres d'Aisne & d'Oise; de la Goutte pour le Fermier général des Domaines & droits de M. le Duc d'Orléans dans le Valois, & Cothereau pour le Fermier particulier des droits de Péage par eau, dûs à M. le Duc d'Orléans.

PÉCULAT.

Page 74, colon. 1; à la fin du premier alinéa de cet article, après destination, *ajoutez;* Ce mot vient du latin *Peculatus, quasi pecuniæ ablatio.*

Même page & même col. à la fin du 2e alinéa de cet article, après royaux, *ajoutez;* les choses sacrées, religieuses ou publiques.

Même page, col. 2, à la fin du 1er alinéa, après suivans, *ajoutez;* Il y a aussi diverses sortes de Péculats que l'on peut voir dans tout le titre de la Loi *Julia de Pecul.*

Page 75, col. 1, à la fin de cet article, après Commis, *ajoutez;*

Ce n'est qu'après qu'un Financier a ren-

du ses comptes, & qu'il s'y trouve des omissions ou des dépenses frauduleuses, qu'il peut être accusé de Péculat, & l'accusation de ce crime se poursuit contre ses héritiers.

PÉCULE.

Même page & même colon. à la fin du premier alinéa de cet article, après Puissance paternelle, *ajoutez;*

Ce mot vient du latin *Peculium,* & il dérive de deux mots composés de *a pecunia & pecoribus,* attendu qu'autrefois c'étoit en argent & en bestiaux que tous les biens consistoient. Voyez aussi au Digeste, livre 15, titre premier.

PEINES.

Page 76, col. 1, à la fin du 3e alinéa, après l'admonition, *ajoutez;* & celle-ci n'emporte point infamie.

Même page, colonne 2, à la fin du dernier alinéa, après Législateurs, *ajoutez;*

Cependant on trouve au Journal du Palais, tome 2, *in-folio,* page 970, une dissertation fort sçavante. On y voit que cette question avoit fait la matiere d'un entretien très-profond entre feu Son Altesse Monsieur le Prince, & une personne du Conseil du Roi; il s'agissoit de sçavoir si les Juges pouvoient, de leur autorité, condamner à mort, le coupable d'un crime, relativement auquel il n'y avoit ni Loi ni Ordonnance qui imposât la peine de mort: l'affirmative de la proposition y est soutenue, & on prétend l'appuyer sur l'Arrêt qui est à la suite de cette Dissertation.

La Peine du talion obligeoit à donner œil pour œil, dent pour dent.

Il est à remarquer que jusqu'au temps de Charlemagne, à l'exception du crime de Leze-Majesté, tous les autres crimes n'étoient punis que par des Peines pécuniaires, » qui étoient même si médiocres, » qu'on étoit quitte de la mort d'un Evê- » que, *pro nongentis solidis* «.

PENSION, PENSIONNAIRES.

Page 78, colonne 1, commencez ainsi cet article;

On appelle *Pension,* une somme quelconque que l'on donne pour la nourriture

& le logement de quelqu'un ; du mot latin *Penſio*.

PENSION ſur des Bénéfices.

Page 82, col. 1, à la fin de la note (a), après 1722, ajoutez ;

(a) Par Arrêt rendu en la Grand'Chambre le Vendredi 16 Janvier 1767, Audience de 7 heures, il a été jugé qu'une Penſion de 500 livres, accordée par le Roi à un Chevalier de Saint Lazare ſur un Bénéfice, étoit ſaiſiſſable par ſes créanciers. Dans cette eſpèce, le créancier étoit un Tailleur. Plaidans Mes Delpeche & Bazin.

Page 84, col. 1, à la fin du 1er alinea, après indiviſible, *ajoutez ;*

Lorſqu'il n'y a point de conventions pour le payement de la Penſion ſur les Bénéfices, ſi la Penſion eſt en argent, elle doit être payée à la fin de l'année ; mais celle qui ſe prend en fruits, doit être payée après la perception. Voyez Ferron, page 95, & ſon Annotateur.

PÉPINIERES.

L'article 516 de la Coutume de Normandie, porte que les Pépinieres, Chanoieres, Haitrieres ou Olmieres, & autres jeunes arbres provenus de plans ou de ſemence, & tenus en réſervoir pour être tranſplantés, ſuivent le fonds : néantmoins les veuves, uſufruitiers & autres heritiers, prennent part aux Pépinieres, comme meubles, avenant la diſſolution du mariage en l'année qu'elles doivent être levées. Voyez Baſnage ſur cet article.

Sa Majeſté, voulant donner aux Pépinieres, déja établies dans quelques Généralités du Royaume, une forme capable d'en aſſurer le ſuccès & d'en augmenter l'utilité, a ordonné, par Arrêt de ſon Conſeil d'Etat du 9 Février 1767, qu'il ſera établi à la Rochette, près Melun, une Pépiniere de plans foreſtiers d'arbres, tant fruitiers, qu'étrangers & d'alignemens, leſquels ſeront diſtribués gratuitement ; ſçavoir, les arbres fruitiers principalement aux gens de la campagne, & les autres à ceux qui ſe propoſeront de faire des plantations. Cette Pépiniere ſera cultivée par cinquante Enfans-Trouvés, choiſis dans le nombre de ceux de l'Hôpital Général de Paris ; leſquels ſeront inſtruits dans la culture de toutes eſpéces de plans, & ſeront tirés de ladite Pépiniere pour cultiver enſuite les autres que Sa Majeſté ſe propoſe d'établir dans différentes Provinces du Royaume. L'Arrêt contient les différens arrangemens relatifs à l'adminiſtration de ce nouvel établiſſement.

PÉREMPTOIRE, Péremptoirement.

Page 88, colonne 1, à la fin de cet article, après V. *Exception, ajoutez ;*

C'eſt une règle de pratique, qu'en Cours Souveraines, il faut défendre à toutes fins, *Péremptoirement.*

PERMUTATION.

Même page, col. 2, à la fin du 1er alinea de cet article, après Bénéfices, *ajoutez ; du latin* Permutatio.

Page 90, colon. 1, à la fin du 5e alinea, après du décès, *ajoutez ;* & lorſque par les Permutations, les Gradués ſe trouvent privés de leurs droits, on examine ſi elles ne ſont point faites dans les mois qui leur ſont affectés, ou en fraude de leurs droits.

Les Canons admettent trois préſomptions générales de fraude.

1°. L'inégalité des Bénéfices permutés.

2°. La parenté de ceux qui copermutent.

3°. L'état de moribond de l'un des Copermutans.

Même page, col. 2, à la fin du 2e alinea, après la Combe, *ajoutez ;*

L'Ordinaire ne peut permettre une Permutation qui porte préjudice au droit du Patron.

PERQUISITION.

Page 91, col. 1, ligne 1 de cet article, après Ce mot, *ajoutez ;* qui vient du latin *Perquirere,* rechercher.

PERSONNATS.

Même page & même col. à la fin du 1er alinea de cet article, après les Cathédrales, *ajoutez ;*

Les Sous-Chantres de Limoges ſont des Perſonnats.

PERSONNES.

Ce mot, tout latin, ſignifie l'individu
de

de chaque homme ou de chaque femme.

C'eft une, régle de droit, que la Perfonne qui parle, eft toujours excepteé de la propofition générale. *In generali fermone, Perfona loquentis non intelligitur.*

L'ordre du droit veut que l'on parle d'abord des Perfonnes, puis des biens.

PERTURBATEURS.

Cet mot qui vient du latin *Perturbare,* troubler, fe dit de ceux qui apportent du trouble dans l'Etat.

Les Ordonnances prononcent des peines plus ou moins graves, felon les cas, contre ceux qui troublent le repos des citoyens ; & l'on peut être Perturbateur de différentes manieres. V. l'Ordonnance de 1670, titre premier, article 11.

» Les Théologiens font ordinairement » Perturbateurs de l'Etat «. Dictionnaire de Trévoux.

PESCHE.

Page 93, colon. 2, à la fin du 5ᵉ alinea, après dépens, ajoutez;

Suivant les Loix Romaines, tous les fleuves & les ports étoient publics, & il étoit permis à chacun d'y pêcher. *Flumina autem omnia, & Portus publica funt; ideóque jus pifcandi omnibus commune eft in portu fluminibufque.*

Page 94, col. 1, ligne 4 du 4ᵉ alinea, après l'huitre, ajoutez; comme étant l'ufage defdites dreges nuifible à l'empoifonnement des Côtes, en caufant la deftruction du fray & du poiffon du premier âge : mais la Pêche avec le filet, nommée drege, a depuis été permife par Arrêt du Confeil du 20 Octobre 1739, à commencer du premier Octobre, jufques & compris le Samedi de chaque année, jufqu'à ce qu'il en foit autrement ordonné. Cet Arrêt eft dans le Code de Louis XV, tome 11.

Page 95, colonne 2, à la fin de l'article, après fupérieur, ajoutez;

Sur la queftion de fçavoir fi la Pêche eft un Droit Royal & imprefcriptible, voyez le neuviéme Difcours de M. Fardoil, ci-devant Préfident au Parlement de Rouen, imprimé à Paris en 1665. Il fe décide pour la liberté naturelle & la longue poffeffion.

Supplément.

PESTE.

L'Ordonnance des Teftamens du mois d'Août 1735 a prefcrit les folemnités qui doivent s'obferver pour la validité des Teftamens en temps de Pefte. Voy. cette Ordonnance, articles 33 & fuivans.

L'article 37 s'explique ainfi.

» Les Teftamens, Codiciles & autres » difpofitions à caufe de mort, mentionnés » dans les quatre articles précédens, de- » meûreront nuls fix mois après que le » commerce aura été rétabli dans le lieu où » le Teftateur fe trouvera, ou qu'il aura » paffé dans un lieu où le commerce n'eft » pas interdit, fi ce n'eft qu'on eût obfervé » dans lefdits actes les formes requifes du » Droit Commun, dans le lieu où ils au- » ront été faits «.

Comme la Pefte eft une maladie contagieufe & fouvent mortelle, le tems fixé par les Loix pour acquérir la prefcription ou la péremption d'Inftance, ne court point tant que dure ce fléau.

Par une raifon conféquente les Fermiers qui ne peuvent jouir de leurs baux pendant ce temps, font fondés à demander une diminution de leurs Fermages, à proportion de leur non-jouiffance ; cependant (fuivant Charondas) les fimples locataires des maifons ne font point fondés à demander des remifes fur les loyers des maifons qu'ils auroient quittées : la raifon eft que les meubles occupent les lieux, & qu'ils en ont les clefs.

Voyez fur cette matiere Expilly, Arrêt 2 ; Charondas, livre 7, Réponfe 76, & Franc. Marc, Queftion 1066.

PIGNORATIF.

Page 100, col. 2, à la fin de cet article, après le rembourfement, ajoutez;

Toutes les ventes & rentes du Domaine du Roi ne font que des Contrats Pignoratifs à faculté de rachat perpétuel.

PILORI.

Même page, même col. à la fin du 1ᵉʳ alinea de cet article, après tour, ajoutez; Ce mot vient de *Pilorium* qu'on a dit dans la baffe latinité, pour une marque de Haute-Juftice.

E e

P L A I N T E.

Page 102, col. 2, à la fin de cet article, après & Information, ajoutez;

Quoique l'Ordonnance ne fixe point dans quel délai la Plainte doit être rendue, & qu'elle puisse être reçue, tant que l'action qui y a donné lieu, n'est point prescrite; cependant il est plus avantageux de rendre Plainte sur le champ (lorsque la chose est possible), ou du moins dans les 24 heures; en effet tous les délits qui peuvent donner lieu à une procédure extraordinaire, s'affoiblissent par le laps du temps; & en matiere criminelle, c'est un avantage de prévenir.

PLUS-PÉTITION.

Ce mot qui vient des deux mots Latins *plus petere*, signifie demander plus que ce qui est dû.

La Plus-Pétition n'est punie en France d'aucune peine : ainsi, lorsqu'un créancier demande le contenu de son titre, & qu'on lui oppose des quittances qui l'éteignent en partie, s'il ne les conteste pas, on ne lui adjuge pas moins ses dépens, comme s'il avoit fait une demande juste.

Cependant la Coutume de la Rochelle s'éleve contre la Plus-Pétition dans les demandes défavorables; voici comment est conçu l'article 28 de cette Coutume.

» Es matieres odieuses ou privilégiées, » où gît séquestration, qui demande plus » qu'il n'est dû, il doit déchoir de l'Inf- » tance, & doit payer l'amende & les dé- » pens «. Cependant, *non habet locum in habente causam ignorantiæ.* V. Imbert. *Inst. Forens. gal. fol.* 40; voyez aussi le Commentaire de Huet, sur l'article 28 de la Coutume de la Rochelle, page 267, & les Arrêts de Bouguier; Lettre S, n°. 1.

PLUS AMPLEMENT INFORMÉ.

Le Plus amplement informé est un Jugement qui se prononce en matiere criminelle, lorsque les preuves ne sont point suffisantes pour condamner sur le champ l'accusé, ou pour l'absoudre.

Quand l'Accusé est plus que suspecté du crime pour lequel il est poursuivi, la Cour en jugeant prononce quelquefois un Plus-

amplement informé, non point *ad tempus,* comme d'un an, mais indéfini.

Le Plus amplement informé indéfini rend à jamais l'Accusé indigne de recevoir la libéralité qui lui a été faite par la personne qu'il est accusé d'avoir fait mourir.

Le sieur Parfait de Vaux, Officier de la Maison du Roi, avoit institué par son Testament du 25 Février 1740, Marie-Marguerite Garnier, femme de Nicolas Durand, Tonnelier à Paris, sa légataire universelle; cette femme fut accusée, à la requête du Ministere Public, d'avoir empoisonné le sieur de Vaux : une Sentence du Châtelet avoit ordonné un Plus amplement informé d'un an, les Accusés gardant prison; sur l'appel, Arrêt du 28 Mai 1743, qui ordonna qu'à la requête de M. le Procureur Général, il seroit Plus amplement informé en la Cour pendant un an, pendant lequel temps, la femme Durand & son mari tiendroient prison; l'année révolue, autre Arrêt du 19 Juin 1744, qui prononça contre la Durand & son mari, un Plus amplement informé, *sans limiter aucun terme;* quelques années après, la femme Durand (alors veuve) forma sa demande tendante à l'exécution du Testament du sieur de Vaux, & à la délivrance du legs universel; Sentence sur délibéré des Requêtes du Palais du 30 Janvier 1746, *qui déboute, quant à présent,* la veuve Durand de sa demande en délivrance du legs universel fait à son profit, & en exécution d'une donation sous réserve d'usufruit, que le sieur de Vaux lui avoit faite par acte du 15 Novembre 1741 : permet aux sieurs Duparc d'entrer en possession des biens du sieur de Vaux, en donnant néantmoins préalablement, bonne & valable caution; appel de cette Sentence; Arrêt confirmatif du 29 Juillet 1759. La veuve Durand en 1762, forma sa demande à l'Audience de la Tournelle, tendante à être déchargée de l'accusation; elle se fondoit sur le laps de temps, & sur ce qu'il n'étoit survenu aucunes preuves nouvelles; mais par Arrêt du 3 Août 1762, sur les Conclusions de M. Séguier, Avocat Général, la veuve Durand fut déclarée non-recevable dans sa demande, sauf à elle à se pourvoir en la maniere accoutumée, c'est-à-dire, au procès du Grand Cri-

minel qui étoit toujours subsistant ; la veuve Durand s'y pourvut en effet, & renouvella sa demande en décharge de l'accusation contr'elle intentée, se fondant toujours
sur un laps de temps, & sur ce qu'il n'étoit
survenu aucunes preuves nouvelles ; Arrêt
intervint le 17 Janvier 1763, au rapport
de M. de Laverdy, qui déclara prescrite
l'accusation intentée contre la Durand, à
la requête de M. le Procureur Général.

Sur le fondement de cet Arrêt, la veuve
Durand demanda de nouveau en la Cour,
sous prétexte de connexité & de litispen-
dance, la délivrance du legs universel à
elle fait par le sieur de Vaux, & l'exécution
de la donation : mais par Arrêt du 18 Mai
1763, sa procédure fut déclarée nulle, sauf
à elle à se pourvoir pardevant les Juges
qui en devoient connoître ; elle renouvella
la même demande au Châtelet, qui fut
renvoyée aux Requêtes du Palais, en vertu
du *Committimus* du sieur Duparc-Doubou-
chet, Officier de la Reine ; la cause plaidée contradictoirement aux Requêtes du
Palais, Sentence sur délibéré qui prononça
un appointement ; appel en la Cour par la
veuve Durand, où elle conclut à l'infirmation de la Sentence, à l'évocation du principal & à ce qu'il fût statué sur sa demande
en délivrance du legs universel, & en exécution de la donation ; mais par Arrêt
définitif du Mardi 3 Juin 1766, rendu en la
Grand'Chambre conformément aux Conclusions de M. Barentin, Avocat Général,
la Cour a mis l'appellation & ce au néant ;
évoquant le principal & y faisant droit, a
débouté la veuve Durand de ses demandes,
a ordonné que la Sentence des Requêtes
du Palais du 30 Janvier 1747, & l'Arrêt
confirmatif du 29 Juillet 1749, seroient &
demeureroient définitifs ; en conséquence a
déchargé les sieurs Duparc de la caution
qu'ils avoient été astreints de donner, la
Sentence au résidu sortissant effet avec dépens. Monsieur l'Avocat Général établit
(entre autres choses) qu'une simple présomption de crime, réalisée en quelque sorte
par un Plus amplement informé indéfini,
suffisoit pour rendre l'Accusé à jamais indigne de recevoir la libéralité à lui faite
par la personne qu'il étoit accusé d'avoir
fait mourir ; il ajouta, que si le crime & la
peine du crime se prescrivoient par vingt
ans, l'opinion des hommes (ainsi que l'avoit
observé M. l'Epine de Grainville) ne se
prescrivoit point. Plaidans Me Caillard
pour la veuve Durand, & Me Bellot pour
les héritiers du sieur de Vaux.

P O I D S.

Page 193, *col.* 2, *à la fin de cet article,
après vers.* 4, 5 & 6, *ajoutez ;*
Sur les poids & mesures voyez la Décl.
du 16 Mai 1766, au mot *Mesure*, & les
Lettres-Patentes du 24 Juil. 1767, adressées
& enregistrées seulement en la Cour des
Aides le 19 Août 1767, sur l'Arrêt du
Conseil du 18 Mai 1762.

P O I S O N.

Page 106, *colon.* 1, *à la fin de cet article, après* exemplaires, *ajoutez ;*
Un Arrêt du Parlement du 23 Juillet
1766, ordonne que les procès encommen-
cés contre la veuve de la Croix & la femme
Lenglet, leur sera fait & parfait, en état
de prise de corps ; en conséquence fait défenses à tous Marchands de Reffons & Villages circonvoisins, d'avoir chez eux, ni
vendre & débiter aucuns minéraux, sels-ar-
sénic, réagal, orpiment & sublimé, sous
peine de 3000 liv. d'amende & de punition
corporelle.

P O I S S O N.

En termes de Marine on appelle *Poissons Royaux*, les Dauphins, Eturgeons,
Saumons & Truites, lesquels appartiennent au Roi seul, lorsqu'ils sont trouvés
échoués sur le bord de la mer : à la différence des Baleines, Marsouins, Veaux de
mer, Thons, Souffleurs & autres Poissons à
lard, qui sont partagés comme simples épa-
ves. Voyez le tit. 7 du liv. 5 de la Marine.
La Coutume de Normandie donne le
nom de Poissons Royaux, à tout Poisson
en général qui est digne de la table du Roi,
comme Vives, Rougets, les Haubarts qui
sont Brignes ou Loubines, &c.

P O L I C E.

Même page, colonne 2, *à la fin du* 1er
alinea de cet article, après &c. *ajoutez ;*
L'établissement de la Police à Paris est

dû à Etienne Boileau , Prévôt de cette Ville , (fous Saint Louis,) Magiftrat digne des plus grands éloges.

Même page , col. 2 , à la fin du 5ᵉ alinea , après par provifion , ajoutez ; & les appels de ces Sentences , fe portent directement au Parlement.

A la fin de cet article , ajoutez ;

Le Parlement a , ce qu'on appelle , *la Grande Police.*

POLICE D'ASSURANCE.
Voyez *Affurance.*

Par Arrêt rendu en la Grand'Chambre , au rapport de M. l'Abbé Terray ; le Samedi 28 Février 1767 , il a été jugé, que quoiqu'une Police d'Affurance porte que les Affureurs ne prennent fur eux les rifques que jufqu'à ce que le Navire foit de retour & *amaré à quai,* ils font néantmoins garans de l'échouement du Navire , avant d'avoir été *accofté à quai,* quoiqu'il y eût des amares attachés aux pieds du quai, & que l'*avant* du Navire ne fût éloigné du quai que d'une toife ou environ.

Ce Navire arrivant des Colonies, avoit échoué dans le port de Dunkerque. Mᵉ Dandafne écrivoit dans cette Inftance pour les Affurés, contre les Affureurs, défendus par Mᵉ Capitain de Varennes.

PORTAGE.

Page 108 , colon. 1 , à la fin de cet article , après queftion 20, *ajoutez ;*

Portage fe dit encore fur mer des voitures franches qu'on donne aux Officiers & Matelots, des hardes & marchandifes qui leur appartiennent jufqu'à une certaine quantité. V. le Dict. de Trévoux.

PORT D'ARMES.

Même page , col. 2 , à la fin du 4ᵉ alinea de cet article, après 1737 , *ajoutez ;*

C'eft en exécution de ces différentes Ordonnances, que la Cour a rendu un Arrêt, dont voici l'efpéce.

Le nommé Buhot, Metteur en œuvre, avoit une Caufe en fon nom à l'Audience de la Tournelle Criminelle ; dans la plaidoirie il fut dépeint comme un homme *Tapageur*, & l'Avocat qui plaidoit contre lui , obferva que ce Particulier avoit la témérité

de paroître à l'Audience de la Cour avec une épée qu'il n'avoit pas droit de porter. Après que la Caufe dont il s'agiffoit , fut plaidée & que Buhot l'eut perdue, la Cour par Arrêt du Vendredi 25 Avril 1766 , ordonna l'exécution des Edits , Ordonnances , Arrêts & Réglemens , fur le fait du Port d'Armes ; en conféquence, ordonna que l'épée de Buhot, préfent à l'Audience, feroit confifquée ; & pour s'être préfenté armé d'une épée qu'il n'avoit pas droit de porter, la Cour le condamna en 10 livres d'amende ; plaidans Mᵉˢ le Preftre , Ader & Jouhannin.

PORTION CONGRUE.

Ajoutez à la fin de cet article ;

Le Roi a donné un Edit au mois de Mai 1768 , concernant les Portions Congrues. Cet Edit, regiftré en Parlement le 13 Mai 1768 , eft trop important pour n'en point rapporter les difpofitions.

» ART. I. La Portion Congrue des Curés » & Vicaires perpétuels, tant ceux qui font » établis à préfent, que ceux qui pourroient » l'être à l'avenir , fera fixée à perpétuité à » la valeur en argent de vingt-cinq feptiers » de bled froment, mefure de Paris.

» II. La Portion Congrue des Vicaires , » tant ceux qui font établis à préfent, que » ceux qui pourroient l'être à l'avenir dans » la forme prefcrite par les Ordonnances, » fera auffi fixée à perpétuité à la valeur en » argent de dix feptiers de bled froment, » mefure de Paris.

» III. La valeur en argent defdites Portions Congrues fera & demeurera fixée, » quant à préfent ; fçavoir, celle defdits » Curés & Vicaires perpétuels à cinq cens » livres, & celle defdits Vicaires à deux » cens livres ; Nous réfervant, dans le cas » où il arriveroit un changement confidé- » rable dans le prix des grains , de fixer de » nouveau , en la forme ordinaire , les » fommes auxquelles lefdites Portions » Congrues devront être portées pour être » toujours équivalentes aux quantités de » grains déterminées par les Articles I & » II de notre préfent Edit.

» IV. Les Curés & Vicaires perpétuels » jouiront, outre ladite Portion Congrue , » des maifons & bâtimens compofant le

» Presbytere, cour & jardins en dépendans,
» si aucuns y a, ensemble des oblations, ho-
» noraires, offrandes, ou casuel en tout
» ou en partie, suivant l'usage des lieux ;
» comme aussi des fonds & rentes donnés
» aux Curés pour acquitter des obits &
» fondations pour le Service Divin, à la
» charge par lesdits Curés & Vicaires per-
» pétuels de faire preuve par titres consti-
» tutifs, que les biens laissés à leurs Cures
» depuis 1686, & qu'ils voudront retenir,
» comme donnés pour obits & fondations,
» en sont effectivement chargés : & à l'é-
» gard des biens ou rentes dont lesdits Cu-
» rés & Vicaires perpétuels étoient en pos-
» session avant 1686, & dont ils ont con-
» tinué de jouir depuis cette époque, ils
» pourront les retenir, en justifiant par des
» baux ou autres actes non suspects, qu'ils
» sont chargés d'obits & fondations qui
» s'acquittent encore actuellement.

» V. Ne pourront les Décimateurs, sous
» aucun prétexte, même en cas d'insuffi-
» sance du revenu des Fabriques, être char-
» gés du payement d'autres & plus grandes
» sommes que celles fixées par notre pré-
» sent Edit, si ce n'est pour la fourniture
» des livres, ornemens & vases sacrés, ainsi
» que, pour les réparations des chœur &
» cancel ; à l'effet de quoi nous avons dé-
» rogé & dérogeons par ces présentes à
» toutes Loix, Usages, Arrêts & Régle-
» mens à ce contraires.

» VI. Les Portions Congrues seront
» payées sur toutes les Dixmes Ecclésiasti-
» ques, grosses & menues, de quelqu'es-
» péce qu'elles soient ; & au défaut, ou en
» cas d'insuffisance d'icelles, les possesseurs
» des Dixmes inféodées seront tenus de
» payer lesdites Portions Congrues, ou
» d'en fournir le supplément ; & après l'é-
» puisement desdites Dixmes Ecclésiasti-
» ques & inféodées, les Corps & Commu-
» nautés Séculieres & Régulieres qui se
» prétendent exemptes de Dixmes, même
» l'Ordre de Malte, seront tenus de four-
» nir le supplément desdites Portions Con-
» grues, & ce, jusqu'à concurrence du mon-
» tant de la Dixme que devroient suppor-
» ter les héritages qui jouissent de ladite
» exemption, si mieux n'aiment les gros
» Décimateurs abandonner à la Cure les-

» dites Dixmes, soit Ecclésiastiques, soit in-
» féodées, ou lesdits exempts se soumettre
» à payer la Dixme ; auquel cas les uns &
» les autres seront déchargés à perpétuité
» de toutes les prétentions pour raison de
» ladite Portion Congrue.

» VII. Voulons en outre, conformément
» à nos Déclarations des 5 Octobre 1726,
» & 15 Janvier 1731, que le Curé primitif
» ne puisse être déchargé de la contribution
» à ladite Portion Congrue, sous prétexte
» de l'abandon qu'il auroit ci-devant fait
» ou pourroit faire auxdits Curés & Vi-
» caires perpétuels, des Dixmes par lui
» possédées ; mais qu'il soit tenu d'en four-
» nir le supplément, à moins qu'il n'aban-
» donne tous les biens, sans exception, qui
» composoient l'ancien patrimoine de la
» Cure, ensemble le titre & les droits de
» Curé primitif.

» VIII. Ne seront réputés Curés primi-
» tifs, que ceux dont les droits seront éta-
» blis soit par des titres canoniques, actes
» ou transactions valablement autorisés, ou
» Arrêts contradictoires, soit par des actes
» de possession centenaire, conformément à
» l'Article II de notre Déclaration du 15
» Janvier 1731.

» IX. Les Portions Congrues seront
» payées de quartier en quartier, & par
» avance, franches & quittes de toutes im-
» positions & charges que supportent ceux
» qui en sont tenus, sans préjudice des
» Décimes que lesdits Curés & Vicaires,
» perpétuels continueront de payer en pro-
» portion du revenu de leurs Bénéfices.

» X. Les Curés & Vicaires perpétuels,
» même ceux de l'Ordre de Malte, auront
» en tout temps la faculté d'opter la Por-
» tion Congrue réglée par notre présent
» Edit, en abandonnant par eux en même-
» temps, tous les fonds & dixmes grosses,
» menues, vertes, de lainages, charnages,
» & autres, de quelqu'espéce qu'elles
» soient & sous quelques dénominations
» qu'elles se perçoivent, même les No-
» vales, ainsi que les revenus & droits dont
» ils seront en possession au jour de ladite
» option, autres que ceux à eux réservés
» par l'Article IV de notre présent Edit.

» XI. Les abandons faits à la Cure par les
» Décimateurs exempts ou Curés primitifs,

» en conféquence des Articles VI & VII
» ci-deſſus, feront & demeureront à perpé-
» tuité irrévocables; Voulons pareillement
» que l'option de la Portion Congrue qui
» fera faite en exécution de notre préſent
» Edit, ſoit & demeure à perpétuité irré-
» vocable; mais ſeulement lorſque les for-
» malités, preſcrites par l'article ſuivant,
» auront été remplies.

» XII. Lorſque les Curés ou Vicaires
» perpétuels opteront la Portion Congrue,
» ceux à qui ils remettront les Dixmes ou
» autres fonds qu'ils doivent abandonner,
» feront tenus, pour que ladite option de-
» meure irrévocable, de faire homologuer
» en nos Cours, ſur les Concluſions de nos
» Procureurs Généraux en icelles, leſdits
» actes d'option; leſquelles homologations
» feront faites ſans frais: Voulons que pour
» y parvenir, il ſoit procédé à une eſtima-
» tion par Experts, nommés d'office par
» noſdites Cours, ou par les Juges des lieux
» qu'elles voudront commettre, du revenu
» des biens & droits qui feront abandonnés
» par les Curés qui feront l'option; les
» frais de laquelle eſtimation feront à la
» charge de ceux auxquels les biens feront
» réunis; & feront leſdites eſtimations fai-
» tes aux moindres frais que faire ſe pourra,
» leſquels ne pourront néantmoins, en au-
» cuns cas, excéder le tiers d'une année de
» revenu des biens & droits eſtimés.

» XIII. Tout Curé & Vicaire perpétuel
» qui n'optera pas la Portion Congrue,
» réglée par notre préſent Edit, continuera
» de jouir de tout ce qu'il ſe trouvera poſ-
» féder au jour de l'enregiſtrement de no-
» tre préſent Edit, de quelque nature que
» ſoient les biens & droits dont il ſe trou-
» vera alors en poſſeſſion, ſans qu'il puiſſe
» lui être oppoſé par les gros Décimateurs,
» qu'il perçoit plus de montant de ladite
» Portion Congrue, à raiſon des fonds qui
» auroient été précédemment délaiſſés, ou
» des ſupplémens tant en fonds qu'en ar-
» gent, qui auroient été faits en exécution
» de notre Déclaration du 29 Janvier
» 1686.

» XIV. Voulons qu'à l'avenir il ne ſoit fait
» aucune diſtinction entre les Dixmes an-
» ciennes & les Dixmes novales dans toute
» l'étendue de notre Royaume, même dans

» les Paroiſſes dont les Curés n'auroient
» pas fait l'option de la Portion Congrue;
» en conféquence les Dixmes de toutes les
» terres qui feront défrichées dans la ſui-
» te, lorſqu'elles auront lieu ſuivant notre
» Décl. du 13 Août 1766, comme auſſi les
» Dixmes des terres remiſes en valeur ou
» converties en fruits décimables, appar-
» tiendront aux gros Décimateurs de la Pa-
» roiſſe ou du canton, ſoit Curés, ſoit
» autres, ſoit Laïcs ou Eccléſiaſtiques:
» N'entendons néantmoins, que les Curés
» qui n'opteront point la Portion Congrue,
» ſoient troublés dans la jouiſſance des
» Novales dont ils feront en poſſeſſion lors
» de la publication du préſent Edit, ſans
» que les Curés qui en jouiront, puiſſent
» être aſſujettis, à cauſe deſdites Novales,
» à autres & plus grandes charges que celles
» qu'ils ſupportoient auparavant.

» XV. Les honoraires des Prêtres com-
» mis par les Archevêques ou Evêques à la
» deſſerte des Cures vacantes de droit &
» de fait, ou à celles des Cures ſujettes au
» droit de déport, ne pourront être fixés
» au-deſſous des trois cinquiémes du mon-
» tant de la Portion Congrue; pourront
» néantmoins les Archevêques ou Evêques,
» aſſigner aux Deſſervans des Cures qui
» ne ſont pas à Portions Congrues, une
» rétribution plus forte, ſuivant l'exigence
» des cas, conformément aux Loix précé-
» demment données ſur cet objet.

» XVI. A l'égard des Cures & Vicairies
» perpétuelles, dont les revenus ſe trouve-
» roient au-deſſous de la ſomme de cinq
» cens livres, même dans les cas des aban-
» dons ci-deſſus: Nous exhortons les Ar-
» chevêques & Evêques, & néantmoins leur
» enjoignons d'y pourvoir par union de
» Bénéfices-Cures ou non Cures, confor-
» mément à l'Article XXII de l'Ordonnan-
» ce de Blois; Nous réſervant au ſurplus,
» d'après le compte que Nous nous ferons
» rendre du nombre deſdits Curés, & du
» revenu de leurs Bénéfices, de prendre
» les meſures néceſſaires, tant pour facili-
» ter leſdites unions, que pour procurer
» auxdits Curés un revenu égal à celui des
» autres Curés à Portions Congrues de no-
» tre Royaume.

» XVII. L'augmentation des Portions

» Congrues, ordonnée par notre préſent
» Edit, aura lieu à compter du premier
» Janvier 1769.

» XVIII. Les Exploits ou Actes d'op-
» tion & d'abandon qui ſeront faits & paſ-
» ſés en conſéquence du préſent Edit, ne
» pourront avoir leur exécution qu'après
» avoir été inſinués au Greffe des Inſinua-
» tions Eccléſiaſtiques du Diocèſe, & ſera
» payé deux livres pour l'inſinuation deſ-
» dits Exploits ou Actes ; ſera auſſi payé
» trois livres pour chaque Acte d'option ou
» d'abandon, pour tous droits de contrôle,
» inſinuation laïque, centième denier,
» amortiſſement, échanges, indemnités ou
» autres quelconques, ſans qu'il puiſſe
» être exigé autres ou plus forts droits pour
» chacun deſdits Actes d'option ou aban-
» don, ou autres Actes qui ſeroient paſſés
» en conſéquence du préſent Edit.

» XIX. Les conteſtations qui pourront
» naître au ſujet de l'exécution de notre
» préſent Edit, ſeront portées, en pre-
» miere Inſtance, devant nos Baillis & Sé-
» néchaux, & autres Juges des cas Royaux
» reſſortiſſans nuement à nos Cours de
» Parlement, dans le territoire deſquels
» les Cures ſe trouvent ſituées, ſans que
» l'appel des Sentences & Jugemens par
» eux rendus en cette matiere puiſſe être
» relevé ailleurs qu'en noſdites Cours de
» Parlement, & ce, nonobſtant toutes évo-
» cations qui auroient été accordées par le
» paſſé, ou qui pourroient l'être par la ſui-
» te à tous Ordres, Congrégations, Corps,
» Communautés ou Particuliers «.

*Regiſtré, oui, ce requérant le Procureur
Général du Roi, pour être exécuté ſelon ſa
forme & teneur, à la charge que, conformément à l'arrêté de la Cour du 4 Septembre 1710,
les Archevêques & Evêques uſeront modéré-
ment du pouvoir à eux donné par l'Article
XV du préſent Edit. Et ſera le Roi très-humblement ſupplié de porter à 250 livres, la
Portion Congrue des Vicaires.*

PORTUGAIS.

Les Portugais ne ſont point aubains en
France. C'eſt ce qui réſulte de pluſieurs Lettres-Patentes regiſtrées en la Cour.

Celles données par Henri II en 1550,
& regiſtrées la même année au Parle-

ment de Paris, portent, entr'autres choſes : » Sçavoir faiſons, que nous inclinant
» libéralement à la ſupplication & Requê-
» te deſdits Portugais, ... pour
» ces cauſes & autres grandes conſidéra-
» tions . . . . par ces Préſentes nous per-
» mettons, octroyons. . . qu'ils puiſſent &
» leur loiſe, *toutes fois & quantes* que bon
» leur ſemblera, eux retirer & *habituer*, &
» ceux qui jà y ſont venus, ayent pu & puiſ-
» ſent réſider en notredit Royaume, ...
» & en telles Villes & Lieux d'icelui
» Royaume que bon leur ſemblera . . . &
» en icelui notre Royaume . . . . y acquérir
» tous & un chacun les biens & meubles
» qu'ils pourront licitement acquérir, &
» iceux avec ceux qui leur pourront écheoir,
» compéter ou appartenir, ſoit par *ſucceſ-*
» *ſion, donation ou autrement*, tenir & poſ-
» ſéder, & en ordonner & diſpoſer par Teſ-
» tament, Codicile . . . . *tout ainſi qu'ils*
» *pourroient faire & ſeroient, s'ils étoient*
» *originairement natifs de notre Royaume,*
» . . . . & que tels ſoient tenus, cenſés
» & reputés, ſoit en Jugement en dehors,
» enſemble leurs femmes . . . . & ſemblable-
» ment leur avons permis & accordé qu'ils
» puiſſent jouir & jouiſſent . . . . de tous &
» chacuns les priviléges dont ont accoutu-
» mé de jouir & uſer nos propres Sujets «.

Henri III, en 1574, confirma les Portugais dans tous leurs priviléges en France ; ce Prince aſſure de ſa bonté tous ceux
qui pourront y venir réſider, & il défend
de les inſulter. La même protection leur eſt
encore accordée par de ſecondes Lettres-
Patentes du même Roi, envoyées au Parlement de Bordeaux.

Enfin, Louis XIV a ratifié toutes ces
Lettres - Patentes par de nouvelles données en 1656 ; elles portent particuliérement, & auſſi pour les autres *Portugais* qui
voudroient venir en nos terres ſituées audit
Gouvernement de Bayonne.

Par Arrêt du Vendredi 7 Août 1767,
Audience de relevée, le ſieur Felix Baiha,
Gentilhomme Portugais, Capitaine d'Infanterie au ſervice du Roi & de la Compagnie des Indes, a été jugé capable de recueillir un legs de 3000 liv. que lui avoit
fait le ſieur Dupleſſis par ſon teſtament. On
fera remarquer que dans cette eſpèce, M.

l'Avocat Général Joly de Fleury, qui porta la parole, se détermina par des circonstances & des moyens particuliers ; mais la question de droit, sur la capacité des Portugais de succéder en France, parut ne devoir point faire de difficulté, sur-tout à l'égard du sieur Baiha, qui avoit servi plus de 15 ans dans les troupes du Roi; la Déclaration de 1715 accordant tous les priviléges de Régnicoles aux Etrangers qui ont servi dix ans dans les troupes de Sa Majesté. Plaidant Mᵉ Cochu pour la Demoiselle Delaulnay, contre Mᵉ Gigot de Bimar, qui fit un Mémoire pour le sieur Baiha.

POSSESSION.

Page 114, *col.* 1, *à la fin du* 4ᵉ *alinéa de cet article, après* V. *Prescription, ajoutez* ;

Il faut donc bien distinguer la nue propriété d'avec la Possession. *Possessio & proprietas non misceri debent*, dit la Loi 52, ff ; elles n'ont rien de commun entr'elles, *Nihil commune habet proprietas cum Possessione*. La propriété exige des titres clairs & certains : la Possession, une simple jouissance de bonne foi : *Non vi*, *non clam*, *non precariò*.

Dans les Coutumes où *le mort saisit le vif*, la Possession du défunt sert aux héritiers : & cela est conforme à la régle de droit, *Possessio defuncti, quasi juncta, descendit ad hæredem* ; ff. *Cùm miles ex quibus caus. maj.* Néantmoins dans le droit, cette Possession ne passe point aux héritiers sans prise de Possession.

Page 115, *col.* 1, *ligne* 3 *du premier alinéa, après* payés, *ajoutez* ; *Spoliatus ante omnia restituendus est. Cap. licet de rest. spoliat.*

Suivant Ferron, page 331, le possesseur, en vertu d'une adjudication qui n'est pas dans les formes, est excusé de la restitution des fruits : *Justè possidet qui Prætore auctore possidet* ; mais voyez l'Annotateur de Ferron, pag. 256.

POSSESSION IMMÉMORIALE.

Page 116, *colon.* 1, *à la fin de cet article, après* inutile, *ajoutez* ;

Dans le doute, la condition de celui qui possede, est la meilleure. *In dubio, melior est conditio possessoris.*

POSSESSION D'ÉTAT.

Page 118, *col.* 2, *à la fin de cet article, après* Légitimation, *ajoutez* ;

Quoiqu'il soit de principe certain, que l'état d'une personne se prouve principalement par son Extrait - Baptistaire (V. *Etat*, *Question d'*), cependant voici un exemple où la Cour a jugé que cet Etat pouvoit se prouver autrement que par l'Extrait-Baptistaire : que même un acte de cette nature se trouvoit quelquefois dans le cas d'être réformé, à l'effet de donner à l'enfant, le véritable nom de son pere, & tout autre que celui que son Extrait-Baptistaire paroîtroit lui donner : cela dépend de la nature des circonstances qui, comme je l'ai déja dit, font souvent ployer, sous leur Empire, les régles les plus certaines du droit : en voici un exemple.

La Demoiselle *Marie Aurore*, fille naturelle de Maurice, Comte de Saxe, Maréchal Général des Camps & Armées de France, avoit été baptisée sous le nom de *fille de Jean-Baptiste de la Riviere & de Marie Rinteau sa femme*.

La Demoiselle Aurore étant sur le point de se marier au sieur de l'Echerolles, Gentilhomme de la Province du Berry, le sieur de Monglas avoit été nommé tuteur de cette Demoiselle, à l'effet de ce mariage, par Sentence du Châtelet du 3 Mai 1766 ; mais, attendu l'Extrait-Baptistaire, il y eut de la difficulté pour la publication des bans : la Demoiselle Aurore ne voulut point consentir à être qualifiée de fille du sieur de la Riviere, encore moins de fille de *pere & mere inconnus*. Dans ces circonstances, la Demoiselle Aurore présenta sa Requête en la Cour, à l'effet d'être reçue Appellante de la Sentence du Châtelet, soit en ce qu'il lui avoit été nommé le sieur de Monglas pour tuteur, soit en ce qu'elle avoit été supposée fille de pere & mere inconnus, sous prétexte de *qualités supposées* à elle données dans son Extrait-Baptistaire : elle conclut à ce qu'en infirmant la Sentence de nomination de ce tuteur, il lui en seroit nommé un autre, tel qu'il plairoit à la Cour de le nommer : que son Extrait-Baptistaire seroit réformé, & qu'au lieu des noms de Jean-Baptiste de la Riviere,

viere, Bourgeois de Paris, & de Marie Rinteau, *fa femme*, il feroit, après le nom de *Marie Aurore*, fille, ajouté *naturell:* de Maurice de Saxe, Maréchal Général des Camps & Armées de France, & de Marie Rinteau ; & où la Cour y feroit quelque difficulté, avant faire droit il lui feroit permis de faire preuve que ledit Jean-Baptifte de la Riviere, fauffement qualifié de mari de Marie Rinteau, n'avoit jamais été connu comme tel dans la rue du Parc-Royal, où fa mere étoit accouchée : qu'au contraire la Demoifelle Marie Aurore avoit toujours été connue, & avoit joui de la Poffeffion & Etat de fille naturelle du Maréchal de Saxe ; enfin, que les perfonnes qui feroient entendues dans ladite Enquête, feroient tenues de donner leur avis fur le fait d'un tuteur, tant à l'effet du mariage qu'elle étoit fur le point de contracter, qu'autrement.

Les chofes en cet état, les Conclufions fubfidiaires de la Demoifelle Aurore lui furent adjugées : en conféquence, cette Demoifelle ayant fait la preuve la plus complette, tant par la dépofition du fieur Gervais, qui avoit accouché fa mere, que par les perfonnes qui l'avoient tenue fur les Fonds-Baptifmaux, &c. qu'elle étoit fille naturelle du Maréchal, Comte de Saxe, & qu'il l'avoit toujours reconnue pour fa fille, il intervint, plaidans Me Thetion pour la Demoifelle Aurore, & Me Maffonnet pour le premier tuteur qui s'en rapportoit à Juftice, Arrêt conforme aux Conclufions de M. Joly de Fleury, Avocat Général ; le Mercredi 4 Juin 1766, qui infirma la Sentence du 3 Mai précédent ; émendant, nomma Me A. Giraud, Procureur en la Cour, pour tuteur de la Demoifelle Aurore : la déclara en *Poffeffion de l'Etat de fille naturelle de Maurice, Comte de Saxe*, la maintint, & garda dans ledit Etat & Poffeffion d'icelui ; ce faifant, ordonna que l'Acte de Baptiftaire infcrit fur les Regiftres de la Paroiffe de S. Gervais & S. Protais de Paris, à la date du 19 Octobre 1748 ; ledit Extrait contenant Marie Aurore, fille, préfentée ledit jour à ce Baptême par Antoine-Alexandre Colbert, Marquis de Sourdis, & par Geneviéve Rinteau, parrain & marraine, fera réformé, & qu'au lieu

Supplement.

des noms de *Jean-Baptifte de la Riviere, Bourgeois de Paris, & de Marie Rinteau, fa femme*, il fera, après le nom de *Marie Aurore, fille, ajouté ces mots :* NATURELLE DE MAURICE, COMTE DE SAXE, *Maréchal Général des Camps & Armées de France, & de Marie Rinteau* ; & ce par l'Huiffier de notredite Cour, porteur du préfent Arrêt, &c.

En conféquence de cet Arrêt, l'Extrait-Baptiftaire fut réformé : & la Demoifelle Aurore s'eft mariée, fes bans ayant été publiés fous fes véritables noms & qualités.

Nous ferons remarquer ici que la Demoifelle Aurore a eu d'autant moins de peine à gagner fa caufe, que dans cette efpéce aucune perfonne, excitée par des intérêts contraires aux fiens, ne s'oppofoit à ce que fes conclufions lui fuffent adjugées ; il n'en étoit pas de même dans la caufe du fieur de Rougemont, dont il eft parlé à l'article *Etat* (*Queftion d'*) n. 15.

Un Prêtre qui abuferoit du miniftere que la Loi lui confie, dans la rédaction des Actes de Baptême, pour compromettre par reffentiment, l'honneur d'un mariage légitime & l'*Etat* d'un enfant, fe rendroit coupable d'une prévarication digne d'exciter la vigilance du Miniftere public & la jufte févérité de la Juftice.

Me Paul Ballain, Prêtre-Curé de la Paroiffe de Verines, près la Rochelle, avoit, par un reffentiment (qui, dans le fait particulier, n'avoit aucune caufe légitime, ce qui d'ailleurs n'auroit point été une raifon pour commettre un faux) prévariqué dans la rédaction de l'Acte de Baptême de l'enfant du fieur Boutet, Seigneur en partie de Fompatout.

L'Acte de Baptême étoit ainfi conçu : » le 13 Septemb. 1753 fut par nous fouf- » figné, baptifée, Thérefe, *qu'on nous a dit* » *être fille* de Nicolas Boutet, qui ne s'eft » pas préfenté à cet effet, & de Thérefe » Grignon : a été parrain René Benin, & » marraine Marie-Anne Dubois, femme de » Jean Sourdenade, qui n'a fçu figner, lé- » dit enfant né le jour précédent «.

Sur les plaintes des pere & mere de l'enfant, le Curé confentit à la réformation de l'Extrait-Baptiftaire à fes frais, & il avoit procédé feul à cette réformation en l'abfence des Parties. Enfuite, fous prétexte de la Déclaration de 1697, qui permet *aux Evêques & Archevêques*, dans le cas de mariages célébrés par des Prêtres, autres que les Curés des Parties ; fans permiffion & fans difpenfe, de fe faire repréfenter, *dans l'année feulement du mariage*, l'Acte de célébration, le fieur Ballain avoit, par une fommation, requis qu'avant de procéder judiciairement à la réformation de l'Acte de Baptême, les fieur & dame Boutet fuffent tenus *de préfenter un acte en forme de la célébration de leur mariage*, proteftant de nullité de tout ce qui feroit fait au préjudice : c'étoit une infulte gratuite que faifoit le fieur Ballain aux fieur & dame Boutet.

La caufe portée à l'Audience de la Sénéchauffée de la Rochelle, Sentence y intervint, qui ordonna la réformation de l'Acte de Baptême, condamne le fieur Ballain en 200 liv. de dommages-intérêts envers le fieur Boutet ; faifant droit fur les Conclufions du Procureur du Roi, enjoignit au fieur Ballain d'être plus circonfpect à l'avenir, d'obferver les Ordonnances & Déclarations du Roi concernant les Regiftres de Baptêmes, Mariages & Sépultures qui fe feroient dans fa Paroiffe ; & pour y être contrevenu dans l'Acte de Baptême de Thérefe Boutet, *le condamna en 10 liv. d'aumône, conformément à la Déclaration du 9 Avril 1736*, rappellée dans la Sentence, l'aumône applicable à l'Hôpital : la Sentence imprimée, lûe & publiée, avec dépens.

Sur l'appel de cette Sentence, de la part du fieur Ballain, Arrêt eft intervenu en la Grand'Chambre, le Mardi 22 Juin 1756, de relevée, fur les Conclufions de M. Séguier, Avocat Général, par lequel la Sentence fut confirmée avec amende & dépens. Plaidans Me Savin du Mony pour le fieur Ballain, & Me Thetion pour le fieur Boutet.

P O S T E S.

Page 119, col. 1, ligne 2 du 1er alinea de cet article, après courfes, *ajoutez* ; Ce mot vient de ce que les chevaux font pofés (*pofiti*) d'intervalle en intervalle. C'eft le Roi Louis XI qui le premier les a établies & réglées en France, comme elles le font à préfent.

Page 120, col. 2, à la fin de cet article, après les uns aux autres, *ajoutez* ; Et par les foins de M. Piarron de Chamouffet, Maître des Comptes, l'un des plus zélés citoyens du Royaume, cet établiffement a été mis en pratique à Paris en l'année 1763, & fubfifte à la grande fatisfaction du public.

P O S T U L A T I O N.

Même page & même colonne, ligne 1 du 1er alinea, après Ce mot, *ajoutez* ; qui vient du latin *poftulare*, demander.

P O S T H U M E.

Page 121, col. 2, ligne 2 du 1er alinea de cet article, après fon pere, *ajoutez* ;

Chez les Romains on donnoit auffi ce nom à l'Enfant qui, naiffant après le teftament de fon pere, donnoit lieu à annuller le teftament.

Ce mot vient du latin *Pofthumus*.

P O T E A U.

On appelle ainfi un gros pieu de bois fiché en terre par un bout, que l'on met ordinairement dans la place principale ou dans le carrefour le plus apparent du Bourg, ou Village du Seigneur Haut-Jufticier.

Les Seigneurs Hauts-Jufticiers ont le droit de faire mettre leurs armes à ces Poteaux pour marque de Seigneurie ; plus bas on y attache un carcan. Voyez *Carcan*.

On met auffi les affiches à ces Poteaux qui fervent encore aux Seigneurs pour marquer les limites de leur Seigneurie & Juftice.

Pour l'ordinaire le haut de ces Poteaux eft taillé à quatre faces quarrées, les armes du Seigneur font peintes fur trois de ces faces ; mais il faut laiffer vuide le côté qui regarde la Juftice d'autrui ; *Sua cuique fervetur Jurifdictio.*

Sur les Poteaux indicatifs des routes dans les forêts appartenant au Roi, voyez l'article 6 du titre 28 des Eaux & Forêts.

Un Arrêt du 9 Avril 1709, que l'on trouve au Journal des Audiences, a jugé que le Seigneur Haut-Jufticier avoit le droit de mettre un Poteau dans le Fief d'autrui, où il avoit fa Juftice. Cet Arrêt fut rendu fur les Conclusions de M. le Nain, Avocat Général, qui posa pour principe, qu'il ne falloit pas de Permission du Roi, pour rétablir un Poteau, lorsque le rétablissement s'en faisoit dans l'année.

Un autre Arrêt rendu en la Grand-Chambre, au rapport de M. l'Abbé Tudert, le Mardi 17 Août 1762, a jugé *in terminis*, que le sieur de la Sauvagere, Ecuyer, Sieur du Fief des Plasses, qui n'avoit qu'une simple Basse-Justice fonciere, & dont le Fief étoit entrelacé & mêlé dans d'autres Seigneuries plus relevées que la sienne, n'avoit point eu le droit de faire planter des Poteaux à ses armes, à une lieue & une demi-lieue de sa maison ; qu'il n'avoit pu, par ces Poteaux, qui annonçoient une Justice contentieuse, & un Fief de dignité, se donner un terrein circonscrit & limité aux dépens de ses voisins ; enfin que des Poteaux armoriés ne pouvoient être assimilés à de simples bornes ou limites, ainsi que le prétendoit le sieur de la Sauvagere, qui fut au contraire condamné à faire ôter dans quinzaine les trois Poteaux en question, sinon le Marquis de Razilly, Seigneur Moyen & Bas-Justicier, autorisé à les faire enlever aux frais & dépens du sieur de la Sauvagere. Mes de la Borde & Courtin écrivoient dans cette Instance.

POURSUITE & Poursuivant.

On appelle Poursuivant, celui à la requête de qui se fait la poursuite d'une vente de meubles ou d'immeubles, saisis d'autorité de Justice.

Il y a des cas où un Créancier peut être subrogé à la place du Poursuivant. V. *Criées*, *Décret*, *Oppositions aux Jugemens*, n°. 2, *Saisie-Réelle* & *Subrogation*.

Rien n'empêche que le fils ou le frere ne soient Poursuivans de la saisie-réelle des biens du pere ou du frere ; il n'y auroit lieu à la leur enlever que dans le cas d'une intelligence collusoire, qui seroit prouvée régner entre la Partie saisie & le Poursuivant.

Il est libre au Poursuivant criées d'obtenir un Arrêt d'*iterato* contre la Partie saisie, quoique cependant le payement des frais du Poursuivant soit assuré, au moyen de ce qu'il en est remboursé par préférence (comme frais extraordinaires) sur les deniers que produit la vente des biens saisis : cela a été ainsi jugé par un ancien Arrêt rendu en la Grand'Chambre le 17 Janvier 1684. Il est juste en effet que, lorsqu'il reste quelques biens au Saisi, ou autrement, ce soit lui qui soit forcé de payer les frais, plutôt que de les prendre sur la chose, au préjudice du gage des Créanciers, qui en seroit diminué d'autant.

POUVOIR.

En Droit, le pouvoir est la mission & l'autorisation expresse que l'on donne judiciairement ou simplement par écrit à quelqu'un de faire une chose ; & sans ce pouvoir, tout ce qui seroit fait, ne pourroit rien produire de valable, parce qu'il n'y a pas de plus grande nullité que celle qui résulte du défaut de Pouvoir. *Non est major defectus quàm defectus Potestatis.* Par exemple, un Procureur doit avoir un Pouvoir spécial pour appeller, s'inscrire en faux, enchérir, affirmer, faire saisir réellement, &c. V. *Procureurs.*

La seule remise d'un Billet à un Huissier pour en faire payer le montant au Débiteur, lui donne-t elle un pouvoir suffisant pour faire procéder & passer outre à la vente des meubles du Débiteur ? Par exemple, je suppose qu'un Huissier chargé d'un Billet pour en obtenir la condamnation en Justice, obtienne Sentence par laquelle il seroit accordé terme & délai au Débiteur, en payant dans les délais fixés. Si ce Débiteur après avoir satisfait au premier terme de payement, discontinue le second ou les subséquens, l'Huissier peut-il, *sans un pouvoir spécial* de sa Partie, & seulement en vertu du Billet & de la Sentence restés en sa possession, faire vendre les meubles du Débiteur ? & les frais de vente postérieurs à la Sentence seront ils à sa charge, s'ils lui sont contestés ?

On pourroit dire que si le créancier soutenoit & offroit d'affirmer que, loin d'avoir donné Pouvoir à l'Huissier de passer outre à la vente des meubles du Débiteur, il lui a dit de surseoir ; que même il lui a fait demander son mémoire de frais pour le payer, l'affirmation en ce cas, & sans qu'il fût besoin de désaveu, devroit être déférée plutôt à la Partie qu'à l'Huiffier, non-feulement parce qu'en général, l'affirmation doit être déférée au Défendeur, mais encore parce que la faifie-exécution de meubles étant un acte abfolument de rigueur, l'Huiffier doit prendre un Pouvoir fpécial & par écrit de fa Partie, ainfi qu'un Procureur, quand il s'agit de faire faifir réellement, &c. En effet c'eft bien la moindre chofe qu'un Huiffier informe le Créancier de l'état où fe trouve le Débiteur, & fçache fon intention fur une procédure auffi rigoureufe que l'eft une vente de meubles en Juftice. Mais la raifon de décider au contraire, eft que le Créancier doit s'imputer de n'avoir point retiré le Billet & la Sentence des mains de l'Huiffier; en effet, cela annonce un confentement tacite qu'il donne à la vente des meubles, puifqu'il a laiffé à l'Huiffier, le titre qui lui fervoit de Pouvoir pour continuer les pour-fuites; c'eft auffi ce que la Cour a jugé par Arrêt du Samedi 28 Mars 1767, à l'Audience de 7 heures.

Dans cette efpéce, une femme autorifée en Juftice, au défaut de fon mari, offroit d'affirmer qu'elle avoit défendu à fon Huiffier de paffer outre aux pourfuites commen-cées contre fon Débiteur, qui étoit fon beau-frere. Elle étoit à cet effet interve-nante dans la conteftation d'entre fon Dé-biteur & l'Huiffier qui avoit fait les pour-fuites fous le nom emprunté d'un fieur Dubois; mais, fans s'arrêter à fa Requête, le Débiteur a été condamné à payer tous les frais légitimement faits, fuivant la taxe; il eft même à obferver que le Débiteur rapportoit une quittance définitive de fa créanciere, de beaucoup antérieure aux der-nieres pourfuites; mais cette quittance fut confidérée comme une intelligence entre le Débiteur & le Créancier, pour faire perdre à l'Huiffier fes frais; d'autres circonftances établiffoient encore que la quittance finale avoit été antidatée. Plaidans Mes de la Goutte & de Varicourt.

PRAGMATIQUE SANCTION.

Même page & même colonne, à la fin du 1er alinea de cet article, après Bâle, *ajoutez;*
Ce mot vient de *Pragmatica*, qui figni-fie, en Efpagne, *Ordonnance*.
Dans le Droit on appelle *Pragmaticum*,

un Edit de l'Empereur. Voyez la Loi 10, au Code *de Sacro-Sanctis Ecclefiis*, & les Capitulaires de Charlemagne.

PRÉ.

La dixme eft-elle dûe fur un Pré qui étoit ci-devant en terre labourable? Voyez *Dixme*, 'où eft rapporté l'Arrêt du 4 Juillet 1742, qui a jugé pour la né-gative.
On appelle Pré à *Regain*, celui qui a une feconde herbe, qu'on fauche deux fois.

PRÉAMBULE.

Page 123, colon. 1, lig. 1 du 2e alinea, après Ce mot, *ajoutez;* qui vient du latin *Præ & ambulare.*

PRÉBENDE.

Même page & même colon. à la fin du premier alinea de cet article, après Monaf-teres, *ajoutez;* du latin *à Præbendo.*

PRÉCAIRE.

Même page, col. 2, à la fin du 1er alinea; après Propriétaire, *ajoutez;* Precarium eft quod precibus petenti utendum conceditur, tandiù quandiù is qui conceffit, patitur. Lege in principio ff. de *Precario.*

PRÉCIPUT.

Même page colon. 2, à la fin du premier alinea de cet article, après biens, *ajoutez;* Du latin *Præcipere.*

PRÉCONISATION.

On appelle *Préconifation*, la Décla-ration faite dans le Confiftoire à Rome, par le Cardinal Patron, de celui qui eft nommé par le Roi à quelque Prélature, en vertu des Lettres dont il eft porteur, pour le faire agréer au Pape, qui donne enfuite fa Collation.
C'eft du jour de la Préconifation que s'expédie la date des Bulles.

PRÉDICATEURS, Prédications.

Page 125, col. 2, à la fin du 4e alinea de cet article, après &c. *ajoutez;*
Par Arrêt du premier Juin 1737, ren-du en la Tournelle Criminelle, confor-

mément aux Conclusions de M. Joly de Fleury, Avocat Général, il a été jugé, entr'autres choses, que des Prédications scandaleuses faites au Prône par un Curé, ne formoient qu'un délit commun, dont la connoissance, par conséquent, appartenoit spécialement à l'Official. Voyez cet Arrêt dans les Arrêts & Réglemens Notables, imprimés en 1743.

PRÉJUDICIAUX (Frais).

On appelle ainsi les Frais des défauts, qu'il faut rembourser avant qu'on puisse être reçu à se pourvoir contre un Jugement. V. *Contumace & Frais.*

PRÉFÉRENCE.

On appelle en terme de Droit, Préférence, l'avantage accordé à un créancier sur un autre créancier.

Cette Préférence, quand il s'agit d'immeubles, est fondée ou sur l'antériorité d'hypotéque, ou sur les titres plus en régle les uns que les autres, ou même sur la nature de la créance. Sur cela voyez *Exécutoire, Grosse, Ordre de Privilége & d'Hypothéque, Saisie,* &c.

Lorsqu'il n'est question que de saisie de choses mobiliaires, la Préférence est accordée au premier saisissant, par la régle *Vigilantibus jura subveniunt,* & cette régle est une émanation de cette autre, *Prior tempore, potior jure.*

Ainsi, en concurrence de diverses saisies de choses mobiliaires, le premier saisissant est toujours préféré au second, & à plus forte raison aux subséquens saisissans.

Cependant s'il y a déconfiture, c'est-à-dire, si le débiteur est insolvable, tous les opposans viennent par contribution entr'eux.

Remarquez encore que si la solvabilité ou insolvabilité de la Partie saisie, fait la matiere d'une contestation entre le premier & subséquent saisissant, l'usage ordinaire est que le premier saisissant touche les deniers provenans de la chose saisie, en donnant néantmoins caution de les représenter, à l'effet d'être contribués, si par l'événement il y a lieu à la contribution.

PRÉLAT, PRÉLATURE.

Page 126, colon. 1, à la fin de cet article, après Manuel-Lexique, *ajoutez;*

Philippes-le-Long rendit une Ordonnance en 1319, qui portoit qu'il n'y auroit nuls Prélats au Parlement, parce que le Roi *fait conscience de les empêcher de vaquer au Gouvernement de leur Spiritualité.*

PRÉLATION (Droit de).

Même page, col. 2, à la fin du 3e alinea, après Catelan, *ajoutez;*

Il faut observer que quand la Foi & Hommage ont été faits & les Droits & Devoirs payés, le Roi ne fait point usage du Droit de Prélation; & que lorsque Sa Majesté exerce ce Droit, c'est toujours en remboursant l'Acquéreur.

Même page, col. 2, à la fin de cet article, après Retrait Censuel, *ajoutez;*

La Prélation en fait de Bail Emphitéotique, est encore le Droit en vertu duquel le bailleur est préféré à tous autres, pour raison des améliorations que veut aliéner le preneur.

PRÉMICES.

Page 127, col. 1, à la fin du 1er alinea de cet article, après de dixme, *ajoutez;*

Il est ordonné dans le Lévitique d'offrir à Dieu les Prémices de toutes sortes de fruits.

PRESCRIPTION.

Page 133, col. 2, à la fin du 3e alinea de cet article, après Loi, *ajoutez;* aussi l'appellent-ils *la Patrone du Genre humain.*

A la fin du 4e alinea du même article, après & éteintes, *ajoutez;* Voyez l'Ordonnance de 1560.

Page 134, col. 2, à la fin de la premiere ligne, après insinuée, *ajoutez;*

Peut-on opposer la Prescription à un condamné aux Galeres *à temps?* Voyez Prescription en matiere criminelle.

Page 135, col. 1, à la fin du 2e alinea, après Juillet 1684, *ajoutez;*

Suivant Ferron, sur la Coutume de Bordeaux, la Prescription du fonds dotal ne court point pendant le mariage; mais fi elle a commencé avant le mariage ; elle continue fon cours.

La Loi *Si Fundum*, ff. *de Jure dotali*, rend le mari garant de la Prefcription qu'il a foufferte du fonds à lui conftitué en dot, excepté s'il ne reftoit que peu de jours à finir la Prefcription. *Planè fi pauciffimi dies ad perficiendam longi temporis poffeffionem fuperfuerunt, nihil imputabitur marito :* Ainfi, par un argument contraire, s'il reftoit beaucoup de tems, le mari feroit tenu pour fa négligence. Voyez Ferron, & fon Annotateur, pag. 264.

Page 136, col. 2, à la fin de la premiere ligne, après précife, *ajoutez* ;

C'eft une maxime certaine, en matiere de Prefcription, que l'on ne peut prefcrire qu'autant qu'on pofféde, *tantùm Præfcriptum, quantùm poffeffum.*

C'en eft une autre qu'il faut poffédér, *animo Domini*, quand il s'agit de la Prefcription d'une chofe corporelle, *nec enim animo fufficit, fed & corpus exigitur.* V. Cujas, *ad Paragraphum quæfitum*, Lege 44. *de acq. vel amit. Poffeff.*

Pour les immeubles, en Normandie, la Prefcription de 40 ans vaut le titre, pourvû que le poffeffeur ait joui paifiblement ; & les actions perfonnelles & mobiliaires fe prefcrivent par 30 ans.

Même page & même col. lig. 4 du 6e alinea, après la propriété, *ajoutez en note;* (a).

(a) Ferron fur Bordeaux, page 140, agite cette queftion, & rapporte différentes opinions fur la Prefcription des meubles. La Peyrere, lettre P, n°. 98, n'eft point d'avis que la Prefcription des meubles ait lieu par trois ans, & fon Apoftillateur dit qu'il faut trente ans pour prefcrire les meubles & les immeubles.

Même page & même colon. ligne 6 du 6e alinea, après contre lui, *ajoutez* ; *Non vi, non clàm, non precariò.*

Page 137, col. 1, à la fin du 5e alinea, après préfentes, *ajoutez* ; l'abfence s'expliquant de celui qui demeure dans une autre Sénéchauffée. V. la Peyrere.

Page 138, col. 1, lig. 3, après d'Argou, *ajoutez* ; & de Boutaric.

Même page & même col. lig. 3 du dernier alinea, après perfonnelle, *ajoutez* ; c'eftà-dire, fi celui qui eft obligé perfonnellement, poffede des immeubles qui foient hypothéqués à fon créancier.

Même page, col. 2, à la fin du 7e alinea, après V. Cens, *ajoutez* ;

Par Arrêt du 16 Juin 1763, rendu en la feconde des Enquêtes, au rapport de M. de Beze-de-Lys, il a été jugé que le Cens Seigneurial étoit imprefcriptible, mais que dans les Coutumes de Franc-Aleu, le Cens volant fe prefcrivoit par 30 ans, comme une convention ordinaire. Me Lemoine de Grand-Pré écrivoit dans ce procès contre Me Bretón.

Page 139, colonne premiere, à la fin du huitiéme alinea, après termes, *ajoutez* ; V. Loyers, n°. 1, 2 & 3.

Page 140, col. 2, à la fin du 2e alinea, après cette circonftance, *ajoutez* ;

La même chofe a été jugée par Arrêt du Samedi 29 Avril 1758, rendu fur délibéré, confirmatif d'une Sentence de MM. des Requêtes du Palais, qui avoit jugé qu'une Inftance ne tomboit point en Prefcription par difcontinuation de procédures pendant 30 ans, parce que Meffieurs des Requêtes du Palais, faifant Corps avec le Parlement, on ne peut leur faire des fommations de juger.

Page 142, colonne 1, à la fin du 4e alinea, après V. Complainte, *ajoutez* ;

Quoique la Prefcription annale ait lieu du Bourgeois contre le Marchand, en affirmant toutefois par celui-là, elle n'a point lieu de Marchand à Marchand : le principe eft certain à cet égard, & c'eft auffi ce que la Cour a jugé par Arrêt du Mardi 16 Mai 1767. Me Bazin plaidoit dans cette Caufe.

La même chofe a été jugée par un autre Arrêt, dont voici l'efpéce.

Le nommé Rouffelot étoit créancier du nommé Lemboulley, d'une fomme de 287 livres, pour marchandifes de miel à lui fournies. Rouffelot n'avoit point d'arrêté ; mais la fomme étoit portée fur fon livre de commerce. Lemboulley décéda dix mois après la fourniture à lui faite, & il fut créé un Curateur à fa fucceffion vacante ; Rouffelot obtint, un an *treize jours* après la date de la fourniture par lui faite, une Sentence contre le Curateur à la fucceffion vacante, & forma oppofition entre les mains de l'Huiffier, à la délivrance des deniers provenus de la vente. Le nommé Garnier ;

créancier de Lembolley, d'une rente de
20 livres, au principal de 400 livres, &
qui avoit fait appoſer les ſcellés, vendre
les meubles, & fait déclarer ſon titre exé-
cùtoire contre le Curateur à la ſucceſſion
vacante, fit aſſigner Rouſſelot pour apporter titre & exploit, en vertu deſquels il
avoit formé oppoſition à la délivrance des
deniers entre les mains de l'Huiſſier : le
moyen de Garnier étoit la Preſcription
annale, il l'oppoſoit à Rouſſelot, ainſi que
l'article 7 du titre premier de l'Ordonnance
du Commerce. Rouſſelot répondroit que la
Preſcription annale n'avoit point lieu de
Marchand à Marchand : que même le Bourgeois qui l'oppoſoit, étoit obligé d'affirmer ;
ce que ne pouvoit faire Garnier. C'eſt dans
ces circonſtances qu'il eſt intervenu Arrêt
le Lundi 15 Décembre 1766, qui, en infirmant les Sentences de la Juſtice de Sou-
laine (Coutume de Troyes), ordonna le
payement de Rouſſelot, par contribution
avec Garnier, pour le payement des arrérages ſeulement de ſa rente, ſauf à Garnier
à ſe pourvoir ſur les immeubles pour ſon
capital.

Voici encore un autre Arrêt qui mérite d'être rapporté, non-ſeulement parce qu'il a jugé la même queſtion *in terminis*,
mais principalement à cauſe de deux autres
queſtions décidées par cet Arrêt.

Laurent Huſſon Prin, Marchand de
Fer à Sédan, fit aſſigner le nommé Bridier,
Marchand Chaudronnier, pardevant le
Prévôt, Juge-Conſul de Stenay, pour être
condamné conſulairement, & par corps, à
lui payer 311 liv. 3 ſ. 6 d. reſtant de plus
grande ſomme à lui dûe pour fourniture de
marchandiſes qu'il lui avoit faites en 1758.

La demande de Huſſon Prin ne fut formée qu'en 1765, c'eſt-à-dire, ſept années
après les fournitures, & il donna copie par
ſon exploit de demande, de l'extrait de
ſon livre de commerce, *par lui certifié
véritable*.

Le Prevôt, Juge-Conſul de Stenay, débouta Huſſon Prin de ſa demande, en affirmant par Bridier, qu'il avoit payé à Huſſon
Prin la ſomme à lui demandée, dépens réſervés juſqu'après l'affirmation.

Huſſon Prin appella de cette Sentence ;
ſes moyens conſiſtoient à dire, 1°, que la

Preſcription annale n'avoit lieu que du
Bourgeois au Marchand, & non point de
Marchand à Marchand ; 2°. qu'un Marchand n'avoit pas beſoin d'un autre titre,
pour demander ſon dû à un Marchand, que
de ſon livre de commerce, dont il avoit
donné un extrait par ſon exploit de demande ; 3° enfin, que lorſqu'il n'y avoit point
de Conſuls établis dans le lieu du domicile
des Parties, & que la demande étoit portée devant le Juge du Seigneur, ou Juge
ordinaire, l'appel de ſa Sentence, quoique
rendue conſulairement, étoit toujours recevable, quand même la ſomme ſeroit au-
deſſous de 500 l. n'y ayant que les Juriſ-
dictions Conſulaires établies en titre, qui
puſſent juger ſans appel, juſqu'à 500 liv.
(lorſque la Sentence étoit rendue au moins
par trois Juges.) C'eſt auſſi ce que la Cour a
Jugé par l'Arrêt rendu dans cette cauſe le
Vendredi 22 Janv. 1768, Audience de 7
heures. La Sentence fut infirmée ; Bridier
condamné, & par corps, à payer la ſomme de
311 liv. 1 ſ. 6 d. en affirmant néanmoins par
Huſſon Prin en perſonne à l'Audience, devant le plus prochain Juge Royal des lieux,
que ladite ſomme lui étoit légitimement
dûe par Bridier. Plaidant Me de Varicourt
pour l'Appellant, contre Me Vermeil pour
l'Intimé.

Un de Meſſieurs dit, après l'Audience,
que les Juges de Seigneurs ne pouvoient,
en aucun cas, juger en dernier reſſort ; ils
peuvent bien, en pareilles circonſtances,
ordonner la contrainte par corps, mais on
peut toujours appeler de leur Sentence,
même pour les ſommes au-deſſous de 500
livres ; il doit en être de même des Sentences rendues dans les Bailliages.

*Même page & même colon. à la fin du 8e
alinea, après* chap. 134, *ajoutez*; & un autre du 18 Mai 1684, rapporté au Journal
du Palais.

Page 143, *col.* 1, *à la fin du 4e alinea,
après* V. Fondation, *ajoutez*;

Van-Obſtal, célèbre Sculpteur, ayant
eu conteſtation avec un Particulier au ſujet du payement de ſes ouvrages ; celui-
ci voulut le payer de la Preſcription. M.
de Lamoignon, Avocat Général, obſerva
qu'en fait d'Arts Libéraux, la Preſcription
ne pouvoit point être oppoſée, & qu'ils

devoient être affranchis de la rigueur de cette Loi.

Mêmes page & col. à la fin du 5ᵉ alinea, après voyez *Décimes, ajoutez;* Sur toutes les Prescriptions voyez le Traité de Dunod.

PRESCRIPTION en matiere criminelle.

Page 143, col. premiere, lig. 5 du 2ᵉ alinea de cet article, après crime, *ajoutez;* c'est la disposition de la Loi *Querela* au *Cod. Ad legem\Corneliam de Falsis;* cette disposition est adoptée dans le Droit François. C'est aussi la Jurisprndence des Arrêts. V. M. Louet & Brodeau, lettre P, mais, &c.

Page 144, col. 1, à la fin du 4ᵉ alinea, après vingt ans, *ajoutez;*

La Prescription peut être opposée à un Galérien *à temps*, par la raison que n'étant point mort civilement, il doit fonder quelqu'un de sa procuration, pour veiller à ses intérêts jusqu'au temps où la liberté lui sera rendue. Il est vrai qu'aux termes des Loix, ceux qui sont dans la captivité, ne sont point dans le cas de la Prescription; mais il faut distinguer entre un Captif qui est un homme pris par les ennemis, & un Galérien qui, à la différence de l'autre, ne mérite aucune faveur: c'est même ce que la Cour a jugé par un Arrêt, dont voici l'espéce.

Simon Girard fut décrété de prise de corps pour homicide; Girard, étant dans les Prisons, passa une Procuration à sa femme, à l'effet de vendre son bien; Girard fut condamné à neuf ans de Galeres, il exécuta son Jugement, & obtint son congé après l'expiration de sa peine; de retour dans sa Patrie, il prit des Lettres de Rescision contre la vente de ses biens, faite par sa femme, comme fondée de sa Procuration: la lésion paroissoit assez bien prouvée, & plusieurs circonstances, de différente nature, étoient tout-à-fait à l'avantage de Girard. La veuve du sieur Chapotin, acquéreur des biens de Girard, le soutint purement & simplement non-recevable dans sa demande, *pour ne s'être point pourvû dans les dix ans qui avoient suivi l'aliénation.* Cette fin de non-recevoir fut entiérement adoptée par Sentence du Bailliage d'Auxerre. Sur l'appel par Girard, la Sentence fut confirmée par Arrêt rendu sur rapport en la Grand'Chambre, le Samedi 4 Septembre

1762. Mᵉ Carlier écrivoit dans cette Instance. Voyez sur cette question le Traité de la Prescription de Dunod.

L'Ordonnance des Eaux & Forêts de 1669, titre 32, article 25, porte que, les amendes ne pourront être prescrites que par dix ans, nonobstant tous usages & coutumes contraires.

PRÉSÉANCE, Présidence.

Page 154, colonne 2, à la fin du premier alinea de cet article, après pour la marche, *ajoutez;* du latin *Præsedere.*

Page 158, col. 1, à la fin du 1ᵉʳ alinea, après Gentilshommes, *ajoutez;*

Maréchal (des Droits Honorifiques, chapitre premier) dit que lorsque les Officiers du Seigneur Haut-Justicier sont gradués, ils représentent le Seigneur en son absence, & précédent tous les Gentilshommes de la Paroisse; mais que dans les petites Justices de Village, où le plus souvent ils ne sont pas gradués, on ne leur accorde pas la même prérogative.

Page 160, col. 1, ligne 2 du 2ᵉ alinea, après Arrêt, *ajoutez;* du Conseil du Roi.

A la fin du même alinea, après 1688, *ajoutez;* Voyez cet Arrêt dans l'édition *in-4°.* de 1689, onziéme partie.

Un autre Arrêt du Parlement du 15 Juin 1688, a jugé que les Avocats exerçans *actuellement la profession*, devoient précéder les anciens Marguilliers comptables (de la Paroisse de S. Severin) aux processions & autres cérémonies publiques. Cet Arrêt est également rapporté au Journal du Palais, tome 2 de l'édition *in-folio*, à sa date.

Page 152, col. 2, à la fin de cet article; après & après lui, *ajoutez;*

Le Samedi 12 Juillet 1766, on a plaidé en la Grand'Chambre, les Chambres assemblées, la question de sçavoir si les Officiers de la Justice des Pairies Ecclésiastiques de Noyon, Rheims, Beauvais & Chaalons, auroient la Présidence aux assemblées, à l'exclusion des Officiers Royaux dans lesdites Villes; & par l'Arrêt, la Cause sur le fond a été remise au lendemain de la Chandeleur, & cependant la provision a été accordée aux Officiers desdits Juges Royaux.

Par

Par Arrêt du Jeudi 27 Août 1767, rendu en la Grand'Chambre, au rapport de M. Mayneaud de la Tour, il a été jugé que la qualité de Président au Grenier à Sel de Provins en Brie, dont le sieur de Chevery étoit revêtu, ne formoit point en sa faveur un titre qui lui donnât la Préséance, & lui procurât des distinctions dans l'Eglise Paroissiale d'un Village, où il étoit propriétaire de quelques fonds roturiers, & où il venoit passer quelques mois de l'année. Le sieur de Chevery demandoit que les Marguilliers de l'Eglise de Savins lui présentassent le Pain-Béni par morceau de distinction après le Clergé, le Seigneur & sa famille ; par Sentence du Bailliage de Provins du 5 Août 1765, il avoit été ordonné, entr'autres choses, que les Marguilliers présenteroient au sieur de Chevery le Pain-Béni par morceau de distinction après le Clergé de la Paroisse de Savins, le Seigneur du lieu & sa famille, & ce toutes les fois que le sieur de Chevery se trouveroit placé dans le Chœur de l'Eglise de ladite Paroisse ; & que lorsque le sieur de Chevery se placeroit dans la Nef, le Pain-Béni ne lui seroit présenté que comme à un simple Habitant & à son tour. Cette Sentence a été infirmée par l'Arrêt ci-dessus daté. Me Moussu fit un Mémoire pour le Marquis de Culan, Seigneur Haut-Justicier de Savins, intervenant, & qui soutenoit le sieur de Chevery non-recevable dans sa prétention ; Me Huet de Paisy en fit un pour le sieur de Chevery.

Jacques-André Cruzius a fait un Traité fort complet sur les Préséances : ce Traité a été imprimé à Breme, in-4°.

PRÉSENCE.

Page 145, col. 1, lig. 4 du 1er alinea de cet article, après Par exemple, *ajoutez* ;
à la levée d'un scellé des mineurs ou des absens, la Présence (*Conspectus*) d'un substitut est nécessaire.

PRÉSENTATION.
EN MATIERE BÉNÉFICIALE.

Page 150, colonne 2, à la fin de cet article, après V. Patronage, *ajoutez* ;
La Présentation faite par un tiers, comme Procureur du Patron, peut-elle pré-
Supplément.

valoir sur celle du Patron même, quand la premiere procuration est donnée sous signature privée & sans témoins, mais a été insinuée, & que la seconde au contraire donnée par le Patron est passée pardevant Notaire & dans une forme judiciaire ? Voici dans quelles circonstances cette question s'est présentée.

La Cure de Saint Pavins-des-Champs, Diocèse du Mans, ayant vaqué au commencement de l'année 1765 par le décès du sieur Portier, dernier Titulaire, M. de Simiane, ancien Evêque de Saint Paul-Trois-Châteaux, Abbé d'Evron, & en cette derniere qualité, Patron de la Cure ci-dessus, y présenta le sieur Rousset, par Actes des 18 Février & 20 Mars 1765 ; le premier de ces Actes, sous signature privée, mais en présence de deux témoins, connus & domiciliés : le second pardevant Notaires.

Sur cette double Présentation, le sieur Rousset obtint des Provisions de M. l'Evêque du Mans, le 26 Mars 1765, & prit possession de la Cure le même jour : mais un sieur Yvon y forma opposition sur le fondement qu'il étoit pourvu lui-même de la Cure *dès le 15 Février précédent*, sur la Présentation du sieur de Launay, Curé de Saint Parace, qui, à cet effet, avoit été fondé de la procuration de M. de Simiane. La complainte s'engagea au Bailliage du Mans entre les deux contendans ; le sieur Rousset soutint que la procuration, en vertu de laquelle le sieur Yvon avoit été nommé, étoit nulle, attendu qu'elle se trouvoit *sous signature privée & sans témoins* : que par conséquent cette nullité entraînoit la ruine de l'Acte de Présentation fait en conséquence, & de la provision qui l'avoit suivi. Le sieur Yvon répliquoit que la procuration dont avoit été fondé le sieur de Launay pour le présenter, avoit été insinuée ; qu'ainsi elle avoit une date certaine & antérieure à la Présentation & aux provisions du sieur Rousset ; que la procuration ayant pu être donnée sous seing-privé, un pareil Acte n'étoit point dans le cas d'avoir des témoins instrumentaires pour garans ; les lettres de Vicariat ou procuration pour conférer & présenter, n'étant point d'ailleurs nommées dans aucun Réglement. Le Bailliage du Mans n'eut point égard aux moyens de nullité opposés par le sieur Rousset ; & par Sentence du 27 Juin 1765, le sieur Yvon, premier pourvu, fut maintenu dans la Cure.

Le sieur Rousset interjetta appel en la Cour de cette Sentence : la Cause portée à l'Audience, les Conclusions de M. Séguier, Avocat Général, tendoient à l'infirmation de la Sentence, sur le fondement de la nullité de la procuration : en effet, quoique la procuration, en vertu de laquelle le sieur Yvon avoit été présenté, eût été insinuée, ce qui lui donnoit une date certaine, un Acte nul en lui-même ne peut point valider par l'insinuation. Par Arrêt du Mercredi 3 Déc. 1766, la Cour ordonna qu'il en seroit délibéré ; & depuis, le délibéré ayant été jugé, il intervint Arrêt au rapport de M. Sahuguet d'Espagnac, le Samedi 14 Fév. 1767, qui confirma la Sentence du Bailliage du Mans, en conséquence maintint le sieur Yvon premier pourvu.

Ainsi cet Arrêt a jugé qu'une procuration dans une pareille espéce étoit valable, quoique *sous signature privée & sans témoins*, & qu'il suffisoit qu'elle eût été insinuée avant que le sieur Rousset eût été présenté : peut-être la variation du Patron a-t-elle été regardée d'un œil défavorable. Me Laget-Bardelin, qui plaidoit pour le sieur Rousset, appellant, & Me le Gouvé pour le sieur Yvon, intimé, firent des Mémoires imprimés dans cette Cause.

PRÉSIDIAL, PRÉSIDIAUX.

Page 151, *col.* 2, *lig.* 5 *du* 3e *alinea*, *après* & *des mineurs*, *ajoutez* ; les demandes en retrait lignager, en dommages-intérêts ; lorsqu'il s'agit du cens, des qualités d'héritiers.

A la fin du même alinea, après création, *ajoutez* ;

Le Jeudi, 14 Janvier 1768, cette question s'est présentée au Parquet de Messieurs les Gens du Roi.

La veuve Potel prétendoit contre le nommé Gaguery, qu'il lui appartenoit 22 perches de terres dont Gaguery étoit en possession. Le Juge de la Prévôté de Chezy avoit débouté la veuve Potel de sa demande en désistement formée contre Gaguery. Elle en interjetta appel au Présidial

de Château-Thierry, où *elle restreignit sa demande au premier chef de l'Edit.* Sentence y intervint sur appointement, qui enthérina le Rapport des Arpenteurs, & débouta *par Jugement dernier*, la veuve Potel de sa demande en désistement formée contre Gaguery, avec dépens. La veuve Potel interjetta appel comme de Juges incompétens de cette Sentence. Elle fondoit son appel sur deux Moyens : elle soutenoit en premier lieu que les Présidiaux ne pouvoient connoître de matiere réelle indéterminée pour la valeur ; qu'il s'agissoit de 22 perches de terres qui, par l'affection que l'on pouvoit y mettre, étoient inappréciables : elle disoit en second lieu, que quoiqu'elle eût consenti à être jugée *par Jugement dernier*, les Parties ne pouvant par leur fait, rendre compétens les Présidiaux pour connoître & décider en dernier ressort, d'une matiere sur laquelle ils ne peuvent prononcer par Jugement dernier, on ne pouvoit lui opposer son acquiescement. Enfin elle observoit que l'Avocat appellé pour completter le nombre des sept Juges, s'étant trouvé être le beau-frere du Rapporteur, & les deux beaux-freres ne formant qu'une voix, (voyez *Opinions*,) il en résultoit que la Sentence n'avoit été rendue que par six Juges. La Cause plaidée devant M. Barentin, Avocat Général, la Sentence a été déclarée incompétemment rendue, & les Parties renvoyées au Bailliage du Palais. Le Moyen qui a paru décisif, indépendamment de ce que l'un des Juges étoit beau-frere du Rapporteur, c'est que s'agissant d'une demande en désistement d'héritages, le Présidial n'étoit pas compétent pour juger de cette matiere *par Jugement dernier*, quoique dans l'espéce particuliere, les 22 perches de terres ne formassent pas un objet de 100 livres. Plaidans Mes Breton & de Varicourt.

Page 153, *colon.* 2, *à la fin de l'article*, *après* nullité, *ajoutez* ;

Les Présidiaux ne peuvent prononcer par Jugement dernier & au premier chef de l'Edit, la contrainte par corps : c'est en conformité de ce principe, que par Arrêt du Lundi 3 Décemb. 1759, la Cour a jugé que le nommé le Sueur, Pâtissier-Traiteur à Senlis, qui avoit fait un billet payable à l'ordre d'un autre Pâtissier aussi de Senlis, valeur reçue comptant, n'avoit point dû être assigné au Présidial de Senlis ; & que, lorsqu'il y avoit lieu à prononcer la contrainte par corps, c'étoit au Bailliage qu'il falloit assigner, attendu que le tort que peut faire la contrainte par corps, mise à exécution, est inestimable.

PRÉSOMPTIONS.

Page 154, colon. 1, à la fin de cet article, après les preuves, ajoutez ;

Les Présomptions de fraude en matiere d'Actes, sont, 1°. lorsque les Actes ont été passés devant le même Notaire, *coram iisdem Tabellionibus* ; 2°. lorsqu'ils ont été faits dans un temps voisin, suivant la maxime : *Ex vicinitate temporis, præsumitur unus actus ex contemplatione alterius factus.*

PREST.

Sur le Prêt, voyez le Contrat de Bienfaisance, par M. Pothier.

PRESTIMONIE.

Page 163, col. 1, à la fin de cet article, après de plein droit, ajoutez ;

Panorme a fait un Traité particulier des Prestimonies. Voyez aussi Dumoulin dans ses Régles de Chancellerie.

PRÉTÉRIT, PRÉTÉRITION.

Mêmes page & col. à la fin du 1er alinea de cet article, après testament, ajoutez ; Ce mot vient du latin *Præteritum,* passé, oublié.

PRÉVARICATEUR, Prévarication.

Le Prévaricateur est celui qui abuse de la confiance qu'on lui a donnée : il se dit plus particuliérement de l'abus commis dans l'exercice d'une Charge publique. Par exemple, » si un Greffier découvre le secret d'une information, c'est une Prévarication en sa Charge. Si un Rapporteur omet sciemment de parler d'une piéce importante, c'est un Prévaricateur. Si un homme fondé de procuration générale abuse de son pouvoir, c'est une Prévarication «.

M. le Bret, Traité de la Souveraineté du Roi, liv. 2, ch. 2 & 3, parle des peines qu'encourent les Juges Prévaricateurs.

Voici ce qu'on lit dans Valere Maxime, liv. 6, chap. 2, au sujet d'un Juge Prévaricateur. *Cambyses, Rex Persarum, fecit excoriari quemdam Judicem, & pellem ejus affigi ad sedem judicialem, & filium illius posuit in locum patris, scribens desuper :*

Sit tibi judicium, pellis, sedesque paterna ;
à manibus resecs munus : ab aure preces.

PRÉVENTION.

*Page 165, à la fin de la note (a), après V. Barre, ajoutez ; ***

* Cependant, on prétend qu'un Arrêt du 18 Avril 1761, a maintenu les Officiers du Châtelet, dans le droit d'apposer & lever les scellés, par Prévention, dans l'Enclos de la Temporalité de M. l'Archevêque de Paris, qui étoit intervenu en la Cause, & que cet Arrêt a déclaré la contre-opposition des scellés du Bailli & des Officiers de la Temporalité de M. l'Archevêque de Paris, sur ceux des Officiers du Châtelet, nulle & incompétente avec dépens. Mais voyez un Arrêt récent à l'article *Scellés.*

PRÉVENTION
EN MATIERE BÉNÉFICIALE.

Page 168, colon. 1, lig. 4 du 2e alinea, après telle Prévention, ajoutez ;

C'est en conformité de ces maximes, qu'est intervenu l'Arrêt dont voici l'espéce.

La Cure de Saint Pourçain de Marigny, Diocèse de Bourges, avoit vaqué le 24 Mars 1758, par le décès du sieur Coureau, dernier Titulaire. Le sieur Contant en obtint des provisions en Cour de Rome, le 11 Avril suivant, & en prit possession le 31. L'Abbesse de Sainte Menoux, Patrone de cette Cure, y avoit, par acte passé à Clermont le 3 du même mois d'Avril, nommé le sieur Durand qui étoit à Bourbon-Lancy, petite Ville distante de Clermont de 26 lieues. Le sieur Contant instruit que cette nomination n'avoit été notifiée au Collateur que le 12 Avril, postérieurement à ses Provisions de Cour de Rome, se regarda comme seul Titulaire légitime de la Cure de S. Pourçain ; & par exploit du 4 Septembre 1758, il fit assigner le sieur Durand en complainte en la Sénéchaussée de Bourbonnois. Par une premiere Sentence la récréance fut adjugée au sieur Contant, & par une seconde les Parties furent appointées, & Sentence définitive intervint sur productions respectives le 6 Juillet 1759, qui maintint le sieur Contant dans la posfeffion du Bénéfice contentieux. Le fieur Durand ayant interjetté appel de cette Sentence, Arrêt intervint en la premiere des Enquêtes, le Samedi 10 Août 1760, qui infirma la Sentence : le motif de l'Arrêt étoit fondé fur la maxime, *Præfentatio, etiam nulla, ligat manus Papæ.* Mᵉ Lemoine de la Clartiere fit un Mémoire pour le fieur Contant, Intimé.

PREUVES.

Page 176, colon. 2, à la fin du 3ᵉ alinea, après s'admettre, ajoutez ; Ce feroit, dit d'Argentré, fur l'article 280 de la Coutume de Bretagne, *fraudes alere publicâ juris autoritate, & malignâ fapientiâ fovere debitorum perfidiam.*

Même page & même colonne, à la fin du 4ᵉ alinea, après faux, *ajoutez* ; telles font les difpofitions de l'Ordonnance de Moulins, article 54, & de celle de 1667, tit. 20, article 2.

Remarquez encore que toutes Preuves qui ne peuvent rien produire d'utile, doivent être rejettées : *Fruftrà probatur quod probatum nihil revelat. Lege 21, cod. de Probat.*

Page 177, col. 2, à la fin du 1ᵉʳ alinea, après obliger, *ajoutez* ;

Il y a plus : quoique la Preuve *contre & outre le contenu aux actes* foit inadmiffible aux termes de l'Ordonnance de 1667, cependant on peut quelquefois être admis à faire Preuve de faits poftérieurs, mais relatifs aux actes, quand même cette Preuve tendroit directement à empêcher l'exécution, ou même à anéantir l'acte dont il s'agit ; cela dépend entiérement des circonftances qui décident dans beaucoup d'affaires. En voici un exemple récent.

Le fieur Regley, pourvu de l'Office de Lieutenant Général au Bailliage de Bar-fur-Seine, paffa un écrit fait double fous fignature privée, par lequel il vendoit fon Office au fieur Simon, Avocat, moyennant 16000 livres ; il s'obligeoit, par cet acte, de remettre inceffamment au fieur Simon *toute procuration ad refignandum*, néceffaire pour fe faire recevoir audit Office ; après plufieurs claufes & conditions contenues dans cet acte, les Parties fe foumettoient réciproquement de paffer *inceffamment par*

devant Notaires contrat de ces préfentes. Des difficultés de plus d'un genre, étant furvenues par le fait du fieur Regley, & ces difficultés ayant mis obftacle à la confommation de la vente de l'Office, le fieur Simon foutint & demanda à faire Preuve, *que du confentement mutuel des Parties*, le Traité en queftion avoit été réfolu & anéanti ; que même depuis cette réfolution, le fieur Regley avoit lui-même propofé à un autre particulier (Mᵉ de Larquelay) de lui vendre fa charge *aux mêmes claufes & conditions que celles qu'il avoit propofées au fieur Simon* : qu'étant convenu de fes faits avec Mᵉ de Larquelay, *il avoit dreffé & rédigé de fa main* le projet du contrat de vente, & l'avoit remis au fieur Simon en qualité de prémier Clerc de Mᵉ Baron, Notaire, pour le rédiger en forme ; enfin, que le fieur Regley avoit reçu de Mᵉ de Larquelay une montre d'or faifant partie du pot-de-vin. De fon côté le fieur Regley foutenoit le fieur Simon non-recevable dans fa demande à fin de Preuve, qu'il difoit être inutile ; il reprochoit au fieur Simon de plaider contre fa propre obligation ; enfin, il fe renfermoit dans le Traité dont il demandoit l'exécution, aux offres d'en accomplir les conditions auxquelles il prétendoit feulement être obligé. La caufe portée au Châtelet, il y intervint Sentence fur Délibéré le 26 Août 1766, par laquelle Mᵉ Simon fut admis à la Preuve des faits par lui articulés. Le fieur Regley en ayant interjetté appel, cette Sentence fut confirmée par Arrêt rendu auffi fur Délibéré le Mardi 10 Février 1767, au rapport de M. l'Abbé Tudert. Mᵉ de la Borde fit un Mémoire fur le Délibéré pour le fieur Simon.

Mais, fuivant les Jurifconfultes, la Preuve d'une négative doit être rejettée, à moins qu'elle ne puiffe fe réduire à un fait purement affirmatif, ou bien qu'elle ne foit refferrée dans les bornes d'un certain tems & d'un certain lieu, *nifi circumfcripta fit loco & tempore.* Par exemple, fi un témoin dépofoit que dans un tel lieu où il étoit préfent, & pendant le tems qu'il y eft refté, il n'a pas été fait telle ou telle chofe, fa dépofition pourroit être admife. Voyez Danty, pag. 9.

C'est encore une maxime généralement reçue, qu'on doit ajouter plus de foi à deux témoins qui affirment, qu'à dix qui déposent d'une négative. *Duobus afferentibus affirmativam magis creditur, quàm etiam decem negativam proponentibus.* Boerius, *decif.* 100, n. 5.

Ces maximes ont été consacrées par un Arrêt rendu au rapport de M. Charlet, Conseiller en la premiere des Enquêtes, le 21 Mai 1749.

Dans l'efpéce de cet Arrêt, le fieur Baudaire, Curé de Guignonville, Diocèfe d'Orléans, & le nommé Roufleau avoient été admis à la Preuve teftimoniale de leurs faits. Un des témoins de l'Enquête de Roufleau dépofoit qu'il étoit de fa connoiflance que la dixme des cochons ne fe payoit qu'à raifon d'un cochon par chaque métairie; qu'il avoit vu porter un cochon à un fieur Bourdois, alors Curé, pour la dixme d'une métairie, & que néantmoins celui qui avoit apporté ce cochon au fieur Bourdois, avoit plufieurs métairies.

Cette dépofition étoit claire : mais comme c'étoit un fait purement négatif qui n'étoit point circonfcrit, *loco & tempore,* fuivant le langage des Jurifconfultes, & qui ne fignifioit autre chofe, fi ce n'eft que ce témoin n'avoit point vu faire une chofe, qui avoit pu fe faire de mille autres manieres, fans que le dépofant en eût été inftruit, on a jugé fon témoignage devoir être rejetté, par la raifon que ce fait dénié par ce témoin, étoit attefté par d'autres qui dépofoient de leurs propres faits, ou de ce qu'ils avoient vu; fçavoir, que l'ufage de la Paroiffe avoit toujours été de payer un cochon par chaque mere, ou, ce qui étoit la même chofe, un demi cochon par portée. Il eft auffi parlé de cet Arrêt au mot *Dixmes,* n°. 75.

Même page & même col. à la fin de cet article, après voyez Domat, *ajoutez* ; & le Traité de la Preuve par témoin, de Danty.

PRIEURÉS, PRIEURS.

Page 180, col. 2, *à la fin du 1er alinea, après* dignités, *ajoutez* ;

Ainfi le Prieur Clauftral eft différent du Prieur Conventuel, en ce qu'il n'a qu'une fimple Jurifdiction fpirituelle fous l'Abbé, fon pouvoir finiffant à la mort de l'Abbé, à moins qu'il n'ait été élu par tout le Couvent, comme dans les Monafteres de la Congrégation de Saint Maur, où l'Inftitution des Prieurs Clauftraux n'appartient aucunement aux Abbés Commendataires, lors même que les Prieurs Clauftraux dépendent d'eux : mais pendant la vacance de l'Abbaye, le Prieur Clauftral ne peut conférer les Bénéfices qui font à la Collation de l'Abbé ; ce droit eft dévolu à l'Evêque. Voyez le Dictionnaire de Trévoux.

PRISE A PARTIE.

Page 181, col. 1, *à la fin du 3e alinea de cet article, après &c. ajoutez* ; & lorfqu'aucune de ces circonftances ne fe rencontre, il n'y a point lieu à la Prife à Partie.

Le fieur Joly, Marchand à Lyon, avoit fait conftituer prifonnier fon débiteur dans les prifons de Montpellier, en vertu d'une Sentence de la Confervation de Lyon, confirmée par Arrêt de la Cour, fuivi d'exécutoire de dépens décerné en conféquence : le prifonnier forma fa demande en liberté de fa perfonne, devant les Juge-Confuls de Montpellier, avec affignation au fieur Joly *à un faux domicile.* L'affignation n'ayant pu lui parvenir, le débiteur obtint Sentence faute de comparoître, aux Confuls de Montpellier, qui fans s'arrêter à la Sentence de la Confervation de Lyon, ordonna l'élargiffement de fa perfonne, & par cette furprife il échappa à fon créancier. Le fieur Joly obtint Arrêt fur Requête & fur les Conclufions du Miniftere public, qui lui permit de prendre *à Partie* les Juges-Confuls de Montpellier : fon moyen principal étoit qu'avant de prononcer l'élargiffement du prifonnier, ils auroient dû vérifier la demande du débiteur, & fe faire repréfenter le Procès-verbal d'écrou qui conftatoit que c'étoit en vertu de Sentence confirmée par Arrêt, que le prifonnier étoit détenu dans les prifons. La Caufe portée à l'Audience de la Grand-Chambre, Arrêt y intervint le Mercredi, dernier Décembre 1766, qui, conformément aux Conclufions de M. Séguier, Avocat Général, déclara le fieur Joly non-recevable & mal fondé dans fa demande en Prife à Partie contre les Juge-Confuls de Montpellier, & le condamna en 300 liv. de dommages-intérêts, & en tous les dépens : plaidans Mes Huteau & Fougeron.

Ainfi cet Arrêt juge que les Confuls ne font point obligés de vérifier la demande formée par un prifonnier à fin de liberté de fa perfonne, ni les Jugemens en vertu defquels il eft détenu prifonnier ; enfin qu'ils ne peuvent être pris à Partie, fur-tout lorfqu'il n'y-a-de leur part, ni dol, ni même aucun foupçon de dol, qui eft le motif principal de la Prife à Partie.

PRISON, PRISONNIERS.

Page 188, *col.* 2, *ligne* 6 *du* 3e *alinea*, *après* la *liberté*, *effacez* & *mettez* ;

Ainfi, tout prifonnier *pour dettes* peut efpérer d'obtenir fa liberté, en préfentant une Requête au Parlement tenant fa féance aux différentes Prifons aux temps accoutumés ; (dans ce cas) il faut que le Prifonnier offre de payer comptant le tiers de fa dette, & donne bonne caution pour les deux autres tiers.

Quand ce font des deniers de charité, *conftatés par un certificat du Greffier des Prifons*, le Prifonnier fort en payant le tiers, *ou même le quart* ; mais lorfqu'il ne paye que le quart, il faut qu'il donne bonne caution pour les trois autres quarts.

Si ce font des deniers donnés par la Reine, & qu'il y en ait un certificat du Greffier, il fuffit que la fomme offerte foit du tiers, ou même du quart du principal, pour que le Prifonnier obtienne fa liberté, *fans être obligé de donner caution pour le refte* ; on lui accorde alors terme & délai pour payer le furplus, & il fort fur la minute de l'Arrêt ; la Cour l'a jugé ainfi à la Séance du 30 Août 1763, conformément aux Conclufions du Subftitut de M. le Procureur Général. Plaidans Mes de Varicourt & Doniol.

Même page, & *même col.*, *à la fin du* 5e *alinea*, *après* 1729, *ajoutez* ;

Si le mari & la femme font emprifonnés, & que l'un des deux offre de refter en Prifon, jufqu'après la fatisfaction de fes créanciers, fous la condition que l'autre aura fa liberté, il doit obtenir à fes fins,

parce qu'il feroit contre l'humanité de retenir le mari & la femme, & d'empêcher par cette double captivité, le mari de travailler au recouvrement de la liberté de fa femme, *& vice verfâ*. C'eft ce que la Cour a jugé de la maniere la plus formelle, par Arrêt rendu à la Séance de la Notre-Dame d'Août 1764. Dans cette efpéce, les fieur & dame de Montlebert étoient détenus Prifonniers pour dettes ; la femme offroit de garder Prifon, fous la condition que fon mari auroit fa liberté ; & c'eft ce qui fut ordonné par l'Arrêt que l'on vient de citer. Plaidans Mes Gabory & de Varicourt.

Cependant, fi les Créanciers avoient des titres, les uns contre le mari, & les autres contre la femme feulement, comme faifant un commerce féparé de celui de fon mari, ce que l'on vient de dire, feroit plus de difficulté ; c'eft même fur ce fondement que la femme Defneux a été déboutée de fa demande tendante à fortir de Prifon nonobftant les écroux & recommandations faits à la requête des Créanciers d'elle & de fon mari, aux offres du mari de garder Prifon jufqu'à la fatisfaction des Créanciers de l'un & l'autre. L'Arrêt eft de la féance de Noël 1766. Il eft vrai que dans l'efpéce de cet Arrêt, il y avoit un moyen décifif contre les fieur & dame Defneux, & ce moyen réfultoit de ce qu'ils avoient été arrêtés par ordre du Roi ; mais on foutint à l'Audience, qu'indépendamment de cette circonftance, il fuffifoit que le mari & la femme euffent été conftitués Prifonniers pour dettes perfonnelles & particulieres à chacun d'eux, & en vertu de titres différens, pour que le Créancier de la femme pût s'oppofer à ce qu'elle fortît, malgré les offres du mari (contre qui il n'avoit point d'action) de garder Prifon pour elle. V. auffi *Séance*.

Page 189, *col.* 1, *ligne* 4 *du* 2e *alinea*, *après* être *incommodée*, *ajoutez* ; *Carcer eft cuftodia*, *non pœna*.

Par Arrêt du Mercredi 11 Mai 1768, il a été jugé qu'il n'étoit pas néceffaire que les trois Procès-verbaux, pour conftater que le débiteur ne fortoit point de fa maifon, fuffent faits de huitaine en huitaine, & que le Réglement de 1685 ne s'appliquoit qu'aux débiteurs qui n'étoient point domiciliés dans le lieu où étoit le créancier, à l'égard desquels il falloit un plus long intervalle pour qu'ils eussent le temps de répondre au commandement, & même de faire des offres réelles.; en conséquence, le sieur Leguai a été débouté de sa demande en nullité de l'emprisonnement fait de sa personne, par le sieur Vauber Verand.

Le moyen de nullité de l'emprisonnement & des recommandations portoit, comme on vient de le dire, sur ce que les trois Procès-verbaux n'avoient point été faits de huitaine en huitaine, & sur ce qu'il n'y avoit point eu de constitution de Procureur dans le Procès-verbal de l'écrou. La Cour avoit d'abord renvoyé à l'Audience, pendant lequel temps les recommandans seroient mis en cause ; mais le sieur Leguai, emprisonné, s'étoit arrangé avec son créancier, avec lequel il avoit passé un Arrêt de concert, qui déclaroit l'emprisonnement nul ; la Cause reportée à l'Audience, les recommandans, après avoir critiqué cet Arrêt de concert, soutinrent la validité de l'emprisonnement, & leur défenseur fit usage des moyens ci-dessus rapportés : ils furent adoptés par ledit Arrêt.

PRIVILÉGE (résultant des créances).

Page 192, colon. 2, à la fin du 8ᵉ alinea, après V. Bouchers, ajoutez ;

Il y en a notamment un du 30 Juillet 1762. Cet Arrêt qui a été imprimé, a été rendu après six Audiences. Plaidans Mᵉˢ Terrassen, Gui, la Borde & Tennesson.

Dans cette Cause le sieur Barré, Marchand Boucher à Paris, obtint son Privilége pour la fourniture de la derniere année, tant sur les meubles que sur les immeubles abandonnés à ses créanciers par la Marquise de Thorigné.

Un autre Arrêt rendu à l'Audience de sept heures, le Samedi 13 Décembre 1766, après deux Audiences de plaidóiries, a jugé en faveur du sieur Cadot, ancien Commissaire, que le nommé Simon, Boucher à Gilles, n'avoit point d'hypothéque sur les immeubles de son débiteur, mais seulement un privilége pour la fourniture de viande dans la derniere année ; plaidans Mᵉˢ Deve & Hutteau.

Même page & même colon. à la fin du dernier alinea, après Bourgeois, ajoutez ;

J'ai connoissance d'un Arrêt du 8 Mai 1764, Audience de sept heures, plaidans Mᵉˢ Cothereau & Breton, par lequel, après une plaidoirie bien contradictoire, la Cour refusa le Privilége à un Marchand Epicier, & jugea qu'il ne devoit être payé que par contribution (c'étoit dans la direction des Créanciers de M. le Maréchal de Maillebois) : on m'a même assuré que plusieurs Arrêts l'avoient aussi refusé au Marchand de Bois, par la raison que dans le montant du total de sa fourniture, souvent il n'y en a, peut-être, que le quart qui ne soit pas dépense voluptueuse ; & c'est ce qui a été jugé par Arrêt du Mercredi 10 Février 1768.

Un Fayencier avoit fourni au Marquis de Nesle des marchandises de fayence, telles que plats, assiettes, verres, &c. Il s'est agi de sçavoir si ce Marchand Fayencier seroit payé par Privilége sur les deniers qui étoient à contribuer entre les créanciers du Marquis de Nesle, provenans d'une partie de la pension, ou rente de 30000 liv. que lui faisoient ses créanciers. Le Fayencier appuyoit son Privilége sur la nature de sa créance : le Boucher (disoit il) a un privilége pour ses fournitures de viandes, or il faut des assiettes pour servir & mettre les mêmes viandes, donc, &c. mais par Arrêt du Lundi 9 Août 1762 rendu en la troisiéme des Enquêtes, le Fayencier fut débouté de sa demande avec dépens, plaidant Mᵉ Dutemple.

Le Privilége du bailleur de fonds sur les loyers faisoit autrefois de la difficulté ; mais la Jurisprudence actuelle, fondée en droit & en raison, est d'accorder un Privilége au bailleur de fonds sur les loyers. C'est aussi ce que la Cour a jugé entr'autres Arrêts, par celui du Vendredi 6 Mai 1767, Audience de relevée.

Dans cette espéce, le sieur Busson & sa femme, propriétaires d'une maison à Paris, rue du Bouloir, avoient emprunté le 19 Septembre 1755, de la dame Thomé, une somme de 6000 liv. dont ils lui constituerent 300 liv. de rente : il fut dit dans le contrat, que cette somme étoit pour être employée avec 1000 liv. de leurs deniers,

& 20000 liv. d'autres empruntées, au payement de 36000 livres, prix de la maison rue du Bouloir, à l'effet d'être par la dame Thomé, subrogée aux Priviléges des bailleurs. Le premier Octobre suivant, Buisson & sa femme payerent à leurs vendeurs la somme de 9299 l. sçavoir, 7500 liv. pour principal, & le surplus pour intérêts : ils déclarerent que dans cette somme étoient entrés les 6000 l. prêtées par la dame Thomé, & en conséquence la subrogation fut consentie par le débiteur & le créancier. Sur le fondement de ses titres, la dame Thomé dans l'Instance de préférence des loyers de la maison rue du Bouloir, renvoyée devant un ancien Avocat, demanda à être payée par Privilége, sur les loyers, des arrérages de sa rente ; elle étoit la seule bailleresse de fonds qui se fut présentée.

Au lieu de la colloquer par Privilége, il avoit été ordonné qu'elle entreroit dans la contribution. La dame Thomé forma opposition à l'appointement ; elle demanda qu'en le reformant, il fût ordonné qu'elle seroit payée comme créanciere privilégiée, après les frais de poursuite, des arrérages à elle dûs, & de ses frais & dépens, à la déduction des impositions royales. On prétendoit, contre la dame Thomé, que le Privilége ne pouvoit s'exercer que sur le fonds, & non sur les loyers ; mais par l'Arrêt ci-dessus daté, la dame Thomé fut reçue opposante à l'Arrêt rendu sur l'avis de l'ancien Avocat, & il fut ordonné qu'elle seroit payée par Privilége, avec dépens. Me Caillau plaidoit pour la dame Thomé.

Celui qui a prêté les deniers pour payer le droit annuel d'une Charge, a un Privilége sur le prix de la Charge, parce que sans ses deniers elle seroit perdue, & les autres créanciers auroient perdu l'hypothéque ou le Privilége qu'ils y avoient, V. Argou, tome 2, page 398.

La Cour a jugé par Arrêt du 21 Mai 1767, rendu à l'Audience de sept heures, qu'un Tapissier qui avoit reçu d'avance une somme de 3000 liv. d'un tiers, à valoir sur une fourniture de meubles qu'il devoit faire à une Dlle Collet, Actrice, avoit Privilége pour restant de sa fourniture, sur le produit de la vente des meubles par lui fournis ; plaidans Mes Carrouge & Breton.

Le Privilége se tire de la cause qui le produit, & non pas du tems où la créance a été acquise. *Privilegia non ex tempore æstimantur, sed ex causâ ;* ff. Lege 23.

Page 194, col. 2, à la fin du 2e alinea, après Parlement, *ajoutez ;*

Cependant le contraire de tout ce qui vient d'être dit ci-dessus, a été jugé de la maniere la plus formelle, par un Arrêt rendu le 17 Juin 1763, en la troisiéme Chambre des Enquêtes, au rapport de M. Titon de Villotran. Me Serieux écrivoit pour les Communautés des Maîtres Maçons, Serruriers, Couvreurs, & Menuisiers, tous intervenans dans une contestation pendante en la troisiéme des Enquêtes, entre les nommés Meunier, Maître Charpentier ; Thibault, Maître Serrurier, Catherine, Maître Maçon, & autres Ouvriers appellans ; contre les héritiers du sieur de Mouzures, poursuivans l'exécution de la Sentence d'ordre de la seconde Chambre des Requêtes du Palais, du prix d'une maison sise à Paris, vendue par les sieur & dame Carondas de Caulny, Intimés.

Dans le Mémoire imprimé que fit Me Serieux, & qui est un excellent Traité sur cette matiere, il a établi, entr'autres choses, que si l'on consultoit les Loix tant du Droit Romain que du Droit François, on n'y trouveroit aucun texte qui tendît à requérir un devis & un marché pour établir le Privilége des Entrepreneurs & Ouvriers ; que toutes ces Loix au contraire reconnoissoient le Privilége de ceux-ci sur leurs ouvrages, par la raison que ces ouvrages sont formés de leurs matériaux, & sont le fruit de leurs travaux & de leurs soins ; que c'étoit par les fournitures & le travail des différens Ouvriers qu'on avoit coutume d'employer aux bâtimens, que tous les édifices existans étoient construits & réparés ; qu'ils devoient donc être payés sur les deniers qui procédoient des fruits ou de la superficie quand elle étoit vendue, par préférence à tous autres créanciers, quelqu'ancienne que fût leur hypothéque, *quoniam ex eorum substantiâ, res acquisita est ;* que ce Privilége si juste étoit le Droit commun de la France, réduit en deux maximes dans les Arrêtés de M. le Premier Président Lamoignon.

Arrêté

Arrêté 7. » Les Ouvriers qui ont tra-
» vaillé au bâtiment ou rétabliſſement d'un
» édifice , ſont préférés pour leur dû , tant
» en principal qu'intérêts.

Arrêté 12. » Entre pluſieurs créanciers
» qui ont Privilége les uns ſur le fonds &
» les autres ſur la ſurperficie, ventilation
» ſera faite du fonds & de la ſuperficie ,
» pour être chacun payé par Privilége ſur
» la choſe «. Enfin , Mᵉ Serieux , après
avoir établi qu'une Juriſprudence contraire,
ſeroit oppoſée à la diſpoſition des Ordonnances relativement à la décoration des Villes, formeroit un obſtacle à l'amélioration
des biens des Particuliers ; après avoir fait
voir que le devis & marché étoit ordinairement impoſſible, au moins fort difficile, a
conclu de tous ces principes puiſés dans la
Juriſprudence des Arrêts , & le ſentiment
des Auteurs par lui rapportés , qu'il ſeroit
révoltant que les Entrepreneurs , dont les
ouvrages ſont conſtans, ſe trouvaſſent écar-
tés par les hypothécaires qui n'avoient d'hypothéque , que celle acquiſe ſur la choſe à
laquelle les premiers avoient donné l'être.
La Cour, par l'Arrêt ci-deſſus daté, a ca-
noniſé tous les principes établis dans le
Mémoire , & les conſéquences. qui en
avoient été tirées.

On peut donc dire que cet Arrêt rendu
en la plus grande connoiſſance de cauſe,
fixe la Juriſprudence ſur cette matiere, &
accorde inconteſtablement un Privilége aux
Ouvriers , quoiqu'ils ne rapportent ni devis ni marché ; & que le vrai moyen d'é-
carter la fraude, de conſtater les matériaux
fournis, & ce qu'il y a eu en main d'œuvre,
c'eſt le procès-verbal de réception , d'après
un toiſé exact.

Et depuis, la Cour a rendu un Arrêt
portant réglement pour les Architectes,
Entrepreneurs & Ouvriers de bâtimens.

Cet Arrêt intervenu ſur le réquiſitoire
de M. Joly de Fleury, Avocat Général ,
eſt trop important pour que ſon diſpo-
ſitif ne trouve point ici ſa place en entier.

» Ce jour la Cour, toutes les Chambres
» aſſemblées , en délibérant ſur le compte
» rendu par MM. les Commiſſaires de leur
» travail au ſujet du Réglement concernant
» les Priviléges des Ouvriers, a arrêté & or-

Supplément.

» donné que les Architectes, Entrepreneurs,
» Mâçons,& autres Ouvriers employés pour
» édifier, reconſtruire ou réparer des bâti-
» mens quelconques, ne pourront prétendre
» être payés par Privilége & préférence à
» d'autres créanciers du prix de leurs ouvra-
» ges ſur celui des bâtimens qu'ils auront
» édifiés, reconſtruits ou réparés à l'avenir, à
» compter du jour de la publication du pré-
» ſent Arrêt, qu'autant que par un Expert
» nommé d'office par le Juge ordinaire , à la
» requête du Propriétaire,il aura été préala-
» blement dreſſé procès-verbal à l'effet de
» conſtater l'état des lieux relativement aux
» ouvrages que le Propriétaire déclarera
» avoir deſſein de faire, & que les ouvrages
» après leur perfection & dans l'année de leur
» perfection auront été reçus par un Expert
» pareillement nommé d'office par led. Juge,
» à la requête, ſoit du Propriétaire, ſoit des
» Ouvriers, collectivement ou ſéparément,
» en préſence les uns des autres, ou eux dûe-
» ment appellés par une ſimple ſommation,
» deſquels ouvrages ladite réception ſera
» faite par ledit Expert par un ou pluſieurs
» procès-verbaux,ſuivant l'exigence des cas,
» lequel Expert énoncera ſommairement les
» différentes natures d'ouvrages qui auront
» été faits , & déclarera s'ils ont été bien
» faits & ſuivant les régles de l'art ; permet
» au Juge ordinaire de nommer , ſuivant ſa
» prudence, pour ledit procès-verbal de ré-
» ception, le même Expert qui aura fait la
» première viſite.Ordonne pareillement qu'à
» l'avenir ceux qui auront prêté des deniers
» pour payer ou rembourſer les Ouvriers des
» conſtructions , reconſtructions & répara-
» tions par eux faites, ne pourront prétendre
» à être payés par Privilége & préférence à
» d'autres créanciers,qu'autant que,pour leſ-
» dites conſtructions, reconſtructions & ré-
» parations,les formalités ci-deſſus preſcrites
» auront été obſervées ; que les actes d'em-
» prunts auront été paſſés pardevant Notai-
» res & avec minutes; & feront mention que
» les ſommes prêtées ſont pour être em-
» ployées auſdites conſtructions,reconſtruc-
» tions & réparations, ou au rembourſement
» des Ouvriers qui les auront faites, & que
» les quittances des payemens deſdits ou-
» vrages porteront déclaration & ſubroga-
» tion au profit de ceux qui auront prêté

H h

» leurs deniers, lefquelles quittances feront
» paffées pardevant Notaires & dont il y au-
» ra minutes, fans qu'il foit néceffaire de
» devis & marchés ni autres formalités que
» celles ci-deffus prefcrites. Ordonne en ou-
» tre que le préfent Arrêt fera imprimé, lu,
» publié & affiché par-tout où befoin fera, &
» copies collationnées envoyées aux Bailli-
» ges & Sénéchauffées du Reffort, pour y
» être lu, publié & regiftré ; enjoint aux
» Subftituts du Procureur Général du Roi
» d'y tenir la main & d'en certifier la Cour
» dans le mois. Fait à Paris en Parlement,
» toutes les Chambres affemblées, le 18
» Août 1766 «.

PROCÉDURE.

Ajoutez à la fin de cet article ;

Un Arrêt de la Tournelle, du 30
Janvier 1768, rendu fur les Conclufions
de M. Séguier, Avocat Général, a jugé
qu'une demande formée *à fins civiles*, opéroit la nullité d'une Procédure criminelle
intentée depuis, contre un tiers, qui n'é-
toit point partie dans l'Inftance civile. Cet
Arrêt a déclaré nulle une Procédure criminelle, inftruite à la requête du fieur Gargam de Chevigny, Ecuyer, Tréforier de
France à Châlons, contre deux Particuliers,
attendu qu'il y avoit une demande *à fins civiles*, formée en la Grand'Chambre, contre une dame Gros-Jean.

PROCÉS.

*Page 195, col. 2, à la fin du 1er alinea de
cet article, après fur appointement, ajoutez ;*
ce mot vient de *Proceffus à Procedendo.*

*Page 196, col. 1, à la fin de cet article,
après à l'extraordinaire, ajoutez ;*

Le proverbe Efpagnol dit que *Qui commence un Procès, plante un Palmier,* (ar-
bre qui ne donne jamais de fruit à celui qui
le plante.)

PROCÉS-VERBAL.

*Page 198, col. 2, à la fin du 2e alinea,
après foit écrit, ajoutez ;* ou bien que les
Commis des Fermes ayent fait leurs Procès-verbaux ; en préfence, & affiftés d'un
Officier de l'Election, ou autre Juge qui a
le droit de les faire. Voyez au n°. 12, la
note (*c*).

PROCESSION.

*Page 199, col. 2, à la fin du 2e alinea,
après Parlement, ajoutez ;*

L'article 43 de l'Edit du Roi donné à
Marly au mois de Mai 1765, regiftré le 17
Mai de la même année, contenant Réglement pour les Officiers municipaux, s'explique ainfi :

» Quant aux Proceffions & cérémonies
» publiques, voulons que les Officiers de
» nos Bailliages & Sénéchauffées, même
» à leur défaut, les Officiers des Seigneurs,
» ayent toujours la droite, & ceux du Corps
» de Ville la gauche ; & que s'il s'y trouve
» d'autres Jurifdictions qui ne foient que
» du nombre des Compagnies Supérieures,
» elles prennent féance après les Officiers
» de nofdits Bailliages & Sénéchauffées,
» fuivant *le rang qu'elles* doivent tenir en-
» tr'elles «.

*Page 203, col. 1, à la fin de cet article,
après par lui réglées, ajoutez ;*

Lorfque deux Proceffions fe rencontrent fur un chemin qui n'eft pas affez large
pour qu'elles puiffent y paffer toutes deux,
fi l'une n'a point de prérogatives fur l'autre, celle qui eft la plus avancée doit continuer fa marche : c'eft le fentiment de
Pontanus fur l'article 17 de la Coutume de
Blois.

PROCONSUL.

Le Proconful étoit un Magiftrat Romain, pris du Corps du Sénat, & d'ordinaire à la fin de l'année de fon Confulat.
On l'envoyoit gouverner une Province avec
une puiffance Confulaire & extraordinaire.
Voyez le titre 16 du premier livre du Digefte.

PROCURATION *ad refignandum.*

*Même page, colonne 2, à la fin de cet
article, après fujettes à furannation,
ajoutez ;*

La Procuration *ad refignandum* ne donne
au réfignataire qu'un droit à la chofe, *jus
ad rem*, & non pas un droit en la chofe *jus
in re.*

Il y a des cas où il eft ordonné que le
titulaire d'un Office donnera dans un temps
préfixé fa Procuration *ad refignandum*,
finon que le Jugement qui interviendra,

vaudra ladite Procuration. Ceci a lieu principalement à l'égard des titulaires, dont les Offices font adjugés par décret ; ou des Officiers, qui par leur conduite, fe font mis dans le cas d'être deftitués de leur Office ; s'ils ne donnoient pas leur Procuration *ad refignandum* dans le temps qui leur auroit été prefcrit, le Jugement qui les y auroit condamnés, vaudroit alors cette Procuration *ad refignandum.*

Comme le bien de l'adminiftration de la Juftice exige que les Offices foient remplis, il arrive quelquefois que s'il y a des caufes qui empêchent le titulaire de remplir les fonctions de fon Office, par exemple, s'il eft dans les liens d'un décret ; que l'inftruction de fon procès foit de nature à durer long-temps, ou bien que fes infirmités ne lui permettent plus de monter fur le Siége, le Roi, ou autre collateur, fait expédier une Commiffion à un Gradué pour remplir les fonctions pendant l'abfence du Juge au Siége ; car un Officier ne peut être forcé à donner fa Procuration *ad refignandum* fans un Jugement rendu contre lui, dans les formes prefcrites par les Ordonnances ; mais prefque toujours il eft de fa prudence de prévenir un pareil Jugement.

PROCURATION.

Page 204, col. 2, à la fin du 5ᵉ alinea, après Procuration, *ajoutez* ;

Il eft à propos que le Notaire garde minute des Procurations qui font *générales & d'importance,* à l'effet que l'on puiffe y avoir recours dans le cas où la Procuration feroit perdue.

Comme le Conftituant ne doit point s'interdire le pouvoir de révoquer fa Procuration, quand il le jugera à propos, c'eft la raifon pour laquelle le Notaire qui l'a paffée doit fe garder d'y mettre le mot *renonçant.*

De ce que quelqu'un a accepté une Procuration & une délégation faite entre fes mains, au profit d'un tiers, il n'en réfulte pas qu'on puiffe le forcer, ou fa fucceffion, à rendre un compte, fi on ne juftifie qu'il a géré ou reçu : c'eft, entr'autres chofes, ce qui a été jugé par Arrêt rendu au rapport de M. Severt le 23 Avril 1742,

pour les héritiers du Sʳ Montargon, Intendant du Prince Emmanuel de Naffau, contre Madame la Princeffe de Naffau & le Prince de Naffau fon fils. On convenoit que le fieur Montargon avoit accepté une délégation faite entre fes mains par M. de Croifat ; mais les héritiers du fieur Montargon foutenoient que jufqu'à ce que l'on prouvât que le feu fieur Montargon eût reçu & géré, relativement à cette délégation par lui acceptée, on ne pouvoit forcer fa fucceffion à rendre compte.

Lorfqu'un créancier fonde de fa Procuration quelqu'un, à l'effet de pourfuivre un débiteur contre lequel il a une créance de nature à engendrer le par corps, après que le fondé de Procuration a fait toutes les pourfuites néceffaires, il doit remettre les titres & piéces à un Huiffier, lequel arrêtera le débiteur à la requête du créancier, & non point du fondé de Procuration, parce qu'en France il n'y a que le Roi *qui plaide par Procureur.*

Remarquez auffi que le porteur d'une Procuration eft tenu *folidairement pour le tout* fans divifion ni difcuffion, lorfqu'il s'eft obligé tant en fon nom que comme ayant charge, *quia focius præfumitur.* V. Boerius, Décif. 373, nomb. 6, & Papon, liv. 6 ; t. 5, n. 4.

PROCUREUR.

Page 208, col. 1, à la fin du 2ᵉ alinea, après Siége), *ajoutez* ;

Par un autre Arrêt du Lundi 13 Déc. 1762, rendu en la Grand'Chambre, auffi fur les Conclufions de M. le Peletier de Saint-Fargeau, il a été jugé qu'au Bailliage de Saint-Quentin, l'Office de Procureur & de Notaire n'étoit pas compatible.

Page 210, col. 2, à la fin du 4ᵉ alinea, après Frais, *ajoutez* ;

Filleau, 2ᵉ partie, titre 7, tome 1, page 332, rapporte un Arrêt du 23 Juillet 1612, qui a jugé que les réfignations faites des Charges de Procureurs, *au préjudice des anciens Clercs,* ne feroient plus admifes que de pere à fils ; d'oncle à neveu, & de beau-pere à gendre.

Même page & même colonne, à la fin du 7ᵉ alinea, après rigueur, *ajoutez* ;

Mais un Avocat qui a été infcrit fur

deux ou trois Tableaux confécutifs, &. qui a notoirement fait la profeffion d'Avocat, foit en plaidant ou écrivant, peut être (& il y en a plufieurs exemples) reçu Procureur au Parlement, fans être obligé de rapporter de la Bazoche un certificat de temps. Par l'exercice public & non interrompu de la profeffion d'Avocat, il eft cenfé avoir acquis une fuffifante connoiffance de la procédure, des devoirs & fonctions des Procureurs.

Page 211, col. 2, à la fin du 3e alinea, après même année, ajoutez;

Les Procureurs au Parlement & leurs veuves jouiffent du droit de *Committimus* au grand Sceau, aux termes de la Déclaration vérifiée au Parlement le 16 Avril 1674, & d'un Arrêt du Confeil du 18 Juin 1678.

Page 212, col. 2, à la fin du 4e alinea, ajoutez;

Mais le contraire a été formellement jugé par un autre Arrêt, dont voici l'efpéce.

Me Seguin, ci-devant Procureur au Parlement, avoit été chargé d'une affaire pour le fieur Cheminat, contre l'Abbé Siougeat; celui-ci ayant perdu fon Procès, les frais furent taxés à l'amiable, de fon confentement, par Me Seguin, qui fur les difficultés prit un tiers. Par l'événement de la taxe, les dépens auxquels l'Abbé Siougeat avoit été condamné au profit du fieur Cheminat, fe monterent à 1526 livres, que Me Seguin reçut en plufieurs fois du fieur Siougeat, pour fon Client. Le fieur Cheminat, qui avoit obtenu les dépens, & qui prétendit avoir ignoré que Me Seguin les eût touchés, fit faire des faifies-arrêts entre les mains des débiteurs du fieur Abbé Siougeat, contre lefquels il obtint des Sentences de condamnation. L'Abbé Siougeat, à qui le tout fut dénoncé, interjetta appel de ces jugemens, & les tiers-faifis fe rendirent parties intervenantes. Les moyens du fieur Cheminat, au profit de qui les dépens avoient été adjugés, confiftoient à dire que l'Abbé Siougeat devoit s'imputer d'avoir payé à Me Seguin les dépens en queftion, d'autant plus que Me Seguin n'avoit reçu aucun ordre de lui, pour toucher cette fomme. L'Abbé Siougeat dénonça le tout à Me Seguin, Procureur du Sr Cheminat. Il concluoit contre lui, à ce qu'il fût con-

damné *& par corps*, à l'acquitter, garantir & indemnifer, de toutes les condamnations que le fieur Cheminat pourroit obtenir contre lui : de leur côté les tiers-faifis intervenans concluoient également *au par corps* contre Me Seguin. Celui-ci, après avoir rendu compte des circonftances particulieres, dans lefquelles il avoit touché ces dépens, foutint qu'en tout événement il n'y avoit point lieu *au par corps* contre lui, attendu qu'il ne s'agiffoit point d'un fait de charge. C'eft dans ces circonftances, que par Arrêt bien contradictoire rendu en la premiere Chambre des Enquêtes, le Mercredi 27 Avril 1768, Me Seguin a été condamné à reftituer les dépens qu'il avoit reçus du fieur Abbé Siougeat, pour le fieur Cheminat fon Client; mais la Cour n'a point prononcé *le par corps*, ainfi qu'on y concluoit contre lui. Plaidant Me De la Goutte pour Me Seguin, contre Mes Jouhannin & Blondel.

Page 213, col. 1, à la fin du 1er alinea, après Brodeau, ajoutez; & Bornier, fur l'art. 11 du titre 24 de l'Ordon. de 1667.

Page 214, col. 1, à la fin de cet article, après M. Jouffe, ajoutez; V. auffi les Arrêts & Réglemens concernant les fonctions des Procureurs, imprimés à Paris en 1694, in-4°.

PROCUREUR DU ROI.

Page 216, col. 1, à la fin du 2e alinea, après Déclarations, ajoutez;

Les Procureurs du Roi dans les Juftices ordinaires, & les Procureurs Fifcaux dans les Juftices Seigneuriales, font tenus d'envoyer aux Procureurs généraux, chacun dans leur reffort, aux mois de Janvier & de Juillet, un état figné par les Lieutenans Criminels & par eux, des écrous, & recommandations faites pendant les fix mois précédens, ès Prifons de leur Siége, & qui n'auront pas été fuivies de Jugemens définitifs; le nom, furnom, qualité & demeure des accufés, avec le titre de l'accufation & l'état fommaire de la procédure, &c. Voyez l'article 20 du titre 10 de l'Ordonnance de 1670.

Après le récolement & la confrontation achevés, ils doivent prendre communication du procès, pour y donner leurs Conclusions définitives : mais il leur est défendu d'assister à la visite ou au Jugement du procès, ou d'y donner leurs Conclusions de vive voix ; ils les doivent donner cachetées, sans contenir les raisons sur lesquelles elles sont fondées. Titre 24 de la même Ordonnances.

PRODIGUE.

Page 219, colonne 2, commencez ainsi cet article ;

On appelle Prodigue, celui qui dépense son bien imprudemment, sans raison & sans choix.

Les Prodigues sont mis au rang des furieux ; conféquemment ils sont dans le cas de l'interdiction. V. à ce mot.

Le Jurisconsulte Paul, *lib. 3, Sentent.* tit. 4, nous a conservé la formule concernant l'interdiction du Prodigue. *Quando tua bona paterna, avitaque, nequitiâ tuâ disperdis, liberosque tuos ad egestatem perducis, ob eam rem tibi ea, re, commercioque interdico.*

Sur cette matiere voyez d'Argentré sur les Articles 266 & 491 de la Coutume de Bretagne ; un Arrêt du 9 Février 1693, au Journal des Audiences, & d'Olive, liv. 4, ch. 18. V. aussi *Curateur* & *Interdiction.*

PRODUCTION, Produit.

Page 220, col. 2, à la fin de cet article, après nouvelles, *ajoutez ;*

On appelle *Produit,* l'acte qu'on fait signifier, déclaratif qu'on a mis sa Production principale au Greffe, & dont mention est faite par le Greffier du Dépôt, sur son registre & sur l'original de l'acte de mis du Procureur : on ne sçauroit retirer sa Production du Greffe, si on ne rapporte le produit ; ou, ce qui est la même chose, *le jour du mis,* pour la faire décharger.

PROFESSEUR.

Voyez *Emérite* & *Université.*

PROFESSION.

Même page & même col. à la fin de cet article, après Déclaration, *ajoutez ;*

Il n'y a que les Religieux Profès qui ayent voix en Chapitre.

PROFITS & Bénéfices des Fermes & Sous – Fermes.

Voyez *Fruits.*

PROHIBITION *d'un en chose commune.*

La régle de la Prohibition *d'un en chose commune* ne s'applique pas dans trois cas.

1°. Dans les choses individuelles.

2°. Dans les affaires concernant les Universités & Communaux.

3°. En matiere de droit de patronage.

En effet, & relativement au droit de patronage, la présentation faite par la majeure partie des Patrons, est valable, quoiqu'il y en ait une grande partie qui n'y consente pas : c'est ce que dit Mornac sur la Loi 28, ff. *Communi dividendo,* fol. 461, voici ses termes : *Regula de Prohibitione unius, in re communi, fallit in tribus casibus. 1°. In individuis. 2°. In causis Universitatum. 3°. In jure patronatûs : præsentatio enim facta à majori parte Patronorum valet, licet magna pars in re illâ communi dissentiat.*

PROMESSE.

La Promesse de faire quelque chose, n'est quelquefois obligatoire, que lorsqu'elle est faite double ; par exemple, la Promesse de passer bail doit être faite double, attendu qu'elle a pour objet un Acte synallagmatique, dont le concours de deux volontés fait l'essence.

PROMESSE de Conserver.

La Promesse de conserver ne peut jamais avoir lieu que vis-à-vis d'un héritier présomptif, parce que celui qui promet de conserver, ne donne pas, & ne fait que promettre de ne pas ôter : d'où il suit que celui à qui la Promesse est faite, est nécessairement présumé avoir un droit originaire à la chose promise ; conféquemment cette Promesse ne peut jamais être faite qu'à un héritier, ni produire un titre de propriété, indépendamment de la qualité d'héritier, on ne peut donc en recueillir l'effet qu'en qualité d'héritier.

C'est d'après ces principes, que par Arrêt du Jeudi 23 Février 1758, rendu en la Grand'Chambre sur les Conclusions de M.

Joly de Fleury, Avocat Général, il a été jugé que M. le Duc de Mazarin, donataire de M. son pere, ayant renoncé à sa succession pour s'en tenir à la donation qui lui avoit été faite, la Promesse de lui conserver le Duché de la Meilleraye, portée en son contrat de mariage, n'étoit pas une donation de cette Terre, mais seulement une obligation de la laisser au fils dans la succession du pere.

Dans l'espéce de cet Arrêt, M. Paul Jules, Duc de Mazarin, étoit mort en 1731, laissant deux enfans, Gui-Paul Jules & la Marquise de Néele. Sa succession étoit composée, 1°. du Duché de la Meilleraye, dont les deux tiers appartenoient au fils, sans charges de dettes; 2°. d'environ quatre cens mille liv. de rente & autres biens. Le fils étoit donataire de tous ces biens, à la charge de payer toutes les dettes. Dans cette donation se trouvoit compris le Duché de la Meilleraye, mais cette disposition étoit nulle aux termes de l'article 219 de la Coutume de Poitou, où est la Duché-Pairie de la Meilleraye; ainsi ce Duché étoit dans la succession : cependant Gui-Paul Jules ne pouvoit cumuler les qualités inconciliables de donataire & d'héritier. La donation valoit quatre cens mille livres de rente, la Terre de la succession ne valoit que trente mille livres. Gui-Paul Jules s'en tint donc à sa qualité de donataire, & abandonna la succession; mais il prétendit que la Promesse à lui faite par son contrat de mariage, de lui conserver le Duché de la Meilleraye, étoit une donation entre-vifs, du moins qu'elle renfermoit un germe, & formoit un titre de propriété absolument indépendant de la qualité d'héritier; il réclamoit la Duché-Pairie de la Meilleraye, & invoquoit le sentiment de Berault, Godefroy & Basnage sur l'article 244 de la Coutume de Normandie. Mais par l'Arrêt, & d'après les principes ci-dessus rapportés, M. le Duc de Mazarin a été condamné à abandonner le Duché de la Meilleraye aux enfans & héritiers de Madame la Marquise de Néele, fille de M. Paul Jules, Duc de Mazarin, avec restitution des fruits. Me Simon de Mosart fit un Mémoire pour Madame la Duchesse de Lauraguais & consorts, contre Madame la Duchesse de Mazarin, ès noms & qualités qu'elle procédoit.

PROMESSE de Mariage par paroles de présent.

V. la suite du n°. 16, à l'article *Notaire*.

PROMESSE de Vendre.
Voyez *Vente*.

Toute Promesse de Vendre, faite double entre le Vendeur & l'Acquéreur, équivaut à vente; de sorte que si les droits de vente, comme contrôle, centiéme denier, &c. ne sont point payés par l'Acquéreur dans les trois mois, le Fermier du Domaine est autorisé à décerner sa contrainte en payement du triple droit, & c'est à quoi il ne manque pas.

Il y a cette différence entre la vente & la Promesse de Vendre, que la vente transfere la propriété; au lieu que la Promesse de Vendre n'oblige qu'à des dommages-intérêts, si on ne veut pas la tenir. V. Henrys, tome 1, liv. 4, tit. 6, question 36.

PROMOTEUR.

Même page, col. 2, lig. 1 de cet article, après Promoteur, *ajoutez*; (du latin *Promotor*, qui meut, qui fait mouvoir.)

PROPRES.

Page 226, col. 1, à la fin du 1er alinea, après son pere, *ajoutez*;

Voici l'espéce de cet Arrêt. Le sieur Pajot de Marcheval, en mariant sa fille à M. Brayer, Président au Parlement, l'avoit dotée en ces termes.

» En faveur dudit mariage, ledit sieur » Pajot a constitué en dot & avancement » d'hoirie de sa succession future, à ladite » demoiselle future épouse sa fille, la som- » me de cent soixante mille livres, en dé- » duction de laquelle il promet & s'oblige » de payer auxdits futurs époux celle de » 20000 livres, & pour les 140000 livres » de surplus, ledit sieur pere en a créé & » constitué au profit desdits sieur & demoi- » selle, ce acceptant, leurs hoirs & ayant » cause du chef de ladite demoiselle, sept » mille livres de rente annuelle & perpé- » tuelle, qu'il a promis & s'est obligé de

» payer auxdits futurs époux & à leurs
» ayant cause en leur demeure à Paris ».

Madame la Présidente Brayer en 1755,
fit un testament par lequel, entr'autres dispositions, elle institua sa belle-sœur, épouse de M. Brayer, Conseiller en la Cour, sa
légataire universelle. La rente de 7000
livres, au principal de cent quarante mille
livres, existoit encore au moment du décès
de Madame la Présidente Brayer. Ses héritiers prétendirent que c'étoit un Propre
sujet aux réserves coutumieres. La légataire soutint que c'étoit un acquêt : les choses en cet état, Sentence intervint par défaut au Châtelet, par laquelle il fut jugé
que le capital de cette rente devoit appartenir pour le tout à la légataire universelle,
& par l'Arrêt ci-dessus rapporté, cette Sentence fut confirmée. L'illustre Mᵉ Doucèt
plaidoit pour Madame Brayer, légataire
universelle.

*Page 233, colon. 2, à la fin du 6ᵉ alinea,
après de Chartres, ajoutez ;*

Cependant, malgré ces autorités, il faut
tenir pour principe certain & reconnu
pour tel à présent, que la Coutume de
Chartres est Coutume *de côté & ligne*,
ainsi qu'il avoit été jugé originairement par
deux Arrêts de 1576 & 1607, qui ont été
levés au Greffe, & où l'espéce & les
moyens sont rapportés. Il est vrai qu'il y a
eu une Jurisprudence fondée sur deux autres Arrêts de 1640 & 1657, qui ont jugé;
l'un, que la Coutume de Chartres étoit
Coutume de simple côté; l'autre, qu'elle
n'étoit *ni de simple côté, ni de côté & ligne* :
& c'est d'après ces deux Arrêts mal entendus, que le Bailliage de Chartres ne veut
point abandonner l'erreur dans laquelle il
donne, d'après Mᵉ Couart, Commentateur
de cette Coutume, qui n'a point pris une
connoissance exacte des Arrêts de la premiere & de la seconde époque.

Aujourd'hui tous les doutes sont levés.
Quatre Arrêts des 4 Mai 1749, 9 Juillet
1750, 9 Juin 1751 & 4 Septembre 1759,
rendus au rapport de M. Bochard de Saron,
Magistrat dont la mémoire subsistera autant que le Barreau, ont fait revenir à la
Jurisprudence primitive, & juger la Coutume de Chartres Coutume *de côté & ligne*;
nous ferons remarquer que Mᵉ Merlet,

ancien Avocat, qui écrivoit dans l'Instance
jugée par l'Arrêt du 4 Mai 1749, fit lever
alors à la Tour les Arrêts de la premiere
& de la seconde époque, & qu'il fut vérifié que les deux Arrêts de 1576 & 1607
(que nous appellerons les Arrêts de la
premiere & de la seconde époque, avoient
jugé; sçavoir, celui de 1576, la Coutume
de Chartres, Coutume *de côté & ligne*,) &
c'étoit d'après des Enquêtes par Turbes);
& l'Arrêt de 1657, appellé l'Arrêt des
Mignots qui est le seul Arrêt de la seconde époque) n'être, ni *Coutume de côté
& ligne*, ni *Coutume de simple côté*.

Il faut donc tenir pour principe incon-
testable, d'après les quatre nouveaux Arrêts, dont les espéces nous ont passé sous
les yeux, que la Coutume de Chartres est
Coutume de côté & ligne, comme celle de
Paris, & non Coutume de simple côté,
comme celle de Sedan.

En effet, l'article 99 de la Coutume de
Chartres, qui parle des successions, porte
que *tous les héritages qui échéent en succession
de ligne collatérale, sont réputés LE PROPRE
HÉRITAGE de ceux à qui ils échéent.*

Cet article dit donc que l'héritage qui
est échu en ligne collatérale est Propre. Il
en est de même de celui qui est échu en li-
gne directe; car, quoique la Coutume de
Chartres ne parle point de la succession di-
recte, il est néanmoins constant dans cette
Coutume, que la succession directe fait des
Propres, comme la succession collatérale.
A qui donc passera cet héritage devenu
Propre, parce qu'il est échu en ligne di-
recte ou collatérale ? C'est ce que cette
Coutume n'explique pas sur le titre des
Successions; mais elle l'explique parfaite-
ment sur le titre des Retraits.

Par l'article 67, elle n'admet au retrait
que le parent de la ligne d'où procéde l'héritage, & elle préfere au plus diligent le
plus prochain lignager *dudit côté dont se
meut ledit héritage.* La Coutume de Chartres est donc vraiment une Coutume de
côté & ligne dans le cas du retrait : or, dire qu'elle ne le seroit point dans le cas de
la succession, c'est une contradiction qui ne
peut saisir qu'un esprit inconséquent; car
si cette Coutume conserve le Propre à l'héritier de la ligne, & si elle gêne un acte de

commerce tel que la vente, à plus forte raifon confervera-t-elle le Propre de ce même héritier de la ligne, lorfqu'il s'agira de la fucceffion. Ainfi, en expliquant ce que la Coutume de Chartres a dit pour la fucceffion, par ce qu'elle a établi pour le retrait, la difpofition de cette Coutume pour le retrait détermine aifément, quel doit être fon droit relativement à la fucceffion des Propres. Les bornes que l'on fe prefcrit dans cet ouvrage, ne permettent pas de s'étendre davantage fur cette queftion, qui encore une fois n'en doit plus être une, après les quatre Arrêts récens, qui tous ont jugé, *en la plus grande connoiffance de caufe*, que la Coutume de Chartres étoit Coutume de côté & ligne, & non Coutume de fimple côté (*a*).

(*a*) L'efpéce de tous les Arrêts cités dans cet article, fera rapportée dans la nouvelle Edition que l'on prépare de Couart fur la Coutume de Chartres.

Même page & même col. lig. 9 du 7e alinea, après du tronc commun, *ajoutez*; que par conféquent l'héritage paffe de la directe à la collatérale.

Page 238, colon. 2, à la fin du 3e alinea, après autre, *ajoutez*; article 106 du Réglement de 1666.

PROPRES CONVENTIONNELS ou FICTIFS.

Page 240, colon. 1, lig. 7 du 3e alinea, après majorité, *ajoutez*; V. l'article 94 de la Coutume de Paris.

Même alinea, lig. 14, après reliquat, *ajoutez*;

La même chofe a encore été jugée par autre Arrêt du 3 Mai 1752, rendu en la Grand'Chambre, au rapport de M. du Trouffet d'Héricourt.

Page 243, col. 1, à la fin du 3e alinea, après l'a ainfi jugé, *ajoutez en note*; (*a*).

(*a*) L'Arrêt du 17 Mai 1762, a été caffé par Jugement du Confeil du 9 Février 1767; & le 13 du même mois, la Cour (ouï les Gens du Roi en leurs Conclufions,) a ordonné qu'il feroit fait au Roi de très humbles & très-refpectueufes Remontrances, au fujet de différens Jugemens du Confeil, portant caffation de plufieurs Arrêts de la Cour, même avec rétention du fond des conteftations au Confeil; & cependant a ordonné que l'Arrêt de la Cour du 17 Mai 1762, portant Réglement, fera exécuté felon fa forme & teneur, jufqu'à ce qu'il ait plu au Roi faire connoître fes intentions à fon Parlement, par une Loi regiftrée dans les formes ordinaires.

PROPRIÉTÉ.

La Propriété, en termes de Droit, fignifie » le fonds, le domaine, la feigneurie » de quelque chofe, dont on eft maître ab-» folu, qu'on peut vendre, engager, ou » dont on peut difpofer à fon gré, *dominium, mancipium* «.

La Propriété perfonnelle eft le feul droit primitif, & la feule loi primordiale dont émanent tous les autres droits & toutes les autres loix. V. le Traité de l'Ordre naturel & effentiel des fociétés politiques, page 448.

On peut acquérir la Propriété d'un droit incorporel par le moyen de la ceffion, de la vente, de l'échange, de la donation, de la délégation, &c. Mais pour que tous ces actes puiffent produire le même effet que la vente, & y attribuer une Propriété, il faut y trouver auffi les mêmes caracteres que dans la vente, c'eft-à-dire, qu'il y ait la chofe, le prix & le confentement; *res, pretium & confenfus.* Conféquemment une ceffion qui feroit pure & fimple, & relativement à laquelle le ceffionnaire ne pourroit pas juftifier qu'il y a eu un prix ou une caufe lucrative en faveur du cédant, & qui a déterminé la ceffion ou le tranfport; une pareille ceffion, difons-nous, feroit nulle, comme fans caufe & fans objet. V. Argou, liv. 4, chap. 5.

Pourroit-on croire que pendant un très-long temps, des Moines ont difputé très-chaudement fur la queftion de fçavoir s'ils avoient la Propriété du pain qu'ils mangeoient, ou feulement l'ufage?

PROTESTANT.

Même page, col. 2, lig. 3 du 1er alinea de cet article, après un Décret, *ajoutez*; fait par l'Empereur dans la Diéte de Spire, en faveur de la Religion Romaine, contre leur réforme. On donne auffi ce nom, &c.

Page 244, col. 2, ligne 2 du 1er alinea, après 3000 liv. *ajoutez*;

M. le Procureur Général envoie tous les trois ans à fes Subftituts, dans les Siéges du reffort du Parlement, des Lettres-Patentes du Roi, portant défenfes aux perfonnes qui ont fait profeffion de la Religion

ligion Prétendue-Réformée, de vendre pendant trois ans, leurs biens, immeubles & l'univerſalité de leurs meubles & effets mobiliers ; ſans la permiſſion du Roi, avec ordre de faire lire, pûblier & regiſtrer ces Lettres-Patentes dans leur Siége.

Page 245, *col.* 2, *à la fin du* 2ᵉ *alinea*, *après* ſont incapables de ſuccéder, *ajoutez* ;

Il n'en ſeroit pas de même s'ils avoient fait abjuration avant l'ouverture de la ſucceſſion. V. l'Arrêt du 17 Avril 1741, dans le Recueil d'Arrêts & Réglemens du Parlement, page 537.

PROTESTATIONS.

Mêmes page & colon. à la fin du premier alinea de cet article, après procédure, *ajoutez* ;

Les Proteſtations n'operent rien d'elles-mêmes ; *Qui proteſtat, nihil agit.* » Ce ne » ſont que des conjectures qui peuvent ſer- » vir à prouver le dol, la fraude, la crainte » & la léſion, ſi on peut les prouver «.

C'eſt une maxime certaine que quand l'action eſt contraire à la Proteſtation, elle la détruit.

PROTÊT.

Page 246, *col.* 2, *à la fin du* 3ᵉ *alinea*, *après* Lettres de Change, *ajoutez* ;

L'article 3 du titre 5 de l'Ordonnance du Commerce porte, qu'en cas de Protêt, la lettre de change peut être acquittée par tout autre que celui ſur qui elle a été tirée; & qu'au moyen de ce payment, celui qui le fait, demeure ſubrogé en tous les droits du Porteur de la lettre de change, quoiqu'il n'en ait point de tranſport, ſubrogation ni ordre.

Cependant, par Arrêt du Lundi 19 Février 1759, rendu en la Grand'Chambre ſur délibéré jugé ſur le champ, il a été jugé qu'un tiers qui n'étoit ni endoſſeur ni accepteur, mais tout-à-fait étranger à la lettre de change, & qui cependant avoit payé, pour faire ſortir de priſon l'accepteur, n'avoit ni ſubrogation ni garantie contre les endoſſeurs ; par la raiſon que dans cette eſpéce, celui qui avoit payé ne s'étoit point fait faire un tranſport de la lettre de change, ni fait mettre par le porteur, au dos de la lettre de change,

Supplément.

qu'il avoit reçu de lui le contenu, pour faire honneur au tireur ou à l'accepteur : cet Arrêt a jugé que dans cette eſpéce, celui qui avoit payé, n'avoit de recours que contre l'accepteur ſeulement, qu'il avoit fait ſortir de priſon ; plaidans Mᶜˢ Jouhannin & Bazin.

Même page & même col, à la fin de cet article, après Mars 1722, *ajoutez* ;

Si le payement d'une lettre de change ou d'un billet à ordre, échet un jour de Dimanche ou Fête, & que le payement n'en ait pas été fait la veille, ainſi qu'il eſt d'uſage, le Protêt pourra valablement en être fait le jour du Dimanche ou de la Fête, même ſolemnelle ; la raiſon eſt que le Protêt doit néceſſairement être fait dans les dix jours après celui de l'échéance de la lettre de change, & que le jour de l'échéance n'eſt point compté ni celui de l'acceptation. Voyez ce que dit Bornier, tome 2, page 551, ſur l'article 4 du titre 5 de l'Ordonnance de 1673.

PROTONOTAIRE.

Même page & même col. à la fin du premier alinea de cet article, après Prélats, *ajoutez* ;

On appelle encore Protonotaire, un Officier de l'Egliſe Chrétienne de Conſtantinople, chargé d'écrire les lettres, & d'envoyer les Ordres du Patriarche de Conſtantinople aux autres Patriarches, aux Archevêques & aux Evêques, qui reconnoiſſent ſa Suprématie.

A la fin de cet article, après Notaires, *ajoutez* ;

Voyez le Dictionnaire de Trévoux, qui entre ſur tout cela dans quelque détail.

PROTUTEUR.

Même page & même col. lig. 3 *du premier alinea, après* ne ſont pas tuteurs, *ajoutez* ; & gérent en la place des tuteurs ; ce mot vient du latin *Protutor.*

PROVISION.

Page 247, *col.* 1, *à la fin du* 1ᵉʳ *alinea,* *après* ce payement, *ajoutez* ;

Ceux qui ſont fondés en titre, obligation, &c. doivent être maintenus par Proviſion pendant le procès, & jouir *nonob-*

stant opposition ou appellation, en donnant caution ; & suivant Expilly, art. 33, l'exécution du contrat n'est pas empêchée par l'exception, même de faux.

Même page, col. 2, à la fin du 5e alinea, après judiciaires, ajoutez ;

L'Edit du mois de Juillet 1689, défend aux Juges d'ordonner que les Provisions seront payées par les Fermiers judiciaires ; elles doivent être payées par le Commissaire aux Saisies-Réelles. Voyez le Traité de la Vente des immeubles, par d'Héricourt, chap. 7, nombre 26.

A la fin de cet article, ajoutez ;

On appelle encore Provision, en termes de négoce, les fonds qu'a un Marchand ou un Banquier, pour acquitter une Lettre de change tirée sur lui.

PROVISIONS d'Office.

Page 250, col. 1, à la fin du sommaire de cet article, ajoutez ;

Les Provisions d'Office sont les Patentes, les Lettres de Chancellerie obtenues du Roi, à l'effet de posséder une Charge de Judicature, de Finance ou autres, & sans lesquelles on ne peut être reçu auxdites Charges.

PROVISOIRE.

Même page & même col., à la fin du 1er alinea de cet article, après Provision, ajoutez ; comme demandant célérité.

PROXENETES.

Même page, col. 2, à la fin de cet article, après des marchés, ajoutez ;

Ce mot vient du Grec προξενέτης, Courtier.

Les Grecs donnoient aux Proxenetes, un nom plus honorable que celui de Courtiers, ils les appelloient *Interprètes* : c'étoit même une espéce d'Office à Rome : les peres s'adressoient à eux pour sonder & pour pressentir l'esprit des jeunes gens à qui ils destinoient leurs filles.

Un Commentateur du Digeste remarque » que c'est un défaut dans la Police » de France, qu'il n'y ait point de ces Né-» gociateurs & de ces Médiateurs établis » pour assortir les Mariages : *il semble,*

» ajoute-t-il, *que ce moyen de nous entr'a-* » *vertir, apporteroit une grande commodité* » *au commerce public* «. Voyez *Courtiers* ; le titre 14 du livre premier, ff. *De Proxenetis* ; & le tit. 11 du 5e livre du Code.

PUBERTÉ.

Page 251, col. 1, à la fin de cet article, après douze, ajoutez ; la pleine Puberté est à l'âge de 18 ans.

PUISSANCE PATERNELLE.

Page 252, col. 1, à la fin du 4e alinea, après un ménage à part, ajoutez ;

Cependant ce qui vient d'être dit, dépend des circonstances, ainsi qu'on peut en juger par un Arrêt récent, dont voici l'espéce.

Le sieur Mille, fils de M. Mille, Conseiller au Parlement de Dijon, contracta à Paris, dans l'espace de moins d'une année, pour près de 60000 livres d'engagemens. M. Mille demanda la nullité de ces engagemens ; il se fondoit sur les principes admis dans la Coûtume de Dijon, Pays de Droit-Ecrit, & le lieu de son domicile, qui déclarent nulles toutes dettes contractées par un fils de famille, sans la participation de son pere.

Deux Créanciers du sieur Mille, porteurs d'une lettre de change pour prétendues fournitures de vins (a), & qui avoient obtenu Sentence de condamnation aux Consuls, se fondoient au contraire sur l'article 3 de la Coutume de Bourgogne, qui porte, » le fils ou la fille étant hors d'âge de » pupillarité, tenant feu & lieu de son » chef, ou séparément de son pere, est » réputé émancipé de sondit pere «. Or, disoient-ils, le sieur Mille, âgé de 26 ans, séparé de son pere, louoit un appartement à Paris, le garnissoit de meubles, y tenoit son ménage, y payoit la capitation comme les autres Bourgeois, y exerçoit publiquement la profession d'Avocat, étoit même inscrit sur le Tableau : donc il réunissoit publiquement toutes les qualités auxquelles est attaché le privilége de l'émancipation : donc il a pu valablement contracter des engagemens, & on a pu en contracter avec lui.

(a) La Lettre de Change portoit, valeur reçue comptant.

M. Mille répondoit que le seul fait de la séparation n'emportoit point par lui-même l'émancipation ; qu'il n'y avoit que la séparation *à perpétuelle demeure*, ANIMO PERPETUÒ COMMORANDI, qui pouvoit faire présumer que le pere de famille avoit affranchi son fils de sa Puissance ; que cette présomption d'émancipation ne pouvoit résulter, aux termes des Loix, que d'une séparation AU MOINS DE DIX ANS, *per longum tempus, cùm diù habitavit filius seorsùm à patre;* toutes circonstances dans lesquelles ne s'étoit jamais trouvé le sieur Mille, qui d'après les arrangemens entre le pere & le fils, devoit retourner à Dijon pour y fixer irrévocablement son domicile : d'où M. Mille tiroit la conséquence que son fils n'étant point émancipé, n'avoit point eu la capacité de contracter des engagemens de la nature de ceux dont il s'agissoit, & pour la plûpart usuraires ; enfin, que la lettre de change de 1238 liv. faite à l'ordre des sieurs le Bois & Petitot, ne pouvoit (comme ceux-ci le prétendoient) mériter *la faveur des alimens*, puisque M. Mille envoyoit tous les ans du vin à son

fils, comme il le justifioit par des factures & bordereaux ; qu'ainsi les prétendus vins avoient été fournis, plutôt pour être vendus & convertis en argent, que pour la consommation de son fils.

Par Arrêt du Mercredi 3 Juin 1767, rendu en la Grand'Cambre, conformément aux Conclusions de M. Joly de Fleury, Avocat Général, la Sentence des Consuls fut infirmée, le sieur Mille fils déclaré être & avoir toujours été sous la Puissance de son pere ; en conséquence tous les engagemens par lui contractés par lettres de change, billets, &c. déclarés nuls, sauf quelques fournitures à lui légitimement faites pour son usage & consommation, dont le payement a été ordonné. Plaidans Mes Auvray des Guiraudieres pour M. Mille, & Me Bidault de Mont-Real pour les sieurs le Bois & Petitot : il y eut des Mémoires imprimés de part & d'autre, qui sont à conserver.

Page 254, colonne 2, à la fin du premier alinea, après 1742, ajoutez; Voyez aussi Automne, sur l'article 2 de la Coutume de Bordeaux.

Q

QUASI-DÉLIT.

Page 257, col. 2, à la fin de cet article, après Droit François, ajoutez;

IL y a dans le Droit, un titre *de ejeciis vel effusis*, comme par exemple, quand on a jetté par une fenêtre des choses qui ont pu blesser un passant, ou gâter ses vêtemens : l'action qui naît à l'occasion de ce Quasi-Délit, se porte à la Police ; alors le propriétaire, ou principal locataire, les peres & les maîtres sont civilement responsables des dommages arrivés par leurs sous-locataires, leurs enfans ou leurs domestiques, sauf le recours des propriétaires ou principaux locataires contre leurs sous-locataires.

QUATRE QUINTS.

Même page & même col. à la fin du sommaire de cet article, ajoutez;
On appelle *Quatre Quints*, une sorte de

légitime coutumiere, dont il est défendu dans la Coutume de Paris, de disposer par testament au préjudice de ses héritiers, auxquels les Quatre Quints doivent être réservés. Voyez l'art. 292 de la Coutume de Paris, & relativement à ceci chaque Coutume en particulier. V. aussi *Réserves coutumieres* & *Usufruit*, n°. dernier.

QUESTION (TORTURE).

Page 258, colon. 1, à la fin du premier alinea de la note, après siécles, ajoutez;

La Question n'est admise en aucun cas en Angleterre, même en crime d'Etat. » Le tourment qu'on » fait souffrir dans la Question, est certain, & le crime » de l'homme qui souffre, ne l'est pas «. C'est une invention sûre (dit la Bruyere) pour perdre un innocent qui a la complexion foible, & sauver un coupable qui est né robuste ; & en effet » ceux qui la peuvent sup- » porter, & ceux qui n'ont pas assez de force pour la » soutenir, mentent également «. Ménag.

Voyez aussi la Loi 1re, §. *Quæstionibus*, ff. & Carondas, livre 9, réponse 1re ; il rapporte un exemple d'un mari qui, accusé d'avoir tué & brûlé sa femme dans un four, confeſſa le crime dans les douleurs de la torture ; cependant ſa femme ſe repréſenta comme on faiſoit le rapport du procès.

Même page, colonne 2, à la fin du ſixiéme alinea, après appliqués, *ajoutez en note ;* (a)

(a) On ſçait que la veuve & les enfans de Jean Calas s'étant pourvus contre l'Arrêt du Parlement de Touloufe, qui avoit condamné à mort Jean Calas (ce qui fut exécuté), il eſt intervenu le 9 Mars 1765, un Jugement Souverain des Requêtes ordinaires de l'Hôtel du Roi, qui a déchargé la veuve de Jean Calas, Marchand à Toulouſe, ſes enfans, & la mémoire du défunt, de l'accuſation contr'eux intentée. Voyez les Mémoires très - intéreſſans, faits dans cette célèbre affaire, par Mes Loyſeau de Mauleon & Elie de Beaumont. Voyez auſſi le Jugement imprimé qui ſe trouve dans le Recueil de Girard, au Palais.

Page 261, col. 2, à la fin de l'article, ajoutez ;

Suivant Ferron ſur la Coutume de Bordeaux, page 12, la Queſtion ou Torture a lieu contre la femme ſoupçonnée d'être coupable de la mort de ſon mari, & elle a pareillement lieu ſur de légers ſoupçons contre le domeſtique mal famé, en matiere de vol (page 307). Mais, comme l'obſerve ſon Annotateur, il faut toujours quelques preuves conſidérables, les ſoupçons ne ſuffiſent point.

Sur la Queſtion de Torture, voyez le Traité des Matieres Criminelles (ſans nom d'Auteur), & celui de Rouſſeau de la Combe.

QUÊTES, Quêtaux.

Page 261, colonne 2, à la fin du premier alinea de cet article, après V. Fouage, *ajoutez ;*

La Coutume de Bordeaux, article 97,

porte que les Seigneurs jouiront ſur leurs Quêtaux de tels Droits qu'ils ont accoutumé, & qui eſt contenu en leurs inſtrumens.

Les Quêtaux approchent de l'ancienne ſervitude. V. Ferron, & notamment Automne, ſur l'article 97 de la Coutume de Bordeaux.

A la fin de cet article, ajoutez ;

Voyez auſſi Filleau, dans ſon Recueil d'Edits & Arrêts, tome premier, premiere Partie, titre premier.

QUINT.

Page 263, colonne premiere, à la fin du troiſiéme alinea, après par l'acquéreur, *ajoutez en note ;* (a)

(a) L'article 51 de la Coutume du Bailliage de Vitry en Pertois, s'exprime ainſi. » Quand une Terre noble eſt » vendue, & il n'eſt dit en faiſant ledit vendage, *deniers* » *francs au vendeur*, alors ledit vendeur doit le Quint » denier ; mais quand il eſt dit, *francs deniers au vendeur*, » l'acheteur doit Quint & Requint, & ainſi en uſe-t-on «.

QUITTANCE, Quitte.

Page 268, col. 2, à la fin de cet article, après Payement, *ajoutez ;*

En termes de Palais, le mot Quitte ſignifie celui qui ne doit plus rien, qui a payé ce qu'il devoit. C'eſt en ce ſens qu'on dit auſſi, qu'un héritage a été vendu franc & quitte, c'eſt-à-dire, déchargé de toutes hypothéques.

Le mot Quitte, vient du latin *Quietus,* en repos ; parce que c'eſt après avoir payé ſes dettes, que l'on eſt, ou que l'on doit être tranquille.

R

R.A B A I S.

Page 268, colon 1, à la fin de cet article, après au Rabais, *ajoutez ;*

EN termes de Négoce, Rabais ſe dit de la différence entre l'argent dû à un certain terme, & le même argent payé à ce terme.

RABATTRE UN DÉFAUT.

Page 271, colonne 1, à la fin de cet article, après l'Audience levée, *ajoutez ;*

On appelloit autrefois, Rabattre les défauts ou exploits, lorſque, ſelon les Ordonnances de Louis XII de 1499, & de François Premier de 1539, le Juge, à la fin de ſon Siége, avant que de ſe lever, faifoit publier & appeller les défauts qu'il avoit donnés le même jour, afin qu'ils valuffent & tinffent contre les défaillans. V. le Dictionnaire de Trévoux.

RAPPEL à Succeffion.

Même page, eol. 2, lig. 6 du 3ᶜ alinea, après Argou, *ajoutez*; tome 1, pag. 413.

Page 272, col. 1, lig. 13 du 1ᵉʳ alinea, après V. Ricard, *ajoutez*; tom. 2, p. 562.

Même page & même colon. à la fin du 6ᶜ alinea, après révocable, *au lieu de,* contre le teftament même, *mettez; comme le teftament même, par codicile, ou autre acte poftérieur.

RAPPORT, RAPPORTEUR.

Page 273, cólon. 1, à la fin de cet article, après nommé Rapporteur; ajoutez; Bouchel, dans fa Bibliothéque, fait mention d'un Arrêt du 17 Août 1543, rendu en la troifiéme Chambre des Enquêtes, après avoir eu l'opinion de toutes les autres Chambres, qui a jugé que le Confeiller pourvu d'un Bénéfice, ne peut être Rapporteur pour le Prélat qui l'a pourvu du Bénéfice, & ce quand il eft récufé.

Sur les Confeillers-Rapporteurs voyez l'Edit du Roi Charles VII de 1446, article 12; de Charles VIII de 1493, art. 11; de Charles IX de 1560, art. 62, & de 1563, art. 30 & 31.

RAPPORT
(Dans les Partages & Succeffions).

Page 274, col. 1, à la fin du 4ᶜ alinea, après avantage (art. 304), *ajoutez*; Conféquemment fi le pere a prêté de l'argent à fon fils, cet argent doit être rapporté; & même fi le pere en avoit fait paffer un contrat de conftitution, le fils ne feroit pas recevable à offrir de continuer la rente, mais, au contraire il faudroit qu'il en rapportât le principal & les arrérages qui en feroient dûs, ou qu'il les précomptât fur fa part; à moins toutefois. que le fils ne fût mineur & qu'il eût diffipé cet argent, parce que le fils mineur n'étoit pas en état d'accepter à fon préjudice une donation de fomme d'argent comptant. Voy. Argou, tome premier, pages 462 & 464.

Page 279, colon. 1, à la fin du 2ᶜ alinea, après les Auteurs, *ajoutez*; V. le Brun, Traité des Succeffions, liv. 2, ch. 3, fect. 9, n°. 25.

RAPPORT D'EXPERTS.

Page 286, colonne 1, à la fin du premier alinea de cet article, après chofe, ajoutez; Les Experts ne doivent point excéder leur miffion, qui a pour objet ordinaire, l'examen de faits, de local, de bonne ou mauvaife conftruction, &c. *Ad quæftionem facti refpondent Juratores; ad quæftionem Juris refpondent Judices.* Cependant voyez Experts.

RAPPROCHEMENT de Ligne.

Page 287, col. 1, à la fin du 2ᶜ alinea, après parent, *ajoutez;* Le Rapprochement de ligne paroît aujourd'hui n'être point favorablement accueilli, & même entiérement abandonné: c'eft au moins ce qui réfulte d'un Arrêt célébre, dont voici l'efpéce.

Le Marquis de l'Etèndart décéda en 1748, en la Ville de Montreuil-fur-Mer, en Picardie. Il laiffa entr'autres biens dans fa fucceffion, la Terre de Verchoque, régie par la Coutume de Boulonnois, d'autres Fiefs dans celle d'Artois, avec des Rotures dans les mêmes Coutumes.

La Terre & Seigneurie de Verchoque, principal objet de cette fucceffion, étoit un ancien Propre maternel, acquis depuis plus de 100 années, d'Antoine Pipemont, lequel étant mort fans enfans, laiffa cette Terre à François de Pipemont fon frere : de celui-ci elle paffa à François Léger de Pipemont fon fils, & enfuite à Marguerite de Pipemont, fœur de ce dernier & mere du Marquis de l'Etendart.

Tous les parens du Marquis de l'Etendart, dans la ligne maternelle, ne la touchoient qu'au neuviéme degré civil : c'étoit au jour de fon décès, le feu fieur Antoine de la Pature, (repréfenté par le fieur fon fils, Major de Calais,) le fieur du Tertre, le Sr Comte de Manerbe, les fieurs & demoifelle de Mouchy d'Hocquincourt, & la dame de Pujols, tous defcendans, comme le Marquis de l'Etendart, de Jean I de Pipemont, fon cinquiéme ayeul dans la ligne maternelle : mais le fieur de la Pature étoit le plus âgé de tous, & à ce titre il soutenoit que la préférence lui étoit dûe sur tous les autres, suivant les dispositions des articles 81 de la Coutume de Boulonnois, & 99 de celle d'Artois.

La dame de Pujols, au contraire, quoique la plus jeune de tous les héritiers du sieur de l'Etendart, dans la ligne maternelle, & aussi éloignée qu'eux dans cette ligne, prétendoit néantmois avoir le droit de les exclure tous, & notamment le sieur de la Pature, sur le seul fondement *qu'étant tout-à-la-fois parente du défunt dans la ligne paternelle & maternelle, elle étoit dans la première de ces lignes, sa parente au sixiéme degré civil, parce que son ayeul, François de Pipemont, étoit frere de dame Claude de Pipemont, ayeule paternelle du Marquis de l'Etendart.*

C'étoit donc en vertu de cette *double parenté*, causée par une alliance qui avoit opéré en sa faveur, un Rapprochement de ligne, que la dame de Pujols se prétendoit la seule héritiere de tous les Propres, venus au Marquis de l'Etendart, par Marguerite Catherine de Pipemont sa mere.

De son côté, le sieur de la Pature soutenoit que sans aucun égard pour le systême du Rapprochement de ligne, qu'il disoit être aujourd'hui généralement abandonné, les Propres d'une succession ne devoient appartenir qu'au plus proche parent, *du côté & ligne* dont ces Propres étoient provenus au défunt, & que dans les Coutumes de Boulonnois & d'Artois, *le plus âgé entre plusieurs concurrens au même degré, devoit leur être préféré,* qu'ainsi étant aussi proche du défunt que la Dame de Pujols, dans ce côté & ligne, & *beaucoup plus âgé qu'elle,* il devoit avoir, suivant la Coutume de Boulonnois, art. 81, 1°. tous les Propres maternels du Marquis de l'Etendart, tant Fief que Roture, situés dans cette Coutume; 2°. tout Propre féodal situé dans la Coutume d'Artois, suivant l'article 99 de cette Coutume; 3°. sa part égale à celle de tous les autres héritiers de la ligne maternelle, dans les Rotures situées dans la même Coutume.

La Sentence du Bailliage de Montreuil-sur-Mer avoit proscrit la prétention de la dame de Pujols: elle en appella en la

Cour; & par Arrêt du 9 Août 1765, rendu en la deuxiéme des Enquêtes, *consultis Classibus,* au rapport de M. Lambert, la Sentence fut confirmée, & les Propres maternels dont il s'agissoit, adjugés au sieur de la Pature. Me Pinault fit un Mémoire pour le sieur de la Pature.

A la fin de cet article, ajoutez; Voyez aussi les Arrêts & Réglemens notables de la Combe, page 248.

RAPT & ENLEVEMENT.

Mêmes page & colon. à la fin du premier alinea de cet article, après la fin, ajoutez; Ce mot vient du verbe latin *Rapere,* Ravir.

Page 289, colonne 1, à la fin du premier alinea, après définitive, *ajoutez;*

Quoique d'après la signification même du mot Rapt, on puisse dire que le Rapt n'est point commis, lorsqu'il n'y a point de violence, cependant si la personne enlevée ou subornée est mineure ou sous puissance de pere, c'est toujours le cas du Rapt de séduction. Voyez l'Ordonnance du 22 Novembre 1730, art. 1 & 2.

RATIFICATION (Lettres de).

Page 192, colon. 2, à la fin du 2e alinea, après en entier, *ajoutez;*

Les opposans au Sceau des Lettres de Ratification jouissent des mêmes droits & du même privilége que les opposans au Sceau des provisions des Offices.

La veuve Gibert, créanciere de la succession du sieur Piquelée pere, de 10000 l. de principal, fit saisir réellement deux parties de rentes sur l'Hôtel-de-Ville, qui appartenoient à son débiteur, & les fit vendre à la Barre de la Cour. Le sieur Piquelée fils, comme créancier de la succession de son pere, avoit formé opposition à la saisie-réelle: s'étant rendu adjudicataire de ces deux parties de rentes, il se fit autoriser à en retenir le prix par ses mains en déduction de ses créances. La veuve Gibert avoit formé une opposition au Sceau des Lettres de Ratification; le sieur Piquelée obtint des Lettres de Ratification, qui furent scellées *à la charge de* l'opposition de la veuve Gibert; mais le sieur Piquelée ayant négligé de former une semblable opposition au Sceau, la question fut de sçavoir s'il avoit perdu son hypothéque, de manière que la veuve Gibert le primeroit & seroit payée par privilége & préférence au sieur Piquelée. La cause portée à l'Audience de la Grand'Chambre à 7 heures, Arrêt intervint le Lundi 5 Janvier 1767, qui jugea que faute par le sieur Piquelée d'avoir formé opposition au Sceau des Lettres de Ratification, il avoit perdu son hypothéque; en conséquence les conclusions de la veuve Gibert lui furent adjugées. Plaidans Me Huteau, pour le sieur Piquelée, & Me Martin, qui fit un Mémoire imprimé pour le veuve Gibert.

RAVESTISSEMENT.

Page 294, colon. 1, à la fin du 1er alinea, apres prédécédé, ajoutez;

» Ou plutôt le Ravestissement de sang » est un droit par lequel le survivant des » conjoints jouit en usufruit de la moitié » des hericotiers ou main-fermes de ses » enfans.

» Ce droit n'a lieu qu'en premier & » noble mariage, & ne dure qu'autant que » les enfans qui en sont venus, sont vivans «. Voyez le Commentaire de Desjaunaux sur la Coutume de Cambrai, titre 10, & le Gloss. de Ducange.

RÉACAPTE.

La Réacapte est le nom d'un droit Seigneurial.

En Languedoc & en Guyenne, les Acaptes sont de certains droits qui appartiennent au Seigneur foncier & direct, par le changement de l'emphytéote, soit que ce changement se fasse par mort, mariage, vente, &c. Et les Réacaptes ou arrieres-Acaptes, sont des droits que doivent les Emphytéotes à la mutation des Seigneurs, soit par mort, mariage, ou d'autre manière. V. le Gloss. de Ducange.

RÉAGGRAVE.

Même page & même colon., à la fin de cet article, après permission spéciale, ajoutez; du Juge Laïc. Voyez Fevret.

RÉAJOURNEMENT.

Mêmes page & col. à la fin du 1er alinea de cet article, après pemier, ajoutez; Le

Réajournemens ont été abrogés par l'Ordonnance de 1667, article 2, titre 5. Secùs, en Matiere Criminelle.

RÉBELLION A JUSTICE.

Même page, col. 2, à la fin du 3e alinea, après résister, ajoutez;

Deux Arrêts du Parlement ont, entr'autres, confirmé ce que l'on vient de dire; le premier du 21 Juin 1659, & le second du 25 des mêmes mois & an, tous deux rendus à l'occasion de Rébellion faite dans l'Hôtel de Soissons au Procureur du Roi, & à Me Plomet, Commissaire au Châtelet: par le premier desquels Arrêts il fut ordonné que d'office, il seroit incessamment informé par MM. Ferand & Menardeau, Conseillers en la Cour, du duel dont il étoit question, circonstances & dépendances, même de la violence commise ès personnes dudit Substitut & Commissaire; qu'à cette fin les deux Conseillers-Commissaires en cette partie, assistés des Officiers de Police, se transporteroient audit Hôtel de Soissons, pour y faire la perquisition du nommé Moullins & du cadavre du nommé Bouillers, pour ce fait être le procès fait & parfait audit Moullins & à la mémoire dudit Bouilliers, auquel il seroit créé un curateur, & que dès à présent les deux Suisses étant audit Hôtel de Soissons, & trois autres quidams vêtus de gris, seroient pris & appréhendés au corps, & amenés en la Conciergerie du Palais.

Et par le second Arrêt il fut fait inhibition & défenses à tous Princes, Seigneurs & autres personnes, de quelque condition, qualité & dignité qu'ils soient, de retirer dans leur maison, ceux qui seroient accusés de crimes de duel ou autres crimes, même ceux contre lesquels il y auroit eu condamnation par corps, pour dettes civiles, sous les peines portées par lesdites Ordonnances, & de demeurer responsables des Rébellions qui pourroient être faites par leurs Domestiques, & des dommages & intérêts des Parties : il a été enjoint aux Officiers du Châtelet, de faire incessamment perquisition dans lesdites maisons lorsqu'ils auront avis que les accusés s'y seront tetirés, & il a été ordonné que l'Arrêt seroit envoyé par le Procureur Général à fon Subftitut au Châtelet pour tenir la main à l'exécution d'icelui.

Page 295, colon. 2, à la fin de cet article, après Juftice, ajoutez;

La connoiffance des Rébellions faites à Juftice appartient au Lieutenant Criminel, quand même il s'agiroit de l'exécution du Jugement de Lieutenant Civil. V. Filleau, tome premier, premiere partie, tit. 4, chap. 23; il en rapporte un Arrêt du Parlement du 26 Août 1606.

RECELÉ.

Page 298, colon. 1, à la fin du premier alinea, après du Palais, ajoutez;

La même chofe a été jugée par Arrêt du Mercredi 8 Oct. 1766; M. Joly de Fleury, alors Subftitut, établit pour principe qu'il falloit diftinguer entre l'action en Recélé, intentée contre un héritier, & celle contre un étranger; que dans le premier cas, fans de fortes circonftances, il n'y avoit point lieu à la procédure extraordinaire. La Cour dans cette caufe a renvoyé les Parties à fins civiles.

RÉCÉPISSÉ.

On appelle Récépiffé, du latin *Recepiffe*, un acte fous fignature privée, par lequel on reconnoît avoir reçu de quelqu'un des piéces, à l'effet d'en prendre communication.

Par exemple, un Procureur qui retire les facs, ou des piéces de chez le Rapporteur, en donne fon Récépiffé, en vertu duquel il peut être contraint par corps, pour la remife des piéces ou facs par lui pris en communication.

La Cour, par un Arrêt du mois de Juillet 1767, a jugé qu'un Récépiffé de caiffe ne pouvoit être donné en nantiffement, fur-tout lorfqu'il n'y avoit point d'acte particulier qui affectât le Récépiffé au nantiffement. Me Bouffenot écrivoit contre Me Reçolene.

RÉCEPTION.

Page 300, col. 1, à la fin du 3e alinea, après liv. 4, ch. 6. ajoutez;

C'eft en conformité de l'Ordonnance ci-deffus citée, que la Cour, par Arrêt du 6 Juillet 1765, rendu fur les Conclu-fions de M. Séguier, Avocat Général, entre le fieur Geuflin, pourvu d'un Office de Procureur & Notaire au Bailliage de Nogent-fur-Seine, & les Lieutenant Général, Procureur du Roi & Greffier de cette Jurifdiction, a condamné ces derniers folidairement à rendre & reftituer au fieur Geuflin la fomme de 300 liv. par eux reçue du fieur Geuflin, pour prétendus droits de Réception ès Offices de Procureur & Notaire au Bailliage de Nogent-fur-Seine, fur laquelle fomme la Cour a néantmoins permis la retenue; fçavoir, par le Lieutenant Général, de 8 liv. & quelques fols; par le Procureur du Roi, de 5 liv. & quelques fols; & par le Greffier, de 3 liv. & quelques fols, enfemble le débourfé de fon parchemin; le tout pour leurs droits. Par le même Arrêt la Cour a ordonné l'exécution du Réglement intervenu fur cette matiere; en conféquence a fait défenfes aux Officiers de Nogent-fur-Seine, de percevoir aux Réceptions des Officiers en leur Siége, autres & plus grands droits, que ceux dont la retenue leur eft ci-deffus permife; la Cour a en outre déclaré nuls, de prétendus Réglemens de 1654 & 1733 par eux faits, & dont ils fe fervoient pour foutenir la perception des droits, & les a condamnés aux dépens. Plaidans Mes Timbergue & Savin de Mony.

RECEVEUR des Confignations.
Voyez *Confignation.*

RÉCIDIVE.

Ce mot, qui vient du latin *Recidere*, Rétomber, fe dit de ceux qui tombent une feconde fois dans les mêmes fautes.

Impetrare nunquàm, aut per raro, culpæ erratique veniam, REI POSSUNT, fi iterata comperiantur fæpius à reo. Mornac, *l. 3. Cod. Si fæpius in integrum.*

RÉCOLEMENT de Témoins.

Page 303, col 1, à la fin du 1er alinea, après de 1679, ajoutez; Il eft dans Bornier, tome 2.

RECOMMANDATION de Prifonniers

Même page, col. 2, à la fin du 3e alinea de cet article, après Prifonnier, ajoutez;

Cet ufage eft contraire au principe:
en

en effet celui-là feul peut recommander, qui peut fur le champ faire arrêter fon débiteur : *Qui non poteſt incarcerare , non poteſt commendare* ; mais la faveur que mérite le commerce , fait que l'exception prévaut en cette occafion fur la régle.

Par Arrêt du Mardi 23 Septembre 1766, il a été jugé qu'on ne pouvoit, au préjudice d'un Arrêt de défenfes dûement fignifié, faire recommander un prifonnier : par cet Arrêt , la Cour a déclaré nulles des recommandations faites de la perfonne d'un prifonnier, au préjudice d'un Arrêt, portant, *Toutes chofes demeurant en état.* Plaidans Mᵉˢ de la Goutte , Bazin & Viel.

RECONNOISSANCE.

Page 305 , colonne 2 , à la fin de cet article, après ſont ſoumis, *ajoutez* ;

Ferron, fur Bordeaux , page 257, dit qu'en concours des deux Reconnoiſſances, la premiere, ou la moindre, eſt ſuivie ; mais voyez ſon Annotateur, page 281.

Par Arrêt rendu en la Grand'Chambre au rapport de M. Paſquier , le Samedi 30 Avril 1768 , il a été jugé en faveur du ſieur Jourdier , intimé , contre les ſieur & dame Tortet, appellans ; ledit Arrêt confirmatif de la Sentence de MM. des Requêtes du Palais.

1°. Que dans les Coutumes de Nivernois & de Bourbonnois , une ſeule Reconnoiſſance énonciative d'une précédente, étoit inſuffiſante pour établir la directe, lorſque l'on n'étoit point Seigneur Haut-Juſticier , ni Seigneur de Fief.

2° Que ces mêmes redevances étoient preſcriptibles dans l'une & dans l'autre Coutume. Mᵉˢ Michel & Boullyer, écrivoient dans cette Inſtance.

RECONSTITUTION.

La Reconſtitution n'eſt autre choſe qu'une conſtitution ordinaire, faite à prix d'argent ; mais avec une déclaration d'emploi qui étant effectué par le même acte, opere en faveur du prêteur, une ſubrogation au lieu & place du créancier qui eſt rembourſé.

Il y a cette différence entre la Reconſtitution & le tranſport , que dans celui-ci la rente cédée demeure toujours affectée

Supplément.

aux hypothéques contractées par celui qui tranſporte la rente, qui peuvent cependant être purgées par le décret : au lieu que la Reconſtitution eſt affranchie de toutes les dettes contractées par le créancier rembourſé , & auxquelles ſon contrat de conſtitution ſeroit hypothéqué.

Des Lettres-Patentes du Roi, du 27 Février 1766, regiſtrées en la Chambre des Comptes , ordonnent que les contrats de Reconſtitution des rentes ſur les Aides & Gabelles , créées par les Edits des mois de Juin 1720 & Avril 1758, ſeront paſſés par les Prévôt des Marchands & Echevins de la ville de Paris ; & à l'égard des contrats de Reconſtitution de toutes les autres rentes dûes par Sa Majeſté , ils ſeront paſſés par des Commiſſaires du Conſeil nommés par le Roi.

RECONVENTION.

Page 304, colon. 1, à la fin de cet article, après Juge d'Egliſe, *ajoutez* ;

Le mot de Reconvention ſignifie auſſi un nouveau marché ou traité.

RECORD en fait de mariage.

L'article 386 de la Coutume de Normandie porte, » au Record de mariage qui » ſe fait pour la connoiſſance du douaire, » les parens & amis, qui ont été préſens au » dit mariage, y ſont reçus, & ne peuvent » être reprochés «.

Ce Record, comme on voit, eſt un acte contenant les conventions matrimoniales, arrêtées verbalement entre les futurs conjoints, leurs parens & amis.

Le Record de mariage ſe peut faire devant le Juge compétent des Parties, ou devant Notaire, même depuis la Bénédiction nuptiale, pourvû toutefois que les mêmes perſonnes qui avoient aſſiſté aux articles des conventions matrimoniales, verbales ou ſous ſignature privée, ſoient invitées au Record de mariage.

A préſent, on fait des contrats de mariage devant Notaire, lorſqu'on veut qu'il y ait des conventions matrimoniales par écrit. Voyez de Lauriere. Ce mot *Record* vient du Latin, *Recordari*, ſe Reſſouvenir.

K k

RÉCRÉANCE.

Page 307, col. 1, à la fin de cet article, après des Séqueſtres, *ajoutez* ;

En matiere de Régale, ce Jugement s'appelle *Etat.*

RÉCUSATION.

Même page, col. 2, à la fin du 4ᵉ alinea, après des Parties, *ajoutez* ;

Il ne doit être fait preuve que des parentés & alliances qui auront été déniées : & les autres demeurent pour reconnues, ſans qu'il ſoit beſoin d'aucune autre preuve. Ordonnance de 1737 concernant les évocations, art. 48.

Page 308, col. 1 lig. 2 du 2ᵉ alinea, après verbales, *ajoutez* ; proférées par un Fermier, contre un Procureur Fiſcal.

Page 309, col. 1, à la fin du 2ᵉ alinea, après de cauſe, *ajoutez* ; mais par l'article 29, l'amende eſt prononcée contre celui dont les Récuſations ſont déclarées impertinentes & inadmiſſibles.

REDHIBITION, REDHIBITOIRE.

Page 310, col. 1, à la fin de cet article, après tome 4, *ajoutez* ;

On fera remarquer ici que la Cour a rendu un Arrêt proviſoire le 7 Septembre 1765, qui » reçoit le Procureur Général » du Roi oppoſant à l'exécution de l'Ar- » rêt du 14 Juin 1721, en ce que par ledit » Arrêt, le temps de l'action en garantie » des cas Redhibitoires de la vente & re- » vente des vaches laitieres & amouillan- » tes, a été fixé à quarante jours ; & avant » faire droit ſur ſon oppoſition, ordonne » que dans trois mois, les Bureaux d'A- » griculture & les Juge - Conſuls de la » Province du Maine & des autres Provin- » ces du reſſort de la Cour, dans leſquelles » il ſe fait commerce de beſtiaux, feront » tenus d'envoyer au Procureur Général » du Roi, des mémoires détaillés & cir- » conſtanciés ſur cette matiere, pour leſ-

» dits mémoires faits, rapportés avec l'a- » vis des Officiers des Bailliages & Séné- » chauſſées deſdites Provinces, & commu- » niqués au Procureur Général du Roi, » être par lui pris telles Concluſions qu'il » appartiendra ; & cependant par provi- » ſion, qu'il ſera ſurſis à l'exécution dudit » Arrêt de 1721, & que l'action en ga- » rantie des càs Redhibitoires n'aura lieu » que pendant neuf jours, à compter du » jour de la vente, juſqu'à ce qu'autre- » ment par la Cour il en ait été ordon- » né, &c. «

RÉDUCTION de Legs.

Voyez *Incapables* & *Legs*, n. 12.

REFUS DE PORTE.

Voyez *Moribond*, n. 6.

RÉGALE.

Page 313, col. 1, à la fin du 1ᵉʳ alinea, après Chambres des Comptes, *ajoutez* ;

Par Arrêt du Samedi 6 Septembre 1763, rendu conformément aux Concluſions de M. Séguier, Avocat Général, il a été jugé que le ſerment de fidélité prêté au Roi, par M. l'Evêque de Saint-Omer, *par le miniſtere d'un fondé de procuration,* n'empêchoit pas que la Régale ne reſtât ouverte, & qu'il n'y avoit qu'un ſerment de fidélité prêté réellement & corporellement qui pût fermer la Régale ; en conſéquence, l'Abbé de la Croix, Muſicien de la Sainte-Chapelle de Paris, fut maintenu dans le Bénéfice par lui obtenu en Régale (*a*). Voyez auſſi la Déclaration du 10 Février 1673, enregiſtrée au Parlement le 18 Avril ſuivant.

Même page & même colonne, à la fin du 4ᵉ *alinea, après* de nos Rois, *ajoutez* ;

Voici comment s'expliqua ſur le droit de Régale M. Talon, dans un diſcours prononcé en plein Parlement le 20 Juin 1681.

» Nous oſons dire que, quelque grande » que ſoit l'autorité du Roi, il ne peut non

_____

(*a*) Voici la Formule du ſerment des Evêques, prêté au Roi (entendant la Meſſé.)

» Je . . . Evêque de . . . . . jure le très - ſaint & ſacré » nom de Dieu, & promets à Votre Majeſté, que tant » que je vivrai, je lui ſerai fidéle ſujet & ſerviteur : que » je procurerai le bien de ſon Etat, que je n'aſſiſterai » jamais à aucun Conſeil ou Aſſemblée qui ſe trouve

» contre ſon ſervice ; & s'il vient quelque choſe à ma » connoiſſance au préjudice d'iceux, d'en avertir Votre » Majeſté. Ainſi Dieu me ſoit en aide, & ſes Saints Evan- » giles par moi touchés «.

La certification du ſerment eſt délivrée par un Aumónier du Roi.

» plus renoncer à la Régale, en tout ni en
» partie, que détruire la Loi Salique, ou
» abandonner la Souveraineté d'une partie
» des Provinces qui composent sa Monar-
» chie ; & quelque soumission que nous
» ayons pour ses volontés, nous le supplie-
» rions plutôt de nous décharger de l'exer-
» cice de nos charges, que de souffrir que
» la Régale reçût la moindre diminution
» par nos suffrages ou par notre silence «.

Page 314, *col.* 1, *à la fin du* 9ᵉ *alinea*, *après* Voyez *Prévention*, *ajoutez* ; Et notamment un Arrêt de la Cour du 28 Août
1598, rapporté dans les Plaidoyers de M.
Servin, Avocat Général, page 71, édition
de 1629.

Page 318, *col.* 1, *à la fin de cet article*, *après* V. *Destitution d'Officiers*, *ajoutez* ;
Sur la Régale voyez les Traités de Pin-
son & d'Audoul.

RÉGAIRES.

Même page & même col. à la fin de cet article, *après* chap. 145, *ajoutez* ; & le Dictionnaire de Trévoux.

RÉGALEMENT.

On appelle en terme de pratique, Ré-
galement, » la partition ou distribution
» d'une taxe, ou d'une somme imposée,
» par laquelle on régle ce que chacun des
» contribuables en doit porter à proportion
» de ses forces «.

REGISTRES BAPTISTAIRES.

Même page, col. 2, *à la fin du* 1ᵉʳ *alinea*, *après* de Louis XV, *ajoutez* ; Voyez encore
sur cette matiere, un Arrêt important du
22 Juin 1756, rapporté à l'article *Possession
d'Etat*, n°. 5 (a).

RÉGENCE.

Page 319, *col.* 2, *à la fin de cet article*, *après* le passé, *ajoutez* ;
La Régence est encore » le Gouverne-
» ment d'un Etat, pendant la minorité ou

» l'absence du Roi. Les Reines-Meres ont
» la Régence du Royaume quand les Rois
» de France sont mineurs «.
Sur la *Régence & Gouvernement des Rois*,
voyez la Bibliotéque de Bouchel.
Régence se dit aussi des Professeurs des
Arts ou des Sciences, qui tiennent une
Classe dans un Collége. Voyez *Gradués*,
Septénaires, *Université*, &c.

RÉGLE.

Voyez ci-après *Régles de Chancellerie
Romaine.*

RÉGLES de Chancellerie Romaine.

Page 320, *colonne* 2, *commencez ainsi cet article* ;
En matiere Canonique, Régle se dit
particuliérement de certaines Constitu-
tions sur lesquelles des Maisons Religieuses
sont établies ; elles doivent être approu-
vées par le Pape, & registrées au Parlement.
On appelle Abbaye en Régle, celle qui
ne peut être possédée que par un Religieux
ou un Cardinal. V. sur tout ceci *Religieux*,
Regularia Regularibus.

REGNICOLES.

Page 322, *col.* 1, *lig.* 3 *de cet article*, *après* Sujets du Roi, *ajoutez* ; du latin
Regnicola.

REGRÉS en matiere Bénéficiale.

Page 323 *col.* 1, *à la fin du* 1ᵉʳ *alinea*, *après* en 1726, *ajoutez* ;
Suivant Loyseau, des Offices, page 144,
édition de 1640, c'est un proverbe de pratique Bénéficiaire, *qu'il faut laisser les Re-
grès aux gens mariés.*

REGRÉS en matiere d'Office.

Page 325, *col.* 2, *à la fin du* 3ᵉ *alinea*, *après* dans ce Jugement, *ajoutez* ; Mᵉ Bazin
fit un Mémoire pour le sieur Marie.

(a) On ne s'étoit pas apperçu que Mᵉ Denisart avoit parlé de cet Arrêt au présent article ; cet Arrêt nous ayant été communiqué avec celui de la demoiselle Au-rore, fille naturelle du feu Maréchal de Saxe, nous en avons rendu compte à l'article *Possession d'Etat*, n°. 5. Pour éviter le double emploi, on le supprime ici, obser-vant seulement, d'après Mᵉ Denisart, que le sieur Ballin, Curé de Verines, (Ex- ésuite) avoit baptisé sans difficul-té, le premier enfant, s'étoit absenté pour ne point bapti-ser le second ; & que les Conclusions du Ministere public furent pour lui.

RÉGULIERS.

En matiere Canonique, on appelle Réguliers, ceux qui ont fait des vœux dans une Maison Religieuse; ainsi quand on parle de Réguliers, on entend par-là tout le Corps des Moines. V. *Religieux* & *Vœux.*

RÉHABILITATION.

Page 326, col. 1, à la fin du premier alinea de cet article, après sa noblesse, *ajoutez;*

» Le Roi seul peut réhabiliter un Of-
» ficier qui a été noté, condamné, dé-
» gradé : ou un Gentilhomme qui a dérogé
» à noblesse.
» Le Pape réhabilite, c'est-à-dire, rend
» capables des Bénéfices & des Ordres ceux
» qui étoient tombés en hérésies, en irrégu-
» larités «.

RÉINTÉGRER, Réintégrande.

Page 327, col. 1, à la fin du premier alinea de cet article, après en possession, *ajoutez;* Du verbe latin *Reintegrare.*

RELAPS.

Même page & même colonne, à la fin du premier alinea de cet article, après Catholique Romaine, *ajoutez;* du latin *Relapsus.*

RELIEF.

Page 331, col 1, à la fin du 3e alinea, après de Paris, n. 16, *ajoutez;* V. aussi *Soulte de Partage.*

Page 334, col. 2, à la fin de cet article, après & dans quelques autres, *ajoutez;*

S'il échet un Relief par l'ouverture d'un arriere-Fief, pendant l'année du Relief, cela s'appelle Relief de Rencontre, Voyez *Rachat de Rencontre.*

RELIGIEUX & RELIGIEUSES.

Page 339, col. 2, à la fin du premier alinea, après n°. 154, *ajoutez;*

Par une conséquence de ce qui vient d'être dit, que tous *les Religieux Profès,* étant morts civilement au monde, ne peuvent succéder à leurs parens, il s'ensuit que les Peres de l'Oratoire de France (que l'on sçait avoir été institués par le Cardi-

nal de Bérulle, en 1611), n'étant liés par aucuns vœux, pouvant même quitter, lorsqu'ils le veulent, la Maison où ils vivent en Congrégation, sont capables de succéder à leurs parens, comme les autres Laïcs.

Il en est de même à présent des Peres de la Doctrine Chrétienne, depuis que par un Bref du Pape Innocent X, du 30 Juillet 1647, ils ont été désunis des Clercs Réguliers de Somasque, auxquels le Pape Paul V avoit permis, par un Bref du 9 Avril 1616, de faire des vœux. Voyez aussi Soëfve, tome premier, centurie premiere, chap. 80.

Il faut dire la même chose de toutes les personnes de l'un & de l'autre sexe, qui vivent en Communauté dans des Maisons de Piété, sans avoir fait de Vœux solemnels. Voyez à ce sujet l'Arrêt du 25 Juin 1766, rapporté à l'article *Mort Civile,* n°. 8.

Même page, & même colon. à la fin du 6e alinea, après Doctrine Chrétienne, *ajoutez;* le premier est du 18 Mai 1645.

Page 342, colonne 1, à la fin du premier alinea, après de leur Supérieur, *ajoutez;*

» Un Religieux ne peut s'engager com-
» me Caution, ni emprunter, même pour
» le Monastere, sans le consentement de
» l'Abbé & de la Communauté «. Voyez l'Analyse des Décrétales, par d'Héricourt, titre 22.

Suivant la décision de Boniface VIII, un Religieux peut être chargé de l'exécution d'un testament, & accepter cette charge du consentement de son Supérieur; mais cette disposition n'est point suivie en France, où les Religieux sont regardés, pour les effets civils, comme des personnes mortes. Voyez d'Héricourt, *ibidem,* titre 26.

Page 344, colonne 2, à la fin du premier alinea, après du 17 Juin 1758, *ajoutez;*

Par Arrêt du Mardi 11 Août 1767, rendu en la Grand'Chambre, Audience de 9 heures, conformément aux Conclusions de M. Séguier, Avocat Général, il a été jugé que le Procureur Général de la Congrégation de l'Ordre de Saint Benoît, devoit recevoir les revenus de tous les Bénéfices dépendans de l'Ordre, & qu'ils faisoient partie de la menſe, à la charge des réparations. Le motif de l'Arrêt, fondé ſur ce que les Religieux ne doivent avoir (à partir de l'ancienne obſervance) que le *Victum & Veſtitum*. Mᵉ Vulpian plaidoit dans cette Cauſe. V. auſſi à l'article *Vœux (Emiſſion de)*, l'Edit du mois de Mars 1768 ; qui fixe l'âge auquel, à compter du premier Avril 1769, on pourra s'engager par la Profeſſion Monaſtique ou Réguliere.

RELIGION.

La Religion eſt le Culte de Dieu, & le premier tribut que le cœur & la raiſon doivent porter à la Divinité ; toute Créature eſt obligée à ce Culte par la nature de l'objet même : *Religio, re-ligatus*.

Comme il n'y a qu'un ſeul Etre ſuprême, il ne devroit y avoir dans le monde entier, qu'une ſeule Religion.

Les Ordonnances de nos Rois prononcent des peines contre ceux, qui par leurs diſcours ou par leurs écrits, attaquent la Religion dans ſa ſainteté ou dans ſes dogmes fondamentaux ; voyez à ce ſujet les Ordonnances de Saint Louis, celles de Philippe VI, de Charles VII, de Louis XII, de Henri II, de Charles IX, de Henri III, &c.

Quoique l'Ordonnance de Blois, article 35 ; les Lettres Patentes d'Henri IV, du 22 Sept. 1595, & l'Ordonnance de Louis XIII, du 10 Novembre 1617, n'ayent pour objet principal, que de faire punir les Blaſphémateurs & les Prédicateurs ſéditieux ; les diſpoſitions de ces Ordonnances s'appliquent ſans contredit, à toutes perſonnes, de quelqu'état & condition qu'elles ſoient, qui enſeignent ou avancent des erreurs, *quelle que puiſſe être la nature & la forme de leurs Ouvrages*. V. les Réquiſitoires de M. Joly de Fleury, Avocat Général.

Un ſeul exemple public qui ſeroit fait de pareils Auteurs, arrêteroit peut-être plus efficacement le mal dans ſa ſource, que les cenſures eccléſiaſtiques les plus ſolides & les mieux compoſées.

Il eſt bien vrai que la Religion ſe perſuade & ne ſe commande pas ; mais toutes les Loix commandent de révérer la Religion ; les Auteurs d'écrits, qui enfreignent publiquement une Loi auſſi ſacrée, ſont donc doublement puniſſables ; à l'égard de la penſée, l'Eternel en eſt le Juge ſuprême.

Qu'il me ſoit permis de le demander : quel but peuvent ſe propoſer les Auteurs de pareils écrits ? ſi ce n'eſt de conduire inſenſiblement au dérèglement des mœurs, où l'homme n'eſt par lui-même que trop enclin, & d'affoiblir dans la créature, ce ſentiment inné & ſi conſolant, que la vie périſſable de l'homme eſt trop malheureuſe, pour avoir été le ſeul objet de ſa formation & de ſon exiſtence.

RELIQUA.

Page 344, col. 2, ligne 2 de cet article, après compte, *ajoutez* ; par la clôture & l'arrêté d'un compte, ſe trouve débiteur : toute ſa dépenſe déduite.

REMBOURSEMENT DE RENTES.

Page 348, col. 2, à la fin du 5ᵉ alinea, après proſcrite, *ajoutez* ; V. auſſi Caution.

Page 351, col. 1, à la fin de cet article, après Biens d'Egliſe, ajoutez ;

En matiere de Rembourſement, il y a certaines clauſes, qui, malgré leur ſtipulation, ne ſont conſidérées que comme comminatoires, en voici un exemple.

Le créancier d'une rente (au denier 25) de 20 livres au principal de 1000 livres, avoit conſenti par un écrit que ſon débiteur lui rembourſât la rente en queſtion, moyennant 500 liv. ſeulement ; ce créancier avoit même reconnu avoir reçu comptant 100 livres : l'écrit portoit en outre que les 400 l. reſtantes ſeroient payées d'année en année, faute de quoi, & nonobſtant le conſentement ci-deſſus énoncé, la rente de 20 liv. ne ſeroit, comme auparavant, rembourſable que des 1000 liv. formant ſon capital originaire. Par Arrêt rendu en la Grand-Chambre le 10 Mars 1763, il a été jugé que cette clauſe n'étoit que comminatoire ; en conſéquence, il a été ordonné que dans quinzaine, les héritiers la Tare, pour leſquels plaidoit Mᵉ Bidault, rembourſeroient dans un temps fixé par l'Arrêt, aux héritiers Carré, défendus par Mᵉ Belot, 200 & quelques liv. reſtantes à eux dûes des 400 l. portées en l'écrit en queſtion, ſinon

& qu'après ledit temps, la Sentence du Bailliage de Senlis, qui avoit ordonné le Remboursemeet fur le pied d'un capital de 1000 livres, feroit exécutée.

La déclaration faite par un acte fous feing-privé, que la fomme empruntée eft pour rembourfer des rentes, n'oblige à juftifier du remboursement, *par quittances devant Notaires*, qu'autant que celui qui a emprunté, s'eft foumis à faire une juftification de cette nature. C'eft ce qui a été jugé par un autre Arrêt, dont voici l'efpéce.

Par acte paffé devant Notaires, les enfans d'un fieur Naudin partagerent fa fucceffion. Un d'entr'eux fut chargé, dans fon lot, de plufieurs parties de rentes, concernant différens particuliers, porteurs de promeffes à eux faites, par le pere commun *par actes fous feing-privé*, de leur paffer contrat. Le fieur Naudin, l'un des copartageans, emprunta d'une veuve Huré une fomme de 4000 liv. par acte auffi fous feing-privé, avec déclaration que cet emprunt étoit *pour faire plufieurs remboursemens*. Quelque temps après, la veuve Huré forma fa demande au Bailliage de Provins contre le fieur Naudin, à ce qu'il fût tenu de lui juftifier de l'emploi de fes 4000 livres, par quittances *devant Notaires*, & de lui rapporter les piéces de fubrogation. La défenfe du fieur Naudin à cette demande, confifta à foutenir que, *par fon acte fous feing-privé avec la veuve Huré*, il ne s'étoit point foumis à cette obligation, qu'ainfi il devoit être renvoyé de la demande : cependant Sentence intervint, qui adjugea à la veuve Huré fes conclufions ; le fieur Naudin interjetta appel de cette Sentence : fur l'appel, il convint de bonne foi que les 4000 liv. en queftion avoient été par lui empruntées de la veuve Huré, pour payer à plufieurs particuliers les principaux contenus aux promeffes à eux faites par le feu fieur Naudin, pere, de leur paffer contrat ; il ajouta qu'il avoit déja effectué une partie, & effectueroit le furplus de ces payemens, qu'il offroit même d'en juftifier à la veuve Huré, au moyen de quoi il ne s'agiffoit plus entr'eux que des dépens.

La veuve Huré répliquoit qu'elle n'avoit jamais été informée par le Sr Naudin, que la fomme de 4000 liv. qu'il avoit em-

pruntée d'elle, eût pour objet le Remboursement de rentes réfultant d'écrits fous feing-privé, portant promeffes de paffer contrat ; qu'au furplus, quand elle en auroit été informée, cela ne l'auroit pas obligée de fe contenter du rapport de ces promeffes fous feing-privé, pour juftification d'emploi, mais qu'elle étoit bien fondée à demander cette juftification *par quittances devant Notaires*, attendu que c'étoit par un partage devant Notaires que le fieur Naudin avoit été chargé du payement des rentes, *au Remboursement defquelles devoit fervir la fomme de 4000 livres, par elle à lui prêtée*.

Par Arrêt du 4 Janvier 1764, la Cour a donné acte au fieur Naudin de fes offres ; faifant droit fur l'appel, a mis l'appellation & ce dont étoit appel au néant, émendant, a déchargé le fieur Naudin des condamnations contre lui prononcées par la Sentence ; en conféquence, a ordonné que le fieur Naudin ne feroit tenu de rapporter à la veuve Huré, que des quittances *fous feing-privé* du Remboursement des rentes dûes aux porteurs des promeffes de paffer contrat, faites fous feing-privé par le fieur Naudin, pere, & du payement defquelles le fieur Naudin, fils, avoit été chargé par le partage de la fucceffion fait devant Notaires. Plaidans Me de la Goutte pour le fieur Naudin, Appellant, & Me Martin pour la veuve Huré, Intimée.

Un de MM. a dit que le partage en queftion fait pardevant Notaires, fervoit bien pour donner, à chacun des copartageans, hypothéque fur les biens des uns & des autres, mais qu'il ne pouvoit produire l'effet qu'un tiers, tel que la veuve Huré, vouloit lui attribuer.

RÉMISSION (Lettres de).

Même page & même colonne, à la fin du premier alinea de cet article, après de 1670, ajoutez ; Ce mot vient du latin *Remittere,* Remettre.

REMPLOI.

Page 352, col. 1, ligne 2 du 3e alinea, après Novembre 1683, *ajoutez ;* regiftrée au Parlement le 3 Décembre fuivant.

A la fin du même alinea ; après &c. ajoutez en note ; (a).

(a) Cette Déclaration se trouve dans les Arrêts & Réglemens concernant les fonctions des Procureurs, &c. Imprimés à Paris, in-4. en 1694.

Page 353, col. 1, ligne 5 du deuxième alinea, après recousse, ajoutez en note ; (a).

(a) Recousse signifie enlevement de Prisonniers.

Page 360, col. 1, à la fin de cet article, après Communauté, ajoutez ;

On terminera cet article par un Arrêt, où il s'agissoit de sçavoir quelle est la nature de l'action de Remploi de propres dans la Coutume du Maine, & si sur le fondement de l'aliénation des propres du testateur, son héritier est tenu d'acquitter les legs qu'il a faits par son testament.

Dans l'espéce de cet Arrêt, René-Erard de Baigneux, Seigneur de Courcival, avoit épousé en secondes nôces, en 1728, demoiselle Renée Duharda d'Hauteville. Par le contrat de mariage, le futur époux s'étoit doté de ses droits mobiliers & immobiliers, tels qu'ils lui appartenoient suivant un partage de 1707, & des autres droits qui lui appartenoient d'ailleurs. La future fut dotée par sa mere & par un oncle ; le détail de la dot est inutile : il y eut stipulation de communauté, dont la mise fut réglée par le contrat de mariage : il fut dit que toutes successions directes ou collatérales qui pourroient écheoir aux futurs, & toutes les donations qui pourroient leur être faites durant la communauté, leur tiendroient & à leurs enfans, nature de propres, à la réserve des meubles meublans. Enfin il y avoit cette clause : » si pendant le futur mariage, il est » vendu des Propres de la future épouse, » ou amorti des rentes *de son estoc,* le Rem- » ploi en sera fait sur les biens de la com- » munauté, s'ils suffisent ; & au défaut, sur » les biens dudit futur époux, & l'action » du Remploi demeurera toujours de na- » ture immobiliaire *pour tous effets,* & » propre à ladite future épouse & à ses en- » fans & ayans-cause, sans pouvoir être » immobilisée pour quelque cause que ce » soit «.

Les conjoints n'ayant point eu d'enfans de leur mariage, se firent un don mutuel :

mais pendant le mariage, le mari aliéna trois de ses propres, dont il reçut le Remboursement : le sieur de Courcival se forma deux espéces de conquêts non sujets au don mutuel de sa femme ; ils procédoient du partage des propres maternels de la dame Comtesse de Villedieu, l'autre pour sa part du prix d'une Terre licitée à l'amiable. Le mari fit par la suite son testament olographe & cinq codiciles. Par son testament. du 15 Janvier 1747, il donna à la dame son épouse, tout ce que la Coutume des lieux où ses biens seroient situés, pouvoit permettre de lui donner, sans préjudicier à leur contrat de mariage & au don mutuel qu'ils s'étoient fait : il fit d'autres legs, tant à des étrangers qu'à ses parens, notamment un legs de rente viagere à la demoiselle de Baigneux, épouse du sieur d'Islette : après la mort du testateur, son frere & ses deux sœurs contesterent tous les legs, notamment ceux de rente viagere de 200 l. de 300 liv. & de 200 livres ; les moyens des héritiers du testateur étoient entr'autres, que le feu sieur de Courcival, par le don mutuel fait entre-vifs à la dame son épouse, de l'universalité de ses meubles, effets mobiliers, acquêts & conquêts immeubles, ayant épuisé la faculté accordée aux gens mariés, ès articles 334, 336 & 338 de la Coutume du Maine, de disposer, tant par donation, que par testament, il ne lui étoit plus resté aucuns biens disponibles en faveur de ses parens ou d'étrangers, sur lesquels biens, les legs de ses testamens & codiciles pussent se prendre : ils ajoutoient qu'ayant été interdit au testateur de laisser à ses parens ou à des étrangers, directement aucune partie de ses propres, il n'avoit pu, en les aliénant, se ménager cette voie indirecte de leur en faire passer le prix, contre la prohibition de la Coutume ; l'usage ancien & uniforme de la Province du Maine, étant, selon eux, de juger à cet égard l'action de Remploi immobiliaire & représentative du patrimoine aliéné, à tous effets, même quant à la disposition.

Au contraire, les légataires des rentes viageres, (car les légataires étrangers n'avoient point fait suite de leurs legs) répliquoient que dans la Coutume du Maine, la seule disposition des Propres réels & existans, étoit défendue aux gens mariés, en faveur des étrangers : mais que les héritiers de la ligne étoient obligés de prendre la fucceſſion des Propres, en l'état qu'elle ſe trouvoit, & de ſe contenter de ceux qui n'avoient point été aliénés : que l'action du Remploi n'y étoit immobiliaire qu'à l'égard des héritiers : que comme cette action ne tendoit qu'à toucher ou reprendre des deniers, elle étoit pure mobiliaire, ſuivant la maxime *Actio ad mobile eſt mobilis* ; qu'ainſi l'objet de cette action étoit diſponible pour le tout : qu'il ſuffiſoit donc qu'un teſtateur, outre les objets compris au don mutuel d'entre lui & ſa femme, laiſſât encore dans ſa fucceſſion (comme dans l'eſpéce préſente) plus de biens diſponibles, qu'il n'en falloit pour acquitter les legs qu'il avoit faits par ſon teſtament, pour que ſon héritier des propres ne pût ſe ſouſtraire à leur délivrance, ſous prétexte qu'ils entamoient les réſerves coutumieres, à moins que cet héritier ne déclarât ſe renfermer dans les propres non diſponibles, & abandonner aux légataires tous les meubles & acquêts.

Les choſes en cet état, Sentence intervint en la Sénéchauſſée du Mans le 5 Mars 1761, qui renvoya les héritiers du teſtateur des demandes des légataires qui furent condamnés aux dépens. Il y eut appel en la Cour de cette Sentence, par les légataires ; & par Arrêt rendu en la premiere des Enquêtes, le Vendredi 13 Avril 1764, au rapport de M. Jullien, la Sentence fut infirmée, & la délivrance des legs ordonnée. Me Babille fit un Mémoire pour les Appellans, & Me Caillau en fit un pour les Intimés.

RENONCIATIONS à fucceſſions échues. Voyez *Répudiation.*

Même page & même col. à la fin du 3e alinea de cet article, après tacite, *ajoutez* ; car il ne ſe porte héritier qui ne veut. Art. 316 de la Coutume de Paris.

Page 362, col. 2, à la fin du 2e alinea, après dévolue, *ajoutez* ;

Remarquez ici, pour plus d'exactitude ; que la Cour n'avoit point à juger ſi un héritier bénéficiaire pouvoit enſuite ſe porter héritier pur & ſimple ; ce n'étoit point-là la queſtion ; la demoiſelle de Boufflers

avoit d'abord accepté la ſucceſſion par bénéfice d'inventaire, & les premieres pourſuites des créanciers s'étoient faites contr'elle, en cette qualité ; enſuite, pour s'affranchir de cette diſcuſſion perſonnelle, elle renonça à ſa qualité, & fit créer un Curateur à la ſucceſſion (comme vacante) contre lequel les créanciers reprirent les pourſuites. En cet état, la Marquiſe de Boufflers, *Remiencourt*, grand'tante de la mineure, prétendant que par cette Renonciation, *le dégré étoit vacant*, accepta la ſucceſſion. On lui ſoutint que la Renonciation n'étoit pas faite proprement à la ſucceſſion, parce que *ſemel hæres, ſemper hæres*, mais qu'elle n'étoit faite qu'à la diſcuſſion & aux embarras de cette diſcuſſion, raiſon pour laquelle à la place de l'héritier bénéficiaire, on avoit ſubſtitué un Curateur, plutôt à la diſcuſſion, qu'à la ſucceſſion : on ajoutoit qu'après la diſcuſſion finie, s'il reſtoit des biens, ils n'en appartenoient pas moins à l'héritier bénéficiaire, malgré ſa Renonciation : c'eſt auſſi ce que la Cour a jugé, *ſans qu'il ſoit beſoin de Lettres de Reſciſion.*

On peut renoncer en tous temps à une ſucceſſion, pourvû que l'on n'ait point pris judiciairement & *animo hæredis*, la qualité, ou fait acte d'héritier ; conſéquemment que l'on n'ait appréhendé, diverti, ou recélé aucuns effets de la ſucceſſion : en un mot que les choſes ſoient abſolument entieres.

Les articles placités de 1666, ſur la Coutume de Normandie, contiennent une diſpoſition expreſſe de ce qui vient d'être dit. *L'héritier preſomptif*, porte l'art. 43, *encore qu'il n'ait pas renoncé à la ſucceſſion, n'eſt pas cenſé héritier, s'il n'en a fait acte, ou pris la qualité.*

RENONCIATION à ſucceſſion future.

Page 363, col. 1, à la fin du 2e alinea, après convention, *ajoutez* ;

La Peyrere, ſur la Coutume de Bordeaux, dit que la promeſſe de renoncer en contrat de mariage, eſt bonne & obligatoire ; il ajoute que la vieille Juriſprudence étoit contraire ; (*promiſſio Renunciationis non æquiparatur Renunciationi*) : mais

il

il obſerve que l'on ſuit à préſent (à Bordeaux) l'uſage du Parlement de Paris.

Cela eſt conforme à l'opinion de Mr Ferron qui dit, *ego poſſe cogi putarem ad renunciandum.* V. auſſi Automne, ſur l'art. 66, nᵒˢ. 11 & 12.

Mêmes page & colon. à la fin du dixième alinea, après conſtituée, *ajoutez;* Voyez Argou.

RENONCIATION à la Communauté.

Page 364, col. 1, à la fin du 3ᵉ alinea de cet article, après effet, *ajoutez;* Voyez auſſi à l'article *Recélé.*

Page 365, colon. 1, ligne 5 du premier alinea, après pardevant Notaires, *ajoutez;* Il n'y avoit même dans l'ancienne Coutume de Paris, que les femmes nobles qui euſſent la faculté de renoncer à la Communauté.

A la fin du même alinea, ajoutez; V. auſſi Loiſeau, *du Déguerpiſſement.*

Même page, col. 2, à la fin du 1ᵉʳ alinea, après titre 2, nᵒ. 13, *ajoutez;* Les veuves des comptables qui ont eu le maniement des deniers Royaux, ſont obligées de faire leur renonciation en Juſtice, en préſence du Procureur du Roi; autrement leur Renonciation ne ſeroit point valable à l'égard du Roi. V. Argou, tom. 2, pag. 40.

Mêmes page & col. à la fin du 3ᵉ alinea, après & legs, *ajoutez;* & même ſi la femme qui a renoncé eſt mineure, & que ſon contrat de mariage ne porte point qu'en renonçant, elle prendra *franchement & quittement*, cette omiſſion ne lui fera point préjudice, en ſe faiſant toutefois reſtituer contre l'omiſſion de cette clauſe.

Mêmes page & col. ligne 1 du 5ᵉ alinea, après cette faculté, *ajoutez;* (de reprendre *franchement & quittement*, en renonçant) n'eſt, &c.

Page 367, col. 2, à la fin de cet article, après Décembre 1703, *ajoutez;* Dans la Coutume de Berry, il s'eſt introduit dans les contrats de mariage, la clauſe, que la femme renonçant à la Communauté, demeurera nantie & ſaiſie des biens de ſon mari, juſqu'au payement de ſa dot & de ſes repriſes & conventions matri-

Supplément.

moniales, & qu'elle ſera les fruits ſiens, au préjudice des héritiers.

Il s'eſt élevé ſur cette clauſe, une conteſtation, entre la veuve du ſieur Deſperins & la veuve Marcin de l'Etang. Cette dernière prétendit que cette clauſe étoit injuſte, qu'elle étoit pénale, que la clauſe ne devoit avoir lieu qne quand les héritiers avoient été mis en demeure de payer. On répondoit à la veuve de l'Etang, que par l'article 8 du titre 7 de la Coutume de Berry, la femme étoit déclarée *ſaiſie* de tous les avantages qui lui étoient faits; qu'elle l'étoit encore en vertu de l'art. 7 du titre 8 de la même Coutume, que conſéquemment elle étoit autoriſée à en requérir le bénéfice.

La Sentence d'Iſſoudun avoit adjugé à la veuve Deſperins le profit de la clauſe. Par Arrêt rendu en la troiſiéme des Enquêtes, le 14 Juillet 1767, au rapport de M. Robert de Saint-Vincent, cette Sentence a été confirmée, & l'effet de la clauſe adjugé à la veuve Deſperins: Mᵉ Charpit écrivoit dans ce Procès pour la veuve Deſperins, & Mᵉ Mauclerc, pour la veuve de l'Etang.

RENTES CONSTITUÉES.

Page 368, col. 1, à la fin du 2ᵉ alinea, après personnelles, *ajoutez;* Les Rentes Conſtituées à prix d'argent, ne ſont en uſage que depuis le quatorzième ſiécle.

Page 369, col. 2, à la fin du 3ᵉ alinea, après Rembourſement, *ajoutez;* C'eſt une erreur de croire qu'un contrat de Rente conſtituée eſt nul, parce qu'on a ſtipulé que le principal ſeroit rembourſable dans un certain temps: *la clauſe*, (dit la Thaumaſſiere ſur Berry, titre 8, page 292) *qu'on rembourſera dans dix ans & qu'après ce temps-là, la Rente ne ſera plus rachetable, eſt vitieuſe, mais non uſuraire. Vitiatus non vitiat contractum; remanet Reditus redimibilis, pactionem tantùm à contractu rejiciendam.*

C'eſt auſſi ce que la Cour a jugé entr'autres queſtions, par Arrêt rendu en la Grand'Chambre, au rapport de M. Farjonel d'Hauterive, le Samedi 11 Avril 1767, en faveur de Mᵉ François Huart;

Procureur du Roi au Grenier à Sel de Buſançois, Intimé, contre le ſieur Baudichon de la Perriere, Appellant, en préſence des Dames Religieuſes de Notre-Dame des Anges, de la ville de Saint-Agnan. Me Cailleau fit un Mémoire dans cette Inſtance. Voyez auſſi Brillon dans ſon Dictionnaire des Arrêts.

Page 370, colonne 2, à la fin du 5e alinea, après 1742, ajoutez;

Il a été dit à l'article *Arrérages*, n°. dernier, que les arrérages des Rentes ne pouvoient pas s'exiger d'un jour à l'autre; cependant on a fait une diſtinction fondée ſur un Arrêt du 31 Juillet 1741. Voici plus en détail l'eſpéce de cet Arrêt.

Uue femme, commune en biens avec ſon mari, étoit décédée au mois de Mars; ſon mari avoit des Rentes ſur l'Hôtel-de-Ville; lors du décès de ſa femme, il n'étoit dû que trois mois ou environ d'arrérages de cette Rente; le mari prétendit que ces trois mois ou environ d'arrérages n'entroient point dans la Communauté, attendu que le Bureau n'étoit pas encore ouvert au décès de ſa femme; mais par l'Arrêt du Lundi 31 Juillet 1741, il a été jugé que lorſque le mari, à qui la Rente appartenoit, en auroit reçu les arrérages, à l'échéance des ſix mois, il ſeroit tenu de compter aux héritiers de ſa femme, de la moitié de ces trois mois d'arrérages échus au jour du décès de ſa femme. Ainſi cet Arrêt a décidé, que relativement aux héritiers de la Communauté, les arrérages d'une Rente ſur l'Hôtel-de-Ville écheoient *dietim*. Il faut dire la même choſe, dans ce cas, des Rentes ſur Particuliers.

RENTES FONCIERES.

Page 374, colonne 1, après ſubrogée. Ajoutez à la ligne;

Cependant il vient d'être jugé, en grande connoiſſance de cauſe, que la Rente de bail d'héritage, *créée avec faculté de rachat*, ne formoit qu'un acquêt dans la ſucceſſion de celui qui en étoit créancier. Voici l'eſpéce de cet Arrêt.

La demoiſelle Antoinette Camaye, fille majeure, avoit donné par contrat du 22 Août 1731, au ſieur Thomas Triboulet, 43 mines 12 verges de terres labourables,

ſituées aux finages d'Etrées & Frenel, Coutume de Senlis, *propres maternels* en la perſonne de la demoiſelle Camaye, moyennant 150 liv. de Rente annuelle, rachetable ſeulement après le décès de la baillereſſe, ſur le pied du denier vingt.

Le 31 Janvier 1761, la demoiſelle Camaye décéda; ſa ſucceſſion ſe trouva dévolue au ſieur Philippe Mouton, ſon couſin-germain, héritier des meubles, acquêts & propres *paternels*, & à Eliſabeth le Nain, veuve de Pierre Boulanger, couſine iſſue de germain, héritiere des propres maternels.

Les choſes en cet état, il s'éleva une conteſtation au Bailliage de Compiégne, ſur le ſort de la Rente de 150 livres; le ſieur Philippe Mouton la réclamoit à titre d'acquêt: la veuve Boulanger au contraire prétendoit que cette Rente lui étoit dévolue à titre de propres, *& comme ayant la même nature que les fonds qui la devoient.*

Par Sentence ſur productions des Parties, rendue au Bailliage de Compiégne le 9 Avril 1764, il avoit été jugé en faveur de la veuve Boulanger, héritiere des propres maternels. Le ſieur Philippe Mouton appella en la Cour, de cette Sentence.

Par Arrêt du Vendredi 4 Septemb. 1767, rendu en la deuxiéme Chambre des Enquêtes, au rapport de M. Rolland de Challeranges, la Cour, en infirmant la Sentence, a regardé comme acquêt la Rente de 150 livres, & l'a adjugée au ſieur Philippe Mouton, héritier des meubles & acquêts.

Ainſi cet Arrêt a admis, (& j'ai ſçu que l'on s'étoit décidé par la queſtion de droit) la diſtinction qu'il faut faire entre la Rente Fonciere ou bail d'héritage ſtipulée rachetable, d'avec la Rente Fonciere ſtipulée non rachetable.

La rente à bail d'héritage ſtipulée rachetable, eſt une vraie vente; & comme elle en produit tous les effets, elle donne ouverture aux droits de lods & ventes, au profit du Seigneur: au contraire, la Rente Fonciere non rachetable n'eſt point réputée vente, & par cette raiſon elle ne donne point lieu aux droits ſeigneuriaux, attendu qu'une Rente dûe par l'Acquéreur, tient lieu du fonds; mais lorſque cette Rente eſt vendue, les droits font dûs, parce que dès ce moment, l'aliénation eft parfaite.

RENVOI devant un ancien Avocat.
Voyez *Expédient.*

Il arrive quelquefois que la Cour renvoie devant un ancien Avocat, pour en paffer par fon avis; c'eft même ce qui fe pratique affez ordinairement pendant la Chambre des Vacations, & cela contribue beaucoup à l'expédition du Jugement des caufes.

On pourroit trouver le motif de ces renvois dans l'efprit des articles 4 & 5 du titre 6 de l'Ordon. de 1667, *des matieres fommaires* qui fe vuident par expédient.

Dans ces fortes de renvois, l'Avocat fait avertir par fon Clerc, les Procureurs, de lui joindre leurs facs; ce qu'il ne doit faire que lorfque l'Arrêt de Renvoi par-devant lui, lui a été joint. Enfuite c'eft le Procureur de la Partie en faveur de laquelle eft l'avis, qui fait les qualités, terminées ainfi; *Après que par Arrêt du.......... la Caufe & les Parties ont été renvoyées devant Me..... ancien Avocat, pour en paffer par fon avis;* (enfuite de ceci l'Avocat écrit de fa main) *APOINTÉ eft que la Cour faifant droit,* &c. L'Avocat figne fon nom, fans dater.

Lorfque cet apointement a été reçu, la Cour eft dans l'ufage de ne point admettre l'oppofition qui y feroit formée, mais de renvoyer devant le même Avocat, qui écoute & pefe les moyens de l'oppofant, perfifte dans fon premier avis, ou le réforme s'il y a lieu.

RÉPARATION CIVILE.

Page 377, col. 1, ligne 3, du deuxième alinea, après la paix, ajoutez en note; (a)

(a) C'eft-à-dire, de l'accommodement fur les intérêts civils.

Page 378, col. 2, à la fin de cet article, après confirmée, ajoutez;

Les Réparations Civiles emportent-elles hypothèque à compter du jour du délit? ou au contraire ceux qui les premiers en ont demandé, doivent-ils être payés par préférence à ceux qui en ont requis les deniers? V. l'Arrêt contre le Roi de Valines au mot *Indignes.*

On trouve dans le Recueil des Arrêts de Montholon, un Arrêt de Pâques 1581, qui a jugé que la Réparation étoit préférée aux conventions de mariage d'une feconde femme. Dans cette efpéce, un homme avoit tué fa premiere femme, il en époufa une feconde. Le pere de la premiere femme fit faire le procès à fon gendre, qui fut condamné à mort, & en deux mille écus de Réparation envers la Partie civile. La feconde femme demanda à être préférée pour fon douaire à la Partie civile: l'Arrêt ordonna que le pere de la premiere femme feroit préféré à la feconde pour fa Réparation: & le furplus des biens, affecté & hypothéqué au douaire de la feconde femme.

RÉPARATIONS.

Page 379, col. 1, avant-dernier alinea de cet article, après à la charge du Fermier fortant, ajoutez;

Il faut faire une différence entre le locataire qui eft en jouiffance des lieux, & le locataire qui s'en met pour la premiere fois en poffeffion. Le locataire, dont le bail eft en partie exécuté par la location, doit fouffrir les groffes réparations pendant fix femaines, (Voyez *Bail & Locataire;*) mais lorfque le locataire entre dans les lieux qui lui font loués, ils doivent être dès-lors en bon état de toutes réparations: de maniere que fi le locataire a mis en demeure le propriétaire, avant d'entrer dans la maifon, on ne pourra le forcer à l'occuper, & encore moins à la garnir de meubles exploitables, ou à configner le loyer, en tout ou en partie: mais au contraire, le locataire aura une action en réfolution du bail. Voy. le Traité du contrat de Louage par M. Pothier, page 138.

RÉPARATIONS Bénéficiales.

Page 382, col. 2, à la fin de cet article, après par Defgodets, ajoutez; & le Traité des Réparations des Eglifes, par Me Pial, Avocat au Parlement.

RÉPARATIONS LOCATIVES.

Page 383, col. 1, dernier alinea de cet article, après 1716, ajoutez; Bacquet,

Traité des Droits de Juſtice, chap 21, n°. 276, & *ſuprà*, à l'article *Réparations.*

L'action pour contraindre un Fermier à faire des Réparations dont il a été chargé par ſon bail, ne dure qu'un an. V. auſſi le Traité du Contrat de Louage, par M. Pothier.

RÉPERTOIRE.

Même page & même col., commencez ainſi cet article;

Ce mot vient du latin, *Reperire*, Trouver.

RÉPIT (Lettres de).

Page 384, col. 1, à la fin du premier alinea, après leur eſt dû, *ajoutez;*

Le mot Répit (qui s'orthographioit anciennement *Reſpit*) vient du verbe latin *Reſpirare*, parce qu'en effet un débiteur *reſpire*, lorſqu'on lui accorde un délai pour payer ce qu'il doit.

Même page & même col. à la fin du 2ᵉ alinea, après contre-ſcel. *ajoutez;* Ord. de 1669, tit. 6, art. 2.

Même page & même col. à la fin du 3ᵉ alinea, après ſignifiées, *ajoutez;* Décl. de 1699, art. 2.

Même page, colonne 2, à la fin du 1ᵉʳ alinea, après &c. *ajoutez;* Ordonnance de 1669, tit. 6, art. 11.

RÉPLÉTION.

Même page, col. 2, commencez ainſi cet article;

Ce mot qui vient du latin *Repletus*, Rempli, &c.

REPOSOIR.

Perſonne ne peut être forcé à faire ou à contribuer à la dépenſe des Répoſoirs qui ſe font pour le jour de la Fête-Dieu. C'eſt ce qui a été jugé par un Arrêt, dont voici l'eſpéce.

La demoiſelle Pierreau, demeurant en la ville de Senlis, avoit été condamnée, comme Propriétaire d'une maiſon ſituée dans cette Ville, au payement de 33 ſols pour ſa portion contributoire des frais de conſtruction d'un Repoſoir, qui depuis un tems immémorial, ſe conſtruit annuellement dans la ville de Senlis aux frais des Habitans: la Sentence de la Police de la ville de Senlis ordonnoit en outre, que ladite demoi-

ſelle y contribueroit à l'avenir pour ſa part. La demoiſelle Pierreau ayant interjetté appel de cette Sentence, Arrêt eſt intervenu en la Chambre des Vacations, le Vendredi 30 Sept. 1763, par lequel la Sentence de la Police de la ville de Senlis a été infirmée; émendant, il a été ordonné que les 33 ſols payés par la demoiſelle Pierreau, *comme contrainte*, lui ſeroient rendus & reſtitués, ainſi que les dépens de cauſe principale; & les Habitans contre qui elle plaidoit, ont été condamnés aux dépens.

Les Concluſions du Miniſtere pnblic avoient été au contraire pour la confirmation de la Sentence.

REPRÉSENTATION.

Page 386, col. 1, à la fin du 5ᵉ alinea, après la mort naturelle, *ajoutez;*

La Repréſentation ne ſe fait donc jamais d'une perſonne *vivante*, mais ſeulement d'une perſonne décédée naturellement ou *civilement. Rurſùs nota,* (dit Dumoulin, ſur l'art. 241 de la Coutume du Maine.) *quod Repræſentatio nunquàm eſt de perſonà vivente, ſed tantùm de parente mortuo, naturaliter vel civiliter.* Cependant cette régle générale reçoit une exception pour la Coutume de Normandie. V. le Traité de la Repréſentation par Guyné, pag. 163.

Page 387, col. 1, à la fin du 1ᵉʳ alinea, après de la Repréſentation, *ajoutez;*

Par Arrêt du Samedi 1ᵉʳ Août 1767, il a été jugé dans la Coutume de Lorry-Montargis, qui n'admet point la Repréſentation, que le privilége du double lien, ne s'étendoit pas au-delà des freres; & que les couſins, ſoit germains, conſanguins ou utérins, ne pouvoient pas exciper du double lien, les uns contre les autres, dans la ſucceſſion d'un oncle commun, attendu que dans une Coutume où la Repréſentation n'a pas lieu, on ne peut exciper du privilége du double lien, que *jure ſuo.* Mᵉ Boucher d'Argis écrivoit pour le ſieur Fouquet, & a gagné ſon procès.

Page 388, col. 2, à la fin de cet article, après collatérale, *ajoutez;*

» Le Repréſentant n'eſt pas tenu des » faits, ni chargé du payement des det- » tes de la perſonne repréſentée: il n'eſt » pas même néceſſaire qu'il ait accepté la

» fucceffion, pour avoir droit de le re-
» préfenter; néantmoins il eft tenu de rap-
» porter à la fucceffion du défunt, toutes
» les chofes, du rapport defquelles la per-
» fonne repréfentée feroit tenue, fi elle
» étoit venue à la fucceffion «. Guyné, page
171.

38. Les Repréfentans partagent & payent
les dettes de la même maniere que l'auroit
fait la perfonne repréfentée, à l'exception
néantmoins du préciput du fils aîné, & des
biens en Fief, en la ligne collatérale. Voyez
Guyné, page 176.

RÉPUDIATION.
V. *Rénonciation*.

La Répudiation fignifie en Pays de
Droit-Ecrit la même chofe que la Renon-
ciation en Pays de Droit Coutumier; ainfi,
répudier une fucceffion, c'eft y renoncer.
Ce mot vient du verbe latin *Repudiare*,
Renoncer.

La Répudiation fait regarder comme
mort, celui qui répudie. *Repudiare & mor-*
tuum effe, paria funt. Benedict. decif. 5. n°.
100. *Repudiatio reddit repudiantem inftar*
mortui.

Si un frere répudie la totalité du Fief,
& que par ce moyen, le Fief paffe en entier à fon frere, fi celui-ci vient à mourir,
la fucceffion du Fief reviendra au frere qui
a répudié, à l'exclufion du Seigneur. Cependant Ferron, page 256, éleve du doute
fur cette queftion: mais fon Annotateur dit
qu'il eft mal fondé, parce que la fucceffion
du frere décédé, comprend tous fes biens.

REQUÊTE.

Page 391, *col.* 1, *à la fin du premier*
alinea, après énumération, *ajoutez*;

On appelle Requêtes verbales, celles
qui fe donnent au Châtelet ou aux Requêtes du Palais; elles commencent par ces
mots, *à venir plaider*, &c. & finiffent par
à ces caufes, &c. On les appelle *Verbales*,
parce qu'autrefois elles fe faifoient verbalement & judiciairement à l'Audience.

REQUÊTE CIVILE.

Page 393, *col.* 1, *à la fin du* 4e *alinea*,
après fuivant, *ajoutez*;

Excepté le cas énoncé dans la Dé-

claration du 30 Août 1707, les délais
prefcrits par les articles 5 & 6 de l'Ordonnance de 1667, s'obfervent à la rigueur;
c'eft ce que la Cour a jugé dans la Caufe
pour les Habitans du Saulzet, demandeurs
en enthérinement de Requête Civile, contre le fieur de Longueil. L'Arrêt obtenu
par les Habitans, & contre lequel ils re-
venoient par Requête Civile, étoit du 10
Février 1760, & leur avoit dûement été fignifié. Ce ne fut que le 24 Novembre 1766,
qu'ils prirent la Requête Civile, & qu'ils
firent affigner en la Cour. Le fieur de Longueil les foutint principalement, (& indépendamment des moyens du fond,) non-
recevables, parce que le temps pour prendre la Requête Civile étoit expiré, & cinq
fois au-delà. Les Habitans fentant la force
de cette fin de non-recevoir, avoient obtenu des Lettres de Relief de laps de temps,
mais elles n'avoient point été préfentées à
la Cour, & la Cour ne les avoit point enregiftrées. Ces fins de non-recevoir furent
adoptées par Arrêt du Mardi 14 Juillet
1767, Audience de neuf heures, conformément aux Conclufions de M. Seguier,
Avocat Général; plaidant Me Jouhannin
pour le fieur de Longueil; Me Vaubertrand
fit un Mémoire pour les Habitans du
Saulzet.

Même page, col. 2, *à la fin du quatrième*
alinea, après 1698, *ajoutez*;

En matiere criminelle on n'admet point
les Requêtes Civiles contre les Arrêts
définitifs, *quand toutes les formes & les*
folemnités prefcrites par l'Ordonnance ont
été obfervées, foit qu'il y ait eu condamnation ou abfolution. Il eft vrai qu'on
trouve un Arrêt du Parlement de Rouen,
rendu fur appointement au Confeil, prononcé à l'Audience par Arrêt du 23 Novembre 1652, par lequel une Requête
Civile prife contre un Arrêt qui avoit
condamné le nommé de la Motte aux
Galeres perpétuelles pour homicide, fut
enthérinée; Bafnage qui rapporte cet
Arrêt, tome premier, page 215, colonne
2, édition de 1709, obferve que cet
Arrêt ne doit point être tiré à conféquence
ayant été donné fur des raifons & des cir-
conftances particulieres. Voyez Revifion de
Procès.

REQUÊTES DU PALAIS.

Page 395, à la fin de la note, aprés pourvu, *ajoutez;*

Et depuis, le Roi a donné un Edit
au mois de Mars 1763, regiftré au Parlement, toutes les Chambres affemblées, le
15 du même mois. Nous croyons devoir
rapporter ici en entier cet Edit, concernant
le fervice des Chambres des Enquêtes &
Requêtes du Parlemeut.

» La suppression que nous avons ordon-
» née, par notre Edit du mois de Septem-
» bre 1762, des vingt-huit Commiffions
» des Requêtes du Palais, n'ayant eu
» pour objet que de faciliter un fervice dont
» nous avons toujours reconnu l'importance
» pour l'expédition des affaires de ceux qui
» jouiffent du droit de *Committimus*, nous
» nous fommes réfervés, par l'article III de
» notredit Edit, de pourvoir d'une maniere
» fixe & déterminée à l'ordre de ce fervice,
» que nous avons ordonné être continué
» feulement par provifion, par ceux des
» Confeillers en notre Cour de Parlement
» qui étoient ci-devant pourvus defdites
» Commiffions de Commiffaire aux Requê-
» tes du Palais; nous avons ordonné, par
» notre Edit du mois de Décembre 1756, la
» répartition dans nos Chambres des En-
» quêtes & Requêtes de cent trente Offices
» de Confeillers feulement; mais ayant re-
» connu qu'il exifte cent trente-trois Offi-
» ces de Confeillers dans lefdites Chambres
» des Enquêtes & Requêtes, dont nous en-
» tendons faire une nouvelle répartition, il
» eft néceffaire d'y pourvoir. Nous avons
» cru auffi, comme une conféquence natu-
» relle de la fuppreffion des Commiffions
» aux Requêtes du Palais, devoir faire cef-
» fer des différences qui avoient eu lieu juf-
» qu'à préfent entre les Confeillers qui
» étoient aux Enquêtes de notre Parlement,
» & ceux qui étoient aux Requêtes, l'ufage
» étant que ceux-ci ne montoient pas à la
» Grand'Chambre, tant qu'ils reftoient
» attachés au fervice des Requêtes; & nous
» avons jugé à propos d'admettre égale-
» ment les uns & les autres, chacun à leur
» rang de réception, à monter à la Grand-
» Chambre, en ordonnant en même-temps
» que les Confeillers qui feront aux Re-

» quêtes, feront, chacun à leur tour, de
» même que ceux qui font aux Enquêtes,
» le fervice de la Tournelle Criminelle;
» nous avons cru devoir encore profiter de
» l'occafion que préfentoit la fuppreffion
» des Commiffions aux Requêtes du Palais,
» pour remplir une autre vûe qui contri-
» buera infailliblement à procurer aux Ma-
» giftrats une plus grande facilité pour ar-
» river à la perfection de leur état, en les
» appliquant d'abord à un fervice où ils ver-
» ront les affaires dans leur naiffance; &
» nous nous fommes portés d'autant plus
» volontiers à prendre ce parti, que s'il fe
» trouve par-là dans les Chambres des Re-
» quêtes un plus grand nombre de Magif-
» trats qui n'auront pas encore atteint l'âge
» requis pour avoir voix délibérative, le
» fervice des Requêtes du Palais, qu'il eft
» important pour la dignité de notre Par-
» lement, & l'intérêt de ceux de nos Su-
» jets qui nous font plus particuliérement
» attachés par leur fervice, de conferver
» dans tout fon luftre, n'en fouffrira pas,
» parce que d'un côté nous avons pris
» les mefures néceffaires pour que, par-
» mi les Confeillers qui fe trouveront
» aux Requêtes du Palais, il y en ait
» toujours un nombre confidérable d'an-
» ciens qui y faffent le fervice, & que
» d'un autre le nombre des Officiers qui
» compoferont les Chambres des Requêtes
» du Palais, fera plus grand qu'il ne l'étoit
» par le paffé, & fe trouvera prefque tou-
» jours complet.

» Art. I. Voulons que notre Déclara-
» tion du 30 Août 1757 foit exécutée felon
» fa forme & teneur; & en conféquence
» qu'après l'extinction des quatre Offices
» de Préfident encore fubfiftans dans les
» premiere & feconde Chambre des En-
» quêtes de notredite Cour, ils foient rem-
» placés par quatre des Confeillers de no-
» tredite Cour, que nous choifirons à cet
» effet.

» II. Des cent vingt-trois Offices de
» Confeillers en notredite Cour, qui, après
» le remplacement ci-deffus ordonné, fe-
» ront à départir dans les Chambres des
» Enquêtes & Requêtes, voulons qu'il y
» en ait vingt-huit en chacune des deux
» premieres Chambres des Enquêtes, vingt-

» fept en la troifiéme, & vingt en chacune
» des Chambres des Requêtes: fçavoir,
» dans la premiere Chambre des Enquêtes
» vingt-quatre Confeillers Laïcs & quatre
» Clercs, dans la deuxiéme Chambre des
» Enquêtes vingt-cinq Confeillers Laïcs &
» trois Clercs, dans la troifiéme Chambre
» des Enquêtes vingt-quatre Confeillers
» Laïcs & trois Clercs, & en chacune des
» deux Chambres des Requêtes dix-huit
» Confeillers Laïcs & deux Clercs.

» III. Ordonnons néantmoins que jufqu'à
» l'extinction des quatre Offices de Préfi-
» dens fubfiftans dans les premiere & deu-
» xiéme Chambre des Enquêtes, & qu'ils
» ayent été remplacés par quatre de nos
» Confeillers que nous choifirons à cet ef-
» fet, il y aura vingt-neuf Confeillers en
» chacune defdites Chambres des Enquêtes;
» & à mefure qu'il s'éteindra quelqu'un def-
» dits Offices de Préfidens, le nombre def-
» dits Officiers faifant fonctions de Con-
» feillers dans lefdites Chambres des En-
» quêtes, fera diminué en commençant d'a-
» bord par réduire la troifiéme Chambre
» des Enquêtes, au nombre de vingt-huit,
» & fucceffivement les deuxiéme & premie-
» re Chambre des Enquêtes, au même nom-
» bre de vingt-huit; & enfin la troifiéme
» au nombre de 27, conformément à ce que
» nous avons ordonné par l'art. précédent.

» IV. Voulons qu'à l'avenir ceux de nos
» Confeillers en notredite Cour de Parle-
» ment, qui feront aux Requêtes du Palais,
» montent à leur rang de réception en la
» Grand'Chambre, concurremment avec
» ceux qui feront aux Enquêtes, fans être
» tenus par lefdits Confeillers aux Requê-
» tés de faire aucun fervice aux Enquêtes,
» dérogeant à cet égard à l'article XVIII
» de notre Edit du mois de Déc. 1756.

» V. Ceux des Confeillers de notredite
» Cour qui feront aux Requêtes du Palais,
» & qui auront atteint l'âge de vingt-cinq
» ans, feront à leur tour le fervice de la
» Tournelle Criminelle, à compter de la
» Saint Martin prochaine, au moyen de
» quoi il y aura trois Confeillers de chaque
» Chambre des Enquêtes, & trois Confeil-
» lers des Requêtes qui feront ledit fervi-
» ce; & à l'égard de ceux des Requêtes du
» Palais qui iront à la Tournelle, ils feront

» pris alternativement, tantôt un, tantôt
» deux dans lefdites deux Chambres des
» Requêtes du Palais; mais les Confeillers
» qui feront aux Requêtes du Palais, ne
» ferviront point à la Chambre des Vaca-
» tions de notre Parlement, attendu le fer-
» vice ordinaire qu'ils continuent de rem-
» plir aux Requêtes du Palais, jufqu'à la
» fin des féances de ladite Chambre des
» Vacations.

» VI. Ordonnons que ceux qui, depuis
» notre Edit du mois de Septembre der-
» nier, ont été reçus en l'Etat & Office de
» Confeillers en notredite Cour, & ceux
» qui le feront par la fuite, commencent
» par faire leur fervice dans celle des Cham-
» bres des Requêtes du Palais dans laquelle
» ils feront diftribués; & lorfque le nom-
» bre de vingt Officiers faifant fonction de
» Confeillers, dont chacune defdites Cham-
» bres doit être compofée, fera complet, &
» qu'il aura été reçu un nouvel Officier en
» l'Office de Confeiller en notredite Cour,
» il fera procédé à la diftribution aux En-
» quêtes en la maniere accoutumée, du plus
» ancien Confeiller Laïc après les dix an-
» ciers Confeillers de la Chambre des Re-
» quêtes où ledit nouvel Officier aura été
» diftribué; & dans le cas où les deux Cham-
» bres des Requêtes feront completes, les
» Confeillers nouvellement reçus feront
» diftribués alternativement auxdites deux
» Chambres, en commençant par la premiere.

» VII. Voulons néantmoins que fi, par
» vacance d'Offices, quelqu'une des Cham-
» bres des Enquêtes de notredite Cour fe
» trouvoir réduite au nombre de vingt-un
» Officiers faifans fonctions de Confeillers,
» le plus ancien Confeiller Laïc après le
» dixiéme des Confeillers de la Chambre
» des Requêtes qui fe trouveroit la plus
» nombreufe, ou en cas de nombre égal,
» le plus ancien Confeiller Laïc après le
» dixiéme Confeiller de la premiere & de
» la deuxiéme des Requêtes alternative-
» ment, paffe en ladite Chambre des En-
» quêtes, pour y completter le nombre de 22.

» VIII. Voulant que le nombre de Con-
» feillers-Clercs qui devoient fervir en cha-
» que Chambre des Enquêtes & Requêtes,
» ne puiffe être en aucun cas plus grand
» qu'il n'eft réglé par l'article II du pré-

» fent Edit ; ordonnons que lorfqu'il fera
» reçu un Confeiller - Clerc en notredite
» Cour , il fera diftribué dans la Chambre
».des Requêtes , dans laquelle il y auroit
» quelqu'Office de Confeiller - Clerc va-
» cant ; & s'il y avoit un nombre égal d'Of-
» fices de Confeillers - Clercs vacant dans
» lefdites deux Chambres, ledit Confeiller
» nouvellement reçu fera diftribué à la
» premiere defdites deux Chambres. Vou-
» lons pareillement que fi les quatre Of-
» fices de Confeillers - Clercs dans lef-
» dites deux Chambres étoient remplis ,
» ledit Confeiller·Clerc nouvellement re-
» çu foit diftribué dans la Chambre des
» Requêtes où feroit le plus ancien defdits
» quatre Confeillers-Clercs, lequel paffera
» dans la Chambre des Enquêtes où fe trou-
» vera le moindre nombre de Confeillers-
» Clercs ; & en cas de nombre égal defdits
» Confeillers, ledit Confeiller - Clerc paf-
» fera dans la premiere des Enquêtes , de
» préférence aux deux autres , ou dans la
» deuxiéme , de préférence à la troifiéme
» Chambre des Enquêtes.

» IX. Dans le cas où nous choifirions un
» Confeiller-Clerc en notredite Cour pour
» préfider en quelqu'une defdites Chambres
» des Enquêtes & Requêtes, voulons que
» l'un defdits Offices de Confeillers-Clercs
» qui pourroit être vacant, ou qui viendroit
» à vaquer dans ladite Chambre, ne puiffe
» être rempli que par un Confeiller Laïc,
» tant que ledit Confeiller-Clerc préfidéra
» dans ladite Chambre.

» X. Le Doyen de chaque Chambre des
» Requêtes du Palais jouira de la même
» penfion attribuée au Doyen de chaque
» Chambre des Enquêtes ; à l'effet de quoi
» nous avons créé & attribué par les Préfen-
» tes pour lefd. Requêtes, une penfion de
» 1000 l. outre celle qui y étoit déja attri-
» buée , de laquelle nouvelle penfion il fera
» fait fonds dans l'état annuel des gages des
» Officiers de notred. Cour de Parlement «.
Voyez auffi à l'art. *Vacations* (*Chambre des*)
l'Edit du mois d'Août 1767.

RÉQUISITION, Réquifitoire.

Page 398 , *col.* 2 , *à la fin de cet article ,*
après Prévention) , *ajoutez* ;

On appelle Réquifitoire, les deman-

des que forment MM. les Gens du Roi,
tendantes à la réformation de quelques
abus, à l'obfervation des Edits, Déclarations, Arrêts & Réglemens de la Cour ; &
à ce qu'il foit fait injonction aux Juges inférieurs de s'y conformer, fous les peines prononcées par les Ordonnances : dans ces cas,
Réquifitoire eft fynonime à Conclufion.

Il doit toujours être fait droit fur les
Conclufions du Réquifitoire de M. le Procureur Général ; & quand même la Cour
ne jugeroit pas à propos d'ordonner la même chofe que ce qui feroit l'objet du Réquifitoire,l'ufage eft néantmoins de prononcer :
Faifant droit fur les Conclufions des Gens du
Roi , &c.

RESCINDANT, Refcifion,
Refcifoire & Reftitution en entier.

Même page & même col. à la fin du pre-
mier alinea de cet article, après jufte caufe,
ajoutez ;

On appelle Refcindant, l'engagement ,
l'obligation ou le contrat, que l'on foutient
devoir être caffés ou rétractés.

A l'égard du Refcifoire , c'eft ce que
l'on foutient devoir être ordonné , en conféquence du Refcindant.

RESCRIPTION.

Page 400 , *col.* 2 , *à la fin de cet article ,*
après nommé , *ajoutez* ;

» Les Refcriptions des Banquiers, fe
» traitent comme les lettres de change «.

On délivre à l'Hôtel des Fermes du
Roi, des Refcriptions fur le Fermier des
Gabelles ; mais dans l'ufage il faut que la
fomme que l'on y porte, foit au moins de
300 liv.

Voyez auffi fur les Refcriptions *des Voi-*
turiers , & à qui elles doivent être repre-
fentées , les art. 1 & 2 du titre 3 de l'Ordonnance des Gabelles de 1680.

RESCRITS.

Mêmes page & col. à la fin du 1er *alinea ,*
après &c. ajoutez ; ou plutôt Refcrit fignifie, *écrit derechef*, car la fyllabe *re* dénote
multiplication.

Mêmes page & col. à la fin du 3e *alinea*
de cet article , après Apoftolique, *ajoutez* ;

Les Refcrits ne valent pas , s'ils ne font

par écrit ; *In Mandatis enim apoftolicis requeritur fcriptura.*

Page 402, col. 1, à la fin de cet article, après tom. 1, n. 227, *ajoutez*;

Les Refcrits ne produifent d'effets en France, pour le for extérieur, que lorfqu'ils font émanés de la Daterie ; c'eft ce qui a entr'autres chofes été jugé par un Arrêt, dont voici l'efpéce.

Dom Duperray avoit fait fon émiffion de vœux dans la Congrégation de S. Maur, & il étoit titulaire d'un Bénéfice dépendant de cette Congrégation. Cinq ans après, fur les certificats de Médecins qui conftatoient le dérangement de fa fanté, il obtint de l'Abbé Commendataire de l'Abbaye de Buygne, un *benè vole* à l'effet de réfider dans l'Abbaye de Buygne, dont la régle eft moins auftere que celle qu'il étoit obligé de fuivre. Muni de ce *benè vole* & des certificats des Médecins, Dom Duperray obtint en la Pénitencerie un Bref de tranflation ; mais inftruit que ce Bref ne pouvoit avoir d'exécution que pour le for intérieur & non pour le for extérieur, il obtint un fecond Bref en la Secrétairerie des Brefs. Inftruit encore qu'il pouvoit effuyer des conteftations fur l'enregiftrement de ce dernier Bref, confirmatif du premier, & de la grace y portée, il en follicita un troifiéme, par la voie de la Daterie. Dom Duperray effuya un refus de délivrance de ce Bref, fur le fondement d'un *Nihil tranfeat*, de la part du Supérieur. (On fçait que le *Nihil tranfeat* eft une oppofition à la Daterie, à la délivrance de tous Refcrits.)

Les chofes en cet état, conteftation à Rome, entre Dom Duperray & fon Supérieur, fur la main-levée de l'oppofition du *Nihil tranfeat*. Cette conteftation ne fut point jugée : ce fut alors que Dom Duperray penfa que le Bref par lui obtenu en la Secrétairerie des Brefs, étoit auffi valable que s'il fût émané de la Daterie, en ce qu'il y avoit minute de ce Bref, & qu'elle étoit fignée du Pape. Sur ce fondement, Dom Duperray obtint l'Ordonnance de l'Official de Xaintes, pour parvenir à la fulmination de fon Bref. L'Official ordonna que les Parties intéreffées *feroient appellées.* Appel comme d'abus, du Bref de tranflation, de la part du Supérieur. *Intereà, Supplément.*

fur des mémoires particuliers, il intervint Arrêt au Parlement de Bordeaux, qui reçut le Procureur Général appellant comme d'abus, de la Sentence de l'Officialité, avec injonction à Dom Duperray de fe retirer dans le Couvent qui lui feroit indiqué par fon Supérieur. En vertu de cet Arrêt, obédience donnée à Dom Duperray, de la part de fon Supérieur, & appel comme d'abus de cette obédience de la part de Dom Duperray.

La caufe portée à l'Audience de la Grand'Chambre, Arrêt y eft intervenu le Jeudi 10 Mars 1768, conformément aux Conclufions de M. Barentin, Avocat Général, qui a jugé 1°. qu'il y avoit abus dans le Bref obtenu par la voie de la Secrétairerie des Brefs ; 2°. qu'il y avoit abus dans l'obédience décernée par le Supérieur ; faifant droit fur les Conclufions de M. le Procureur Général, il a été dit qu'il y avoit abus dans le *Nihil tranfeat*, & défenfes ont été faites au Supérieur, & à tous autres Supérieurs Majeurs, d'en former à l'avenir de femblables, fauf à eux à fe pourvoir en France, par les voies, & ainfi qu'il appartiendroit, lors de la fulmination defdits Brefs.

Le motif de l'Arrêt eft fondé, fur ce que l'on ne reconnoît en France l'autorité du Pape pour le for extérieur, que lorfqu'elle eft manifeftée dans des actes émanés de la Daterie, & cela pour empêcher que les François ne foient forcés de plaider à Rome.

A l'égard de l'obédience, déclarée abufive, l'abus réfultoit de ce qu'elle ordonnoit que Dom Duperray fe rendroit dans un Couvent, à 150 lieues de Paris, dans un temps où il étoit queftion de fuivre par lui-même fon Procès au Parlement. Mrs Laget-Bardelin & Cochin plaidoient dans cette caufe, & il y eut des Mémoires imprimés.

RÉSERVES.
Voyez Hypothéque & Novation.

Les Réferves expreffes que l'on fait dans un acte, de fes hypothéques & de tous fes droits & actions, confervent au créancier toute la force & toute l'intégralité de fes titres, fans qu'on puiffe lui oppofer de novation. En effet, fuivant la Loi derniere, au Cod. *de Novationibus*, on ne connoît point

de novation, à moins qu'il n'y ait une remise formelle, de la part du créancier, de
la premiere obligation, avec déclaration
qu'il se contente de la seconde, & cette
Loi Romaine est adoptée dans notre Jurisprudence. Voyez *Hypothéque* & *Novation.*

RÉSERVES COUTUMIERES.

*Page 402, col. 2, à la fin du 4ᵉ alinea
de cet article, après* à Paris, *ajoutez;* Mais
voyez *Vente*, n°. dernier.

*Page 403, col. 2, commencez ainsi la
note ;*

Il vient d'être dit que la Coutume de
Paris permettoit les dispositions univer-
selles entre-vifs ; elle forme sur cela, &c.

*Page 407, col. 2, ligne 4 du 2ᵉ alinea,
après* j'y ferois pourtant difficulté, *changez
ce qui suit, & mettez en la place ;*

☞ Mais par Arrêt du 18 Avril 1736,
rendu au rapport de M. Moreau de Saint
Just, en la deuxiéme Chambre des Enquêtes, la Cour a *infirmé* une Sentence du
Châtelet du 18 Décembre 1733, qui avoit
fait distraction des quatre quints des propres d'une ligne défaillante dans la succession de demoiselle Géneviéve Prieur,
en faveur de Jean Perdreaux & Consorts,
ses héritiers, contre François Cabouret,
son légataire universel, & la Fabrique
de Saint Hippolyte à Paris, légataire particuliere ; émandant, la Cour a déclaré le
legs universel bon & valable pour le tout,
& sans s'arrêter à la demande des héritiers
à fin des Réserves Coutumieres, des quatre quints des propres de la ligne défaillante, la Cour a ordonné que la rente de
50 livres léguée à la Fabrique de S. Hippolyte, seroit prise *sur tous les biens de la
succession*, & les héritiers de la demoiselle
Prieur ont été condamnés en tous les dépens (*a*).

RÉSIGNATAIRE, Résignation de Bénéfice.

On appelle Résignataire, celui en faveur
de qui est faite la démission d'une Charge
ou d'un Bénéfice.

*Page 418, col. 1, à la fin de cet article,
après* pour lui, *ajoutez ;*

Par Arrêt rendu en la Grand'Chambre
du Parlement de Paris, le Vendredi 4
Mars 1768, conformément aux Conclusions de M. l'Avocat Général Séguier, le
sieur Sardon a été maintenu en qualité de
Brévetaire du Roi dans le Prieuré de Saint
Denis de Zelle ou Celle, situé dans le
Diocèse de Metz, nonobstant que Dom
Maupoix, son compétiteur, Religieux de
la Congrégation de Saint Vannes, qui
avoit été pourvu de ce Prieuré par le Pape, le premier Décembre 1728 sur la Résignation d'un autre Religieux de la même
Congrégation, l'eût possédé paisiblement,
depuis 1730 jusqu'en 1763, que le Roi y
avoit nommé. Ce Religieux opposoit le
Décret de Pacificis : il opposoit comme
une fin de non-recevoir invincible, sa possession triennale & plus que trenténaire ;
mais la Cour a jugé, conformément à l'a-
vis de Dumoulin, de M. Louet, de Vaillant, de l'Editeur des Mémoires du Clergé, &c. que la Résignation faite en Cour
de Rome, d'un Bénéfice en Patronage
Laïc, sans le consentement du Patron
Laïc, & à plus forte raison d'un Bénéfice
en Patronage Royal sans le consentement
du Roi, est essentiellement abusive, &
qu'un abus aussi radical ne peut être couvert par la possession triennale, ni même par
la possession trenténaire, qui en matiere
Bénéficiale n'a aucun avantage sur la possession triennale : *Ubi abusus, ibi nullitas : ubi nullitas, ibi desinit esse coloratus
titulus.* Le sieur Sardon & M. le Procureur
Général ont été reçus appellans comme
d'abus de l'obtention & exécution des Bulles de Dom Maupoix, lesquelles ont été
en conséquence déclarées abusives. Le sieur
Sardon a seulement été maintenu *dans les
droits résultans de son Brevet de nomination*, parce qu'il n'avoit pas encore obtenu des Provisions en Cour de Rome, conformément à son Brevet ; & en attendant
qu'il eût ses Provisions, la Cour a ordonné le sequestre des fruits du Bénéfice entre
les mains de l'Econome général des Béné-

(*a*) Vérification faite à la Tour, l'Arrêt est du 18
Avril 1736. Il a infirmé la Sentence du Châtelet, & par
conséquent il a jugé tout le contraire de ce qui a été dit
dans les précédentes éditions.

fices confiftoriaux. La Congrégation de S. Vannes a été condamnée à la reftitution des fruits à compter du jour de la demande; Me Laget-Bardelin plaidoit dans cette Caufe pour le fieur Sardon, contre Dom Maupoix.

Le Réfignataire d'un Bénéfice eft tenu d'intervenir au Procès, qui étoit entre le Réfignant & un autre contendant. Voyez l'Ordonnance de 1667, titre des Procédures fur le poffeffoire des Bénéfices, art. 15.

RÉSILIATION, RÉSILIER.

Page 418, col. 2, à la fin de la premiere ligne, après annuller, *ajoutez*; ou détruire un acte par un acte contraire.

Mêmes page & colonne, à la fin du 2e alinea de cet article, après l'inexécution, *ajoutez*;

La détention d'un Fermier eft-elle une caufe de Réfiliation ou réfolution du bail?

Il faut répondre pour l'affirmative, parce que l'emprifonnement du Fermier, dont la durée eft incertaine, l'empêche de veiller à l'exploitation de la Ferme, d'où il peut réfulter un danger imminent pour le payement du Propriétaire; cependant cela dépend des circonftances qui, je le répete, font toujours fléchir les principes, & font des exceptions aux régles les plus générales. En voici un exemple. Le fieur Darcy vendit fa Terre au Comte de Brancas: une des conditions du contrat de vente étoit que l'acquéreur entretiendroit le bail fait au Fermier actuel, & à fa femme, féparée de biens d'avec lui.

Le Comte de Brancas demanda, par la fuite, la Réfiliation du bail, fur le fondement que le Fermier, décrété de prife de corps, étoit en prifon. La Fermiere foutenoit le Comté de Brancas non-recevable dans fa demande; 1°. parce que lors même du contrat de vente, le Comte de Brancas avoit fçu que le Fermier étoit en prifon; 2°. parce qu'elle avoit payé une année de fermages fans aucune demande du Comte de Brancas à fin de Réfiliation; 3°. enfin, elle ajoutoit qu'étant féparée de biens d'avec fon mari & payant bien, le Comte de Brancas avoit toutes fes fûretés: mais elle demandoit elle-même la Réfiliation du

bail, & des dommages-intérêts à caufe des vexations qu'elle prétendoit que les Gens d'affaires du Comte de Brancas lui avoient fait effuyer. Les conlufions de la Fermiere lui furent adjugées par Arrêt du Jeudi 16 Juillet 1767, rendu en l'Audience de fept heures; le Comte de Brancas fut débouté de fa demande en Réfiliation du bail: la Réfiliation du même bail fut au contraire prononcée au profit de la Fermiere avec dommages-intérêts, à caufe des vexations; il fut cependant ordonné que les dommages-intérêts demeureroient compenfés avec les fommes auxquelles fe monteroient les dégradations articulées par le Comte de Brancas, le tout au dire d'Experts; plaidáns Me Doillot pour le Comte de Brancas, & Me Gerbier pour la Fermiere.

Les claufes réfolutoires, & les cla... pénales ne font pas réfolues, ni les pe... encourues, quand même il feroit fti... lé expreffément que la réfolution du contrat feroit encourue par le feul fait & fans le miniftere du Juge. Voyez Domat, voyez auffi Ricard, de la Réfolution des contrats, n°. 79.

Conféquemment, lorfqu'une peine eft feulement prononcée par un contrat, & *non par la Loi*, ce n'eft qu'une peine comminatoire, qu'on peut purger avant la condamnation.

C'eft d'après ces maximes que par Arrêt du Mardi 4 Août 1767, rendu à l'Audience de relevée, conformément aux Conclufions de M. Séguier, Avocat Général, le Marquis de la Châtre a été débouté de fa demande formée contre M. de Jarente, Evêque d'Orléans, & contre les Prieur & Religieux de l'Abbaye de Saint Vincent du Mans, tendante à être réintégré, comme poffédant le Fief de Brehemont, dans la propriété des dixmes abandonnées en 1475, avec reftitution de fruits, à compter du jour où l'on avoit ceffé de célébrer, ou de faire célébrer une fondation; l'acte de donation des dixmes dont il s'agiffoit, portoit, » & eft dit & expreffément en-» tendu, que fi le Religieux ou fes fucceffeurs faifoient défaut de faire, ou faire » faire le Service en la maniere ci-deffus » divifée, ledit Ecuyer, fes hoirs ou ayans-

» cause, *se peuvent ensaisiner de ladite dix-*
» *me*, sans contredit ni empêchement, &
» sans Justice y appeller «.

M. l'Evêque d'Orléans & les Religieux avoient offert, *in limine litis*, d'acquitter la fondation dans l'Eglise de Saint Germain, ou de la continuer dans leur Eglise de Saint Vincent. Ces offres parurent suffisantes pour faire confirmer la Sentence de la Sénéchaussée du Mans du 19 Février 1766, excepté en la disposition qui avoit condamné le Marquis de la Châtre au coût de la Sentence; cependant il a été ordonné avant faire droit sur une demande du Marquis de la Châtre, tendante au rapport de 29 années de jouissance de la dixme en question, pour être employées en œuvres pies, que les Religieux justifieroient de l'acquit de la fondation, dépens réservés. Me Cailleau fit un Mémoire pour M. l'Evêque d'Orléans.

RESTITUTION EN ENTIER.
V. *Lésion*, *Mineurs* & *Rescision*.

Toute demande en Restitution qui ne naît pas de l'engagement même contracté par le mineur, mais qui est causée par un événement qu'on ne pouvoit prévoir, & fondée sur une cause étrangere à l'engagement, n'est d'aucune considération; il faut, pour s'appliquer le moyen de Restitution fondé sur la lésion, se reporter au temps de l'engagement contracté. *Non restituitur qui sobriè rem administrans occasione damni non inconsultè accidentis, sed facto velit restitui : non enim eventus damni Restitutionem indulget, sed inconsulta facilitas.* L. Verum 11, §. *Item.*

Celui qui restitue sans aucun profit, ce qui lui a été donné, est censé n'avoir rien reçu. *Capere non videtur quod erit restiturus.* Lege 71, ff. de verb. signif. *frustrà petis, quod statim restiturus es.*

RESTOR ou RESTAUR.

Ce mot signifie en Normandie, le recours contre son garant, son sommé, ou autre; Beaumanoir, sur la Coutume de Beauvaisis, se sert de ce mot pour signifier dédomagement & récompense.

RETENTUM.

Page 418, col. 2, à la fin de cet article, après d'Audience, ajoutez;

Suivant Despeysses, page 566, tom. 2, les Cours inférieures n'ont pas le droit de mettre de *Retentum* au bas de la minute de leur Jugement, soit en matiere criminelle, pour adoucir le supplice du condamné; soit en matiere civile, pour diminuer les dépens auxquels une Partie est condamnée: il n'y a que les Cours supérieures auxquelles ce droit appartienne.

RETENUE DES IMPOSITIONS
Royales. V. *Impositions Royales.*

RETOUR (Droit de), ou Reversion.

Page 422, col. 1, à la fin du 2e alinea, après Palais, ajoutez;

Mais voici un Arrêt récent qui doit fixer la Jurisprudence sur cette matiere, & qui a jugé entièrement en faveur des héritiers mêmes du donateur, contre le mari, donataire de sa femme, laquelle étoit donataire par son contrat de mariage, de son bel-oncle.

Le sieur l'Héritier, par le contrat de mariage de sa belle-niéce avec le Marquis de Dampus, lui avoit donné 30000 liv., avec la clause qu'en cas de décès de la donataire sans enfans, ou de décès desdits enfans avant l'âge de 25 ans, ladite somme de 30000 livres retourneroit au sieur l'Héritier donateur. Celui-ci décéda avant la donataire qui ne laissa point d'enfans : le donateur en laissa. La question fut alors de sçavoir qui, des enfans du donateur, ou du Marquis de Dampus, comme donataire de sa femme, succéderoient à cette somme de 30000 livres? Par Arrêt du Mardi 17 Février 1767, Audience de neuf heures, rendu conformément aux Conclusions de M. Barentin, Avocat Général, la Sentence du Châtelet du Mardi 29 Juillet 1766, qui avoit adjugé les 30000 livres aux héritiers du donateur, a été confirmée. Plaidant Me Caillard pour les héritiers du donateur, & Me Tronchet, pour le Marquis de Dampus. Il est inutile d'observer que si la clause du contrat de mariage eût porté que la somme donnée retourneroit au donateur, *ou aux liens , de son estoc & ligne* , il n'y auroit pas eu de difficulté.

Page 423 , *col.* 2 , *à la fin du* 4ᵉ *alinea , après* de le Brun & de Bourjon, *mettez en note* ; (a).

(a). Le Brun, des Successions, liv. 1, chap. 5, sect. 2, n°. 49, n'est point du tout de cet avis, non plus que le Maistre. Voyez aussi à l'article *Succession*, à la suite du n°. 33.

RETRAIT CENSUEL.

Page 426 , *colonne* 1 , *à la fin de cet article , après* de ce qu'il retiroit, *ajoutez* ;

Le Seigneur Engagiste peut-il retraire censuellement ? Voyez à ce sujet à l'article *Engagement , Engagiste ,* l'Arrêt du 25 Avril 1761.

RETRAIT CONVENTIONNEL.

La faculté que se réserve le vendeur de pouvoir retirer l'héritage par lui vendu, dans le temps fixé par le contrat de vente, forme (ce qu'on appelle) Retrait Conventionnel, & c'est cette faculté qui donne lieu à l'action de réméré.

Quoique la faculté accordée au vendeur de retirer l'héritage par lui vendu, ne mette point obstacle au cours du Retrait Lignager ou Féodal, cependant dans le cas de concurrence du Retrait Conventionnel & du Retrait Lignager, le Conventionnel est préféré au Lignager ; en effet, si en vertu de la faculté de rachat stipulée par le contrat, le vendeur rentre dans l'héritage vendu, il est sensible qu'alors il ne peut plus y avoir lieu au Retrait Lignager, puisque l'immeuble ne sort point de la famille.

Si le vendeur transporte à un étranger, à titre de donation ou autrement, la faculté de réméré qu'il s'est réservée par le contrat, le Lignager pour lors sera préférable à l'étranger qui voudra exercer le Retrait Conventionnel. Voyez Bretonnier, au mot *Retrait Conventionnel* , ses observations sur le dixiéme plaidoyer d'Henrys, la Coutume de Poitou, tit. 11, & Carondas répét. 36, livre 10.

Le Retrait Conventionnel est cessible. Tous les Auteurs le décident, notamment Tiraqueau ; & c'est la Jurisprudence des Arrêts.

Mais lorsque la faculté de réméré est stipulée au profit du vendeur seulement, cette clause taxative l'empêche-t-elle de pouvoir céder son droit de réméré à son frere ?

Voyez à ce sujet l'Arrêt du 28 Juin 1760, rapporté à l'article *Faculté de Rachat.* Cet Arrêt a jugé pour la négative ; cependant il y eut six voix pour l'infirmation de la Sentence de la Sénéchaussée d'Angoulême , confirmée par ledit Arrêt.

RETRAIT de bienséance.

Ce Retrait est admis dans quelques Coutumes, sçavoir, dans celle de la Marche, art. 271 ; dans celle de Lille, art. 19 ; & dans la Coutume d'Acqs, art. 17 & 18 du tit. 10, de Retrait Lignager, & autres.

Ce Retrait consiste dans la faculté accordée à l'un de plusieurs co-propriétaires possédans un héritage par *indivis* , de retirer la portion vendue par son co-détenteur, ou par son associé. Dans la Coutume de la Marche, il faut dans le cas de ce Retrait, être commun en tous biens avec le parent vendeur.

Ce Retrait est en usage dans l'Allemagne ; on l'appelle *Jus Congrui.*

Comme cette espéce de Retrait est exorbitante du Droit commun, qui veut qu'un acquéreur jouisse librement de ce qui lui est transmis légitimement par la voie de la vente, ce Retrait ne peut avoir lieu que dans les Coutumes, qui en ont une disposition formelle.

RETRAIT FÉODAL.

Page 428 , *col.* 2 , *lig.* 3 *du* 3ᵉ *alinea , après* Droit-Ecrit, *ajoutez* ; *Concessa erat domino, pro æquali pretio, redemptio* ; ainsi s'exprime l'ancien Livre des Fiefs, liv. 2, tit. *Qualiter Feudum poterat alienari.* §. *Porro.*

Page 431 , *col.* 2 , *à la fin du* 2ᵉ *alinea , après* trente ans, *ajoutez* ; *Donec denunciatum sit Domino , non privatur jure Prælationis per tringinta annos.*

La Coutume d'Auvergne abrége de beaucoup ce délai, & elle ne donne que trois mois dans tous les cas, à compter du jour de la Prise de Possession publique ; mais la Coutume d'Auvergne est impuisfante fous l'Empire du Droit-Ecrit : c'eft ce qui a été jugé par l'Arrêt du 5 Mai 1725, qui a adjugé au Marquis de Conros, le Retrait de la Terre de Montal, exercé 14 ans après le contrat d'aliénation, quoique le Retrait fût en même temps Cenfuel & Féodal.

Même page, col. 2, à la fin du 3ᵉ alinea, apres au Retrait, ajoutez;

Voici l'efpéce d'un autre Arrêt, intervenu dans la Coutume d'Anjou, qui n'accorde que huit jours pour retraire féodalement, à compter du jour de l'exhibition du contrat, fuivant les articles 373, 404 & 405.

Le fieur Bommier de Larochejaquelin, Lieutenant de Roi du Pont de Cé, s'étoit rendu adjudicataire, le 18 Juin 1765, de la Terre de la Gennevraye en Anjou, dans la mouvance du Comté de Treve, par Sentence rendue aux baux judiciaires de la Sénéchauffée d'Angers, adjugée fur le fieur Duveau de Chavagne, dans la direction de fes créanciers, moyennant 56200 livres.

Le fieur Duvau interjetta appel de l'Adjudication, & forma oppofition au payement ; cette affaire faifoit la matiere d'un appointement en droit, au rapport de M. Titon, Confeiller en la Grand-Chambre, & par Arrêt du 22 Août 1765, l'Adjudicataire avoit été envoyé en jouiffance.

L'acquéreur fit le 9. Décembre 1765 fon exhibitioh, fa ventilation & fes offres, *au réel & à decouvert*, au Seigneur dominant.

Le fieur Stapleton, Seigneur dominant, forma fes demandes en Retrait Féodal, les 3 Septembre & 9 Décembre 1766, par lefquelles il offroit de rembourfer à l'acquéreur ce qu'il auroit payé, ou de prendre fes obligations ; finon, proteftoit de configner & enfin de payer les loyaux-coûts, &c.

Le fieur Stapleton, ne renvoyant point l'acquéreur indemne par des offres de rapporter la décharge des vendeurs, relativement aux obligations de l'acquéreur, & de fuivre le procès au fond fur l'appel, le fieur Bommier de Larochejaquelin préfenta fa Requête à la Cour ; il demanda l'évocation,

& que l'Arrêt de *reconnoiffance à Retrait* fût déclaré commun avec fes vendeurs, qu'en conféquence il fut renvoyé indemne, déchargé de fes obligations, & de la fuite de l'Inftance du fond.

Par Arrêt du 24 Novembre 1766, la Cour évoqua à elle la premiere demande en Retrait & toutes autres ; enfuite par Arrêt par défaut du 17 Mars 1767, il fut donné acte au fieur de Larochejaquelin de fes reconnoiffances ; il fut ordonné que le Retrait feroit exécuté conformément aux demandes du fieur Stapleton, défaillant, (& ce) pardevant M. de Sahuguet d'Efpagnac, Confeiller en la Grand'Chambre, conformément à la Coutume d'Anjou ; enfin il fut ordonné que le Retrait étant exécuté, le fieur de Larochejaquelin feroit déchargé de fes obligations, &c.

L'Arrêt fut fignifié le 24 Mars 1767 à Mᵉ Brouffe, Procureur du fieur Stapleton: Mᵉ Brouffe y forma fon oppofition le 30, en ce que l'Arrêt prononçoit une décharge générale des obligations de l'acquéreur, & en ce que celui-ci ayant acheté 56200 liv. & le fieur Stapleton n'en retirant que pour 55130 livres, il ne pouvoit être chargé du furplus : l'acquéreur prit le 24 Mars l'Ordonnance de M. de Sahuguet pour affigner au 13 Avril 1767 le fieur Stapleton à fon domicile, à comparoir en l'Hôtel de M. de Sahuguet, pour procéder à la liquidation des loyaux-coûts, le tout conformément à l'Arrêt qui feroit fignifié avec ladite Ordonnance.

Le fieur Stapleton demeurant près Nantes, le fieur de Larochejaquelin prit un *Pareatis* du Juge de Nantes, & fit fignifier le 28 Mars 1767, l'Arrêt du 17 Mars, l'Ordonnance de M. de Sahuguet, le *Pareatis*, l'état des loyaux-coûts, &c. avec intimation à comparoître le 13 Avril, pour procéder à l'exécution defdits Retraits, conformément à la Coutume d'Anjou, & à la liquidation des loyaux-coûts.

Cette affignation fut fixée au 13 Avril; parce qu'il falloit accorder huit jours, du jour de la fignification de la reconnoiffance par défaut, conformément à la Coutume ; mais afin que le fieur Stapleton qui demeuroit hors du reffort de la Cour, ne pût fe plaindre du court délai qu'on lui auroit accordé en l'affignant à la huitaine ; *conformément à la Coutume*, le fieur de Larochejaquelin lui accorda, conformément aux Réglemens fur les Actes de Voyages, un jour de plus par dix lieues ; & comme il y a 8½ lieues de Paris à Nantes, il lui donna 9 jours, qui, joints aux huit accordés par la Coutume, en faifoient 17, qui fe trouvoient remplis par le délai du 28 Mars au 13 Avril.

Le fieur Bommier de Larochejaquelin comparut le 13 Avril, lieu & heure indiqués, en l'Hôtel de M. de Sahuguet d'Efpagnac, & demanda acte de fes comparutions, du dépôt de l'Arrêt, Ordonnance, Signification & état d'abondance.

Le fieur Stapleton n'ayant point comparu, l'acquéreur requit défaut, & pour le profit, que le fieur Stapleton *fût forclos de fes demandes à Retrait à toujours*, conformément à la Coutume d'Anjou, & qu'il fût tenu de payer les dépens occafionnés par fes demandes ; cela lui fut accordé par la clôture du Procès-verbal de M. le Commiffaire.

Le 27 Avril 1767, Mᵉ Brouffe fignifia une Requête, par laquelle il rappelloit 1°. fon oppofition du 30 Mars, à l'Arrêt du 17 Avril, qui, felon lui, en avoit dû fufpendre l'exécution ; 2°. il fondoit fon oppofition à l'Ordonnance de M. le Commiffaire, appofée au pied du Procès-verbal de comparution du fieur Bommier de Larochejaquelin, fur ce que, difoit-il, fuivant l'Ordonnance de 1667, le fieur Stapleton, demeurant hors du Reffort, on auroit dû lui donner deux mois : enfin il difoit, qu'attendu l'appel de l'adjudication, le Retrait ne devoit être exécuté qu'après que la Cour auroit ftatué fur cet appel.

L'acquéreur répondoit :

1°. Que, fuivant la Coutume d'Anjou, les Retraits devoient être exécutés *dans la huitaine*, du jour de la fignification de la reconnoiffance de l'Arrêt par défaut, nonobftant appel, &c.
2°. que le retrayant n'avoit point à fe plaindre de l'Arrêt, puifqu'il lui adjugeoit les Retraits, conformément à fes demandes, que s'il y avoit eu quelques difficultés dans l'exécution, M. le Commiffaire devoit les juger ; qu'ainfi fon oppofition n'étoit d'au-

cune confidération ; 3°. que le Commiffaire étoit Juge en cette partie, & qu'il pouvoit & devoit prononcer conformément à la Coutume ; 4°. que l'Ordonnance accordoit deux mois en matiere principale, & que celle-ci étoit une exécution d'Arrêt, conformément à une Coutume qui prefcrit le délai ; que ce délai n'étant que de huit jours ftrictement, il ne lui en étoit pas dû davantage ; que cependant, voulant éviter toutes difficultés, il lui avoit accordé 9 jour de plus, à raifon d'un jour par dix lieues, comme aux Plaideurs pour les Actes de Voyages, quoiqu'il ne lui dût point.

Enfin, que la prétention de n'exécuter le Retrait qu'après que la Cour auroit ftatué fur l'appel, étoit contraire à la Coutume, qui décide que l'acquéreur peut reconnoître à Retrait le Retrayant, aux charges du procès.

C'eft en cet état que la Cour, par Arrêt du Lundi 11 Mai 1767, a débouté le fieur Stapleton de fes oppofitions ; en conféquence, a ordonné que l'Ordonnance de forclufion de M. de Sahuguet feroit exécutée, & a condamné le fieur Stapleton en tous les dépens du fieur Bommier de Larochejaquelin. Plaidant Mᵉ Caillard pour le fieur Bommier de Larochejaquelin, contre Mᵉ Brouffe, Avocat du fieur Stapleton, Comte de Treve.

Page 434, col. 2, à la fin de cet article, après de Laffay, ajoutez ;

Par Arrêt du Lundi 23 Février 1761, il a été jugé que la demande en Retrait Féodal ne devoit pas être portée devant le Juge du Seigneur qui intentoit l'action, mais devant le Juge Royal. C'eft auffi le fentiment de M. Jouffe, dans fon Commentaire fur l'Ordonnance de 1667.

RETRAIT LIGNAGER.

Page 435, col. 2, à la fin du 4ᵉ alinea, après des héritages, ajoutez ; Lege 14, Cod. *de contrahendâ Emptione.*

Page 439, colon. 2, à la fin du 1ᵉʳ alinea, après la Combe, ajoutez ;

Remarquez que dans l'efpéce du 14 Juillet 1745, ci-deffus rapportée n°. 26, la demande en Retrait avoit été formée avant le décès de la venderesse, dans un temps où la durée de sa vie étoit incertaine, & par une conséquence nécessaire rendoit le contrat toujours aléatoire.

Voici l'espéce d'un autre Arrêt, par lequel il a été jugé que le Retrayant devoit offrir, non pas les arrérages, mais le principal de la rente viagere.

Le sieur Desmouceaux avoit acquis, le 22 Février 1765, une portion de maison du sieur Feron, moyennant 3300 liv. Le sieur Desmouceaux paya 300 liv. à compte; & pour les 3000 liv. restantes, il constitua au vendeur une rente viagere de 300 liv. & se chargea de plus d'acquitter pour sa portion une rente privilégiée sur la maison.

Le sieur Feron, vendeur, n'avoit que 48 ans lors de la vente; il décéda le 6 Septembre 1765, 7 mois après la vente. Le 18 du même mois, & douze jours après son décès, la veuve Clause, qui se trouvoit de côté & ligne d'où la maison provenoit, forma sa demande en Retrait Lignager. Le Sr Desmouceaux tendit le giron, à la charge par la veuve Clause de satisfaire à la Coutume; la veuve Clause offrit au sieur Desmouceaux, 1°. les 300 liv. par lui payées à compte; 2°. l'extrait - mortuaire du sieur Feron, faisant l'acquit & la décharge de la rente viagere; 3°. 304 liv. 3 s. 6. d. pour les huit mois six jours qui avoient couru de la rente viagere; 4°. tous les frais & loyaux-coûts; 5°. enfin, elle offrit d'acquitter le sieur Feron & de se rendre indemne, à cause des dettes & charges du cinquiéme de la maison à lui vendu. Le sieur Desmouceaux soutint que les offres & la consignation étoient insuffisantes, & que la veuve Clause devoit être condamnée à lui rapporter les 3300 liv. pour le prix principal de son acquisition, & à lui rapporter *acquit & décharge* des sieurs Gueulette, créanciers d'une rente de 166 liv. privilégiée sur la maison, au principal de 5000 livres, sinon lui payer la somme de 5000 liv. pour le principal de la rente, attendu l'indivisibilité de l'hypothéque, & en outre les intérêts, à compter du jour du contrat. Sur ces demandes le sieur Desmouceaux obtint, le 17 Décembre 1766, Sentence par défaut au Châtelet, adjudicative de ses conclusions. La

veuve Clause en interjetta appel en la Cour. Elle soutenoit sur l'appel, 1°. qu'elle ne devoit point rembourser le *principal* de la rente viagere, mais seulement les *arrérages*: 2°. que le sieur Desmouceaux ne s'étant point chargé personnellement vis-à-vis du Créancier, de la rente dûe sur la maison, il ne pouvoit exiger que la Retrayante lui fournît l'acquit & la décharge du Créancier; elle prétendoit enfin que quand il seroit possible que la prétention de son adversaire fût admissible, relativement à l'insuffisance de consignation, il devroit au moins être jugé non-recevable à former toute autre demande que la déchéance du Retrait, & non pas prétendre qu'elle dût être condamnée à ajouter ce qu'il prétendoit manquer à la consignation.

Le sieur Desmouceaux répliquoit que tout marché, par lequel quelqu'un se charge d'une rente viagere envers un autre, est un contrat *aléatoire*, à cause de l'incertitude de la vie du créancier de la rente; que la Retrayante ne demandant qu'à être subrogée à l'acquéreur, ne pouvoit l'être également qu'à un contrat aléatoire; qu'il seroit révoltant que le contrat eût été *aléatoire* pour l'acquéreur, & qu'il fût *lucratif* pour la Retrayante; ce qui arriveroit néantmoins, si la dame Clause, ayant formé sa demande *après le décès* du vendeur, en étoit quitte en remboursant les arrérages échus; que la régle étoit générale pour obliger le Retrayant à apporter décharge, ou à rembourser *toutes les rentes* dont l'acquéreur avoit été chargé par son contrat. Il citoit à ce sujet Duplessis, chap. 2 du Retrait Lignager, section 2. Enfin il disoit que la dame Clause étoit non-recevable à demander à être seulement déclarée déchue du Retrait, tant qu'elle ne commenceroit pas par s'en désister, d'autant plus que la déchéance du Retrait avoit été établie en faveur de l'acquéreur, qui étoit maître de ne pas user de la faculté que la Loi lui donnoit de demander la déchéance.

Par Arrêt du Vendredi 3 Avril 1767 de relevée, la Sentence du Châtelet a été confirmée, plaidans Me Rimbert pour la Retrayante, & Me Caillard pour le sieur Desmouceaux. Il y eut des Mémoires imprimés dans cette affaire.

Ii

Il est à observer que le défaut de la part de la Rétrayante, d'avoir apporté à l'acquéreur l'acquit & la décharge du créancier de la rente dûe sur la maison, a été un moyen considérable dans la cause.

Page 444, colon. 1, ligne 6 du 2ᵉ alinea après ne sont point encore dans une telle égalité, *mettez un point & une virgule*; & *après* Que la forme du contrat, *mettez seulement une virgule*; & à la fin de cet alinea, *ajoutez*; & les Annotateurs de Duplessis, page 328, édition de 1709.

Page 445, colonne première, à la fin du 2ᵉ alinea, après le Droit commun, *ajoutez*; Secùs de l'héritage d'acquêt, article 152. V. aussi M. le Prestre, seconde centurie, chap. 30.

Page 446, col. 1, à la fin du sixième alinea, après amélioré, *ajoutez*;

Dans un Mémoire imprimé que j'ai sous les yeux, on soutient que vérification faite sur les Registres, les Arrêts cités par la Combe, n'ont point jugé ce qu'il dit qu'ils ont jugé; qu'à l'égard de celui prononcé en 1761 entre les sieurs Genet, Bodin & de Lavault, ce n'étoit qu'un Arrêt interlocutoire, par lequel, la Cour, avant faire droit, avoit permis à de Lavault de faire preuve des faits de collusion par lui articulés, pour, les Enquêtes rapportées, être ordonné ce qu'il appartiendroit.

Quoi qu'il en soit, par Arrêt rendu sur productions respectives, au rapport de M. Mayneaud de la Tour, le Merc. 30 Juillet 1766, la Cour a très-certainement jugé pour la Coutume de Poitou, que puisque cette Coutume, article 131, se servoit du terme de *Notification & Insinuation*, c'étoient deux formalités différentes à remplir; en conséquence le Retrait fut admis après 13 ans, parce que le contrat n'avoit été notifié & insinué qu'au Greffe des Insinuations de la Châtellenie de Châtelleraut, & non au Greffe de la Justice du Seigneur où les héritages étoient situés. Mᵉ Boys écrivoit pour le sieur Chaveneau & consors intimés, contre le sieur Laurent-Denis Chere & autres, Appellans. La Sentence a été infirmée.

Il reste à sçavoir par quel Greffier le contrat doit être insinué; & il est à observer

Supplément.

que l'Edit de 1703 a supprimé tout ce qui s'appelloit Greffes de Notification & Insinuation.

Page 449, col. 2, à la fin de la deuxiéme ligne; après Records, *ajoutez*;

Dans la copie d'un Exploit en Retrait Lignager, un des témoins n'étoit nommé que par son nom de baptême, mais il avoit signé *au bas de l'Exploit* ses noms de baptême & de famille; & dans l'*original* de l'Exploit, les noms de baptême & de famille de ce témoin y étoient énoncés. On demanda la déchéance du Retrait, sur le fondement que dans le corps de la copie, il n'y avoit que le nom de baptême du témoin, & non celui de famille. Par Arrêt du Vendredi 3 Décembre 1762, Audience de relevée, plaidans Mᵉˢ Paporet & Jouhannin, la déchéance du Retrait fut prononcée.

Page 454, colonne première, à la fin du troisieme alinea, après article 129, *ajoutez*;

La nécessité d'offrir réellement, & à l'Audience, non-seulement le prix principal, mais *encore les loyaux-coûts*, est prescrite par l'article 178 de la Coutume du Perche, & ces offres *des loyaux-coûts* doivent être expresses & ne peuvent se suppléer par des termes équivalans: c'est ce qui résulte d'un Arrêt dont voici l'espéce.

La demoiselle de Langan, demanderesse en Retrait Lignager, avoit fait des offres à Mᵉ Guernet, Greffier en chef, & Procureur au Bailliage de Mortagne au Perche. Voici comment ces offres étoient rappellées dans une premiere Sentence qui lui en avoit donné acte.

» Nous avons donné acte au Procureur
» de la demoiselle de Langan, pour sa par-
» tie, des offres par elle présentement fai-
» tes sur la table de notre Greffe, argent
» & deniers à découvert & à parfaire, de
» rembourser ledit Mᵉ Guernet DU SORT,
» OU PRIX PRINCIPAL de son acquisition,
» VIN DE MARCHÉ, ET DE TOUT CE QUI SE
» TROUVERA LIQUIDÉ PAR SON CONTRAT
» D'ACQUISITION; comme aussi des offres
» pareillement exhibées sur le Bureau de
» notre Greffe, argent & deniers à décou-
» vert & à parfaire, suivant cette Coutume,
» de rembourser ledit Mᵉ Guernet de tous

N n

« les FRAIS ET DÉPENS qu'il pourra faire en
» l'Inſtance ; le tout dans le temps preſcrit
» par cette Coutume. «

Le défenſeur de Mᵉ Guernet proteſta
de nullité de ces offres, tant comme inſuffiſantes qu'autrement, & notamment en ce
que la demoiſelle de Langan n'*avoit point
fait offres, conformément à la Coutume, dès
loyaux-coûts.*

Le Procureur de la demoiſelle de Langan ſoutint au contraire, que les offres
étoient conformes aux diſpoſitions de la
Coutume ; & qu'ayant offert *tout ce qui eſt
liquidé* par le contrat, les *loyaux-coûts* s'y
trouvoient compris. Sur cette conteſtation
le Juge renvoya la Cauſe à huitaine, pendant lequel temps les Parties inſtruiroient
la nullité.

A la huitaine, la demoiſelle de Langan
réitéra à l'Audience ſes offres réelles de
rembourſer Mᵉ Guernet du prix principal
de ſon acquiſition, vin de marché, & de
tout ce qui ſe trouveroit liquidé par ſon
contrat. Il lui en fut donné acte par la Sentence intervenue à cette Audience ; *& attendu* (portoit enſuite cette Sentence) *la
ſignification faite le jour d'hier au ſoir par
Mᵉ Guernet, de ſon contrat d'acquêt, la
demoiſelle de Langan lui offre d'abondant
& par réitération de celles contenues en l'Exploit de demande du 29 Octobre dernier,
tous frais ET LOYAUX-COUTS, dont elle requiert acte.*

Le défenſeur de Mᵉ Guernet proteſta
encore de nullité de ces nouvelles offres,
faites à l'Audience du 29 Novembre 1766,
*attendu qu'elles n'avoient point été faites
dans le temps preſcrit par la Coutume.*

Par Sentence contradictoire rendue au
Bailliage du Perche à Mortagne, le 29
Novembre 1766, la demoiſelle de Langan
fut déclarée *déchue du Retrait par elle in-
tenté contre Mᵉ Guernet.*

La demoiſelle de Langan interjetta appel en la Cour de cette Sentence ; mais par
Arrêt rendu ſur délibéré, au rapport de M.
Regnault d'Irval, le Samedi 16 Mai 1767,
la Sentence fut confirmée.

Remarquez qu'il y avoit encore d'autres
moyens de nullités dont excipoit Mᵉ Guernet ; mais le principal étoit celui du défaut
d'offres des loyaux-coûts. Mᵉ Bellot plai-

doit dans cette Cauſe pour l'appellante, &
Mᵉ Lochard pour l'intimé, pour lequel il
fit un Mémoire.

*Page 464, col. 1, à la fin de cet article,
après* légitime, *ajoutez ;*

Voici encore ſur le Retrait Lignager,
un Arrêt qui mérite d'être rapporté avec
quelque détail. Il s'agiſſoit de ſçavoir,
ſi un fils pouvoit exercer le Retrait Lignager de biens acquis par ſes pere & mere, &
vendus par leurs créanciers ſur la folle enchere du premier adjudicataire.

Le 9 Septembre 1758, adjudication à la
barre des Requêtes du Palais, ſur Louis
Honoré de la Marre de Wardenché & la
dame Grandjean ſon épouſe, d'une maiſon,
bâtimens, & 180 arpens de terres labourables, ſitués aux territoires & villages de
Gennevilliers, Aſnieres & Colombes, circonſtances & dépendances. Cette adjudication fut faite à Mᵉ Malarme, Procureur,
moyennant 36550 liv. il en fit ſa déclaration au profit de la demoiſelle de la Fargue, qui n'en conſigna point le prix, enſorte
que la Sentence d'adjudication ne lui fut
pas délivrée. Les Parties ſaiſies interjetterent appel de cette adjudication ; cet appel
fit la matiere d'une Inſtance en la Cour,
dans le cours de laquelle le ſieur de la
Marre, Partie ſaiſie, décéda le 7 Février
1759, laiſſant quatre enfans : trois ſe porterent héritiers par bénéfice d'inventaire
de leur pere ; à l'égard du quatriéme enfant, (c'étoit le ſieur de la Marre de Villiers) comme il étoit mineur, la dame ſa
mere fut élue ſa tutrice, & elle lui donna
la qualité d'héritier pur & ſimple. Par Arrêt ſur productions du 16 Juin 1762, l'adjudication fut confirmée ; & faute par la
demoiſelle de la Fargue d'avoir conſigné le
prix de ſon adjudication, il fut ordonné
qu'il ſeroit procédé, aux riſques, péril &
fortune de la demoiſelle de la Fargue &
de Mᵉ Malarme, à la vente & réadjudication des biens en queſtion, à leur folle enchere, & ils furent condamnés & par corps
à payer *le deficit* ſi aucun il y avoit. Le 19
Mars 1763, vente & réadjudication à Mᵉ
Moreau le jeune, Procureur, moyennant
24200 l. & il en fit ſa déclaration au profit
de la dame de Beauſire, laquelle revendit
les bâtimens de la baſſe-cour de la maiſon

de Gennevilliers, & les terres labourables en dépendantes, au sieur Piot, moyennant 36000 l. il ne lui restoit plus que la maison bourgeoise & les jardins en dépendans, que l'on disoit qu'elle vouloit revendre 20000 livres.

Le sieur de la Marre de Villiers, mineur lors du décès de son pere, renonça purement & simplement à la succession, *rebus integris*, par acte du 24 Décembre 1763; il obtint même des Lettres de Rescision enthérinées en Justice, contre l'adition d'hérédité, & la qualité qui lui avoit été donnée pendant sa minorité, d'héritier de son pere, au moyen de quoi on prétendit que la réadjudication ne se trouvoit plus faite que sur la dame veuve de la Marre & sur les autres héritiers par bénéfice d'inventaire du feu sieur de la Marre pere, qui demeurerent les seuls vendeurs de la dame de Beausire.

En cet état, le sieur de la Marre de Villiers fit assigner la dame de Beausire au Châtelet, en Retrait Lignager des biens en question qui étoient des propres naissans dans les personnes de ses freres & sœur, sur lesquels ils avoient été vendus. L'exploit étoit du 19 Novembre 1764.

La dame de Beausire soutint le sieur de la Marre de Villiers non-recevable dans sa demande en Retrait Lignager, parce que le feu sieur de la Marre & la dame son épouse avoient été dépouillés définitivement de la propriété des biens dont il s'agissoit, qui étoient un conquêt de leur communauté, par l'adjudication du 9 Septembre 1758, faite à la demoiselle de la Fargue. La dame de Beausire prétendit qu'à cette époque la demoiselle de la Fargue étoit devenue propriétaire des biens en question, que le sieur de la Marre de Villiers n'auroit pas été recevable d'en exercer le Retrait Lignager sur la demoiselle de la Fargue, que par conséquent il ne pouvoit pas l'exercer sur la dame de Beausire, qui ne tenoit son droit que de la demoiselle de la Fargue : la dame de Beausire convenoit que ces biens-là étoient des propres naissans aux enfans du sieur de la Marre, sur lesquels ils avoient été vendus & réadjugés; mais elle prétendoit qu'en ce cas, le sieur de Villiers étoit également non-recevable dans sa demande

en Retrait, parce qu'il falloit le considérer comme partie saisie, & par conséquent comme co-vendeur avec ses freres & sœur.

C'est ainsi que les moyens de la dame de Beausire sont rapportés & rappellés dans le Mémoire de son adversaire, mais le Mémoire de la dame de Beausire qui m'a été communiqué depuis, fait voir qu'elle faisoit encore usage d'autres moyens, & qu'elle partageoit sa défense en deux réflexions fort simples.

La premiere consistoit à dire que la moitié vendüe sur la dame de la Marre, étoit acquêt, non sujet à Retrait. Pour établir cette premiere proposition, la dame de Beausire observoit que les biens vendus avoient été acquis par les sieur & dame de la Marre; c'étoit donc un conquêt de communauté. Les créanciers des sieur & dame de la Marre avoient fait saisir ces biens, & ils avoient été vendus : or, disoit la dame de Beausire, que la dame de la Marre en ait perdu la propriété par la premiere ou par la seconde adjudication, c'est toujours d'un acquêt qu'elle a été dépouillée : or la Coutume n'admet le Retrait Lignager que pour les propres; donc le sieur de la Marre de Villiers est non-recevable dans le Retrait qu'il a exercé de la moitié saisie sur la dame de la Marre & adjugée à la dame de Beausire.

Dans la seconde réflexion, la dame de Beausire observoit que l'adjudication de l'autre moitié des biens avoit été faite sur le sieur de la Marre ou sur ses héritiers, & dans l'un ou l'autre cas, il n'y avoit point lieu au Retrait. Si l'adjudication de l'autre moitié avoit été faite sur le sieur de la Marre, c'étoit encore un acquêt non sujet à Retrait. Si elle avoit été faite sur ses héritiers, le sieur de Villiers étoit vendeur lui-même, ainsi à tous égards point de Retrait.

Le sieur de la Marre de Villiers soutenoit au contraire que l'adjudication faite à Me Malarme, le 9 Septembre 1758, n'étoit que conditionnelle, & ne pouvoit être définitive, qu'autant, & lorsque la demoiselle de la Fargue en auroit payé & consigné le prix, ce qui n'avoit point été fait, puisqu'au contraire on avoit procédé sur Me Malarme & sur la demoiselle de la

Fargue à une réadjudication à leur folle enchere : il difoit qu'ils n'avoient jamais été un inftant Propriétaires ; qu'ainfi la propriété en étoit demeurée en la perfonne du fieur de la Marre pere, qui en étoit faifi lors de fon décès arrivé le 7 Février 1759, & qui l'avoit tranfmife à fes enfans comme propres naiffans en leurs perfonnes & fujets au Retrait Lignager, que par conféquent la dame de Beaufire ne tenoit & ne pouvoit tenir fon droit de Me Malarme ni de la demoifelle de la Fargue qui n'en avoit point, mais uniquement des enfans & héritiers de la Marre, parties faifies, dans lefquels réfidoit la propriété. Quant au fecond moyen oppofé au fieur de la Marre de Villiers, réfultant de ce qu'on lui avoit donné la qualité d'héritier pur & fimple, il répondoit que *n'eft héritier qui ne veut*, qu'il avoit renoncé *rebus integris*, & que par Arrêt de la Cour du 15 Avril 1766, il avoit été ordonné que le nom du fieur de Villiers & la qualité à lui donnée d'héritier de fon pere, feroient tirés & rayés de toutes les procédures, & nommément de la Sentence d'adjudication faite au profit de la dame de Beaufire.

Par Sentence contradiĉtoire du Châtelet, il avoit été donné acte au fieur de la Marre de Villiers de fes offres de bourfe, deniers, loyaux-coûts, & à parfaire, aux termes de la Coutume, au principal il avoit été déclaré non-recevable dans fa demande en Retrait, avec dépens.

Il y eut appel de la part du fieur de la Marre de Villiers ; & par Arrêt rendu en la Grand'Chambre, au rapport de M. l'Abbé le Noir, le Samedi 29 Août 1767, la Sentence du Châtelet fut confirmée avec amende & dépens. Me Lambert fit un Mémoire pour le fieur de la Marre de Villiers, appellant ; & il y en eut un de Me Dandafne, pour la dame de Beaufire, intimée. L'Arrêt (m'a-t-on dit) fut rendu contre l'avis de M. le Rapporteur.

Le mari peut exercer le droit de Retrait Lignager pour fa femme, fans être fondé de procuration. V. Argou, tome premier, page 209.

On terminera cet article par une queftion importante qui s'eft préfentée récemment en la Grand'Chambre. En voici les principales circonftances. Le fieur Carré avoit vendu une maifon aux fieur & dame Bournigal, moyennant 30000 liv. les acquéreurs payerent une partie de leur acquifition, & conftituerent au profit du fieur Carré, une rente de 1050 livres pour les 21000 liv. reftantes du prix principal.

Les fieur & dame de Bournigal, évincés depuis par un Retrait Lignager, reçurent du Retrayant, *le prix entier* de la maifon retirée.

La queftion fut de fçavoir fi les fieur & dame de Bournigal pouvoient garder la fomme qui formoit le principal de la rente par eux conftituée, fous le prétexte que le capital d'une rente conftituée n'étoit rembourfable *qu'à la volonté du débiteur de la rente*. Ils difoient que le Retrait eft une affaire qui fe traite entre le Retrayant & l'Acquéreur feulement, & que le Retrait eft totalement étranger au vendeur, dont il ne peut empirer, ni améliorer la condition.

Le fieur Carré, vendeur, foutenoit au contraire que les fieur & dame Bournigal, acquéreurs, devoient lui remettre la fomme qui formoit le principal de la rente conftituée ; parce que le Lignager ne leur avoit rembourfé la totalité du prix de la maifon, que dans la confiance qu'ils remettroient au vendeur la portion qui lui reftoit dûe, pour que la maifon fût déchargée *des hypothèques* du vendeur. Le fieur Carré ajoutoit que les fieurs & dame Bournigal ne pouvoient fe difpenfer de lui remettre des deniers qui devoient rentrer dans fa main, dès que le Lignager avoit fait le rembourfement du prix total de la vente. Il eft de principe, difoit-il, que l'effet du Retrait eft de fubroger le Retrayant en tous les droits de l'acquéreur, de maniere que le Retrayant eft confidéré comme s'il avoit acheté l'héritage immédiatement du vendeur. *Retraĉtus proximitatis tranffert emptionem in Retrahentem, & perindè eft, ac fi Retrahens immediatè emiffet ab ipfo venditore ; & primus emptor non eft amplius in confideratione, fed perendè habetur, ac fi non emerit.* Dumoulin fur l'article 22 de la Cout. de Paris, au mot *par Retrait*, n°. 5. Enfin le fieur Carré excipoit de l'art. 137 de la Cout. de Paris, qui porte que l'héritage baillé à rente rachetable est sujet à Retrait, *en remboursant celui à qui la rente est dûe*, ou consignant à son refus, dans les 24 heures, le sort principal de la rente & arrérages échus depuis le jour de l'ajournement. Donc, disoit le sieur Carré, les sieur & dame Bournigal, en acceptant le remboursement que le Lignager leur a offert, contre le vœu de la Coutume, ont reçu des deniers qui ne leur appartenoient pas ; d'où il suit qu'ils doivent m'être remis, comme créancier de la rente constituée. Cette Cause ayant été mise en délibéré au rapport de M. Titon, Conseiller de Grand-Chambre, elle fut appointée par Arrêt du 7 Septembre 1767 ; mais elle n'a point été jugée, les Parties ayant transigé depuis.

On fera remarquer que plusieurs Avocats consultés sur cette question, étoient d'avis que le sieur Carré ne pouvoit pas forcer les sieur & dame Bournigal au remboursement. Me de la Goutte fit un Mémoire dans cette Cause, pour le sieur Carré.

Ajoutez à la fin de cet article ;
Voici encore un Arrêt d'autant plus important qu'il n'en étoit point intervenu sur la question qu'il a jugée, & qui a été décidée contre le sentiment de Dupineau.

Suivant l'article 373 de la Coutume d'Anjou, les deniers de Retrait *tant du prix principal que des coûts & mises*, *se doivent payer à huit jours après la connoissance jugée........*

Cette disposition de la Coutume a donné lieu à la question de sçavoir, si le sieur Drouyneau de Brie, ayant exécuté un Retrait Lignager deux jours seulement après la signification du Jugement de Retrait qui étoit par défaut, il s'ensuivoit qu'il avoit été mal & nullement procédé.

Le sieur Caillard, Notaire à Thouars & défendeur au Retrait, soutenoit que le demandeur en Retrait ne pouvoit abréger le délai de l'exécution *sans le consentement de*

l'acquéreur ; il citoit le sentiment de Dupineau sur cet article (a).

Le sieur Drouyneau répondoit qu'à partir de l'esprit de la Coutume d'Anjou & de la disposition des articles 370 & 371, il étoit clair que le Retrayant étoit dans l'obligation de payer & de rembourser dans la huitaine de la *connoissance jugée* : que s'il laissoit passer ce délai de huitaine, il ne seroit plus recevable & qu'il y auroit déchéance ; de même qu'il y a déchéance dans la Coutume de Paris, lorsque le Lignager n'exécute pas le Retrait dans les 24 heures ; mais le sieur Drouyneau soutenoit que rien n'empêchoit que le demandeur en Retrait ne payât & ne remboursât l'acquéreur *avant l'expiration du délai qui lui étoit accordé* ; qu'à la vérité sa diligence ne pouvoit nuire *aux Lignagers plus prochains que lui*, mais qu'elle lui profitoit contre l'acquéreur qui ne pouvoit se plaindre de cette diligence, ni s'en faire un moyen de déchéance : enfin que si le demandeur étoit obligé d'attendre le dernier jour pour exécuter le Retrait, il faudroit dire que la Coutume *n'accordoit pas la huitaine, mais seulement vingt-quatre heures* pour exécuter le Retrait, s'il ne pouvoit l'être que le dernier jour de la huitaine.

La Sentence contradictoire de la Sénéchaussée de Saumur, du 30 Mai 1767, avoit déclaré le sieur Drouyneau déchu du Retrait Lignager ; mais par Arrêt rendu en la Grand'Chambre, Audience de 7 heures, & en grande connoissance de cause, le Lundi 13 Juin 1768, elle a été infirmée & l'exécution de la Sentence par défaut rendue à Thouars, le 22 Mars 1767, qui avoit adjugé le Retrait au sieur Drouyneau, a été ordonnée. Plaidans Me la Goutte, pour le sieur Drouyneau ; & Me Bazin, pour le sieur Caillard, Intimé.

On fera remarquer que le sieur Caillard faisoit usage d'un second moyen qui consistoit à dire, que suivant les articles 346 & 373 de la Coutume d'Anjou, le Retrayant devoit payer ou consigner le prix en-

_____

(a) Voici ses termes : » ce délai de huit jours ne peut » être avancé sur la requisition du demandeur en Retrait, si le défendeur ne le consent, quoiqu'il semble » qu'il ne soit donné qu'en faveur du demandeur ; car » le défendeur a aussi intérêt de se servir de ce délai » pour prendre cependant les fruits de la chose qui lui » a été vendue ; & il a été jugé ainsi à Angers « , suivant la Loi *SIVE PARS*. Cod. de Feriis.

tier du contrat : or, difoit le fieur Caillard, le fieur Drouyneau n'a configné qu'une partie, quoiqu'il fût bien inftruit du véritable prix du contrat, étant frere du vendeur ; il eft vrai, difoit-il, que le Retrayant pouvoit croire que le furplus du prix qu'il n'avoit pas configné, étoit dû par l'acquéreur qui avoit terme pour le payer, mais le fieur Caillard prétendoit que le Retrayant ne pouvoit profiter du délai accordé à l'acquéreur (a). Le Sr Drouyneau répondoit qu'on diftinguoit entre le rembourfement du prix qui avoit été réellement payé par l'acquéreur, & la décharge des obligations que l'acquéreur avoit pu contracter par le contrat. Par rapport à la portion du prix payée par l'acquéreur, le Lignager doit en faire le rembourfement ou la confignation dans le délai fatal prefcrit par la Coutume, délai qui ne court que du jour du contrat. A l'égard de la décharge de la portion du prix qui n'a point été payée par l'acquéreur, & qui refte dûe au vendeur, le Sr Drouyneau obfervoit qu'il n'étoit pas néceffaire de rapporter cette décharge dans le délai fixé par la Coutume pour l'exécution du Retrait ; qu'il fuffifoit de la rapporter, ainfi qu'il l'avoit fait, avant d'exiger de l'acquéreur le délaiffement de l'héritage qui faifoit l'objet du Retrait : Me la Goutte citoit à ce fujet deux Arrêts, l'un du 9 Janvier 1765, en faveur des fieur & dame Pigé (pour lefquels plaidoit Me Bazin), & un autre très-contradictoire du 26 Avril 1768, à l'Audience de relevée (dans lequel plaidoit Me la Goutte, contre Me Viel), dans l'efpéce duquel Arrêt un acquéreur foutenoit qu'il y avoit déchéance, fous prétexte que le Lignager n'avoit pas rapporté les quittances de rembourfement & les actes de décharge dans les 24 heures, & que par-là l'acquéreur n'étoit pas indemne : Me la Goutte répondoit par la diftinction ci-deffus : & par l'Arrêt du 26 Avril, ainfi que par celui du 13 Juin dont on parle, les Lignagers ont réuffi.

Le moyen qui paroiffoit le plus confidérable en faveur du fieur Caillard, eft que la Sentence de Thouars, du 22 Mars 1767, étant par défaut, il avoit huitaine pour y former oppofition ; mais le Retrayant pouvant exécuter le Retrait dans la huitaine, l'acquéteur ne doit pas attendre le dernier jour pour former fon oppofition : autrement en excipant des délais de l'Ordonnance, l'oppofition pourroit être formée dans le moment même où le Retrait feroit, aux termes de la Coutume, valablement & définitivement exécuté.

Il n'y a point lieu au Retrait Lignager, dans le cas de Tranfaction *fuper lite motâ. Secùs*, s'il y a eu *mutation* de poffeffion, ou prix convenu. Article 180 de la Coutume de Touraine. Voyez auffi Dupineau fur l'article 360 de la Coutume d'Anjou.

Cependant par Arrêt du Vendredi 17 Juin 1768, fur délibéré au rapport de M. Blondeau, la Cour a débouté deux Lignagers de leur demande en Retrait, quoiqu'il y eût mutation de poffeffion & prix convenu, que même la Tranfaction ne fût ni contrôlée, ni enoncée dans le contrat de vente ; mais il étoit conftant que l'objet vendu avoit donné lieu à plufieurs Procès, terminés par cette efpéce de Tranfaction, fuivie de la vente de l'objet contentieux. Plaidans Me de Varicourt pour Dutaillis & Chezelles, & Me Laborde pour Me Lepot, Avocat. La queftion fe préfentoit dans la Coutume de Tourraine, fur les articles 156 & 180.

REVENDICATION,
Revendiquer.

L'action en Revendication d'un fonds dure 30 ans : ainfi toutes les fois que quelqu'un revendique dans les 30 ans un fonds comme à lui appartenant, l'effet de fa demande n'eft pas fufceptible de difficulté ; fi le détenteur de l'héritage revendiqué ne fe trouve point en état de fe défendre de cette action par un jufte titre & une poffeffion légitime de 30 ans, entre âgés & non privilégiés.

(a) Cependant, l'art. 2 du chap. 15 de la Coutume de Touraine des Retraits, qui eft très-analogue à celle d'Anjou, porte, & où il y a grace par le contrat de Ven-dition, l'an & jour dudit Retrait ne courra contre le Lignager, finon après l'an & jour de la grace.

C'est ce que la Cour a jugé par Arrêt rendu en la Grand'Chambre au rapport de M. l'Abbé Tudert, le Vendredi 21 Août 1767, en faveur des héritiers testamentaires du Marquis des Prés qui réclamoient contre M. le Président de Layé, la Terre de Romaneche, acquise par M. le Président de Layé, sans formalité de Justice vis-à-vis du mineur, sur qui l'on vendoit alors.

Le moyen principal de M. le Président de Layé consistoit à dire que M. le Marquis des Prés (représenté par ses héritiers) parvenu à sa trente-cinquiéme année, n'étoit plus recevable à revendiquer sa Terre de Romaneche : que le fait de sa tutrice, qui avoit vendu cette Terre, étoit le sien propre ; qu'il auroit dû se pourvoir par la voie de la Rescision dans les 10 ans ; que l'action en Rescision se prescrivoit par 30 ans ; que l'Ordonn. de 1510, & l'art. 134 de celle de 1539, y étoient précis ; que leurs dispositions s'appliquoient non-seulement au cas où le mineur devenu majeur, attaquoit le titre qu'on lui opposoit, par le moyen de dol, de surprise ou de lésion, mais aussi au cas où il proposoit contre le titre un moyen de nullité ou tout autre.

Les héritiers du Marquis des Prés répondoient que la vente de 1717 de la Terre de Romaneche étoit nulle, d'une nullité radicale, comme faite par une étrangere, sans pouvoir & sans qualité, enfin par une tutrice non autorisée : que M. le Président de Layé avoit acquis cette Terre en contravention des Réglemens ; que jamais le Marquis des Prés n'avoit ratifié cette vente : qu'il n'avoit point eu personnellement de part aux deux actes qu'on prétendoit en contenir l'approbation ; que d'ailleurs ils renfermoient les réserves les plus expresses de la faire révoquer. D'après ces moyens, les héritiers du Marquis des Prés soutenoient que M. de Layé n'avoient point de garantie à espérer, ni de dommages-intérêts à prétendre, d'autant plus que lui redemandant la Terre, ils lui offroient la partie du prix de l'acquisition qui avoit pu tourner au profit du Marquis des Prés ; enfin ils soutenoient que le Marquis des Prés n'avoit pas été obligé de se pourvoir par la voie de Rescision ; son action en Revendi-

cation ne pouvant se prescrire que par 30 ans, puisque M. le Président de Layé n'avoit ni titre juste, ni possession légitime. C'est ce qui a été jugé par l'Arrêt ci-dessus. Me Douet d'Arc, Avocat des héritiers du Marquis des Prés, fit un Mémoire dans cette affaire.

En matiere de Jurisdiction, Revendiquer se dit des personnes & des causes ; par exemple, un Official peut revendiquer un Ecclésiastique qui plaide en Cour laïque ; & de même aussi un Procureur d'office peut & doit revendiquer le Justiciable qui a distrait la Jurisdiction.

Remarquez que lorsque celui qui a été assigné à comparoir non pas devant le premier Juge, mais devant le second, c'est-à-dire où ressortissoit l'appel de la Sentence du premier, y a volontairement comparu & procédé, il ne peut plus appeller comme de juge incompétent : en effet dans une pareille espéce, il n'y auroit que le Procureur d'office de la premiere Jurisdiction qui pourroit revendiquer ; mais la Partie n'est point compétente pour requérir ce que ne requiert pas le Procureur d'office. En second lieu, l'appellant comme de Juge incompétent est sans moyens raisonnables, puisqu'ayant procédé volontairement devant le second Juge, il s'est épargné par ce moyen, un degré de Jurisdiction. C'est aussi ce qui a été décidé plusieurs fois au Parquet de Messieurs les Gens du Roi, & notamment par Arrêt du 22 Février 1768, sur appointement avisé de M. Barentin, Avocat Général. Plaidans, Mes Dinet & de Varicourt.

REVENTONS.

En termes de Coutumes, on appelle Reventons, un droit dû, outre les lods & ventes, au Seigneur censuel, par l'acheteur, quand il a acquis l'héritage chargé de cens, à la charge d'acquitter le vendeur du droit de lods. Ce droit s'appelle aussi *Venterolles, Etreventes* & retiers resixiéme. Voyez le Dict. de Trévoux.

REVERSION Bordeliere.

Lorsque les héritages chargés du droit

de bordelage, font échus à titre de fucceffion au plus proche parent du côté & ligne de celui qui les poffédoit, fi ce parent, poffeffeur & propriétaire de ces héritages, décéde fans laiffer d'héritiers qui ayent les qualités requifes pour lui fuccéder en bordelage, c'eft-à-dire, qui ayent été communs avec le défunt, *par communauté coutumiere ou convenue*, vivans *de même pain & fel*, (comme dit Coquille) alors ces héritages retournent au Seigneur Bordelier *qui en eft faifi*, lefdites qualités défaillantes ; & c'eft-là ce qu'on appelle Reverfion Bordeliere. Voyez l'article 18 de la Coutume de Nevers, titre des Bordelages, & le Commentaire de Coquille, fur cet article. Voy. auffi *Bordelage*.

La faifie-réelle eft un obftacle invincible à la Réverfion Bordeliere ; c'eft ce que la Cour a jugé, *in terminis*, par Arrêt du Mardi 2 Août 1763, en la Grand'Chambre, au rapport de M. Beze de Lys.

Dans cette efpéce, le fieur Gafcoing du Chazeau prétendoit que Marie Caffart, étant décédée, fans hoirs vivans en fociété & communauté avec elle, les héritages par elle tenus en bordelage lui avoient été acquis par droit de Réverfion Bordeliere; mais on oppofoit au fieur Duchazeau, qu'auffi-tôt le décès de Marie Gaffart, fes biens avoient été faifis réellement, qu'il y en avoit eu différens baux judiciaires, qu'ainfi il n'avoit pu réunir de plein vol à fon domaine, des biens qui étoient fous la main de la Juftice ; enfin que la faifie-réelle étoit un obftacle abfolu au droit de Réverfion Bordeliere ; ces moyens furent adoptés par l'Arrêt ci-deffus rapporté. Mes Vermeil & de Varicourt écrivoient dans cette Inftance.

RÉVOCATION DE DÉMISSION.

Une merè qui s'eft démife de l'univerfalité de fes biens en faveur de fes enfans, peut, quand ils décédent fans poftérité, révoquer fa Démiffion, & prendre par-là ce qu'elle leur avoit abandonné. En effet, qui dit une Démiffion, dit le partage anticipé d'une fucceffion avant qu'elle foit ouverte : les enfans & les petits-enfans peuvent la réveiller, parce qu'étant héritiers de droit, ils peuvent l'être par anticipation ;

mais fi les defcendans décédent avant le démettant, alors il n'y a plus de fucceffion anticipée, ni d'héritiers anticipés : les chofes rentrent dans leur ordre naturel, & les pere & mere peuvent révoquer & reprendre leurs biens, parce que leur fucceffion n'eft pas ouverte, qu'on ne peut leur fuccéder de leur vivant, & qu'il n'eft pas poffible de penfer que dans l'anticipation de la Loi, à laquelle ils ont voulu fe prêter, ils ayent eu en vûe de fe dépouiller en faveur d'étrangers, qui ne pouvoient être leurs héritiers par anticipation.

C'eft auffi ce que la Cour a jugé par un Arrêt, dont voici l'efpéce.

La demoifelle Moynerie, veuve du fieur de la Moriniere, abandonna à fes deux enfans, tous fes biens fans exception, à la charge de la nourrir & entretenir fuivant fa condition, & d'acquitter fes dettes : les deux enfans de la dame veuve de la Moriniere fe marierent depuis cette Démiffion ; & comme ils n'avoient point laiffé d'enfans, la dame veuve de la Moriniere forma fa demande en Révocation contre les héritiers maternels & paternels de fon fils qui étoit décédé le dernier, & contre fa veuve ; elle prit même des Lettres de Refcifion, tant contre la Démiffion que contre tous actes approbatifs ; les héritiers maternels n'éleverent aucune difficulté ; mais les héritiers paternels foutinrent l'effet de la Démiffion. Par Sentence rendue par les Juges de la Fleche, ayant égard aux Lettres de Refcifion & à la Révocation, les Parties furent remifes en tel- & femblable état qu'elles étoient avant la Démiffion ; il y eut appel de cette Sentence par les héritiers paternels, mais elle fut confirmée par Arrêt du Vendredi 7 Août 1767, rendu au rapport de M. Duport, Confeiller.

Me Caillau fit un Mémoire pour Me Moynerie, Avocat au Mans, Intimé.

Sur cette matiere voyez le Traité des Démiffions par Boullenois, queftion 15.

RÉVOCATION DE DONATION.

Page 570, col. 1, à la fin du 2e alinea, après article 39, *ajoutez* ;

Remarquez fur ceci que la Coutume d'Auvergne, chap. 14, art. 33 ; & celle
de

de Bourbonnois., art. 22, décident que la survenance des enfans du donateur ne révoque pas les Donations faites par contrat de mariage : *Hæc Consuetudo* (d'Auvergne), dit Dumoulin, *est contra jus* ; son sentiment est fondé sur la Loi *Si unquam*, *Cod. de Rev. Donat. Nemo præsumitur alienam sobolem propriæ anteponere* ; mais sur cette question, c'est l'Ordon. de Février 1731, concernant les Donations, qu'il faut consulter comme derniere Loi. Il faut rappeller les termes de l'article 39.

» Toutes Donations entre - vifs faites » par personnes qui n'avoient point d'en- » fans ou de descendans actuéllement vi- » vans dans le temps de la Donation, de » quelque valeur que lesdites Donations » puissent être, & à quelque titre qu'elles » ayent été faites, & encore qu'elles fus- » sent mutuelles ou remunératoires, même » celles qui auroient été faites en faveur du » mariage, *par autres que par les conjoints* » *ou les ascendans*, demeureront révoquées » de plein droit par la survenance d'un en- » fant légitime du donateur, même d'un » posthume, ou par la légitimation d'un » enfant naturel, par mariage subséquent, » & non par aucune autre sorte de légiti- » mation «.

Il résulte de cet article, que les *seules* Donations faites *par les conjoints ou les as- cendans* ne sont point révoquées par la survenance des enfans ; ainsi, & dans ce cas, soit que l'enfant né de ce mariage vienne à décéder *en minorité* avant son pere ou sa mere, ou qu'il survive à l'un d'eux, la Donation demeure toujours en sa force & vertu en faveur du conjoint survivant ; conséquemment le survivant des conjoints, donataire par son contrat de mariage ; peut disposer des biens à lui donnés, ainsi, & en faveur de qui il jugera à propos, & l'enfant ne pourra alors exiger que sa légitime sur les biens compris dans la Donation faite par sa mere à son pere, ou par son pere à sa mere ; dans ce cas cette légitime lui appartient tellement, que s'il vient à décéder, elle doit passer à ses héritiers, à moins que ce ne soit un mobilier, auquel le donataire suc- céderoit comme héritier mobilier de son enfant. Cependant voyez Furgolle ; Questions remarquables sur la matiere des Do-

Supplément.

nations, tome premier, page 316, édition de 1751.

Page 471, col. 2, à la fin du premier alinea, après M. Seguier, *ajoutez* ; La dame de la Poupeliniere s'est pourvue en cassation contre l'Arrêt du 12 Mars 1764 ; mais elle a été déboutée par Arrêt du Conseil d'Etat du Roi du Lundi 9 Mars 1767.

Page 472, col. 2, à la fin du 3e alinea, après indigne, *ajoutez* ;

Une femme, qui, du vivant de son mari avec lequel elle n'auroit pas vécu, soit à cause d'une séparation volontaire, ou autrement, auroit affecté de ne point porter son nom ni de le prendre dans des actes judiciaires, mais au contraire, auroit pris celui de son premier mari, pourroit être privée de la Donation portée en son contrat de mariage, comme pour cause d'ingratitude & de mépris pour son époux.

Il en seroit de même si la femme n'eût pas voulu porter le deuil de son mari par un mépris marqué pour sa mémoire ; cependant de pareilles Révocations dépendent entiére- ment des circonstances.

Même page & même col. à la fin du 9e alinea, après étoit faite, *ajoutez* ;

La Révocation de Donation est encore prononcée contre les enfans qui se marient sans le consentement de leurs pere & mere. Voyez la Déclaration du 26 Novembre 1639.

Page 473, col. 2, à la fin de cet article, après en ce cas, *mettez en titre* ;

Révocation de Substitution.

Voici en matiere de Révocation de Substitution, une question importante qui s'est élevée en la Grand'Chambre en l'année 1734, au rapport de feu M. Soulet. Je n'ai pu en sçavoir le Jugement. Je crois même qu'elle n'a pas été jugée.

Le 8 Avril 1705, Louis Pingré, Substitut de M. le Procureur Général au Bailliage d'Amiens, & fils de Louis Pingré, Secrétaire du Roi, fit créer un tuteur à Joseph Pingré son fils, à l'effet d'accepter la donation qu'il projettoit de faire.

Le 8 Avril 1705, Louis Pingré fit donation à Joseph Pingré son fils, de la Terre de Guymicourt. La donation fut acceptée par le tuteur. Le donateur *se réserva l'u-fufruit* & chargea la donation *de Subfti-tution*, au profit de l'aîné des enfans mâles de fon fils : & faute d'enfans mâles, le pere appella à la Subftitution le frere puîné du donataire, & tout autre mâle qui furvivroit le puîné. La donation fut infinuée.

Le 27 Mars 1708, le pere fit une dona-tion entre-vifs de différens effets, au profit de fes deux autres enfans mâles, avec ré-ferve d'ufufruit & avec charge de Subfti-tion au profit de leurs enfans.

En 1715 le pere forma le deffein de ma-rier Jofeph Pingré fon fils aîné, & par le contrat de mariage il lui donna finguliére-ment la Terre de Guymicourt, *fans en rien retenir ni réferver*, il la lui donna pareille-ment avec *les acquifitions qu'il y avoit faites*.

Jofeph Pingré fe mit en poffeffion de la Terre & de fes dépendances. Il n'avoit point d'enfans, ni même efpérance d'en avoir.

Louis Pingré fon pere, étant décédé en 1731, Pierre Pingré, frere puîné, trouva parmi les papiers de la fucceffion du pere commun, la groffe de la donation faite en 1705 de la Terre de Guymicourt, *avec charge de Subfitution*. Comme Jofeph Pin-gré n'avoit point d'enfans, qu'au contraire Pierre Pingré en avoit, celui-ci fit publier le 5 Novembre 1731 au Bailliage d'A-miens, la Subftitution portée en la dona-tions de 1705.

Jofeph Pingré, fils aîné, s'oppofa à cette publication : il conclut à la nullité de la do-nation de 1705, & à ce que l'acte de publica-tion fût rayé des regiftres du Greffe. Le 10 Novembre 1731, Ordonnance au bas de fa Requête, qui fit défenfes de paffer outre à l'énregiftrement ; & Sentence le 19 No-vembre, qui débouta Pierre Pingré de la main-levée des défenfes, ordonna que l'ac-te de publication de la donation de 1705, portant Subftitution, feroit rayé & biffé. Pierre Pingré ayant interjetté appel de cette Ordonnance & de cette Sentence, cela fit la matiere d'une Inftance en la Grand-Chambre.

Pierre Pingré fondoit fes moyens d'ap-pel, 1°. fur ce que dans le fait il n'y avoit

point *de Révocation expreffe*, ni de la do-nation de 1705, ni de la *Subftitution* portée par cette donation. Il difoit en fecond lieu qu'il n'en étoit pas de même des difpofi-tions à caufe de mort, que de celles entre-vifs. *In difpofitionibus caufâ mortis, pofte-riora derogant prioribus*. Mais au contraire les difpofitions entre-vifs *faififfent*, & cette *faifine* forme la fubftance de la donation, & la différence de la difpofition entre-vifs, entre la difpofition à caufe de mort. *Quod noftrum eft, amplius noftrum, ex novâ caufâ fieri non poteft*. Lege 59, *de Regulis Juris*. Donc, n'y ayant point de Révoca-tion expreffe ni légale de la donation de 1705 *portant Subftitution*, c'eft toujours la premiere donation qui fubfifte : & la fecon-de de 1715 n'y dérogeant point, la pre-miere demeure avec fes claufes & condi-tions *de Subftitution*. On ne préfume point (difoit-il) un changement de volonté, s'il n'eft vifiblement marqué. *Non præfumitur mutatio voluntatis. Si eft reliĉtum fidei com-miffum, fic debet intelligi, ut in dubio, non intelligitur revocatum*.

Il ajoutoit enfin que toute donation en-tre-vifs étoit l'ouvrage *de deux perfonnes* ; que pour anéantir une pareille donation, il falloit une convention particuliere entre le pere donateur, & le fils donataire, *parce que les chofes fe détruifent de la même ma-niere qu'elles ont été faites* ; (Ricard :) toutes circonftances qui ne fe rencon-troient point dans l'efpéce préfente, où l'on voyoit au contraire que le pere avoit toujours eu en vûe l'objet de la Subftitu-tion.

Au contraire, Jofeph Pingré, fils aîné, fe renfermoit dans la Régle générale : *Pof-teriora derogant prioribus*. Il difoit qu'il ne jouiffoit point en vertu de la premiere, mais en vertu de la feconde donation à lui faite *par fon contrat de mariage*, fans au-cune charge de Subftitution, ni aucune forte de mention de celle portée en la premiere donation. Si mon pere, difoit-il, n'avoit point entendu par mon contrat de mariage de 1715, déroger à la Subftitu-tion dont il m'a grévé en 1705, il en au-roit ufé à mon égard, comme il a fait à l'é-gard de mon frere Pierre ; c'eft-à-dire, il auroit dans mon contrat de mariage de

1715, confirmé la Subſtitution dont il m'a-
voit grévé en 1705. Ainſi , à prendre droit
par les deux donations ſurvenues dans ma
perſonne, & par les différentes démarches
que mon pere a tenues à l'égard de mon
frere & de moi, il eſt viſible que mon pere
par ma donation de 1715, qui ne confirme
point *la Subſtitution* dont j'ai été grévé
en 1705, a dérogé à cette Subſtitution de
1705.

L'appellant répliquoit que le faux de
l'objection de ſon frere conſiſtoit en ce
qu'il enviſageoit la confirmation de la Subſtitution de 1708 à lui faite par ſon contrat
de mariage, comme lui Pierre en étant
grévé : au lieu que c'étoit *une vocation de
Pierre rédupliquée, & plus efficace à la Subſtitution dont Jean-Baptiſte, autre frere, avoit
été grévé en 1708 envers Pierre.*

Je ferai remarquer qu'ayant conſulté
cette queſtion, à beaucoup d'anciens Avocats, j'ai trouvé les avis fort partagés ; cependant le plus grand nombre étoit pour
l'infirmation de la Sentence : c'eſt-à-dire,
qu'ils penſoient qu'il n'y avoit qu'une Révocation expreſſe, & le concours du donateur
& du donataire qui puſſent révoquer une
premiere donation chargée de Subſtitution.
Voyez auſſi l'article 11 de l'Ordonnance
des donations de 1735, & notamment
l'article 40 de l'Ordonnance des Subſtitutions de 1747.

R I V I E R E S.

*Page 477, col. 2, à la fin du 4ᵉ alinea,
après Chemin & Voirie, ajoutez ;*

Par Arrêt rendu en la Table de Marbre au Souverain, le 24 Avril 1749,
au rapport de M. Pariſot, confirmatif de la
Sentence de la Maîtriſe d'Amboiſe, du
premier Septembre 1747, il a été jugé,
en faveur du ſieur de la Mardelle, Seigneur de Paradis, contre le ſieur Lorin,
Seigneur de la Croix, & Haut-Juſticier,
que le Seigneur du Fief dans l'étendue duquel coule un petit ruiſſeau, avoit le droit
de faire curer ce ruiſſeau, & que le Seigneur
Haut-Juſticier n'étoit point fondé à s'y oppoſer (*a*).

La propriété des bords des Rivieres
non navigables appartient à ceux qui ont la
propriété des terres adjacentes ; c'eſt pourquoi les arbres qui ſe trouvent ſur les terres adjacentes aux bords des Rivieres, leur
appartiennent également : *Proprietas Ri-
parum illorum eſt, quorum prædiis hærent;
quâ de causâ arbores quoque in iiſdem
natæ, eorum ſunt.* Inſtit. lib. 2, tit. 1, §.
4 & 5.

La faveur que mérite la navigation, doit
l'emporter ſur l'intérêt perſonnel, & même
ſur la propriété des Particuliers.

C'eſt d'après ces principes de droit public, que par Arrêt du Samedi 26 Mars
1768, rendu en la Grand'Chambre au rapport de M. l'Abbé Terray, le ſieur Lemuet, Chevalier, Seigneur de Belombre,
(Château ſitué à deux lieues au-deſſus
d'Auxerre, entre la riviere d'Yonne & le
grand chemin,) a été condamné, à faire
détruire les plantations de pieux, & les
conſtructions faites du côté de Belombre,
dans la partie d'environ 120 toiſes ; attendu que ces conſtructions faites ſans permiſſion. (Voyez Voirie), diminuoient l'é-
tendue du lit, faiſoient rejetter l'eau du
côté de *l'Iſle-l'Avocat*, & NUISOIENT TANT
AUX MONTANS QU'AUX AVALANS, &c.

Le ſieur Lemuet, ſoutenoit que les ouvrages par lui faits ſur *ſa Rive*, étoient néceſſaires pour la munir ; & que ſon *Eche-
nez*, ou *Rigolle*, procuroit à la navigation
un préſent ſalutaire dans le temps des eaux
baſſes, dont on ne pourroit trop chérement
lui payer l'entretien. Mais le procès-verbal de Mᵉ Blanchet, Huiſſier au Bureau
de la Ville, diſoit, & même établiſſoit le
contraire : il fut enthériné par Sentence du
Bureau de la Ville, confirmée par le préſent Arrêt. Mᵉ Lemoyne de Grand-Pré
fit un Mémoire dans cette Inſtance.

R O I.

*Page 480, col. 1, à la fin du 7ᵉ alinea,
après premier, ajoutez ;*

» Les Souverains doivent plutôt ſe faire
» obéir par amour & par douceur, que

(*a*) Cet Arrêt a été mal rapporté dans les précédentes éditions ; & Jacquet, ſur la Coutume de Tours,
s'eſt trompé dans l'eſpéce de cet Arrêt.

» par crainte & violence : la clémence » doit être la principale de leurs vertus, » & le but de toutes leurs actions. Les » Magiftrats font les médiateurs entre » les Édits des Princes & les fupplications » des Peuples, & comme une barriere en- » tre cette indépendante autorité & cette » extrême foibleffe «. Harangue faite par M. Molé, Premier Préfident au Parlement en 1648.

La Royauté (dit Saint Chryfoftôme) eft un affemblage de foins & d'inquiétudes pour le repos & le bonheur des Peuples.

Même page, col. 2, à la fin de cet article, après &c. ajoutez ;

Quand on nomme le Roi fimplement dans la Cour de Rome, on entend le Roi de France.

Le Roi eft Chanoine des Eglifes de Poitiers & d'Angers.

» Il y en a qui eftiment le Roi perfonne » aucunement Eccléfiaftique, tant à caufe » de fon onction, que parce qu'il ne peut » varier en fa préfention : *Nec utiquè mul-* » *tùm differunt ab alterutro Sacerdotium &* » *Imperium* «.

Mais les Rois de France ne reçoivent par l'onction, aucuns Ordres Eccléfiaftiques ; & s'ils ne doivent jamais varier, cela provient de la fplendeur & grandeur de leur autorité, à laquelle la variation a de tout temps été eftimée malféante. Voyez auffi dans la Bibliothéque de Bouchel, *verbo* Roi, l'Extrait d'un manufcrit concernant les droits Royaux.

ROI· D'YVETOT.

Suivant Froiffard, ancien Hiftorien, Clotaire Premier, Roi de France, ayant tué Gaultier, fon fujet, Seigneur d'Yvetot, dans l'Eglife de Soiffons, un jour de Vendredi-Saint, le Pape Agapet exigea du Roi une réparation de ce crime ; Clotaire fe prêta à cette réparation ; & pour la rendre à jamais authentique, il érigea la Terre d'Yvetot en Royaume indépendant. Quoi qu'il en foit de ce fait, contefté par plufieurs bons Hiftoriens, le titre de Roi fe trouve avoir été donné au Seigneur d'Yvetot, par un Arrêt de l'Echiquier de Normandie de l'an 1392.

A préfent, les Seigneurs de ce lieu ; (Bourg de Normandie, à deux lieues de Caudebec) & qui ont porté long-temps le titre de Rois d'Yvetot, ne prennent plus que celui de Princes ; & le nom de Roi, donné au Seigneur d'Yvetot, ainfi que celui de Reine accordé à Madame d'Yvetot, font paffés en raillerie. Cependant le Bourg d'Yvetot, & ceux qui en font Seigneurs, jouiffent de plufieurs exemptions & priviléges. Voyez le Dictionnaire de Trévoux.

RÔLE.

Page 480, col. 2, après les demandes, fupprimez le 3e alinea, & mettez à la place ;

On met au Rôle des Lundis & Mardis les Caufes de chaque Province ou Bailliage. Les Jeudis font pour l'expédition des Caufes mifes en un Rôle particulier. On peut mettre dans ce Rôle les Caufes de toutes les Provinces & Bailliages du reffort du Parlement de Paris, même les Caufes de Régale, & toutes celles évoquées des autres Parlemens du Royaume, & dont le renvoi en a été ordonné au Parlement de Paris.

A l'égard des Rôles des Mardis & Vendredis de relevée, on y peut mettre, fuivant l'article premier de la Déclaration du Roi du 15 Mars 1673, regiftrée au Parlement le 24 du même mois (a), toutes fortes de Caufes, excepté les Requêtes civiles, les Caufes de Régales, les appellations comme d'abus, les matieres Bénéficiales, les Caufes qui concernent l'état des perfonnes, la Police, le Domaine du Roi, & autres Caufes que l'on n'a point coutume de plaider aux Rôles de relevée.

Quoique ce Rôle foit intitulé Rôle des Mardis & Vendredis de relevée, il ne fe plaide d'ordinaire que le Mardi, & les Caufes qui font au-delà de la quarantiéme, tombent dans l'appointement.

On ne doit point, aux termes de l'article fecond de la Déclaration du 13 Mars 1673, intervertir l'ordre des Rôles de relevée, mais M. le fecond Préfident de relevée peut, les Vendredis feulement, accorder des Audiences *fur Placets,* dans les affaires qui requierent célérité, & rela-

(a) Cette Déclaration eft dans le Recueil Chronologique de M. Jouffe.

RÔL RÔL 293

tivement aux Caufes qui n'auront point été mifes au Rôle.

L'article 3 de la même Déclaration explique quelles font les Caufes qui doivent être plaidées en la Grand'Chambre, & mifes aux Rôles des Mercredis & Samedis matin de chaque femaine.

Par l'article 5. il eft dit que la réception des appointemens avifés & réfolus au Parquet de Meffieurs les Gens du Roi, ou à l'expédient, fera feulement pourfuivie aux Audiences des Mercredis & Samedis, & qu'à cet effet, les Placets en feront mis auxdits Rôles.

Ce font Meffieurs les Avocats Généraux, qui d'ordinaire portent feuls la parole aux Rôles des Mercredis & Samedis; les Avocats leur communiquent de ces Caufes au Parquet; & lorfqu'on les appelle, ils ne font que prendre des Conclufions; mais quoiqu'ils ne plaident pas, ils font fouvent des obfervations fort utiles pour leurs Parties, lorfque l'on eft aux opinions.

Voici l'ordre des Rôles des Provinces qui s'appellent & fe plaident en la Grand'Chambre, les Lundis & Mardis, & tel que feu Me Lange, ancien Avocat au Parlement, l'a rapporté dans fon Praticien François.

1°. Le Rôle de Vermandois: il commence après la Saint Martin à l'ouverture du Parlement, & dure jufqu'à la Fête des Rois. On y met les appellations à l'ordinaire & comme d'abus, des Sentences rendues, tant par les Juges des Pairies, que par les Officiaux des Évêchés & Archevêchés qui font dans l'étendue du Bailliage de Vermandois.

Les principales Villes de ce Bailliage font Laon, Rheims, Soiffons, Noyon & Guife. Plus, les appellations du Bailliage de Chauny, & du Gouvernement des trois Villes de Péronne, Montdidier & Roye.

2°. Le Rôle d'Amiens: il dure depuis les Rois jufqu'à la fin du mois de Janvier: on y met les appellations du Bailli d'Amiens, du Sénéchal de Ponthieu, du Sénéchal de Boullonois, des Juges du Comté d'Eu, du Préfident de Calais.

3°. Le Rôle de Senlis: il fe plaide durant le mois de Février. On y met les ap-

pellations des Baillis de Senlis, de Valois, de Mantes, de Beauvais, de Chaumont, de Compiegne, & autres lieux circonvoifins.

4°. Le Rôle de Paris: il commence ordinairement avec le Carême, & dure jufqu'au mois de Mai. On y met les appellations des Sentences des Requêtes du Palais, des Eaux & Forêts, de l'Amirauté, de la Connétablie; de la Chambre du Tréfor, les Requêtes Civiles, & les demandes en exécution d'Arrêts, les appellations des Sentences du Prévôt de Paris, du Bailli du Palais, du Bailli du Duché & Pairie de Saint-Cloud (fubrogé au lieu du Bailli du Fort-l'Evêque,) du Bailli de Montmorency & du Bailli de Saint-Denis.

5°. Le Rôle de Champagne: il commence au mois de Mai, & dure jufqu'au mois de Juin. On y met les appellations des Baillis de Sens, de Troyes, de Châlons, de Vitry, d'Auxerre, de Château-Thierry, de Meaux, de Melun, de Provins, de Nemours, & des Siéges particuliers dépendans de ces Bailliages.

6°. Le Rôle de Poitou: il commence vers la fin de Janvier, & dure ordinairement jufqu'à la mi-Juillet. On y met les appellations des Sénéchaux de Poitou, de Fontenai-le-Comte, de Civray, de Châtellerault, de Montmorillon, d'Anjou, de Touraine, du Maine, de la Marche, & des Siéges particuliers de ces Sénéchauffées.

7°. Le Rôle de Lyon: il fe plaide pendant le refte du mois de Juillet: on y met les appellations du Sénéchal de Lyon, du Confervateur des Foires de la Ville de Lyon, du Bailli de Mâconnois, du Bailli de Beaujolois, & du Pays de Foreft.

8°. Enfin, les huitiéme & neuviéme Rôles font ceux de Chartres & d'Angoumois, qui ont le refte des jours du Parlement qui finit à la mi-Août, pour ce qui eft des grandes Audiences. On met au Rôle de Chartres, les appellations des Baillis de Chartres, d'Orléans, de Lorris, d'Etampes, de Dreux, de Berry, de Nivernois, de Saint-Pierre-le-Moutier, du Sénéchal d'Auvergne aux Siéges de Riom, Clermont & Mont-Ferrand, du Bailli des

Montagnes d'Auvergne aux Siéges de Saint-Flour & d'Aurillac ; des Baillis de Blois, de Romorentin, du Perche, de Moulins en Bourbonnois, de Châteauneuf en Thimerais, & des Siéges particuliers dépendans defd. Sénéchauffées & Bailliages.

On met au Rôle d'Angoumois les appellations du Sénéchal d'Angoulême, de Coignac, du Pays d'Aunis, & du Gouvernement de la Rochelle.

RÔLE D'IMPOSITION.

L'article 8 du titre 8 de l'Ordonnance du mois de Mai 1680, porte que nul ne pourra affifter à l'affiette & impôt, avec les Collecteurs, excepté le Notaire ou Sergent qu'ils voudront choifir pour rédiger le Rôle, fans que le Greffier du grenier, fes clercs, ou commis y puiffent vaquer ; & l'article 9 dit que l'adjudicataire ne pourra commettre perfonne pour faire le Rôle de l'Impôt.

Le dixiéme article défend aux Seigneurs, Gentilshomme, Juges, Officiers & autres perfonnes, d'intimider les Collecteurs, ni de faire faire les Rôles en leurs châteaux & maifons, ni d'en prendre communication avant qu'ils ayent été fignés & vérifiés.

Sur les RÔLES DE L'IMPÔT ; ce qu'ils doivent contenir ; combien il doit y en avoir ; par qui, & quand vérifiés ; fi on y peut augmenter, & en faire d'autres, V. les articles 11 & 12 du titre 8 de l'Ordonnance de 1680.

RÔLAT (Obligé en).

Dans la Coutume de Bayonne, tit. 16, on appelle *Obligé en Rôlat*, celui qui eft obligé par un inftrument GARENTIGIONÉ ; ou par un contrat ayant exécution parée. Voyez Lauriere.

ROTE.

Ce fut le Pape Jean XXII qui établit la Rote.

Il y a auffi une Rote à Genes & en quelques autres Villes d'Italie.

On prétend que le mot *Rote* vient de

ce que les Juges fervent tour-à-tour. Du Cange croit qu'il dérive de *Rota porphyretica*, à caufe que le pavé de la chambre étoit autrefois de porphyre, taillé en forme de roue.

ROTURE, ROTURIER.

Les mots ROTURE, ROTURIER, viennent du latin, *Ruptura*, que l'on a dit dans la baffe latinité, pour *Culture de Terre* : on dit même encore en plufieurs lieux, *Rompre la Terre*, pour dire, *la cultiver*. V. le Dict. de Trévoux.

Le retrait féodal, la foi & hommage, le quint, le relief, le dénombrement, la main-mife, ni la commife, n'ont point lieu dans les Rotures.

Dans la Coutume de Bapaume, les héritages tenus en Roture, ne font point réputés propres, & fe partagent comme acquêts ; titre premier, art. 104.

ROUANE.

On appelle Rouane, la marque ou empreinte que l'on met aux tonneaux.

L'Ordonnance des Aides défend aux Tonneliers d'ôter les fonds ou douves des futailles qui auront été *rouanées*, & de les mettre en d'autres muids.

L'empreinte de la Rouane doit être dépofée au Greffe de l'Election, & cette marque fait foi en Juftice.

ROUTES.
Voyez *Chemins*.

Le Bureau des Finances de la Généralité de Paris a rendu une Ordonnance le 15 Juillet 1766, qui ordonne que les Routes conftruites par ordre du Roi, feront terminées chacune dans la largeur refpective qu'elles doivent avoir ; & partout où elles ne le feroient pas encore, par foffés, berges, talus, ou de telle autre maniere certaine & apparente qui fera indiquée aux Entrepreneurs. Fait très-expreffes inhibitions & défenfes à tous particuliers, Laboureurs, ou autres, d'entreprendre fur ladite largeur, par labour, femailles, plantations, ou de quelqu'autre maniere que ce soit; de combler les fossés, détériorer les berges, talus, ou autres marques indicatives de la largeur, à peine de voir les grains, vignes, légumes ou autres productions quelconques, semés ou plantés au-delà desdites limites, coupés & arrachés, & d'être en outre poursuivis à la requête du Procureur du Roi pour la condamnation en l'amende, & au rétablissement desdits fossés, berges & talus; & a enjoint aux Entrepreneurs, aussi-tôt après la prochaine récolte, de faire couper & arracher tout ce qui seroit par la suite ou qui se trouveroit planté au-delà des susdites limites.

Aux termes de l'Ordonnance des armées navales du 15 Avril 1689, l'Ecrivain du Roi sur les vaisseaux, doit écrire la Route que le vaisseau fera, le plus exactement qu'il lui sera possible. Le Pilote doit en écrire tout le détail, & le Lieutenant n'en peut point changer, sans avertir le Capitaine. Voyez les articles 11 & 12 des titres 9, 11 & 15 de ladite Ordonnance.

Le Chapitre de l'Eglise de Paris, a fait placer dans son parvis au mois d'Avril 1768, au pied de la tour septentrionale de son Eglise, une pierre triangulaire, du milieu de laquelle sort un poteau chargé de ses armes. C'est de-là, comme d'un centre commun, qu'on commencera à compter les distances itinéraires qu'on se propose de marquer sur toutes les grandes Routes du Royaume; & qui se voyent déja de Paris à Melun, à Sens, à Alençon, Compiégne, &c. ces distances sont marquées de mille en mille toises, par des bornes rondes qui sortent de trois ou quatre pieds hors de terre: chaque milliaire est divisé en quatre parties égales, par trois autres bornes de la hauteur d'environ un pied; celle du milieu est ronde, & les deux autres sont triangulaires.

RUBRIQUES.

On donne ce nom au titre d'un livre du Droit, ainsi nommé à cause que les titres étoient autrefois écrits en lettres rouges.

Les tables des vieux livres de droit, appellées FRADINS, à cause de leur Imprimeur, étoient écrites en encre rouge, ce qui les a fait appeller Rubriques ou Rubriches, du latin *Ruber*, Rouge.

RUSTICITÉ.

La Rusticité n'est pas une excuse, relativement au violement & à l'infraction des choses qui sont du droit divin, du droit naturel, du droit des gens & d'une notoriété publique. *In his quæ sunt à jure divino, naturali, gentium & civili notoriâ, Rusticitas non excusat.* Voyez la glose de la loi 2. *De in jus vocand.*

TOME III. PARTIE II.

S

SACREMENS.

Page 1, col. 2, commencez ainsi cet article;

LE mot Sacrement vient du Latin *Sacramentum*, qui chez les anciens signifioit un Serment.

Ceux qui voudront être instruit à fond de cette matiere, pourront consulter *l'Apologie des Jugemens rendus en France contre le Schisme.* 4 volumes in-12, imprimés en 1757.

SACRILÉGE.
V. *Blasphême.*

Pour que le crime de Sacrilége soit de la compétence des Baillifs, Sénéchaux & Présidiaux, comme cas Royaux, il faut qu'il ait été commis avec effraction: autrement tous les autres Juges, compétens-pour connoître des crimes, pourroient en connoître. V. sur cette question les Traités des Matieres criminelles de *** (a), de la Combe, *Julius Clarus*, &c.

En général, les Sacriléges sont condamnés à faire amende honorable, à avoir le poing coupé, & ensuite être faits mourir.

Si le criminel de Lèze-Majesté humaine est puni par des tourmens inexprimables, quels ne doivent pas être ceux de cet autre insensé qui s'attaque à l'Etre Suprême ?

Le Parlement, (ce dépositaire auguste des Loix divines & humaines) a, par Arrêt du Mercredi 4 Juin 1766, la Grand-Chambre assemblée, confirmatif de Sentence de la Sénéchaussée de Ponthieu à Abbeville, du 28 Février 1766, condamné Jean-François le Fevre de la Barre, à faire amende honorable, avoir la langue coupée, la tête tranchée, & son corps ensuite jetté avec la tête dans un bucher, pour y être brulés, préalablement appliqué à la question ordinaire & extraordinaire, *pour impiété, Blasphêmes, Sacriléges exécrables & abominables* mentionnés au procès.

L'Arrêt a été mis à exécution le premier Juillet 1766.

SAISIE-ANNOTATION, Saisie-Arrêt, &c.

On appelle Saisie en général, un Acte de Justice, par lequel on dépossede un propriétaire de la possession de ses biens, pour l'obliger à payer ce qu'il doit.

On procede par voie de Saisie-Arrêt sur les deniers dûs au débiteur, (V. Saisie-Arrêt) : par voie de Saisie-Exécution sur les meubles, quand on a une Exécution parée ; & par voie de Saisie-Réelle, sur les immeubles que l'on veut faire vendre par décret. Voyez à ces articles.

On appelle encore Saisie, celle qui se fait des marchandises vendues ou achetées en contravention aux Réglemens de Police.

Les marchandises de cette nature sont vendues en vertu d'un Jugement de M. le Lieutenant Général de Police, au Bureau de la Communauté des Jurés en Charge qui ont fait la Saisie ; & il y a une amende prononcée contre celui sur qui la Saisie a été faite, quelquefois même il est prononcé des peines, suivant l'exigence des cas.

Lorsque les Syndic & Adjoints de la Communauté des Libraires saisissent des Livres imprimés par contrefaction, l'usage est de remettre ces Livres aux Libraires qui ont obtenu le Privilége pour l'impression des Livres contrefaits.

SAISIE-ARRÊT.

Page 8, colonne 2, ligne 4 du dernier alinea, après des Offices, *ajoutez ;* non vénaux, *livre 4, page 490, édition de 1640.*

Toute délégation ne vaut que Saisie ; conséquement, tant qu'une délégation n'est point *consommée* par le payement effectif qu'auroit pu faire celui qui a accepté la délégation, les créanciers du débiteur qui a délégué, peuvent saisir-arrêter, & exercer leurs droits, priviléges & actions sur les deniers appartenans à leur débiteur, lorsqu'ils les trouvent encore en nature, soit qu'ils proviennent de la vente de l'immeuble ou autre effet de leur débiteur, ou que ces deniers soient déposés ; parce que cette délégation est, à leur égard, *res inter alios acta*, une chose absolument étrangere, & qui n'a pu préjudicier aux droits acquis aux créanciers avant la délégation, résultans du titre particulier que leur a donné leur débiteur.

L'Ordonnance de 1629, article 91, porte que toutes Saisies-Arrêts de deniers, encore qu'il n'y ait eu aucune assignation donnée en conséquence, seront sujettes à peremption.

Ainsi (dit l'Annotateur d'Argou, tome 2, page 390) tout saisissant est obligé de faire ordonner la délivrance des deniers. S'il néglige de le faire pendant trois ans, il doit s'imputer sa négligence ; & après ce temps, le tiers-saisi peut valablement se libérer.

SAISIE-EXÉCUTION.

Les Saisies-Exécutions étant des actes

(a) Il est de feu Me Prevost, Avocat au Parlement, surnommé le Criminaliste, in-4. 1739.

de

de rigueur ; il faut néceffairement obferver toutes les formalités prefcrites par l'Ordonnance; autrement le créancier, quoique muni d'un bon titre, s'expoferoit à des dommages-intérêts, plus ou moins confidérables, fuivant la nature des circonftances.

Un Receveur des Tailles de la ville de Montargis avoit pourfuivi avec beaucoup de rigueur un Marchand de la même ville, pour raifon d'un billet foufcrit par le Marchand. Le Receveur des Tailles avoit fait vendre les meubles & effets de fon débiteur en vertu d'une Sentence ; mais il n'avoit point obfervé les difpofitions des art. 4, 11 & 19 du tit. 3 de l'Ordonnance de 1667. Le Marchand appella de la Sentence, des Commandemens, Saifie-Exécution, vente des meubles & effets. Sur cet appel, la Cour, par Arrêt rendu en la Grand'Chambre le 23 Juillet 1759, confirma la Sentence qui étoit réguliere ; mais attendu que l'on s'étoit écarté de la régle par la maniere dont on avoit mis à exécution la Sentence, la Cour déclara nulle la vente & ce qui avoit fuivi, condamna le créancier, & par corps, à payer au débiteur dans huitaine, du jour de la fignification de l'Arrêt, la fomme de 10000 liv. pour la valeur de meubles, effets & marchandifes vendus fur le débiteur, fi mieux n'aimoit le Marchand juftifier la valeur defdits meubles, effets & marchandifes, fuivant les factures qu'il feroit tenu de rapporter des marchands qui lui avoient fourni & livré lefdites marchandifes, & fuivant l'état & la defcription de fes meubles & effets, qu'il en fourniroit ; ce que le Marchand feroit tenu d'opter dans huitaine : le Receveur des Tailles fut condamné en 2000 liv. de dommages & intérêts envers le Marchand, l'Arrêt imprimé & affiché aux frais du créancier.

Suppofons que l'Huiffier chargé de faifir-exécuter en vertu du titre qui lui eft remis, commette des infidélités ; par exemple, qu'il détourne des effets & fe les approprie, ces effets ainfi fpoliés ne fe trouvant point dans le Procès-verbal de Saifie, la Partie faifie aura-t-elle une action folidaire, tant contre le faififfant que contre l'Huiffier, pour la reftitution des effets

fpoliés, ou pour la valeur, au dire de gens qui en auront eu connoiffance?

On peut dire que c'eft à l'occafion de la Saifie que la fpoliation a été faite, & que le faififfant doit répondre de la fidélité de l'Huiffier qu'il employe, fauf fon recours contre lui, d'autant qu'il ne s'agit de la part du faifi, que d'une demande, pour laquelle l'action en folidité peut être exercée, comme elle l'eft en général contre le commis & fon commettant ; mais la raifon de décider eft que l'Huiffier eft un Officier public & par conféquent néceffaire, contre lequel la Partie faifie peut rendre plainte & le faire condamner par corps ; que d'ailleurs le délit étant dans cette occafion perfonnel, le faififfant ne peut être condamné folidairement avec l'Huiffier ; en effet, cette condamnation folidaire feroit préfumer une complicité qui n'eft point à préfumer : enfin, c'eft la même chofe que fi un Huiffier chargé de donner un exploit, faifoit un vol, il eft conftant qu'il n'y auroit d'action que contre l'Huiffier, & non point contre celui qui auroit fait affigner, parce qu'encore une fois l'Huiffier étoit un Officier public & néceffaire, du miniftere duquel il falloit par conféquent fe fervir.

Cependant voyez les diftinctions que fait M. Pothier dans fon Traité du Contrat de bienfaifance, tome 2, page 101.

SAISIE FÉODALE.

Page 20, col. 2, ligne 1re du 2e alinea, après féodalement, *ajoutez* ; fur-tout faute d'homme, il ne faut point de commandement préalable, puifqu'il n'y a point d'homme au Fief à qui il puiffe être fait.

Page 31, col. 1, à la fin de cet article, après de Tours, *ajoutez* ; Voyez auffi fur la Saifie Féodale, le Traité des Fiefs de Guyot.

SAISIE-RÉELLE.

Par Arrêt du Mardi 16 Juin 1767, Audience de 7 heures, la Cour a confirmé l'appel d'une Saifie-Réelle, dont l'objet principal n'étoit que de 36 liv. d'une part, & 16 livres d'autre : les frais liquidés par les Sentences fe montoient à 85 livres, de

Supplément.   Pp

maniere que le principal & les frais for-moient un total de 137 liv. Dans cette es-péce, il avoit été procédé par voie de Sai-fie-Exécution fur les meubles du débiteur ; les frais de vente ayant abforbé les deniers en provenans, le créancier avoit paffé à la Saifie-Réelle.

Mais il faut bien obferver que la Sen-tence portant condamnation du principal de 36 liv. & de 16 livres, prononçoit le par corps, attendu qu'il s'agiffoit d'un abus de confiance de la part d'un Huiffier, qui, chargé de pourfuivre le recouvre-ment d'un billet, en avoit touché les de-niers, & les avoit appliqués à fon profit perfonnel.

La Cour, fans s'arrêter aux Requêtes & demandes du débiteur, mit l'appellation au néant, condamna l'appellant en l'a-mende de 12 livres, & aux dépens. Plaidant Me de Varicourt pour l'Intimé, contre Me de l'Eftang.

Sur les Saifies-Réelles, voyez le Traité de la Vente des immeubles, par d'Héricourt.

SALAIRES.

Les Salaires font en général le prix du travail de tous ceux que l'on a mis en œuvre ; & c'eft une des premieres maximes de la loi naturelle de ne retenir les Salaires de perfonne.

Lorfque celui qui a été mis en œuvre demande pour fes Salaires au-delà de ce que l'on croit lui être légitimement dû, l'efti-mation des Experts ou l'arbitrage du Juge doivent décider la conteftation ; parce que, généralement parlant, toute chofe tombe dans une appréciation fixe & déterminée, fauf à avoir égard à la nature & aux circonf-tances qui accompagnent certains ouvra-ges.

Il y a une exception à cette régle. Je fuppofe qu'un ouvrier, manquant d'ouvra-ge, m'ait prié de l'employer ; alors, quoi-que je fçache que les ouvrages qu'il me fe-ra valent beaucoup davantage que le prix dont je fuis convenu avec lui, je puis néant-moins, fans bleffer ma confcience, fur-tout fi les ouvrages que je lui ai fait faire, font au nombre des dépenfes voluptueufes, me renfermer dans la convention intervenue entre nous deux, & le foutenir non-rece-vable dans la demande qu'il formeroit à fin d'eftimation des ouvrages, aux offres que je fais d'affirmer que telle a été notre con-vention fur le prix des ouvrages dont il de-mande le payement ; mais dans une pareille occafion, je confeillerois toujours de rédi-ger les conventions par écrit, la prudence exigeant de prévenir tout ce qui peut don-ner lieu aux procès ; & il eft rare qu'un ou-vrier qui auroit fait, à raifon de 6 livres la toife, des ouvrages qui, dans le cours or-dinaire des chofes, en vaudroient 10, s'en tienne au prix convenu, & n'éleve une con-teftation.

SCEAU (Grand).

On propofe cette queftion. Un bénéfi-cier vend une Terre patrimoniale avec tou-te garantie. L'acquéreur ftipule la faculté de faire un décret volontaire, & il eft fcel-lé fans aucune oppofition. Le même béné-ficier vend par la fuite un Office à lui échu par fucceffion : l'acquéreur de la Terre for-me oppofition au Sceau des provifions de cet Office. On demande s'il eft bien fondé dans cette oppofition ? J'inclinerois pour l'affirmative, par la raifon que la garantie de la vente de la Terre feroit fans effet dans le cas d'une demande en déclaration d'hypothéque de la part de l'Economat, à caufe des réparations à faire aux bâtimens du bénéficier. L'acquéreur de la Terre, pour fa fûreté contre l'effet de cette de-mande, peut donc obliger le bénéficier à faire emploi du prix de la vente de l'Office. La raifon de douter eft que le décret pur-geant toutes les hypothéques, l'Economat feroit non-recevable à former une demande de cette nature.

Page 40, col. 2, à la fin de cet article ; après & lieu, ajoutez ;

Par Arrêt du Mardi de relevée 19 Mai 1761, la Cour a jugé que, lorfqu'un tuteur formoit oppofition au Sceau d'un Office, fans déclarer que c'étoit comme tuteur de mineurs, il étoit cenfé avoir formé oppofi-tion pour lui-même, de maniere que cette oppofition ne pouvoit point profiter aux mineurs. Plaidans Mes Doucet & de Laune.

SCEAU DU CHÂTELET.

L'artiele 99 de la Coutume de Senliß

attribue au Bailliage de Beauvais, à l'exclusion du Seigneur Haut-Justicier, l'exécution des Actes passés sous le scel Royal.

SCELLÉ.

*Page 45, colon. 1, à la fin du 6ᵉ alinea,
après même droit, ajoutez;*

Il a été dit ci-dessus, que, pour faire
apposer les Scellés après le décès de quelqu'un, il falloit être son héritier ou son
créancier; nous ajouterons qu'il faut de
plus avoir dès-lors un droit réel, ou du
moins un intérêt bien fondé; en effet si
des héritiers plus prochains se réunissoient
pour qu'il n'y eût point d'apposition de
Scellés, un parent plus éloigné, & qui par
cette raison seroit nécessairement exclus de
la succession, ne pourroit point les faire apposer contre le gré des autres parens du
défunt, plus prochains que lui. Un Arrêt
récent va rendre ceci plus sensible.

Mᵉ Blavier, Avocat en la Cour, avoit
par son contrat de mariage fait donation à
la demoiselle Andriot, son épouse, de la
propriété de tous ses meubles. Mᵉ Blavier
décéda en Province, laissant pour héritiers
plusieurs cousins-germains & un seul cousin
issu de germain. La succession de Mᵉ Blavier n'étoit composée que d'acquêts. Les
héritiers consentirent qu'il n'y eût point
d'apposition de Scellés; mais le cousin issu
de germain du défunt provoqua l'apposition des Scellés: la veuve s'y opposa sur le
fondement qu'elle étoit donataire des meubles de son mari, par son contrat de mariage, & que les acquêts appartenoient aux
héritiers cousins-germains du défunt, qui,
comme plus prochains que le cousin issu
de germain, l'excluoient. Sur cela intervint
une Ordonnance de M. le Lieutenant Civil, au Châtelet de Paris, qui au principal
renvoya les Parties à l'Audience, & cependant par provision ordonna que les Scellés
seroient apposés: le moyen du cousin issu
de germain étoit, qu'il pouvoit se faire
qu'il y eût des biens situés dans des Coutumes de représentation à l'infini, auxquels
biens il auroit droit de succéder: la veuve
interjetta appel de l'Ordonnance de M.
le Lieutenant Civil. Sur l'appel, l'Intimé
soutenoit que l'on ne pouvoit interjetter
appel d'une Ordonnance qui ne jugeoit

rien au fond, puisqu'elle renvoyoit les
Parties à l'Audience. La veuve répondoit
qu'une Ordonnance étoit un Jugement,
susceptible par conséquent d'être réformé
par la voie de l'appel. C'est aussi ce qui fut
jugé par Arrêt du Vendredi 29 Mai 1767,
Audience de 7 heures. La Cour mit l'appellation & ce au néant, émendant, condamna l'Intimé à payer 481 liv. 12 sols,
pour les frais de Scellés apposés *sans droit
apparent*, & en tous les dépens. Plaidans
Mᵉ Bazin, pour la veuve Blavier; & Mᵉ
Timbergue, pour l'Intimé.

*Page 53, colon. 2, à la fin de cet article,
après en Campagne, ajoutez;*

Une apposition de Scellés faite par un
Commissaire au Châtelet de Paris, sur les
effets trouvés dans une maison, Cloître
Notre Dame, après le décès d'un Chapelain de l'Eglise de Paris, qui étoit aussi
Curé de S. Landry dans la Cité, a donné
lieu à une contestation, dont voici l'espéce.

Le sieur Faulté de Ribiere, *Chapelain
de l'Eglise de Paris*, & Curé de Saint
Landry à Paris, valétudinaire depuis long-
temps, avoit établi son domicile de fait au
Cloître Notre-Dame, dans la maison Canoniale de M. l'Abbé Tudert, Conseiller
de Grand'Chambre; il y avoit fait transporter sa Bibliothéque, tout son mobilier, & n'avoit laissé dans sa maison
Curiale que quelques siéges pour servir
aux Assemblées de Fabrique, & quelques cartons qui concernoient cette Fabrique.

Le sieur de Ribiere mourut dans ce
domicile de fait, le premier Août 1767.
Mᵉ Chrétien, Procureur au Parlement,
son exécuteur testamentaire, requit le
Commissaire Dorival, qui apposa les
Scellés sur les effets que le défunt avoit
laissés dans son logement Cloître Notre-
Dame: de-là le Commissaire se transporta à la maison Curiale, où il apposa les
Scellés. Quatorze heures après, du consentement du Doyen du Chapitre, le corps
du sieur de Ribiere fut transféré, avec son
lit, dans la maison Curiale de S. Landry,
pour y être exposé suivant l'usage; & depuis, le corps fut inhumé dans la Nef de
Notre-Dame.

Le Procureur Fiscal du Chapitre de Notre-Dame requit le Chambrier lai, Baillif de la Barre, de croiser les Scellés du Commissaire; & Me Cellier, Chambrier lai, Baillif de la Barre, les croisa le 4 Août 1767. Le Chapitre interjetta appel de l'apposition des Scellés faite dans le Cloître par le Commissaire Dorival. Les moyens du Chapitre étoient fondés sur ce que les Officiers du Bailliage ont, pour les Scellés & les inventaires, un Jurisdiction exclusive sur les effets trouvés dans le Cloître, appartenans aux Membres du Clergé de Paris; sur ceux qui appartiennent aux Titulaires, tels que les Dignitaires, les Chanoines, Bénéficiers & Chapelains, & sur ceux qui appartiennent aux simples Gagistes desservans actuellement. Voyez la Note à l'article *Prévention*.

La Communauté des Commissaires intervint dans la Cause & interjetta appel de l'apposition des Scellés mis par le Baillif. Les Commissaires demandoient provisoirement la main-levée des Scellés apposés par les Officiers de la Barre du Chapitre, & que l'inventaire fût fait par le Notaire nommé par l'Exécuteur testamentaire; au contraire, le Chapitre se fondoit sur un Arrêt du 9 Juillet 1661, qui donne au Chapitre de l'Eglise de Paris un privilége & un droit exclusifs pour les Scellés & inventaires, sur les effets trouvés dans l'Enclos du Cloître, appartenans aux Titulaires dans l'Eglise de Paris, ou à ceux qui sont attachés au Chapitre par les services qu'ils lui rendent, sous différens titres, tels que les Chapelains, & autres Ecclésiastiques desservans dans l'Eglise. Le Chapitre de Notre-Dame concluoit à ce que Me Dorival, Commissaire, fût tenu par provision de venir reconnoître ses Scellés, & de les lever sans description, sinon que les Officiers de la Barre seroient autorisés à les briser, & à procéder à la confection de l'inventaire. Les choses en cet état, il est intervenu en Vacations, le 16 Octobre 1767, l'Arrêt dont voici le dispositif.

» Après que Douet d'Arcq, Avocat du » Chapitre; Viel, Avocat de Chrétien, & » Mauricault, Avocat de la Communauté » des Commissaires, ont été ouis, ensemble Sainfray, Substitut, pour notre Procureur Général, la Chambre, pour faire droit aux Parties au principal, ordonne qu'elles en viendront au lendemain de S. Martin; & néantmoins ayant égard à la Requête des Parties de Douet d'Arcq, maintient *par provision* les Officiers de la Barre du Chapitre de l'Eglise de Paris, dans le droit & possession de faire exclusivement dans l'Enclos du Cloître de ladite Eglise & dépendances, les appositions de Scellés sur les effets appartenans aux Chanoines, Chapelains & autres Ecclésiastiques desservans dans ladite Eglise; & les inventaires desdits effets; & en conséquence ordonne que l'inventaire des effets appartenans à défunt Faulte de Ribiere, décédé Chapelain de l'Eglise de Paris, sera fait dans l'Enclos du Cloître de Notre-Dame par lesdits Officiers de la Barre du Chapitre, & qu'à cet effet le Commissaire Dorival sera tenu d'y venir reconnoître & lever les Scellés par lui apposés sur lesdits effets, à la première sommation qui lui en sera faite, & sans aucune description; sinon autorise les Officiers de la Barre du Chapitre à briser & lever lesdits Scellés en présence des Parties intéressées; condamne les Parties de Mauricault aux dépens, même en ceux réservés envers toutes les Parties, desquels dépens, pourra la Partie de Viel employer ceux par elle faits en frais d'exécution testamentaire «.

La question auroit été plus singuliere, si les Scellés eussent été d'abord apposés dans la maison Curiale, domicile de droit du sieur Faulte de Ribiere, & par suite dans son logement au Cloître Notre-Dame. Mais comme l'usage ne permet d'apposer les Scellés, sans Ordonnance du Magistrat, que lorsque le corps du défunt est présent, & qu'il n'y étoit pas, c'est peut-être par cette raison que le Scellé fut d'abord apposé sur les effets trouvés dans le lieu du domicile de fait, où étoit le corps.

SÉANCE.

Page 53, *colonne* 2, *commencez ainsi cet article;*

» Les Séances des Rois en leur Parle-

» ment étoient autrefois des actions de
» grandeur, de majesté & de cérémonie.
» Elles n'ont commencé qu'en 1379, lorf-
» qu'il fut question de faire le procès à un
» Édouard, Duc de Guyenne, fils d'un
» autre Édouard, Roi d'Angleterre : elles
» étoient en ce temps-là fouhaitées, atten-
» dues & défirées par les Peuples, parce
» que les Rois n'y venoient que pour déli-
» bérer avec cette Compagnie de quelques
» affaires importantes à leur Etat, foit qu'il
» fût question de déclarer la guerre aux en-
» nemis de la Couronne, foit qu'il fût à
» propos de conclure la paix pour le foula-
» gement de leurs Peuples, &c. « Harangue faite au Roi tenant fon Lit-de-Juftice,
par M. Talon, Avocat Général au Parlement en 1648.

*Page 54, col. 1, à la fin du 2ᵉ alinea,
après* par défaut, *ajoutez;*

C'eft une erreur de croire que l'on ne
peut point porter à la Séance une demande
en liberté, fondée uniquement fur une nullité d'emprifonnement. Quoique la Séance
foit une Audience de grace, en faveur des
prifonniers pour dettes, c'eft toujours le
Parlement qui tient cette Audience, & fon
autorité fouveraine l'accompagne, en quelque lieu qu'il tienne fon Tribunal. Je me
fonde d'ailleurs fur deux Arrêts récens qui
ont jugé, *in terminis*, que la Séance étoit
compétente pour connoître des nullités
d'emprifonnement.

Dans l'efpéce du premier Arrêt, le fieur
Duguibert, Médecin de Son Alteffe le
Prince de Pruffe, avoit fait, en vertu de
Sentence des Confuls de Touloufe, conftituer prifonnier le fieur le Roux, Négociant.
Celui-ci demanda fa liberté provifoire à la
Séance de Noël 1767 : il fondoit fon moyen
de nullité ; 1°. fur ce qu'il n'avoit point été
obtenu de *pareatis* pour mettre à exécution
à Paris la Sentence des Confuls de Touloufe ; 2°. fur ce qu'il ne lui avoit point été
fait de commandement, parlant à fa perfonne. 3°. Il difoit qu'il y avoit eu novation
dans fa dette, attendu qu'il avoit donné un
billet qui avoit été pris pour comptant. Le
fieur Duguibert répliquoit que les moyens
de nullité d'emprifonnement ne fe portoient
point à la Séance, mais en la Grand'Chambre : que le fieur le Roux n'offrant point de

payer le tiers comptant, & de donner caution pour le furplus (Voyez *Prifonniers*,
n. 7), il étoit non-recevable dans fa demande.

La Cour, après avoir été aux opinions,
ordonna au défenfeur du fieur Duguibert,
de défendre fur le champ aux moyens de
nullité de l'emprifonnement. Il fut aifé de
fatisfaire aux ordres de la Cour : en effet,
par rapport au *pareatis*, le fieur Duguibert
fit voir qu'aux termes de l'Ordonnance, les
Sentences des Confuls s'exécutent, fans
qu'il foit befoin de *pareatis* : quant aux
commandemens, la lecture qui en fut faite,
fit connoître qu'ils avoient été faits en parlant à la perfonne du débiteur, & que le
dernier lui avoit été fignifié à fa perfonne
trouvée roulant dans un carroffe de place :
enfin le fieur Duguibert écarta le prétendu
moyen de novation, en obfervant qu'il s'é-
toit réfervé le droit de continuer fes pourfuites, s'il n'étoit point payé du billet ; &
dans le fait le débiteur du billet étoit notoirement infolvable. Ces réponfes ayant été
jugées fuffifantes, & les nullités de l'emprifonnement ainfi écartées, Arrêt intervint
en la Séance de Noël 1767, y préfidant
M. le Peletier de Saint-Fargeau, par
lequel le fieur le Roux fut débouté de fa
demande avec dépens ; plaidant Mᵉ de
Varicourt pour le fieur Duguibert, contre Mᵉ Ader, Avocat du fieur le Roux.

Après cette Caufe, il fut rendu à la
même Séance un fecond Arrêt, qui jugea
de même que la Séance étoit compétente
pour connoître d'une demande en liberté,
uniquement fondée fur une nullité d'emprifonnement.

Dans cette efpéce un fieur de l'Hopiteau avoit été conftitué prifonnier en vertu
de Sentence des Confuls portant contrainte par corps. Ceux qui l'avoient arrêté, s'é-
toient fait accompagner du nommé Mion,
Huiffier au Châtelet, qui n'étoit point porteur de piéces. Comme le prifonnier ne
vouloit point dire fon nom, l'Huiffier, en
attendant que les piéces lui fuffent remifes,
rédigea l'écrou, & laiffa en blanc le nom
du prifonnier, la date de la Sentence des
Confuls, & figna l'écrou ; mais à peine
l'Huiffier Mion eut-il figné cet écrou,
qu'il fut lui-même écroué par le fieur Def-

parvier , Huiſſier au Châtelet , en vertu d'un décret de priſe de corps. Le Greffier de la geole inſcrivit l'écrou de Mion le premier, & celui du ſieur de l'Hopiteau après, de manière même qu'entre l'écrou de Mion , & celui du ſieur de l'Hopiteau , il y avoit trois écrous.

Le ſieur de l'Hopiteau demanda, à la Séance, la liberté de ſa perſonne. Il ſe fondoit uniquement ſur la nullité de ſon empriſonnement : il ſoutenoit qu'un Huiſſier décrété de priſe de corps , & écroué, n'avoit pu, poſtérieurement à ſon écrou, l'écrouer pour dettes. La Cauſe portée à la Séance de Noël 1767 , il intervint Arrêt par défaut, par lequel la Cour déclara l'empriſonnement nul , ordonna que l'écrou du ſieur de l'Hopiteau ſeroit rayé & biffé, à le laiſſer ſortir, ſur la minute de l'Arrêt, tous Greffiers & Geoliers contraints, même par corps , & que le ſieur de l'Hopiteau ſeroit réintégré chez lui par l'Huiſſier de ſervice de la Cour.

Mais cet Arrêt étant rendu par défaut , & les défaillans y ayant formé oppoſition, il s'eſt agi enſuite de ſçavoir ſi de pareils Arrêts étoient ſujets à oppoſition ; & par autre Arrêt contradictoire rendu à la Séance de Pâques 1768, la Cour a jugé pour la négative ; en conſéquence elle a débouté l'oppoſant de ſon oppoſition avec dépens. Me Sarot plaidoit pour le ſieur de l'Hopiteau.

SECONDE GROSSE.

Voyez à l'article *Groſſe* , l'Arrêt du 30 Avril 1768.

SECRÉTAIRES DE LA COUR.

On appelle Secrétaires de la Cour , quatre Secrétaires créés en titres d'Offices, & attachés au Parlement ; ils ont le pouvoir de ſigner les Arrêts, & de porter la Robe Rouge.

SECRÉTAIRES D'ÉTAT.

Voyez *Lettres-Patentes.*

Les Secrétaires d'Etat ſont des perſon-nes dont le Roi fait choix pour expédier , par ſon commandement, ſes dépêches ; lettres de cachet, brevets, Arrêts du Conſeil d'en-haut, & les Proviſions ſignées en commandement ; ce ſont auſſi eux qui ſignent & gardent les minutes des Traités de paix , des Contrats de mariage, & les affaires importantes de la Couronne (a).

Une Ordonnance de 1309 porte, qu'il y aura à l'avenir *trois Clercs du Secré* auprès de la perſonne du Roi. Paſquier obſerve qu'ils prirent par la ſuite le titre de Secrétaires *des Commandemens* ; ce qui dura juſqu'au Régne de Henri II ; mais à cette époque, & lors de la négociation (en 1559) de la paix avec Philippe II , Roi d'Eſpagne, les Miniſtres de ce Roi s'étant qualifiés de *Secrétaires d'Etat* , les Secrétaires *des Commandemens* ſe firent pareillement appeller *Secrétaires d'Etat* , & furent réduits au nombre de quatre, par Lettres-Patentes de 1557, données ſous le même Régne de Henri II , avec le titre de *Conſeillers - Secrétaires des Commandemens & Finances.* On fera remarquer qu'au commencement de la Régence du Duc d'Orléans , petit-fils de France , Régent du Royaume, les Secrétaires d'Etat avoient été ſupprimés par l'établiſſement des Conſeils ; mais ils ont été rétablis depuis, & les Conſeils ſupprimés.

Les quatre Secrétaires d'Etat ont ordinairement la qualité de Miniſtres, & on leur donne le titre d'Excellence & de Grandeur.

Il y a quatre Départemens qui partagent le Royaume. Les quatre Secrétaires d'Etat en on chacun un ; & toutes les Lettres que les Provinces ou les Parlemens écrivent au Roi, doivent être adreſſées au Secrétaire d'Etat du Département.

SECRÉTAIRES DU ROI.

Voyez *Cloiſon* & *Taille.*

On appelle , ainſi, des Officiers de la Grande Chancellerie , qui en expédient les Lettres, les ſignent, & ont droit d'aſſiſter au Sceau.

(a) » On remarque que c'eſt depuis Charles IX que » les Secrétaires d'Etat ont ſigné pour le Roi : ce Prince » étoit fort vif dans ſes paſſions ; & Villeroi lui ayant » préſenté pluſieurs fois des dépêches à ſigner, dans le » temps qu'il vouloit aller jouer à la Paume : *ſignez mon* » pere, lui dit-il, *ſignez pour moi. Eh bien, mon maître ;* » reprit Villeroi, *puiſque vous me le commandez, je ſigne-* » *rai* «. Abrégé Chronologique de l'Hiſtoire de France ; année 1574.

Un des principaux privileges des Secrétaires du Roi est de jouir de la Noblesse, eux & leur postérité, lorsqu'ils meurent revêtus de cette Charge, ou qu'ils l'ont possédée pendant vingt ans ; & ils n'ont pas besoin pour cela d'obtenir des Lettres particulieres du Roi.

Par des Lettres-Patentes du Roi Charles VIII de l'an 1484, les Secrétaires du Roi sont rendus habiles à parvenir à la Chevalerie & à toutes les dignités Ecclésiastiques & Séculieres, de même que si leur noblesse remontoit à la quatriéme génération.

Un Edit de Louis XI, de l'an 1482, donné au Plessis-lès-Tours au mois de Novembre, exempte les Secrétaires du Roi de payer aucuns droits de lods & ventes, nouveaux acquêts, &c. pour tous les Fiefs, Seigneuries & Terres nobles qui sont dans la mouvance du Roi.

Par un autre Edit donné à Chantilly au mois de Juillet 1724, registré le 2 Août suivant, le nombre des Secrétaires du Roi, conformément à un Edit de 1672, a été fixé à 240. Voyez cet Edit qui régle les droits & privileges des Secrétaires du Roi & des autres Officiers de Chancelleries, près les Cours Supérieures.

Un septuagénaire n'est point admis à acquérir une Charge de Secrétaire du Roi. Cet usage, fondé sur une décision verbale de M. le Chancelier, s'observe à la rigueur. Il a pour motif d'empêcher qu'un fils, en faisant recevoir son pere Secrétaire du Roi, dans un âge fort avancé, ne se procure tout de suite, pour ainsi dire, & à ses enfans, une noblesse remontant à la troisiéme génération.

Lorsqu'un Secrétaire du Roi retire lignagérement un héritage, si l'acquéreur est aussi Secrétaire du Roi, le Retrayant Secrétaire du Roi ne lui paye pas les droits Seigneuriaux ; mais il les paye, s'il retire sur un non Privilégié.

Un Arrêt du Grand-Conseil du 6 Mars 1682, rapporté au quatriéme tome du Journal des Audiences, a maintenu les Secrétaires du Roi dans le droit & la possession de précéder, en toutes Assemblées publiques & particulieres, les Avocats aux Conseils.

SÉGORAGE, ou SÉGRÉAGE.

C'est ainsi qu'on appelle un droit sur les Forêts ; ainsi nommé du latin *Ségregare*, mettre à part, parce que c'est une chose mise à part pour le Seigneur.

Ce droit consiste dans la cinquiéme partie des bois vendus par les Vassaux, laquelle partie est dûe au Seigneur avant la coupe de ces bois ; & même avant qu'ils soient exposés en vente, le Propriétaire doit les déclarer à son Seigneur ou à ses Officiers, & le prix qui en a été offert. V. le Glossaire de Lauriere, qui cite Mornac.

Dans la Coutume de Tours on appelle Ségréage ou Ségorage, ce qu'on nomme à présent Ségrairie.

SÉGRAIRIE.

L'Ordonnance des Eaux & Forêts de 1669, contient plusieurs articles de Réglemens, relativement aux bois tenus en Ségrairies ; c'est-à-dire, possédés en commun ou par indivis, soit avec le Roi, soit avec des particuliers.

SEIGNEUR.

Page 55, *colonne* 1, *commencez ainsi cet article ;*

Suivant Loyseau (des Seigneuries en général, chapitre premier) le mot de Seigneur vient du latin *Senior*, plus vieux. Au surplus, &c.

Page 57, *colon.* 1, *à la fin de cet article, après* Arpentage, *ajoutez ;*

Le Seigneur Haut-Justicier a le droit de faire reconnoître sa Haute-Justice par tous ceux sur lesquels il prétend l'exercer. Cette reconnoissance se fait par des déclarations, que l'on nomme *Seches*, parce qu'elles ne produisent aucunes redevances ni prestations annuelles au Seigneur. C'est entr'autres choses ce que la Cour a jugé par Arrêt du Lundi 14 Mars 1768, rendu en la Grand'Chambre, au rapport de M. Sahuguet. Par cet Arrêt, la Cour a confirmé une Sentence des Requêtes du Palais du 19 Juillet 1765, qui condamnoit, entr'autres dispositions, M. de Bignon, Conseiller d'Etat, Bibliothécaire du Roi, Prévôt des Marchands, &c. à passer à Madame Grossé de Virville, veuve du Comte de

Senozan, déclaration *Seche*, pour les terres dépendantes du domaine des Fiefs de M. de Bignon, situées sur les terroirs de Mitry & Mory, ensemble pour les terres possédées par M. de Bignon, *en franc-aleu*, *en justifiant du franc-aleu*, dans quinzaine; sinon & à faute de ce faire, le condamnoit à passer reconnoissance censuelle de toutes lesdites terres qu'il possédoit ès terroirs de Mitry & Mory, autres que celles dépendantes du domaine de ses Fiefs du Vivier & des Fontaines. La même Sentence ordonnoit encore que Madame de Senozan & M. de Bignon conviendroient entr'eux d'un cantonnement de chasse pour les terres dépendantes des Fiefs du Vivier & des Fontaines, situées sur les terroirs de Mitry & Mory, & faisoit défenses au nommé Benoist, en qualité de laboureur, & à tous autres Fermiers, de chasser, sous les peines des Ordonnances. Cette Sentence a seulement été infirmée au chef, faisant défenses à Benoist de chasser sous les peines portées par les Ordonnances; émandant, il a été déchargé de ladite condamnation, à la charge par lui *de se conformer* aux Ordonnances.

Lorsqu'il s'agit de la perception des droits, profits & revenus de la Seigneurie, le Seigneur peut porter les demandes relatives à ces objets devant le Juge de sa Justice. Voyez l'article 11 du titre 24 de l'Ordonnance de 1667.

Mais quand il est question de délits commis sur l'étendue de la terre du Seigneur, ou d'intenter des actions concernant toutes autres choses que les droits & domaines non contestés de la Seigneurie, les demandes ne doivent pas être formées à la requête du Seigneur, mais bien à la requête de son Procureur Fiscal, autrement toute la procédure seroit déclarée nulle. On pourroit citer pour garant de ce que l'on vient de dire, un grand nombre de Sentences des Eaux & Forêts, confirmées par Arrêts. V. aussi M. Jousse, sur l'article ci-dessus cité.

SÉMINAIRES.

Page 60, col. 1, à la fin du premier alinea de cet article, après les Ordres Sacrés, *ajoutez*; ce mot vient du latin *Semina-*

rium, & figurément de *semen*, Semence; parce que, de même que dans la terre, germent les grains qui servent à la nourriture de l'homme, de même aussi ces Maisons de piété forment les sujets qui doivent dispenser un jour la nourriture spirituelle.

Même page, col. 2, à la fin de la première ligne de la note, après une vie plus réglée, *ajoutez*; (a).

(a) A moins que l'on ne puisse dire que ceux qui sont chargés du soin des ames, sont plus particuliérement subordonnés à l'autorité des Evêques, qui, à cause de l'élévation & de la dignité de leur place, sont les premiers Curés de chaque Paroisse de leurs Diocèses; ce qui emporte nécessairement avec soi le droit d'inspection & de discipline salutaires.

SEMI-PREUVE.

Page 61, colon. 2, à la fin du 1ᵉʳ alinea de cet article, après imparfaite, *ajoutez*; du latin *Semi*, Demi.

SENTENCE.

Page 63, col. 1, à la fin de cet article, après Election, *ajoutez*;
Par un Réglement de Messieurs des Requêtes du Palais du mois de Décembre 1767, (les deux Chambres assemblées,) il a été arrêté qu'on ne prendroit plus que deux Sentences au lieu de trois, comme il se pratiquoit auparavant, & que la seconde seroit fatale.

Sur le nombre des Juges qui doivent rendre les Sentences, voyez l'Ordonnance de 1667, titre 24, art. 25, & l'Ordonnance de 1670, tit. 2, art. 24; voyez aussi l'art. 2 du titre 5 de la Coutume de Cambray, & Pinault Desjaunaux sur cet article.

SÉPARATIONS entre mari & femme.

Mêmes page & colon. lig. 5 du 3ᵉ alinea de cet article, après l'en empêcher, *ajoutez*; la Coutume de Montargis, chap. 8, art. 9, permet même à la femme séparée de biens, la disposition de ses biens, de la même maniere que si elle n'étoit pas mariée.

Page 74, colon. 1, à la fin du 3ᵉ alinea, après 1735, *ajoutez*;
La Séparation de biens ne peut, comme on l'a déja dit, se prononcer sans Enquête préalable. C'est sur ce fondement que le Parlement

Parlement a déclaré nulle la Séparation de biens obtenue par l'épouse de M. Moriau, Procureur du Roi au Bureau de la Ville, comme n'ayant été (ladite Sentence de séparation) précédée d'aucune Enquête.

Les Séparations de biens, formées depuis les demandes des créanciers, régulièrement intentées en Justice, contre les conjoints, peuvent être déclarées nulles, & regardées comme obtenues *in fraudem creditorum*. Cela dépend des circonstances.

Le sieur Picard, Négociant à Amiens, en correspondance avec les sieur & dame Grégoire, Marchands Merciers à Paris, obtint contre l'un & l'autre, une Sentence de condamnation aux Consuls. Le sieur Picard apprit, dans le cours de ses poursuites, que la dame Grégoire concertoit avec son mari sa Séparation de biens : en conséquence il leur fit déclarer, par acte extrajudiciaire, qu'il étoit opposant à toutes poursuites de Séparation de biens d'entr'eux, ainsi qu'à toute vente que la dame Grégoire pourroit faire faire, à sa requête, des effets & marchandises de son mari, sous prétexte de se faire payer sur le prix de ces marchandises, de ses reprises & conventions matrimoniales.

Nonobstant cette opposition, & postérieurement à sa date, la dame Grégoire se fit séparer de biens d'avec son mari, & fit liquider ses reprises ; son mari fut condamné à les lui payer, & les marchandises furent vendues à l'encan. En vertu de sa Sentence de Séparation, la dame Grégoire se fit adjuger les marchandises, non-seulement jusqu'à concurrence de ses reprises, mais encore elle en retint la totalité, de valeur de 13000 liv. Le sieur Picard se présenta dans ces circonstances, & les fit saisir-exécuter en vertu de ses titres de créance ; exception de la dame Grégoire, qu'elle étoit séparée d'avec son mari, que les marchandises en question étoient à elle, & lui avoient été adjugées, tant en déduction de sa dot & intérêts, que pour le prix de l'excédent par elle payé comptant.

Le sieur Picard demanda la nullité de l'adjudication, à être autorisé à la continuation de ses poursuites, & à faire vendre les marchandises, si mieux n'aimoit la femme Grégoire lui payer le montant de ses créances, en principaux, intérêts & frais. C'est aussi ce qui fut jugé par Arrêt du 12 Déc.

Supplément.

1763 ; plaidans Me de Lestang pour le sieur Picard, & Me Tennesson pour la femme Grégoire.

Quoique la femme soit séparée de biens d'avec son mari, pour avoir obtenu sa Séparation en Justice, cela n'empêche pas le mari de demeurer avec sa femme, & d'y prendre ses nourritures. Il n'a pas besoin à cet effet de former de demandes, ni d'obtenir un Jugement de condamnation contre sa femme. C'est peut-être sur ce fondement que par Arrêt du Mardi 8 Mars 1768, Audience de relevée, le sieur Aulmont, Marchand, a été débouté de sa demande tendante à ce que sa femme séparée de biens d'avec lui, fût condamnée à lui payer une pension alimentaire ; si mieux elle n'aimoit le laisser prendre les alimens en nature chez elle. La Sentence par défaut du Bailliage de Troyes, qui avoit condamné la femme à payer par an une pension alimentaire de 300 liv. au mari, si mieux elle n'aimoit le recevoir & le nourrir chez elle, fut infirmée. Il est vrai que sur l'appel la femme faisoit usage de trois moyens ; le premier, qu'elle n'avoit en tout que 500 & quelques liv. de rente, tant pour se soutenir, que pour l'entretien de son fils mineur ; le second, que son mari, qui avoit 200 l. de rentes substituées, n'étoit point hors d'état de travailler, n'ayant que 60 ans. Le troisième enfin, que les offres de son mari de lui abandonner les 200 liv. de rente qu'il avoit, n'étoient que verbales ; qu'il prendroit ses nourritures, & garderoit les 200 liv. Quoi qu'il en soit, la Sentence a été infirmée, au grand étonnement du défenseur du mari. Me Jouhannin plaidoit pour la femme, appellante de la Sentence du Bailliage de Troyes, & Me Bazin pour le mari.

SÉPULTURE.

Page 83, colon. 1, à la fin de cet article, après V. Enterrement, *ajoutez ;*

Les Sépultures héréditaires dans les Eglises furent défendues par le Concile de Meaux, en 845, Canon 52 ; mais l'usage contraire a prévalu.

SEQUESTRE.

Mêmes page & col. à la fin du 3e alinéa, après charges publiques, *ajoutez ;*

Quoiqu'en général, & à partir de l'esprit

de l'Ordonnance de 1667, titres 15 & 19, le Sequeſtre doive toujours être une perſonne, autre que l'une des Parties ſaiſies qui plaident, *tertia perſona*, cependant, ſi le revenu de la choſe litigieuſe étoit de fort peu de valeur, & que l'une des Parties plaidantes demandât à être nommée Sequeſtre, en donnant caution, elle pourroit être nommée Sequeſtre, ſur-tout ſi elle avoit un droit apparent à la choſe; c'eſt même ce qui a été jugé par Arrêt rendu en la troiſiéme Chambre des Enquêtes, le Jeudi 6 Septembre 1759, entre les deux freres de Camps. Il ne s'agiſſoit que du Sequeſtre des fruits de quatre journaux de terre ſitués près Amiens; l'un des deux freres fut nommé Sequeſtre malgré l'oppoſition de ſon frere. Me Dumortoux plaidoit dans cette Cauſe contre Me de Varicourt.

Voici l'eſpéce d'un Arrêt rendu en matiere de Sequeſtre des fruits d'un Bénéfice.

Les ſieurs Abbé Bartholin & Laffitau étoient en conteſtation ſur la queſtion de ſçavoir lequel des deux demeureroit titulaire de la Chapelle de Blacey, petit Bénéfice qui leur avoit été conféré à l'un & à l'autre. Il avoit été ordonné que les fruits du Bénéfice reſteroient ſequeſtrés entre les mains du ſieur Bartholin, l'un des deux contendans, comme plus à portée de les percevoir; en effet la Chapelle contentieuſe étoit dans le voiſinage d'une Cure dont il étoit pourvu, & même la collation de cette Cure par l'Evêque Diocéſain aux prédéceſſeurs du ſieur Bartholin, avoit toujours été ſuivie de la collation de cette Chapelle.

Le ſieur Laffitau alléguoit, ainſi que ſon Collateur, que l'Ordonnance défendoit d'établir Sequeſtres les Parties ſaiſies; mais M. Seguier, Avocat Général qui porta la parole en cette Cauſe, obſerva que cet article ne pouvoit s'appliquer au ſieur Bartholin, relativement à la Chapelle contentieuſe, qui ne pouvoit être aſſimilée à une choſe ſaiſie. Il ajouta que le Juge de Saint-Dizier, dont étoit appel, avoit eu raiſon de prendre le parti d'ordonner le Sequeſtre entre les mains du ſieur Bartholin : que ſon but dans ce cas paroiſſoit avoir été d'éviter les frais qu'auroit entraîné l'établiſſement d'un tiers pour Sequeſtre, frais qui auroient bientôt conſommé tous les fruits; & que c'étoit de la part du premier Juge avoir prononcé une eſpéce de récréance que les circonſtances avoient autoriſée. Par Arrêt du Mercredi 4 Janvier 1764, Audience de neuf heures, la Sentence fut confirmée.

SERMENT.

Page 85, *col.* 1, *avant-derniere ligne*; *après* vérité importante, *ajoutez*; ou ſeulement d'être déchargé du payement de la ſomme demandée; autrement, qu'il y a turpitude manifeſte, ſuivant la Régle de Droit, *Maximæ turpitudinis eſt, nec jurare velle, nec ſolvere.* **Lege 38.** ff. *de Jurejurando.*

Le Serment ne doit donc être déféré que lorſque les faits & les circonſtances ne forment pas une preuve ſuffiſante, *inopiæ probationum*; dit la Loi 3 au Code, *de Jurejurando*; ou comme dit Domat, lorſque les faits & les circonſtances peuvent rendre juſte & honnête, l'uſage du Serment; en effet, déférer le Serment au défendeur, c'eſt le rendre Juge dans ſa cauſe : *Juramentum deferens adverſario, facit eum Judicem in ſuâ causâ.* **Lege 1,** ff. *Quarum rerum actio.*

Si les hommes connoiſſoient bien toute l'étendue & toute la force de leurs promeſſes, & des obligations qui en réſultent, jamais le Serment n'auroit été introduit. **M. Daube.**

Le Serment une fois déféré & prêté, eſt une eſpéce de tranſaction; il eſt même d'une plus grande autorité que la choſe jugée. *Jusjurandum ſpeciem tranſactionis habet, & majorem autoritatem, quàm res judicata.* **L. 2.** ff. **Cod.**

Page 86, *colon.* 2, *à la fin du* 1er *alinéa, après* au ſieur Prodhon, *ajoutez*;

C'eſt pourquoi, pour éviter l'inconvénient qui peut ſe trouver à infirmer une Sentence qui a reçu d'une Partie le Serment litiſdéciſoire à elle déféré par le Jugement même qui l'a ordonné, il ſeroit beaucoup plus régulier de remettre toujours pour la réception du Serment, à l'Audience ſuivante, à moins que les Parties ſe trouvant préſentes, ce Serment ne fût volontairement déféré à l'une d'elles par l'autre, ou qu'il l'eût été par les écritures.

SERVITUDES.

Page 88, col. 2, commencez ainsi cet article ;

On appelle en Droit, Servitudes, les redevances ou sujétions dont les héritages sont chargés envers d'autres.

Page 89, col. 1, ligne 6 du 2ᵉ alinea, après disposition de l'art. 186, ajoutez en note (a) ;

(a) Dans le Droit Romain, le droit de Servitude s'acquiert par une jouissance de trente ans. Voyez aussi Argou, tome premier, page 334.

Page 90, col. 2, à la fin du 1ᵉʳ alinea, après article 195, ajoutez ;

Le propriétaire d'une maison peut-il faire élever tellement un mur mitoyen, que par ce moyen la maison du voisin soit privée du jour qu'elle avoit auparavant ? Cette question paroît avoir été jugée pour l'affirmative : en effet, par Arrêt du Vendredi 25 Avril 1766, Audience de relevée, il a été jugé que le sieur Palliart avoit pu faire élever le mur mitoyen aussi haut qu'il avoit voulu, quoique par cette élévation il eût tellement ôté le jour de la maison du sieur Desandré son voisin, que l'on ne pouvoit voir clair sur l'escalier, même à l'heure de midi. Le voisin demandoit la visite des lieux pour constater la vérité de ce fait ; il soutenoit de plus que cette visite prouveroit que le tout n'avoit été fait de la part du sieur Palliart, que par mauvaise intention & *animo nocendi* ; ce qui étoit contraire à l'esprit de la Coutume, & aux sentimens de tous les Auteurs. De la part du sieur Palliart, on se renfermoit dans la disposition textuelle de l'article 195 de la Coutume de Paris, qui permet d'élever le mur mitoyen aussi haut que l'on voudra, sans le consentement du voisin, en remplissant les charges & conditions imposées par cet article. Ces moyens ont prévalu, & la Sentence qui avoit débouté le sieur Desandré de toutes ses demandes, a été confirmée avec dépens, plaidans Mᵉˢ de la Borde & Viel.

Il est bon de remarquer que le mur en question avoir été ainsi élevé, avant que le sieur Desandré, qui se plaignoit, eût fait l'acquisition de la maison qu'il occupoit, & qu'il prétendoit se trouver manquer de jour, à cause de l'élévation de ce mur.

Page 91, col. 1, ligne 5 du 3ᵉ alinea, après mais il doit préalablement payer la moitié du mur, *ajoutez ;* non mitoyen.

Même page, col. 2, à la fin du 3ᵉ alinea, après chap. 9, *ajoutez ;*

Faber pense que dans le cas du réméré expiré, la Servitude une fois éteinte par la rente, ne reprend pas vigueur ; *Jus*, dit-il, *quod semel extinctum est, posteà resuscitare & reviviscere non potest.*

Page 93, col. 2, à la fin de cet article, après V. Complainte, *ajoutez ;*

Quoiqu'il n'y ait point de Servitude, on ne peut bâtir pour nuire, par envie, *ad æmulationem*, suivant la maxime, *Non est ferendus qui vult obesse, nec sibi prodesse.*

Suivant M. Boyer, décision 322, nombres 2 & 3, l'héritage peut être sans le chemin (qui y conduit) ; mais l'opinion contraire de la Peyrere paroît plus raisonnable ; en effet, la propriété devient inutile, s'il n'y a pas de chemin pour y conduire.

Sur les Servitudes, Voyez la Coutume de Paris depuis l'article 184, jusqu'à l'art. 220. Voyez aussi le Traité des Servitudes de M. de Lalaure, Avocat au Parlement.

SEXAGÉNAIRE.

Ce mot vient du latin *Sexaginta*, Soixante.

» La Loi *Pappia - Poppæa* défendoit » le mariage aux hommes Sexagénaires, » parce qu'à cet âge, le sang est presque » glacé dans les veines « ; mais en France, toute personne non interdite, qui n'a point, ou qui se met au-dessus des craintes, peut se marier à tout âge. V. *Mariage*.

SIGNATURE des Minutes.

Un Arrêt du Parlement de 1579 ordonne que les Actes passés pardevant Notaires, seront signés des Parties ; ce qui est conforme à l'article 84 de l'Ordonnance d'Orléans de 1560.

SIGNIFICATION.

Mêmes page & col. à la fin de l'article, après &c. *ajoutez ;*

Par une délibération de la Communauté des Avocats & Procureurs de la

Cour, du 5 Mai 1690, il a été arrêté sous le bon plaisir de la Cour, que pour éviter les surprises qui se font dans les Significations où souvent les Huissiers de la Cour sont eux-mêmes trompés, par ceux qui leur donnent des originaux non conformes aux copies, mises par affectation ensemble, les Procureurs rendront les copies conformes aux originaux, qu'elles seront faites séparément de chacune expédition sur laquelle la Signification sera mise ; sans qu'on puisse à l'avenir, pour quelque cause & prétexte que ce soit, lorsqu'il y aura plusieurs Actes, en transcrire les copies sur la même feuille, à peine de nullité de la procédure, & de demeurer par le Procureur, responsable en son nom des dommages & intérêts des Parties.

SIMONIE.

Page 94, colon. 1, la fin du 1ᵉʳ alinea de cet article, après Bénéfices, ajoutez ;

Ce mot vient de *Simon-Magus*, qui voulut acheter avec de l'argent la puissance de faire des miracles. Il en est parlé aux Actes des Apôtres.

Page 97, col. 1, à la fin du 6ᵉ alinea, après Perard Castel, ajoutez ;

Le Laïc, qui pour de l'argent, ou sur la promesse d'un présent, s'entremet pour l'obtention d'un Bénéfice, est également Simoniaque.

SOCIÉTÉ.

Page 99, col. 1, ligne 3 du 3ᵉ alinea, après par leur consentement, ajoutez ; & non à la réquisition d'un seul, ni contre la volonté de tous les autres (a).

Même page & même colon., ligne 2 du 6ᵉ alinea, après dans les Sociétés, ajoutez ; & où les Procès soient aussi fréquens.

Même page, col. 2, à la fin du quatrième alinea, après convenus, ajoutez ; » Cette » Société est très-utile à l'Etat & au Pu- » blic, parce que *toutes sortes de personnes* » peuvent y entrer, pour faire valoir leur » argent à l'avantage du public, & que » ceux qui n'ont pas des facultés pour en- » treprendre un commerce, trouvent dans » celle-ci le moyen de s'établir dans le

» monde, & de faire valoir leur industrie « ; Bornier, sur l'art. premier du titre 4 de l'Ordonnance du Commerce de 1673.

Page 100, colon. 1, à la fin du 3ᵉ alinea, après leur part, ajoutez ;

Quoique la contrainte par corps n'ait pas lieu entre associés (*Cùm Societas jus quodammodo fraternitatis in se habeat*), voici cependant l'espéce d'un Arrêt où une demande en liberté provisoire, fondée sur ces principes, n'a pas réussi.

Un sieur Chauvin du Ponceau avoit mis dans une Société en commandite une somme de 4500 liv. La Société étant dissoute, le nommé Cuisniere, associé, se trouva débiteur de 4500 liv. pour la mise du sieur Chauvin, & de 1000 liv. pour sa portion des profits. Cuisniere s'obligea Consulairement, & par corps, au payement de cette somme, par acte devant Notaires ; & par un autre acte il acquiesça à une Sentence des Consuls obtenue contre lui par le sieur Chauvin, *le tout sous la réserve de la contrainte par corps contre ledit Cuisniere, stipulée par l'obligation du 5 Juillet 1754, & par le Jugement des Consuls, & à laquelle contrainte ledit sieur Chauvin n'a entendu déroger par ces présentes, ni renoncer à se pourvoir en la Jurisdiction des Consuls.*

Le sieur Chauvin fit emprisonner Cuisniere. Celui-ci obtint Arrêt sur Requête, qui le reçut appellant comme de Juge incompétent, & sur la demande à fin d'élargissement, la Cour indiqua un jour. Cuisniere disoit que l'Ordonnance de 1667 défendoit de stipuler la contrainte par corps pour dettes purement civiles, & qu'il étoit pareillement défendu par les Loix Romaines de la stipuler entre associés ; mais par Arrêt rendu en la Grand'Chambre à l'Audience de sept heures, le Lundi premier Septembre 1761, Cuisniere a été débouté de sa demande en liberté provisoire, avec dépens.

Voyez un autre Arrêt du 5 Mars 1763 à l'article *Contrainte par corps* ; il est mis en note, page 305.

Mais par un autre Arrêt du Vendredi 9 Janvier 1767, il a été jugé formellement, que quoique les associés fussent obligés so-

---

(a) *Societas solvitur, si omnes Socii renuntient, hoc est, si consentiunt ut à Societate recedatur.* Godefroy sur la Loi 65, ff. §. 3, pro Socio.

lidairement aux dettes de la Société, la contrainte par corps n'avoit point lieu entr'eux.

Dans l'espéce de cet Arrêt, le sieur Larticle s'étoit associé avec deux Particuliers pour le commerce de perles fausses ; compte fait entre le sieur Larticle & ses deux associés, il se trouva une perte de 12000 liv. pour la Société, ce qui faisoit 6000 liv. pour le sieur Larticle : celui-ci s'obligea, par acte, de payer cette somme à ses deux associés dans un certain temps : faute de payement par Larticle, ses associés obtinrent contre lui Sentence aux Consuls qui le condamnoit, & par corps, au payement de 6000 livres ; sur l'appel, Larticle soutint, d'après la disposition des Loix Romaines, (qui assimilent des associés à des freres) que la contrainte par corps n'avoit pas lieu entre associés ; les circonstances particulieres de la Cause étoient absolument contre le Sr Larticle, & le rendoient très-défavorable : mais la force des principes prévalut ; la Cour infirma la Sentence des Consuls, & déclara l'emprisonnement nul, dépens néantmoins compensés ; plaidans Me de la Goutte, pour le sieur Larticle, & Me Leblanc de Verneuil pour les deux associés.

Page 100, col. 1, à la fin de cet article, après du fait, ajoutez ;

C'est une maxime de Droit en matiere de Société, que l'associé ne peut vendre la chose commune sans le consentement de l'associé. *Socius sine Socii consensu rem communem non potest vendere.*

32. C'en est une autre, que l'associé de mon associé n'est pas le mien. *Socius socii mei non est meus socius.*

SOCIÉTÉ EN COMMANDITE.

Le sieur Robequin, Marchand de Bois pour la provision de Paris, étant décédé dérangé dans ses affaires, il s'est agi de sçavoir, si Me de la Granche, les sieurs Vernon & Consorts, associés du sieur Robequin pour un marché de bois, avoient un droit de propriété, ou du moins un privilége, sur différens billets à recouvrer, qu'ils prétendoient être le prix de la vente de ces bois ?

Les Syndic & Directeurs des créanciers

du sieur Robequin, soutenoient que le sieur Robequin étoit l'associé principal seul connu, & Me de la Granche & consorts, seulement Commanditaires ; qu'il étoit de principe que dans la Société Commanditaire, l'associé principal étoit le seul propriétaire du commerce & des effets de la Société, que les Commanditaires n'étoient que *créanciers* des fonds qu'ils avoient fournis & des bénéfices qui en étoient résultés ; mais par Arrêt sur délibéré rendu au rapport de M. Robert de Saint-Vincent, le Mercredi 4 Mai 1768, il a été jugé contre les Directeurs des créanciers du sieur Robequin, que les associés en Commandite, étoient *propriétaires* des effets de la Société. Plaidans Mes Carré & Thétion, qui firent des Mémoires dans cette cause.

SOLVABILITÉ.

Par Arrêt du Parlement, du 14 Janvier 1687, il a été jugé qu'un Procureur n'étoit pas garant de l'insolvabilité de ceux pour lesquels il enchérissoit, & qu'il suffisoit qu'il eût un pouvoir d'une Partie, apparemment solvable. V. cet Arrêt dans les Arrêts & Réglemens concernant les fonctions des Procureurs, imprimés en 1694, page 218.

SOMMATIONS RESPECTUEUSES.

Page 105, colon. 1, commencez ainsi cet article ;

On appelle Sommations Respectueuses ; celles que les enfans sont tenus de faire à leurs pere & mere, à l'effet de pouvoir se marier sans leur consentement, & faute desquelles sommations, ils s'exposeroient à être exhérédés.

SORCIERS.

Page 106, col. 2, à la fin du 1er alinea de cet article, après secours, ajoutez ; Ce mot vient de *Sorciarius* qui se trouve dans les Capitulaires.

Même page & même colonne, à la fin de la note, après page 133, ajoutez ; & l'Histoire de Grandier, Curé de Loudun.

Je crois que ce fut la Maréchale d'Ancre, qui interrogée en quoi consistoient ses sortiléges ; répondit : dans l'empire de l'esprit sur l'ignorance.

SOULTE DE PARTAGE.

Ajoutez à la fin de cet article ;

Il s'est présenté en la Grand'Chambre, le question de sçavoir si dans la Coutume de Vermandois, lorsque dans les actes de Partage il y a une Soulte en argent, il est dû au Seigneur, de qui relevent les héritages en roture, un droit de lods & ventes, à raison de ladite Soulte en argent ?

Par un premier Arrêt du 13 Mars 1765, la Cour ordonna que le sieur de Loche, Louis Ferron & consorts se retireroient pardevers les Officiers du Bailliage de Laon, à l'effet d'obtenir dudit Siége un Acte de Notoriété qui constatât l'usage du Siége à cet égard.

Le 30 Mars 1765, les Officiers du Siége de Laon donnerent un Acte de Notoriété en ces termes :

» Nous, après avoir pris l'avis des Avo-
» cats & Procureurs, communiqué aux
» Gens du Roi, & conféré avec les Con-
» seillers de ce Siége, certifions & attes-
» tons par Acte de Notoriété, que l'on a
» toujours tenu pour certain en ce Siége :
» Que lorsque dans les Actes de Par-
» tage, il y a une Soulte en argent, il n'est
» pas dû de lods & ventes aux Seigneurs de
» qui relevent les héritages en roture pour
» raison de ladite Soulte.
» Qu'à la vérité l'on ne connoît pas de
» Sentence qui ait jugé la question ; mais
» que c'est parce qu'elle n'a pas été propo-
» sée en Jugement.
» Que le Droit commun qui affranchit
» de profits féodaux, tout acte qui ressent
» l'arrangement de famille, est suivi dans
» l'étendue de ce Bailliage, & y est tel-
» lement affermi, que les Seigneurs n'ont
» jamais exigé aucuns droits ou profits féo-
» daux, pour raison des Partages avec
» Soulte des biens en roture ; que l'on s'est
» cru d'autant mieux fondé à s'attacher au
» Droit commun, que la Coutume est
» muette sur ce point, puisque par l'arti-
» cle 160, elle ne parle que des Soultes en
» Partage des biens nobles, expression qui
» emporte l'exclusion pour celles des Par-
» tages des biens en roture : la perception
» qu'elle autorise des droits féodaux, à
» raison de la Soulte, ès Partages des biens

» nobles n'étant pas même en usage ;
» Qu'enfin si la question se présentoit, il
» seroit jugé qu'il n'est pas dû de lods &
» ventes pour raison des Soultes en argent
» qui se trouvent dans les Partages de biens
» en roture «.

En conséquence de cet Acte de Notorié-té, il est intervenu Arrêt en la Grand'Chambre, au rapport de M. Goislard, le 17 Juillet 1765, confirmatif de la Sentence de MM. des Requêtes du Palais, laquelle avoit débouté les sieurs Loche, Ferron & consorts, de leur demande en condamnation de lods & ventes par eux formée contre le sieur Vaillet, Ecuyer, Sieur de Loche, Brigadier des Gardes du Corps.

Me Tennesson écrivoit pour l'Intimé, & Me Coqueley de Chaussepierre, pour les Appellans.

SOUMISSION *à une Coutume, avec dérogation à toutes Coutumes contraires.*

On appelle ainsi la clause portée dans un acte, notamment dans un contrat de mariage, par laquelle on se soumet aux Loix & aux Usages d'une certaine Coutume. Par exemple, quand on contracte mariage en Pays de Droit-Ecrit, comme la communauté n'y a point lieu sans une mention particuliere, c'est pour cela que dans de pareils contrats de mariage on stipule la communauté, *avec dérogation à toutes Coutumes contraires.* V. aussi *Testament.*

SOURD & MUET.

Page 110, colonne 1, commencez ainsi cet article ;

Il doit nécessairement être nommé un curateur à l'interdiction du Sourd & Muet de naissance, aussi-tôt qu'il sort de tutelle ; à moins qu'il ne sçache lire & écrire, parce qu'alors ses volontés peuvent juridiquement être manifestées. C'est l'usage du Châtelet, & il y a un exemple récent d'une pareille interdiction, avec création de curateur.

Page 110, col. 1, à la fin du 1er alinea de cet article, après 1 & 2, ajoutez ;

Un Sourd & Muet de naissance, ne sçachant ni lire, ni écrire, & qui commet un crime capital, me paroîtroit devoir être renfermé pour le reste de ses jours, pour toute punition ; parce qu'on ne peut juridiquement foutenir , que les Loix, dont l'infraction attire la punition, lui foient fuffifamment connues : cependant il réfulte très-clairement de l'Ordonnance de 1670 , que les Sourds & Muets doivent être condamnés au dernier fupplice, lorfqu'ils commettent des crimes capitaux : mais ils ne doivent point être appliqués à la queſtion, puifqu'on ne pourroit les interroger que par fignes & geſtes ; ce qui feroit une dériſion. Voyez le Traité des Matieres Criminelles, de Mᵉˢ Prevoſt & Lacombe.

Même page, colonne 2 , à la fin de cet article, après donné acte, *ajoutez ;*

Le Sourd & Muet de naiſſance, ou par accident, qui ne fçait ou ne peut écrire, ne peut valablement teſter ; parce que toutes difpofitions par fignes font nulles. V. L'Ordonnance de 1735, art. 2. Peut-il contracter mariage ? &c.

STAGE.

Page 112, colon. 2 , commencez ainfi cet article ;

On nomme Stage , la réfidence & l'affiſtance qu'un Chanoine doit faire dans fon Eglife pendant fix mois, ou pendant le temps prefcrit par les Statuts du Chapitre, quand il a pris poffeffion d'une Chanoinie, pour pouvoir jouir des honneurs & des revenus de fa Prébende. Voyez le Dictionnaire de Trévoux. Ce mot vient du latin *Statio , Stare,* Station, s'arrêter.

STATUT.

Page 113, col. 1, commencez ainfi cet art.

Le mot Statut fignifie un Réglement , » pour faire obferver une certaine difcipline , une façon de vivre ou de travailler , dans quelque compagnie, ou Corps ou » Communauté «. Ce mot vient du latin *Stare,* demeurer ferme, être arrêté.

Page 114, col. 1 , à la fin de cet article, après Mᵉ Froland, *ajoutez ;* & notamment la Diſſertation de Louis Boullenois fur les Statuts perfonnels , réels & mixtes.

STELLIONAT.

Même page & même colonne , à la fin du 2ᵉ alinea de cet art., après chargés, *ajoutez ;*

Selon Cujas , le mot de Stellionat vient

du latin *Stellio,* efpéce de petit lézard extrêmement fin; de maniere que l'on appelle de fon nom toute forte de dol & de tromperie qu'on ne peut défigner par un nom propre.

Page 115, col. 1, à la fin de cet article, après premier *alinea, ajoutez ;* V. auffi le livre 47 du Digeſte, titre 20; & le Code, titre 34, livre 9.

STILE.

En termes de Jurifprudence , le Stile eſt » la forme ou différente maniere de faire » les procédures, fuivant les Réglemens » établis en chaque Cour ou Jurifdiction «. Ce mot vient de ce qu'on écrivoit autrefois » avec un poinfon (*Stilus*) fur des tablettes de cire, ou d'autre matiere.

Il y a le Stile civil & criminel de Gauret en quatre volumes in-4°.

STIPES.

On appelle ainfi » en Normandie ; un » denier pour livre en quelques lieux, & » trois deniers en d'autres , pour livre ; » fur chaque Ferme du Domaine muable » en autres lieux, qui appartient aux Gens » des Comptes.

» Pour les vins & *Stipes* , fera payé » quarante-cinq fols en vente de bois , » par les Ordonnances du Duc de Bouillon, article 531 «. Voyez fur cette matiere, Delauriere.

SUBALTERNE.

Même page & même col. à la fin de cet article, après relevent, *ajoutez ;*

Ce mot eſt compofé de *Sub* & *alter.*

SUBDÉLÉGUÉ.

Page 116, col. 1, à la fin de cet article, après Juin 1738, *ajoutez ;*

Un Juge qui eſt délégué, ne peut point fubdéléguer, quand fa commiffion ne lui en donne pas un pouvoir exprès.

SUBORNATION de Témoins.

Page 116, col. 2, à la fin du 1ᵉʳ alinea de cet article, après fon devoir, *ajoutez ;*

On punit avec plus de févérité , les Subornateurs de Témoins, que les faux Témoins.

SUBROGATION.

Page 117, *col.* 1, *à la fin du* 2ᵉ *alinea de cet article*, *après* eſt ſubrogée, *ajoutez* ; Su-brogatum ſapit naturam Subrogati.

Page 118, *col.* 2, *à la fin du* 1ᵉʳ *alinea*, *après* préſenteront, *ajoutez* ; Cet Arrêt eſt dans le Recueil des Fonctions des Procureurs.

Page 121, *col.* 1, *à la fin de cet article*, *après* Privilége, *ajoutez* ; Mais voyez auſſi le nouveau Réglement fait ſur cette matiere, en date du 18 Août 1766, il eſt rapporté à l'article *Privilége réſultant des Créances*.

SUBSTITUTION.

Même page, *col.* 2, *à la fin du* 6ᵉ *alinea*, *après* ſubſtitué, *ajoutez* ;

Par Arrêt rendu en la deuxiéme Chambre des Enquêtes, le Mercredi 19 Août 1767, au rapport de M. Gayet de Sanſale, *consultis Classibus*, il a été jugé deux *queſtions* importantes.

La premiere, que les fidéi-Commis univerſels n'étoient point prohibés par la Coutume du Berry. L'article premier du titre 18, porte : *Chacun peut faire teſtament*, & par icelui faire PREMIERE INSTITUTION D'HÉRITIERS. Les ſieurs Sagordet, héritiers de leur mere, ſoutenoient que les fidéi-commis univerſels, formoient une ſeconde inſtitution d'héritier ; donc, diſoient-ils, ils ſont prohibés, puiſqu'il n'y a que la *premiere* qui ſoit permiſe ; mais la demoiſelle Sagordet, veuve Vivier, leur prouvoit qu'un fidéi-Commis ne renfermoit aucune inſtitution.

La ſeconde, que le dépôt fait au Greffe de la Prévôté de Bourges, ſuivant l'uſage conſtant de ce Siége & qui avoit ſubſiſté juſqu'en 1743, de la minute du teſtament contenant la Subſtitution fidéi-commiſ-ſaire dont il s'agiſſoit, après avoir été inſi-nué, lu & publié, l'Audience tenante, équivaloit à l'enregiſtrement preſcrit par les Ordonnances & Déclarations, & rempliſſoit l'eſprit & le vœu de la Loi, ainſi que l'intention des Légiſlateurs. Mᵉ le Sage fit un Mémoire pour la veuve Vivier, en faveur de laquelle l'Arrêt fut rendu.

Page 123, *col.* 1, *à la fin du* 3ᵉ *alinea* & *après* priere de rendre, *ajoutez* ;

Sans un titre bien clair & bien formel ; on ne peut diſtraire ce qui appartient de droit & par la loi aux héritiers du ſang. Ainſi, lorſque le titre en vertu duquel on réclame des immeubles, à titre de Subſtitution fidéi-commiſſaire eſt un teſtament, il faut y trouver une vocation bien *littérale* pour recueillir les biens auxquels on prétend être appellé par un fidéi-commis graduel & perpétuel, parce que dans cette matiere, on rejette toutes préſomptions inſuffiſantes : *Cùm materia ſit conjecturalis, & hinc indè adſint conjecturæ, quæ mentem diſponentis dubiam reddunt, hæc ſavent alleganti, non adeſſe fidei-commiſſum :* PRO CUJUS EXCLUSIONE, IN DUBIO PRONUNTIANDUM VENIT. Voyez les queſtions & réponſes de Tonduti, célèbre Docteur d'Avignon, & Arrêtiſte de ce Pays, partie 2.

C'eſt ſur le fondement du défaut d'une vocation littérale dans le teſtament de Jeanne d'Agoût, pour le cas où ſe trouvoit le Comte de Montrevel, que par Arrêt célèbre du Lundi 18 Mai 1767, rendu en la Grand'Chambre, au rapport de M. Sahuguet d'Eſpagnac, le Comte de Montrevel a été débouté de ſes demandes en réclamation des deux terres de Caromb & de Suzette, que les dames de Choiſeul & de Ligneville avoient trouvées dans la ſucceſſion d'Eſprit Melchior de la Beaume leur frere, & dernier poſſeſſeur. Mᵉ Tronchet fit un Mémoire pour les dames de Choiſeul. La matiere y eſt approfondie avec l'érudition qu'on lui connoît. Il y eut auſſi un Mémoire de Mᵉ de Lignac, pour le Comte de Montrevel. Ces Mémoires ſont à rechercher.

Page 124, *col.* 1, *à la fin du* 2ᵉ *alinea* & *après* n°. 5, *ajoutez en note* ; (a).

(a) En matiere de Subſtitution, il y a une différence à faire entre la ligne collatérale & la directe. Dans celleci, les enfans qui ſont dans la diſpoſition, ſont cenſés dans la vocation. La collatérale au contraire n'eſt point dans la vocation, n'étant point dans la diſpoſition. On m'a aſſuré que cela avoit été ainſi jugé au Parlement, pour les Subſtitutions antérieures à l'Ordonnance de 1747.

Page 137, *col.* 1, *à la fin du* 6ᵉ *alinea* & *après* teſtament, *ajoutez* ;

L'égalité eſt l'ame des partages : c'eſt pourquoi

pourquoi un pere, qui par fon teftament fubftitueroit les parts & portions d'aucuns de fes enfans au profit des autres, feroit une difpofition qui ne pourroit fubfifter. C'eft ce que la Cour a jugé par Arrêt fur délibéré, prononcé au rapport de M. Paf-quier, Confeiller de Grand'Chambre, le Samedi 4 Avril 1768.

Dans l'efpéce de cet Arrêt, le fieur de Ségent avoit fait un teftament olographe, le 15 Avril 1756, par lequel, entr'autres difpofitions, il étoit dit que fi fon fils le fieur de Ségent, Lieutenant-Colonel de Cavalerie, Chevalier de S. Louis, venoit à mourir, *fans laiffer d'enfans en légitime mariage*, fa part à fa fucceffion *retourne-roit à la dame de la Morliere fa fœur, & après elle à fes enfans.* Par une autre dif-pofition de fon teftament, le fieur de Sé-gent donnoit à la dame de la Morliere fa fille, fa maifon de campagne en propre, toute meublée, fes circonftances & dépen-dances, & après elle à fes enfans, *fans que fon frere y puiffe rien prétendre, attendu fa grande diffipation qui lui feroit vendre ce bien pour peu de chofe, pour en diffiper prompte-ment fa part : mais lorfque fa fœur* (conti-nuoit le teftateur) *entrera en poffeffion de ce bien, ou fes enfans, fi elle furvit à Madame de Ségent ma femme, elle tiendra compte à fon frere d'une fomme de* 10000 l. *une fois payée, ou la rente de cette fomme, au denier vingt.*

La dame de la Morliere confentit de ne point profiter du legs à elle fait de la mai-fon ; parce que fi elle eût accepté ce legs, elle n'auroit pu partager avec fon frere la fucceffion du pere commun. Les Juges du Châtelet de Paris, par leur Sentence du 15 Janvier 1764, déclarerent nul le legs de la maifon, mais ils ordonnerent l'exécution du furplus du teftament.

Le fieur de Ségent appella de cette Sen-tence ; il foutenoit que la claufe du tefta-ment par laquelle il étoit privé, de fait, de fa portion héréditaire dans le cas où il n'au-roit point d'enfans, étoit nulle, & qu'on ne pouvoit la regarder comme une Subfti-tution ; 1°. parce que de fa nature une Sub-ftitution ne peut avoir lieu qu'en faveur des enfans du grévé ; 2°. parce que, pour pou-voir qualifier ainfi une difpofition de der-niere volonté, il falloit, fuivant l'article

Supplément.

19 du titre premier de l'Ordonnance de 1747, que la vocation de Subftitution fût expreffément annoncée, c'eft-à-dire, qu'il fût porté dans l'acte contenant la Subftitu-tion, qu'elle auroit lieu en faveur des en-fans du grévé, circonftances qui ne fe trou-voient point dans le teftament ; 3°. que les difpofitions du teftament ne pouvoient être confidérées que comme une exhérédation officieufe ou comme un fidei-commis tacite ; que ce n'étoit point une exhérédation offi-cieufe, puifque la diffipation n'étoit que va-guement alléguée dans le teftament, fans que le teftateur eût pu en prouver la réa-lité. Que fi on la confidéroit comme fidei-commis tacite en faveur des enfans de la dame de la Morliere, l'article 300 de la Coutume de Paris, qui veut qu'on ne puif-fe être héritier & légataire d'une même perfonne, lorfque les biens font fitués dans la même Coutume, en prononçoit la nul-lité. Enfin, que l'égalité étant l'ame des partages, le fieur de Ségent n'avoit pu va-lablement par fon teftament, & en fuppo-fant qu'il y eût une Subftitution, fubftituer la portion de fon fils au profit de fa fille & des enfans de fa fille, parce que cela em-portoit une inégalité dans le partage de la fucceffion en ligne directe, contraire à la Coutume qui régiffoit les Parties.

C'eft auffi ce qui a été jugé par le fufdit Arrêt, qui en infirmant la Sentence, a ad-mis le fieur de Ségent au partage égal de la fucceffion du pere commun. Il y eut des Mémoires imprimés dans cette caufe, & faits par Mᵉ Courtin de Torfay, Procureur du fieur de Ségent.

Page 140, col. 2, à la fin de cet article, après page 66, ajoutez ;

Les Subftitutions faites, foit avant, foit depuis l'Ordonnance du mois d'Août 1747, ne fçauroient s'étendre, fous prétexte de volonté préfumée, ou par inductions, ou fur des probabilités, à des cas que les au-teurs des Subftitutions n'ont pas exprimés dans les actes qui contiennent ces Subfti-tions ; il faut néceffairement que leurs dif-pofitions foient expreffes, pour avoir leur effet : des fuppofitions (même de leur part) faites dans des actes poftérieurs, qu'ils ont fait ces difpofitions, ne peuvent nullement les fuppléer.

R r

Deux Arrêts rendus en la Grand'Chambre l'ont ainſi jugé, en voici les eſpéces.

PREMIERE ESPÉCE. M. Lauſſel fait ſon teſtament le 15 Octobre 1747 ; une de ſes diſpoſitions eſt ainſi conçue : » Je nomme » & inſtitue ma ſœur, épouſe de M. le Pré- » ſident de Bandol, mon héritiere univer- » ſelle, avec pouvoir de nommer ..... celui » de ſes enfans ou petits-enfans qu'elle » voudra choiſir, pour recueillir mon hé- » rédité après ſa mort, voulant que celui » qu'elle aura choiſi, ſoit grévé de Subſti- » tution, à laquelle j'appelle après lui l'aîné » de ſes enfans mâles, tant que Subſtitu- » tion pourra avoir lieu ; & ſi ma ſœur » vient à décéder ſans enfans ou petits- » enfans, ou ſans avoir fait aucune nomi- » nation de ſes enfans, petits-enfans, ou » arriere-petits-enfans mâles, pour recueil- » lir ladite Subſtitution, après avoir été » informée de ma mort & des diſpoſitions » de mon teſtament, j'appelle en ce cas à » ladite Subſtitutions par égales parts, M. » Laurent Lauſſel & M. Antoine Lauſſel, » ou l'aîné de leurs deſcendans, tant que » Subſtitution pourra s'étendre «.

En 1751 M. Lauſſel fait un codicile, où il dit : » en cas que ma ſœur ou ſes en- » fans & petits-enfans mouruſſent ſans poſ- » térité, *ou que mon bien ſorte de ſa poſtérité,* » ou de mes enfans ou petits-enfans, ſi j'en » ai, *pour paſſer à la Subſtitution de mes* » *parens paternels collatéraux* (LA FAMILLE » LAUSSEL) je veux alors qu'il ſoit diſtrait » de ma ſucceſſion 30000 livres, & que » cette ſomme paſſe au Préſident de Claris » & à ſa poſtérité «.

La Préſidente de Bandol a recueilli les biens de ſon frere en vertu du teſtament, elle eſt décédée, & a laiſſé le Marquis de Bandol ſon fils unique, qu'elle a nommé par teſtament pour recueillir les biens de M. Lauſſel.

A l'occaſion de ces termes du codicile de 1751 : » dans le cas que mon bien ſorte » de ſa poſtérité pour paſſer à la Subſtitu- » tion de mes parens collatéraux « (ce ſont les ſieurs Lauſſel) rapprochés des termes du teſtament, les ſieurs Lauſſel prétendi- rent, contre le Marquis de Bandol, qu'ils étoient ſubſtitués après lui & ſes deſcen- dans mâles.

Le Marquis de Bandol ſoutint au con- traire qu'il n'y avoit de fidei-commis pour la famille Lauſſel par le teſtament du dé- funt ſieur Lauſſel, que dans deux cas ; le premier, qu'en cas que madame de Bandol ne laiſſât point d'enfant mâle ; le ſecond, qu'en cas que laiſſant des enfans mâles, elle n'en eût point nommé pour recueillir l'hérédité du feu ſieur Lauſſel : que les deux cas étoient arrivés ; qu'ainſi il n'y avoit plus lieu au fidei-commis pour la famille Lauſſel.

Que de ce que le teſtateur dans ſon co- dicile avoit cru avoir fait par ſon teſta- ment, une Subſtitution qui grévoit la poſ- térité de ſa ſœur envers la famille Lauſſel, il ne s'enſuivoit pas qu'il l'eût faite effec- tivement. *Falſam legati demonſtrationem non* *facere legatum Sabinus reſpondit, &c.* L. *Cùm tale* 72, Dig. *de Condit. & Demonſt.* V. Ricard, des Subſtitutions, partie 1, ch. 17, n. 317.

Par Arrêt du Lundi 13 Avril 1767, con- forme aux Concluſions de M. Barentin, Avocat Général, la Cour a mis l'appella- tion & ce dont avoit été appellé, au néant ; émandant, a déchargé le Marquis de Ban- dol de la demande formée contre lui par les ſieurs Lauſſel, comme n'ayant aucun droit à la Subſtitution, & n'y étant point appel- lés. Me Thevenot Deſſaule étoit Avocat du Marquis de Bandol. L'appel étoit d'une Sentence du Châtelet qui, contre les con- cluſions du Miniſtere public, avoit déclaré les ſieurs Lauſſel appellés à la Subſtitution, après la ligne maſculine du Marquis de Bandol.

SECONDE ESPÉCE. Jean-Joſeph de Berghes, Prince de Rache, & ſa femme, ayant ſept enfans (quatre mâles & trois filles) firent en 1729 leur teſtament mutuel & conjonctif, par lequel ils ordonnerent que la Principauté de Rache demeureroit par droit de Subſtitution maſculine perpé- tuellement à leur famille, & qu'elle appar- tiendroit, comme étoit dit, à leur fils aîné, à la charge expreſſe de la Subſtitution de cette Principauté, à ſes deſcendans mâles d'aîné en aîné par loyal mariage : & au dé- faut de leur fils aîné mâle & deſcendans de lui par loyal mariage, cette Principauté appartiendroit par ouverture de Subſtitu-

tion comme deſſus à leur ſecond fils ; &
après lui à ſes deſcendans mâles à toujours :
& ainſi des autres enfans mâles des teſtateurs juſqu'au dernier, en préférant toujours les aînés mâles & deſcendans d'eux
par l'ordre de primogéniture à toujours.

Et s'il arrivoit, ajouterent-ils, que de
tous leurs fils, il ne deſcendît que des filles, audit cas les teſtateurs ordonnent que
celle qui aura droit de les ſuccéder, comme
aînée, ne puiſſe poſſéder les biens de leur
ſucceſſion qu'à la charge de faire porter par
celui qui l'épouſera, le nom & les armes de
Berghes, Prince de Rache ; & à la charge
de la Subſtitution maſculine ci-devant ſtipulée, auſſi avant qu'elle pourra avoir lieu.

Il faut obſerver qu'en aucun endroit du
teſtament, pour raiſon de ces Subſtitutions, il n'y avoit aucune vocation expreſſe
des filles des teſtateurs.

Des quatre enfans mâles des teſtateurs,
les trois premiers moururent ſans poſtérité. La Principauté de Rache paſſa au quatriéme fils qui étoit grévé, ſuivant la premiere partie du teſtament, envers ſes enfans mâles ; & ſuivant la troiſiéme, envers
ſes filles.

Il s'eſt marié en 1761 ; par ſon contrat
de mariage il a donné à ſa future épouſe,
dans le cas ſeulement qu'ils n'auroient point
d'enfans, la Principauté de Rache, à la
charge de Subſtitution en faveur des Vi-
comtes de Berghes-Saint-Vinox, freres de
la future épouſe, & en faveur de leurs enfans mâles.

Une des trois filles des teſtateurs, Cha-
noineſſe de Maubeuge, fut préſente au contrat de mariage ; & en qualité d'héritiere
apparente, conſentit la donation & la Subſtitution y portées.

Les deux autres filles étoient décédées,
mais l'aînée avoit été mariée au Comte
d'Houchin ; de ce mariage elle eut un fils,
le Marquis d'Houchin.

Le Prince de Rache, marié en 1761, eſt
décédé en 1765 ſans enfans ; le Marquis
d'Houchin prétendit que la Subſtitution
portée au teſtament conjonctif de ſes ayeul
& ayeule étoit ouverte à ſon profit ; & que
la donation & la Subſtitution portées au
contrat de mariage de leur quatriéme fils,
ne pouvoient avoir lieu.

Il ſoutenoit entr'autres choſes, que, 1°. il
ſe trouvoit pour lui dans le teſtament de ſes
ayeuls une vocation expreſſe à la Subſtitution ; par exemple, dans ces expreſſions, &
ainſi des autres enfans mâles deſdits teſtateurs juſqu'au dernier ; 2°. que la Subſtitution étoit générale pour la deſcendance tant
maſculine que féminine des teſtateurs, que
c'étoit leur eſprit & leur intention ; qu'ils
l'avoient expoſé dans pluſieurs actes ....
qu'ayant appellé leurs quatre enfans mâles
ſucceſſivement, & à leur défaut, les filles
de ces enfans mâles, il y auroit de l'abſur-
dité qu'ils euſſent exclus leurs propres filles ; (on auroit pu ajouter, & les enfans de
ces filles, ſur-tout les mâles, comme le
Marquis d'Houchin.)

Mais la Princeſſe de Rache donataire, &
celui appellé à la Subſtitution portée au
contrat de mariage de 1761, ſoutenoient
de leur part, que le contrat de mariage &
la donation, & la Subſtitution y portées,
devoient avoir leur exécution ; parce que la
Subſtitution des pere & mere du dernier
Prince de Rache décédé ſans enfans, étoit
éteinte en ſa perſonne ; que les filles des
teſtateurs dont l'une étoit la mere du Marquis d'Houchin, (ni leurs enfans) n'avoient
nullement été appellés à cette Subſtitution ;
que le Marquis d'Houchin n'y avoit aucun
droit de ſon chef, qu'il n'en avoit aucun
non plus du chef de ſa mere, parce qu'elle
étoit décédée en 1737, avant le dernier
Prince de Rache, & que la tranſmiſſion &
la repréſentation n'ont point lieu en matiere de Subſtitution ; que dans la Coutume
d'Artois, la repréſentation n'a pas même
lieu, ni en ſucceſſion directe, ni en ſucceſſion collatérale : qu'enfin les énonciations
des teſtateurs dans des actes poſtérieurs,
n'avoient pu ſuppléer à des diſpoſitions
qu'ils n'avoient pas faites expreſſément dans
leur teſtament ou dans des codiciles. *Non
ſunt ſomniandæ Subſtitutiones .... voluntas
in mente retenta nihil operatur ; non enim
ſufficit voluiſſe, niſi dixerit.* Déciſions 125
& 135 du Sénat de Dole, alors de la Domination Eſpagnole.

La conteſtation avoit été appointée au
Conſeil Provincial d'Artois.

Par Arrêt du Lundi premier Février
1768, conforme aux Concluſions de M.

Joly de Fleury, Avocat Général, l'appellation & ce dont étoit appel, ont été mis au néant, émandant, en évoquant le principal, & y faisant droit, la donation & la Substitution portées au contrat de mariage de 1761, ont été confirmées.

Par conséquent la Substitution portée au testament conjonctif a été jugée éteinte, & avoir cessé en la personne du dernier Prince de Rache ; plaidans Me Doillot, pour la Princesse de Rache ; Me Target, pour le Marquis d'Houchin ; & Me Goujon, pour le Vicomte de Berghes-Saint-Vinox. Il y eut des Memoires de parts & d'autres imprimés dans cette Cause.

SUBVENTION.

Page 144, *colon.* 1, *commencez ainsi cet article ;*

Ce mot pris dans sa signification générale, signifie secours ; du latin *Subvenire*, Secourir : mais dans une signification particuliere, & en termes de finance, il est synonime à impôt, & consiste dans un droit établi sur les marchandises, pour subvenir aux frais de l'Etat.

SUCCESSION.

Page 148, *col.* 1, *à la fin du* 4e *alinea, après* V. Retour, *ajoutez ;* Sur quoi remarquez que l'ayeul doit succéder, à l'exclusion de son fils, à l'immeuble par lui donné à son petit-fils, décédé sans enfans. Duplessis sur l'art. 315 de la Coutume de Paris, est d'un sentiment contraire, mais celui de le Maistre & de le Brun me paroît mieux fondé ; l'ayeul n'ayant préféré à lui-même que son petit-fils.

Mêmes page & col. à la fin du 5e *alinea, après* V. Propres, *ajoutez ;* Voyez aussi à l'article Tutelle.

Page 153, *col.* 1, *à la fin du* 5e *alinea, après* héritier, *ajoutez ;* Il y eut dans cette affaire, un excellent Mémoire de Me Duvaudier.

Page 154, *colon.* 1, *à la fin de cet article, après* Normandie, *ajoutez ;*

Quoiqu'un défunt ait recueilli plusieurs Successions, cependant il n'en laisse qu'une seule en mourant : en effet l'hérédité se dit d'une seule Succession. *Hæreditas adita non*

amplius dicitur hæreditas, sed patrimonium adeuntis.

L'article 25 du titre 12 de la Coutume d'Auvergne, porte que, *fille mariée par le pere, ou par l'ayeul paternel, ou par un tiers, ou d'elle-même, lesdits pere ou ayeul paternel & mere vivans, douée ou non douée, ait quitté ou non, elle, ni ses descendans ne peuvent venir à la Succession de pere, mere, frere, sœur, ni autre quelconque, tant qu'il y a mâle, ou descendant de mâle, héritant esdites Successions, &c.*

Après avoir prononcé cette forclusion, la même Coutume y met une exception dans l'art. 27.

Le pere & autres ascendans, mariant en premieres nôces leur fille, & autres descendans en droite ligne, peuvent réserver à leurdite fille & autres descendans en droite ligne, droits successifs de pere, mere & autres leurs parens.

Les dispositions de cette Coutume ont donné lieu à une question dont voici l'espéce.

Le Marquis & la Marquise de Lignerac avoient marié leur fille au Vicomte du Chayla : ils l'avoient dotée de 80000 liv. prévoyant que leur fortune ne leur permettoit pas d'en faire autant pour leurs autres filles, ils ne firent en mariant la Vicomtesse du Chayla aucune convention, ni sur leur Succession, ni sur les Successions collatérales, mais ils laisserent à la Coutume d'Auvergne, le soin de régler le sort de la Vicomtesse du Chayla. Le Marquis & la Marquise de Lignerac, en mariant par la suite leurs filles puînées, ne les doterent que de 40 à 50 mille livres ; voici comment étoit conçue la clause du contrat de mariage de l'une d'elles. *Au moyen de laquelle dot, ladite future épouse dûement autorisée DE SONDIT FUTUR ÉPOUX, se reconnoissant suffisamment dotée, A RENONCÉ ET RENONCE à toute autre part & portion qu'elle pourroit prétendre aux Successions de ses pere & mere en leur faveur, & de leurs héritiers, avec faculté toutefois audit Seigneur Marquis, & Dame Marquise de Lignerac, de pouvoir LA RAPPELLER, si bon leur semble, en leur Succession ; & dans ladite renonciation, NE SONT POINT COMPRIS en aucune sorte les biens qui pourront* écheoir & avenir à ladite demoiselle future épouse par les autres dispositions de ses autres parens, OU PAR LA VOIE ET LES LOIX DES SUCCESSIONS LÉGITIMES, ni d'autres plus grands droits qui pourroient compéter à ladite demoiselle, par rapport aux biens & Successions qui pourroient écheoir auxdits sieur Marquis & dame Marquise de Lignerac de leur vivant.

La question fut de sçavoir, si par cette clause, les pere & mere n'avoient entendu exclure leurs filles puînées que de leurs Successions.

Le Marquis de Lignerac, légataire universel du Comte de Caylus, prétendit absorber les cinq sixièmes restans des biens d'Auvergne, que les dames ses tantes réclamoient, comme héritières légitimes du Comte de Caylus. Il soutenoit que tout ce qui résultoit de la clause du contrat de mariage ci-dessus rapportée, c'est que le Marquis & la Marquise de Lignerac avoient seulement voulu conserver à leurs filles, le droit de succéder dans les Coutumes qui leur donnoient ce droit. Il argumentoit de ces mots de la clause du contrat de mariage, *par la voie & les Loix des Successions légitimes* ; or, disoit-il aux dames ses tantes, *la voie & les loix des Successions légitimes ne vous déferent rien en Auvergne*, puisque vous êtes forcloses par vos contrats de mariages, & que vous n'avez point été rappellées. Mais elles répondoient que le rappel ne faisoit pas une Succession extraordinaire, qu'il ne faisoit que rétablir l'ordre de la Succession légitime ; que si les Successions collatérales qui échoiroient au pere & à la mere étoient réservées aux filles, à plus forte raison avoient-ils voulu leur réserver celles auxquelles elles pourroient avoir droit de leur chef, position dans laquelle elles se trouvoient ; enfin qu'elles n'étoient forcloses que des Successions directes, & non des Successions collatérales. C'est aussi ce qui fut jugé par Arrêt du Mardi 10 Mars 1767, conformément aux Conclusions de M. Barentin, Avocat Général. Me Gerbier fit un Mémoire pour le Baron d'Aurillac, venant par représentation de l'une des tantes du Marquis de Lignerac.

(a) Me Cochin.

SUFFRAGE.

Page 158, col. 1, commencez ainsi cet article ;

On appelle Suffrage, la voix, ou l'avis donné en une assemblée où quelque chose est mis en délibération.

Il paroît que ce mot vient du latin *Suffragium* qui signifioit de l'argent. En effet on lit dans la Novelle 8 de Justinien : *Ut Judices sine* S U F F R A G I O *fiant* ; & dans la Novelle 6 : *Qui emerit præsulatum per* S U F F R A G I U M, *Episcopatu, & Ordine Ecclesiastico excidat.*

SUGGESTION.

Même page & même colon. à la fin du 1er alinea de cet article, après le vrai, ajoutez ;

Mais comment peut-on établir la Suggestion, se demandoit le plus éloquent des Jurisconsultes (*a*), & sur quel genre de preuves peut-elle être fondée ?

» Elle n'agit, disoit-il, que par des routes » obscures, &, pour ainsi dire, souter- » reines : elle se masque avec art, non- » seulement aux yeux du Public, mais mê- » me aux yeux de celui qu'elle enchaîne & » opprime, & il en suit les impressions sans » les appercevoir . . . . Il n'y a point » d'armes contre la Suggestion : ennemi » d'autant plus dangereux qu'il a tous les » dehors de l'amitié la plus vive, & qu'on » va, pour ainsi dire, au-devant de lui, loin » de le fuir, de l'éviter & de le crain- » dre «.

Même page, col. 2, à la fin de cet article, après contraire, *ajoutez ;*

Ceci n'est pourtant pas toujours sans exception : on peut en juger par un Arrêt récent, rendu en faveur du sieur Dessaignes, Écuyer ; contre Claudine Lapierre, fille domestique de la feue dame Dessaignes, veuve du sieur Chambre ; en voici l'espèce.

La dame veuve du sieur Chambre, par son testament olographe de l'année 1764, avoit donné au sieur Dessaignes *son cher frere*, 10000 livres qu'il lui devoit par obligation, le priant de s'en contenter. Elle avoit fait d'autres legs considérables aux nommées Lapierre, & finissoit par instituer on héritiere universelle, Claudine Lapier-e l'aînée, qui avoit été fa domeftique. Le fieur Deffaignes demanda la nullité de ce teftament, fondé, difoit-il, fur des preuves de Suggeftion écrites dans le teftament mê-me; & fur la préfomption légale établie par les Ordonnances & Arrêts, contre les do-meftiques qui reçoivent de leurs maîtres des libéralités exceffives, ou à titre univerfel, au préjudice des héritiers du fang. Subfidiai-rement il demanda à faire preuve des faits de Suggeftion par lui articulés. Par Sen-tence du Bailliage de Mâcon du 17 Août 1765, la preuve des faits de fraude & de Suggeftion fut admife; le fieur Deffaignes fit entendre 17 témoins qui dépoferent una-nimement de la vérité des faits articulés; la fille Lapierre, inftituée héritiere uni-verfelle, fe rendit appellante de cette Sen-tence interlocutoire, elle concluoit même à l'évocation du principal & à la validité du teftament; le fieur Deffaignes confen-toit auffi à l'évocation du principal; & at-tendu les preuves de Suggeftion écrites dans le teftament & l'Enquête, & celles de l'em-pire abfolu que la domeftique avoit fur l'ef-prit de fa maîtreffe, auprès de laquelle elle étoit toujours, quoiqu'elle n'y parût pas extérieurement comme domeftique, il con-cluoit à la nullité du teftament.

Par Arrêt du Mercredi 3 Décembre 1766, reudu fur les Conclufions de M. Seguier, Avocat Général, la Cour a con-firmé la Sentence qui avoit admis à la preuve des faits de Suggeftion, & a ren-voyé les Parties au Bailliage de Mâcon, pour y être ftatué fur les demandes des Parties. Me Bruys plaidoit pour le fieur Deffaignes.

SUPERSTITION.

» On appelle, en général, Superftition; » toute pratique que l'on obferve, fous » prétexte de Religion, quoiqu'elle ne foit » ni autorifée par l'ufage public de l'Eglife, » ni utile pour la piété.

» La Superftition eft un crime, fi elle eft » notable & foutenue avec opiniâtreté;

» mais le plus fouvent elle ne vient que » d'ignorance & de foibleffe d'efprit.

» Suivant l'ufage de la France, les Laïcs » ne font point foumis à la Jurifdiction » Eccléfiaftique pour toutes ces fortes » de crimes, blafphêmes, facriléges, divi-» nation & autres femblables: c'eft le Ju-» ge féculier qui en connoît, comme Exé-» cuteur des Ordonnances «. Inft. au Droit Eccléfiaftique par l'Abbé Fleury, tom. 2, chap. 8. (a)

SUPPOSITION de Nom, d'Etat & de Perfonne.

Celui qui fe donne un nom, une origi-ne & un état qu'il n'a point reçus de l'Au-teur de fes jours, doit être puni fuivant l'exigence du cas.

La naiffance eft un avantage précieux, (dont fouvent on fe rend indigne,) mais que ne peut fe donner celui à qui les Dé-crets du Ciel ne l'ont pas accordé.

La moindre peine infligée à celui qui fe rend coupable de ce délit, c'eft de lui faire défenfes, fous peine de punition corporelle, de continuer à porter le nom, & à prendre les qualités qu'il avoit ufur-pées: quelquefois on le condamne en une amende.

Par une raifon conféquente, celui qui fuccomberoit dans l'action par lui inten-tée en fuppofition de nom, d'état & de perfonne, feroit puni par des dommages-intérêts proportionnés à une offenfe de ce genre.

La Comteffe de Conighan avoit in-tenté une action de cette nature contre fon mari; elle étoit même appellante comme d'abus de fon mariage avec le Comte de Conighan, qu'elle accufoit de l'avoir trom-pée lors de fon mariage, & d'avoir fuppofé une origine, un nom & un état qui ne lui appartenoient pas; elle demandoit à faire preuve des faits contenus dans fa plainte. Le Comte de Conighan ayant rapporté des preuves lumineufes de l'indignité de l'ac-cufation de fa femme, la Cour, par Arrêt du Mardi 29 Juillet 1766, rendu conformément aux Conclusions de M. Barentin, Avocat Général, en déclarant qu'il n'y avoit abus dans le mariage de la Comtesse de Conighan, l'a déclarée non-recevable dans ses autres demandes ; ce qui comprenoit celle tendante à faire preuve des faits contenus en sa plainte : l'a déclarée déchue des dons & avantages à elle faits par son mari, comme douaire, préciput, droit d'habitation, &c. a ordonné qu'elle se retireroit dans un Couvent qui lui seroit indiqué par son mari ; qu'elle ne pourroit plaider sans un Conseil, & l'a condamnée en 1000 l. de dommages-intérêts & aux dépens. Plaidans Me Caillard pour le Comte de Conighan, & Me le Blanc de Verneuil pour la dame de Monmerqué, épouse du Comte de Conighan.

Voyez les Mémoires & l'Arrêt qui sont imprimés.

SUPPOSITION & Suppression de Part.

Page 165, col. 1, à la fin du 2ᵉ alinea de cet article, après Boniface, *ajoutez* ; & les célébres Plaidoyers pour le nommé Tancrede, prétendu issu du mariage de feu Messire Henri, Duc de Rohan, & de Dame Marguerite de Béthune, Duchesse douairiere de Rohan, demanderesse en nomination d'un tuteur audit Tancrede, contre dame Marguerite, Duchesse de Rohan, fille unique & seule héritiere de Monsieur le Duc de Rohan, Pair de France, & Messire Henri Chabot, Duc de Rohan, son époux. Les Plaidoyers de Mᵉˢ Martinet, Gaultier & Patru, sont imprimés, ensemble celui de M. Talon, Avocat Général, & l'Arrêt du 26 Février 1646.

SYNALLAGMATIQUE.

Page 168, col. 2 à la fin de cet article, après V. Double, *ajoutez* ; Ce mot vient de ϲυναλλατϳω, contr'échanger.

S Y N A X E.

Ce terme signifioit dans la primitive Eglise, l'assemblée des Chrétiens, où l'on chantoit les Pseaumes, & où les Prieres se faisoient en commun.

T

T A B A C.

UN Arrêt du Conseil d'Etat du Roi du 8 Juillet 1766, casse les Sentences de plusieurs Elections de Normandie, tendantes à obliger les débitans de Tabac, à la prestation de serment & enregistrement de leur commission, déclare qu'ils ne peuvent y être assujettis, & fait défenses aux Officiers desdites Elections, & à tous autres de rendre à l'avenir de pareilles Sentences.

Un autre Arrêt aussi du Conseil d'Etat du Roi du 9 Septembre 1766, en confirmant le précédent, & sans s'arrêter à celui de la Cour des Aides de Rouen, du 18 du même mois, fait itératives défenses d'assujettir les débitans de Tabac à aucun enregistrement de leur commission, ni prestation de serment : ordonne en conséquence la restitution des Tabacs saisis, & amendes consignées en vertu des Sentences de plusieurs Elections de Normandie : déclare nulles les soumissions exigées pour valeur des Tabacs saisis en exécution de quelques-unes desdites Sentences.

T A B E L L I O N.

Page 169, colon. 1, à la fin du 1ᵉʳ alinea de cet article, après exécutoire, *ajoutez* ; Ce mot vient de *Tabula*, Tablette enduite de cire, sur laquelle on écrivoit autrefois ; d'où l'on a fait *Tabellio*.

Page 170, colon. 2, à la fin de cet article, après maintenus, *ajoutez* ;

Par Arrêt rendu en la Grand'Chambre, le Mardi 26 Juillet 1763, au rapport de M. Lambellin, il a été jugé que les Tabellions & Officiers du Chapitre & de l'Evêque de la Ville de Langres auroient le droit de faire les inventaires & apposer les scellés concurremment avec les Notaires Royaux de la même Ville. Mᵉ Mezieres écrivoit dans cette Instance.

TABLE DE MARBRE.

Page 171, col. 2, à la fin du 2e alinea,
après Grand'Chambre, *ajoutez* ; Et alors
c'eſt le Miniſtere Public, ordinaire à cette
Jurisdiction, qui y porte la parole.

Page 172, col. 1, à la fin de cet article,
après 1704, *ajoutez* ;

Les Tables de Marbre ne doivent point
prendre connoiſſance des apppellations des
Sentences qui interviennent aux Siéges
des Maîtriſes, en exécution des Ordonnances de Sa Majeſté, ou ordres du Conſeil.
Voyez à ce ſujet un Arrêt du Conſeil du
9 Mars 1740 ; il ſe trouve à la ſuite de
l'Ordonnance des Eaux & Forêts de 1669,
imprimée à Paris en 1743.

TACITE Reconduction.

Page 174, col. 2, à la fin de cet article,
après V. *Etaux & Bouchers, ajoutez* ; Voy.
auſſi ſur la Tacite Reconduction, le Traité
du Contrat de Louage, par M. Pothier.

TAILLE.

Page 175, col. 1, à la fin du 7e alinea,
après des Elections, *ajoutez* ;

Les Avocats, ne faiſant point actes
dérogeans. V. *Collecteurs.*

Page 180, col. 1, à la fin du 2e alinea,
après ailleurs, *ajoutez* ;

Les Secrétaires du Roi, de même que
ceux qui prétendent un privilége d'exemption, ne peuvent en jouir, & même doivent payer l'année de leur impoſition à
la Taille, lorſqu'ils ne font pas ſignifier
le titre de leur exemption aux Habitans de
la Paroiſſe, & enregiſtrer cette déclaration
avant le premier Octobre : cet enregiſtrement doit être fait à la Cour des Aides,
ſauf enſuite à faire enregiſtrer par extrait
l'Arrêt d'enregiſtrement de la Cour des
Aides (avant le premier Octobre) dans
l'Election où eſt domicilié le Privilégié ;
c'eſt ce qui a été jugé par Arrêt rendu en
la Cour des Aides, le 8 Juillet 1766, en faveur des Habitans, Corps & Communauté
de la Paroiſſe de Bouillancourt en Sery,
contre le ſieur Godde, Ecuyer, Secrétaire
du Roi, Seigneur de Montieres. Me Serieux écrivoit dans ce procès pour les Habitans de la Paroiſſe de Bouillancourt.

Page 181, col. 1, à la fin du 3e alinea,
après pag. 581, *ajoutez* ; V. auſſi l'art 14
de l'Edit du 13 Mai 1768, concernant les
Portions Congrues.

Même page, col. 2, à la fin du 4e alinea,
après impoſés, *ajoutez* ;

Une dixme inféodée ne peut aſſujettir
à la Tailie & à la Capitation (dans la Paroiſſe où elle ſe perçoit) celui qui en eſt Propriétaire, lorſqu'il n'eſt pas domicilié dans
cette Paroiſſe, & qu'il paye ces impoſitions
dans le lieu de ſon véritable domicile, à raiſon de ſes facultés, dont la dixme fait conſéquemment partie. La raiſon de l'exemption
de la Taille, relativement au Propriétaire
de la dixme inféodée, eſt qu'une dixme inféodée ne peut être conſidérée comme des
biens d'exploitation, c'eſt-à-dire, des fonds
immeubles *corporels*, ſujets à culture, tels
que les Terres labourables, &c. c'eſt au contraire un droit *incorporel*, un ſimple fruit ou
revenu qui ſe perçoit comme les droits
Seigneuriaux, tels que le terrage, champart, &c. c'eſt une ſimple redevance de
même nature & qualité que les autres
droits féodaux : *Feuda decimarum ſunt merò*
temporalia, ut alia quævis feuda, (dit Dumoulin ſur l'article 105 de la Coutume de
Poitou.) C'eſt auſſi ce qui a été jugé *in ter-*
minis par Arrêt rendu en la premiere
Chambre de la Cour des Aides, le Mardi
27 Août 1765, conformément aux Concluſions de M. Boula de Mareuil, Avocat Général, en faveur de Me Torterice, Doyen
des Officiers du Bailliage Royal de Chinon,
intimé, contre les Collecteurs & Habitans
de la Paroiſſe de Ligré, appellans. Dans
cette eſpéce, Me Torterice avoit prouvé
qu'il n'avoit jamais fait valoir aucune dixme à titre de ferme dans la Paroiſſe de Ligré, & ne faiſoit que faire percevoir une
dixme inféodée qui lui appartenoit ; en conſéquence l'Arrêt a confirmé la Sentence de
l'Election de Chinon, du 15 Septembre
1763 ; a fait défenſes aux Habitans & Collecteurs de la Paroiſſe de Ligré, de plus à
l'avenir impoſer ni comprendre le ſieur
Torterice en leur Rôle, tant qu'il ne feroit
valoir que ſa dixme inféodée ſur la Paroiſſe de Ligré, à peine par les Collecteurs,
lors en charge, d'en répondre en leurs propres & privés noms, & a ordonné la reſtitution

tution des fommes payées, avec intérêts & dépens. Plaidans Mᶜ Benoiſt le jeune, pour les appellans, & Mᵉ Maſſonnet, qui fit un Memoire pour l'intimé.

Page 184, col 2, à la fin de cet article, après Il eſt imprimé, *ajoûtez;*

Celui qui eſt mineur, ne peut être impoſé à la Taille ni nommé Collecteur des Tailles; de même auſſi celui qui eſt Milicien, quand même il réſideroit dans le lieu de ſon domicile ordinaire, parce que ſa véritable place eſt de droit à l'armée ou en garniſon, & qu'au premier ſignal, au premier ordre qu'il recevra, il doit partir pour ſe ranger ſous les drapeaux; c'eſt d'après ces principes que, par Arrêt du Mardi 15 Décembre 1767, il a été jugé en la Cour des Aides conformément aux Concluſions de M. de Mareuil, Avocat Général, que le nommé Herbelin, qui avoit été nommé Collecteur des Tailles pour l'année 1768 ne le feroit pas, attendu qu'il juſtifioit que, Milicien en 1734, il n'avoit obtenu ſon congé abſolu qu'en 1740; qu'ainſi, ce temps n'étant pas compté comme utile pour la nomination à la collecte des Tailles, un autre que lui devoit être nommé en ſa place. En effet, dans cette eſpéce, en comptant de 1740, époque de ſon congé abſolu, & non de 1734, il ne ſe trouvoit point en tour de rôle. La Sentence qui avoit ordonné que le Tableau ſeroit réformé, & que le nommé Robé ſeroit nommé en ſa place (& celui-ci ne ſe plaignoit pas) a été confirmée avec dépens, plaidans Mᵉˢ de la Borde & de Varicourt.

Dans cette cauſe, Herbelin excipoit encore, de ce qu'étant né en 1715, & n'étant devenu majeur qu'en 1740, on n'avoit pu le comprendre dans le rôle des Tailles en 1734, ni faire courir ſon temps pour la Collecte, à partir de 1734 : mais ce moyen fût réfuté par M. l'Avocat Général, qui obſerva que le nommé Herbelin faiſant depuis la mort de ſon pere le commerce de Bonneterie, ou du moins ayant été impoſé ſous cette dénomination, & même ſes ſœurs ayant payé la Taille pour leur frere, la minorité ne pouvoit être oppoſée par Herbelin : un mineur étant réputé majeur pour le fait de ſon commerce. Auſſi le ſeul moyen qui a déterminé, a

été qu'Herbelin n'avoit pu être impoſé tant qu'il avoit été Milicien, & que d'ailleurs celui nommé en ſa place par la Sentence, ne ſe plaignoit pas.

On terminera cet article par l'Edit du Roi concernant les priviléges d'exemption de Tailles, donné à Verſailles au mois de Juillet 1766.

» A R T. I. Que le Clergé, la Nobleſſe,
» les Officiers de nos Cours Supérieures,
» ceux des Bureaux des Finances, nos Se-
» crétaires & Officiers des grandes & peti-
» tes Chancelleries, pourvus des Charges
» qui donnent la Nobleſſe, jouiſſent ſeuls
» à l'avenir du privilége d'exemption de
» Taille d'exploitation dans notre Royau-
» me, conformément aux Réglemens qui
» ont fixé l'étendue de ce privilége, & en ſe
» conformant par les Officiers de nos Cours
» & ceux des Bureaux des Finances, à la
» Déclaration du 13 Juillet 1764, concer-
» nant la réſidence. N'entendons néan-
» moins que ceux des Officiers de nos Cours
» qui auroient obtenu de nous des Lettres
» d'honoraires, leſquelles auroient été en-
» regiſtrées en noſdites Cours, ſoient tenus
» pour jouir du privilége d'exemption de
» Taille, à la réſidence preſcrite par notre-
» dite Déclaration, ni obligés de faire aucun
» ſervice. Diſpenſons pareillement ceux des
» Officiers de noſdites Cours qui y auront
» ſervi vingt années, de l'obligation de
» juſtifier chaque année qu'ils ſe ſeront con-
» formés à ce qui eſt ordonné par notre-
» dite Déclaration.

» II. Pour reſtreindre de plus en plus
» l'uſage des Priviléges, il ne ſera accordé
» des Lettres de Nobleſſe que pour des
» conſidérations importantes; & ces Lettres
» n'auront aucun effet, & ne pourront être
» préſentées par ceux à qui nous aurons
» jugé à propos de les accorder dans nos
» autres Cours, qu'après qu'elles auront
» été préſentées & enregiſtrées en notre
» Cour de Parlement.

» III. Maintenons & gardons nos Offi-
» ciers Commenſaux, ceux des Elections,
» & ceux qui parmi les Officiers de Judica-
» ture ou de Finance, étoient exempts de
» Taille, dans le privilége d'exemption
» de Taille perſonnelle, en ſe conformant
» à la Déclaration du 13 Juillet 1764 par

TAI

» rapport à la résidence, & à condition
» qu'ils ne prendront aucun bien à ferme,
» & ne feront aucun trafic ou autre acte
» dérogeant à leur privilége.

» IV. Les Prévôts, Lieutenans & Exempts
» des Compagnies de Maréchaussées, joui-
» ront à l'avenir de l'exemption de Taille
» perfonnelle, dans le lieu où leur fervice
» exige réfidence de leur part, tant qu'ils
» y réfideront affiduement, & qu'ils ne fe-
» ront pareillement aucun acte de déro-
» geance.

» V. Ceux qui, pour raifon de la fup-
» preffion de l'exemption de Taille d'ex-
» ploitation fe croiront fondés à nous de-
» mander quelqu'indemnité, feront tenus
» d'adreffer leurs mémoires & piéces, dans
» l'efpace de fix mois, à compter de la pu-
» blication du préfent Edit, au Contrô-
» leur Général de nos Finances, pour,
» fur le compte qui nous en fera rendu, y
» être pourvu fuivant l'exigence des cas.

» VI. Les Habitans des Villes franches,
» qui jouiffent maintenant des exemptions
» de Taille en vertu des Lettres-Patentes
» émanées de nous, & dûement enregif-
» trées en nos Cours des Aides, conti-
» nueront d'en jouir ; mais s'ils font quel-
» qu'exploitation dans l'étendue des Pa-
» roiffes taillables pour une ou plufieurs
» années, de quelque nature que puiffent
» être ces exploitations, ou s'ils y prennent
» quelque bien, foit à ferme générale ou
» particuliere, foit à titre d'adjudication,
» ou à quelqu'autre titre que ce puiffe être,
» ils feront impofés dans les Paroiffes où
» lefdits biens feront fitués, & où fe fera
» ladite exploitation pour raifon du béné-
» fice à faire tant fur ladite femme géné-
» rale ou particuliere, que fur ladite
» adjudication ou autre convention parti-
» culiere.

» VII. Lefdits Habitans des Villes fran-
» ches, ainfi que les Officiers qui conti-
» nueront de jouir de l'exemption de Taille
» perfonnelle, qui exploiteront leurs biens
» propres fitués dans les Paroiffes fujettes à
» la Taille, foit par leurs mains, foit par
» celles des perfonnes taillables, de quel-
» que nature que foient ces biens, tels que
» terres labourables, prairies naturelles ou
» artificielles, bois, vignes, chenevieres,

» enclos portant revenus quelconques; mou-
» lins à bled ou à foulon, forges, ufines &
» autres non défignés, feront impofés dans
» le lieu de l'exploitation comme tout au-
» tre Exploitant fujet à la Taille. Voulons
» néantmoins que les Bourgeois de notre
» bonne Ville de Paris ne puiffent être im-
» pofés à la Taille pour raifon de leurs
» Châteaux ou Maifons de Campagne, &
» de l'exploitation qu'ils pourront faire des
» clos fermés de murs, foffés ou haies joi-
» gnant immédiatement lefdits Châteaux
» ou Maifons de Campagne.

» VIII. Ordonnons au furplus l'exécu-
» tion de nos Edits & Déclarations, Ar-
» rêts & Réglemens ci-devant rendus fur
» le fait de nos Tailles, en ce qu'il n'y eft
» point dérogé par ces Préfentes «.

Cet Edit a été enregiftré au Parlement le
19 Mai 1767, *à la charge que conformément*
aux intentions du Roi données à entendre
par la réponfe dudit Seigneur Roi du trois du
préfent mois, les ventes ou adjudications de
bois ne pourront donner lieu en aucun cas à
impofer à la Taille ceux qui les auroient
achetés, s'en feroient rendus adjudicataires
ou en auroient entrepris l'exploitation à au-
tre titre que celui de bail à ferme, &c.

Voyez auffi deux autres précédentes Déclarations, l'une du 12 Avril 1762, contenant réglement pour l'impofition & le recouvrement de la Taille & autres impofitions acceffoires dans le reffort de la Cour
des Aides de Clermont-Ferrand, regiftrée
en cette Cour le 7 Mai 1763 ; l'autre du
11 Octobre 1762, contenant répartition de
la Taille dans la Généralité de Châlons,
regiftrée en la Cour des Aides de Paris, le
7 Sept. 1764, & la derniere Déclaration du
Roi du 7 Fév. 1768, regiftrée en la Cour
des Aides le 5 Septembre fuivant.

TAILLE Réelle.

La Cour a jugé par Arrêt du 24 Juillet
1760, au rapport de M. de Beze-de-Lys,
que dans la Coutume de Bourbonnois,
pour fuccéder aux héritages portés en Tailles Réelles, il falloit être *commun* avec le
défunt, *demeurant* avec lui au jour de fon
décès, & fon prochain *habile à lui fuccéder*.

Or dans l'efpéce de cet Arrêt, le fieur
Simon n'avoit en fa faveur qu'une feule des

conditions exigées par l'article 492 de la Coutume (sa qualité de frere du défunt), il n'étoit ni commun, ni demeurant avec lui au jour de son décès : ces moyens invoqués de la part du sieur de Maublanc, Ecuyer, Seigneur de Mortillon, le firent succéder à titre de Reversion Taillabliere aux héritages réclamé par le sieur Simon. Mes Michel & le Gouvé écrivoient dans cette affaire.

Cet Arrêt juge encore que les Tailles Réelles ou Bordelages ne changent point de nature, quand la propriété en passe à d'autres qu'à des laboureurs, car le grand moyen du sieur Simon étoit de dire qu'il étoit bourgeois.

TAILLE SEIGNEURIALE.

Page 185, col. 2, lig. 5 du 2ᵉ alinea, après par Despeysses, *ajoutez ;* par Guyot, des Fiefs, tom. 6, pag. 541 & suivantes.

Même page & même colon. à la fin du 5ᵉ alinea, après de sa demande, *ajoutez ;*

La Coutume de Tours, titre 9, art. 88. & suivans, parle d'un droit de LOYAL-AIDE, dû aux Chevaliers de l'Ordre du Saint-Esprit, à cause de leur promotion & réception dans cet Ordre.

Relativement à ce droit, il a été rendu le 6 Juin 1767, un Arrêt du Conseil d'Etat du Roi, contradictoire, entre M. le Duc de Richelieu, Maréchal de France ; la dame des Ecotais, veuve du Marquis de Valory, comme mere & tutrice, & ayant la garde-noble du sieur de Valory son fils ; & les Chevaliers de l'Ordre du Saint-Esprit, INTERVENANS. Voici le dispositif de cet Arrêt, qui est important.

» Faisant droit sur l'Instance, ayant » aucunement égard aux demandes des » Parties intervenantes, a maintenu & » gardé, maintient & garde les Chevaliers » de l'Ordre du Saint-Esprit dans le droit » de lever, à cause de leur promotion & » réception dans ledit Ordre, le droit de » LOYAL-AIDE dans les Coutumes où ledit » droit, ou autre de pareille nature & qua-» lité est autorisé, pour l'avénement à la » Chevalerie ; & sans s'arrêter à la Senten-» ce du Bailliage de Chinon, du 7 Juillet » 1761, en payement dudit droit, pour sa » promotion & réception dans ledit Ordre,

» du 1ᵉʳ Janvier 1729, l'a déclaré & déclare » (le Maréchal de Richelieu) non-receva-» ble en sadite demande ; & en ce qui con-» cerne le surplus de ses demandes en foi & » hommage, aveu & dénombrement, paye-» ment de lods & ventes, & prestation dudit » droit pour le mariage de sa fille aînée ; » Sa Majesté a évoqué, & évoque à soi & » à son Conseil, lesdites demandes & con-» testations, circonstances & dépendances : » & pour y être fait droit, ordonne que » les Parties procéderont en sondit Con-» seil, & joint leurs demandes à l'Instan-» ce y pendant, entre le sieur Inspecteur » Général de ses Domaines & autres Par-» ties, au sujet de l'échange de Château-» Gonthier & autres terres, pour y être sta-» tué en la grande Direction de ses Finan-» ces, conjointement, ou autrement, ainsi » qu'il appartiendra «.

Ainsi cet Arrêt juge ;

1°. Que les Chevaliers du Saint-Esprit sont dans le cas de lever le droit de Loyal-Aide, pour le cas porté dans les Coutumes, quand le Seigneur est fait Chevalier.

2°. Que le droit de Loyal-Aide se prescrit, quant à la prestation, par trente ans.

TALION.

Page 186, col. 1, à la fin du 1ᵉʳ alinea de cet article, après imputé, *ajoutez ;* œil pour œil, dent pour dent.

Mêmes page & col. ligne 2 du 2ᵉ alinea de cet article, après l'Evangile, *ajoutez ;* la Loi du Talion a même paru déraisonnable aux Romains ; c'est pourquoi il fut permis à ceux qui avoient souffert une injure, d'en faire l'estimation, qui pouvoit être modérée par le Préteur.

TÉMOINS, TÉMOIGNAGE.

Page 188, col. 2, à la fin du 4ᵉ alinea après nécessaire, *ajoutez ;* c'est même la disposition de l'Ordonnance de 1670, titre 6, art. 3 ; *toutes personnes assignées........ seront tenues de comparoir, &c.*

Même page & même col. à la fin du 5ᵉ alinea, après leur conduite, *ajoutez ;*

La déposition d'un pere ne doit dans aucun cas être admise pour ou contre son fils, ni celle du fils pour ou contre son pere.

Teſtis idoneus pater filio, aut filius patri non eſt. ff. de Teſt. L. 9.

Page 189, col. 2, à la fin du 4e alinea, après à ce qu'il nie, ajoutez ; Voyez ſur ceci à l'art. *Preuves.* Voyez auſſi Rebuffe, Guy-Pape & Danty.

Page 189, colon. 2, à la fin du 4e alinea, après coupable, *ajoutez ;* Relativement à ceci, c'eſt une maxime en matiere de preuve teſtimoniale, que le témoignage de ceux ſur leſquels on a de l'autorité, & que l'on a pu obliger à dépoſer, eſt ſuſpect, & même doit être rejetté. *Idonei Teſtes non videntur eſſe, quibus imperari poteſt ut Teſtes fiant. L. 6, de Teſtibus.*

Page 191, col. 1, à la fin du 2e alinea, après Banniſſement perpétuel, *ajoutez* (a), *& mettez en note ;*

(a) Ce Poëte (l'Horace François) a toujours nié, même avant de recevoir le Viatique, qu'il fût l'Auteur des Couplets qui faiſoient le ſujet de ſon Procès. Il mourut à Bruxelles avec de grands ſentimens de Religion, le 17 Mars 1741, âgé de ſoixante & douze ans.

Même page & même col. à la fin du 4e alinea, après Parlement, *ajoutez ;*

Les Réguliers, novices ou profès, de quelqu'Ordre que ce ſoit, ne peuvent être Témoins dans aucuns actes de derniere volonté. V. l'art. 41 de l'Ordonnance des Teſtamens de 1735, & les réſtrictions qui y ſont portées. Voyez auſſi *Teſtament.*

Par Arrêt du Mardi 29 Mars 1767, rendu en la ſeconde Chambre des Enquêtes, au rapport de M. Paſquier, entre la veuve Minard & le ſieur Morizot, il a été jugé, entr'autres choſes, que deux freres pouvoient être Témoins dans un acte de donation, reçu par un Notaire & deux Témoins. On prétendoit que les Témoins, comme repréſentans & faiſant en cette partie, fonctions de Notaires, étoient ſoumis aux mêmes réglemens que les Notaires. Mes Lemoyne de Grandpré & Rouhette écrivoient dans ce Procès.

Mêmes page & col. à la fin de l'article, après qu'ils ont reçus, *ajoutez ;*

Par Arrêt rendu en la Grand'Chambre, au rapport de M. Severt, le 29 Août 1746, il a, entr'autres choſes, été jugé, qu'il n'étoit pas néceſſaire que les Témoins qui étoient préſens au Teſtament,

fuſſent du même lieu où ſe faiſoit le Teſtament, pourvû qu'ils fuſſent connus pour gens de probité, & domiciliés dans le reſſort de la Juriſdiction. La queſtion ſe préſentoit dans la Coutume d'Artois.

TENANS & ABOUTISSANS.
Voyez *Aveu, Déclaration, Dénombrement, Directe & Terrier.*

Ces mots déſignent l'extrémité d'un héritage, & c'eſt en ce ſens que l'on dit » qu'une ſaiſie-réelle de Roture doit être » faite par tenans & Aboutiſſans.

» Quand on donne une déclaration au » Seigneur, les Tenans & Aboutiſſans y » doivent être ſpécifiés «.

C'eſt une maxime aſſez généralement reçue en fait de Terrier, que ce qui établit la propriété directe d'un Seigneur ſur un héritage quelconque, ce n'eſt point la contenue donnée par les reconnoiſſances à cet héritage, mais les Tenans & Aboutiſſans indiqués par ces reconnoiſſances : de ſorte que ſi ces Tenans ſont ſûrs & bien adaptés à l'aſſiette, la directe eſt bien établie, quoiqu'il y ait erreur dans la contenue : au lieu que, quand même cette contenue ſeroit exacte, ſi les Tenans ſont équivoques ou non conformes à l'aſſiette, le droit prétendu par le Seigneur ne peut ſe ſoutenir ; on ſe contente même, pour l'ordinaire, qu'un Seigneur indique trois Tenans bien reconnus, pour lui adjuger ſes droits ſur l'héritage dont il prétend la mouvance, parce qu'on ſuppoſe, avec raiſon, qu'il ne peut pas y avoir deux héritages à qui les trois mêmes Tenans puiſſent convenir également : c'eſt ce qui a, entr'autres choſes, été jugé par Arrêt rendu au rapport de M. Severt, le 13 Mai 1750.

TERME.
V. *Délai.*

C'eſt une maxime de droit, que le jour auquel tombe le Terme accordé, n'eſt point compris dans le délai obtenu. *Dies termini non computatur in termino.*

TESTAMENT.

Page 198, col. 1, à la fin du 1er alinea de cet article, après de ſes biens, *ajoutez ;*

Les Loix Romaines définiſſent le Teſtament, la déclaration équitable & réfléchie de *notre volonté*, sûr ce que nous voulons qui soit fait après notre mort. *Testamentum est voluntatis nostæ justa sententia, de eo quod quis post mortem suam fieri velit.* L. 1, §. 3, ff.

Dicat testator, & erit Lex.

Page 199, col. 1, ligne 4 du 3e alinea, après qui n'en ont point parlé, ajoutez; Sur quoi remarquez que, lorsqu'on teste devant Notaires, on doit sans difficulté suivre la loi du lieu où l'on dispose; mais quand on fait un testament olographe, comme le testateur est son ministre à lui-même, c'est la loi de son domicile qui en régle la forme : d'où il suit qu'un homme domicilié dans un pays où le Testament olographe est autorisé, peut en faire un dans les lieux mêmes où cette forme n'est pas reçue : c'est un point de Jurisprudence qui est constant. Voyez Ricard, du Don Mutuel, n°. 307, & M. Bouhier dans ses sçavantes Observations sur la Coutume de Bourgogne, ch. 28, n°. 20 & suivans.

Page 200, col. 1, à la fin du 7e alinea, après & de nul effet, ajoutez;

Celui qui est aveugle ne peut tester en Pays de Droit-Ecrit, que par la voie du Testament nuncupatif; sur quoi voyez l'article 7 de l'Ordonnance de 1735, & *Testamens nuncupatifs*. Si c'est en Pays coutumier, un pareil Testament ne peut être fait que pardevant Notaires, ou Curés, en se conformant à l'art. 25 de l'Ord. de 1735.

Page 201, col. 1, ligne 4 du 1er alinea, après jugé valable, ajoutez; Plaidant Me Bigot de Sainte-Croix, pour le Marquis du Châtelet.

Même page, col. 2, à la fin du 4e alinea, après Juin 1760, ajoutez; Ce Testament contenoit en outre des interlignes; mais il y avoit une approbation générale des ratures & des interlignes.

Remarquez encore, relativement à la date des Testamens, que par Arrêt conforme aux Conclusions de M. Joly de Fleury, Avocat Général, la Cour a confirmé un Testament olographe, dans la date de l'année duquel, un mot numérique avoit été oublié; par exemple, au lieu de mil sept cent cinquante-huit, il y avoit mil sept cent huit. Mais certaines circonstances prou-

voient que ce Testament étoit de 1758, & le mot de cinquante, une omission. Je n'ai pu avoir la date de cet Arrêt, duquel on m'a assuré l'existence; mais Arrêt de circonstances.

Page 202, col. 1, à la fin du 1er alinea, après veuve Voilain, ajoutez;

Voici l'espéce d'un autre Testament, qui a de l'analogie avec le précédent.

Une femme avoit fait son Testament olographe sur une feuille de papier à lettre; au bas du *recto* de la premiere page, après la date (qui étoit du jour, & non du lieu où il avoit été fait) se trouvoit un blanc de deux doigts; le *verso* du même feuillet étoit en blanc, & la signature (en cinq lignes) se trouvoit au haut du *recto* du second feuillet : ce Testament a été confirmé par Sentence du Châtelet de Paris, du Vendredi 15 Mai 1767; plaidans Me Ribert, pour la nullité du Testament, & Me Caillard pour la validité. Sur l'appel, la Sentence a été confirmée par Arrêt du 17 Juin 1768, rendu en la Grand'Chambre, au rapport de M. Sahuguet d'Espagnac. Me Herbaut écrivoit dans cette Instance.

Page 204, col. 1, à la fin du 3e alinea, après fut déclaré nul, ajoutez en note (a);

(a) Je doute que quelques autres circonstances n'ayent déterminé, 1°. les nullités doivent être prononcées par l'Ordonnance; 2°. la maxime générale est que : *Utile per inutile non vitiatur.*

Page 206, col. 2, à la fin du 4e alinea, après en a été faite, ajoutez en note (a);

(a) Voyez aussi un Arrêt du 30 Décembre 1593, rapporté par Jacques de Montholon, édition de 1623, qui a cassé un Testament porté par le testateur aux Notaires, auxquels il déclara qu'il avoit dicté & nommé ledit Testament & signé; les Notaires, par leur verbal, avoient observé qu'ils avoient lu & relu le Testament au testateur, & qu'il leur avoit déclaré l'avoir dicté & nommé. Ce Testament fut cassé, parce qu'il n'avoit pas été dicté aux Notaires par le testateur, & que, *nihil fit per æquipollens.*

Page 207, col. 2, à la fin du 2e alinea, au lieu de omis, mettez; mis.

Page 208, colon. 2, à la fin du 2e alinea, après V. Notaires, ajoutez;

Il y a cette différence entre les Testamens & les contrats, que ceux-là peuvent être signés la nuit, suivant la Loi *ad Tertium.* ff. *Qui facere Testamentum possunt* ceux-ci *ne le doivent pas être, parce que le tems* du contrat doit être considéré, suivant la Loi *Si filius familias*, ff. *de Verb. oblig.* & que la fignature d'un contrat faite de nuit, pourroit paffer pour fufpecte, & n'être pas l'ouvrage d'une volonté bien libre : cependant cela dépend des circoftances : *Fraus in circumftantiis confiftit.*

Page 209, col. 1, ligne 3 du 3ᵉ alinea, après de fon décès, *ajoutez* ; parce que c'eft le temps de la mort qui les confirme, (comme le dit l'Apôtre ;) mais il faut que cette révocation foit écrite. V. *Acceptation de Donation*, & *Révocation de Teftament.*

Conféquemment, fi quelqu'un fait fon Teftament, qu'enfuite, & même long-temps après il fe marie, & qu'il faffe une donation par fon contrat de mariage, de tout, ou de partie de fes biens, en ufufruit ou en propriété ; que même il fe réferve la faculté de difpofer par la fuite du furplus de fes biens ainfi qu'il jugera à propos ; ou bien fi depuis fon Teftament, il donne par acte entre-vifs une partie de fes biens, & qu'il n'ait point d'enfans, fon Teftament ne fera point révoqué par les donations poftérieures ; cependant il fera pris fur les biens du teftateur, ce qu'il faudra pour l'accompliffement des donations, & le furplus des biens fervira à acquitter les difpofitions teftamentaires.

Page 210, col. 2, à la fin du 5ᵉ alinea, après Septembre 1702, *ajoutez* ;

Il y a des Coutumes qui permettent aux conjoints de fe donner par Teftament tous leurs meubles, acquêts, conquêts, immeubles, même la cinquiéme partie de leurs propres : telle eft la Coutume de Chartres, article 91.

La foumiffion à l'une de ces Coutumes avec dérogation expreffe à toutes autres, autoriferoit-elle la difpofition d'un Teftament *paffé à Paris, lieu du domicile des Parties*, par lequel l'un des conjoints, né à Chartres & dont les biens feroient fitués à Paris & à Chartres, donneroit au furvivant fes meubles, acquêts & conquêts, immeubles & le quint de fes propres, conformément à la difpofition de la Coutume de Chartres adoptée par le contrat de mariage ?

Il faut dire que l'adoption de la Coutume de Chartres avec dérogation à toutes autres eft indifférente dans l'efpéce propofée, parce que la foumiffion à une Coutume quelconque n'a pour objet que de régler les conventions du contrat de mariage. Ainfi la difpofition teftamentaire ne feroit bonne que pour les biens fitués à Chartres, & même dans les autres Coutumes qui ont de femblables difpofitions ; mais elle ne vaudroit rien pour les immeubles fitués à Paris, parce que les Coutumes étant réelles, elles étendent néceffairement leur empire fur les biens qui font dans l'étendue de leur reffort ; or la Coutume de Paris défendant aux conjoints de difpofer par Teftament en faveur l'un de l'autre, la difpofition teftamentaire ne vaudroit rien pour les biens régis par la Coutume de Paris.

Quant aux meubles légués par le mari à fa femme, cette difpofition feroit également nulle, attendu que les meubles fuivent la perfonne, & que le teftateur étant domicilié, & décédé à Paris, c'eft cette Coutume qui fait la Loi. Or la Loi municipale prohibe une pareille difpofition ; conféquemment, à moins que les conjoints n'euffent transféré leur domicile à Chartres, la difpofition concernant les meubles ne pourroit valoir. Voyez Froland, M. le Préfident Bouhier & les Queftions mixtes de Boullenois, voyez auffi *Domicile.*

Page 214, col. 2, à la fin du 4ᵉ alinea, après Septembre 1749, *ajoutez* ; La raifon eft, que *Utile per inutile non vitiatur.*

Page 117, col. 2, à la fin de cet article, après lefdits effets, *ajoutez* ;

On fait cette queftion : Sempronius, domicilié à Paris, y fait fon Teftament *par-devant Notaires.* Par ce Teftament, entre autres difpofitions, il donne & legue à Mævia une fomme d'argent, ou même il lui fait une penfion viagere pour l'eftime & la confidération qu'il lui porte.

Quelques années après, Sempronius époufe cette même Mævia. Ce mariage dure plufieurs années, & Sempronius décéde fans enfans. Mævia peut-elle obtenir la délivrance d'un pareil legs ? On pourroit dire pour Mævia qu'elle devroit l'obtenir ; que ce n'eft point un avantage indirect, puifque le Teftament eft de beaucoup antérieur à fon contrat de mariage, & qu'il a

une date certaine & juridique, étant passé
& déposé chez un Notaire, ce qui écarte
toute idée d'avantage indirect & prohibé
par la Coutume de Paris.

Mais la raison de décider au contraire,
est que dans cette occasion le legs doit être
considéré comme caduc, puisque les Testamens n'ayant leur exécution que du jour du
décès du testateur, à cette époque la légataire étoit personne prohibée pour recevoir
un pareil legs.

Le Testament de celui qui se défait est
nul ; il n'en étoit pas de même chez les
Romains. Voyez Ricard, des Donations,
tome premier, page 56, n°. 248, 249 &
250.

Un Interdit pour cause de prodigalité
seulement, peut-il valablement tester,
avant de s'être fait relever de son interdiction ?

En général, l'interdiction est une cause
prohibitive de tester, parce qu'un Interdit
est présumé n'être pas *sui compos* & *sanæ
mentis* ; & que d'ailleurs, *non habet personam standi in juditio*.

Cependant je crois qu'il faut distinguer,
& dire que l'interdiction pour cause de dérangement d'esprit ou de fureur, est un
obstacle absolu pour tester, parce que ceux
qui sont dans ce cas, n'ont point une volonté saine, & telle que les Loix l'exigent
de la part des testateurs. Mais un Interdit,
seulement pour cause de prodigalité, me
paroît devoir être excepté des régles, qui
en général s'appliquent aux Interdits. En
effet, le motif pour lequel on a fait interdire le prodigue, étoit la crainte d'une dissipation totale de sa fortune qui le rédui-
sit *ad inopiam* ; or ce moyen n'est point
(relativement aux Testamens,) un moyen
absolu, comme il l'est dans les deux autres
cas d'interdiction pour cause de dérangement d'esprit ou de fureur : cette interdiction pour cause de prodigalité est conci-
liable avec une volonté, qui lors du Testament pouvoit être saine, & la crainte de
la dissipation de la fortune de l'Interdit
ne peut survivre à ce même Interdit, à
qui les biens ont été nécessairement con-
servés par le secours de l'interdiction de
sa personne ; pourquoi donc ne pourroit-il disposer de ses biens par Testament,

& si cet acte de derniere volonté ne contient rien que de sage & de bien réfléchi, &
que le testateur ait donné depuis son interdiction, des marques d'une conduite opposée à celle qui l'a fait interdire, quelle raison empêcheroit de confirmer son Testament ? Je me déciderois donc pour la validité de ce Testament, & c'est aussi le sentiment de Ricard, tome premier, page 36,
n°. 153, édit. de 1730. La raison de douter
pourroit être prise dans la définition même
de l'interdiction, qui empêche celui qui ne
s'en est point fait relever, de pouvoir passer aucun acte.

Voici l'espéce d'un Arrêt célèbre, qui
confirme le principe ci-dessus annoncé,
qu'un Interdit pour cause DE DÉMENCE &
de prodigalité, ne peut valablement tester,
qu'après s'être *juridiquement* fait relever de
son interdiction.

Le sieur Lebrest, Secrétaire du Roi, fut
interdit pour cause de *démence* & de prodigalité, par Sentence du Châtelet du 13 Septembre 1748, SUR UN RAPPORT FAIT A LA
CHAMBRE DU CONSEIL, ET APRÈS UNE DÉLI-
BÉRATION DU CONSEIL. Cette interdiction
fut confirmée par le Testament de la dame
sa mere, par deux Arrêts de la Cour, & par
une nouvelle Sentence du Châtelet du 23
Décembre 1756, qui lui nomma des cura-
teurs à la place de la dame sa mere. Le 5
Juillet 1757, le sieur Lebrest, interdit,
fit assigner plusieurs de ses parens paternels, à comparoir en l'Hôtel de M. le
Lieutenant Civil : sçavoir, six parens paternels, & un parent maternel ; ceux-là com-
parurent en l'Hôtel du Magistrat, & déclarerent qu'ils ne s'opposoient pas à la main-
levée de l'interdiction du sieur Lebrest, sur
le fondement que les causes & motifs pour
lesquels cette interdiction avoit été prononcée, *leur paroissoient cessés*, & le sieur
Lebrest jouir d'un état *qui se rassuroit de
plus en plus*. Le même jour, 5 Juillet 1757,
M. le Lieutenant Civil donna Lettres au
sieur Lebrest des comparutions, requisi-
tions, avis & consentemens des compa-
rans, & défaut contre les défaillans ; en
conséquence ce Magistrat fit main-levée au
sieur Lebrest de son interdiction, le remit
en tel & semblable état qu'il étoit avant
icelle, à la charge qu'il ne pourroit ven-

dre, aliéner ſes biens, ni contracter aucun engagement ſans l'avis, par écrit, du
ſieur Brochant l'aîné, qui lui fut nommé
pour conſeil. Cette même Ordonnance, de
main-levée de l'interdiction, portoit que
le ſieur Lebreſt auroit l'entière & libre adminiſtration de ſes revenus, & que la préſente Sentence ſeroit ſignifiée aux Notaires
du Châtelet.

En 1763 le ſieur Lebreſt fit un Teſtament olographe. Mais le 28 Février 1766,
il en fit un pardevant Notaires à Paris, par
lequel, ainſi que par un Codicile du 7 Mars
ſuivant, après avoir fait quelques legs à ſes
parens maternels, il inſtitua ſes parens paternels ſes légataires univerſels; ſa ſucceſſion étoit compoſée de près de deux mil-
lions, mais il ne laiſſoit que pour un objet
extrêmement modique de propres paternels. Les parens maternels attaquèrent ce
Teſtament, dont ils demandèrent la nullité
ſur le fondement principal, que l'Ordonnance du Magiſtrat, portant main-levée
de l'interdiction du ſieur Lebreſt, étoit incompétemment rendue, l'ayant été par M.
le Lieutenant Civil, ſeul, & dans ſon Hôtel; tous les engagemens, diſoient-ils,
tous les liens civils quelconques, ne peuvent ſe rompre que de la même manière
qu'ils ont été formés: *Quid tàm naturale
eſt quàm eo genere quidquid diſſolvi, quo
colligatum eſt. L. 25. De Reg. Jur.* L'interdiction, continuoient-ils, a été prononcée ſur le rapport, à la Chambre du Conſeil; elle ne pouvoit donc être levée que
de cette manière. Outre cela, le compte
qu'ils rendoient de toutes les actions du
ſieur Lebreſt, avant & depuis la main-levée
de ſon interdiction, prouvoit aſſez qu'il
n'avoit pas été dans le cas d'en être relevé.
C'eſt dans ces circonſtances que la Cauſe
portée à l'Audience, & après que M. Barentin, Avocat Général, eut développé les
principes de la matière, & établi la nullité
& l'incompétence de M. le Lieutenant Civil, pour accorder, ſeul dans ſon Hôtel, la
main-levée d'une interdiction prononcée ſur
rapport, dans la Chambre du Conſeil, Arrêt eſt intervenu en la Grand'Chambre, le
Mardi 17 Mai 1768, par lequel la Cour,
ſur l'appel de l'Ordonnance du Lieutenant
Civil, *rendue en ſon Hôtel*, portant main-

levée de l'interdiction prononcée contre
Nicolas-François Lebreſt, a mis l'appellation, & ce dont étoit appel, au néant;
émandant, a déclaré ladite Sentence nulle
comme incompétemment rendue; en conſéquence a déclaré le Teſtament & Codicile
nuls & de nul effet, a ordonné le partage
de la ſucceſſion *ab inteſtat*, & cependant,
du conſentement des héritiers maternels, a
ordonné le payement & délivrance des legs
particuliers faits à chacune des parties dé-
nommées dans leſdits Teſtament & Codicile, *& en faveur deſquelles perſonnes ledit
ſieur Lebreſt avoit teſté.*

Faiſant droit ſur les Concluſions de M.
le Procureur Général, la Cour a ordonné
que l'Arrêt du 10 Juillet 1665, l'Edit du
mois de Janvier 1685, regiſtré le 22, pour
l'adminiſtration de la Juſtice du Châtelet
de Paris, enſemble un autre Arrêt de la
Cour du 17 Avril 1747, ſeroient exécutés
ſelon leur forme & teneur: ce faiſant qu'il
ne pourroit être ſtatué par le Lieutenant
Civil, en ſon Hôtel, que ſur les conteſtations, & dans les cas èſquels, par l'article 17 dudit Arrêt du 10 Juillet 1665, il
eſt permis à tous Juges de faire acte de
juriſdiction *en leurs Maiſons*; & dans
ceux èſquels il eſt permis audit Lieutenant Civil, par les articles 6, 9 & 11 dudit
Edit, de rendre des Ordonnances & Jugemens *en ſon Hôtel*. Plaidans Mes Legouvé
& Aubry pour la dame de Riberolles &
Conſorts; contre M. Clément de Feillet &
autres, Intimés, défendus par Mes Carré &
Caillard. Il y eut des Mémoires de part &
d'autre.

Remarquez que M. l'Avocat Général
a plaidé, relativement aux différentes diſpoſitions teſtamentaires du ſieur Lebreſt,
(trouvées plus ou moins raiſonnables, ſuivant les intérêts oppoſés des Parties,) que
dans le cas du teſtament d'un interdit,
*quelle que puiſſe avoir été la cauſe de ſon in-
terdiction*, s'il n'en a pas été juridiquement
relevé, il n'eſt pas permis d'ouvrir ſon Teſtament pour le diſcuter en Juſtice: ainſi,
& d'après cette opinion, la diſcuſſion *des
intervalles lucides*, à laquelle on ſe livre
toujours en pareille matière, deviendroit
ſuperflue.

Par Arrêt rendu en la Grand'Chambre

bre sur délibéré au rapport de M. Farjonel, le Samedi 30 Avril 1768, la Cour a déclaré non-recevable dans une inscription de faux, formée contre la mention des Notaires, insérée dans un Testament, portant, qu'ils avoient trouvé le testateur sain d'esprit, mémoire & entendement, ainsi qu'il leur étoit apparu. Mais remarquez que dans le fait particulier il y avoit preuve, que le sieur Langlois testateur avoit passé, postérieurement à son Testament, plusieurs actes qui prouvoient qu'il étoit sain d'esprit.

Comme on ne peut par Testament disposer dans la Coutume de Paris, que du quint de ses propres, il en résulte que, par Testament, on ne peut léguer *en usufruit*, que la cinquième partie de ses propres, parce que l'héritier du sang doit toujours avoir les quatre quints francs & quittes de toutes charges imposées par le Testament.

TIERCEMENT.

Page 123, col. 1, à la fin du 1ᵉʳ alinea, après baux judiciaires, *ajoutez;*

On peut admettre la preuve par témoins, des faits de dol & de fraude contre un Tiercement, irrégulier d'ailleurs dans la forme. C'est ce qui a été jugé par Arrêt du Jeudi 16 Juillet 1767, rendu aux Eaux & Forêts au Souverain, en faveur du sieur Boudoux, contre l'Abbaye Royale de Saint Vaast d'Arras. Le moyen du sieur Boudoux, adjudicataire des bois, mais dont l'adjudication avoit été tiercée, étoit que le Tiercement du sieur Marotte (qui faisoit un objet pour l'Abbaye de Saint Vaast de plus de 30000 liv.) avoit été fait en fraude de la Loi qui défend aux Ecclésiastiques de se rendre adjudicataires de bois, & que le sieur Marot, sous le nom duquel le Tiercement paroissoit avoir été fait, n'étoit que le prête-nom de l'Abbaye de Saint Vaast. Le sieur Boudoux articuloit des faits relatifs à son assertion, il demandoit à en faire preuve. L'Abbaye de Saint Vaast soutenoit le sieur Boudoux non-recevable dans sa demande, tendante à faire cette preuve, comme étant prohibée par l'Ordonnance. Elle prétendoit en outre qu'un Tiercement quelconque anéantissoit tout le droit de l'adjudicataire; elle citoit le nouveau Traité

des Loix Forestieres par Pecquet, qui rapporte un Arrêt rendu au Conseil d'Etat le 31 Décembre 1712, comme ayant jugé que l'adjudicataire n'a plus aucun droit quelconque, dès l'instant qu'il y a eu un Tiercement; l'Abbaye de Saint Vaast ajoutoit que quand même ce Tiercement n'auroit pas lieu, dès qu'il avoit indiqué que les bois n'avoient pas été portés à leur juste valeur par l'adjudication, l'Adjudicataire n'avoit plus le droit de la soutenir. Une Sentence de la Maîtrise de Noyon, du 25 Avril 1766, avoit admis le sieur Boudoux à la preuve de ces faits.

Par un premier Arrêt du 12 Juillet 1766, les demandes respectives des Parties furent jointes à l'appel, toutes choses demeurant en état; mais le fond ayant été instruit, & l'enquête du sieur Boudoux s'étant trouvée concluante, Arrêt est intervenu ledit jour 16 Juillet 1767, au rapport de M. Charpentier de Foissel, Lieutenant Général, qui a déclaré le Tiercement nul & frauduleux, avec 1000 liv. de dommages-intérêts & dépens, au profit du sieur Boudoux, qui est demeuré adjudicataire de la réserve des bois en question, en fournissant, suivant ses offres, caution & certificateurs bons & solvables. Mᵉˢ Herbaut & Cochu firent des Mémoires dans cette affaire.

TIERCE-OPPOSITION.

Page 225, col. 2, à la fin du 1ᵉʳ alinea, après communiqués, *ajoutez;*

Quoiqu'en général ceux qui ont été Parties dans un Arrêt, ne puissent revenir contre, que par la Requête civile & non par la Tierce-Opposition, cependant voici un exemple récent où le contraire a été jugé.

Les Curé & Marguilliers de Bouillancourt obtinrent une Ordonnance de M. l'Evêque d'Amiens, qui les autorisoit à faire enlever les bancs de leur Eglise, pour, sur les deniers qui proviendroient de la vente, en faire construire de nouveaux, d'une manière uniforme. Les Curé & Marguilliers avoient obtenu un premier Arrêt homologatif de la délibération des habitans, & de l'Ordonnance de M. l'Evêque d'Amiens. Un habitant engagea quelques autres à s'unir à lui & à former opposition à l'Arrêt d'homologation. Du nombre de ces

opposans étoient deux mineurs. Second
Arrêt intervint sur les Conclusions de M.
Joly de Fleury, Avocat Général, qui débouta les opposans de leur Opposition à
l'Arrêt d'homologation, & en ordonna
l'exécution avec dépens. La veuve Duval,
mere & tutrice des deux mineurs qui étoient
du nombre des Opposans, eut connoissance
de ce second Arrêt & d'un exécutoire de
dépens de 60 livres décerné contre ses mineurs. Cette veuve, comme tutrice de ses
enfans, forma Tierce-Opposition à cet Arrêt : elle fondoit ses moyens de Tierce-
Opposition, sur ce que ses mineurs avoient
été Parties dans le second Arrêt, sans son
autorisation, & sans y avoir été Partie elle-
même, d'où elle tiroit la conséquence que
toute la procédure étoit nulle. Les Curé &
Marguilliers lui accordoient le principe,
qu'un mineur ne peut ester en Jugement
sans l'assistance de son tuteur; mais ils soutenoient que dans le cas où la procédure
seroit nulle, c'étoit la Requête Civile &
non la Tierce-Opposition qu'elle auroit dû
prendre, attendu que ses mineurs avoient
été Parties dans l'Arrêt, & que le tuteur &
le mineur ne faisant qu'un, elle devoit par
ce moyen être considérée comme y ayant
été aussi Partie; la veuve Duval répliquoit
que, quoique ses mineurs fussent Parties
dans l'Arrêt, n'ayant point l'être civil, ils
n'avoient jamais pu y être valablement Parties; qu'ainsi c'étoit la même chose que s'ils
n'y eussent point du tout été; cette veuve
concluoit de tout ceci, que dans une pareille position elle avoit pu prendre la voie de
la Tierce-Opposition : c'est aussi ce qui a
été jugé par Arrêt du Samedi 17 Janvier
1767, conforme aux Conclusions de M.
Barentin, Avocat Général. La Cour faisant droit sur la Tierce-Opposition, a déclaré nulle toute la procédure faite, tant
contre les mineurs Duval, que contre leur
mere & tutrice, avec dépens. Plaidans Mes
de Laborde & Sérieux.

Voici encore un autre exemple où une
Tierce-Opposition a été reçue, quoique
les Tiers-Opposans auroient pu intervenir
avant l'Arrêt rendu, &c.

Le Marquis de Rochebaron avoit fait
donation en 1732 au Marquis d'Urfé, de
la Terre d'Arlet & d'une créance de

59000 liv. à la charge seulement d'une
pension viagere de 6000 liv. exempte de
toute retenue; le donataire décéda le premier, & ses biens, dans lesquels on comprit
la Terre d'Arlet, furent saisis réellement:
la saisie-réelle fut mise à fin, & la Terre
d'Arlet adjugée avec les autres biens, pour
un seul & même prix de 440000 l. déposé
aux Consignations.

On proposa au Marquis de Rochebaron,
(alors fort âgé) pour éviter aux créanciers
les frais d'une ventilation & l'emploi d'un
fonds pour produire les 6000 liv. de rente,
de se réduire à une somme de 24000 liv.
une fois payée. La Marquise d'Urfé, créanciere postérieure au Marquis de Rochebaron, acquiesça formellement à cette proposition. Le Marquis de Rochebaron y consentit pareillement par une Requête : il
y eut en conséquence un *appointement* signé de toutes les Parties intéressées à la
chose; avant d'en demander la réception, il
fut soumis à l'examen de celui de Messieurs,
qui avoit été nommé Rapporteur, des ordres à faire du prix des Terres vendues :
cet appointement, adopté de M. le Rapporteur, fut reçu en grande connoissance
de cause le 6 Septembre 1766. Le Marquis
de Rochebaron se mit en état de recevoir
aux Consignations, mais il mourut dans
l'intervalle : & il étoit dû alors une année
de sa pension viagere de 6000 liv. Ses héritiers institués reprirent en son lieu & place,
& demanderent le payement des 24000 l.
offertes & acceptées. Il y eut alors une Tierce-Opposition à l'Arrêt du 6 Septembre,
par deux Tapissiers, se disans créanciers des
héritiers du Marquis d'Urfé, donataire du
Marquis de Rochebaron. Les héritiers du
Marquis de Rochebaron soutinrent que
cette Tierce-Opposition n'étoit ni recevable ni fondée, parce qu'on ne recevoit
jamais Tiers-Opposans à un Arrêt, ceux
qui auroient pu intervenir avant l'Arrêt
rendu : encore moins ceux qui avoient été
représentés par quelqu'un dans la contestation, & à plus forte raison ceux qui avoient
été Parties & instruits de tout. Or les
deux Tiers-Opposans avoient été représentés & défendus par le Procureur poursuivant & par les Procureurs plus anciens, &
il avoit été arrêté que, pour éviter à frais

les procédures faites par les Procureurs plus anciens, seroient réputées faites avec les Procureurs de tous les créanciers. Les héritiers du Marquis de Rochebaron in-voquoient en leur faveur, les Arrêts ci-dessus rapportés, des 31 Mai 1743, 6 Septembre 1750, & 5 Avril 1751. Ils oppo-soient en outre à ces deux créanciers, qu'il étoit de principe, que ce qui étoit adopté par les trois quarts des créanciers en som-mes, devoit être exécuté contre ceux qui ne vouloient pas y adhérer, & que Bella-che & Solliliac, Tiers-Opposans, qui ne réunissoient pas à beaucoup près sur leurs têtes, le quart des créances, ne pouvoient critiquer une opération approuvée de tous les créanciers : cependant par Arrêt du Samedi 30 Mai 1767, (date du Jugement du délibéré au rapport de M. l'Abbé Ter-ray, Conseiller de Grand'Chambre) Bel-lache & Solliliac ont été reçus Tiers-Opposans à l'Arrêt du 6 Septembre 1766, & il a été ordonné que les héritieres du Marquis de Rochebaron ne toucheroient du Receveur des Consignations qu'une somme de 6000 liv. pour l'année échue au jour du décès du Marquis de Rochebaron. Me Caillard fit un Mémoire pour les héri-tiers du Marquis de Rochebaron. Voyez aussi *Evènement incertain.*

TIERS-COUTUMIER.

Page 228 *, col.* 1 *, à la fin de cet article, après ou ayeule, ajoutez* ;

Le Tiers-Coutumier des enfans nés avant le mariage remonté, pour l'hypo-théque, au jour du contrat de mariage reconnu. Voy. le Traité des Hypothéques, par Basnage.

TIERS-SAISI.

On appelle ainsi les personnes entre les mains de qui on saisit les sommes quel-conques, qu'elles peuvent devoir à celui sur qui la saisie est faite.

Un Tiers-Saisi qui refuse de fournir sa procuration affirmative, sur le fondement que les ouvrages dont il doit le payement, ne sont pas encore réglés, doit être obligé à retirer le Réglement de chez son Expert : ce n'est pas aux créanciers saisissans sur leur

débiteur, à payer le coût de ce Réglement, qui quelquefois peut être considérable. C'est ce qui a été jugé par Arrêt bien contradic-toire du Mercredi 27 Avril 1768.

Les Dames Religieuses de Chaillot, qui alléguoient, pour ne point affirmer ce qu'el-les devoient à un Serrurier, sur lequel il y avoit des saisies, que le Réglement du Mé-moire des ouvrages étoit entre les mains de leur Expert (qui demandoit pour son Ré-glement une somme de 4000 livres), ont été condamnées à retirer dans quinzaine ce Réglement, sinon réputées débitrices des causes de la saisie ; & comme telles con-damnées à les payer ; plaidans Mes Bidault, de la Goutte & Hutteau.

• TITRE & Papier.

Page 231 *, col.* 2 *, à la fin du* 5e *alinea, après décharge, ajoutez ;*

Les Titres & Papiers doivent être dé-posés entre les mains de l'aîné : cela est fondé sur la disposition de la Loi derniere, *ff. de Fide instrument,* &c. *SEMPER SENIO-REM JUNIORI ET AMPLIORIS HONORIS INFERIORI, ET MAREM FŒMINÆ PRÆ-FEREMUS:* & quand les prérogatives de l'â-ge n'ont point lieu, comme en ligne colla-térale, il faut avoir égard à la réputation des cohéritiers, pour préférer celui dont le nom est en meilleure odeur. Voy. Lebrun, des Successions, liv. 4, chap. premier, n°. 45. V. aussi à l'art. *Aîné.*

TITRES Cléricaux & Sacerdotaux.

Page 233 *, col.* 1 *, à la fin du* 1er *alinea, après en* 1753 *, ajoutez ;*

Voici encore un Arrêt plus récent qui a jugé que le Titre Clérical n'arrérageoit point.

La mere du sieur Abbé Mangeau lui avoit constitué 100 livres pour son Titre Clérical : elle avoit été 20 années sans lui en payer les arrérages, mais elle observoit, & même elle offroit d'affirmer que, pen-dant cet intervalle, elle avoit fait à son fils des fournitures considérables de meubles, effets de ménages, &c. cependant le sieur Abbé Mangeau, alors Curé, fit assigner sa mere en payement de vingt années d'arré-rages de son Titre Clérical ; la mere lui

322

TIT

oppoſa d'abord la fin de non-recevoir fondée ſur ce que le Titre Clérical n'arrérageoit point ; elle lui oppoſa en outre les fournitures qu'elle lui avoit faites , mais elle n'en rapportoit point de quittances.

L'Abbé Mangeau, au contraire, ſoutenoit que les arrérages du Titre Clérical, ne ſe preſcrivoient que par 30 ans, comme les arrérages des rentes viageres : il ne convenoit point non plus des fournitures dont on excipoit contre lui.

Par la Sentence ſur délibéré du Bailliage de Rheims, la mere avoit été condamnée à payer vingt années d'arrérages du Titre Clérical : mais ſur l'appel en la Grand-Chambre, Arrêt eſt intervenu à l'Audience de relevée, le Mardi 19 Avril 1768, qui a infirmé la Sentence, a donné acte à la mere de l'Abbé Mangeau de ſes offres de payer deux années des arrérages du Titre Clérical, échues depuis la demande : dépens compenſés. Plaidans Me le Preſtre de la Motte le fils , pour l'Abbé Mangeau ; & Me Gaultier pour l'appellante.

Il eſt à obſerver que le ſilence du fils pendant vingt années rendoit bien défavorable ſa demande ; il ne dénioit pas non plus formellement les fournitures que ſa mere ſoutenoit lui avoir faites : enfin l'Abbé Mangeau étoit renfermé dans une maiſon de force pour cauſe de dérangement d'eſprit, & il paroiſſoit aſſez qu'il n'avoit qu'une part fort indirecte au Procès.

Voyez un autre Arrêt du 5 Janvier 1667, au Journal des Audiences.

Voyez auſſi à l'article *Rapport*.

TITRE NOUVEL.

Même page, col. 2 , ligne 4 de cet article, après quelqu'héritage , *ajoutez* ; qui y eſt affecté, ou comme repréſentant celui qui devoit la rente.

Le Titre Nouvel ſe paſſe auſſi par le débiteur d'une rente conſtituée , & il peut être exigé tous les 10 ans.

Page 234, col. 1, ligne 2 du 3e alinea, après l'article 135 déclare, *ajoutez* ; ceux ou celles qui ont atteint l'âge de 20 ans accomplis, capables d'eſter en Jugement, d'adminiſtrer leurs biens, de contracter de leurs meubles & acquêts.

TRA

TONSURE.

Page 235 , colon. 1 , commencez ainſi cet article ;

Dans les ſiécles reculés , la Tonſure étoit en France une marque d'infamie ; c'eſt pourquoi on faiſoit tondre & raſer un Prince qu'on vouloit rendre incapable de ſuccéder à la Couronne.

En termes Eccléſiaſtiques , la Tonſure eſt l'entrée dans les Ordres Eccléſiaſtiques ; c'eſt la baſe & le fondement de tous les Ordres : elles vont toujours en augmentant , ſuivant la dignité des degrés de l'Ordre.

TOUR DE L'ÉCHELLE.

Même page , col. 2 , à la fin de cet article , après Juillet 1760, *ajoutez* ; Voyez auſſi les Loix des Bâtimens par Deſgodetz, pag. 380, édition de 1748.

TOUR DU CHAT.

Lorſque l'on fait des cheminées & leurs tuyaux vis-à-vis des cloiſons de charpenterie & pans de bois, il faut laiſſer ſix pouces de vuide entre les contre-murs & les maiſons à pans de bois , tant par les derrieres que par les côtés , formant un iſolement tout autour : c'eſt ce que l'on appelle le *Tour du Chat*. V. à ce ſujet le Réglement de Police du 21 Janvier 1672, & les Loix des Bâtimens par Deſgodetz, page 101.

TOUT.

En Droit , cet adjectif eſt d'un fréquent uſage. Il ſignifie ce qui eſt compoſé de pluſieurs parties intégrantes, conſidérées enſemble.

En matiere d'hypothéque , le créancier a *Totum in Toto, & in qualibet parte*. Voy. Hypothéque.

C'eſt une maxime de Droit , que ce qui ſe dit de la choſe toute entiere , doit auſſi s'entendre de chaque partie de la choſe. *Quæ de totâ re dicuntur, etiam & de parte intelligenda ſunt.* Lege 76, ff. *DE REI VENDICAT.*

TRADITION.

Page 237 , col. 1, à la fin du 1er alinea de cet article , après Trévoux, *ajoutez* ; du latin *Tradere*, Livrer.

Même page, col. 2, à la fin du 4ᵉ alinea, après V. Insinuation, ajoutez;

Lorsque la donation est d'une chose purement mobiliaire & non excédant 1000 l. il suffit de la seule Tradition, sans Insinuation. V. l'art 22 de l'Ordon. de 1731 des Donations, & à l'article *Donation*.

Sur cette espéce de donation, opérée par la seule Tradition, voici une question qui s'est présentée récemment en la Cour.

Après le décès de Claude Baillard, le partage de la succession fut fait entre sa veuve, commune en biens avec lui, Pierre Baillard son frere, & ses co-héritiers. La veuve & les héritiers de Claude Baillard, soutinrent qu'il devoit se trouver de l'argent comptant; & comme il ne s'en trouvoit point, ils prétendirent qu'il avoit été volé: cette circonstance donna lieu à une clause dans le partage qui fut fait depuis, par laquelle les Parties partageantes firent des réserves de tous droits & actions à ce sujet, même de poursuivre extraordinairement ceux ou celles qui pourroient avoir soustrait cet argent que l'on faisoit monter à une somme au moins de 6000 liv. Pierre Baillard qui souscrivit aussi cette clause cinq ans après ce partage, déclara qu'il étoit vrai qu'il avoit 4000 liv. mais que cette somme avoit été donnée à sa femme par Claude Baillard quelques jours avant sa mort, dans le temps que tous ceux qui l'environnoient d'ordinaire, étoient à Vêpres. Il soutint en conséquence que ne s'agissant que du don d'une chose mobiliaire, *suivie de la Tradition*, il n'y avoit point de reproches à lui faire, ni d'action à intenter contre lui. Les choses en cet état, les Parties sur l'extraordinaire furent mises hors de Cour & renvoyées à fins civiles. La veuve Baillard étant décédée, ses héritiers & représentans obtinrent Sentence qui condamnoit Pierre Baillard à leur restituer la somme de 2000 liv. pour la moitié qui revenoit à la veuve Baillard dans les 4000 liv. en question. Pierre Baillard interjetta appel de cette Sentence au Châtelet, où le 14 Mai 1767 intervint Sentence infirmative de celle du Juge de Fresne, sauf *l'action en récompense* qu'elle permit aux héritiers de la veuve de Claude Baillard, d'exercer comme ils aviseroient.

Sur l'appel en la Grand'Chambre, les appellans soutenoient que la clause insérée en l'acte de partage, excluoit toute idée d'action en récompense: que Pierre Baillard ayant souscrit cette clause, & convenant avoir les 4000 liv. entre ses mains, il devoit en rendre la moitié à la veuve, ou à ses représentans: ils ajoutoient qu'il étoit prouvé par les informations, que Pierre Baillard avoit spolié la succession de son frere; qu'il ne pouvoit point faire passer cette somme comme une donation suivie de Tradition, attendu qu'il s'agissoit de plus de 1000 liv. enfin que cette pretendue donation étoit nulle aux termes de la Coutume & des dispositions de l'Ordonnance de 1731 & de 1735, n'ayant point été faite par acte devant Notaires, avec minute. Pierre Baillard persistoit à soutenir que le défunt avoit pu de son vivant donner à qui il avoit jugé à propos: que la donation avoit été suivie de Tradition, ce qui suffisoit; que sur l'extraordinaire, les Parties avoient été mises hors de Cour: enfin, que la veuve de Claude Baillard, représentée par ses héritiers, n'avoit que son action en récompense, ainsi que le Châtelet l'avoit jugé.

Par Arrêt du Mardi 19 Janvier 1768, Audience de relevée, la Sentence du Châtelet fut confirmée avec dépens. Plaidans Mᵉˢ Breton & Delaune.

Sur la Tradition, voyez M. Pothier, Traité du Contrat de Vente, tome premier page 327.

TRAHISON (Haute).

Tout homme qui manque de fidélité à son Prince, soit en entretenant des intelligences avec l'ennemi, soit en livrant les Places dont la défense lui est confiée, ou en ne faisant point pour leur défense, ce que lui prescrivent ses devoirs & les régles ordinaires & connues de la guerre; soit enfin en commettant dans son administration, des abus d'autorité, des exactions & vexations, se rend coupable du crime de haute Trahison & doit être puni de mort.

Les peines prononcées par l'Ordonnance de Villers-Coterêts de 1539, article 184; d'Orléans, art. 43, 77 & 132; de Blois, art. 94, 114 & 157, relativement aux Concusfionnaires, doivent s'appliquer à bien plus forte raifon à ceux qui fe laiffant aveugler par l'intérêt, ou profitant de l'efpace immenfe, qui quelquefois les fépare de leur Souverain, font un ufage tyrannique de leur pouvoir, & facrifient toutes chofes à leur avarice ou à leur inhumanité.

Le Comte de Lally, Grand'Croix de l'Ordre Royal & Militaire de S. Louis, Lieutenant-Général des armées du Roi, fut accufé d'avoir trahi les intérêts du Roi, de fon Etat & de la Compagnie des Indes, commis des abus d'autorité, exactions & vexations; en conféquence fon procès lui fut fait & parfait : & par Arrêt rendu le Mardi 6 Mai 1766, au rapport de M. Pafquier, Confeiller (la Grand'Chambre affemblée) la Cour a rendu contre lui l'Arrêt dont voici le difpofitif en partie.

» La Cour, la Grand'Chambre affemblée, » fans s'arrêter aux Requêtes & demandes » dudit Lally, dont il eft débouté, ni aux » reproches par lui fournis contre les té- » moins, lefquels font déclarés non perti- » nens & inadmiffibles, déclare ledit Tho- » mas-Artur de Lally, dûement atteint & » convaincu, d'avoir trahi les intérêts du » Roi, de fon Etat, & de la Compagnie » des Indes, d'abus d'autorité, vexations » & exactions envers les Sujets du Roi, & » Etrangers, habitans de Pondichery; pour » réparation de quoi & autres cas réfultans » du Procès, l'a privé de fes état, honneurs » & dignités, l'a condamné & condamne à » avoir la tête tranchée par l'Exécuteur de » la Haute-Juftice, fur un échafaud qui » pour cet effet fera dreffé en place de Grè- » ve; déclare tous fes biens acquis & con- » fifqués au Roi, fur iceux, préalablement » pris la fomme de 10000 liv. d'amende, » applicable au pain des Prifonniers de la » Conciergerie du Palais, & 300000 liv. » applicables aux pauvres habitans de Pon- » dichery, ainfi qu'il en fera ordonné par le » Roi.....; ordonne que tous les Mémoi- » res dudit Lally, joints à fa Requête d'At- » ténuation, feront fupprimés, comme con- » tenant des faits faux & calomnieux; or- » donne en outre que le préfent Arrêt fera » imprimé, publié & affiché par-tout où » befoin fera, & que copies d'icelui feront » envoyées dans les Colonies «.

L'Arrêt a été mis à exécution le Vendredi 9 Mai 1766.

TRAITTES.

Page 239, col. 1, à la fin de cet article, après des Traittes, ajoutez ;
Par Arrêt de la Cour des Aides de Paris, du premier Septembre 1763, Jacques Fabre, de Nantes, a été condamné au banniffement perpétuel, pour avoir réclamé une caiffe prétendue contenir une valeur de plus de 315000 liv. de dentelles & foierie, au lieu de laquelle il avoit fubftitué & mis dans l'Entrepôt de Nantes, une caiffe contenant des pantouffles, & avoir, à l'effet de ladite réclamation, falfifié l'acquit à caution du Bureau de la Douane à Paris.

TRANSACTION.

Mêmes page & col. à la fin du 1er alinea de cet article, après donner lieu, ajoutez ;
C'eft une maxime de Droit, que l'on ne doit point feindre l'exiftence d'une conteftation non élevée, pour en prendre occafion de tranfiger : il faut au contraire qu'il exifte réellement une conteftation ou un procès dont l'événement foit incertain. *Tranfactio fit tantum de re dubiâ & lite incertâ, adeò ut fingi lites non debeant, ut hoc colore Tranfactiones fiant : quandò enim nullum eft fubjectum litis, nullum eft Tranfactionis.*

Page 239, col. 1, à la fin du 3e alinea de cet article, après chofes jugées, ajoutez ;
Non minorem autoritatem Tranfactionum, quàm rerum judicatarum effe, rectâ ratione placuit. Lib. 20, *Cod. de Tranfactionibus.*

Page 240, col. 1, à la fin de cet article, après verb. Tranfaction, ajoutez ; M. Pothier, du Contrat de Vente, tom. 2, p. 166.

TRANSEAT (nihil).
V. Refcrits.

TRANSLATION de Religieux d'un Ordre dans un autre.

Page 241, col. 2, ligne 8 du 4e alinea, après BÉNÉVOLE, ajoutez en note ; (a)

(a) Bénévole eft le confentement que donne l'Abbé ou Supérieur d'un Monaftere, ayant la difpofition des places Monacales, à ce qu'un Religieux d'un autre Ordre qui follicite fa Tranflation, y foit reçu *in fratrem*, & y occupe une Manfe ou place Monacale, en faifant une nouvelle Profeffion, conformément aux Conftitutions de l'Ordre d'où dépend ce Monaftere.

TRANSMISSION.

Page 242, colonne 2, à la fin de cet article, après V. *Subrogation, ajoutez;*

Un testateur institue son neveu son légataire universel, à la charge de payer une somme déterminée par son testament, à chacun de ses petits-neveux, à leur majorité, ou lors de leur établissement, & cependant l'intérêt, jusqu'au remboursement. Un des petits-neveux, légataire particulier, vient à décéder en minorité, laissant pour héritiers son pere & ses freres. On demande si dans ce cas, le legs fait au petit-neveu est éteint par sa mort; ou au contraire, s'il est transmissible aux héritiers du petit-neveu décédé, & à qui il appartiendra?

Il faut répondre que le legs n'est pas éteint par la mort du légataire, arrivée avant sa majorité ou avant le remboursement du legs, parce que le legs particulier fait avec charge de la part du légataire universel du payement des intérêts, a établi une propriété en la personne du légataire particulier & le remboursement du legs n'étoit seulement que différé jusqu'à la majorité du légataire; conséquemment un legs de cette nature est transmissible aux héritiers du légataire, &, comme le pere est héritier mobilier de son fils, il doit avoir ce legs au préjudice de ses autres enfans, freres du légataire particulier; il faut aussi dire que le légataire universel, sur le fondement qu'il n'étoit tenu de faire le remboursement de ce legs qu'à la majorité, ou lors de l'établissement du légataire particulier, & jusqu'à ce, payer les intérêts (lesquels deux cas ne sont pas arrivés) ne peut offrir de payer la rente du legs pendant la vie du pere, pour en assurer le fonds aux autres freres du défunt, ni exciper de ce que le pere seroit dissipateur.

TRANSPORT DU JUGE.
V. *Interdiction* & *Moribond.*

TRÉSOR ROYAL.

Page 245, col. 1, à la fin du 1er alinea de cet article, après acquittées, *ajoutez;*

Le Trésor Royal est aujourd'hui en France, ce qui, sous le Régne de François Premier, s'appelloit l'Epargne.

TRÉSORIERS DE FRANCE.

On appelle ainsi des Officiers d'un Bureau établi dans chaque Généralité; c'est dans ce Bureau qu'on procéde à l'examen des états de finance, & des comptes, par bref état.

Les Trésoriers de France ont leur Bureau dans chaque Province ou Généralité, composée d'un certain nombre de Présidens & de Conseillers.

Le Bureau des Trésoriers de France de la Généralité de Paris est composé de six Présidens & de dix-neuf Conseillers, qui jouissent des mêmes priviléges que ceux de la Chambre des Comptes, où ils ont séance & voix délibérative.

Les Trésoriers de France ont été confirmés par un Arrêt du Conseil du 11 Août 1705, dans la possession de connoître seuls de toutes les demandes & contestations qui concernent les biens acquis au Roi, par confiscation, aubaine, déshérence ou bâtardise. Le même Arrêt fait défense aux Officiers des Bailliages de connoître de ces objets, sous quelque prétexte que ce soit, & ordonne que tous les deniers & effets provenans des biens acquis au Roi, auxdits titres, seront remis au Receveur Général des Domaines de la Généralité. Voyez *Bureau des Finances*, *Chambre du Trésor*, Henrys, tom. premier, liv. 2, chap. 4, quest. 14 & 60; Bacquet, & le Dictionnaire de Trévoux.

TRONC-COMMUN.

Page 247, col. 2, ligne 5 du 5e alinea, après le 9 Juin (ou Juillet) 1759, *ajoutez* (a) & *mettez en note;*

(a) D'après le Mémoire imprimé de Me d'Outremont, cet Acte de Notoriété est du 9 Juin 1759. Voici comment il est conçu : » Nous attestons qu'il est d'un » usage ordinaire de stipuler par contrat de mariage » (après avoir réglé l'ameublissement), que le surplus » des biens des conjoints leur sortira nature d'anciens, à » eux & à leurs hoirs, tant en ligne directe que colla- » térale, comme s'ils avoient fait Tronc & double Tronc; » & qu'en ce cas, si l'un des conjoints meurt, lais- » sant un enfant héritier de ses biens, ainsi stipulés an- » ciens, le conjoint survivant est exclu de pouvoir les » recueillir dans la succession de l'enfant mort *ab intestat*, » & qu'ils appartiennent aux héritiers collatéraux du » conjoint prédécédé. «. Signés, Genreau, Quarré, de Quintin, Colas. Trente célèbres Avocats du Parlement de Dijon avoient attesté la même chose.

Même page & même colon. à la fin de cet article, après 28 Mars 1760, *ajoutez ;*

La ftipulation de propre à chacun des conjoints & aux fiens de fon côté & ligne, a donné lieu à la queftion de fçavoir à qui de la mere, ou des héritiers collatéraux de fon fils décédé majeur, à Lyon, appartiendroit l'immeuble fitué en Pays de Droit-Ecrit ?

Dans l'efpéce de cet Arrêt, Jean Camille de Gangnieres, Comte de Souvigny, s'étoit marié en 1720 avec la demoifelle Berryer. Par leur contrat de mariage, paffé devant Notaires à Paris, le futur époux y étoit doté de la Terre *& Comté de Souvigny* (fitué Pays de Droit-Ecrit) *avec les meubles, beftiaux & femences y étant,* à la charge de payer à fes pere & mere donateurs, une fomme de 35000 liv. De fon côté, la demoifelle Berryer s'étoit mariée avec fes biens & droits : le contrat de mariage portoit cette claufe, *defquels biens & droits, il entrera en ladite future communauté, la fomme de* 20000 *liv. de part & d'autre, & à cette fin l'immeuble* DEMEURERA AMEUBLI *jufqu'à concurrence, &* LE SURPLUS *de leurs biens & droits demeurera propre,* A CHACUN D'EUX, ET AUX SIENS DE SON CÔTÉ ET LIGNE, *avec ce qui leur écherra pendant le mariage, en meubles &* IMMEUBLES *par fucceffion, donation, legs ou autrement,* &c.

Pendant le mariage, il échut au Comte de Souvigny, plufieurs immeubles de la fucceffion de fon pere, fitués Pays de Droit-Ecrit. Le Comte de Souvigny mourut laiffant deux enfans, un fils & une fille ; celle-ci fit profeffion en Religion : fon frere, Camille Nicolas, Comte de Souvigny, décéda à Lyon, majeur & fans enfans, le 22 Avril 1748. Le fieur de S. Laurent, fon oncle paternel, demanda au Châtelet, 1°. le délaiffement des propres conventionnels, confiftans dans le Comté de Souvigny, dont Jean Camille fon frere avoit été doté, & dans les immeubles échus pendant fon mariage, énoncés dans un partage du 3 Mars 1736. 2°. La communication de l'inventaire, à l'effet de connoître les autres propres réels auxquels il prétendoit que les parens paternels avoient droit de fuccéder. 3°. Enfin la remife des titres de fa-

mille dont fon neveu étoit en poffeffion, comme repréfentant l'aîné. Toutes ces demandes furent enveloppées dans un débouté général, prononcé contre lui, par Sentence du Châtelet : le fieur de S. Laurent en interjetta appel en la Cour.

La Comteffe de Souvigny, mere de Camille Nicolas, Comte de Souvigny, étoit la Partie adverfe du fieur de S. Laurent ; elle prétendoit que les immeubles étant fitués en Pays de Droit-Ecrit, & notamment le Comté de Souvigny, ils lui appartenoient comme héritiere de fon fils. Le fieur de S. Laurent foutenoit au contraire que la fiction de propres portée au contrat de mariage, l'en excluoit ; que par la Lettre même de la claufe, le Comté de Souvigny, ainfi que tous les biens, fans diftinction des meubles & immeubles, avoient également reçu l'impreffion de la fiction, pour exclure la Comteffe de Souvigny du droit d'y fuccéder. Celle-ci répliquoit que les fictions de propres n'avoient lieu que pour le mobilier qui entre en communauté, fans qu'on pût les étendre aux immeubles qui n'y tomboient point : qu'un propre réel ne pouvoit être propre conventionnel, la fiction s'anéantiffant où exiftoit la vérité. Que le Comté de Souvigny étant fubftitué, fon mari qui rempliffoit le premier degré, n'avoit pu le ftipuler propre ; ni empêcher que le fils à naître de fon mariage ne poffédât librement cette Terre. Enfin que fon fils étant décédé majeur, cette fiction s'étoit entiérement éteinte.

Le fieur de S. Laurent répondoit qu'à la vérité, la ftipulation de propres de côté & ligne étoit inutile quant aux immeubles fitués à Paris ou en Coutumes femblables, qui les rendent propres indépendamment de toute convention, & empêchent que le canal des enfans ne les faffe paffer de la famille de l'un des conjoints, dans la famille de l'autre ; mais que cette ftipulation étoit utile *pour les immeubles fitués en Pays de Droit-Ecrit, dont la Loi n'avoit point pourvu à la confervaeion des biens dans les familles* ; utile encore pour les immeubles fitués *dans les Coutumes foucheres, qui n'ont affecté les biens qu'aux defcendans, & non au côté & ligne de l'acquéreur,* &c. que cette ftipulation de propres de côté & ligne

gne

gne fervoit à empêcher le paffage des immeubles d'un conjoint dans la famille de
l'autre, dans tous les cas où la Loi n'y
avoit pas fuffifamment pourvu. Quant aux
objections qu'on lui faifoit, il répondoit
que la fubftitution du Comté de Souvigny,
en la perfonne de Jean Camille qui fe l'é-
toit ftipulé propre de côté & ligne, n'avoit
mis aucun oftacle à la validité & à l'effet
de la ftipulation de propre de côté & ligne,
qui avoit eu pour objet de conferver à la
famille cette Terre titrée. Enfin que la
majorité des enfans ne faifoit pas ceffer
l'effet de la ftipulation de propres de côté
& ligne; & que ce ne feroit veiller qu'à
demi, de borner le préfervatif au temps de
la minorité des enfans, &c.

Malgré tous ces moyens difcutés à fond
dans un Mémoire de Mᵉ Esbrard, & dans
une Confultation imprimée de Mᵉˢ Gillet,
de Lambon, Mallard & d'Outremont, la
Sentence du Châtelet a été confirmée quant
à la queftion de Droit, par Arrêt rendu
en la Grand'Chambre, au rapport de M.
Pafquier, le Lundi 20 Août 1759 (a).

Remarquez que le fieur de S. Laurent
faifoit ufage dans fon Mémoire, de la Confultation donnée contre la dame de l'Al-
bergement, dans l'inftruction de la caufe
jugée par l'Arrêt du 28 Mars 1760.

TROUBLE.
Voyez *Complainte* & *Poffeffion.*

Quelques Auteurs, en définiffant le
Trouble qui donne matiere à la Complainte, en ont diftingué, avec raifon, de deux
fortes; l'un de fait & l'autre de droit.

La définition du Trouble de fait n'eft
point fufceptible d'équivoque; quant à
celui de droit, ces Auteurs ont dit qu'il
avoit-lieu, lorfque par un acte quelconque
on interrompoit une poffeffion: mais cette
définition eft trop générale; il eft même fi

peu vrai qu'un acte judiciaire quelconque
donne matiere à Complainte, qu'il a été
jugé, par Arrêt du 12 Août 1763, rendu
conformément aux Conclufions de M. Joly
de Fleury, Avocat Général, en faveur des
héritiers du Marquis de Prohenques, contre le Comte de Wallen, que l'on n'étoit
pas recevable à prendre pour Trouble une
demande judiciaire (b); que c'étoit au contraire la feule voie de fe faire rendre juftice: tellement que le Comte de Wallen qui
avoit pris une pareille demande pour Trouble & en avoit formé Complainte, a été
déclaré non-recevable & mal fondé dans
ladite demande; il a été condamné en l'a-
mende de 20 l. & aux dépens, à cet égard,
de fa procédure qui a été déclarée nulle.
Plaidans Mᵉ d'Outremont, pour le fieur
Abbé de Prohenques & Confors, contre
Mᵉ Savin de Mony, pour le Comte de
Wallen, Suédois, donataire univerfel de la
dame fon époufe, ayant veuve du Marquis
de Prohenques.

TURPITUDE.

C'eft une maxime de droit, que perfonne
n'eft écouté lorfqu'il apporte pour excufe fa
propre Turpitude: *Nemo auditur Turpitudinem fuam allegans.*

C'en eft une autre, qu'un enfant ne doit
point révéler la Turpitude de fa mere:
*Filius non debet revelare Turpitudinem ma-
tris.* V. Automne fur l'art. 64 de la Coutume de Bordeaux.

TUTELLE, TUTEURS.

*Page 249, col. 1, commencez ainfi cet
article;*

On appelle ainfi, celui qui eft élu juridiquement, pour avoir foin de la perfonne
& des biens des enfans délaiffés en bas âge
par un pere ou une mere; ce mot dérive du
latin *Tueri*, défendre, foutenir.

(a) Par la vérification que j'ai faite de cet Arrêt
au Greffe, j'ai vu que la Sentence du Châtelet du 30
Janvier 1755 avoit été infirmée, en ce que le fieur de
Gangnieres de Souvigny avoit été débouté de fa demande
en reftitution d'un contrat fur les Aides & Gabelles de
109 livres; & de fa demande en remife des titres de famille. Il a été donné acte à la dame veuve du Comte de
Souvigny, de fes offres à cet égard; en conféquence, fans
s'arrêter au furplus des demandes du fieur de Gangnieres
de Souvigny, ni à fes Lettres de Refcifion, il a été ordonné que la Sentence au réfidu fortiroit fon plein &
Supplement.

entier effet, & le fieur de Gangnieres & Confors ont été
condamnés en tous les dépens.
(b) C'étoit une Requête au Châtelet, par laquelle
les héritiers du Marquis de Prohenques avoient conclu à
ce qu'il leur fût permis d'affigner la veuve du Marquis
de Prohenques, alors remariée au Comte de Wallen,
pour voir dire qu'elle feroit condamnée à fe défifter à
leur profit de tous les biens de la fucceffion du Marquis de Prohenques, avec reftitution de fruits, & cependant permiffion de faifir-arrêter entre les mains de
tous les fermiers, débiteurs & dépofitaires.

Page 252, col. 1, à la fin du 5ᵉ alinea, après ordinaire, ajoutez ;

On vient de dire qu'il suffisoit de la seule volonté de la famille pour destituer un Tuteur onéraire : c'est aussi ce que la Cour a jugé *in terminis*, par Arrêt rendu conformément aux Conclusions de M. Séguier, Avocat Général, le Samedi 19 Juillet 1766.

Dans cette espéce, Mᵉ Barbellion, Avocat en Parlement, avoit été nommé Tuteur aux substitutions fondées dans la Maison de Montmorency, en faveur de la branche du Duc de Boùteville ; depuis 4 ans qu'il occupoit cette place, il ne paroissoit rien que de louable dans sa conduite : cependant une Sentence du Châtelet de Paris, rendue sur un avis signé de sept parens, prononçoit la destitution de Mᵉ Barbellion ; il prit un Arrêt de défenses contre cette Sentence. Cela donna lieu à une Instance d'appointement à mettre, par l'événement de laquelle les Parties furent renvoyées à l'Audience, où il intervint Arrêt confirmatif de la Sentence. Le motif de l'Arrêt, fondé sur ce qu'un Tuteur à une substitution n'est qu'un simple agent, un homme à gage, destituable à volonté, comme un Tuteur onéraire : & que de même que Mᵉ Barbellion n'étoit pas forcé d'accepter & qu'il pouvoit se désister, de même aussi on pouvoit le destituer *ad nutum*, suivant la maxime, *Illius est destituere cujus est instituere* ; plaidans Mᵉˢ Savin, Bigot de Sainte-Croix, & Paporet.

Page 255, col. 2, à la fin du 1ᵉʳ alinea ; après contraires à ce soin, ajoutez ; en un mot, les Tuteurs peuvent tout pour leurs pupilles, & rien contr'eux.

Page 257, col. 1, à la fin du 2ᵉ alinea ; après s'opposoit seul, ajoutez ;

Dans le Ressort *du Parlement de Toulouse* seulement, les Tuteurs ne peuvent épouser leurs mineures ni les marier à leurs enfans. La peine n'est pas dans ce cas, comme le dit Argou, du bannissement ; mais si, dans l'étendue de ce Parlement, le Tuteur a épousé sa pupille ou qu'il l'ait mariée à son fils, il ne peut succéder à ses enfans ou petits-enfans. Voy. l'Annotateur d'Argou & un Arrêt du 20 Mai 1637, rapporté par d'Olive, liv. 3, chap. 2, page 292, édition

de 1650 ; cet Arrêt est fort instructif sur cette matiere.

Mais en Pays Coutumier le Tuteur peut épouser sa mineure, pourvû toutefois qu'il ait le consentement des parens ; car s'ils s'y opposoient, il ne pourroit passer outre. Il faut dire aussi qu'un Tuteur qui auroit abusé de son autorité pour faire un mariage inégal avec sa mineure, ou qui l'auroit fait épouser à son fils, pourroit être condamné à une peine proportionnée à une pareille action. Voyez Argou, tome premier, page 162.

Mêmes page & col. à la fin du 3ᵉ alinea, après comptes non-détaillés, ajoutez ;

Le pere, survivant à son fils, dont il étoit Tuteur, doit-il un compte de Tutelle aux héritiers de son fils ? Voyez à la fin de cet article.

Même page, col. 2, à la fin du 7ᵉ alinea, après chapitre 84, ajoutez ;

J'ai sous les yeux l'espéce d'un Arrêt rendu en la Grand'Chambre, au rapport de M. l'Abbé Terray, le 29 Mars 1756, par lequel il a été jugé qu'un pere, quoique Tuteur naturel de son fils, devoit se faire élire *juridiquement* Tuteur de son fils, pour intenter, ou du moins, pour suivre l'action en Retrait lignager formée pour son fils, parce que la capacité du pere pour former cette action, ne réside pas en sa personne, mais au contraire elle dérive seulement de la faculté qu'a le fils de l'intenter. Tout ce qui est fait à cet égard, est donc toujours censé n'être fait que par le fils, qui étant mineur, ne peut ester en Jugement, sans être assisté d'un Tuteur *juridique*, sur-tout en France, où l'on ne reconnoît de Tutelles, que les Tutelles datives confirmées par le Juge. D'ailleurs en matiere de Retrait, tout est de rigueur, l'acquéreur pourroit donc valablement exciper de ce moyen ; en effet le mineur devenu majeur, ne pourra-t-il pas désavouer son pere, *non juridiquement* créé son Tuteur, & revenir contre tout ce qu'il aura fait, dans le cas où relativement à ce Retrait, il lui auroit fait soutenir une mauvaise contestation, ou même, lui auroit fait adjuger un Retrait qui lui seroit plus onéreux que profitable ? Dans cette position, si après le Retrait adjugé & après une jouissance de plufieurs années, le fils défavouoit tout ce qui auroit été fait & renonçoit au Retrait, le pere alors deviendroit le maître, ou de garder le Retrait, ou de le laisser; si le pere le gardoit, quoiqu'il pût fort bien n'être pas de la ligne, il se trouveroit qu'il auroit dépouillé un légitime acquéreur, ou qu'il jouiroit du bénéfice de la Loi sans le mériter : pour éviter de pareils inconvéniens, il faut que toute la procédure soit en régle, & elle ne peut l'être (absolument parlant) que lorsque le pere s'est fait juridiquement nommer Tuteur de son fils.

Par Arrêt du 29 Mars 1756, qui intervint entre le nommé Crapier & le nommé Billet, sur une contestation de cette nature, la Sentence du Bailliage de Montdidier du 21 Juin 1754, qui avoit reçu le nommé Crapier, *comme Tuteur naturel de son fils*, au Retrait lignager de 58 verges de terres, fut infirmée; Billet, acquéreur, fut déchargé des condamnations contre lui prononcées par cette Sentence; en conséquence Crapier, audit nom, fut débouté de sa demande en Retrait lignager, formée au Bailliage de Montdidier par exploit du 2 Avril 1754, & condamné en tous les dépens. Me Belisme de Maisonneuve écrivoit dans cette Instance, pour Billet; & Me Collet, pour Crapier. Mais voyez à l'article *Retrait lignager.*

Page 258, colonne 2, à la fin de la note, après déférée au pere, *ajoutez*;

Par Sentence contradictoire du Châtelet de Paris, rendue le 30 Juin 1767, il a été jugé qu'un Tuteur qui après avoir géré pendant deux ans une Tutelle qu'il avoit recherchée, & qui s'en étoit fait décharger sur un faux exposé, par un Juge incompétent, sans consulter la famille du mineur, & sur un simple avis d'étrangers, nul & irrégulier, étoit garant de l'insolvabilité du Tuteur qu'il avoit fait élire en sa place; sur-tout lorsqu'il paroissoit que le Tuteur n'avoit cherché qu'à dépouiller le mineur, qu'il en avoit effectué le projet, & que la collusion entre les deux Tuteurs étoit prouvée par les actes, & par un concours de circonstances décisives.

C'est ainsi que cette question, jugée par la susdite Sentence, est présentée dans le Mémoire imprimé, fait par Me Co-

chu le jeune, pour Armand Prévost, Marquis de Letoriere, contre les héritieres du Marquis de Letenduere, lequel avoit été Tuteur du Marquis de Letoriere; il y eut appel de cette Sentence : mais, par Arrêt du 26 Mars 1768, les Parties furent appointées. Les Conclusions de M. l'Avocat Général Joly de Fleury tendoient à la confirmation de la Sentence.

Un Tuteur peut-il provoquer une licitation des biens du Mineur, lorsqu'il y a un majeur ? cette question s'est présentée récemment en la Grand'Chambre. Le majeur disoit qu'il n'y avoit que lui qui pouvoit la provoquer, & qu'une licitation ne pouvoit être poursuivie à la requête du Tuteur, que lorsqu'elle étoit volontaire & non judiciaire; il citoit le Brun, Argou & plusieurs autres autorités.

M. Joly de Fleury, Avocat Général, établit au contraire, pour principe, qu'un Tuteur pouvoit faire tout ce que le pere de famille avoit le droit de faire; qu'il pouvoit par conséquent faire procéder au partage, & par une suite nécessaire provoquer la licitation, puisque c'étoit le moyen d'empêcher que les Parties ne restassent dans une indivision, dans laquelle on ne pouvoit les forcer de demeurer. D'après ces observations, Arrêt intervint en la Grand'Chambre le Vendredi huit Janvier 1768, Audience de relevée, par lequel la Sentence de MM. des Requêtes du Palais, qui avoit ordonné que la licitation seroit poursuivie à la requête du Tuteur du mineur, fut confirmée avec dépens. Plaidans Me Bazin, pour le sieur Bar, appellant; contre Me Hutteau, pour le sieur Etienne, Tuteur.

Page 258, col. 2, à la fin de cet article, après de Conterne, *ajoutez*;

Aux termes de la Coutume de Paris, article 311, les pere & mere & autres ascendans héritent du mobilier de leurs enfans ou petits-enfans; d'où il résulte que si le pere, Tuteur de son fils, devenu majeur, ne lui a pas encore rendu, ou ne lui a point payé le reliquat du compte de Tutelle qu'il lui devoit, & que ce fils décéde sans enfans, le pere survivant n'aura aucun compte de Tutelle à rendre aux héritiers maternels de son fils. En effet, le reliquat d'un compte de Tutelle, qui ne feroit compofé que d'arrérages de revenus, forme un mobilier auquel le pere fuccéde, ainfi qu'aux *acquêts* faits par le fils. Le pere, dans cette pofition, ne feroit donc tenu que de communiquer l'inventaire fait après le décès de fa femme, & les autres Actes néceffaires, pour que les héritiers de fon fils puffent être envoyés en poffeffion des immeubles à eux échus par le décès du fils, & qu'il avoit recueillis dans la fucceffion de fa mere. C'eft auffi ce qui réfulte de la difpofition de l'art. 276 de la même Coutume de Paris. Voyez *Rembourfement*, *Remplois* & *Succeffion.*

V

VACANCE.

PAGE 258, *col. 1, ligne 2 de cet article, après* de travail, *ajoutez*; du latin *Vacare*, Vaquer.

VACANCE DE BÉNÉFICE.

Page 259, col. 1, à la fin du 6ᵉ alinea, après V. Rapt, *ajoutez*;

Le fieur de la Cotte, Curé de Champigny fur Marne, atteint & convaincu de diffamations & machinations par lui pratiquées contre l'honneur & la réputation de Jean-Louis Mofnier, d'avoir écrit & figné du faux nom de *Defchamps*, Huiffier, une lettre diffamatoire, &c. fut condamné *au blâme* par Sentence du Châtelet, confirmée par Arrêt du 27 Mai 1762, les Grand'Chambre & Tournelle affemblées. Les chofes en cet état, M. l'Archevêque de Cambrai, Collateur ordinaire, pourvut à la Cure de Champigny, comme vacante de plein droit, par l'infamie prononcée contre le fieur de la Cotte : il nomma d'abord & préfenta le fieur Abbé Geogkan, qui à caufe de fon grand âge fe démit. Sur cette démiffion pure & fimple, M. l'Archevêque de Cambrai nomma & préfenta le 10 Février 1763, le fieur Abbé Denoux qui prit poffeffion le 18, fans aucune oppofition ni réclamation de la part du fieur de la Cotte, quoique préfent. L'Abbé Denoux ayant été pourvu de la Cure de la Madeleine à Paris, réfigna celle de Champigny en faveur du fieur Joffon, qui après avoir rempli les formalités néceffaires, en prit poffeffion le 9 Septembre 1764. Ce fut alors que le fieur de la Cotte, défendu par Mᵉ Caillard, prétendit qu'il y avoit abus dans les nomination & préfentation du Collateur : il foutint que le fieur Joffon étoit un Dévolutaire, qu'en conféquence il étoit affujetti aux Réglemens concernans tout Dévolutaire ; que n'ayant pas fatisfait à la plûpart de ces Réglemens, il devoit être écarté & déclaré non-recevable, comme étant dépourvu de titres : il foutint en fecond lieu que fa Cure n'étoit point vacante. Mᵉ le Breton chargé de la défenfe du fieur Joffon, établit au contraire que la Cure étoit devenue vacante de plein droit, par la peine du blâme prononcée contre le fieur de la Cotte. Il fit voir en fecond lieu que fa Partie n'étoit point Dévolutaire, tous Eccléfiaftiques pouvant fe faire pourvoir par les Collateurs ordinaires de pareils Bénéfices, devenus vacans de droit, fans être obligés de garder les formalités requifes par la *Régle de annali Poffeffore*, quand même ces Bénéfices feroient occupés par des poffeffeurs annaux; *Ordinarii etiam liberè Vacantia de jure tantium conferre poffunt : ab eis fine formâ hujus regulæ, etiam claufulâ quovis modo impetrare licet;* mais auffi que quand les Eccléfiaftiques avoient impétré ces Bénéfices, ils ne s'en pouvoient mettre en poffeffion, ni en chaffer les autres poffeffeurs, fi ce n'étoit en connoiffance de caufe, & par Ordonnance du Juge; que la régle de *annali Poffeffore*, ne regardoit point les Collateurs ordinaires ni leurs Pourvus, & qu'elle prefcrivoit feulement des formalités à l'égard des préventions du Pape & du Légat, qui voudroient difpofer de ces Bénéfices & les conférer; enfin, que le fieur Joffon n'avoit point impétré en Cour de Rome un Bénéfice vacant de plein droit, que ses provisions étoient sur résignation pure & simple, qu'il tenoit son Bénéfice de la main du Collateur ordinaire qui l'avoit conféré librement & *proprio motu*; ce n'est donc point à ces traits, disoit le sieur Josson, qu'on reconnoît un Dévolutaire. M. Joly de Fleury, Avocat Général, qui porta la parole dans cette cause, le Jeudi 10 Déc. 1767, établit, de même que le défenseur du Sr Josson, que la peine du blâme prononcée contre le Sr de la Cotte, avoit opéré de plein droit la privation de sa Cure : mais M. l'Avocat Général plaida que le sieur Josson n'avoit pas été pourvu régulièrement ; qu'il étoit un Dévolutaire, & qu'en cette qualité il y avoit abus dans ses nomination & présentation ; 1°. qu'il avoit été pourvu d'une Cure, vacante (à la vérité) de droit, mais remplie de fait ; 2°. que les provisions du sieur Josson n'exprimoient point le genre de Vacance ; 3°. qu'il s'étoit immiscé dans les revenus de la Cure, en formant une demande en recréance, &c. Ces motifs déterminerent M. l'Avocat Général à conclure d'un côté à la Vacance de la Cure, résultante de l'infamie encourue par le sieur de la Cotte, & de l'autre à ce qu'il fût dit qu'il y avoit abus dans les nomination & présentation du sieur Josson, comme ayant été irrégulièrement pourvu.

La Cour ordonna qu'il en seroit délibéré, & par Arrêt du Jeudi 17 Décembre 1767, elle a jugé qu'il n'y avoit abus ; en conséquence la Cour a mis l'appellation au néant, & condamné le sieur de la Cotte en l'amende & aux dépens.

VACATIONS.

Ce mot a plusieurs significations ; il se dit :

1°. De la profession d'un certain métier auquel on vaque & on s'exerce.

2°. Des heures employées au Jugement des Procès par Commissaires, pour lesquels il faut consigner certaines sommes.

3°. Enfin des salaires donnés aux Gens de pratique pour leur travail, ou pour leur assistance en quelques affaires.

L'Edit de 1673 fait défenses aux Juges de prendre aucunes Vacations pour les adjudications de baux faites devant eux.

C'est en conformité de cette Loi que, par Arrêt rendu à l'Audience de 9 heures en la Grand'Chambre, le Mercredi premier Décembre 1762, la Cour, conformément aux Conclusions de M. Seguier, Avocat Général, a confirmé une Sentence du Bailliage de Sens, rendue entre les Officiers de la Justice de Villeblevin, & trois particuliers adjudicataires du bail de biens appartenans à des mineurs, laquelle Sentence avoit ordonné la restitution par les Officiers de Villeblevin, aux adjudicataires, des Vacations par eux perçues pour ladite adjudication.

Un autre Arrêt du Samedi 8 Août 1767, rendu à l'Audience de 9 heures, a jugé que les sieurs Perard-de-Beze & Foucard, l'un Architecte & l'autre Greffier de l'Ecritoire, seroient payés de leurs Vacations faites pour l'estimation des réparations à faire aux Bénéfices de l'Archevêché de Cambrai, à raison de 12 liv. par Vacation, chacune de trois heures, c'est-à-dire, six livres pour celles faites à Paris, & 12 liv. à la campagne. La Sentence de la Chambre du Domaine avoit fixé chaque journée à 30 liv. les sieurs de Beze & Foucard les demandoient en la Cour à raison de 40 livres : mais M. Seguier, Avocat Général, qui porta la parole dans cette Cause, observa que le nombre & la fixation des journées à 30 ou 40 liv. étoient indifférens : qu'il paroissoit plus simple d'allouer aux Experts 12 liv. par Vacations de trois heures chacune ; & ses Conclusions furent suivies ; plaidans Mes Bazin, de la Borde & Gagnant.

VACATIONS (Chambre des)

Page 260, col. 1, à la fin de cet article, après 1629, ajoutez ;

Le Roi a donné des Lettres-Patentes, en forme d'Edit, concernant le Service des Requêtes du Palais pendant les Vacations du Parlement : elles sont datées de Compiegne du mois d'Août 1767, & registrées en Parlement le 4 Septembre 1767 ; voici ce qu'elles portent :

» Art. I. Il n'y aura à l'avenir, pendant » le temps ordinaire des Vacations de no- » tre Parlement, qu'une seule Chambre » faisant le service aux Requêtes de notre

» Palais, tant à la Chambre qu'au Par-
» quet.

» II. Le service de ladite Chambre se
» fera alternativement, d'année en année,
» à la premiere & à la seconde Chambre
» des Requêtes.

» III. Ladite Chambre sera présidée al-
» ternativement par l'un de nos Conseil-
» lers-Présidens de la Chambre où se fera
» le service, sans préjudice néantmoins
» des arrangemens qu'ils pourroient pren-
» dre entr'eux.

» IV. Ladite Chambre sera toujours
» composée de dix Conseillers ; sçavoir,
» de cinq des dix anciens Conseillers de la
» Chambre où se fera le service, & de
» cinq des dix derniers de l'autre ; de sorte
» que le service sera fait pour la présente
» année par les cinq plus anciens Conseil-
» lers de la premiere Chambre, & les cinq
» derniers de la seconde. En 1768, par
» les cinq plus anciens Conseillers de la
» seconde & par les cinq derniers de la
» premiere. En 1769, par les six, sept,
» huit, neuf & dix de la premiere, & par
» les onze, douze, treize, quatorze &
» quinze de la seconde ; & en 1770 par
» les six, sept, huit, neuf & dix de la
» seconde, & les onze, douze, treize, qua-
» torze & quinze de la premiere : ce qui
» aura lieu de la même maniere pour les
» années suivantes ; le tout néantmoins
» sans préjudice du droit qu'auront les au-
» tres Conseillers des Requêtes de notre
» Palais, de servir en ladite Chambre s'ils
» le jugent à propos, & d'y rapporter les
» Instances & Délibérés dont ils pour-
» roient être chargés.

» V. N'entendons déroger à l'usage des
» Requêtes de notre Palais, de juger, en
» temps de Vacations, toutes les affaires
» sans distinction, de quelque nature qu'el-
» les puissent être.

» VI. Voulons que les Audiences se
» tiennent en ladite Chambre les Mardis,
» Mercredis, Jeudis & Vendredis. Or-
» donnons que les Mardis & Mercredis
» seront pour les affaires qui seroient por-
» tées en la Chambre où se fera le ser-
» vice, & les Jeudis & Vendredis pour
» les affaires qui seroient portées en l'au-
» tre Chambre.

» VII. Pourront les Parties, en con-
» séquence du précédent article, pendant
» le temps des Vacations, saisir celle des
» deux Chambres qu'elles jugeront à pro-
» pos, & ce, en la forme accoutumée.

» VIII. Ordonnons que, par le Gref-
» fier de la Chambre où se fera le ser-
» vice, il sera tenu un Plumitif séparé des
» feuilles d'Audiences des Jeudis & Ven-
» dredis ; lequel Plumitif il sera tenu de
» remettre, à la Saint Martin, au Gref-
» fier de l'autre Chambre, pour, par lui,
» être réuni au Plumitif de ladite Chambre.

» IX. Les émolumens du Greffe seront
» partagés entre les Greffiers des deux
» Chambres, suivant ce qui sera réglé en-
» tr'eux par les deux Chambres des Re-
» quêtes de notre Palais «.

VALIDATION, Validité d'Actes.

On appelle Validation, en termes de
la Chambre des Comptes, les Lettres de
Chancellerie qu'on obtient, à l'effet de
faire valider un compte.

Validation se dit aussi en matiere de
criées, de l'autorisation qui s'en fait par
Lettres obtenues en Chancellerie ; par
exemple dans les Coutumes de Vitry,
Château-Thierry, & dans quelques autres,
un poursuivant est obligé d'avoir recours à
ces Lettres, pour la validité de la procédure.

Validité se dit en terme de Droit, de
la perfection & valeur des Actes revêtus
de toutes leurs formes, & par conséquent
passés devant les Officiers publics, seuls
compétens, pour donner aux actes le caractere dont ils ont besoin pour produire
leur effet.

Remarquez sur ceci qu'un acte, par exemple, un contrat de Mariage, honoré de
la signature du Souverain, indique seulement que le Prince a agréé l'alliance, qu'il
a approuvé le mariage ; mais cette marque
d'honneur n'influe point sur le fond des
dispositions que le contrat de mariage contient, & ne dispense point, pour les faire
valider, d'observer ensuite les formes prescrites par les Loix du Royaume, à moins
que cette dispense ne soit annoncée par
des Lettres-Patentes dûement enregistrées.
C'est ce qui a été jugé assez récemment

en la Grand'Chambre. Un contrat de mariage avoit été passé dans le cabinet du
Roi de Pologne, où étoient seulement les
Parties : à la fin de ce contrat, sur une
feuille volante, étoit écrit, *Nous approu-
vons ce contrat*, AUGUSTE ROI ; ce contrat
contenoit une institution réciproque d'héritiers au profit du survivant : comme il
n'avoit point été déposé chez un Officier
public, on soutint la nullité de l'institution
contractuelle, parce qu'Elisabeth Cherrier,
(Françoise) qui avoit épousé le Marquis
de Prohenques, n'avoit pu, ni son mari,
faire un contrat de mariage, ni à plus forte
raison, une institution contractuelle en
feuille volante & sous seing-privé, la Loi
de France étant un statut personnel & pro-
hibitif, qui affectoit la personne d'un François, en quelque lieu qu'il allât contracter. La Cour le jugea ainsi par Arrêt sur
délibéré ; mais l'Arrêt ne fut point levé, &
les Parties qui étoient le sieur Abbé de
Prohenques & le Comte de Wallen, tran-
sigerent aussi-tôt l'Arrêt rendu *(a)*. Le
sieur Abbé de Prohenques étoit défendu
par Me d'Outremont : & Me Savin défendoit le Comte de Wallen, époux de demoiselle Cherrier, auparavant veuve du Marquis de Prohenques.

V A S S A L.

*Page 263, col. 1, à la fin du 1er alinea
de cet article, après* occasions, *ajoutez*; Ducange dérive ce mot de *Vassus*, qui signifioit autrefois serviteur ou domestique du
Prince.

*Même page, col. 2, à la fin de cet article,
après* à quel titre il possède, *ajoutez*;

Un Vassal qui tient par deux Fiefs différens, peut-il ne donner qu'un seul aveu,
sur le fondement que le Suzerain réunit
ces deux Fiefs sur sa tête ? Cette question
s'est présentée entre les Prieur & Religieux de l'Abbaye Saint Julien de Tours,
Ordre de Saint Benoît, Congrégation de
Saint Maur, & Monsieur & Madame de
Bercy : & par Arrêt rendu en la Grand-
Chambre, au rapport de M. Tudert, le
Vendredi 29 Janvier 1768, il a été jugé
qu'on ne pouvoit forcer le Suzerain de
se contenter d'un seul aveu, sur le fondement que les deux Fiefs par lesquels
tenoit le Vassal, étoient sur la tête du Suzerain : *Ex quo sunt diversa feuda*, dit Dumoulin, *necessariò sunt diversæ feudalita-
tes, diversa jura feudalia : diversæ, dis-
tinctæ & separatæ actiones.*

Vous remarquerez encore que cet Arrêt
a jugé non-seulement qu'il falloit deux
aveux séparés, mais encore qu'ils devoient
être rendus, par menu, par le mari &
la femme, & non par le mari seul, quoiqu'en communauté. M. Caillau fit un Mémoire imprimé dans cette Instance, pour
les Religieux de l'Abbaye Saint Julien de
Tours. Voyez aussi sur cette question,
Guyot, tome 5, chapitre 6, pag. 131 &
suivantes, & Dumoulin, §. 44, *Hodie* 10,
Quest. 7, n°. 20.

C'est une maxime de Droit, que *Vassalus Vassali mei non est meus Vassalus.*

» Le Vicomte de Cessac est Vassal de
» l'Evêque de Cahors, & doit le con-
» duire & le servir d'une maniere assez
» singuliere quand il prend possession ; il
» doit aller l'attendre à la porte de la Ville,
» nue tête, sans manteau, une jambe &
» un pied nud en pantouffle ; & en cet
» état, prendre la bride de la mule montée
» par l'Evêque, & le conduire au Palais
» Episcopal, où il le sert pendant son dî-
» ner, toujours vêtu de même : il a pour
» sa peine la mule & le buffet de l'Evê-
» que, qui a été réglé à trente mille livres.

V E L L E Ï E N.

*Page 265, col. 1, à la fin du 1er alinea,
après* Rescision, *ajoutez*;

C'est en conformité du principe que le
Sénatus-Consulte Velleïen est en vigueur
en Normandie, que par Arrêt sur délibéré rendu en Vacations au rapport de
M. Maynaud, Conseiller, le 25 Octobre
1766, infirmatif de Sentence contradictoire du Châtelet du 6 Août 1765, la
demoiselle Amiot, femme du sieur l'Allemand, Marchand à Coutances, a été déchargée de l'engagement qu'elle avoit contracté avec son mari au profit du sieur Héleine, (Marchand Potier à Coutances,)

(a) On m'a assuré que cet Arrêt n'avoit pas été mis sur la feuille.

par acte passé devant Notaire à Coutances; le 30 Mars 1745 : & il fut jugé qu'il ne restoit d'action à Héleine que sur les biens du sieur l'Allemand ; plaidans Mes Breton & Desgranges, qui fit un Mémoire pour l'Appellante.

Un autre Arrêt du Mercredi 4 Mars 1767, rendu à l'Audience de sept heures, a aussi jugé que le Sénatus-Consulte Velleïen, étoit en usage dans la Coutume de la Marche : voici les circonstances dans lesquelles se présentoit cette Cause.

Jean Thevenot passa le 30 Avril 1752 devant Notaire, une obligation solidaire avec sa femme, de la somme de 360 liv. au profit de Gilbert Picaud. Jean Thevenot étant décédé, sa veuve épousa le sieur Bertumieux, avec lequel elle n'étoit point commune en biens, non plus qu'avec son premier mari. Picaud étant décédé, sa veuve fit assigner devant les Consuls de Bourges Bertumieux & sa femme, pour payer le contenu en l'obligation solidaire du 30 Avril 1752. Sentence intervint aux Consuls de Bourges qui condamna Bertumieux en sa qualité de mari, & sa femme en son nom, & tous deux solidairement au payement de la somme de 360 livres ; Bertumieux & sa femme interjetterent appel de cette Sentence. Les moyens de Bertumieux consistoient à dire, que l'obligation en question souscrite par sa femme & son premier mari ne le concernoit point, d'autant plus qu'il n'étoit point commun avec sa femme. La femme de Bertumieux excipoit entr'autres moyens du Velleïen, admis dans la Coutume de la Marche ; elle citoit en outre les articles 95 & 297 de cette Coutume, desquels il résulte que les biens dotaux de la femme ne peuvent être engagés, pour quelque cause que ce soit pendant le mariage ; & c'est aussi ce qui a été jugé par l'Arrêt ci-dessus daté qui a infirmé la Sentence. Plaidans Me de la Borde pour les Appellans, & Me de la Goutte pour l'Intimée.

Relativement au Velleïen, admis en Normandie, & dont il vient d'être parlé, j'ai sous les yeux un Mémoire, où la Cour a déclaré valable une obligation de 1000 livres, faite solidairement par un mari & une femme mariés en Normandie.

Dans cette espéce, les sieur & dame de Nolleval avoient été mariés le 12 Octobre 1716, sous l'empire de la Coutume de Normandie : plusieurs de leurs enfans y furent baptisés en 1717, 1718 & 1719.

Étant à Saint-Vallery, les sieur & dame de Nolleval firent un écrit sous signature privée, le 15 Juin 1722, par lequel ils s'obligerent solidairement à payer à la veuve Marchard, une somme de 1000 livres.

Le payement de cette somme de 1000 livres ayant été demandé par la suite, par la veuve Marchard, ainsi que celui d'un billet fait par le pere de la dame de Nolleval, à la veuve Marchard, antérieurement à l'obligation de 1000 livres, les sieur & dame de Nolleval donnerent pouvoir à un Procureur au Bailliage d'Amiens de consentir pour eux à passer contrat de constitution des deux sommes de 300 livres & de 1000 livres, & dans ce pouvoir la dame de Nolleval étoit dite *autorisée par son mari*. Les choses en cet état, il intervint Sentence le 27 Mars 1726, conforme aux conclusions de la veuve Marchard. La femme Nolleval étant décédée, ses enfans furent assignés au Bailliage d'Amiens par le représentant la dame veuve Marchard, pour voir déclarer exécutoire contr'eux, comme biens tenans de leur mere, la Sentence du 27 Mars 1756 ; en conséquence être tenus de passer titre nouvel, conjointement avec leur pere, des deux parties de rente en question.

Les enfans de la dame de Nolleval prirent des Lettres de rescision contre l'écrit du 15 Juin 1722, contre le pouvoir donné au Procureur d'Amiens & contre la Sentence du 27 Mars 1726, en ce que leur mere avoit été condamnée au payement de la rente de 40 livres au principal de 1000 livres.

Sentence intervint au Bailliage d'Amiens le 24 Mai 1758, par laquelle les enfans de la Dame de Nolleval furent condamnés de leur consentement, solidairement avec leur pere, à passer titre nouvel d'une rente de 6 liv. au principal de 60 livres ; par une seconde disposition, les Lettres de Rescision furent enthérinées en

tant

tant que de besoin : & le sieur Blondin, représentant la dame Marchard, fut débouté de sa demande concernant la rente de 40 livres au principal de 1000 livres.

Le sieur Blondin interjetta appel de cette Sentence aux chefs qui lui faisoient préjudice : il soutenoit, 1°. que les enfans de la dame de Nolleval ne pouvoient point exciper du Statut municipal de Normandie, qui admet le Velleïen, parce que lors de l'obligation de 1000 livres, dont il s'agissoit seulement, les sieur & dame de Nolleval avoient leur domicile, non point en Normandie, mais en Picardie ; 2°. que si l'autorisation du mari ne paroissoit point dans l'obligation de 1000 livres du 15 Juin 1722, cette omission avoit été suffisamment réparée par le pouvoir donné au Procureur d'Amiens par les sieur & dame de Nolleval conjointement, d'après lequel pouvoir étoit intervenue la Sentence du 27 Mars 1726, qui faisoit le titre du sieur Blondin.

Au contraire, les enfans de la dame de Nolleval soutenoient que leur mere avoit toujours été soumise aux usages pratiqués en Normandie ; que son mari n'avoit fait que séjourner quelque temps à S. Vallery, où des affaires de famille l'avoient conduit ; que lors de l'obligation on ne pouvoit point dire que le sieur de Nolleval eût intention de demeurer en Picardie, puisqu'il n'avoit point abdiqué les emplois qu'il avoit en Normandie ; que l'état de la femme étant une fois fixé par *le domicile matrimonial*, il subsistoit irrévocablement à tous égards pendant son mariage, *en quelque lieu que le mari transportât son habitation*. Enfin, les enfans de la dame de Nolleval, en se renfermant toujours dans la disposition du Velleïen, suivi en Normandie, observoient que quand même leurs pere & mere auroient eu (ce qui n'étoit pas) leur domicile en Picardie, lors de l'écrit du 15 Juin 1722, l'obligation de la femme seroit toujours nulle, même en Picardie, faute d'autorisation du mari ; & ils prétendoient que cette nullité étant absolue, il s'ensuivoit qu'elle avoit toujours subsisté, quelque ratification que par la suite le mari & la femme eussent pu faire de cette obligation. Cependant les moyens

Supplément.

des enfans de la dame de Nolleval, quoique parfaitement développés par leur défenseur, ne furent point adoptés, & par Arrêt du 5 Mai 1762, rendu en la Grand-Chambre, au rapport de M. Poittevin de Villiers, la Sentence du 24 Mai 1758 fut infirmée, & les enfans de la dame de Nolleval condamnés à passer titre nouvel de la rente de 40 livres au principal de 1000 livres. Me Pauly fit un Mémoire pour les Intimés.

VENTE.

Page 268, colon. 2, à la fin du 5e alinea, après de la Vente, ajoutez ;

Enfin il y a un dernier Arrêt, rendu en la Grand'Chambre au rapport de M. de Bretigneres, le Mardi 4 Août 1767, en faveur d'Antoine le Rat de Chavanne, Ecuyer, Contrôleur Général de la Grande Chancellerie de France, contre M. de Bon, Premier Président au Conseil Souverain de Roussillon, en présence des héritiers du Marquis de Tessé, & autres. Dans cette espéce, la Terre de la Terrade, ou Château-Bon, avoit été vendue par le feu Marquis de Tessé au sieur de Chavanne, comme un bien libre ; cependant elle étoit grévée de substitution. Le sieur de Chavanne ne put entrer en jouissance, ni prendre possession de son acquisition ; il demanda contre son vendeur la résolution de la Vente avec dommages, intérêts & dépens. Le sieur le Rat de Chavanne avoit obtenu à ses fins par Sentence des Requêtes du Palais, & l'Arrêt confirma la Sentence, si ce n'est en la disposition concernant les intérêts, dont l'Arrêt ordonna la compensation avec les jouissances, & sans dommages-intérêts. Me Etienne fit un Mémoire pour le sieur le Rat de Chavanne, & Me Gillet en fit deux pour M. de Bon.

Page 271, col. 1, à la fin du 2e alinea, après pour l'autre, ajoutez ;

La Vente d'une Terre ne donne pas le droit à l'acheteur, qui est un successeur à titre singulier, d'exercer l'action d'indemnité contre un Fermier, pour des dégradations antérieures à son contrat. La raison est que les actions que le vendeur pourroit avoir contre son Fermier, pour les dégradations par lui commises pendant

X x

le temps qu'a duré fa propriété, ne paffent point à l'acquéreur fans une ftipulation expreffe : de maniere que fi l'on a vendu le tout, *ainfi qu'il fe pourfuit & comporte*, & qu'il y ait eu des dégradations commifes antérieurement à la Vente, les chofes ne s'en trouveroient pas moins avoir été vendues fur ce pied, & par conféquent le prix auroit été proportionné à leur état actuel; l'acquéreur n'a donc aucune indemnité à prétendre, à moins qu'on ne lni ait nommément cédé les actions refcindantes & refcifoires, *Nifi fpecialiter venierint*. C'eft auffi ce qui a été jugé par Arrêt rendu aux Eaux & Forêts au Souverain, le Jeudi 24 Septembre 1767, en faveur de Louis Normand, Fermier de la Terre d'Enguinchaut, contre la dame Dauphin, veuve en fecondes nôces de Me Boudon, Propriétaire depuis quelques années de la Ferme d'Enguinchaut. Me de la Goutte fit un Mémoire dans cette affaire pour Louis Normand.

Page 277, col. 2, à la fin du 4e alinea, après concurrence, ajoutez;

Les difficultés qui naiffent à l'occafion des claufes obfcures, ou des cas non prévus dans les contrats de Vente, doivent toujours s'interpréter contre le vendeur qui doit s'imputer de ne s'être pas expliqué plus clairement; *in cujus poteflate fuit legem apertius dicere.*

Cependant fi l'acheteur faifoit confifter la difficulté dans une chofe qui feroit par elle-même d'un ufage ordinaire & conftant, il ne pourroit valablement exciper contre le vendeur de ce que le cas, ou plutôt la mauvaife difficulté qu'il éléveroit, n'auroit été ni prévu ni ftipulé expreffément de la part du vendeur.

C'eft ce qui a été jugé par un Arrêt dont voici l'efpéce : Un marché de bois étoit ainfi conçu. » Moi Nicolas-Jofeph Caudron, charron ; Jean-Baptifte Caudron, » charpentier, & Pierre Thorillon, char- » ron à Fillieures, fommes convenus avec » *Jean Tifon*, cabaretier à Ouailles, pour » la quantité de quarante-huit chênes pro- » venans du bois de Foreftelles, apparte- » nant à Marie-Alexis Vichery, pour le » prix & fomme de 1400 livres, à payer » moitié à la S. Jean 1747, & l'autre moitié » à Noël fuivant «. Les acheteurs prétendi-

rent qu'attendu qu'il n'étoit pas dit que les arbres vendus *étoient encore fur pied*, & qu'il n'étoit point non plus fpécifié, que les acheteurs feroient tenus *de prendre, enlever & faire charier à leurs frais & dépens, les arbres vendus*, c'étoit au vendeur à les livrer & fournir *au domicile des acheteurs*: ils invoquoient la maxime *in cujus poteflate fuit legem apertius dicere.* Mais par Arrêt rendu, au rapport de M. Severt, le 2 Mars 1750, la prétention des acheteurs fut profcrite, parce que l'ufage ordinaire en Vente de bois eft que les acheteurs fe chargent, & de l'exploitation, & de l'enlevement des bois.

Page 274, col. 1, à la fin de cet article, après V. Néceffité jurée, ajoutez;

Sur la Vente, & les queftions qui y font relatives, voyez le Traité du Contrat de Vente par M. Pothier.

Voici l'efpéce d'une queftion affez finguliere, qui s'eft préfentée récemment en matiere de Vente, au Bailliage du Palais.

Un Particulier, fort âgé & très-infirme, vendit trois immeubles qui lui étoient propres. La Vente fut faite par trois contrats du même jour. Les acquéreurs ne payerent qu'une modique fomme à compte, & ils pafferent un contrat de conftitution pour le furplus de leurs acquifitions. Le lendemain de la Vente le vendeur fit fon Teftament pardevant Notaires, par lequel il légua à chacun des acquéreurs, ou à leurs plus proches parens, des fommes égales à ce qu'ils devoient chacun pour leur acquifition. Le Teftateur furvécut de deux mois à fon Teftament. Les chofes en cet état, les héritiers foutirent que les trois contrats de Vente & les legs faits aux acquéreurs étoient autant de fraudes à la Loi & aux réferves coutumieres des quatre quints. Les Légataires répondirent qu'il n'y avoit point de Loi qui défendît dans la Coutume de Paris, la Vente des propres: que la Vente avoit été confommée par le payement du prix d'une partie des acquifitions, & par les contrats de conftitution pour le furplus; qu'il n'y avoit point non plus de Loi qui prohibât à un Teftateur de faire remife de ce qui lui étoit dû, & que les legs dans l'efpéce préfente, étoient la même chofe que la remife de la dette. Ainfi jugé par Sentence du Bailliage du Palais du 27 Février 1768, après fix Audiences. Plaidans Mᵉ Tymbergue & de la Goutte ; mais il y a appel de la Sentence.

VENTE DE MEUBLES.

Page 276, col. 2, à la fin du 1ᵉʳ alinea, après avec dépens, *ajoutez* ;

Un co-héritier peut forcer fon co-héritier à fouffrir la Vente des meubles & effets de la fucceffion qui eft à partager, quand même le défunt n'auroit laiffé aucunes dettes paffives. Cet ufage conftant eft fondé fur ce que tel co-héritier préfere de l'argent comptant à des meubles & effets, & que d'ailleurs la vente publique de certains effets, & même des effets en général, au plus offrant & dernier enchériffeur, peut produire plus d'argent qu'une vente particuliere.

Ajoutez à la fin de cet article ;

Toute Vente faite par un homme en faillite ouverte, eft nulle ; c'eft la difpofition de l'Ordonnance de 1673, titre 11, art. 4, & de la Déclaration du Roi du 18 Novembre 1702, regiftrée le 29 du même mois. C'eft d'après ces principes qu'eft intervenu l'Arrêt dont voici l'efpéce.

Un Particulier en faillite, & conftitué prifonnier, avoit paffé entre les deux guichets un acte portant Vente de fruits pendans par les racines : l'acquéreur, après la notification de fon contrat d'acquifition aux créanciers, avoit fait faire la vendange, & avoit payé les débourfés, tant pour la vendange que pour les tonneaux où le vin avoit été mis. Deux mois après, les créanciers qui ne s'étoient oppofés à rien, demanderent la nullité de la Vente, fur le fondement qu'aux termes de l'Ordonnance de 1673, un homme en faillite ne pouvoit depuis fa faillite faire aucun acte portant préjudice à fes créanciers. C'eft ce qui a été jugé par Arrêt du Mardi 6 Oct. 1767, infirmatif de la Sentence du Bureau de la Ville. La Cour, fans avoir égard au filence gardé pendant deux mois par les créanciers depuis la fignification de l'acte, a déclaré nulle la Vente, & ordonné que la récolte feroit remife aux créanciers, fauf à l'acquéreur à faire valoir fes droits & ac-

tions, les défenfes des créanciers réfervées au contraire, & a condamné l'acquéreur aux dépens ; Plaidans Mᵉ Dinet pour les créanciers, & Mᵉ le Preftre pour l'acquéreur. Voyez auffi *Banqueroute.*

VÉRIFICATION d'Ecritures & Signatures.

Page 278, col. 1, à la fin du 8ᵉ alinea, après le fieur de Blegny, *ajoutez* ; & celui de la Preuve de comparaifon d'Ecritures, par Danty.

VÉRITÉ.

La Vérité eft ce qui eft oppofé à l'erreur.

Dans toutes les queftions de droit ou de fait, il eft toujours un point de Vérité qu'il faut démêler, & ne point s'en départir quand on l'a une fois faifi, parce que de ce point de Vérité dépend le fuccès d'une affaire : c'eft l'écueil contre lequel toutes les fubtilités & les fophifmes viendront fe brifer.

C'eft une maxime de Droit, que la Loi opere autant dans un cas qui eft feint, que la Vérité dans celui qui eft vrai. *Tantum operatur Lex in cafu ficto, quantum Veritas in cafu vero.*

Veritas non plus operatur in cafu vero, quàm Lex in cafu ficto. La Vérité prévaut toujours fur la fiction. *Veritas prævalet fictioni.*

VEST & DEVEST.

Page 279, col. 1, à la fin de cet article, après au mot Saifine, *ajoutez* ;

Voici l'efpéce d'un Arrêt important rendu dans une queftion de Veft & Deveft, dans la Coutume de Noyon qui, par l'article 39, renvoye à celle de Laon, pour les cas non exprimés.

Le fieur de Maloizel, Gentilhomme de Picardie, fit le 27 Janvier 1763 dans fa 93ᵉ année, une donation entre-vifs de fa Terre de Genevry à la demoifelle d'Eftournel, dame de Flavy, chez la mere de laquelle il s'étoit retiré & y vivoit depuis quarante ans ; l'acte de donation portoit : » *lui donne* » *ce acceptant,* pour la bonne amitié qu'il » lui porte & par contrat entre-vifs, fa » Terre & Seigneurie de Genevry, fans en

» rien retenir ni réferver, fi ce n'eft l'ufu-
» fruit pendant fa vie, pour en jouïr par lui
» à titre de conftitut & précaire, *& en ou-*
» tre moyennant la fomme de 40000 *liv.* que
» la demoifelle donataire *s'oblige de payer*
» au jour de fon décès, & fans intérêts
» jufqu'à ce, *à ceux qui fe trouveront être*
» les héritiers dudit fieur donateur du côté
» maternel, ou à leurs repréfentans par
» ordre de fucceffion au jour dudit décès «.

L'acte portoit encore que *pour l'exécution*
pleine & entiere de ladite donation, le fieur
donateur s'eft dévêtu & deffaifi par l'acte mê-
me de tous les biens compris en icelle, au
profit de ladite demoifelle donataire, ...
veut qu'elle en foit faifie & vêtue par tous Sei-
gneurs & Juges qu'il appartiendra, donnant
pour cela tout pouvoir au porteur, &c.

Tous les biens compris dans la donation,
étoient eftimés par le même acte, 60000 l.
compris les 40000 liv. de charge ci-deffus.
Enfin, le fieur donataire avoit fait la donataire *fa procuratrice générale & fpéciale*, &
lui avoit donné pouvoir de pour lui & en fon
nom, *régir & adminiftrer fes autres biens, &*
pour tels autres objets que ce puiffe être, fans
en excepter aucuns. Le Sr de Maloizel décéda trois femaines après cette donation ;
fes héritiers maternels, (car le fieur Dori-
gny fon neveu & plus proche héritier paternel qui n'avoit rien à prétendre dans cette Terre, garda le filence,) attaquerent
cette donation ; leurs moyens principaux
étoient, 1°. qu'elle étoit le fruit de l'empire abfolu que la donataire avoit fur l'efprit du donateur ; fecondement, qu'il n'y
avoit point de deffaifine de la part de ce
même donateur, dans une Coutume (celle
de Laon) qui la requéroit expreffément ;
enfin difoient-ils, point de tradition &
conféquemment donation nulle. Ils argumentoient encore de l'art. 276 de la Cout.
de Paris & de l'art. 131 de l'Ordonnance
de 1539, qui déclarent nulles toutes difpofitions entre-vifs & teftamentaires faites
par donateurs, teftateurs, ou autres perfonnes étant en puiffance d'autrui, & autres adminiftrateurs.

La donataire répondoit 1°. qu'elle avoit
une devêture fuffifante ; elle prétendoit la
trouver dans le contrat même de donation,
s'eft dévêtu & deffaifi à fon profit, &c. 2°. que

fi l'on avoit manqué pour elle à quelque chofe dans cette formalité, elle n'étoit point de
rigueur *ni d'ufage*; 3°. enfin, que fi elle étoit
de rigueur & en ufage, les feuls Seigneurs
pourroient en oppofer le défaut, & non
point les héritiers, qui tenus des faits & promeffes du donateur, feroient toujours obligés d'exécuter la donation. Quant à l'empire que les héritiers difoient que la légataire avoit eu fur l'efprit du donateur, elle
répondoit en peu de mots que la donation
étoit l'ouvrage de la volonté libre d'un homme jouiffant de tout fon bon fens, & non interdit, & qu'il y avoit de l'abfurdité à lui
oppofer l'Ordonnance de 1539, & l'art.
276 de la Coutume de Paris. Ces moyens
de la donataire ne firent aucune impreffion fur les Juges du Bailliage de Noyon,
qui par leur Sentence du 17 Mai 1765,
annullerent la donation fur le moyen
principal, que le donateur ne s'étoit point
dévêtu dans une Coutume qui requéroit
expreffément cette formalité. Il y eut appel
de cette Sentence de la part de la donataire ;
& par Arrêt rendu en la première Chambre
des Enquêtes, au rapport de M. de Glatigny, le Samedi 23 Mai 1767, la Sentence
fut infirmée, & l'exécution de la donation
ordonnée. Me Blanchet fit un Mémoire
pour Burier & conforts intimés, & M^e
Viel en fit un pour la demoifelle d'Eftournel, dame de Flavy, appellante.

VÉTÉRANS.

Page 279, col. 1, à la fin de cet article ;
après 1705, *ajoutez ;*

Un Arrêt dn Confeil du 28 Avril 1739,
a ordonné que les Officiers qui auront été
revêtus d'Offices dont la Vétérance eft
acquife par l'exercice de vingt années, ne
feront réputés Vétérans & ne jouiront des
priviléges attribués auxdits Offices, qu'a-
près avoir exercé le même Office pendant
vingt années, *fans pouvoir cumuler l'exer-*
cice de plufieurs Offices, pour acquérir la
Vétérance, & jouir des priviléges attribués
auxdits Offices. Cet Arrêt eft dans le Recueil de Girard, tome 11.

VEUVE.

Page 281, col. 1, à la fin de cet article ;
après art. 3, *ajoutez ;*

C'est à la diffolution de la communauté que se fait, de droit, la liquidation des reprifes & conventions matrimoniales de la Veuve, tant en principaux qu'intérêts : & fur ceci voici quelques obfervations générales.

Lorfque le mari, pendant la communauté, éteint des rentes dûes perfonnellement par fa femme, & que le contrat de mariage porte la claufe de la reprife, *franchement & quittement*, en cas de renonciation à la communauté, alors il est dû une indemnité à la communauté du mari pour la totalité de l'extinction de ces rentes, quand la femme renonce à la communauté. Mais à l'égard des arrérages de ces rentes, payés par le mari avant les rembourfemens par lui faits conftant la communauté, il ne lui en est dû aucune indemnité, ou à fa fucceffion, parce que le mari n'a eu les biens de fa femme, qu'à la charge de payer les rentes dont ils pouvoient être tenus.

Par la même raifon, il n'est point dû au mari, ou à fa fucceffion, d'intérêts des capitaux qu'il a rembourfés, à compter de l'époque de ces rembourfemens, jufqu'au jour de la diffolution de la communauté.

Quant aux intérêts des créances du mari, échus depuis la diffolution de la communauté, fi à cette époque le mari fe trouve créancier de fa femme, à caufe des indemnités qui peuvent lui être dûes, comme c'est au moment de la diffolution de la communauté que fe font *les compenfations refpectives* de ce que le mari doit à fa femme, *& vice verfâ*, de ce que la Veuve doit à la communauté de fon mari, alors les intérêts de tout ce dont le mari fe trouve créancier de fa femme, lui font dûs ou à fa fucceffion, à compter feulement de la diffolution de la communauté.

Par une conféquence néceffaire, fi c'est le mari qui s'est trouvé débiteur de fa femme, lors de la diffolution de la communauté, il ne peut, en maniere quelconque, lui être dû d'intérêts, ou à fa fucceffion, puifqu'elle est débitrice ; mais au contraire, la Veuve qui est créanciere, doit demander & obtiendra les intérêts du montant de fes créances, & ils lui font dûs à compter de la diffolution de la communauté, comme plufieurs le penfent, ou tout au moins à compter des demandes par elle formées en Juftice.

VEXIN.

Page 282, colonne premiere, à la fin de cet article, après Voyez *Aîneffe, ajoutez;*

Par Arrêt rendu en la Grand'Chambre le Mercredi 16 Mars 1763, fur délibéré prononcé, & jugé en la même Audience, après plus de deux heures d'opinions, il a été jugé dans la Coutume du Vexin-Françcois, conformément aux Conclufions de M. Séguier Avocat Général :

1°. Que celui qui acquéroit par un même contrat, le Fief fervant & dominant, devoit au Seigneur fuzerain le relief, tant du Fief dominant, que du Fief fervant.

2°. Que le retrayant n'étoit pas tenu de payer à l'acquéreur les intérêts du prix principal de l'acquifition, en rendant par l'acquéreur au retrayant, les fruits perçus, parce que dans ce cas, les fruits tiennent lieu des intérêts.

Dans cette efpéce, l'acquéreur n'avoit point perçu de fruits.

M. Lefevre d'Amecourt, Confeiller au Parlement, étoit Partie principale en cette caufe.

VICAIRES.

Même page, col. 2, à la fin du 2ᵉ alinea, après Habitans, *ajoutez;* Mais voyez le nouvel Edit de l'année 1768, fur les Portions Congrues.

VILLE D'ARRÊT.

Page 288, col. 1, ligne 2 de cet article, après des Pays-Bas, *ajoutez;* (notamment celle de Bruges) (a).

Même page, col. 2, à la fin de cet article, après Arrêt de Corps, *ajoutez;*

Voyez auffi le Commentaire de Pinault des Jaunaux, fur les articles 1 & 2 du tit.

(a) L'on est dans l'ufage de faire des Arrêts, *même pour chofes non jugées fur les Etrangers*, Titre 25, article pre-

mier de cette Coutume.

25 de la Coutume de Cambrai, page 240 ; & l'Ordonnance de 1667 (a).

Par Arrêt du Jeudi 12 Mars 1767, rendu en la Grand'Chambre, au rapport de M. de Beze-de-Lys, il a été jugé, *in terminis*, que la ville de Dunkerque étoit Ville d'Arrêt, & jouissoit du privilége de l'Arrêt personnel ; en conséquence l'emprisonnement du sieur Prentis, Ecuyer Anglois, fait en la ville de Dunkerque, à la requête des freres Herwart, aussi Anglois, où les Parties s'étoient rencontrées, a été confirmé.

Dans cette espéce, les freres Herwart avoient présenté Requête au Bourguemeftre de Dunkerque, dans laquelle ils avoient exposé *qu'ils étoient créanciers de George Prentis d'une somme de 1290 livres sterling, pour causes à justifier, & comme ils désiroient parvenir au payement de cette somme, ils avoient conclu à ce qu'il leur fût permis de faire arrêter le sieur Prentis, pour de suite, pouvoir diriger leur action en payement de tout ou partie de leur créance.* En vertu de l'Ordonnance du Juge, & du privilége des Villes d'Arrêt, le sieur Prentis avoit été constitué prisonnier à Dunkerque. Il étoit Appéllant de son emprisonnement, qu'il soutenoit nul, sur le moyen (entr'autres) que Dunkerque n'étoit point Ville d'Arrêt : mais l'Arrêt ci-dessus daté a jugé le contraire. Mes Leroi de Fontenelles & Masson de Lamothe ont fait dans cette Instance, des Mémoires fort sçavans.

Il a été dit à l'article *Arrêt à la Loi privilégiée*, qu'avant d'user du privilége de l'Arrêt personnel, on devoit mener le débiteur dans une hôtellerie, le sommer de donner caution, lui accorder un délai pour se décider à la caution ou à la prison ; mais ce moyen dont le sieur Prentis a fait usage, ne lui a point réussi par l'Arrêt dont on vient de parler ; on lui a soutenu au contraire, que ces formalités n'étoient prescrites par aucune Loi, par aucune Coutume, que c'étoit au débiteur à proposer de lui-même la caution, s'il vouloit obtenir sa liberté ; & c'est ce que la Cour a jugé.

VINGTIÉME.

Page 291, col. 2, à la fin du 2ᵉ alinea ; après trois mois, *ajoutez ;*

Aux termes de l'Edit du Roi concernant la libération des dettes de l'Etat, donné à Versailles au mois de Décembre 1764, regiftré en Parlement, toutes les Chambres affemblées, le 17 Décembre suivant, le second Vingtiéme doit cesser d'être perçu au 31 Décembre 1767, & le premier Vingtiéme au premier Juillet 1772 ; mais par un autre Edit du Roi donné à Versailles au mois de Juin 1767, & regiftré en Parlement, toutes les Chambres affemblées, le 22 des mêmes mois & an, la levée & perception du second Vingtiéme eft ordonnée, à compter du premier Janvier 1768, jusqu'au premier Janvier 1770.

Page 292, col. 1, à la fin de cet article, après six articles, *ajoutez ;*

Toute rente provenant d'argent prêté à contrat de conftitution eft de droit sujette à la retenue des Impofitions royales, à moins d'une ftipulation au contraire autorisée dans le cas porté par l'Arrêt du Conseil du 17 Juillet 1766, accompagné de Lettres-Patentes regiftrées au Parlement. Voyez *Dixiéme*. Voyez auffi à l'article *Impofitions Royales*, une autre exception en cas de vente d'immeubles, à rente fonciere ou autrement. Mais hors ces cas on ne peut ftipuler la non-retenue des Impofitions Royales en fait de contrat de conftitution, une telle ftipulation seroit usuraire.

Voyez à l'article *Impofitions Royales*, l'Arrêt du 7 Mars 1760.

VIOL.

Page 292, col. 2, à la fin du 1ᵉʳ alinea de cet article, après de mort, *ajoutez ;* Si le coupable eft noble, c'eft la tête coupée ; s'il eft roturier, c'eft la potence.

(a) » N'entendons néantmoins abroger les Comparutions sur les Clameurs de Haro, & sur les *Arrêts de personnes ou de biens, en vertu des Priviléges des Villes* & des Foires «. Article 11, titre 11 «. N'entendons auffi » déroger au Privilége des deniers Royaux, ni à celui des » Foires, Etapes & Marchés *des Villes d'Arrêt.* » Titre 34, article 5.

VISITE en fait d'ouvrages.
V. *Experts & Vacations.*

UBIQUISTE.

On appelle ainsi dans l'Université de Paris, un Docteur de Théologie qui n'est attaché à aucune Maison particuliere, comme de Sorbonne, de Navare.

Les Ubiquistes ne peuvent prendre que la simple qualité de Docteurs en la Faculté de Théologie ; au lieu que les autres ajoutent à cette premiere qualité, celle de Docteurs en la Faculté de Théologie, Maison & Société de Sorbonne, de Navarre, &c.

UNION (Contrat d').

V. *Abandonnement, Attermoyement, Banqueroute & Direction.*

Il y a des cas où un débiteur ne peut forcer un de ses créanciers à accéder à l'homologation d'un Contrat d'Union, quoique souscrit, par les trois quarts en somme, des créanciers. Indépendamment de ce qui a été dit à ce sujet aux articles *Abandon, Attermoyement, Contrainte par Corps,* voici l'espéce exacte d'un Arrêt important sur cette matiere ; il mérite d'être rapporté.

Les créanciers unis du sieur Chevalier de Pont, avoient formé leur demande contre le sieur Eloi, créancier du Chevalier de Pont, à fin d'homologation avec lui d'un contrat d'abandonnement fait par le sieur de Pont, de tous ses biens à ses créanciers unis, & dont les trois quarts en somme, *de fait constant entre les Parties,* avoient souscrit le contrat d'abandon, avec renonciation de leur part à la contrainte par corps. Le sieur Eloi, créancier du sieur Chevalier de Pont, d'environ 12000 livres en vertu de Sentence des Consuls, portant contrainte par corps, refusa d'accéder à cette homologation. Cependant ce contrat d'abandonnement se présentoit le plus avantageusement du monde ; point de dissipation ni de fraude de la part du débiteur ; point de clause *de remise* d'aucune partie des créances, soit en principaux, soit en intérêts ; point de poursuites antérieures des créanciers du sieur de Pont, qui l'eussent réduit à ce parti ; il n'avoit eu pour

objet que de prévenir ses créanciers, d'après la connoissance qu'il avoit de l'insuffisance de ses fonds, à l'acquit de ses dettes, pour peu que quelques-uns de ses créanciers, voulant être payés, eussent fait usage de la voie dispendieuse des poursuites judiciaires. C'étoient de pareilles considérations qui l'avoient déterminé à vendre lui-même ses meubles, du prix desquels il avoit payé ses domestiques & des ouvriers : ensuite, il avoit pareillement vendu ses biens-fonds, pour en éviter le décret forcé, & c'étoit le prix de cette vente qu'il abandonnoit à tous ses créanciers. En un mot ils étoient tous accédans au contrat, à la réserve du sieur Eloi, qui n'étant ni créancier privilégié, ni créancier hypothécaire du sieur de Pont, paroissoit ne pouvoir éviter l'homologation du contrat avec lui.

Les défenses du sieur Eloi consistoient à dire que les créanciers du sieur de Pont pouvoient se diviser en trois classes.

1°. Les hypothécaires, qui conséquemment avoient la sûreté de leur payement à l'ordre de leur hypothéque, sur le prix des terres vendues par le débiteur, & que de ce nombre étoit l'épouse du sieur de Pont, créanciere de son mari, pour raison de ses reprises & conventions matrimoniales.

2°. Les chirographaires, qui avoient la dame de Pont pour obligée, solidaire avec son mari, & qui deslors avoient pareillement la sûreté du payement de leurs créances contr'elle, tant sur le montant de ses reprises, que sur ses autres biens.

3°. Enfin, d'autres créanciers, aussi chirographaires, tels que lui (sieur Eloi) en vertu de lettres de change, mais qui n'avoient d'autre débiteur que le sieur Chevalier de Pont, seul, ni d'autre sûreté de leur payement, que *la contrainte par corps* contre lui ; que par conséquent, le Contrat d'Union portant renonciation à cette contrainte, si on forçoit le sieur Eloi d'y souscrire, ce seroit lui ôter toutes ressources pour se faire payer ; qu'il étoit bien vrai que le suffrage des trois quarts des créanciers en somme, entraînoit celui de tous les autres, mais que cela ne devoit s'entendre que *de chaque nature de créanciers ;* & qu'ainsi pour forcer son accession

dans l'efpéce (où il étoit créancier de
12000 *livres* de condamnations prononcées par corps, contre le Chevalier de
Pont) il faudroit que la fomme de fes
créanciers, ayant contre lui pareil droit de
contrainte par corps, fût de 48000 *liv.* y
compris la créance de lui fieur Eloi, & que
de ces créanciers, formant entr'eux 48000
liv. il s'en trouvât pour 36000 liv. qui euffent accepté le contrat préfenté à la Cour;
ce qui n'étoit pas.

Par Arrêt du Jeudi 12 Janvier 1764,
Audience de fept heures, la Cour a débouté les créanciers unis du fieur Chevalier de Pont de leur demande en homologation, avec dépens. Plaidans Me Marquet
pour le Chevalier de Pont & fes créanciers
unis; & Me de Romecourt pour le fieur
Eloi.

On trouve dans *le Jurifconfulte cartulaire*, d'excellentes chofes fur les Contrats
d'Union, & les moyens de les rendre plus
profitables aux créanciers.

L'Auteur propofe trois chofes pour abréger:

La premiere, que le contrat contienne
l'ordre des créanciers, dont les deux tiers
faifant la loi aux autres, à raifon de la
dette & non pas des perfonnes, font auffi
la loi, à raifon des perfonnes, quand les
dettes font égales: il cite à ce fujet, la Loi
Majorem de Pactis, & celle, *Quod major*,
ff. ad *Municipalem*.

La feconde feroit, que les créanciers
priffent du bien en payement, par une eftimation amiable, en laiffant au débiteur,
& même aux créanciers poftérieurs qui
perdroient, la faculté de rachat.

La troifiéme, que chaque créancier fît
une remife fuivant l'équité de la Loi *Rhodia de Jactu*, » afin (ajoute-t-il) que le
» débiteur & les derniers créanciers trou-
» vaffent leur confolation; & que le Palais
» perdît le trifte droit qu'il a de tout man-
» ger: car le premier créancier qui ne rif-
» que rien, fait préfent à fon Procureur de
» la fortune de tous les autres: le Direc-
» teur habile, quoique dernier créancier,
» eft le premier payé, & l'argent de la di-
» rection eft privilégié, pour vivre aux
» dépens de tous «. Page 139, édition
de 1698.

UNIVERSITÉ.

*Page 303, colonne 1, commencez ainfi
cet article;*

On appelle Univerfité, une Compagnie
compofée de plufieurs Colléges établis dans
une Ville, où il y a des Profeffeurs en diverfes fciences pour l'inftruction de la jeuneffe, & où l'on prend des degrés ou certificats d'études.

*Page 303, col. 1, à la fin du 4e alinea
de cet article, après* le matin, *ajoutez;*

L'Univerfité de Paris fut réformée en
1452, par le Cardinal d'Etoutteville, Légat en France, & il y avoit une fi grande
abondance d'Ecoliers, que Juvenal des Urfins attefte, qu'en une Proceffion qui fe fit
en 1409 par le Corps de l'Univerfité, de
Sainte Geneviéve à Saint Denis, les premiers y étoient déja arrivés, lorfque le
Recteur étoit encore devant les Mathurins.

*Page 304, col. 1, à la fin du 5e alinea,
après* curatelle, *ajoutez;*

Salvoifon, grand Capitaine, difoit qu'il
n'y avoit au monde fi bon *Emery* pour
faire luire les armes, que les Lettres. (Paroles remarquables, & vraiment dignes des
Céfars.)

*Même page & même colonne, ligne 5 du
6e alinea, après* attribué au, *ajoutez;* Prévôt du Châtelet de Paris, appellé pour
cela *Confervateur des Priviléges Royaux* de
l'Univerfité.

*Même page, col. 2, à la fin du 6e alinea,
après* regiftrées le 11, *ajoutez;*

Le Roi a ordonné par des Lettres-Patentes du 3 Juin 1766, qu'il feroit établi
à perpétuité, dans la Faculté des Arts de
l'Univerfité de Paris, foixante places de
Docteurs agrégés, dont un tiers fera attaché fpécialement à l'enfeignement de la
Philofophie, un tiers à l'enfeignement des
Belles-Lettres, & l'autre tiers à l'enfeignement de la Grammaire & des Elémens
des Humanités; fuivant ces Lettres-Patentes, il ne fera pourvu, quant à préfent,
qu'à la nomination de trente defdites
places; & chaque année il fera pourvu à
fix autres, jufqu'à ce que le nombre entier
foit rempli. Les Docteurs agrégés feront
tenus de réfider à Paris, d'affifter aux affemblées

semblées de la Faculté, de l'aider dans les exercices, &c. & de suppléer aux Profeſſeurs & Régens qui ſe trouveront hors d'état de vaquer à leurs claſſes; à compter du premier Octobre 1766, on ne choiſira de nouveaux Profeſſeurs ou Régens, que parmi les Docteurs agrégés, affectés à la claſſe vacante & actuellement en exercice ou ayant conſervé l'éligibilité; les places de Docteurs ſeront données au concours, dont le premier ſera ouvert au mois d'Octobre prochain. Les Lettres-Patentes indiquent la maniere dont on procédera au choix des concurrens, elles fixent auſſi les honoraires annuels des Docteurs agrégés, à la ſomme de 200 livres pour chacun, laquelle ſera priſe ſur les ſommes que Sa Majeſté ſe propoſe d'accorder à la Faculté des Arts, outre & par-deſſus celles qu'elle touche actuellement ſur la Ferme générale des Poſtes & Meſſageries de France; & ſur ces mêmes ſommes, il ſera formé une augmentation de fonds pour le payement des appointemens des Recteur, Syndic, Receveur, Greffier, Bibliothécaire, &c. pour les penſions des Profeſſeurs émérites, & pour d'autres dépenſes extraordinaires, relatives au ſervice de l'Univerſité.

Des Lettres-Patentes du Roi, données à Compiègne le 10 Août 1766, enregiſtrées au Parlement le 21 du même mois, ordonnent l'exécution d'un Réglement dreſſé par des Commiſſaires nommés par la Faculté des Arts de l'Univerſité de Paris, au ſujet du concours ordonné par d'autres Lettres-Patentes du 3 Mai précédent, pour le choix des agrégés de ladite Faculté. Voyez ce Réglement qui contient dix titres.

Le privilége des Régens ſepténaires a lieu contre les Gradués de toutes les Univerſités, & pour les Bénéfices DE TOUS LES RESSORTS.

C'eſt ce qui a été poſé comme principe conſtant, par M. Seguier, Avocat Général, dans une Cauſe jugée en la Grand-Chambre, le Vendredi 3 Juin 1768. La conteſtation étoit entre le ſieur Maurin, Régaliſte, & pluſieurs Gradués. L'Arrêt juge que les Canonicats de la Cathédrale de Montpellier qui ont vaqué à la diſpoſi-

tion du Chanoine Tournaire, vaquent en Régale, ſi pendant la ſemaine du Roi, étant au lieu de l'Evêque, à cauſe de la Régale, il ſe trouve que le pourvu par le Chanoine Tournaire n'a pas pris poſſeſſion perſonnelle, lorſque la ſemaine du Roi a commencé. Le ſieur Abbé Maurin Régaliſte, défendu par Me Laget-Bardelin, gagna ſa Cauſe, contre tous les autres Gradués contendans qui furent évincés, ſauf à eux à faire uſage de leurs grades en autre cauſe. Mes Vulpian, Racine & Godard de Sergy, plaidoient pour les autres Gradués.

VŒUX (Emiſſion de).

Page 313, col. 1, à la fin de cet article, après Voyez *Abbé, ajoutez;*

Nous terminerons cet article par l'Edit du Roi, donné à Verſailles au mois de Mars 1768, regiſtré en Parlement le 26 des mêmes mois & an; concernant la diſcipline à obſerver parmi les Religieux, & notamment l'âge auquel ils pourront être admis à faire Profeſſion.

» ART. I. Aucun de nos Sujets ne pourra, » à compter du 1er Avril 1769, s'engager » par la Profeſſion monaſtique ou réguliere, » s'il n'a atteint, à l'égard des hommes, » l'âge de 21 ans accomplis; & à l'égard » des filles, celui de 18 ans, pareillement » accomplis; Nous réſervant, après le ter» me de dix années, d'expliquer de nouveau » nos intentions à ce ſujet.

» II. Faiſons en conſéquence très-expreſſes » inhibitions & défenſes à tous Supérieurs » & Supérieures des Monaſteres, Ordres » & Congrégations, Chapitres & Commu» nautés Régulieres, de quelque qualité » qu'elles puiſſent être, & à tous autres, » d'admettre, ſous aucun prétexte, noſ» dits Sujets à ladite Profeſſion, avant » l'âge ci-deſſus preſcrit. Voulons que les » Profeſſions qui ſeront faites avant ledit » âge, ſoient déclarées nulles & de nul » effet par les Juges qui en doivent con» noître, même déclarées, par nos Cours » de Parlement, nullement & abuſivement » faites, ſur les appels comme d'abus, qui » pourroient être interjettés en cette ma» tiere par les Parties intéreſſées, ou par » nos Procureurs Généraux. Voulons que » ceux ou celles qui feroient leſdites Pro-

» feſſions avant ledit âge, ſoient & demeu-
» rent capables de ſucceſſion, ainſi que
» de tous autres effets civils.

» III. Défendons aux Supérieurs & Su-
» périeures deſdits Ordres, Congrégations
» & Communautés Régulieres, d'admettre
» à la Profeſſion aucuns Etrangers non na-
» turaliſés ; comme auſſi d'accorder une
» place Monacale auxdits Etrangers , de
» les agréger ou affilier à leur Ordre ,
» Congrégation ou Communauté, le tout
» ſans avoir préalablement obtenu des Let-
» tres de Naturalité dûement enregiſtrées,
» dont il ſera fait mention dans les Actes
» de Vêtures, Profeſſion, Réception, Ag-
» grégation ou Affiliation, à peine de nul-
» lité deſdits Actes, & d'être leſdits Su-
» périeurs & Supérieures pourſuivis ſui-
» vant l'exigence des cas. Défendons pa-
» reillement auxdits Supérieurs & Supé-
» rieures d'admettre dans leurs Maiſons
» ceux de nos Sujets qui auroient fait Pro-
» feſſion dans des Monaſteres ſitués hors
» des Pays de notre obéiſſance.

» IV. Exhortons les Archevêques &
» Evêques de notre Royaume, & néant-
» moins leur enjoignons de procéder inceſ-
» ſamment à la viſite & réformation des
» Monaſteres qui ſont ſoumis à leur juriſ-
» diction, à l'effet d'y être maintenue ou
» rétablie la diſcipline Monaſtique, ſui-
» vant leur premiere inſtitution, fonda-
» tion & régle, comme auſſi d'examiner les
» Statuts & Réglemens particuliers de cha-
» cun deſdits Monaſteres, pour être, leſ-
» dits Statuts & Réglemens, réformés &
» augmentés s'il y écheoit, réunis en un
» ſeul & même corps, & revêtus, ſi fait
» n'a été, de nos Lettres-Patentes adreſſées
» à nos Cours de Parlement, en la forme
» ordinaire.

». V. Seront pareillement tenus les Su-
» périeurs Généraux, ou Perſonnes délé-
» guées par eux en la forme de droit, &
» Supérieurs particuliers des Ordres ou
» Congrégations Régulieres, de procéder
» inceſſamment, chacun en ce qui les con-
» cerne, à la viſite & réformation des Mo-
» naſteres dépendans deſdits Ordres ou
» Congrégations; Voulons en outre, que
» par les Chapitres deſdits Ordres & Con-
» grégations, qui ſeront, à cet effet, aſ-

» ſemblés, ſoient priſes telles meſures &
» délibérations qu'il appartiendra, pour
» réunir en un ſeul Corps les Conſtitu-
» tions, Statuts & Réglemens deſdits Or-
» dres ou Congrégations, à l'effet d'être,
» s'il y écheoit, approuvés par le Saint Sié-
» ge, & munis, ſi fait n'a été, de notre
» autorité, ſuivant les formes uſitées en
» notre Royaume, & ſans qu'autrement il
» puiſſe y être fait aucun changement.

» VI. L'article 27 de l'Ordonnance de
» Blois ſera exécuté ſelon ſa forme & te-
» neur : Voulons en conſéquence, que tous
» Monaſteres, qui ne ſont ſous Chapitres
» généraux, & qui ſe prétendent exempts
» de la juriſdiction des Archevêques &
» Evêques Diocéſains, ſoient tenus, dans
» un an pour tout délai, de demander à ſe
» réunir à quelques-unes des Congréga-
» tions légitimement établies dans notre
» Royaume, à l'effet d'obtenir notre per-
» miſſion, conformément à la Déclara-
» tion du mois de Juin 1671, paſſé lequel
» temps, demeureront leſdits Monaſteres
» immédiatement ſoumis aux Archevêques
» & Evêques Diocéſains, nonobſtant toute
» réſerve , exemption ou privilége à ce
» contraires.

» VII. Tous les Monaſteres d'hommes ,
» autres que les Hôpitaux, les Cures, les
» Séminaires & Ecoles publiques dûement
» autoriſées, ſeront compoſés du nombre
» de Religieux ci-après preſcrit ; ſçavoir,
» les Monaſteres non réunis en Congréga-
» tions, de quinze Religieux au moins ;
» non compris le Supérieur ; & ceux qui
» ſont réunis en Congrégations de huit
» Religieux au moins, ſans compter pa-
» reillement le Supérieur : Nous réſervant,
» après avoir pris les avis des Archevêques
» & Evêques Diocéſains, d'excepter par
» Lettres-Patentes adreſſées à nos Cours
» de Parlement en forme ordinaire, ceux
» des Monaſteres qui, par le titre de leur
» fondation, par la nature de leur établiſ-
» ſement, ou par les beſoins des lieux où
» ils ſont ſitués, paroîtroient exiger de n'y
» établir qu'un moindre nombre de Reli-
» gieux.

» VIII. N'entendons, au ſurplus, com-
» prendre dans le nombre de Religieux fixé
» par l'article précédent, les Freres Lais ;

» ou autres, qui ne s'engagent qu'en cette
» qualité dans les Ordres ou Congrégations
» Religieuses, & qui ne font point appel-
» lés Religieux de Chœur ; laissons à la
» prudence des Supérieurs de régler le
» nombre desdits Freres, eu égard aux re-
» venus & aux besoins de chaque Maison
» particuliere.

» IX. Ne pourront les Supérieurs, Ab-
» bés ou Prieurs, soit Commendataires,
» soit Réguliers, des Monasteres non réu-
» nis en Congrégations, & qui se trouve-
» ront être composés de moins de quinze
» Religieux y compris les Novices, sans
» compter le Supérieur, au moment de
» l'enregistrement & publication de notre
» présent Edit, recevoir aucuns de nos
» Sujets, passé ledit jour, à la Profession
» dans lesdits Monasteres, excepté ceux
» qui seroient dans le Noviciat au jour de
» la publication de notre présent Edit, y
» aggréger ou affilier aucuns Religieux,
» quand même ils auroient obtenu des per-
» missions ou bénévoles pour entrer dans
» lesdits Monasteres, ou de leur donner
» aucune place Monacale, ou Offices
» Claustraux, qu'autant que lesdits Mo-
» nasteres auront par Nous été exceptés
» conformément à l'article 7 de notre
» présent Edit, sauf aux Archevêques &
» Evêques Diocésains, à pourvoir au
» rétablissement dudit nombre de Reli-
» gieux dans lesdits Monasteres, par union
» d'autres du même Ordre & de la même
» Observance, ou à nous proposer tel au-
» tre parti qui leur paroîtra le plus avan-
» tageux à la Religion & à l'Etat, pour
» être le tout par Nous autorisé en la for-
» me ordinaire.

» X. Ne pourront les Ordres ou Con-
» grégations monastiques ou régulieres de
» notre Royaume, conserver plus de deux
» Monasteres dans notre bonne ville de
» Paris, & plus d'un seul dans les autres
» Villes, Bourgs ou Lieux de nosdits
» Etats, à moins que le nombre de Reli-
» gieux, porté par l'article 7 de notre pré-
» sent Edit, ne se trouve rempli dans tous
» les autres Monasteres dépendans desdits
» Ordres ou Congrégations, ou qu'il n'en
» ait été obtenu de Nous une permission
» expresse par Lettres-Patentes adressées à

» nos Cours de Parlement en la forme or-
» dinaire, lesquelles ne seront accordées
» qu'après avoir pris l'avis des Archevê-
» ques & Evêques Diocésains.

» XI. Voulons que dans les premiers
» Chapitres desdits Ordres ou Congréga-
» tions qui seront assemblés, il soit pris
» telles mesures & délibérations qu'il ap-
» partiendra pour l'exécution des articles
» 7 & 10 de notre présent Edit, pour être,
» s'il y a lieu, lesdites délibérations, auto-
» risées par nos Lettres-Patentes en la for-
» me ordinaire, & n'être les Maisons éva-
» cuées qu'après l'enregistrement desdites
» Lettres, sauf aux Supérieurs généraux
» ou particuliers, après ledit enregistre-
» ment, de se pourvoir pardevant les
» Archevêques & Evêques Diocésains,
» pour les unions & suppressions faites, sui-
» vant les formes prescrites par les saints
» Canons & les Ordonnances du Royau-
» me, & les Décrets rendus en conséquen-
» ce, revêtus de nos Lettres-Patentes, con-
» formément à notre Edit du mois de Sep-
» tembre 1718.

» XII. Toutes les dispositions de notre
» présent Edit seront exécutées selon leur
» forme & teneur, & ce nonobstant tous
» Edits, Déclarations, Arrêts & Régle-
» mens auxquels Nous avons dérogé &
» dérogeons par ces Présentes, en tant
» que de besoin, en ce qui pourroit y être
» contraire «.

VOITURIERS.

Les Voituriers, Rouliers & Messagers
sont responsables des délits occasionnés par
leur impéritie ou négligence.

Un enfant du sieur Matray, Marchand
Bonnetier à Lyon, étant sur le seuil de la
boutique de son pere, eut le bras fracassé
par une roue de la charrette d'un Voiturier nommé la Motte, qui n'avoit pas en-
rayé une roue de sa Voiture, ainsi qu'il
étoit d'usage de le faire par tous les Voituriers. On fut obligé de faire l'amputation du bras à l'enfant. La Motte s'évada
& se refugia dans l'Auberge du nommé
Ceriziat avec ses mulets. Ceriziat recela
les mulets. Premiere Sentence intervint,
qui condamna Ceriziat solidairement avec
le Voiturier en 300 liv. de provision, & se-

conde Sentence définitive du 26 Février 1766, qui condamna les mêmes Parties en 600 liv. de dommages-intérêts. Ces Sentences furent exécutées de la part de Ceriziat, & le fieur Matray, pere de l'enfant, reçut les deux fommes fans aucunes proteftations ni réferves. Par la fuite Ceriziat interjetta appel au Parlement des Sentences, & demanda la reftitution des fommes payées : il mit auffi en caufe le Voiturier contre lequel il demanda fubfidiairement fa garantie. Le fieur Matray fe contenta d'abord de demander la confirmation de la Sentence, mais enfuite il fe rendit incidemment appellant de la Sentence du 26 Février 1766, en ce qu'elle ne lui avoit adjugé que 600 liv. de dommages-intérêts confommés, difoit-il, & au-delà par les frais de la maladie & des panfemens ; il conclut à des dommages-intérêts plus confidérables, fauf le recours du fieur Ceriziat contre le Voiturier qu'il avoit mis en caufe.

Les Conclufions de M. Sainfray, Subftitut de M. le Procureur Général, tendoient à confirmer les Sentences, relativement au fieur Ceriziat, & à déclarer le fieur Matray non-recevable dans fon appel, attendu qu'il avoit reçu les deux fommes fans proteftarions ni réferves ; que d'ailleurs il avoit d'abord conclu à la confirmation pure & fimple de la Sentence. Ces Conclufions étoient fondées fur la difpofition de l'Ordonnance de 1667.

Mais attendu que le délit dont il s'agiffoit, intéreffoit la fureté publique, contre laquelle il n'y a jamais de fin de non-recevoir : que d'ailleurs les dommages-intérêts n'étoient pas affez confidérables dans cette occafion, enfin que lorfque les peres négligent les intérêts de leurs enfans, les Magiftrats viennent à leur fecours, & font ce que les peres auroient dû faire : par des motifs fupérieurs & bien dignes de fa fageffe & de fon autorité fouveraine, la Cour par Arrêt rendu en Vacations, le Samedi 24 Octobre 1767, a reçu M. le Procureur Général appellant de la Sentence du 26 Février, en ce qu'elle n'avoit adjugé que 600 liv. émendant, a condamné Ceriziat en 3000 livres de dommages-intérêts, y compris les provifions, fauf le recours de ce

dernier contre le Voiturier. Plaidans Mes Baillot & Carrouge.

V O L.

Page 314, col. 2, à la fin du 5e alinea, après liv. 2, ch. 6, *ajoutez* ;

Le nommé Picquelin avoit acheté un cheval d'un Marchand de Frages en Artois, lieu de fon domicile, lequel l'avoit acheté à la foire d'Hefdin.

Picquelin, après avoir poffédé ce cheval environ trois ans, fut rencontré par le nommé Pacquès, fur le grand chemin de Boulogne à Mamers. Pacquès prétendit que le cheval lui appartenoit, & lui avoit été volé il y avoit environ trois ans : il s'en empara, & le fit enfuite faifir entre fes mains, par exploit du même jour 7 Septembre 1763, où il déclara *qu'il l'avoit repris des mains de Picquelin fur le grand chemin, où il l'avoit reconnu.*

Picquelin fit affigner Pacquès en reftitution de fon cheval avec dommages-intérêts, il foutint que l'ayant acheté de bonne foi & l'ayant poffédé pendant trois ans, il en avoit acquis la prefcription.

Pacquès répliqua que le propriétaire de la chofe volée pouvoit la revendiquer partout où il la trouveroit ; il articula 1°. que Picquelin lui avoit remis volontairement le cheval fur le grand chemin, le 7 Septembre 1763 ; 2°. qu'il s'en manquoit de 13 jours que les trois ans fuffent révolus lors de cette remife, le cheval lui ayant été volé le 20 Septembre 1760 : il offrit d'en remettre le prix, & il fut admis à la preuve de fes faits par Sentence de la Sénéchauffée de Boulogne.

Sur l'appel, Pacquès fut condamné à remettre le cheval, par Arrêt provifoire du 21 Mai 1764, fans préjudice du droit des Parties au principal.

Au fond, Picquelin foutint que la preuve des faits adoptée par la Sentence, étoit inadmiffible : le fait concernant la remife volontaire, n'étant pas vraifemblable, parce qu'il n'étoit point à préfumer que celui qui avoit acheté de bonne foi un cheval, & l'avoit poffédé pendant trois ans, allât le remettre volontairement au premier inconnu, fur fa fimple affertion qu'il lui appartenoit & lui avoit été volé ; que ce fait étoit prouvé faux par la seule circonstance de la saisie, étant inutile de faire saisir un cheval qu'on auroit remis volontairement; & par les termes de la saisie où Pacquès avoit déclaré non pas qu'on lui avoit *remis*, mais qu'il avoit *repris* le cheval sur le grand chemin; que le second fait étoit indifférent, parce que dès l'instant qu'il avoit été dépossédé du cheval par voie de fait, cette dépossession n'avoit point interrompu le cours de la prescription triennale.

Que d'ailleurs il n'avoit pas besoin d'une possession de trois ans, pour faire rejetter la revendication de son adversaire, 1°. parce que le propriétaire de la chose volée ne pouvoit la revendiquer entre les mains d'un tiers, qu'en tant qu'il constatoit le Vol par une plainte & une information faite dans le tems.

2° Parce que la revendication des bestiaux vendus en foire, qui ne devoit jamais avoir lieu qu'en restituant le prix à celui qui avoit acquis sous la foi publique, & en l'exerçant dans un bref délai, n'étoit pas recevable au bout de 5 à 6 mois, ainsi qu'il avoit été décidé par un Arrêt du mois de Juin 1762, les choses n'étant plus entieres : à plus forte raison, après un délai de plus de trois années. Les choses en cet état, il intervint le 10 Décembre 1766, Arrêt, qui, en infirmant la Sentence, déclara l'Arrêt provisoire définitif, & condamna l'intimé en 50 liv. de dommages-intérêts. Plaidans Me Marnier, pour l'Appellant; & Me le Prestre, pour l'Intimé.

Un Arrêt du Jeudi 24 Septembre 1767, rendu en Vacations, a jugé que lorsque celui qui avoit pris le cheptel de bestiaux, en avoit laissé voler quelques-uns par sa faute & négligence, il devoit compter de tous les bestiaux au propriétaire, & que la perte tomboit sur lui seul & non pas sur le maître. Plaidans Me Déve, pour l'héritier du propriétaire, & Me Hutteau, pour le preneur à cheptel.

Dans cette espéce, de quatre vaches, deux avoient été volées.

Page 315, colonne 1, à la fin de cet article, après de l'instruction, *ajoutez;*

Ce seroit un vol de la part d'un débiteur, qui soustrairoit au créancier, la chose qu'il lui auroit donnée en nantissement.

Sur le Vol, voyez le Contrat de Bienfaisance de M. Pothier, & son Traité des Obligations, pag. 163, tome premier.

VOLONTÉ (changement de)

L'homme peut changer de Volonté jusqu'au dernier instant de sa vie. *Voluntas hominis ambulatoria est usque ad extremum vitæ spiritum.*

La Volonté est quelquefois punie, comme si le crime eût été mis à exécution : cela dépend des circonstances. *Voluntas quandoque punitur pro facto.*

On ne présume point un changement de Volonté, à moins qu'il ne soit visiblement marqué, & il faut en rapporter la preuve. *Eum qui Voluntatem mutatam dicit, probare hoc debere*, ff. L. 22, *de Probationibus & Præsumptionibus.*

VOYAGE ET SÉJOUR.

Même page, col. 2, à la fin du 3e alinea, de cet article, après Avril 1691, *ajoutez;* qui se trouve dans les Arrêts & Réglemens concernant les fonctions des Procureurs, &c. imprimés in-4°. à Paris, en 1694.

VOYE DE FAIT.

Voye de Fait se dit de tout acte de violence commis par un agresseur, soit en maltraitant quelqu'un, soit en s'emparant d'une chose, d'autorité privée. C'est un trouble à l'ordre public, & les Tribunaux attentifs à maintenir la tranquillité des Citoyens, répriment toujours les Voyes de Fait, même sans examiner si l'agresseur avoit raison au fond, parce qu'il n'est jamais permis de se faire justice soi-même. On peut recourir à l'autorité du Juge, & cela s'appelle agir par *les Voyes de Droit* : mais on ne doit sous aucun prétexte user des *Voyes de Fait.*

Voici quelques exemples qui peuvent donner une idée de la Jurisprudence des Arrêts sur cette matiere.

Mornac, sur la Loi 29 du Digeste, *ad Leg. Aquil.*, cite un Arrêt du mois de Juillet 1603, rendu dans l'espéce suivante. Un Fermier des environs de Tours, dans la vue d'empêcher les passans de gâter ses moiſſons, avoit fermé un petit chemin qui traverſoit ſon champ, en élevant une eſpéce de digue. Un autre Particulier renverſa la digue, prétendant que ce chemin étoit public, & qu'il avoit coutume d'y faire paſſer ſes voitures pour aller à ſa Métairie. Les eſprits s'étant échauffés de part & d'autre, on en vint aux coups ; & cette rixe donna lieu à un Procès conſidérable. L'affaire portée en la Cour, celui qui avoit renverſé la digue ſuccomba, & fut condamné aux dépens.

2e Exemple. Les habitans des villages de Proiſy & de Malzy prétendoient avoir le droit de faire paître en certain temps de l'année leurs beſtiaux, dans un pré appartenant aux dames Chanoineſſes de Maubeuge : ils avoient une ſorte de poſſeſſion réſultante d'un uſage ancien. Les Chanoineſſes ayant fait faire un foſſé autour de ce pré pour en interdire l'entrée, les habitans comblerent le foſſé. Par Arrêt du 4 Septembre 1749, il fut ordonné que la clôture ſeroit rétablie par proviſion aux frais des habitans, ſauf à eux à ſe pourvoir pour raiſon du droit par eux réclamé.

3e Exemple. Au mois de Mai 1760, le ſieur Clauwez, Chevalier de S. Louis, Propriétaire de pluſieurs Domaines ſur le terroir de Chaillevois, près la ville de Laon, fit couper par des foſſés profonds un petit chemin, que dans le pays on appelle *Pied Sente*, qui traverſoit ſes héritages. Ce ſentier qui commençoit dès la ſortie du village de Chaillevoi, conduiſoit directement au pont d'El, & il traverſoit quantité de Terres appartenantes à différens Particuliers.

Le ſieur Lemenu, habitant de Chaillevois, fit combler les foſſés & applanir le terrein dans les endroits où il avoit été creuſé. Peu de jours après, le ſieur Clauwez le fit aſſigner en la Juſtice temporelle du Chapitre de Laon, pour ſe voir condamner à rétablir les foſſés en queſtion, avec défenſe d'y toucher à l'avenir. Par Sencence du 23 Août 1760, le Bailli du Chapitre ordonna, avant faire droit, que le ſieur Lemenu feroit preuve que le ſentier en queſtion étoit un chemin public, ſauf la preuve contraire.

Le ſieur Clauwez ayant interjetté appel de cette Sentence au Bailliage Royal de Laon ; dix ou douze Particuliers, habitans ou propriétaires d'héritages à Chaillevois, intervinrent pour demander à être maintenus dans la poſſeſſion de paſſer par le chemin en queſtion, & qu'il fût fait défenſes au ſieur Clauwez de faire des foſſés & d'en interdire le paſſage. Mais le ſieur Clauwez, ſans vouloir entrer dans la diſcuſſion de la qualité du chemin, ſoutint que l'action qu'il avoit intentée contre le ſieur Lemenu, n'avoit pour but que la réparation d'une Voye de Fait ; qu'il avoit été dépouillé par force & violence, & qu'il falloit néceſſairement ſtatuer ſur cet objet, avant d'examiner le fond de la demande des Intervenans, ſuivant la maxime : *Spoliatus ante omnia reſtituendus*.

Par Sentence du Bailliage de Laon du 7 Mars 1761, ſans avoir égard à l'intervention, en réformant celle du Bailli du Chapitre, le ſieur Lemenu fut condamné à rétablir les foſſés de la piéce de terre du ſieur Clauwez, avec défenſes de toucher auxdits foſſés, & d'uſer d'aucune *Voye de Fait* à l'avenir. Cette derniere Sentence a été confirmée par Arrêt du 12 Mars 1764, rendu en la Grand'Chambre au rapport de M. l'Abbé Terray. Me Maſſon de Lamothe écrivoit dans cette derniere affaire.

VOYER, VOYERIE.

Page 317, *col.* 1, *à la fin du* 1er *alinea de cet article, après* partie, *ajoutez ;* Ce mot vient de *Viarius*, à *Viâ*, Voye, Chemin.

Page 318, *col.* 1, *à la fin du* 1er *alinea, après* de la Voyerie, *ajoutez ;*

La conſtruction, réédification & réparation des maiſons, bâtimens *faiſant encoignures* de quelques places, carrefours, rues, ruelles & culs-de-ſacs que ce ſoit de la ville & fauxbourgs de Paris, ne doivent être faites qu'après que les alignemens ont été pris par le Voyer ou ſon commis, *en préſence du Lieutenant Général de Police, & en celle du Procureur du Roi.*

Voyez à ce ſujet les Ordonnances de Police des 22 Septembre 1600, 26 Juin 1640, & autres.

Même page & même col. à la fin de la note, après de la Ville, &c. *ajoutez ;* (a)

(a) Voyez auſſi un Arrêt du Conſeil du 12 Juillet 1763.

Page 319, col. 1, à la fin de cet article, après du Louvre, ajoutez;

De même qu'on ne peut conftruire ou faire travailler à un bâtiment donnant fur une des rues de la Ville, fans la permiffion du Bureau des Finances; de même auffi, lorfqu'il s'agit de quelques conftructions fur les bords & rivages de la Seine, il faut l'attache du Bureau de la Ville qui a la Voyerie fur tout le rivage de la Seine.

USAGES, USAGERS.

Page 186, colon. 1, ligne première du 5ᵉ alinea, après il réfulte, ajoutez, 1°. que le propriétaire d'une forêt ne peut la faire abattre, fans indemnifer les Ufagers; & cette indemnité eft réglée par proportion à leurs droits. V. Argou, tome 1ᵉʳ, pag. 192.

Même page, col. 2, à la fin de cet article, après Vaines Pâtures, ajoutez;

Les Ufagers ne peuvent empêcher le Seigneur qui a des titres pofitifs fur le droit qu'il réclame, de permettre aux propriétaires de beftiaux étrangers, de les faire pâturer fur fon territoire, fur le prétexte qu'au moyen du triage accordé au Seigneur, il ne peut (en tous temps) introduire dans la portion des Habitans, des troupeaux étrangers. Au contraire les Ufagers doivent fe conformer pour le pâturage de leurs beftiaux, aux tirtes du Seigneur, & *vice verfà*, parce qu'en matiere de droits d'Ufages & de fervitudes, ce font les titres refpectifs qui décident.

C'eft ce qui réfulte d'un Arrêt récent. Les difpofitions de la Sentence & de l'Arrêt intervenu fur l'appel qui en fut interjetté, donneront l'intelligence des différentes queftions jugées par cet Arrêt.

Dans cette efpéce, le fieur Croizet, Marquis d'Eftiau, Baron de Longué & d'Avoir, réclamoit d'après fes titres, & notamment d'après deux dénombremens de 1479 & 1575, la propriété des pâtis, prés, pâturages, appellés l'Enclos; le tout contenant deux cens arpens : plus, cent journaux de terre en fon domaine : plus, le droit de charnage de fept ans en fept ans, *qui eft entendu de chaque porcherie, un porc.*

Plus, être propriétaire du Breil de Sion, avec les bois étant au-deffus & au-deffous,

prés, pâtures, grand aulnay & marais, contenant le tout quatre cens arpens ou environ, *au-dedans defquels paffe ma riviere de Lathan. Plus, droit d'herbage au tiers Vendredi de Mai de chacun an, qui eft que toutes bêtes qui font en pâturage au-dedans de ma terre, me doivent par chaque bête chevaline, deux fols tournois pour chacune; deux fols tournois pour chacun oifif, c'eft-à-dire, qui n'ont pas encore befogné; un denier tournois, pour chaque porc ou truye; un denier tournois pour chacun de trois chefs de brebis; un denier tournois, outre le charroi de labour que mes fujets font tenus de me faire une fois l'an, & dure mondit herbage depuis le tiers Vendredi de Mai jufqu'à Noël ; pendant lequel temps, fi aucuns font trouvés en madite terre non herbagée, pourvû qu'ils y ayent fait réfidence par l'efpace de huit jours, je puis prendre lefdites bêtes non herbagées, pour confifcation, comme miennes, & pourvû que ceux ou celles à qui elles appartiennent, fuffent ou demeuraffent aux lieux où ils fuffent avertis de mon droit d'herbage, &c.*

Le Seigneur d'Avoir mettoit encore au nombre des droits que lui donnoient fes titres, un droit de douze charrois de corvées par les Laboureurs par chaque année, indépendamment d'une treiziéme corvée pour le droit d'herbage, & les cloziers & étrangers chacun douze journées, &c.

Les Habitans d'Avoir foutenoient au contraire que les marais n'appartenoient point au Seigneur, mais aux Habitans; & qu'ils formoient leur commune, parce que le Seigneur d'Avoir avoit obtenu plus que le triage qu'il étoit en droit de demander, & que n'ayant pas droit d'envoyer paître fes beftiaux dans la commune, au moyen du triage accordé, mal-à-propos il prétendoit la propriété du furplus du terrein : ils difoient qu'au moyen du triage accordé au Seigneur, il ne pouvoit introduire dans la portion des Habitans, des beftiaux étrangers depuis le mois de Mai jufqu'à Noël, ni obliger les Habitans à ne faire pâturer que dans un certain canton par année, parce que dans les deux cent-cinquante arpens abandonnés aux Habitans, il ne s'en trouvoit pas quatre-vingt qui fuffent profitables aux beftiaux : ils prétendoient en outre que le Seigneur, quoique propriétaire du terrein commun, ne pouvoit pas demander le triage, lorsque la concession n'avoit pas été gratuite; qu'étant hors de doute que le triage avoit été obtenu par le Seigneur d'Avoir, les huit arpens que son Fermier avoit fait enclorre, devoient demeurer libres.

D'après ces moyens, les Habitans soutenoient n'être plus dans le cas de payer le droit de charnage, parce que n'y ayant plus de chênes dans les marais, les Usagers avoient perdu l'avantage d'y engraisser leurs porcs avec le gland qui s'y trouvoit alors; qu'ainsi ils devoient être déchargés de cette servitude; ils soutenoient même devoir en être déchargés par une seconde raison, qui est qu'il ne s'agissoit point d'une *dixme inféodée*, mais d'une servitude qui se trouvoit prescrite toutes les fois qu'elle n'avoit pas été acquittée pendant 30 ans.

Les Habitans prétendirent encore n'être point assujettis aux corvées envers le Seigneur d'Avoir; parce que ce droit qui est odieux par lui-même, ne pouvoit être établi qu'en rapportant par le Seigneur le titre positif constitutif de ce droit; l'aveu de 1575 rapporté par le Seigneur, ne faisoit, disoient-ils, mention que d'une corvée dûe pour l'herbage; par conséquent les autres corvées demandées étoient une vexation, &c.

Les choses en cet état, Sentence intervint en la Maîtrise de Baugé, le 30 Août 1762, dont voici les principales dispositions.

Par la premiere, on confirme le droit du Seigneur d'Avoir, de permettre aux propriétaires de bestiaux étrangers, de les faire pâturer sur le territoire d'Avoir, & on déclare la saisie des bestiaux étrangers, faite par Roujou (l'un des Usagers & Censitaires de la Seigneurie d'Avoir) nulle, avec dépens dont il sera garant faute d'autorisation des autres Habitans.

Par la seconde, les Habitans sont déboutés de leur demande à fin d'être maintenus dans le droit de faire pâturer leurs bestiaux sur les cent journaux de pré, dépendans du domaine d'Avoir, qu'ils prétendoient être une commune, après la premiere herbe coupée.

Par la troisiéme, le Seigneur d'Avoir est maintenu dans la propriété desdits journaux, francs de toute servitude, avec défense aux Habitans de l'y troubler & d'y envoyer leurs bestiaux en tout temps, à l'exception de ceux qui y ont droit, comme propriétaires ou fermiers qui pourront y envoyer leurs bestiaux conjointement avec le Seigneur, tant que lesdits prés seront réunis, sauf au Seigneur à faire enclorre les siens, si bon lui semble, sans fermer le passage aux autres propriétaires.

La quatriéme maintient le Seigneur d'Avoir en la propriété & jouissance des marais & aulnais d'Avoir, faisant partie du bien de Sion, avec défenses aux Habitans de l'y troubler, & envoyer leurs bestiaux sans la permission du Seigneur ou de son fermier.

La cinquiéme donne acte au Seigneur de ce qu'il n'entend point contester aux Habitans le droit d'Usage, herbage & pâturage de leurs bestiaux, à la charge par eux de se conformer à l'aveu de 1575 & aux réglemens; ce faisant, maintient les Habitans dans ce droit, dans toute l'étendue des marais d'Avoir, les vassaux & arriere-vassaux gratuitement, & à la charge par les censitaires; sçavoir, par les laboureurs ayant bœufs, &c. comme il est dit dans l'aveu de 1575.

Condamne lesdits vassaux & sujets étrangers, d'envoyer pacager dans l'étendue desdits marais, depuis le tiers Vendredi de Mai jusqu'à Noël, telle quantité de bœufs, vaches & suite, pourvû que ce soit de leur nourri seulement, sans fraude, sans en pouvoir prendre à moitié ou à loyer d'aucuns étrangers, en faire commerce, ni même en retirer chez eux & prêter leur nom, à peine de saisie.

Condamne lesdits Usagers à envoyer esdits marais, les porcs de leur nourri seulement, pourvû qu'ils y ayent le grouin cloué, non autrement, ensemble par chaque maison ou étage, douze chefs de moutons ou brebis & leur suite de l'année; pour chaque journal de terre, pré ou pâture, deux chefs de bercail avec leur suite de l'année par chaque métairie ou closerie de dix journaux de terre jusqu'à vingt, outre les deux chefs de moutons & leur suite par journal

de

de terre. Chaque tenancier pourra mettre deux jumens & leur suite de trois ans ; & dans le cas que lesdites métairies ou closeries soient moindres que dix journaux, lesdits Usagers ne pourront mettre, outre les deux chefs de moutons & leur suite, par journel, qu'une jument & sa suite de trois ans pour chaques dix journaux excédans ; de sorte que celui qui a maison ou étage avec dix journaux de terre, pourra mettre trente-deux moutons, deux jumens & leur suite ; celui qui a maison & vingt journaux, cinquante-deux moutons, deux jumens & leur suite ; celui qui a maison & trente journaux, soixante-douze moutons, trois jumens & leur suite, ainsi des autres à proportion : leur faisons défenses d'y en envoyer plus grand nombre, ni aucunes chevres, oyes ni dindons, à peine de saisie.

Faisons défenses auxdits Usagers d'envoyer aucuns bestiaux pacager dans lesdits marais, avant le tiers Vendredi de Mai, que commence ledit herbage, & leur enjoignons de les retirer le jour de Noël, qu'il finit. A l'effet de quoi le Seigneur ou son Fermier, tenu de faire publier l'ouverture dudit herbage à l'issue de la Messe du Dimanche premier Mai, & la cessation le Dimanche précédant Noël, afin d'instruire les Fermiers, &c.

Ordonnons que tous vassaux étrangers & Usagers seront tenus annuellement avant le tiers Vendredi de Mai, faire devant le Greffier de la Justice ou autre Préposé par le Seigneur, déclaration du nombre & de l'espéce de bestiaux qu'ils voudroient envoyer pacager aux marais, & les faire marquer de la marque de la Baronnie, dont l'empreinte restera au Greffe ; le tout sans frais, & sera tenu registre : seront les bestiaux conduits par le chemin qui sera indiqué.

Et comme lesdits Usagers sont les maîtres d'herbager ou non, & qu'ils ne payent rien dans le cas où ils n'herbagent pas, si au tiers Vendredi de Mai ils n'ont pas déclaré ou herbagé nombre suffisant de bestiaux pour consommer le pacage ; en ce cas seulement permettons au Seigneur ou Fermier d'y en admettre d'étrangers jusqu'à concurrence de quatre bêtes au maille par arpent ; de sorte que si lesdits marais ne contiennent que deux cens arpens, ils ne

puissent être chargés que de huit cens bêtes à corne, y compris ceux déclarés par les Usagers & ceux dépendans des fermes & sous-fermes de la Seigneurie d'Avoir, &c.

La sixiéme fait défenses au Seigneur d'Avoir & aux Fermiers, de cantonner les bestiaux des Usagers, ni de clorre aucune portion des marais, sauf à demander un triage & à se pourvoir pour raison d'icelui, devant le grand Maître ou autre Juge ; ordonne que les huit arpens ci-devant enclos, resteront en l'état qu'ils sont, pour faire partie du triage, s'il est requis & ordonné, sauf à les réunir au cas qu'il n'ait pas lieu.

La septiéme condamne les sujets étrangers de la Baronnie d'Avoir de payer au Seigneur ou à son Fermier, le droit de charnage, de sept ans en sept ans, qui sera d'un porc qu'ils auront droit de choisir dans chaque porcherie, dont le nombre excédera celui de quatre, qu'ils seront tenus d'enlever aussi-tôt qu'ils auront atteint l'âge de deux mois.

La huitiéme condamne aussi ceux des censitaires, qui par leurs déclarations se sont reconnus sujets à tous charrois, corvées & mandées, & à la curure du ruisseau de Lathan, d'y obéir & de se trouver aux lieux qui leur seront indiqués par publication au Prône ou issue de la Messe, deux jours avant, à peine, &c. & ne pourront ledit Seigneur ou Fermier exiger plus de douze charrois ou journées par an, *à quoi les corvées indéfinies ont été fixées par les Réglemens*, si tant en ont besoin ; ne pourront en exiger plus de trois en un mois & à jours différens, hors le temps des semailles, ni les employer à d'autres travaux que ceux qui sont nécessaires pour le bien & utilité de la Seigneurie, & hors l'étendue des Fiefs ; si ce n'est pour le charroi des matériaux pour réparations des bâtimens de ladite terre, pour la voiture desquels les Laboureurs ayant bœufs & charrettes, pourront être contraints d'aller jusqu'à la distance de trois lieues & non plus ; & au cas que ledit Seigneur ou Fermier n'ayent pas besoin de douze charrois & de douze journées par an, ils ne pourront exiger en argent ce qui s'en faudra, ni les arrérages d'une année sur l'autre ; & en ce cas, seront tenus de se servir des corvéables tour-à-tour, à l'effet de quoi sera tenu regiftre, & donné quittance à ceux qui auront obéi, afin que les uns ne foient pas plus chargés que les autres, &c.

Par Arrêt rendu aux Eaux & Forêts au Souverain, le vingt-un Août 1766, *la Sentence a été infirmée en ce qu'il avoit été ordonné, que les huit arpens de marais refteront dans l'état où ils font, pour faire partie du triage, s'il eft requis ou ordonné, & que les corvées y font fixées au nombre de douze; émendant, il eft ordonné que les huit arpens enclos feront rendus libres pour fervir au partage, comme le furplus du marais, & que les étagers feront tenus de faire une corvée par an, foit de charroi, foit de journée, laquelle corvée ne pourra néantmoins être exigée, ni dans le temps des femences ni dans celui des moiffons.* Me Maiziere fit un Mémoire dans cette Inftance.

U S A N C E.

Page 322, col. 1, à la fin de cet article, après Portugal, *ajoutez;*
Sur les différens Ufages obfervés à l'égard des Ufances, voyez M. Jouffe fur l'Ordonnance de 1673, page 88.

U S U F R U I T.

Même page & même col. à la fin du 1er alinea de cet article, après fubftance, *ajoutez;*
Jus alienis rebus utendi, fruendi, falvâ rerum fubftantiâ, Inft. liv. 11, tit. 4.
Page 326, col. 1, à la fin du 3e alinea, après en Ufufruit, *ajoutez;*
Par un autre Arrêt du 3 Juin 1755 dont il eft parlé à l'article *Légitime,* n°. 72, la Cour a jugé, *in terminis,* que l'Ufufruitier d'une moitié de fucceffion devoit fupporter pareille portion de moitié, dans une rente viagere de 667 liv. 13 fols 4 den. dont cette fucceffion étoit chargée. La prétention de l'Ufufruitier étoit, qu'il ne devoit en fupporter qu'un quart, par la raifon que l'Ufufruit eft eftimé ordinairement à moitié de la pleine propriété; & comme il n'avoit que l'ufufruit de moitié, il prétendoit ne contribuer à cette rente que pour un quart; on lui répondoit que la

rente viagere étoit une charge des fruits de cette fucceffion, & que par conféquent l'Ufufruitier ayant moitié dans les fruits, il devoit fupporter moitié de cette rente. L'Arrêt l'a jugé ainfi.

Page 327, col. 1, à la fin de cet article, après de droit au fond; *ajoutez;*
Le créancier de l'Ufufruitier peut faire faifir réellement l'Ufufruit que fon débiteur a fur un immeuble. La raifon eft que l'Ufufruit d'un immeuble eft regardé comme l'immeuble même, attendu qu'il eft inhérent, *Ufusfructus pars Dominii.*

Lorfque l'on procéde par voie de faifie-réelle fur un Ufufruit, il s'adjuge à la Barre de la Cour au plus offrant & dernier enchériffeur, fans criées, après trois publications faites de quinzaine en quinzaine; & les deniers provenans de la vente de cet Ufufruit, fe diftribuent entre les créanciers par ordre d'hypothéque.

De ce que l'on peut faire faifir réellement l'Ufufruit d'un immeuble, il en réfulte que fi le fimple Ufufruitier cédoit fon Ufufruit à fon créancier, pour demeurer d'autant quitte avec lui, & que ce créancier ceffionnaire gardât cet Ufufruit, ou le recédât & fans fraude au propriétaire de la nue propriété de cet immeuble, en la perfonne duquel l'Ufufruit paroîtroit alors confolidé à la propriété, les autres créanciers du premier Ufufruitier, pourroient valablement affigner en déclaration d'hypothéque le propriétaire, & ce dernier ne pourroit oppofer, que dans le cas où il fe trouve, l'Ufufruit a été confolidé à la propriété, parce qu'une pareille confolidation ne peut fe faire que par l'extinction de l'Ufufruit, opérée par la mort naturelle de l'Ufufruitier: le propriétaire de la nue propriété, & ceffionnaire dans ce cas particulier de l'Ufufruit, ne pourroit donc fe garantir de l'effet des demandes en déclaration d'hypothéque formées de la part des créanciers de l'Ufufruitier, qu'en faifant faire un décret volontaire.

Je fuppofe que l'Ufufruit d'une maifon vous foit légué, & que la propriété foit léguée à votre frere, dans le cas feulement où il aura des enfans de fon mariage; avant l'événement de la condition, vous acquérez de votre frere, la propriété de la maison : par la suite votre frere a des enfans ; alors vous serez obligé de lui rendre la propriété de la maison par vous acquise de lui, parce que c'est une condition sans laquelle votre frere n'a pu vous vendre la propriété qui lui étoit léguée conditionnellement. Ainsi non - seulement vous ne pourrez retenir cette propriété, mais encore vous serez obligé de vous départir au profit de votre frere, de votre Usufruit ; parce que cet Usufruit s'est éteint par la confusion qui s'en est faite définitivement avec la propriété, en la personne de votre frere, qui a eu des enfans. Voyez Cujas, sur la Loi 17, ff. *Quibus modis Usuf. amitt.* V. aussi Argou, tome 1, page 189.

Aux termes de l'article 314 de la Coutume de Paris, » les pere & mere jouissent » par Usufruit des biens délaissés par leurs » enfans, qui ont été acquis par lesdits pere » & mere, & par le décès de l'un d'eux, ad- » venus à l'un de leursdits enfans, encore » qu'ils soient & ayent été faits propres » auxdits enfans, au cas toutefois que les- » dits enfans décédent sans enfans, & des- » cendans d'eux ; & après le décès desdits » pere & mere qui ont joui desdits biens » par Usufruit, lesdits biens retournent » aux plus proches parens desdits enfans, » desquels procédent lesdits biens «.

La disposition de cet article a donné lieu à cette question : une femme renonce à la communauté d'entre elle & son mari qui avoit laissé un enfant ; cet enfant étant décédé, la mere aura-t-elle l'Usufruit des conquêts, & sa renonciation à la communauté sera-t-elle un obstacle à cet Usufruit ? Par Sentence contradictoirement rendue au Parc Civil, le Vendredi 29 Avril 1768, il a été jugé conformément à l'esprit de l'article 314 de la Coutume de Paris, que la mere auroit l'Usufruit des conquêts, malgré sa renonciation à la communauté. Plaidans Me le Gouvé, pour la Marquise de Wigny ; & Me Delaune, pour M. le Président Masson. Il y a appel de cette Sentence.

Il n'est dû aucuns droits Seigneuriaux pour un simple Usufruit. V. *Lods & Ventes.*

Les impositions Royales, sont à la charge de l'Usufruitier.

L'Acquéreur de l'Usufruit d'une maison peut-il user du privilége de la Loi *Emptorem* ? V. l'Arrêt du 19 Mai 1767 rapporté à l'article *Bail à loyer*, à la suite du nombre 41.

USURE.

Page 327, col. 1, ligne 2, du 5e alinea de cet article, après Ordonnances, *ajoutez ;* Tous les Usuriers doivent (aux termes du troisiéme Concile de Latran) être privés des Sacremens & de la sépulture Ecclésiastique, & personne ne doit recevoir leurs oblations ; le second Concile de Lyon défend de leur louer des maisons ou de les loger.

Page 327, col. 1, à la fin du 5e alinea de cet article, après art. 202, *ajoutez ;* Les anciens Romains ont puni plus griévement les Usuriers que les Larrons. *Majores nostri* (dit Caton) *sic habuere, & ita in Legibus posuere, ut cùm Fures quidem duplici pœnâ luerent, Fœneratores in quadruplum condemnarent.* Voy. aussi la Paraphrase des Droits des Usures & Contrats Pignoratifs, par Grimaudet, Avocat du Roi au Siége Présidial d'Angers, Paris 1683.

Page 328, col. 2, à la fin de cet article, après reçues, &c. *ajoutez ;* Il ne faut pas confondre le *Prêt à la Grosse-Aventure*, avec l'*Usure.*

USURPATEUR d'Héritages.

Les Usurpateurs d'héritages doivent être punis par une condamnation du triple de l'estimation des biens usurpés.

C'est ce qui a été jugé par un ancien Arrêt du 15 Mars 1643 rapporté au Journal des Audiences, tome premier. Dans cette espéce, un Seigneur qui, par usurpation avoit fait enclorre les héritages de son Vassal dans son parc, fut condamné à payer le triple de l'estimation.

Cependant par Arrêt rendu en l'année 1711, entre M. de Bechamel de Nointel & les sieurs Benoist, les offres réelles faites par M. de Nointel aux sieurs Benoist, ont été déclarées bonnes & valables, quoiqu'elles ne fussent pas du double de la valeur des terres enclavées par M. de Nointel dans son parc ; la Sentence des Requêtes du Palais du 27 Janvier 1711, qui avoit déclaré les offres bonnes & valables, fut confirmée.

Voyez sur cette matiere l'Ordonnance de Philippe-le-Bel de 1303, & la Loi 13, ff. *Communia prædiorum.*

USURPATEURS de Noblesse.
V. *Noble*, & *Supposition de nom.*

S'il est reçu en maxime, que le faux & le crime ne se présument pas, il est pareillement de principe que le faux ne se couvre ni ne se prescrit point, & que le moyen de restitution est toujours ouvert contre les décisions rendues sur des piéces qui sont infectées de ce vice capital. Il résulte de ceci que le Ministere Public, & même les Officiers Municipaux, en Corps & juridiquement institués, sont en tout temps recevables à réclamer *contre les Arrêts intervenus* en matiere de Noblesse, sur des expéditions de piéces, dont la fausseté est manifeste, & qu'ils doivent à cet effet, comprendre aux Rôles des Tailles, ceux, qui par surprise, ont sçu s'affranchir de cette imposition.

L'article 171 du Cahier des Remontrances des Etats Généraux assemblés à Paris en 1614, contient les motifs qui servent de fondement en pareil cas à des Officiers municipaux contre les Usurpateurs de la Noblesse. On y lit » que le titre de la » Noblesse, qui ne s'accordoit autrefois » qu'à des personnes de grand mérite, pour » récompense de généreuses actions & de » longs & remarquables services rendus à » l'Etat & au Public, *étant acquis* par d'au- » tres voies, cela tourne au mépris des » anciens Gentilshommes & à la foule du » Peuple, qui porte le faix de cette No- » blesse démesurée «.

L'Ordonnance de 1629, article 406, porte que » ceux qui auront malicieuse- » ment abusé (de la Noblesse) soient con- » damnés de restituer au profit & à la dé- » charge des Paroisses, où ils avoient leur » résidence, les sommes à quoi ils eussent » dû être cotisés, s'ils n'eussent usurpé à » faux titre & par mauvais artifice, ladite » qualité de Noblesse «.

Il faut encore remarquer que les qualités de *Noble Homme*, d'*Honorable Homme*, attribuées dans quelques actes, ne sont point *seules* suffisantes pour établir une Noblesse d'extraction, n'étant point équivalentes au titre d'Ecuyer, qui dans les actes modernes, sert spécifiquement à désigner la véritable Noblesse.

» Pour vérifier qu'un homme est noble » (dit Bacquet, Traité du Droit d'An- » noblissement, chap. 22, n°. 22), il faut » que ses ancêtres ayent toujours pris en » leurs contrats & actes judiciaires la qua- » lité d'Ecuyer, & leurs femmes de Da- » moiselle «.

En effet, dit Loyseau, Traité des Or- dres, ch. 5, n°. 41 : » les plus honnêtes Ha- » bitans des Villes, ayant de long-temps » pris coutume de se qualifier *Nobles Hom- » mes*, cela fait que ceux d'Epée *ont mé- » prisé ce titre*, & ont voulu se qualifier » d'Ecuyers «.

C'est d'après ces principes, & encore sur d'autres moyens, tels qu'*insertions furtives & surcharges* dans les piéces produites pour prouver une Noblesse d'extraction, que par Arrêts de la Cour des Aides, des 15 Mai, 10 & 17 Juillet 1764, & 23 Juillet 1765, (devenus publics par l'impression,) & rendus au profit des Officiers Municipaux de la Ville de Châlons, contre les sieurs Dubois de Crancé, il a été ordonné que les piéces produites par les sieurs Dubois de Crancé, & sur lesquelles ils avoient obtenu le 15 Avril 1741, l'Arrêt d'homologation des Lettres de Réhabilitation à Noblesse, par eux surprises, lesquelles piéces avoient été arguées de faux par les sieurs Officiers Municipaux, seroient rejettées de la Cause ; les sieurs Dubois de Crancé ont été déboutés de leur opposition au premier Arrêt : les Lettres de Requête civile obtenues par les sieurs Officiers Municipaux contre l'Arrêt du 15 Avril 1741, ont été enthérinées : il a été fait défenses aux sieurs Dubois de Crancé, de prendre les qualités de *Noble Ecuyer & Chevalier*, sur le fondement dudit Arrêt : il a été ordonné que lesdites qualités seroient supprimées dans les piéces visées audit Arrêt, & dans toutes autres ; & les sieurs Dubois de Crancé ont été condamnés en 300 liv. de dommages & intérêts & en tous les dépens, dans lesquels entreroient les expéditions des actes levés par les sieurs Officiers Municipaux, pour servir à la Cause ; plaidans Me Masson de la Mothe pour les Officiers Municipaux de la Ville de Châlons, contre Mes de la Goutte & de Lestang, pour les enfans & petits-enfans de Germain Dubois de Crancé, vivant, Commissaire Provincial des Guerres.

Au contraire, & dans une autre Cause, les sieurs Guyot de Vercia ayant prouvé qu'il n'y avoit qu'injustice & animosité de la part des Officiers Municipaux de la Ville d'Ornans en Franche-Comté, (qui d'ailleurs étoient divisés d'avec les Habitans, Ville & Communauté d'Ornans) ont été maintenus & gardés, par Arrêt rendu en la Cour des Aides, au rapport de M. Gaillard de Charentonneau, Conseiller, le 26 Août 1765, *dans la possession & jouissance où ils sont de temps immémorial de la Noblesse, &c. déclare les Officiers Municipaux de la Ville d'Ornans en Franche-Comté, qui ont signé la Délibération du 19 Septembre 1744, non-recevables, les condamne solidairement en leurs propres & privés noms, & sans répétition contre la Ville & Communauté d'Ornans, en quatorze mille cent livres de dommages & intérêts, & en tous les dépens envers lesdits Guyot, & aussi aux dépens envers les Officiers Municipaux de 1765, les Habitans & Communauté d'Ornans, & Pierre-Ignace Morel, Curé de Maiches ; & faisant droit sur les Conclusions du Procureur Général du Roi, condamne pareillement lesdits Officiers Municipaux de 1744, aussi solidairement, à rétablir dans la Caisse publique de la Ville d'Ornans, les sommes qu'ils y avoient prises (a), avec les intérêts desdites sommes, à compter du jour qu'ils les ont tirées de ladite Caisse ; permet auxdits Guyot de faire imprimer & afficher le présent Arrêt, &c.*

Me Michel écrivoit pour les sieurs Guyot, & Me Lochard pour les Officiers Municipaux. Ceux-ci se sont pourvus en cassation d'Arrêt au Conseil.

V U.

Ce terme s'employe en parlant des Sentences ou Arrêts ; il signifie l'énumération sommaire des piéces produites & des demandes formées de la part des Parties. Cette énumération se fait après que l'on a mis les qualités des demandeurs, des défendeurs, des intervenans, &c.

Il n'y a point de Vu dans les Jugemens rendus à l'Audience ; on y met seulement les qualités des Parties : ensuite le dispositif du Jugement.

V U E S.

Voyez *Servitude* ; & l'article 202 de la Coutume de Paris.

Y V R O G N E.

Ajoutez à la fin de cet article ;
Il n'est pas raisonnable de maltraiter un homme, pris de vin, quand même il se seroit porté à quelque voie de fait : *Ebriosum vapulare, est absentem lædere :* sauf à celui qui a été maltraité ou offensé par l'Yvrogne, à se pourvoir contre lui par les voies de droit, & telles qu'elles peuvent compéter, suivant la nature de l'offense, attendu qu'à moins d'une défense légitime & nécessaire, il n'est permis, dans aucun cas, de se rendre justice à soi même ; & qu'à l'égard de l'offenseur (l'Yvrogne,) il ne peut apporter pour excuse, le vin qui lui a fait perdre la raison : *l'ébriété* comme on vient de le dire, étant par elle-même un délit punissable.

(a) Pour la poursuite du Procès contre les sieurs Guyot.

FIN.

NOTA. Dans les précédentes éditions, à l'article NOBLES, NOBLESSE, *il y a eu er-reur à l'alinea qui commence ainsi;* Si une roturiere, veuve de Noble, épouse un roturier, &c. *changez & mettez;*

Une femme ROTURIERE, mariée à un homme Noble, conſtant le mariage, & tant qu'elle eſt en viduité, jouit des priviléges de Nobleſſe; mais ſe remariant à un homme roturier, elle retourne en ſa premiere condition, & y demeure, encore qu'elle retombe en viduité par le décès dudit roturier.

Si une femme NOBLE, ſe marie à un roturier, elle ne jouit point du privilége de la Nobleſſe, conſtant le mariage; mais après le trépas de ſon mari, faiſant ſa déclaration pardevant Juge compétent, qu'elle entend, *de-là en avant*, vivre noblement, elle jouit du privilége de Nobleſſe, pourvû qu'elle ne ſe remarie de rechef à un homme roturier. Cela eſt décidé par les articles 4 & 5 de la Coutume de Châlons, &c.

APPROBATION.

J'AI lû, par ordre de Monſeigneur le Vice-Chancelier, cette derniere Edition de la *Collection de Juriſprudence*, avec ſes nouvelles additions, qui m'ont paru bien entrer dans le plan de l'Ouvrage, & très-propres à favoriſer le grand uſage que le Public en croit devoir faire. A Paris, ce 28 Juin 1768. *Signé*, ROUSSELET.

Le Privilége ſe trouve à la fin de la nouvelle Edition en trois Volumes.

De l'Imprimerie de CHARDON, rue Galande, 1768.

ERRATA

Pour l'Edition de 1768, & la premiere Edition du Supplément.

TOME I, page 304, colonne premiere, à l'article Bestiaux, à la note qui est au bas de la page, au lieu de c'est l'Edit portant création aux Saisies mobiliaires, lisez c'est l'Edit portant création de Commissaire aux Saisies mobiliaires.

(Même correction à faire au Supplément, page 26.)

TOME II, à l'article Etang, page 109, colonne 2, ligne 12, au lieu du 4 Mars 1765, lisez du 4 Avril 1765.

(Même correction à faire au Supplément, page 84, colonne premiere, ligne 7.)

A l'article Experts, page 152, l'avant-derniere ligne du n°. 21, au lieu de qu'ils croiroient en résulter, lisez qu'il croiroit en résulter, &c.

(Même correction à faire au Supplément, à la page 89, colonne 2, ligne 3.)

A l'article Faculté de Rachat, qui est aux Additions, tome 2, page 397, derniere ligne de cet article, au lieu de la matiere y est traitée à sa maniere, lisez la matiere y est traitée supérieurement, & à la maniere de M. le Président Bouhier.

(Même correction à faire au Supplément, page 354, col. 2, lig. 2.)

Page 401, aux Additions, à la fin du tome 2, au lieu de Indulte du Parlement, lisez Indult du Parlement.

(Même correction à faire au Supplément, page 357.)

A l'article Interdiction, tome 2, premiere partie, page 501, colonne premiere, supprimez le second alinea commençant; Il y a aussi une seconde division, &c. & ajoutez à la page 502, colonne 2, à la fin du premier alinea, après sans l'entendre.

DANS LE FOR DE LA CONSCIENCE, il y a nullité dans l'engagement contracté avec un prodigue, quoiqu'avant son Interdiction, soit en achetant de lui quelque chose, ou en lui prêtant de l'argent, quand on avoit connoissance qu'il ne vendoit ou n'empruntoit que pour employer incontinent à ses débauches, le prix de la chose, où de la somme prêtée. Voyez M. Pothier, Traité des Obligations, tome premier, pag. 65.

(Même changement au Supplément, page 131, colonne 2.)

A l'article Interrogatoire, tome 2, page 520, colonne premiere, ligne premiere, au lieu de où les décrets de prise de corps sont convertis en décrets d'ajournemens personnels faute d'être comparus, lisez où les décrets d'ajournemens personnels sont convertis en décrets de prise de corps faute d'être comparus.

(Même correction au Supplément, page 134, colonne 2, ligne 4 & 5.)

A l'article Mariage, tome 2, 2e partie, page 174, colonne 2, ligne 19 du n°. 162, après femme du nommé Dupeigne, supprimez fille du premier lit.

(Même correction au Supplément, page 164, colonne premiere, ligne 6.)

Même tome, à l'article Nobles & Noblesse, page 282, colonne 2, n°. 73, à l'alinea qui commence par, Si une roturiere, veuve de Noble, &c. changez & mettez;

(*) Une femme ROTURIERE, mariée à un homme Noble, constant le mariage, & tant qu'elle est en viduité, jouit des priviléges de Noblesse; mais se remariant à un homme roturier, elle retourne en sa premiere condition, & y demeure, encore qu'elle retombe en viduité par le décès dudit roturier.

Si une femme NOBLE, se marie à un roturier, elle ne jouit point du privilége de la Noblesse, constant le mariage; mais après le trépas de son mari, faisant sa déclaration pardevant Juge compétent, qu'elle entend, de là en avant, vivre noblement, elle jouit du privilége de Noblesse, pourvù qu'elle ne se remarie de rechef à un homme roturier. Cela est décidé par les articles 4 & 5 de la Coutume de Châlons, &c.

(*) Il y a eu erreur ici dans les précédentes éditions.

Tome III, *première Partie*, *page 126*, *à l'article* Portugais, *n°. 7*, *lig. 11*, *après* des moyens particuliers, *changez & mettez*; mais la queftion de droit fur la capacité des Portugais de fuccéder en France, parut ne devoir point faire de difficulté, furtout à l'égard du fieur Baiha, qui avoit fervi plus de quinze ans dans les troupes du Roi; la Déclaration de 1715 accordant tous les privilèges de Régnicoles aux Etrangers qui ont fervi dix ans dans les troupes de Sa Majefté.

(*Même correction au Supplément*, *page 201*, *colonne premiere*, *ligne 14.*)

A l'article Quatre Quints, *page 295*, *ligne 5 de cet article*, *au lieu de* auxquels le Quint des propres doit être réfervé, &c. *lifez* auxquels les Quatre Quints des propres doivent être réfervés dans la Coutume de Paris, &c.

(*Même correction à faire au Supplément*, *page 227.*)

A l'article Ratification (Lettres de), *page 333*, *col. 2*, *ligne 2*; *au lieu de* la veuve Piquelée, *lifez* la veuve Gibert; *& à la ligne 7*, *au lieu de* mais le fieur Gibert, *lifez* mais le fieur Piquelée.

(*Même correction à faire au Supplément à la page 230*, *col. 2*, *lignes 8 & 13.*)

A l'article Séparation entre mari & femme, *tome 3*, *feconde partie*, *page 84*, *n°. 82*, *changez & mettez*;

Les Séparations de biens formées depuis les demandes des créanciers, réguliérement intentées en Juftice contre les conjoints, peuvent être déclarées nulles, & regardées comme faites *in fraudem creditorum*. Cela dépend des circonftances.

(*Même correction au Supplément*, *page 277*, *colonne 2*, *4ᵉ alinea de cet article.*)

A l'article Taille, *page 209*, *colonne 2*, *n°. 70*, *ligne 20 de l'alinea qui commence par* Article I. *au lieu de* à la réfidence préfente, *lifez* à la réfidence prefcrite.

(*Même correction au Supplément*, *page 293*, *colonne 2*, *ligne 20 du 4ᵉ alinea.*)

A l'article Teftament, *page 149*, *colonne 1*, *ligne 18*, *au lieu de* ceux-ci, *lifez* ceux-là.

(*Même correction au Supplément*), *page 300*, *col. 1*, *ligne 7.*)

A l'article Tiercement, *page 156*, *col. 1*, *ligne 20*, *au lieu de* avant de faire cette preuve, *lifez* à fin de faire cette preuve.

(*Même correction au Supplément*, *page 301*, *col. 2*, *ligne 18.*)

A l'article Ufages ou Ufagers, *page 387*, *col. 2*, *lig. 3*, *après* dix journaux de terre, *ajoutez*, pourra mettre.

(*Même correction au Supplément*, *page 333*, *colonne premiere*, *lig. 8*, *en commençant par en bas.*)

A l'article Ufufruit, *page 394*, *col. 2*, *n°. 47*, *ligne 6*, *au lieu de* advenu, *mettez* advenus.

(*Même correction au Supplément*, *page 335*, *colonne 2*, *ligne 2.*)

A l'article Yvrogne, *page 398*, *derniere ligne de cet article*, *après* lædere, *ajoutez*; fauf à celui qui a été maltraité ou offenfé par l'Yvrogne, à fe pourvoir contre lui par les voies de droit, & telles qu'elles peuvent compéter, fuivant la nature de l'offenfe, attendu qu'à moins d'une défenfe légitime & néceffaire, il n'eft permis, dans aucun cas, de fe rendre juftice à foi-même; & qu'à l'égard de l'offenfeur (l'Yvrogne,) il ne peut apporter pour excufe, le vin qui lui a fait perdre la raifon, l'ébriété, comme on vient de le dire, étant par elle-même un délit puniffable.

www.ingramcontent.com/pod-product-compliance
Lightning Source LLC
Chambersburg PA
CBHW061122220326
41599CB00024B/4128